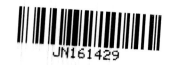

藤原与一方言学論集

上巻　方言学建設

ゆまに書房

序説

私にとって、方言学への道は、無限の階段を昇っていくようなものである。

　ここですぐに思う。有限であっては学にならない。

私にとって、方言学への（→方言学の）道は、長遠の道程である。

学を求めて立ち〈発ち〉、今なお求めつづけている。発意は已に昭和十年前後にさかのぼる。

求めることは快い哉。

たとえばなし

子どものころ、私どもは、友だちと遊びながら、よく木登りをした。柿の木によく登った。

その初のころは、じつにこわ（恐）ごわであった。

だんだんになれて、はしごなどは使わなくなり、木登りらしい木登りができるようになった。やがては、木登りにいどむようにも（友だちといっしょに）なった。

一番高い所を目ざす気もちに燃えたようである。が、木の枝がひどくゆれたりすると、落ちはせぬかとひやひやした。てっぺんを仰いでは、大きい息を吐いた。

気づいてみると、方言学の（への）道の歩みも、まったく木登りみたいなものである。急いでもあせっても――努力してもしても――、なかなか前には進めない。（その「前」も、なかなかわからないのである。）が、木登りが一面はなはだ愉快なものであるのと同様、方言学を求めてのしごとも、はなはだ愉快である。理念がだんだんはっきりとしてくる。進歩が実感されてくる。

これあって、学への思慕が成長する。

その悦びをたいせつにしながら、学する者、前へ歩み出ることに力めてやまない。

論集を編むこと

これは、明らかに、年月の推移をふまえてのしごとである。「著書」とされるものの述作は、明らかに、理念の展開そのことを旨としている。〝年月順に〟などということは、先行するよしもない。作品そのものは共時的である。通時的になった時も、著書の結体では――その次元では、通時態が高次共時態になっている。

いずれにもせよ、「著書」という創作物と、論文集の編集物とは、存立の世界を異にする。

私は、既発表論文を集めて「著書」の形にすることは、採らないできた。

「著書」は、そうした創作物たらしめたい。論文を集めたものは「論集」としたい。

今日、私は、自己の研究史を反省するにつけ、「論集」も編んでみたくなった。世の斯学（方言研究にかかわる世界の一切の学事）にあっての、自己の学的営為を、とりまとめて、世の、学の公海に浮かべてみたかったからである。

こうすることも、学にたずさわる者の一公的営為とされるであろう。

このような論集の続編を出してみたくも思う。

『方言の学と 国語の教育（国語教育の論）』

『西洋言語学と私の「言語の学」』

etc.

方言学建設・目次

序説

A　学を求めて

方言学覚書（『方言研究』1 昭和15年）……3

後記　8

生活語としての方言の研究（『国語学』第2輯 昭和24年6月）……11

方言研究の推進（『国文学攷』第40号 昭和41年6月）……22

言語研究としての方言研究（『方言研究年報』通巻第9巻 昭和41年10月）……33

方言学推進を旨とする私の研究展開（『広島女学院大学国語国文学誌』第17号 昭和62年12月）……34

方言研究の体系的推進（『方言研究年報』通巻第29巻 昭和60年2月）……59

人間言語学としての方言学（『方言研究年報』通巻第15巻 昭和47年11月）……75

民間常衆の方言学（『思想の科学』9 昭和48年9月）……76

A Theory of Language—as based on the Japanese Language—（『広島女学院大学論集』通巻第30集 昭和55年12月）……142

方言研究の学問—「ものの学問」を—（『広島女学院大学国語国文学誌』第9号 昭和54年12月）……143

方言学志向（土井先生頌寿記念論文集『国語史への道』上 三省堂 昭和56年6月）……168

方言学はいかにあるべきか—方言学推進—（『講座方言学』第3巻 国書刊行会 昭和61年5月）……169

Une histoire de la dialectologie japonaise（『Orbis』 Tome XVI, No. 1, 1967）…… 196
方言学の将来（藤原与一先生古稀記念論集『方言学論叢Ｉ　方言研究の推進』 昭和56年6月・三省堂）…… 209

B　方言学の構造

Structure of Dialectology（広島大学文学部『紀要』第20号 昭和37年1月）…… 250

C　方言学の方法

言語地理学についての私の考え（『方言研究年報』通巻第3巻 昭和35年6月）…… 257
方言地理学の方法（国語学会編『方言学概説』武蔵野書院 昭和38年11月）…… 258
方言研究の地理学的方法―第四回地中海言語研究国際会議の経験にかえりみつつ―（『方言研究年報』通巻第14巻 昭和47年1月）…… 293
ことばのながれとひろまり―方言周布論―（『文学・語学』第13号 昭和34年9月）…… 294
わたしの方言区画論（日本方言研究会編『日本の方言区画』東京堂 昭和39年11月）…… 307
Word-Geography of Japanese（『Zeitschrift für Mundartforschung』 昭和43年）…… 335
方言研究の社会学的見地〜『社会方言学』おぼえ書き〜（『方言研究年報』通巻第27巻 昭和59年12月）…… 348
方言研究の心理学的見地（『方言研究年報』通巻第28巻 昭和60年12月）…… 369
『方言心理学』おぼえ書き（『広島女学院大学国語国文学誌』第11号 昭和56年12月）…… 370

民間の言語心理（『文学』vol. 25 昭和32年2月）……379
方言における〝文化と社会〟の諸問題（広島大学文学部『紀要』26－3 昭和41年12月）……409
方言と文法（『日本文法講座1　総論』明治書院 昭和32年11月）……410
日本語文法の記述体系（『国文学攷』第23号 昭和35年5月）……429
A Dialect Grammar of Japanese（『モニュメンタ・ニッポニカ』Vol. XⅦ, 1－4, 1962）……472
方言の発想法（『国文学攷』第28号 昭和37年5月）……473
言語表現前と言語表現以後―言語研究方法論―（『国文学攷』第57号 昭和46年11月）……482
方言文章論試作―連文の類型―（『国語学』第20輯 昭和30年3月）……489
「あいさつことば」の研究について（『方言研究年報』通巻第6巻 昭和38年12月）……514
あいさつことば（『言語生活』No. 348 昭和55年12月）……515
方言における待遇表現（『武蔵野文学』31 昭和58年11月）……521
方言敬語法の研究　序説（『国語学』第69輯 昭和42年6月）……526
敬語表現の原理（『敬語講座』第1巻の内　明治書院 昭和49年1月）……533
尊敬表現法についての研究（『研究論文集』第4巻〈研究論文抄録誌（3）〉 昭和28年3月）……597
中央語と方言との敬語差（『国文学』臨時増刊 昭和35年1月）……598
方言文末詞（文末助詞）の研究（広島大学文学部『紀要』特輯2 昭和47年2月）……704

Cessationals in the Japanese Dialects（『モニュメンタ・ニッポニカ』Vol. XIX, 1–2, 1964）…… 737
対話の文末の「よびかけことば」――「ナモシ」類その他について――（広島大学文学部『紀要』第9号 昭和31年3月）…… 763
命名と造語（『日本民俗学大系』第10巻 平凡社 昭和34年11月）…… 764
方言語彙（『正しい日本語』第4巻 語彙編 明治書院 昭和45年11月）…… 784
方言語彙論から方言辞書製作へ（『日本方言の語彙』三省堂 昭和52年6月）…… 809
国語史と方言（『国文学攷』第46号 昭和42年11月）…… 825
方言と国語教育（『国語学』第4輯 昭和25年10月）…… 834
方言と標準語（岩波講座『日本語』11『方言』の内 岩波書店 昭和52年11月）…… 841

凡　例

一．本集成は、六十余年に及ぶ「藤原方言学」の「論」の集大成ともいうべきもので、各地の生きた方言資料を、当時の趣そのままに、復刻版で集成した。構成は下記の通りである。
上巻：方言学建設
下巻：方言相分析

一．各論文末に、その論文の出典及び今回の論集刊行に際して著者が付け加えた「正誤」を記した。

一．編集の都合上、版は適宜縮小した。また、著者の思想的展開が正確に跡付けられるように、内容に基づいて編集したため、縦組み論文と横組み論文とが混在する形式となった。

一．元の論文の目次を生かす場合のみ、元の論文の頁付けを残し、その他は削除した。

（編集部・記）

A　学を求めて

方言學覺書

藤原與一

一

方言學の體系はどうあるべきものだらうか。これは既に久しい課題であるが、今日の國語學の理論乃至實踐は、この究明を一層緊要なものにしてゐる。

尤も今までに、方言學の名稱が用ゐられたことは一再でない。然しそれらによつて眞に人々の首肯し得る理論と實踐が示されたかと言ふに事實は必ずしもさうではない。方言學は、やゝ輕率に唱へられ過ぎた嫌ひが無いではない。

方言研究は一體何をして來たであらうか。試みに今日までの實蹟を顧みると、第一に研究とは言ひ難い好事家の仕事の多かつたことが眼に著く。第二には方法論的に嚴密でない言語地理學風の研究が注意される。一方、方言事象の見方、採り上げ方が餘りに分析的に過ぎて、生活語としての方言の全體性を往々見失ひ勝ちであつたことも指摘される。これらは、方言の研究として、正常或は完全とは言ひ得ない。それらの根柢には、方言研究は何を爲し、何を求め、何處に行くべきかの觀念が缺如してゐたことを認め得るのである。結局今までの方言研究は、その學的完成を仰望しつゝも、己を責め且つ培ふことが十分でなかつた爲に、方言學としては依然未完成の域にあると言へる。

扨てさうかと言つて、こゝにその學的構造を描き示すことは容易でない。然し、方言研究の重要性は、之を大いに感ずるものである。將來これが、完全な意味に於ける方言學に仕上げられ、十分その意義を發揮すべきであることは、多言を要しないだらう。その方向を見詰める限り、こゝに方言研究の信念、方言學への熱意を開陳することは、許されると思ふ。本稿は全くさう言ふ意味からの單なる覺書に過ぎない。

二

今まで、方言學と稱せられた場合には、言語地理學的なものが、その殆どすべての內實として、考へられてはゐなかつたであらうか。惟ふに、言語地理學が、方言研究にとつて、大切な方法であることは、十分認め得る。然し、方言研究がこゝに止まるならば、如何にしてもその使命は達成されない。言語地理學卽方言學とでも言ふならば、さう言ふ「方言學」は贅語ではないか。何故なれば、言語地理學的方法に終始する限り、遂には具體的な方言と言ふものはどこにも捉へられなくなるからである。

言語地理學に對し、一方言の記述に任ずるものを記述方言學と言ふ場合もある。然し、かうしたものや言語地理學と言はれるものを竝べて總括してみても、それで方言學の體系が描かれるものとは思はれない。今少し所謂言語地理學にも基礎を與へ、一方、記述とは何であるかを深く理解するやうにしたい。畢竟右の兩者は相對立する項目ではないのである。

から觀た言語地理學を、ソシュールの言語學理論に適用するならば、方言を共時態として觀察する觀方が殘つてゐるのに氣附くのである。筆者はこれが、ソシュールより攝取すべき大事な問題であると思ふ。

方言研究の立場では、國語は果して、通時態の地理的分布にしか見られないのであらうか。やはり共時態としての觀方が成り立つと思ふ。或る特定の方言が、生活語の組織的統一體として取り上げられることは明白である。下位方言に對する上位方言は、又その全體として、一大共時態である。かくして今日の國語全體も之を一大共時態と觀ることが出來るのである。

方言研究は、この共時態の把握から出發すべきである。方言研究は、先づ方言の共時的體系を作ることに眼を向けるべきであらう。

共時態の要素を見貫く場合には、通時論的な研究ひいては言語地理學的研究が行はれる。これは自然な移行の順序である。こゝに於て、方言研究の共時論と通時論とが得られるのである。

通時論として逆視的に構成された結果、得られる言語地理學は、それ自體終局の目的として止まるべきものではない。更に次の如く高められることによつて、その意味は完うされるのである。卽ち、凡そ方言の地盤に於て觀られる通時論的成果は、それが如何に逆視によつて得られるものであらうとも、常に密接に現代の共時面に接合してゐる。こゝに、國語を方言事象に於て觀ることの純乎たる特色があると言へる。この故に、逆視的成果であつても、それは逆視の爲の逆視に終るものではなく、結局現在に還つて來るべきものである。

かくして再認識される共時態は、第一次的把握によつて得られた共時態とは、已に性格を異にする。卽ちこの共時面には、初に見られなかつた巾と厚みとがあつて、自ら盛り上つてゐるのである。ソシユールの共時態に對しては、これは高次の共時態である。ソシユール流に說明するならば、高次の共時態とは共時體系に通時的意識が加はつて止揚されたものであると言つてよい。

高次の共時態は卽ち歷史性をもつた共時態である。其處には過去に對する意識と未來に對する意識とが含まれてゐる。この意味に於て、方言研究は歷史的研究なのである。かくて、先の共時方言學と通時方言學は、高次の共時論として止揚統一される言語地理學の發展的解消も此の意味で明かであらう。方言を生活語として觀ることは、方言研究の始であつて、終である。その態度はこゝまで來つて、漸く安定を得るのではないか。高次の共時論、歷史的方言學こそは吾人の期待する方言學を可能ならしめるものである。尠くともこれによつて始めて、具體的な方言の特性は捉へることが出來るであらう。

三

こゝに於て國語學と方言學との關係が問題になる。一體國語學は、今日まで主として所謂國語科學への道を步んで來たと言つてよからう。これは果して完全な發展の方向であつたか。惟ふにその樣な立場によつては、取り扱はれる對象が常に限られたものになる。その一々は十分な意味に於ては國語と稱し得ない。譬へてみれば、今までの國語學は屋根が卽ち家だと言ふ樣な見方に立つてゐた傾向がある。言ひ換へれば家の構成にのみ眼を奪はれ、盛り上つてくる力を觀る方法、所謂構造論的な觀察に缺けてゐたのである。更に家は住むべきものであることを觀るのが國語學の目標ではなかつたのか。

方言學の對象は、具體的な國語として考へられる實體である。その方法の根抵に科學的方法があることは言ふまでもない。然しそれだけでは割切れるものではない。抑々生活語の認識から出發した方言研究である以上、求める所は、家の住めることの確實な把握にある。それが成就するまでは、飽くまでも科學的な方法を發展せしめ展開させて内容を充實させて行く。かくして方言が實體として捉へられるとき、それが即ち國語の本體であると觀られるのである。方言學は、この正常と言つてよい國語の捉へ方を以て國語學に貢献するものである。換言すれば、家の住み得ることを率先して明かにしてみせるのがその任務である。

さうだとすれば、方言學は、それ自らが國語學となるまで進むのが道であると言つてよい。それが誤解を招き易いならば、方言學は國語學に方法を與へる立場に在るものであり、更に、方言學なる名稱が無用になる場合に、始めて最後の目標に達したものであると言つてもよい。國語の本體が方言に於て見出されるならば、方言學即國語學であつて、もはや方言學などと言ふ名辭は不用である。又さう言ふ段階に達して國語學が完成すると言へる。かゝる國語學こそは、完全な意味に於て豫想される將來の日本學に對しても、能く基本的な推進力となるであらう。

四

筆者の實踐した所は小さい。即ち鄕里の伊豫大三島の方言について、先づ纒まつたものを得ようとするのである。出發點は語彙論である。こゝでは時間性を捨象した共時態が組立てられ、形式的な體系が示される。次にはそれらの構成要素にバランスのとれてゐることを認める。乃ち構造論を立て、やがて主部と述部との動的な緊張體系を說かうとするものである。第三は文章論であつて、統一體としての文表現の中に渾然として存する歷史的意識を把握しようとするものである。住めるところが家の實體であるならば、第三に至つて家の學問は完成すると言へよう。此處まで達して、方言學が完全に樹立される。

大三島方言を主題としての研究は、事實小さい實踐に過ぎないけれども、これを擴大し、上述の方言學的研究を進めて行くならば、やがては國語全體の把握も可能であると信ずる。そこにこの試作的實踐の意味もある。

五

最後に一言、言語教育のことに言ひ及んでおかねばならない。凡そ標準語教育は、從來見られ勝ちの如く、東京辯だけを一面的に觀察して之に標準を求めるのではなく、方言としての日本語全體の動向卽ち發展方向をありのまゝに觀察し、それから日本語の特性を捉へて、それに標準を置いた言語教育を行ふ様にする必要がある。

かゝる言語教育觀は、方言に對する歴史的研究の方法を支配してゐる態度に外ならない。之を逆にして言へば、方言に對する歴史的研究によつて、言語教育の指導原理は、完全に與へられるのである。

（『方言研究』一　昭和十五年）

頁	行	誤	正
5	下2	統一される言語地理学	統一される。言語地理学
6	上3	根抵	根底

後記

昭和十四年、私は、『方言学体系』との蕪稿をつづった。四百字づめ原稿用紙六十五枚のものである。

恩師東條操先生に差し出した。

先生は、やがて、これを、当時京城大学の小林英夫先生にお送りくださった。

小林先生は、ご懇篤きわまるご閲読をたまわり、上欄に、多くのご指教をたまわった。——爾後、長く、先生のご高庇にあずかることができた。

東條先生は、春陽堂刊の雑誌『方言』の終刊後、おんみずから、『方言研究』誌のご発刊にふみきられた。この時、小生にも、方言学について書けと、ご下命があった。私は、とてもできませんと固辞いたした。けれども、先生はおゆるしにならず、ご厳命が急であった。先生は、さきの方言学体系稿のことをお思いくださったのであろうか。しかし、先生の思しめしにお対えすることなどは、私に、まだまだのことである。私案で、「を格に於けるアクセント法」というのをつづり、これでと申し出た。すると先生は、これは次に出すから今度は方言学について書けと、ご高情万斛のおことばである。窮しきって、ようやくしたためたのがこの「方言学覚書」である。

昭和十五年十月まえのことであった。

その後、先生のご鞭撻を忝くして、やっと、昭和三十七年に、『方言学』（三省堂刊）を発表することができた。

その後のことを簡記する。

三省堂のご厚意により、ついで、

『方言学原論』（昭和五十八年）

『方言学の原理』（平成元年）

『方言学の精神』（平成六年）

を発表することができた。まことに深謝にたえない。

つぎに発表しようとするのが、

武蔵野書院よりの、

『現在学トシテノ方言学』

である。

学の追求の、底深いたのしさ、これは無限のものである。

私の生活には、「理論と実践」ということばはない。そういう〝理論〟は、私にはできない。胸もとにあるのは、「実学」の二字である。実学のいとなみ〜〝わらじばきの方言研究〟（山本忠雄先生のご高評）〜が、私をして、上来のように、一連の書を生ましめている。

こうした悦び・たのしみは、なおつづくであろう。そうあってほしい。

学道無限。

生活語としての方言の研究

藤原與一

一

方言という研究の対象は、どのやうにしてとりあげられるだろうか。

対象をとりあげると言っても、それは、とりあげる人のたゞの自由にはならないはずである。もしよくとりあげられたとすれば、そのものは、とりあげられてよい、とりあげられるべきものだつたのである。とりあげられる対象には、それとして、しぜんのまとまりがなくてはならない。一定の意味を持った構造体が、対象としてとりあげられるのでなくてはならない。方言を研究の対象とする場合にも、まずよく対象を見つめて、このような対象をたずねることが必要である。

方言の生きたすがたを見つめ、その存在を見きわめることは、むずかしい。けれども、ねらいは、あくまで、方言としてまとまった一つの大きな事実、体系的事実になくてはならない。これをすくいとることができた時、方言という対象はとらえられたと言える。

二

方言という対象をたずね、方言にせまるのには、ひとえに、その生活の事実を注視しなくてはならない。生きたすがたの方言というと、それはまさに、生活の事実である。方言は、生活語として見られる時、よくその実体が捕捉される。
方言を地方語と見ることは、一つの客観的な見かたにはなっても、生活の事実をみとめることがよわいものになろう。

一二の語句をとりあげて、方言と言うことも、なくはない。しかし、それが方言と言われるためには、そのおのおのの、生い立っている地盤がみとめられていなくてはならない。それも、その地盤が、方言という生活の事実としてみとめられているのでなかったら、一二の語句が方言とされることはなかろう。こゝには、暗黙のうちに、方言の生活という、まとまった事実がみとめられているのがうかゞわれる。

およそ、素朴な方言観にしても、地ことばと言い、なまりなどと言ううちに、あるまとまった方言の生活を見ていることは多い。人は、しぜんに、方言の生活事実を見るものであろう。

三

方言は、われ／＼にとって、もっともしたしい、生活の事実である。方言を生活語と見ることは、われ／＼の、体験からの要求である。方言の対象を、深くうけとろうとすれば、いきおい、生活語の見かたにおもむかないではいられないであろう。

方言は、渾然とした一團の言語生活である。地方語の一事象をとらえてみても、それには、その言語團体の、方言生活の感情がこもっている。その一つのものの、全体に根ざした独自性は、おかしがたいものである。方言の内部では、すべての要素が、生き／＼とはりあって、つよい統一をたもち、それで、一つの生活語の世界がかたちづくられている。方言のなかみが、「標準語とおなじもの、轉訛語、土語」に区分されることには関係なく、一方言は、要素のそれ／＼独自の價値をもってつりあう組織・体系のまゝに、一生活語としてみとめられる。

方言の生活相にふれる時は、だれしも、そこに、生きた國語のすがたをみとめ得るであろう。なまの、現実の國語は、そこにみとめられる。これが手にとられる時、人は眞の生活語自覚にたちいたらないではいない。

それ〱の地方の人は、その地方語の中にあって、言語生活の安定を得ている。この人々にとっては、この地方語は、絶対的なものであり、地方語がすなわち生活語である。人々は、これによって、おのれの全生活をすゝめている。方言をたゞちに俗語と考え、卑語と見るのは、方言を生活語としてとらえようとするものではない。われ〱が、一たび、方言を、わがものとして知れば、もはや、卑語俗語の見かたはなし得ないであろう。方言の意識は、はじめ、じぶんのことばと、他のことばとの比較によってひきおこされることが多いとしても、こうして、一たん、じぶんのものを知るようになると、やがてしぜんに、じぶんのものを、一だんと深く考えるようになる。相対的な観察をはなれて、もっぱら、じぶんの方言生活、現実の言語生活を反省するようになれば、じぶんの方言は、何よりもうごかしがたい生活語として、確実にとらえられてこよう。

だれしも、その郷里を出はなれゝば、ふるさとのなまりをなつかしむ。日常の感情として、じぶんのいなかことばをはずかしく思い、人まえで卑下することもあるけれども、また、さとことばを、この上もなくなつかしく思う。このような、郷土語に対する思慕の情は、新しい東京語生活などにはいれば、かえって純粋になるとも言える。標準語の教養に心がけるとともに、いよ〱深く自覚されるのが、郷土語である。これを、たゞに郷里の方言として、見はなしておくわけにはいかない。自覚してみれば、じぶんのそだったことばである。生活のことばであり、今となっても、じぶんの言語生活のさゝえとなっているものである。これを、根の生活語と言うこともできよう。

以上のような、自覚と反省との立場に立って見る時、生活語のありさまは、十分に思いえがかれる。

四

生活語は、一つに、その内面的な統一力が、まことに强固である。そのまとまりかたは、文字どおり、打って一丸となつたものである。ひきしまった生活語の團体が、いわゆる方言の團体である。生活語の成立には、りんかくが、きわめてはっきりとしている。じっさいには、部落と部落とがきっかりと境されて、一部落の方言が、明白な一線によってかぎられていることもある。が、それよりも、方言社会において、老人たち、または祖父母たちと、子どもたち、または孫たちとの生活交渉が、ことのほか緊密であって、これが、方言團体の成員全部を、たてに、つよくむすびつけ、まとめあげているのは、生活語の、無形のりんかくを明瞭にするものとして、注目をひく。これからすれば、生活語の一圏を、これほどまでにまとまりのあるものにしているのは、縁の力であるとも言える。縁によってむすばれた方言社会であって、よく、統一をたもった生活語を示し得る。このような生活語は、その平衡を保持しようとする度あいが、すこぶる高くて強い。少しの浮動も、たゞちにこれをため直そうとする。わずかの出いりがあっても、これを修訂して、そのりんかくを正す。じっさいには、これが、よそことばへの非難となつてあらわれたりする。よそのものがはいると、よそことばをつかう人として、これを、間をおいて見る。じぶんらの内のものとは、容易に思わない。生活語圏の明らかな意識である。郷土の出身者が、よそのことばを身につけてかえった場合には、なかでも、批判と非難とがきびしい。「われらのことば」との観念が、にわかに緊張する。「あの人は、鼻にかゝったもの言いをする」とか、「ぬえことばをつかう」とか言う。土地によつて、それ〴〵に、批判の規準ができあがっていて、かんたんな尺度でけなすことが多い。非難の單純な手がきまっているだけに、郷土語のかたまりかたは、しっかりとしている。このような郷里にかえっては、人は、つとめてその土地のことばにもどり、しかも、土地のだれにもつとめて氣がるくものを言うことが、よいこととされている。それを実行する人は、「できのよい人」である。へいその土地でも、若ものと年よりとの間に、ことばのへだたりができて、若い人々が、老人たちにものを言わないと、年よりたちは、「年よりにものを言わぬ」と言って、不平をこぼす。これを、老人のがわからする、生活語の平衡保持の努力とも解されないことはない。

生活語の統一性のうちに、縁の力をみとめる時、生活語が、成員相互の家族的な氣もちによってさゝえられているのを、また、みとめることができよう。ひろげて言えば、親和の感情である。生活語の感情を、一言でおゝうとなら親和の感情と言うべきであろう。土地の人々の言語生活で、あいさつことばの持つ役わりは大きい。あいさつのことばには、あけくれ時々のものから、吉凶禍福についてのものまで、さま〳〵のものがあるが、すべて眞率の情に富み、すなおな表情のもとにおこなわれており、相互の交渉を、あたゝかい、なつかしいものにしている。生活語の親和感は、こゝにその一頂点を、端的に見せている。生活語のまとまったすがたは、この親和の感情によってつらぬかれている。その親和は、家族的な親和である。そこに、自然の秩序もあれば、長幼の序もある。この秩序が、やがて、ことばの教えの力としてはたらくのである。

生活語の表現は、簡明直截な一面を持っている。拘泥するところのない表現態度は、生活語の重要な特質である。土地の人は敏感であり、善悪の判断も早いが、そのような点からも、生活語は、よどみのない、達意のものになっている。

明るくて率直な感情は、出ては、他によびかける多くのことばになり、はいっては、むだをしない、少なめのことばになる。

つぎに、生活語のにない手は、もっとも実践的な人々である。どのような場合にも、実地をたっとぶ。それゆえ、一定した慣習をたてにとることもつよく、固陋とも言われるようになる。この人々じしんとしては、過去の実績に問うて、あやまちを確実にふせごうとするのであろう。人々はみな、まじめなはたらき手である。男子も女子も、はたらきぬく。苦労をしのぐ力は、じつに大きいものがある。このような、実践そのものの生活によつて、生活語が特色づけられないはずはない。虚偽や空論に対する非難の用語は繁栄して、眞実や実行をほめることばは、さほどにできていないことは、こゝに注意されることがらである。これからすれば、生活語のありかたは、そうとうに嚴格なものであることが思われよう。

生活語のものがたさは、廣くいろ〳〵の事例のうえにみとめられる。年中行事が、一般に手がたくおこなわれることは、よく知られていよう。佛事・慶事の人より・宴会もまた、年中行事とおなじように、ものがたく、きちょうめんにとりおこなわれる。たてまえを重んじ、格式を考えることは、一とおりでない。よい意味で、分際ということも、つねに重んじられる。信仰の生活を中心として、日常生活全般にうかゞわれるこのようなものがたさは、生活語のありかたを多く規定する。ことのそれ〲の場合に應じて、あいさつのしかたがきまっているのなどは、その一つのあらわれである。そのあいさつの文句もまた、縁起を祝う言いかたのものによっても明らかなように、ことばのはし〲にまで氣をくばったものである。よいことばを重んずるふうは、こゝにいちじるしい。そうして、ことばに品格を持たせることは、いつも考えられている。発言のさいしよの一口、きり出しをたいせつにするというのも、それである。招待されて、そこの主人にするあらたまったあいさつなど、さいしょのきり出しが、いかにもおも〱しい。慶弔とも、招待したのに来てくれなかつた場合、おくり膳をするのは、今も見られるうるわしい風景であるが、このていねいな礼儀とともに、その使者、主として婦人の口上が、また、いたってていちょうなものである。へいそはさほど上品でもない人も、このような時には、まったく、かおかたちをあらためて、つゝましく、上品に、あいさつをつたえる。うけとる方のものもまた、おなじようにかしこまることは、言うまでもない。たがいに、このようにして、あいさつをかわすことは、双方にとって、少しも、ぎごちないことや、きざなことではないのであり、むしろ、それによって、双方は、ともにとけあい、ともにその場にやわらぎあうのである。いわゆるつきあいのたのしみである。あらたまることの積極的な意味あいは、そこにある。心やすさをもってまじわるうちに、品位と品格とがたもたれる。これが、習慣の生活になっており、人々は、その場に行きあたれば、しぜんに、そういうあらたまった氣もちになれ、礼儀正しいことばを、心をこめてつかうことができる。そうなることと、そのきてんとが、土地人としての生きかたなのである。であるから、他地方から入嫁してきたものなどは、はじめのうちは、なか〱、につかわしい土地人にはなりきることができない。いま言った、きてんのきかせかたを、のみこむことが、容易でないのである。あいさつのうけわたしのこつが、土地人独自の心理と氣風とによって、微妙にしあげられているとすれば、これを習得しがたいのは、当然である。ことばを、たゞまねてみても、それだけでは、うわべのまねにしかならない。人はだれしも、まだ、それに、心をゆるさない。はいった土地のことばに、早く習熟しようと、まじめに努力する嫁は、できのよい嫁としてほめられるが、その嫁が、ことばをつかった時、まねの域を脱していないうちは、どうしても、たゞ、ことばのくみたてだけのまねごとにおわり、かんじんのアクセントが、生きてこないのである。この程度では、まねたことが、笑いをさそうことにもなり、いまだ、土地人としての、いたについたことばにはならないのである。單に、ことばのくみたてがとゝのったばかりでは、聞きとって、だれしも、その日常語としてのみず〳〵しさをおぼえない。こゝに、生活語の成立する、嚴然としたさかいのあるのが知られる。

　格式や分際の重んじられる点では、たとえば、目上の人に対することばづかいなども、しんけんにおこなわれる。それは、まつたく、けんそんしきった、敬意度の高いものである。それを、きちょうめんに言おうとする。やはりまず、あいさつのことばが、そうなのである。つねに、高い程度の尊敬表現法を用いるのであるが、敬語よりも敬意の方が先だつているかに思えるほど、それは、敬意の充実したものである。一般に、尊敬すべき人に対しては、たとえその人が若くて、じぶんは老年であっても、もの言いの文句は、けつしておろそかにしない。まさに、すみ〴〵までとゝのえたことばのつかいかたをして、いかんなく、敬意を表現しようとする。「はい」の一こえ、「へえ」の一こえの返事にも、その心もちの、なみ〳〵でないものを見るが、あのような、心の充実しきったものが、いまの敬意表現法である。しかも、こうしたことばづかいには、何の暗いかげもない。それは、思いちがいの卑下でもなければ、ひねくれたものでもない。たゞ、その時に、そのような言いかたをしないではいられないばかりであり、そのようなわきまえがはっきりしているばかりなのである。おもくるしさなどはなくて、明るい。時に、心をこめて、おも〳〵しく言うこともあるけれども、じつは、それも、こだわらない氣もちからのものであり、いかにも純粋に、それが出される。人々をつなぐ生活語のあたゝかさが、こゝにみとめられる。心やすく言うことのできるのが、土地の敬語法である。だいたい、けんそんの言いかたよりも、他を尊敬する言いかたの方が、さかえている。淡泊な氣もちで、きれいに他を尊敬する情念は、こゝにもうかゞわれよう。

廣く言って、ことばは行儀と一体なのを本位としている。ものごしと一致したことばの美しい世界を、人は理想としている。氣どったもの言いをしたりするのは、もっともつゝしむべきこととされている。生活語は、そうとうにきびしいものと言うべきであろう。その存在が、おのずから、教えになっている。

こゝに、生活語の独自の言語教育が見られる。それは、しぜんのしつけとして、人々の間におこなわれているのである。だれも、上に立って、言語教育を号令しようとはしない。多くの人の前で、ものの言いかたを説くものはいない。しかも、いつでも、どこにも、ことばづかいの教育がおこり、そのしつけがおこなわれている。つまり、生活語團体の言語生活が、そのまゝ言語教育なのである。ものを言いあう生活のそのまゝが、直接に、ことばのしつけになる。

家々のうちで、子どもたちにことばをしつけるのは、積極的な説明のかたちをとった言語教育の、唯一の場合であろう。けれども、これがまた、けっして、おもてだったものにはならない。うちまで、ちょうど、きもののきこなしを直してやるように、こう言うのだぞと、教えてやるのが、家庭でのことばのしつけである。人まえに出た時、はじをかゝないように、あらかじめ、そっとみちびいてやる。さし出て指導するよりも、ひかえていて氣をつけてやるのが本体である。客人の前で、子の不作法なり、わるいことばなりをたしなめる時にも、それを、こえに出して言ったとしても、心はむしろ、うち〱にもさとしたい氣もちである。あからさまに言っていましめることがあったとしても、こゝろは、むしろ、ひそかにつたえようとしているのである。そのような心ばせに出たこえは、心の耳をもって同情的に聞くかぎり、聞かれないものであろう。それはちょうど、客人にあいさつのよくできた子どものうしろに、おやの後援者を、同情のある心の眼では、見ることができないのとおなじである。そして、そのような心耳・心眼のよい持ちぬしになることが、土地の道徳に生きることである。このような人々によって、生活語の倫理性は、高められていく。

五

一方言として明らかなものに、一生活語の事実をみとめることは、もっとも容易である。何よりも、自己の郷土語を反省する時、生活語把握は実になる。

それを中心として、周囲を見ひろげれば、擴大された範囲でまた、一つの生活語圏が見いだされるであろう。生活語の小團体のうえに、それをつゝむ大きなまとまりが見いだされる。自己を中心として、しだいに、大きなまとまりが見いだされる。あるいは一村一島の方言から、一郡一地方の方言へ、小地方の方言から大地方の方言へである。すべて、自己の生活語圏の擴大として、自己の立場から、しだいに廣範囲のものがみとめられる。この方向を徹底させるならば、さいごには、國内全地方を一單位一範囲に見る生活語観・方言観に達するであろう。日本語方言という認識がなりたつ。これが、自己の生活語の世界として自覚される時、現代語把握は、もっとも具体的になる。

生活語としての見かたが、方言を、國語としてとらえさせる。どのような單位の方言をとらえるにしても、そこに、生きた國語としての方言を見るのでなくてはならない。國語の具体的なすがたを見るのでなくてはならない。ある單位の方言について、その中の一語句をとりあげても、そこに、國語の生きたすがたをみとめるのでなくてはならない。それが、生活語としてのとらえかたである。

六

もしも、方言のとらえかたが、分析一方で、たゞに要素を要素としてとりあげるだけであったら、生きた國語のとらえかたにはならないであろう。また、その要素を比較総合する解釈法は、かならずしも、國語のすがたをうきぼりにする方法にはならないだろう。それは、それとして、探究の独自性を持っているが、方言研究としての比較法は、また、他になくてはならない。

方言の事象は、どのような場合にも、生活語の統合された一頂点として、とりあげられる。その、國語としての事実をたしかめるために、類似の事実が、外周にもとめられる。おなじような事実が見あわされて、それの、國語としての事実性がたしかめられる。いよ〳〵ほりさげる意味において、ます〳〵廣く見られる。一つ〳〵の比較が、つねに、統合になる。統合の大きな見かたによって、國語がつかまれる。

一方言について見て、他の方言と見あわすことになれば、それは、生活語としての見かたから、さいしょの方言の見かたの、順当な擴大になるのでなくてはならない。國語としてのすがたを、そこに見ひろげるのでなくてはならない。あれこれの方言を見ていくことが、そのまゝ、全一的な生活語を見きわめていくことになる。方言分布の見かたは、けっきょく、さいごに、全國分布を一つに見る見かた、つまり日本語が一つの方言であるという見かたにすゝんでいかなくてはならないだろう。それが、眞に、生活語としての現代語把握である。

七

方言を地方語とし、中央語を考えて、両者を対立させるのは、平面的外面的な方言観にかたよったものである。方言に國語を見る立場からすれば、地方語と中央語とのけじめは、いらないことになる。方言を自覚的にうけとれば、まず生活語がある。これが、じぶんのよって立つ國語である。一方言は、國語にひろがる。中央語があるとすれば、それは、じぶんの生活語の擴大のうちに、おさまってくるものでなくてはならないだろう。

標準語というものも、この生活語の、中枢標準になるものである。一地方語には、一地方語なりに、そのうちに、標準語意識がある。これが成長して。一國語の標準語観になる。國語の標準語体系は、日本語方言の生活語の事実から、みちびかれるべきものである。

方言俗語の考えかたや、方言を卑語と見る見かたも、不用意に、中央語を高くかゝげている。今は、そのような習慣的なうけとりかたにとらわれることなく、方言を直視し、生活語としての事実を見ることに、徹することが必要であると考えるのである。

八

以上は、ひとえに生活語観を強調したようであるが、本旨とするところは、方言の動態に着目し、これを統合的にとらえることによって、國語をつかむことにある。この目標を見うしなわないかぎり、方言研究のどのような方法も、適宜に生かされるであろう。生かされることによって、生活語の把握は、ます〳〵確実になるはずである。

（『国語学』第二輯　昭和二十四年六月）

頁	行	誤	正
11	2	どのやうに	どのように
11	4	べきものだつた	べきものだった
13	19	となつた	となった
14	8	非難となつて	非難となって
14	12	土地によつて	土地によって
15	15	生活によつて	生活によって
16	4	文句	文句
16	6	さいしよ	さいしょ
16	8	くれなかつた	くれなかった
17	8	まつたく	まったく
17	10	先だつて	先だって
17	11	けつして	けっして

方言研究の推進

藤原与一

はしがき

一九六五年六月五日、大阪市の帝塚山学院短期大学で、「日本方言研究会第一回研究発表会」が開かれた。その席で、私は、右の題目のもとに、すこしの発言をした。今、そのあらすじによって、所見のいくらかを、開陳してみたいと思う。

　言うまでもなく、この発表では、私は、私自身を強くむち打ちたいと思っている。

方言研究の推進

すべての科学者が、今日よりは明日にと、願いをかけ、夢を描いて、進歩を期している。方言の科学を思念する者として、私もまた、つねに、進歩を志していなくてはならない。方言の研究を、今日よりは明日にと、推し進めていくことを、考えていなくてはならない。

　方言研究の推進のために考えるべきことは、一つに研究対象の開拓であり、二つに研究方法の反省である。二者は、二にして一でもある。

　研究方法の反省に成功すれば、今までの、もののとらえかたを、是正することができよう。また、今まではあつかわないできたもの（あつかうべきことを知らないできたもの）を、進んであつかうようにもなろう。研究法の展開が、旧対象の新しい把握、新対象の新把握になる。

　右の意味をくんで、私は、以下に、方言研究推進のための、二・三の提言を試みる。（ここに述べることにとどまらないで、さらに多くのことを述べてみたくも思う。しかし、また思うのである。議論よりも実践であると。）

「純粋音声言語としての方言」を研究すべきこと

私は、このせつまたいちだんと、方言は、純粋音声言語として、これを研究していかなくてはならないと思う。

　もちろん、人はたいてい、口頭語の方言を、これまでも、純粋音声言語と見て、研究してきたはずである。話しことばというとらえかたは、みな、「音声言語」のとらえかただった。が、ふりかえってみると、その音声言語のとらえかたは、かならずしも、純度の高いものではなかった。どうかすると、しぜんに、書きことばの見地が導入された。――そこから、話しのことば、音声言語を見ることが、すくなくなかったようである。たとえば、〃そうですノー。〃とともに、〃ソーデス　ノン。〃と言う〈近畿、紀州例〉、その「ノン」をとらえては、これを、「ノ」と「ン」とに分けてとり上げたりした。関西の「スズシ　ナッタ」（涼しゅうなった）をとらえては、連体形の「スズシイ」が副詞的につかわれていると説いたりしする。方言の現象を、何ものにもこだわらないで、純粋に、音声言語の発現として見ることが、とかく不徹底だったのである。このような趨勢に対しては、私どもは、「純粋な音声言語としての方言現象」を、直視する必要があると、強調しなくてはならない。

方言の研究は、共時論的にも、比較論（――すなわち通時論）的にも展開せしめられる。比較論ないし地理学的研究のためには、比較すべきものの理想的なとり上げが先に必要である。それゆえ、方言の研究は、一般に、共時論的研究を基礎基底とすべきことが考えられる。その基礎で、私どもは、まったく純粋一路に、方言の純粋音声言語をねらわなくてはならない。ものを正しくとり上げることが、すべての方言研究のもと、貴重な出発になる。

私は、先年、津軽方言の調査にしたがって、こと新しくも、方言を、まったく、純粋音声言語としてとらえるべきことを痛感した。津軽方言には限らない。広く東北方言を見ても、その実相は、音の徴細にまで迫らなくては、とらえることができないのである。南方の琉球方言などに関しても、同じことが言える。

さて、津軽での私の経験によれば、こんなことがあった。〃あのね。〃というような気もちの表現の時、

○アノ　シ〔ï〕ァー。

と言う。「アノ　シ〔ï〕」の「シ〔ï〕」は、「もし」の「し」であろう。――これが、文末の、呼びかけの文末詞である。「あの、もし。」なら、なるほど、〃あのね。〃の意味になるはずである。ところで、その「シ〔ï〕」のあとに、わずかな〔a〕音がついている。わるくすれば、聞きのがしもしかねないものである。気づいても、「なんだか、終わりで、口が開くな。」というぐらいなところがある。しかし、気をつけていると、だんだんに、この種のものを多く聞くことができる。たとえば、

○ハッテ　マッテ　ヘァ。

はいって、待って下さい。（「ヘ」は「セ」の転。「セ」は「サイ」の転。「サイ」は「なさい」。）

と言う。「ヘ」で終わってもよいものが、「ヘァ」となっている。「ァ」が問題である。また、つぎのような例がある。

○ンダ　オン　シ〔ï〕ァー。

だもんねえ。

○ソンダ　オン　ネシ〔ï〕ァー。

そうですものねえ。

これらは、さきの例と同じように、「もし」の「シ〔ï〕」のもとで、「ァー」を見せている。

○ヤマサ　イ〔ï〕グベァ。

山へ行こうよ。

これでは、さきの「へ」に似て、「べ」のもとで、「ァ」音が出て

いる。中止的表現の場合でも、こういう音を出す。たとえばこうである。

○ユキ〔ï〕ツモッテァー。

　　雪が積もってね。

要するに、文表現で、相手に訴えかけると、その末尾に、右のように、特殊の〔a〕音を随伴せしめるのである。事実は、上記のように、一つの規則的なものとしてとらえられる。いよいよもって、私どもは、これを、無視することはできない。考えてみると、これは、文末に必要な、相手への訴え音なのである。——これを、文末訴え音と呼びたい。

津軽で、こういう文末訴え音を耳にしつつ、私は、すぐに、仙台方面、あるいは宮城県下の、

○ハーイー。ナニ〔ï〕ー　ッシャー。

　　はあい。何ね。（店の主婦が、買いものに来た幼男に言う。）

などの「〜シャー」を思いおこした。出雲地方や北陸地方の「ニャー」文末詞も思いおこした。それらは、「シャ」とか「ニャ」とかに聞こえても、もともと、「シァ」「ネァ」なのだ。文末音〔a〕のはたらきがみとめられる。右の宮城県下例だと、「何し」（「し」は「もし」の「し」）の問いかけの下に、文末訴え音の〔a〕がついたのである。

考えてみると、〔a〕音が、文末に立って、なんらかの訴えの効果をになうのは、理にかなったことのようである。訴えは、すべて、顕著な形態をとってこそ、訴えの本旨にかなう。（たとえば、〝そうです　ヌー〔u:〕。〟というような「ヌー」形態は、音の聞こえが顕著でないから、文末の訴えの要素としては、適当でなかろう。）〔a〕音は、口の開いた、聞こえの効果の大きいものゆえ、文末での訴え効果をになう特殊要素として、出てきてもよかったはずであろう。

方言の把握としたら、音韻の研究にかぎらず、どの方面の研究の場合にも、実体・実情・真実の把握のために、私どもは、方言現象の、その音声形態を、微細にわたって、とらえなくてはならない。その正確と徹底とのために、今は、こと改めて、

　　方言を、方言の事象を、
　　純粋音声言語としてとらえる

という言いかたをしたいのである。「純粋音声言語」という、その「純粋」に力点がある。この「純粋」の見つめかたが、もっとも純粋で、高く深くなくてはならないと思う。

方言の世界は、純粋口頭語の世界である。そこにはいっては、私どもは、出てくる現象のすべてを、もっともしぜんに、純粋音として、純粋音の連続としてとらえるべきである。——このさい、純粋音とその連続とが、生きたことばのすべて、生きたことばの事実なのである。純粋音声言語を、それとしてとらえた時が、ことばを、生きたすがたでとらえた時なのである。

文字も何もない、未開民族の言語は、はじめてこれを調査するさい、諸現象を、まったく、音とその連続としてうけとる。純粋音と勝負することが、研究者に要求される。方言の世界に臨んだ場合も、つまり、右の場合と同様にことを考え、同律にものを処理していったらよいのだと思う。書くことを予定しない方言の世界に、書きことばからの類推をもって臨むことなどは、あってならないと思う。

以上の趣旨に関連するものとして、拙稿「津軽方言の研究」―（「方言研究」考）―がある。（広島大学文学部「紀要」、第二十四巻三号、一九六五年三月）

方法の学問かものの学問か

前項の論旨をうけて、ここでは、ものの学問の重要性を強調したく思う。

方言研究について、いちおう、「ものの学問」「方法の学問」というような判別をしてみよう。ものを正しくとり上げることの、いかにたいせつであることか。ここのところを正しく通りきらなくては、方言研究を、正しく前進させることはできない。さきの文末訴え音にしても、ここまでを処理しなくては、方言の事実を聞いたことにもとらえたことにもならないのであるから、これの正確な把握にまで、「もの」の学問を、徹底させる必要がある。

「もの」の把握は、実体の把握である。方言研究のためには、方言研究にふさわしい、堅固な実体把握がいる。

そうであるのに、今日までのところ、ものの学問はそこそこにして、方法の学問にほねをおるという傾向が、わが方言研究界に、なくはなかった。この傾向が、今もなお、かなり強いかもしれない。

これは、わが国の方言研究界ばかりのことではないようである。

西洋の言語地理学の、二・三の実践を見たところで言うと、製図にかける資料そのものの整頓に、私などのすぐに感じる疑問があった。たとえば、現地調査の調査貟をつかっても、調査貟たちの質の高下はまちまちである。これでは、いろいろの質差のある資料があがってこよう。調査期間も長い。長い期間に、質のちがった人たちが作業して得たものを、かまわず一枚の地図に排列する。期間については、ある長さはやむを得ないとしても、その長さに対する、言語地理学的な用心が薄かったのには失望した。（長さに対する解釈と、調査をできるだけ短期間作業にしようとする良識とは、つねに必要である。）ある学者は、方言音韻の地理学的調査で、年層のはなはだしくちがう諸対象人物をあつかい、男女別も無視していた。そうして、〝ここでの九十いくつかのおじいさんは、ひじょうによい被調査者であった。〟などというのである。そのようなあつかいで、その人は、多くの音韻分布図をつくっており、音素上の、こまかい議論を展開していた。その作品は、学位受領の論文だった。バンクーバーの一大学の英語文体論をやる教授の質問が忘れられない。彼は私に、イギリスの方言地理学についての意見を聞いた。調査期間のことを私が問題にすると、彼はそれに同調すると同時に、〝調査する人その人の、質もそろえられていなくてはならないのではないか。〟と切りこんできたのである。

ものを正確に――（あらゆる意味において）――とらえる、「ものの学問」に徹底するということを考えた時、私の経験した西洋の方言地理学は、けっしておそろしいものではなかった。どころか、むしろ不安なものだった。西洋の方言地理学、かならずしも進歩してはいない。進歩しているのは、製図学――まさに製図学！――かも知れない。

私は、すくなくとも、こう言いたい。「ものの学問」を、けっして、そこそこにしてはならない、と。かつて、朝日新聞の「新・人国記」に、こういうことばがあった。（昭三九・八・二七）

「私は学者じゃない。資料を採集する肉体労働者だ」

これが、だれのことばであってもよい。私どもは、これを頂きたく思う。研究の手だてをくふうする前に、原資料を正しく整頓する肉体労働者になること、これが、方言研究者に必要ではないか。

比喩でなら、こう言える。水を使用する生活のためには、水道管を改良するよりも、湧いてやまない水源を掘ることが、まず大切である。

アメリカの構造言語学を適用して、その方法にしたがって、日本の方言というものをとらえるとするか。その時も、「水道管なり、水の輸送設備なりを用意して、それに合わせて、水源をたずねる（または掘る）。」ようなことにはならないことに、徹底的でなくてはならないと思う。

研究のために、方法の観念がさき立つことは当然であろう。であっても、ものに直到したら、もののために、ものの要求する方法を、ものから、聞きとらなくてはならない。今日までに、わが方言研究で、いかに、こと多く、西洋の〝理論〟や方法が適用（じつはおしあて）されたことか。おしあててみて、適用の限界を考えたりしたのは、一方から言えば、迂遠なことであった。非自律的なことだった。（立場というのは、自律的なもののはずである。）

処理法は予定されるとしても、ものにしたがう処理法改訂も、予定されていなくてはならない。この態度で臨めば、つねに、ものの見かた・とらえかたを、新しくしていくことができる。もののとらえかたを新しくすることと、とらえてからの処理法を新しくすることが、つねに一致しているのが理想的である。

方言会話の研究

さて、ものの、新しいとりあげかたとして、一つ、方言会話の研究があると思う。方言研究は、こういうがわからも、推進していくことができるのではないか。

方言の現実は、会話の現実である。人と人との間で、何かが話されるところに、方言の真骨頂がある。方言は、会話に、生きている。こう気づいてみれば、方言会話の研究は、もっともあたりまえのことだった。

では、方言会話というものを、どのようにして研究していくか。ここで、だれでもがすぐに採用していくことのできる一般的・合理的な手順を立てることは、容易でない。じつは、このため、今までは、こういう部面の研究が、おき去りにされてきたのだろう。しかし、研究の重要さがここにみとめられるとすれば、私どもは、科学的な討究法の発見につとめるべきである。

一つには、方言会話を、会話の中の一人の発言者にのみ即して見ていく分析法が考えられよう。このさいは、一発言者の表現の、センテンスからセンテンスへの連続の構造が、研究の主対象になる。

二つには、方言会話を、人間対人間のこととして、二者以上の相関の中で見ていく分析法が考えられる。このさいは、彼の一センテンスに対して我の一センテンスが出るなどの、対応・索引の「文」（→「文章」）連接構造が、研究興味の主対象になる。

会話の中の一人の人間の、やや長い話しなどを素材にしては、その個人のセンテンス連続構造が問題になるのみならず、その場面の展開が問題になる。場面の展開が分析されれば、それに合わせて、出現の個々のセンテンスを分類してみることもできる。（去年、瀬戸口俊治君は、大学院の演習で、このような試みを発表した。）このさいは、話題による表現の制約いっさいを考慮することの周到さがいる。

　話す時と書く時とでは、私どもの、意識の流れがちがおう。書く時は、じっくりと、物を押さえるようなここちであり、話す時にくらべれば、意識の流れがおそい。話す時は、一般に、意識の流れが、より早くて、かつ、やや乱雑にもなり、一線的でない。こういうことからしても、方言表現の「文章」形態の分析には、書きことばの分析にはとらわれない自由さがいることが、明らかであろう。

　方言会話に、個人的習癖のあることは、しばしばみとめられるところである。応答のことば一つにしても、時に、個人的習癖の甚しいものがある。方言会話に、方言的な習慣のあることも、時にみとめられよう。入間ことばなどと言われたものも、一種の、方言会話の地方的習慣と言えるのではないか。方言的習慣の顕著にみとめられるのは、通常、特殊の場合においてばかりかもしれない。また、かぎられた、特定的な方言においてのことかもしれない。そうであっても、なお、私どもは、一般的に、方言には、その方言会話の方言的習慣のありうることを、予定しておくことが、有意義だと思う。明確なものがすぐに発見できるかどうかは別として、方言的習慣の存在する可能性は、どこの方言にも、あるはずである。

　会話法を、個人に即して見た場合、「反復傾向」は、どこのだれにもみとめられる、顕著な事実にちがいあるまい。反復法のほかに、何が、これと並ぶほどに大きな傾向をなしているか。ちょっと、思いよりもつかないほどである。方言の会話には、方言人の、たくまない、それでいてじつにうまい反復表現が多い。

○カーチャン　ココイ　イコ。ココガ　イー　ヨ。

　かあちゃん、ここへ行こうよ。ここがいいよ。（愛媛県今治駅で。汽車に乗りこんだ母子）

これは幼女の見せた反復表現である。人はしばしば、第一文のつぎに、それのわずか一語をさしかえただけの第二文を、くっきりと光らせる。会話表現の効果の、見すごしがたいものがここにある。

　やりとりの、二者間の会話でなら、たとえば狂言の太郎冠者が、主人のことばをくりかえす。一見、機械的なくりかえしが、かえっておもしろみをおこしている。ああしたことも、方言会話に頻出することである。

　方言会話研究のためには、とにかく、会話例を、相当に長く、記録してみることがよい。第一には録音し、第二に、それを忠実に転写する。その結果を、縦横に解剖し、比較すべき要素・要件は比較して、統合の努力を重ねる。このようなしごとを、いくつもいくつもの、ちがった録音例について、やってみる。それらの作業結果を集成する。こうすれば、なにほどかの、科学的な説明は、かならず実現することができよう。（一つの資料例として、「三重県方言」第一三号　特集「志摩町越賀・和具の会話」をあげておく。）

　科学的な説明として、たとえばさきの反復法に関連しても、なんらかの、会話法の型というようなものを明らかにすることができようか。型や傾向や特殊相が、いろいろに見いだされるようだとおもしろい。方言会話ですぐに見られる特性の条々をあげることができ、さらに、方言会話にでなくては見られないような特性の条々をとらえることができたら、研究は成功と言える。

方言会話の研究は、「生活語としての方言」の、総合的な研究になる。連文法（「文」の連接法）や構文法の研究、直接表現法や間接表現法の研究なども、おのずからここに含まれることは言うまでもない。生き生きとした方言研究が、この方面の研究に、期待されよう。

抑揚の研究

つぎに、私は、生きのよい方言研究のため、抑揚の研究を提案する。この面で、方言研究を推進させることも、私どもの急務だと信じる。

抑揚は、一センテンスまたは二文以上の連続体に、文脈と並行するものとして認定されるところの、イントネーション、「音の高低起伏の波の進行事実」である。

イントネーションという術語を、センテンスアクセントという術語とは、区別する。センテンスアクセントは、文字どおり、一センテンスにみとめられるもの、―そういう、かぎられた特殊の場合として、連文の極限である一センテンスにみとめられるものである。（こうしておいて、センテンスに関しては、語につき語アクセントを言い、文につき文アクセントを言う。以上で、名目の意義と利用法とは、はっきりとしていよう。）

抑揚そのものは、純乎たるパロールである。しかし、一瞬々々が偶発的に見える、くらげの運動にも、運動の摂理があるにちがいないのに似て、偶発的個別的に見える個々の抑揚にも、その二つ以上にわたる、なんらかの共通因子があるはずである。すなわち、抑揚にも、そのパロールを支えるラングが、そのすぐ背後にあるはずである。不安定そうに見える抑揚にも、じつは骨が通っているはずである。骨がなかったら、抑揚は抑揚として立つことができない。（――人に、ある意味のもとで、通用するものとはならない。）抑揚に骨があり、個々の抑揚に、共通的な因子があるため、抑揚の発現も、多く類型的なものとなる。抑揚の研究は、この類型の把握を主要目的とする。

抑揚の類型は、抑揚の社会的習慣である。それゆえ、これが、方言社会に存立する方言の研究のうえで、重要な研究項目になる。むろん、多方言にわたって、抑揚類型の比較的、地理学的研究をすることも、興味ぶかい作業である。

抑揚類型の探究把握のためには、個々のパロールとしての抑揚が、的確にとらえられなくてはならないことは、言うまでもなかろう。とらえてみれば、個々の抑揚自体、みな、言語表現の生命を反映する、意味の深いものである。この点では、個々の抑揚をとらえることそのことが、すでに抑揚研究の直接目的にもなるはずである。抑揚の記述の重要性（――したがって、抑揚類型の把握の重要性）を、私は、つぎのようにも、説明してみたく思う。

方言の研究を、従来の研究部門別（音韻・文法など）を超えて、新しい心がまえでおこなうとすれば、

{ 意味の研究
　 抑揚の研究

の二見地で、おこなっていくことができるのではないか。私は、この二途を考えることが、研究法の新展開になると考えている。意味論は、文法にも、音声音韻にも、語詞語彙にもわたり、それらのすべてに関与する。――言いかえれば、それらすべてを被う。被って、しかも内在論的見地に立つものである。抑揚論も、直接には話しことばの、文法にも音声音韻にも、語詞語彙にもわたるべきものである。そうであって、この方は、形式論的見地に立つ。このように、

二者は同方式のものであって、かつ、表裏関係に立つものである。表裏に見わけうる二つのもの、この二途が、二にして一、必要にしてじゅうぶんな方法だと考えられる。このように考えられる「二にして一」の抑揚研究の重要性は、多く言うまでもなかろう。その抑揚研究のいっさいのために、どんな個別の抑揚の記述も、——その記述の一個も、きわめて重要である。

抑揚は、言語表現の感情曲線とも見られよう。未知の人同士も、抑揚で、心を通わすことができる。抑揚は、ことばの意味作用そのものとも言うことができる。抑揚が、生きたことばでもある。

それゆえ、抑揚類型の研究も、ただに形式的なものになってはならない。表現の表現力・意味作用を確認するために、抑揚類型を求めてこそ、それを求める意義がある。

抑揚類型の探究としたら、はじめに、センテンスの抑揚（イントネーション）——文アクセントについて、類型の探求をしたのがよい。つぎに、特殊構造の二文連結体（たとえば「ハイ。ワカリマシタ。」）についての類型探究におよぶ。

以上、私は、「言語研究」の方法として、「抑揚の研究」を考定する。抑揚研究の開拓が、方言研究を大いに推進せしめることになるのは、明らかであろう。

むすび

方言研究の推進を主題にして、私は、方言会話の研究や抑揚の研究を強調した。これは、巨視的方向の開拓を言っている。一方、純粋音声言語の観点から、方言現象の微細を精密に観察すべきことを強調している。これは微視的方向である。どちらの方向にしても、分析にちがいない。私どもが、分析を正しく二方向におし進めて、現実の現象の円満な把握につとめる時、方言研究は、方言科学の名にふさわしいものになろう。

日本語の方言に即し、その現実のものを、正しく二方向からとり上げるならば、まさに日本語学の名に価する、方言の学問ができよう。こうしてうまれる、方言の、真の日本学が、世界の他国の方言研究にも、よい影響を与えるはずである。

方言研究が推進されて、わが方言研究が、それこそ、世界への文化的影響力を持った「日本の方言研究」、方言科学になることが、願わしい。

（『国文学攷』第四十号　昭和四十一年六月）

頁	行	誤	正
24	下9	とらえる	とらえる。

東京までしかないんです。　＜本州への旅の経験が＞

北海道中を，文アクセントを聞いてまわったら，どんなことになるか。

文アクセントのことに限らない。いわゆる文表現本位の見かたで，北海道の諸所に，方言研究を加えるか。ずいぶんおもしろいことが，たくさん言えるようになると思う。

北海道方言の動態を把握するたてまえで，研究の歩を進めるとすれば，従来の「単語の方言研究」の反面で，諸種の総合的研究をやっていかなくてはならないと思う。

7．北海道開拓が，なおこれからだとも言えるのと同様に，巨視的分析の研究法の開拓も，なおこれからである。

巨視的分析の行きかたも，微視的分析の行きかたも，ともに，行けば無限の道である。

微視的分析の，新鋭の方法も，そういう無限の道の一開拓として，文字どおり，方法論的に光る時に，私どもは，そこから，多分の刺激と多大の発展的意義とをうけとることができる。

（『方言研究年報』通巻第9巻　昭和41年10月）

いま，ちょっと，お話し中で，ちょっと，わかりません。　〈タクシー会社に電話をかけて〉

○ココラ　「センタハイヤー」　アルンデスケド，マダ　キテ　ナインデス。

ここの「センターハイヤー」があるんですけれど，運転手さんが，まだ来てないんです。

この娘さんの，出所来歴はわからないが，このように，私あてに，共通語的な発言をし，発音一般もまず共通語なみでありながらも，その文アクセントは，上のように，地方的だったのである。

単語に分析して，語アクセントを調べたら，この娘さんの語アクセントは，どんなだったか。それはいずれにもせよ，現に，文アクセントがこうある。（この人が，もし，自由に郷土的なもの言いをしたら，文アクセントに，もっとよく，郷土的な，注目すべきものが出たかもしれない。）こうある文アクセントを，これとしてとりあげ，その特色を吟味することが，方言研究上，要求せられる。語アクセント的には，この人に，方言色の濃いものをみとめることができなかった場合にも，文アクセント上からは，この人が，地方語の語り手として，かくべつに注意されることになるのである。

この場合に明らかなように，微視分析の調査・研究だけでは，ことはすまない。顔前の対象に向かっては，とりあえず，その特徴面の調査をしなくてはならないのである。

北海道方言が，土地人士の世代によって，その推移・変化を示していることが，言われている。北海道一世から二世・三世へと，各地で，その方言の推移を見せているのは，興味ぶかいことである。さて，その中で，文アクセントの習慣のごときは，どんなになっているのか。こういう，大きな単位の総合的事実で，言語の世代推移を検討していったらおもしろかろうと思う。──じつは，こういう探求が，言語の世代推移を見るうえに，だいじであると思う。

さきの娘さんの文アクセント例だと，「文アクセント傾向」の基質的なものは，ずいぶん，動きにくいものののようにも思われる。

北海道，弟子屈で，父君は山形県出身という，該地生れの娘さんに会った。その，私への文アクセントがこうであった。

○アド　スグ　トケッチャウケド　ネー。

あとすぐ，解けてしまうけどね。　〈雪のこと〉

○トーキョーマデシカ　ナインデス。

うに思う。（自分には，ずいぶん古くさいことのように思われる。）

これは，微視的分析を拒否することを意味したりするものでは，毛頭ない。方言の科学的研究のため，私も，当然，微視的研究を重視する。と同時に，巨視的研究も重視する。

ところで，文表現本位の研究という程度の巨視が，意外に発達しないできた。このために，しぜん，私は，微視的分析の反極としての巨視的分析を，強調しつづけることにもなったのである。

人生の中での，自己の研究生活の運命を思っては，私は，いつも，「最重要のものは何か。」と考えざるを得なかった。そこで，方言研究の方法に関しても，いきおい，巨視的方向に，より多くの力を用いてきたのである。

5，微視をするのにも，私はこうする。すなわち，その事実を方言の事実としてとらえるのに，まず，ものとして，文表現の座で（文表現の形で），その事実をとらえるのである。微視分析以前に，事象をまず総合的にとらえるのである。

微視はどのように微細な微視であってもよい。だが，その微視事実は，生き生きとした，方言の一ことばのうえで，――その前後関係の中で，とらえるべきである。できれば，その事実の提出には，その事実の含まれる文表現例を~~付け~~そえるようにしたい。

短句だけをとりあげて，それで方言の文法（たとえば接続助詞の用法）を説明するのではふじゅうぶんである。一接続助詞の説明，あるいは記述のためには，まず，そういう接続助詞の含まれる文例（文表現例）をとりあげることが望ましい。音韻の微視にしても，けっきょくは，どこかで，その音韻の，音韻としての機能性を明示する文例――現実場面――を提出することが理想的である。

微視を微視のままに突き放すことは，言語の研究として穏当でない。科学的厳密を期しての微視が，ただの機械的厳密におわったのでは，言語研究として，じゅうぶんでない。

6．この夏，北海道の旅をした。道南，渡島半島，大沼公園で土地っ児，娘さんの，注目すべき文アクセントを聞くことができた。それは，私に対することばを色どった文アクセントだった。二例をあげれば，つぎのとおりである。

○1　ラ　チョット　オハナシチューデ，チョット　ワカリマセン。

言語研究としての方言研究

藤原与一

1．この道の研究者世代は，近来とみに若がえったようである。最近の「言語研究」誌を見てもそのことが痛感される。

新しい研究と，新しい研究スタイルとが，若い研究者世代から，どしどし提出されつつある。

それが，よしんば外国の学問の踏襲などである場合にも，私は，新世代人の新研究動向を，貴く思う。そこからは，いろいろの，よいものが引き出せるからである。

刺激として，その新しい動きをとらえた場合にも，人は，刺激に対するさまざまの反応を自覚しうるはずである。その反応が，動に対する反動（正に対する反）であっても，そのことがまた，じつに貴い。

2．今日，私は，もはや，古い世代の人間である。開拓を開拓をと思っているうちに，いつのまにか，自分が，古い世代の一人になった。

急ぐ気もちで，先端的な研究，俊英の研究に学ぼうとしているのである。

新しいものが，よくはわからないことが多い。わからなくても，わかるはしばしを味わうのがたのしい。

新しい行きかたの意味と目的とが，わからないこともある。目的論が不在かと思われる場合もある。しかし，そのようなおりも，新しいものに接し，新世代人の清新な力づよさに接することはたのしい。

どんなことをやっているのでもよいと思う。もの・ことが新しければ，それらは，みな，それぞれ，私のだいじな薬になるのである。

3．が，もし，一般的なことを言うとすれば，

『方法にはものが先立たなくてはならない。』

『方法の精密のためには，ものが豊富でなくてはならない。』

『方法はものが教えるのでもある。』

と言えよう。――これらのことは，不動ではないか。

4．私は，一貫して，文表現本位の方言研究，言語研究を主張してきたよ

方言学推進を旨とする私の研究展開

本稿は、昭和六十年四月三日の一会合で口頭発表したものに、手を加えたものであります。

藤原与一

研究展開とは、研究が展開するという意味で、また、研究を展開させるという意味で、つかってみたことばであります。私にとって、方言研究は、いま、自己のうちに、しぜんに展開しているものであります。が、また、私は、これを展開させようともしています。

第一章　昭和日本語の記録

一　私が日本語について知るところ

私は、日本語（↓現代語）について、知ることがごくすくないありさまです。たとえば、受けひきのことば（応答の文句）（あいづちことば）一つを考えてみましても、現代日本語について、私が知るところは、ごくすくないのであります。たとえば、薩隅方言下の大隅内の浦方言について、その事実をとりあげることができていますが、考えてみますと、これも、いわゆる薩隅方言の事例のいくらかにとどまるもののようです。ましてや、全国諸方言について、せめても、ただいま内の浦方言について申しのべうる程度のことを申しのべようとしても、それはもう、明らかに不可能なことなのであります。

まず、内の浦方言の調査結果をお聞きとりいただきましょう。まず、

○シター↗。

　ふうん。

○ヂャー　ヂャー。

　そうか！そうか！

○ヂャ　ガ　ヂャ　ガ。

そうそう。

があります。

○ソイ　ソイ。

そうだそうだ。

というのもあります。つぎに、

○ヂャ　ネー。

だねえ。

があります。つぎには、

○ヂャライ。

そうです。

があります。「ヂャライ　ナー。」（そうですなあ。）などの言いかたもなされています。「ヂャライ。」は、「ヂャルワイ。」からのものでありましょうか。さてつぎには、

○ヂャヒ　トー。

そうです。

があります。

○ヂャンヒ　トー。

そうですよ。

もあります。つぎに、

○ヂャッチョー。

そうだよ。

というのがあったかと思われますが、これは不詳のものであります。つぎに、

○ヂャ　ドー。

○ヂャッ　ドー。

そのとおりだね。（そのとおりですね。）（そうだそうだ。）

があります。また、

○ヂャン　ド。

そうだそうだ。

もあります。つぎには、

○ゴアンド　ナー。

ええ、そうですねえ。

が見られます。これには、助動詞、「だろう」の「ド」が見られますが、土地人の説明は、〝これは、「ええ、そうですなあ。」と、すぐに受けひくことば。〟とありました。

○ゴアンド　ガー。

は、〝「そうでしょうが？」と、相手に聞くもの。〟とのことであります。さてまた、

○ゴザンシタ。

でした？

というのがあります。「どうどうで　ゴザンシタ？」と問うことばが、はなはだしい略形になっています。これも、問いのかたちによる受けひきになっています。薩隅方言下に、文表現の大部の省略される習慣があり、「今日は。」とのあいさつことばも、「チャシター。」などと言われています。これは、「コンチャ　アダッ　ゴアンシタ。」（今日はまだでござんした。）からのものでありましょう。このような省略習慣のもとで、いわゆる応答のことば（受けひきことば）も、上掲のようなものが見られることになっているのでありましょう。

　薩隅方言下、内の浦方言での、以上ひとまとまりの状況に関連するものは、九州方言下に、どう見られるのでありましょうか。「ジャヒ　トー。」「ジャイ　トー。」（そうかね。）（そうですか。）などは、肥後に、わりとよく見いだされるものでありましょう。「ジャージャー。」（そうだそうだ。）（そうですそうです。）は、九州東北部の大分県下に、ひとりよく見られるもののようであります。総体には、薩隅方言下を除くと、九州方言内に、受けひきのことばの、さほどまでの多彩さは見られないかもしれません。が、これは一つの推測に過ぎず、ことがらは、私にとって、まったく未詳であります。

「ジャージャー。」一つなら、国の諸地方内の状況に関して、たとえば南紀にこれが見られるなど、多少の立言が、私にもできますけれども、受けひきことば一般となりますれば、これの全国状況を語ることは、今の私には不可能であります。ことほどさように、私は、日本語について、知ることがすくないしだいであります。

　東北地方の受けひきことばには、「ンダ。」（そうだ。そうです。）があり、これは広く知られていましょう。その周辺には、同趣のどんなものがありましょうか。「ンダ　ス。」（そうです。）などは措くとして、他にどんな特殊慣用文が見られるのでしょうか。私には、調査不十分であります。余談ながら、さきの内の浦方言にもどりますと、「ンダ　ンダ。」というのがあって、これは、「まあまあ！」とびっくりした気もちをあらわすことばであります。「エー、ンダー。」（まあ！）との応答文句もあります。所かわれば、ものが、こうちがって、分布調査もゆだんができません。（ちなみに、内の浦地方では、〝むかしは「ンダー。」と言っていた。今は「ンデー。」だ。〟とも言われていました。）

　せまい範囲のこと、受けひきことば一つを問題にしても、日本語でのありさまを知ることは、じつに、容易ならぬことであります。日本語を研究しようとするからには、私は、おおいにしごとをしなくてはなりません。

二　今日の「日本語の地方状態」に関して

このさい、現代日本語の地方状態について、一言してみましょう。日本中には、調べれば見つかることが、まだまだ多いと思われます。いえ、すぐに見つかるもの・ことが、どんなに多いことでありましょうか。日本語はどんどん変貌していっているとも考えられますが、他方、変貌のゆるい局面も多く、また、不動とも見られる底面もあります。変わって変わらないのが言語であるとも言えましょうか。ここでだいじなのは、言語推移に関する基本的な考えかたと、動いてもいく言語を調査する態度の純粋さとであります。態度上では、ひとまず私なりに、自然傍受の徹底におもむく時、私は、そこでたちどころに、日本語の不動の深部にもふれていくことができるのであります。

去年は、愛媛県下の八幡浜市で、一つの経験をしました。私は、したしい先輩の宅で、土地っ子二人の男性の、ざっくばらんな気もちでの会話を聞くことができました。そこでただちに思ったことは、ここに出ている話しぶりが、大正末年、松山の師範学校の寄宿舎で私の聞いた、南予出身の同僚たちの話しぶりにそっくりということでした。変わらないありさまが、このようであります。私どもの前には、どこにも、たのしい調査探求の世界が開けているのではないでしょうか。

研究は進歩しても、どの道にもあれ、なお、まだまだ調べなくてはならないと考えられることが多いありさまでしょう。私は、多いのが道理だと考えてみます。最近は、鈴木博氏の『室町時代語論考』に接しました。また、朝倉尚氏の『禪林の文学――中国文学受容の様相』に接しました。諸兄が求めて調べに調べていくさまが、ここに明らかであります。これらに励まされつつ、私もまた、いろいろと、調べていかなくてはならないことを考えるものであります。

現在、まずまずのところで発表をしたものが、たとえば、方言敬語法の研究、民間造語法の研究であります。また、文末詞〈文末助詞〉の研究であります。これらでは、日本語の地方状態の把握を目ざして、いくらか、こまかな努力もつみかさねました。

自分が求めたく思いますのは、理想的な実態記録であります。日本語の地方状態の広大であることを思えば、理想への道が、多岐亡羊たるものであることが思われてなりません。けれども、そのようであるからこそ、私は、調査のしがいも覚え、記述のしがいも覚えるのであります。

三　日本方言辞書

理想的実態記録の悲願の存するところ、一つには、日本方言辞書の編述がございます。

これと、『昭和日本語の方言』『昭和日本語方言の総合的研究』とは、私の求める三つの祈念塔であります。

ここでは、『日本方言辞書』の実践について、いくらかはふれてみたく思いましたが、今はそのゆとりがありません。

心するところだけを一言しますならば、私はやはり、人間言語学として、生活語学として、この業をなしとげていきたく考えるものであります。〝専門家の手品〟にはならないしごとをして、公正に、日本語の記録を成就したいものであります。

第二章　歴史的研究

一　史実記録

「昭和日本語の記録」というのは、私にとって、一種の歴史的研究であります。後世からは、私どもの昭和現在の記録が、みな、一個の史実記録と見られましょう。

後世の人は、私どもの、昭和日本語の地方状態の記録を、日本語の歴史の一こまとして、どうとらえましょうか。とらえられるのに十分な記録、とらえられて然るべき適正な記録を、私どもは用意しなくてはなりません。

それゆえ、私は、別して、文表現本位の記録を重んじます。

私の、昭和日本語方言の研究の記録しごとは、こうした歴史的研究であります。

二　口頭語国語史の記述

私は、従来、方言研究にたずさわって、国語史研究への参与を意識してきました。

こういう私に、国語史研究上、一つの展開があります。それは、真の口頭語国語史を編むことであります。かえりみますと、私は、学生の当初、国語史ということばを受けとめ、これに、まったく純粋の口頭語本位の国語史を想像しました。文献語による国語史記述というものになれるまでには、〝まぎれなしの「国語史」というものがあるのではないか。〟との思いが、いつもあたまをよぎりました。

近時、小林教授によって、角筆文献の調査による国語史研究が、敏活に推進されつつあります。それからの恩恵によって、私は、口頭語国語史記述なるものを、おおいに考えさせられています。従来、いわゆる訓点語による国語史研究は、物語用語その他による国語史研究に、あらたな掘削を見せることが多かったと思われます。その訓点語研究に対して、今や、角筆文献での訓点語研究、訓読語研究、小林教授の独自のおしごとが、さらに、事象の前期的な、より早い時期の存在を立証しつつあります。このおしごとこそは、過去の口頭語の史実を、至近距離でとらえるものとなっているのではないでしょうか。私は、角筆文献による国語史研究に、口頭語史解明を嘱しています。

　小林教授が、五十九年十一月、高松での国語学会中国四国支部会で発表せられた「国語史料としての角筆文献」によれば、つぎのようなことがうかがわれます。『石山寺蔵漢書高帝紀下』の平安中期角筆点には、「ウバフ」にあたる「バフ」があります。また、「イダス」にあたる「ダス」があります。「バウ」や「ダス」こそは、まったく、現代諸方言界での通用語ではないでしょうか。私どもは、角筆文献のご研究に参入することによって、逆視的に、上つ世にわたる口頭語史の再建をものすることができます。「方言と国語史」の問題は、小林教授の角筆文献研究に親炙することにより、その新鮮な解決をはかることができます。「国語史と方言」とも言われる、両者の密接関係が、角筆文献によって、いよいよとらえやすくなりましょう。

三　高次共時論

　このさい述べそえてみたいのは、私の高次共時論についてであります。ご判断くださいますとおりに、これは、私の「歴史学」であります。

　高次共時論の方法を流通させることによって、私どもは、しだいに、全体的な口頭語史を叙述していくことができましょう。

　現在の、私どもの全方言事態が、つねに、過去を大きく示し、未来をまろやかに想像させることの、壮大とも言うべきその発展性を、私どもは、いくえにも重視したいものであります。

第三章　方言学への基礎的努力

　方言研究推進、その体系的推進のために、私は、以下に述べる基礎的な努力を重んじています。——その努力の展開に、日夜つとめているしだいです。

一　私の音声学

この節、私は、「私の音声学を」といったような気もちをつよくしています。非才のため、私は、すくなからぬ音声学書と音声学者とに追随してきましたが、今にいたって考えさせられています。微視分析の面にしても、人々の耳、かならずしもつねには正確ではないのではないか、と。人が、その精密表記にしたがって発音するところにも、まま、私の首をかしげさせるものがあります。分析論での議論の進めかたにも、私の理解しがたいものがすくなくありません。

私は、日本語の歴史的現実（諸方言社会をおおうところの）を注視することに努めて、日本語の事実に忠実に、私の音声学を建設してみたいと考えます。

閉音節化の問題は、過大視しないように用心しています。薩摩大隅地方の発音が、「くつ」も「クッ」、「書く」も「カッ」であるのにとらわれて、一挙に、薩隅方言を特別視することも、私はしないのであります。それらの発音の背後に、あざやかな開音節発音のいかに多大で規則的であることでしょうか。また、閉音節の発音とされるものも、たとえば「書く」の「カッ」も、もともとは、「カク」であったろうと考えられます。当地方では、「ク」の母音が無声化し、やがてそれが脱落に近い状況となって、「カッ」の発音ができたのではないでしょうか。上村孝二氏は、やはりこのことを述べられるとともに、母音無声化の状況での発音も、おこなわれる地方のあることをとりたてていられます。

音声研究での総合的な把握の方面を、ことに重視しようとするのは、多く言うまでもないことであります。

二　私の文法考察

てにをはに関して、すこしのことを述べてみます。「だれかおろう。」などの「か」は、副助詞とされています。私は、係助詞と解してよいのではないかと考えるものです。副助詞と解する人は、「係り結びの法則が消滅したから。」と考えるようであります。ところで、「しか」は、係助詞と考えらています。（いわゆる係り結びはありませんけれども。）その「しか」と「だれか」の「か」とは、類同のものではないでしょうか。「こそ」に関しては、人々が、これをただちに係助詞としています。（通常、係り結びは見られません。）「こそ」のとりあつかいにちなんで、「か」のとりあつかいを考えるべきではないでしょうか。

つぎに、「君か今村かにたのまねばならぬ。」というようなばあいの「かに」の「か」を、準体助詞とする説があります。私はこれに賛成であります。そうして、私は、広く、場面的に、準体助詞をとりあげます。文表言上、助詞が重用されれば、――たとえば「そればかりが心配です。」とある時、私は、「ばかりが」の「ばかり」を、この文表現にはたらく準体助詞と見ます。助詞重用のさい、後助詞に対する前助詞は、つねに体言化の地位にあると考えるのが私のたちばであります。

三　語彙の研究

一つの言語、またその大小の方言、それは、統一体であります。統一体である一軒の家の、今しも棟を上げた姿は、文法構造であります。その家屋のすべての部品の一括が語彙であります。

辞書製作が語彙の研究であることは、再言するまでもありません。造語法研究の所業は、まさに、社会言語学的なものであろうと考えられます。

四　正書法　文体論（方言学での記述のタメに）

これの発表の急務であることを、今日、痛感しています。

「言う」と「いう」とは、区別してつかうのにふさわしいものでありましょう。「それを言うのは早すぎる。」などのばあいは、「言う」と表記するのが適切でります。「そういうことは」などでの「いう」では、漢字を用いないのが適切であります。「そのご」と言うばあいは、「その後」とは書かないのが是とされます。「その後」と書けば、これを、「そのご」と読む人もあれば「そののち」と読む人もあります。筆する者は、つねに誤読を恐れるべきです。

「文体」の語が、「文章」や「表現」の語と、さしての区別なくつかわれているのは、採りがたいものであります。語の次元にあってものを考えるさいに、みだりに「文体的特色」あるいは「文体なになに」を言うのは、文体論存立の次元を見あやまったものではないでしょうか。

五　文芸へ

私は、言語感覚修練のために、いささかなりとも、文芸の表現読みに努力していきたいと考えるものであります。

結章　研究展開の学心

一　学は本来発展的

学は、本来、発展的なもの、非限定的なものでありましょう。学は、つねに進んでいるはずのものでありましょう。私にとっては、学に、新も旧もありません。（固定的に考えることは、私の、もっともつよく自戒するところであります。）

方言というものにしても、これを固定的に考えることは、危険でありましょう。私は、日本語というものも、固定的に考えてはならないとしています。

言語は、海水のようなものではないでしょうか。地球上に諸言語があります。が、それらはいずれも海水の部分であり、海水そのものは、地球上に一元的であります。

ここで、

「方言も、世界的な広さを持つものである。」

とも言ってみたいのであります。方言が、一個の小方言をとってみたばあいにも、その内部に、深い、あるいは広大な微妙世界を見せているのですから驚かされます。私の郷里語から一・二の例をとり出してみましょう。知恵のたりない者を言うことばに「サンモン」ということばがあり、「ハチモン」ということばがあります。「三文」というのは、ひじょうにたりない人のことを言うものです。「八文」というのは、すこしたりない人のことを言うものです。「三」と「八」とをつかって、なんと巧妙に、ものごとを言いわけたものでありましょう。ささいな事例のようでありますが、私は、このことにも、人間精神の深美のはたらきがやどっていると考えるのであります。――そのはたらきの世界性がまた明らかでありましょう。つぎの例は、「イレソメル」と「ツギソメル」とであります。郷里方言では、「入れる」というほども入れない、ほんのちょっと入れること〈茶碗の二はいめ〉が、「イレソメル」と言われています。「ツギソメル」は、ふた杓子めを、ほんのちょっとつぐことを言います。「〜ソメル」の上に、「イレ」をおくか「ツギ」をおくかで、ことばは、以上のようにちがってきます。俗用のかんたんな「入れる」「つぐ」をつかって、このようにもきれいに、かなり複雑なことを言いわけているのは、言語生活者たちの、造語のうでまえとも言えるものを、よく見せているものでありましょう。思えば、「そめる」という、雅語とも言ってよいものが、しんみりと活用されています。しかも、雅・俗にわたり、人々の、言語生活の一般的な精神作用の堂々とはたらいているさまが、ここにうかがわれます。複合の方法・外延性もまた明らかであります。

今日、「純粋方言」などという声があり、したがってまた、非純粋方言を考えるむきやばあいがなくはありません。が、私どもは、今日、ただいまも、国のいたるところに、——心をこめてのぞめば、純粋方言を見いだすことができます。その純粋方言の中に、方言生活のすぐれて微妙なはたらきが、多く認められます。精神の広さ・豊かさをもった、そういう方言世界が、私どもに、学のつねに発展的であるべきことを示唆しています。

二　研究拡充の努力

本来、発展的である学のもとにあって、私どもは、研究拡充の努力にしたがいます。

つぎには、近来の私の、研究拡充の努力のいくらかを開陳してみます。

a　環境言語学を

生物地理学、ないし文化地理学の理念にささえられて、私は私なりに、環境地理学を夢みました。この環境地理学の夢にしたがって、私は、環境言語地理学を考え、今また、環境言語学を考えています。その総論たるべきものは、「日本環境言語論」であります。

とりあえず特論したいのは、「言語環境としての瀬戸内海」であります。瀬戸内海域は、私にとって、まさに注目すべき言語環境であります。一例、伊予の方言状態を見ましても、ひとり南予地方に、動詞二段活用の残存が見うけられます。（南予や土佐のことばには、九州のことばに似かようものがある、との観察もなされます。）南予は、なぜ、このような状況を残しとどめるのでしょうか。気づいてみると、南予は、じつに、瀬戸内海域を南にくぎる佐多岬の南にあるものです。南予は、内海言語環境の新化に遅れたのでした。そういえば、東のかた、瀬戸内海の南限をはずれた紀伊水道の東側にも、二段活用方式の残存が認められます。九州をほかにして、四国の西南部と近畿の西南部とに、離れて対応する二段活用残存の見られるのは、じつに、瀬戸内海言語環境の所在と活動とのしからしめたものでありましょう。

環境言語学は、今日しきりに提言されている環境学の思潮ともにらみ合わせて、多角的に育てていきたく思います。

b　美を求めて

何の研究も、美に関係しないものはありません。わが方言研究もまた、深く美にかかわると私は考えて、今、しきりに、この道での美を求めているのであります。

方言という言語が、おのずからにして言語美のものであることは、言うまでもありますまい。私は、近来、ことあらためて、一々の語詞をも、芸術作品として見ようとしています。

もし、方言研究の途上に、みだらな作意や、ことさらの誇張、あるいはかんたんすぎる断定があったとすれば、それは、善意のことであるよりもむしろ悪意のことでありましょう。悪意は不美であります。善意の研究をまっしぐらにねらうのは、これすなわち方言の学の美を求めるものでありましょう。

c　宗教的心情の陶冶

私は方言研究→方言学のために、宗教的心情の陶冶を重んじます。学問は学問宗教ではないのかとは、私の所感であります。学問の絶対的純粋性を希求することは、つねに肝心でありましょう。

言うところの自然傍受法は、あらゆる意味での自然を尊重するものであります。自然とは何でありましょうか。私は、それは宗教の真髄をなすものではないか、とも考えてみるのであります。

d　社会学的見地と心理学的見地とを

これについては、今、述べることを省略します。

e　哲学スル（思索につとめる）

研究拡充の努力の根源的な路線がここにあります。

仕事をとぎすましていき、有効なものにしていき、目的明らかなものにしていくためには、つねに理論化の思惟がいります。これが、私にとっては、乏しくても、「哲学スル」であります。

これは、研究を思想化していくことだとも言えましょうか。

カントは、その哲学を、ついには人間学にむすんでいます。

哲学には四つの問いがある。………結局は然し、これらのすべてを人間学に属させることができる。

九鬼周造氏『西洋近世哲学史稿　下』p一五二～一五三

人間の学としての方言学ないし言語学を、私も、忠実に考え求めていきます。

その方言学を（言語学もですが）、私は、「生活語」学とよびます。

人間重視は生活重視の中に定位されなくてはなりません。「人間の学として」ということは、「人間生活の学」として、「生活者の学として」ということになります。

この学は、方言研究上、生活語学になります。言語学が環境言語学とされれば、これもすなわち生活語学であります。

生活語の思惟は、ハイデッガーにも見ることができます。その、哲学詩と言われる小品、『ヘーベル―家の友』には、つぎの文章があります。


国言葉こそ、如何なる言葉の場合においても、すべての生え抜きの言葉の霊妙なる源泉であります。言葉の霊がそれ自身の内に秘匿してゐるすべてのもの、それはこの泉から私たちの方へと流れ寄せて来るのであります。

（理想者　高坂正顕氏 辻村公一氏 共訳『野の道 ヘーベル―家の友』）


このように、深い意味の語られる国言葉を、私は、人間の生活語と理解します。

生活語を考える勉強は、おのずから、深められる方向にあると言えましょう。

三　学心日常

○　修業

日々が、学を求める修業だと、私は考えています。広汎な修業であります。

○　文章をみがく

その広汎・多角の修業が、今日の私には、ひっきょう、「文章をみがく」ことになってしまいます。すべての研究作業が、「文章をみがく」の一元に帰着します。

このせつ、カント研究の若い友人、村田貴信氏の語られたことばに、

〃カントを読むと、数ページに一語は、辞書にないことばが出てくる。〃

というのがあります。カントは、その学の練成にしたがい、おのずからにして、このように、独自の語をうち出したのでしょうか。カントにあっては、「文章をみがく」が、そのように、ことばを創造することでの「文章をみがく」でもあったのでしょうか。僭越ながら、私も、これまで一論文を成すごとに、そこに、すくなくとも一語・一語句は、自分がそれまでにつかったことのなかったものが出てくる

ようにと心がけました。

それはそれ、今日のなやみは、要するに、自分の学業の結晶としての文章が「わるい」ということであります。文章が書けません。〝これだけしか書けなくて何が学問か。〟といった嘆きが深いのであります。

毎日、文章と組みうちして、このせつ重用視しますのは、用語の語源であります。学友長西良輔氏に、ラテン語に溯っての語源解を教えてもらいます。これによって、私にも、「語」の善用が可能となります。よいかげんに書いては行けない気もちがつよまってきます。

○ 学の永遠

私は、文章をみがくことをもって、学の永遠にそなえる道ともしたいと考えるものであります。

(『広島女学院大学国語国文学誌』
第十七号 昭和六十二年十二月)

頁	行	誤	正
35	下7	そうだ。)	そうだ。)
45	上18	理想者	理想社

直の究明精神のもの，これが自然傍受法である。こうした自然傍受法は，宗教的情操のものともしうるのではないか。自己の誠実を傾けるはずのものだからである。

H　むすび；無限の創造

方言研究の真の開拓のためには，研究の体系的推進を考えることが重要である。

体系的推進，これは無限のことに属する。体系的推進は，無限の創造と考えられるものである。

私どもは，絵画の世界で，しばしば創造への勇敢な歩みを直視することができる。求めに求めていく，あの創造精神，これは，万人のものであってしかるべきではないか。

（『方言研究年報』通巻第29巻　昭和60年2月）

頁	行	誤	正
50	18	“全体知へ”	「全体知へ」
50	18－19	“全体知へ”	「全体知へ」

きた。既著『私の国語教育学』は，上の二論の組みあわされる簡潔体系を，一つの場で論証してみようとしたものである。

将来，たとえば方言研究上の音声記述に関しても，私は，意味論によく照応する大抑揚論の線で，記述体系をねりあげてみたい。

G　基本的に重要なもの
～調査法～

a　実体把握

実体は，おのずから，学の統合的な方法を要求している。個別的な方法では処理しきれないのが，実体そのものであろう。(——方言というものであろう。方言事実であろう。)

b　調査法批判

実体把握での調査に，依然として低次元のものがある。

あるというよりも，むしろ，そうしたものが多い。

そのような“調査”にしたがい，いわゆるインフォーマントを荒らしながらも，人は，一方で，方法を説き，方言の事実を論じる。これは，研究の低質とされるものではないか。

c　方言研究体系的推進のための調査法

調査法を真にきたえることによって，私どもは，方言研究を進歩せしめることができる。

d　精神としての自然傍受法

自然傍受法こそは，相手の真実に溶けこもうとするものである。まっ正

第三部は「総合的方法の学」。
これを，私は，私の体系論の歴史的発展の結果とする。

F　方言研究体系的推進の方向（今後）

a　方言学の原理

理念的には，この方向をとる。

b　統合の精神

研究は，漸次，広大奥深に組織化されなくてはならない。大体系へとは，私のしきりに思念するところである。

世論に，“統合の動き”を見ることができる。昭和59年 9 月 3 日の朝日新聞の「現代と哲学　1」では，木田元氏が，

> 「同時に，いま一般的に，哲学的思考への要請が強まっていることは確かでしょう。たとえば自然科学での統合の動きがある。個別科学の枠組みを越えた科学全体の営みが問われている状況と，既成の概念装置ではとらえきれない状況が重なって，否応なく全体知へ向かわざるをえない。物質とか生命といった大きなカテゴリー，哲学的カテゴリーが問われている」

と語っていられる。

“全体知へ”とは，私にとっては，研究の体系的推進である。（“全体知へ”は，研究の体系的推進によって到達しうるのであろう。）

c　統合の試み

文法論・音韻音声論・語彙語詞論・（文字表記論）は，抑揚論に統合されると私は考えてきた。この抑揚論に対応させて，意味論を立てている。

「抑揚論・意味論」の趣意については，すでにいくつかの発表を重ねて

私は，上の四章組織を，完全な共時論タイプと見る。訳者は，

　文学の全体像を示す極度に体系的な理論として結実した『批評の解剖』

と言い，また，

　文学の全体像を示す包括的な体系を構築

と言う。私は，フライ教授を，堅固な体系論者として見てやまない。

しかも，注目すべきことに，フライ教授は，広くヨーロッパの文学をながめ，かつ，そこからしぜんに，古典，ギリシャ文学にまでさかのぼったのであった。ギリシャ神話の中に，人間の，ものの考えかたの原型を見ようとする。

このことは，私によれば，フライ教授の，共時論の高次共時論的展開である。教授は，これによって，その独創的な文芸学を大成した。

b　『方言学』──→『方言学原論』

私にとっては，『方言学』から『方言学原論』へは，研究体系の歴史的発展と言いうるものでもある。

『批評の解剖』は，どのように，その研究体系の歴史的発展を見せているか。

フライ教授は，『批評の解剖』一書を峯とし，あと，実践批評や社会的見地の論その他をなしてきたという。なぜ，『批評の原理』とでも言うべきものを創作しなかったのか。

私は実証論的に，具象的研究の態をとって，『方言学』の研究体系を推進し，『方言学原論』に到達した。

さらにねらい求めるのは，『方言学の原理』である。

c　『方言学の原理』

これは三部組織をとる。

　第一部は「現象の学」。

　第二部は「人間生活の学」。

b　補助学のささえを求めている

諸他の補助学を必要としている。しかし，それらに通じることは容易でない。ここで私は，補助学精神を重んじることに努力している。

c　以上のa・bによって方言学体系をねらっている

この委細に関しては，昭和六十年四月三日口頭発表の，「方言学推進を旨としての私の研究展開」で述べるところがあった。

E　類比「フライ教授」

方言研究の体系的推進をめざして，私は，ノースロップ・フライ教授に接してみる。

a　大肯定

フライ教授の主著『批評の解剖』，これに，私は，自著『方言学』を比定してみたい。

『批評の解剖』は，

挑戦的序論

第一エッセイ 歴史批評　様式の理論

第二エッセイ 倫理批評　象徴の理論

第三エッセイ 原型批評　神話の理論

第四エッセイ 修辞批評　ジャンルの理論

結論の試み

を内容とするものである。(海老根宏／中村健二／出《いづ》淵博／山《の》内久明訳　法政大学出版局　1980.6.10)

フライ教授は，英本国での伝統主義的な文芸批評に対するアンティテーゼの出しぬしであった。勇敢な反逆者の趣が，上の内容に躍如としている。

4　体系的記述

私は，実践上，ものについての関係把握の重要性を考え，体系的記述を重んじてきている。

体系的記述の思考によって，記述概念が拡充された。ここでよく，生活語学の実践が生き生きとしてきた。（私にとっては，そう思える。）高次共時論の趣意での，ものごとの書きあらわしかたが，秩序を得た。

5　何にでも体系がある

今日，思う。「何にでも体系がある。」，と。

「文とは何ぞや。」。これに答えようとすれば，体系的研究が始まる。文は，早くも，文章と比較されなければならない。

「正訳とは何か。」。ある一センテンスのドイツ語について，翻訳が問題にされたとする。人は，原文に対する，二・三の訳文を比較するであろう。これはすなわち体系的処置である。

定義のすべても，体系的営為であろう。「環境」を定義しようとする。日本語で「環境」と訳されているドイツ語の単語には，どれだけのものがあるか。それらの単語を比較するうちに，私どもは，「環境」を，しだいに正確に定義していくことができる。

D　今日の私の研究体系

a　方言研究を言語の学として統合的に推進しようとしている

諸部門統合の精神を重んじる。

形態音韻論などの趣意は重要である。

e　体系意識の展開（発展）

1　文法・音韻・語彙

研究上のこの分別に対しては，しだいに，文法中心の見かたが私に発展した。

音韻に関しては，「音韻」と「音声」との区別が問題視されて，そこに，「発音」，あるいは「方言音」の概念が成長した。

語彙に関しても，個々の語詞の問題，たとえば，その造語法などが重視されて，「語彙」の名の不十分を感じるようになり，「語彙・語詞」との言いかたがなされるようになった。

与えられた研究部門別に懐疑をおぼえ，意味の世界の不問・置きざりにもまたつよい懐疑をおぼえた。

のち，意味論〈内容論〉対抑揚論〈形式論〉の二柱組織を重要視するようになる。

2　通時論・共時論；高次共時論

ド・ソシュールに刺激されて，方言研究に通時論・共時論を導入した私に，やがて，二者を統合する高次共時論の考えが抬頭した。この時また，私には，体系というものが明確になった。

高次共時論は，生活語学の頂面である。生活語学の花である。

3　三木清氏『歴史哲学』（昭和七年　岩波書店）

私は，この書に接するにおよんで，体系観の成長を自覚した。

体系は，けっして，窮屈なものであってはならないはずである。ゆとりのあるのが体系であろう。体系は，生きて動いている。

は，そういうものであったか。

単語面や音声面に気を引かれがちであった私に，文法面への注目が示唆されたのは，いきおい，私に，なにほどかの体系意識を芽ばえしめることになった。しかるべき方言研究の発芽とでも言うべきものが，ここにあったか。

b　生活語

方言の事実を生活語と見たのは，私にとって，方言現象の総合的把握の，肝心な第一歩であった。

‘方言’ と言って ‘訛語’ を見たりするのであったら，しごとは，依然として分別主義的なものになったであろう。生活語の考えに立っては，もはや，訛語を特別視したりしてはいられなくなった。一つの訛形も，また，実用上，有効な一方言形である。「方言のことば」である。

c　生活語学

生活語認識（と今は言えるもの）に即して学問を考えた時，生活語学の名が成りたった。これによって，私は学体系をおおいに意識することができた。おのずから，総合的な学体系を意識した。

d　人間言語学としての方言学

生活語学を，一般言語学の見地に位置づけようとして，私は，「人間言語学としての方言学」との表現を用いた。ここで，私は，研究体系を言語学の中に安定させたと考えている。

人間言語学としての方言学が，生活の理念に立つものであることは，再言するまでもない。「人間言語学」での「人間」の概念は，言うまでもなく，生活の概念を予示するものである。

2　必須最小限体系

体系の構造の小をとるばあいにも，必須最小限体系を考えることが，つねに肝要である。私にとっては，生活語学の中の国語教育研究も，「読むことの研究」＋「書きあらわすことの研究」＋「話すことの研究」＋「聞くことの研究」の総合が，必須最小限の体系になる。

言語研究にあっても，たとえば日本語の祖語を問題にするとなれば，私のばあい，音声面だけにとどまるなどのことはない。研究の必須最小限体系として，文法面・音声面・語彙面にわたるものが求められる。

3　体系的意図と重点研究

体系を大きく描いて，その体系的意図のもとで重点研究にしたがうのは，是とされる。このような重点研究は，研究の体系的推進とされるものである。

語彙研究のばあいにあっても，語詞多量の語彙全体を処理することは容易でないので，人は通常，部分分野の語彙の研究にしたがいがちである。このさい，重点研究としての分野語彙研究が，小規模なものであってもよかろう。ただし，そのばあい，その重点研究が，語彙の全体系をよく考えた一焦点研究であることが望ましい。

重点研究のばあい，おのずから，その重点が大であるのは，おおいによしとすべきことである。

C　私のばあい；体系意識はどのように成長したか

a　文法面への着到

恩師東条操先生は，初学の私を方言研究に導かれるにあたって，しきりに，文法面の研究のおくれを説かれた。昭和初年当時の方言研究界の状況

b　生活語学理念の体系要求

私にあっては，自己の生活語学が，おのずから体系を要求している。

私が「生活語学」へ来たのも，研究の体系的推進によることであった。が，また，生活語学の地平に立ってみると，あらためて，学の体系要求が高次に自覚される。ここでは，もはや，小規模の方言研究にはとどまれなくなった。

生活語学の中に，国語教育研究もまた包含されることになった。こうした国語教育研究には，たとえば読みかた教育といったような一分枝の研究の独行はない。

c　体系の構造

1　構造の大小

一般論として言うならば，体系の構造には大小がある。組織体の大小がある。

構造の粗大はとるところでない。構造の静小もまた，かんばしいものではない。

ものに応じて，適度の「体系の構造」がある。その「適度」の把握もまた，研究の体系的推進によることである。

ザインの体系の大なるもの，これが，研究上，よいものであることは言うまでもない。

ゾルレンの体系の大なるもの，これが，研究上，よいものであることは言うまでもない。

設定・必須の体系の大なるもの，これが，研究上，よいものであることは言うまでもない。

体系を大きく組みあげ，大きくもりあげることができれば，その構造体が，いよいよ力づよく，研究者の心機を刺激する。

ささえあう諸要素群落がある。

たとえば家庭が，好個の例になる。共通語もまた，好個の例とされる。

ゾルレンの体系は，「できるはずのもの」である。あるいは，「できるはずの認められるもの」である。

自然存在の体系にくらべれば，ゾルレンの体系は，体系の，より明化されたものである。

c　ミュッセンの体系

これは，設定の体系である。あるいは，必須の体系である。ここには，必要条件（という要素）の緊張しあう諸要素群落がある。

係累をたち切って出ていった核家族は，設定の体系の一例とされよう。正確な意味での標準語体系が，ミュッセンの体系の著例とされる。いわゆる国際語もまた，このばあいのよい例とされよう。

d　体系の二元性

体系は，できるものであって，できさせるものである。

研究では，しぜんに体系ができる。かつ，そこでは，積極的に，体系ができさせられる。それが，研究推進である。

B　研究の体系的推進

a　体系と研究

研究は，方法原理上，体系を求めている。研究は，体系をさぐりつつ進めていかれるものである。知的整頓・知的整合が，体系化である。

「合理」は，おのずから体系を要請している。（超合理もまた体系を要請してはいないか。非合理もまた体系を要請してはいないか。）

方言研究の体系的推進

藤 原 与 一

A 「体系」認識

○ はじめに

研究の合理的推進のためには，研究することの体系化が必要である。体系化は，ものごとの合理性を目ざす。

進歩は体系からとも言えよう。

研究の合理的推進は，研究の体系的推進ということになる。ここで，私は，体系の概念を吟味しておきたい。

a ザインの体系

体系に，ザインの体系がある。自然存在の体系がある。

ここには，自然条件（という要素）の，寄りあい，ささえあう諸要素群落がある。

たとえば語彙が，自然存在の体系の著例である。一個方言の存在もまたよい例である。一国語の存在もまたよい例であろう。いわゆる未開社会の家族なども，よい例とされるかもしれない。

現象の自然存在に自律性の認められるかぎり，そこには，ザインの体系が認められる。

b ゾルレンの体系

可能存在の体系もまたありうる。ここには，可能条件（という要素）の

あるかにこだわらないで。
○努力の方向がだいじなのだと考えていく。——学問方向がそこにあるとして。

(『方言研究年報』通巻第15巻　昭和47年11月)

かえりみるのに、私の、人間の学として言語学を求める考えは、この根本テーマにつながるものであった。人間言語学とすべきものは、上の両者を結合したところに立つはずである。

× × × ×

言語研究には、すくなくとも、つぎの二つのことが要請されよう。

第一に、方法が厳密でなくてはならない。

第二に、終局的には人間の学がねらわれていなくてはならない。

第一のことは第二のことをささえる。

方法の厳密に関しては、事実の処理での事実学的精神を強調したい。また、記述説明での記述学的精神を強調したい。このような精神に立つ方法であってはじめて（言いかえれば事実学・記述学が実践されてはじめて）、よく、これが第二のことのささえになりうるであろう。

事実学・記述学の主張は、論理尊重の重要性を強調するものにほかならない。さて、方法を論理化させ、そこに方法論を産ましめるものは、研究者その人——当の人間——である。方法論を忠実に求める段階に立ったら、その人は、すでに人間の学のいとなみをはじめているのだと考えられる。

人間の学としての言語学を求める道は、一つには限らないであろう。さまざまの方途が、そこにはあるはずである。人間の進歩とともに、新しい方途が、つぎつぎに開拓されるであろう。

人間の学ということを、言語研究について考える場合、私は、かんたんには、つぎのような心得かたをしている。

人間の学としての言語の学問：

○人間の言語をつねに人間の言語として見まもっていく態度をくずさない。——どのような微視的作業の中でも。

○言語が人間の生活・生命をささえてくれている事実をたいせつにする。——「生活」や「生命」の何で

田中克彦氏の示唆（「言語学と言語的現実」『思想』1972. 2）によって、上原専禄氏のことばを引こう。

また学問が同様であって、大体ヨーロッパ系統の学問になっている日本の学問を、日本人のオリジナルな意味の学問にして行くにはどうしたらいいだろうかという問題、（山本安英の会編『日本語の発見』所収、上原専禄・「文化とことば」　P. 17）

と上原氏は説かれる。私なども、こだわりなしに、オリジナルなわれわれの学問を創造して行きたいと考えている。

幼稚ながらも、従来、異端的な発言をしてきたことが、今も思いかえされる。その努力の中にあったものは、自己のからだの中からしぜんに湧き出るものを形象化しようとする意欲であった。方言研究の道ではあったが、私はそこで、しきりに、自己の道 —— 研究の形成方途 —— を求めてきた。意図そのものは、まちがっていなかったと思う。

朝日新聞上の『私説　折口信夫』を紹介する記事（47. 10. 9）にも、

それにしても近年、なぜ折口学や柳田学がこれほど広く読まれるのだろうか。現代日本の学問の潮流が変ったのか。少なくとも人文学の世界では、西欧移植の学から民族自前の創造の学に人びとの関心が移りつつあることは確かである。「新国学」の季節が到来したのかもしれない。

とある。

補注９　人間言語学

このせつ私に印象ぶかかったのは、雑誌『思想』（岩波書店）１９７２. ２の「特集　言語と人間」と、『近代言語学大系』全４巻（紀國屋書店）の　『言語と人間』との内容差である。これは私にいくとおりものことを考えさせた。

結論として言いうることは、両者の差が消去されなくてはならないということである。それが消去されてはじめて、言語の学問は、まさしく人間の学、人間のための学問になるであろう。

両方の対立を観察し、その差の消去、両者の距離の短縮を考えることは、現下言語学の根本テーマとされる。

ていく。

言語研究一般について、「人ヲ見ル」言語学が考えられるのではないか。その思いを、私は、私なりに、一冊の書物にまとめてみた。

方言研究上のテーマとしては、私には、早くから、待遇敬卑表現法の研究というテーマが立った。また、対話の、対人関係をふまえる直接の呼びかけことば——文末詞——についての研究も、私の重要テーマとなった。みな、「人ヲ見ル」言語学のしごとであり、人間言語学実践のテーマである。

「文末詞」（文末助詞）の問題が、研究界一般で、かならずしも正当にとりあげられていないのは（——それは文表現本位の見かたの栄えないことと関連しているが）、人間言語学への想念が、いまだそこでよわいことを示していよう。文法研究に、今も、機械主義的傾向がある。

補注７　「人間と言語」に関して

近来しきりに、言語論ということが言われている。そうして、人文諸学の人々の、言語への関心が増大しつつある。おそくはあったが、このような傾向は歓迎すべきものだと思う。

日本の哲学と哲学者とには、長い間、言語の問題がなかった。人間文化の基本・基体としての言語を、哲学はなぜ問題にしなかったのか。私どもは、青年時以来、これを疑問としてきた。

今日、“文明の危機”が言われ、「人間」の将来が種々に危ぶまれるようになって、言語が諸学の人々に問題にされるようになったのは、まことに感慨に堪えぬことである。（竹内芳郎氏『言語・その解体と創造』昭和47年参照）いつから問題にされてもよい。言語——人間の生にもっともつよくかかわるもの——は、つねに問題にされなくてはならない。

言語への関心と研究とを、諸学の中にあってリードすべきは、言語学であろう。従来の言語学の自己改新が要望せられる。

補注８　「日本の言語学」に関して

日本人のする日本語研究の学問がここに求められている。

これはけっして偏固な要求ではない。日本の言語学をそれとして成長させるためには、他の多くの言語研究——言語学——にも学ばなくてはならぬことである。学びもし、対質もさせて、日本語そのもののために、そこに本質的な研究を成り立たせることになる。

人間言語学は、動機論的に要請されるものでもあろう。結果論的に、人間言語学のだいじさが否認されてはならない。

補注5 体系について

体系に関しては、人による考えかたの相違がある。

私は、体系を、ストラクチャーよりもシステムと考える。構造も体系にちがいない。しかし両者は同一概念ではないと思う。

食事に朝食・昼食・夕食の三者がある。この区別が成り立っているところには、人間の食生活の体系があると、私は見る。一日二食主義の人にも、そこに食事の体系があるとしたい。

体系を構造と同一視するのでは、体系観が外形的になりすぎはしないか。内的なものも考慮しつつ体系を考えることは、あってよいことだと思う。

かつて、三木清氏の『歴史哲学』が、‘はじめて歴史哲学の体系をうち立てたもの’と評された（著者の謙辞にもかかわらず）。その書を見て、私は、体系というものを考えさせられた。

なお、構造に関しても、私は自由な考えかたをしたい。アメリカの構造主義言語学の「構造」は、よくはわからないけれども、いささか機械的・静的なものになりすぎているのではないか。

構造の考えかたは、もともと動的なものであったはずである。また、そうあってしかるべきではないか。ゲシタルトの概念についで、構造の概念が発達してきたのは当然である。

補注6 方言研究と人間言語学

考えてみると、言語の研究には、「人ヲ見ル」言語研究と、現実には「人ヲ見ナイ」言語研究とがある。私は方言研究者の一人として、まさに「人ヲ見ル」言語研究にしたがってきた。

人を見れば、眼前の人に、こちらがうごかされもする。いな、私などは、眼前の人たちにしぜんにうごかされることを、研究上の意図としているのである。どんな場合にも、「人ヲ見ル」言語研究は、眼前の人たちを無視することはできない。

人間対人間の、なまのまじわりの中に、私どもの方言研究はあるのだった。相手の人間を無視しないことは、相手に対する、広い意味での人間愛になっ

いくど、相手の人間をそこねる。

尋ねるのに、公の機関をうごかしたり、公めく場所に相手を呼び出したりすることがある。すべてよくないことだと私は思う。

こちらのつごうを立て、こちらのつごうでことをはこぶ調査のなんと多いことか。つごう・計画はもとより必要である。けれども、その種のものは、相手の前では、あくまで、しごとの底面におし沈めなくてはならない。相手が、自身の通常の姿勢に立ってはじめて、面接調査は無事におこなわれる。

「インタビューのしかた」といったものが、しばしば、当方本位に仕立てたプログラムになってはいないか。このような書類を相手に読ませたら、相手は逃げ出したくなるであろう。

調査法は、けっきょく誠心誠意法と言いうるものではないか。――これしかないと思う。

調査現場で、相手に飽かれるのではなくて、まだいいじゃないかと、引きとめられるようであるのが理想的である。このためには、かぎりもない深い用意がいる。早くそこの郷土人になる用意である。

事後の、相手とのトラブル、相手があとあとまでも不信感を持つことなどは、あってならないことである。あとあと、双方に、長く心の交流があるように、調査作業〈広義〉は、しはたされなくてはならない。

調査では、要するに、人間相手のしごとが、私どもには課せられているのである。そこには、人間を人間としてあたたかくもてなす対人法のいっさいが要請されている。

補注4　人間言語学の実践

私は、「共時方言学──→通時方言学──→高次共時方言学」（共時論──→通時論──→高次共時論）の考えかたをし、この高次共時方言学の中に、言語教育論の見地を立てる。言語のうごき・発展が、人間生活上の事態であってみれば、それの認識の高次共時論には、教育論の展開のあるのが当然である。かくして私には、従来も、国語教育論への関心の成長があった。言語研究がつねに言語教育論に直結するのを見たところに、人間言語学の一つの実践があったと思う。

方言研究の目的について、私は、国民の国語生活の改善・進歩に目を向けるべきことを述べたことがある。ここにも、実践言語学の人間論的な性格があると思う。

この意味での巨視的な研究、文表現本位の言語研究は、まさに容易ならぬしごとである。言語研究のこのむずかしさが、じつは大事ではないか。

従来、むずかしさを深くは自覚しないままで、ただ微視の分析に従っていたとしたら、それは、単純で静的な言語研究にすぎなかったとされる。

私どもは、言語研究のむずかしさの正しい理解につとめなくてはならない。素朴ながら、私どもの「文表現本位」の研究の開拓には、言語研究のむずかしさの理解があった。

むずかしさの解剖の進歩とともに、言語研究は高まっていくであろう。解剖が前進すればするほど、言語の研究は、社会の、人間の言語の研究になっていく。

補注2　事実学

実証的研究は事実を重んじる。これは当然である。が、事実を正しく重んじることは容易でないと私は思う。

事実を整理しての実証が、ただに事実の処理・操作にとどまって、およそ外形的であり平板であるならば、これは、低次の事実尊重でしかない。低次の事実尊重、ないし瑣末な実証主義は、しばしばものの単純な処理におわる。人間言語を生きのよいままで扱う学問は、そこにはおこりようがない。

私は、高次の事実尊重を目ざして、事実のあつかいに関する「事実学」を言う。

事実学には、精神として、事実の哲学があるべきものだろう。事実尊重の、正しい精神の自覚を核とするものが事実学である。

補注3　調査

調査に関しては、現実に生きた人間を直接に対象とする点で、問題が多い。

相手を被調査者と呼ぶことは、‘被験者’などを類想させて、多少のわずらいがあるが、慣例上、まずは「被――」の言いかたもゆるされるかと思う。

呼称よりも、じっさいのあつかいの精神が肝要である。世上、時に（あるいはかなり多く）、調査者が、相手がたの反感をかうという。ここには、人間尊重の調査がないことになろう。

ただの質問の調査が、相手がたの満されぬ気もちをおこしがちなのは、私どもも、よく知るところである。尋ねるだけ尋ねて、あとはかまわず去って

の論題も、深刻なものとなるのではなかろうか。人間言語学への努力がなされるところで、“人間不在”は、いよいよ有力な論題となろう。

五

私は、方言の研究に努力するにつれて、西洋学ならびに西洋言語学の論理の魅力にひかれた。いきおい、東洋人としての自己の思惟と想念とに、できるかぎり、みずからむちをあてることにもなった。昭和37年の『方言学』は、そのような段階でのしごとである。

その後、いくらかの経験をかさねて、私は、西洋の言語学者たちもまた、私どもと同じように、言語学上、大きな障壁にぶつかっているのではないかと考えるようになった。ここにきて、私は、あらためて、人間言語の学に邁進する勇気をおぼえるようになった(補注7)。

私の方言研究は、もしみずから言うことがゆるされるならば、「人間の学としての方言学」であると言いたい。

その方言学は、「人間の学としての方言言語学」でもある。

田中克彦氏は、かつて『文学』（36巻9号　昭和43年9月）に「戦後日本における言語学の状況」を発表され、みずからの課題を忘れた日本の言語学の精神の貧困を指摘された。私は、田中氏とともに、日本語に即した言語学をねらいとしたい(補注8)。方言研究の立場で、言語学、人間言語学を志向したいのである(補注9)。

（昭和47年　7月24日、10月31日）

補注1　「文表現本位」に関して

言語の実態を研究しようとすれば、その出発点で、「文表現」を観察・着眼の単位とすることが、なによりも必要であると私は考える。文表現以上のものを見ていく態度が、つねに必要であると思う。一口に言って表現論的な、この立場が、言語研究の“人間所在”を保証する。――文表現という形がまず必要なのではなくて、人間の言語を研究する方法がまず必要なのである。

巨視的な見かたは微視的な見かたを否定しない。どころか、微視的な見かたを正しく尊重することによって、巨視的な見かたも、有力な巨視的見かたになりうる。

> 言語（というもの）があたかも人間をはなれてあるかのごときかたちへこれを抽象する。しかしこのようなたちばでは、たとえ“言語”というものをいわば“もの”としておさえてみるこころみはなりたつにしても、“言語の歴史”を人間のいとなみとしてとらえるみちはたたれてしまう。
> （P.29～30）

と述べていられる。

四

私の「人間言語」学に関する今日の主張は、つぎのように要約することができる。

> これは言語研究ないし方言研究の、理念に関することである。方法または方法技術に関して“人間所在”を言う前に、私どもは、根底的に、理念上、人間言語の学を認めなくてはならない。

さきごろは、九州南部を旅行して、つぎのようなことを経験した。

薩摩・大隅の土地にはいって、土地弁に接し、私も、かなりしぜんに、わずかずつではあるが、土地弁を口にすることができた。何の作意もなしに、（断片的にではあるが）おのずと、薩隅の人たちと、土地弁で心を通わしあうことができたのだった。その時、その場席が、なんとさっそくに、私には、生きたことばの調査の場席になったことか。私は、ああ、これが私の方言調査なのだと思った。――たのしい自覚だった。

私は、九州南部に行ってこのような調査をし、また、東北の奥に行ってこのような調査をする。

土地弁の模倣としたら、私など、模倣力がない。また、そういう模倣は、できなくてもよいことだと考えている。だいじなのは、模倣意識よりも、土地に同化していこうとする懸命な心である。その心でいて、一ふし、二ふし、しぜんに（心から）土地弁が出せれば、これはじつに、よく相手の心にしみる。こんな交流の中での調査、そこには人間言語学の理念が生きていると言ってよいのではなかろうか。そういう現場で、方言事象を文表現本位にとりあげるのはきわめて当然(補注6)のことである。――文本位にしなくては、ものがとりあげられないのが調査の現実である。

“人間不在”や“人間所在”の論が、ただに観念論であるあいだは、言語の学に人間性を呼びさますことはできないであろう。言語学の実践が、もっともしぜんに、生活的なもの人間的なものになってはじめて、“人間不在”

こしく弁明したい。私には、モラルの心情よりも、学問上の‘厳格主義’がある。そしてこれは、かならずしも、東洋的なものではないと思われるのである。それはおくとして、私は、要するに、方言研究の世界で、言語学を、人間のための学問にしていきたいと思っている。

三

柴田武氏の『言語地理学の方法』（昭和44年）の末尾（P. 195）には、“言語人間学”の術語が見られる。人間言語学を求めていく私の研究方向も、氏のとあい通じるものかと思う。

私は、ソシュールを問題にして、高次共時方言学、あるいは高次の共時論を云々し、その内包に、教育論をも見いだす。高次の共時論は、人間言語学の名を得てしかるべきものであろう。

亀井孝氏は、その文化史学的な、あるいは精神史学的な言語研究思想によって、言語学が人間の言語をまっとうに対象とすべきことを語っていられる。『日本語学のために』（昭和46年）に収められた「共時態の時間的構造」を参照せられたい。それとともに、『言語の系統と歴史』（服部四郎編）（昭和46年）の中の「言語の歴史」という亀井氏の論文をご覧いただきたい。「言語の歴史」では、亀井氏は、

> みちは、ことば（＝表現）をそのまま人間の歴史としてとらえるか、表現の秘密を人間に君臨する記号の体系へまで抽象してゆくかで、わかれるのである。
>
> 前者が厳密な意味での（狭義の）科学にならないことは、いうまでもない。それは事実（＝歴史的事実）を記述するが、説明はしない；資料に対して解釈はほどこすが、原理の憲法をさだめておいてそれで理論を構築するたちばとはしょせんはだがあわない。〈中略〉前者は人間のことばのいとなみをそのまま人間の（非合理の）生のその一つの客観化された形態としてとらえてゆこうとするもの、哲学の用語をかりていえば、合理主義に対する非合理主義のたちばに立つものである。このようなちがいは、もともと科学と歴史とのちがいにほかならない。（P. 26）

と言われ、氏はおのずから科学よりも歴史へ傾斜していかれる。また、

> 言語をながめる視野のなかへかくて“人間”が回復されるとき，体系は歴史のなかへ相対化され、体系の転換は様式（＝文体）の歴史となる。いったい言語学は、19世紀の言語学と20世紀の言語学とをとわず、いつも

もそれらはラングの単位と解釈さるべき処理を受けているのである。(P.17)

時枝博士は、パロールを重視されつつも、一方的にラングを批判された。その結果の中で、語ないし品詞のごときが、ラングの単位と解釈されるべき処理を受けているのは注目すべきことである。時枝博士に対して、私が自己を見た時、私は、パロールを重視していると言われてもよいかと思うのである。しかし、パロール派という派の中に私が加えられるならば、志はちがうのですと、私は申し出ざるをえない。

ここで、いま一人の批評者、野林正路氏にふれる。氏は、早くから、言語研究での「人間」「生活」の問題に関心を示され、たえずその独自の研究を進められつつ、私にも、おりおりに激励のことばを寄せて下さった。その独特のご発想には、私も啓発されている。氏は、「文科系学会連合　研究論文集　第20巻」(1970年)に、「言語研究における科学論的視点――『人間不在』の真に意味するもの――」という論文を寄せられた。

この中に、「パロル派の人間論」の一節があり、そこに私もとりあげられている。

「ラング」「パロール」に関しては、野林氏に深いご研究があり、その概要は、上記論文によってもうかがうことができる。私は、いまだ深くは思索し得ていないけれども、パロールとラングとは表裏一如のものと考えている。したがって、パロール派、ラング派というような分別のしかたは、しがたいもののように思われるのである。

私はパロールを重視するけれども、これは、言語研究の当然であろう。重視せざるを得ないことだと私は考える。生きたことばをとらえようとすれば、だれしも、パロールによるほかはない。よったとしたら、そこにはすでにラングの把握がある。――言語の外形としてのパロールをつかまえてみると、その皮膚のようなものは、おのずから、筋肉と一如であり骨骼と一如である。

さて、パロル派に属する私は、どのように見られているであろうか。

藤原与一氏の方言研究には、はじめから、何か、一種の謹厳な暗さがつきまとっている。それは、多分に、ある東洋的なモラルの心情が氏の研究を貫流していて、それが氏の研究の人間臭さの主な内容をなしているからであろう。

と、野林氏は説かれる。

「暗さ」とのご批評には打たれる。今後、これをなくするように努力していきたい。ただ、ある東洋的なモラルの心情と言われることについては、す

たつもりである（補注4）。そして、実践学としての自己の方言学の体系をもまた明らかにしてきたつもりである。

芳賀氏は、つぎのように説かれる。

> 日本における積極的な批判派について見るに、その内部は、じつは複雑で不統一である。たとえば、“体系”に対する姿勢一つについてみても、①体系を好み、整序された記述を実践する立場（時枝誠記『国語学原論』などに代表される立場）、②体系をいとい、性急な体系化を抑制する立場（佐久間鼎『日本的表現の言語科学』《1967年、恒星社厚生閣》などに代表される立場）、③体系を意識的には排除せず（または、体系を樹立すると言明し）、しかも実践においては体系的記述のあとが不明瞭な立場（藤原与一『方言学』《1962年、三省堂》などに代表される立場）、など、雑多である。（『現代言語学』P.15）

体系的記述ということばは、私どものあいことばのようなものであるかとさえ思われるのであるが、実践において、私のも、体系的記述のあとが不明瞭であるとされるならば、今後、なおいっそう努力することを、私はここに期さなくてはならない。何を体系と言い（補注5）、どのようであるのを体系的と言うか。人々の見解の分かれるところであろう。じつは私も、私なりに、体系的記述につとめてきたつもりではある。そうして、どのようにしたら、より動的な体系的記述を実現しうるかと　記述体系の改新につとめてもきた。

『方言学』の一書は、私としては、学の体系を意図したものである。共時方言学 ──→ 通時方言学 ──→ 高次共時方言学の展開を、私は方言学体系としている。言語学一般に関しても、共時論 ──→ 通時論 ──→ 高次共時論の三柱を立てる以外には、合理的な体系の立てようが、今はないように思っている。（この三柱が、体系的記述の基本的なすじ道を示すであろう。）このような体系構造の考えかたは、私としては、オーソドックスな考えかたに属するものかと思っているのである。

芳賀氏が、批判派の一人としての時枝博士を批評されるところに、つぎのすぐれたご指摘がある。

> 過程重視派の巨大な存在であった時枝誠記博士の言語学説、とくにその中の文法論（ことに品詞分類）のごときは、言語をはじめからラングとして把握したのと格別変わらぬ結果を示している。博士によれば〈言語〉は〈行為〉以外の何ものでもないとされるが、語ないし品詞のごときを“行為”の単位と考えることは無理である。そして実際作業について見こ

観察することなしには、“人間所在”の音声学は、じゅうぶんに実現することができないのではないか。音変化を問題にしても、──たとえば一母音の単純な変化をとりあげても、私は、方言研究で、できるだけそこに郷土人たちのなまの音声生活を見ようとしている。

一つにまた、意味論でも、私は、語の意義の分析的把握にとどまりがちのものを意味論と呼ぶことをやめて、文表現本位に意味作用を見るしごとを意味論としている。ことばは生きもので、生きたことばは、ひっきょう意味にほかならない。その意味を見ていくことによって、人間の生のいとなみを追究したいのである。

一つに、地理学的研究に関しては、方言地理学が、「方言」の地理学であるまえに、言語事実の地理学でありきたった、その個物論的言語地理学を、私は、文字どおりの方言の地理学にしたいと思う。そこで強調されるのは、方言分派地理学である。方言分派は、すなわち、方言人たちが集団をなして生きて動いているまとまりの言語事実である。この事実によりながらも、学が方言の学ではなくなっていくのはどうしたことであろうか。方言の人間的事実を問題にしないからこうなるのであろう。方言による、また、方言を資料とした、どのような研究も、みなそれぞれに有意義のはずである。が、方言のためには、最後的にも、方言の方言性を見はずさない研究がおこされるべきではないか。そのような、方言に即した追究は、方言人の生のいとなみを見る研究になっていくと思う。

一つにまた、私は、方言の事実を実地でとらえるのについても、「一事三十文例」ということを言っている。(補注2)一つの事実を明確につかむためには、三十の実例がほしいという心である。(──なかなか実現しとおすことがむずかしいことだけれども、こう考えて、理念をみがくことにつとめている。)この要求は、まったく、人間の言語生活のいとなみの事実にせまろうとする心のものにほかならない。

一つにまた、私は、一文例をとりあげても、その文例の生息状況を、環境に即して記録することに意を用いる。一本一草を根つき土つきのままにとりあげるのにも等しく、一文例を、その生息の環境ぐるみにとりあげようとする。この心がまえは、方言人の、ことばに生きる生活の具体を見ようとするものである。調査そのことに自然傍受法のたてまえをとって、相手の言語事実に厳密に対処しようとするのも、ことばにもえる生命に、謙虚な、研究の手をのべようとするものである。(補注3)

要するに私は、私なりにではあるが、“人間所在”の言語学を実践してき

とともに、私どもも問いたいところである。——私は、この問いに答えることができない。ところで、人間不在とは、と問われるならば、私は、言語学の“人間不在”という場合、「ことばを唯物的にとりあつかう傾向、ことばを単純に自然物としてとりあつかう傾向を言う。」と答えてみたいのである。“人間不在”という、批評上のあいことばは、この一連のことばのままで利用すれば、効果があろうか。かつて私も、『方言研究年報』第14巻の「方言研究の地理学的方法」では、「人間不在の言語地理学に、人間と生とを導入しなくてはならない……。」(P.88)というような言いかたをした。

“人間不在”は人間性を重んじないことであり、人間の生のいとなみを見ないことであろう。人間の生のいとなみ、これは、社会との関連のもとにあるもの、社会の中にあるものである。人間の生のいとなみは、また、精神史的事実と考えられる。このように考えられる人間の生のいとなみを、言語において見ていくならば、言語研究は“人間所在”である。人間所在の私の考えは、つぎのように実践されてきた。

一つに、方言を生活のことば、すなわち生活語と見てきたのである。方言を方言生活とも言いかえてきたのである。方言に関する主体的な把握である。

一つに、方言の事実をとりあげようとして、つねに、文表現本位のとりあげかたを重んじてきた。方言の事実に対処しては、いなおうなしに、文表現本位のとりあげかたをさせられたのが、私の今日までの歩みである。(補注1)

一つに、アクセントの現象を見ても、私は、第一に、アクセント現実のもっとも現実的なもの、文アクセントに注目せざるをえなかった。

一つに、文法を分析的に把握するにあたっても、私は、生きた機能的要素、契機的要素としての「詰部」をとり立てることにつとめた。

一つにまた、文表現をその動態において見ようとして、一文表現が他の一文表現としぜんに連合した連文の態も、とりあげることにつとめてきた。連文論が、もっともしぜんに、方言研究に導入された。方言会話の研究というものも、一つのテーマにしてきたのである。こうしたところには、方言研究の、きわめて人間言語学的ないきかたがあるとされよう。

一つに、音声を観察するにあたっても、にわかに音素論におもむくことを避けて、音声生活を見る見かたを重視してきた。分析的要素を把握するのにも、音声生活上の特色音節というような考えかたをしてきたのである。人間の音声生活のいとなみを見る見地は、つねに重要であると思う。私の音声学には、文表現音声論の章が、大きく立てられている。微視的方向よりも巨視的方向を重んじるのが私の音声学観である。文表現に即して音声のすがたを

二

私の立場、すなわち人間言語の学としての方言研究の立場（人間言語の学の立場）に、かなり早くから、識者が批評を寄せてきてくださったのは、私の光栄とするところである。近来、注目すべき批評が（といっても、私だけに関するものではなくて、関連批評で、私もとりあげられているのであるが）、二つ出ているのは、なお、私の欣栄とするところである。

以下、その二とおりのものに追随し、教えを受けつつ、私もまた、考えるところを述べていくことにしたい。

一つは、芳賀綏氏のご批評である。芳賀氏は、すでに、1967年5月、東北大学での日本方言研究会第4回研究発表会で、「方言学の方法上の一問題」と題して、方言研究上の“人間不在”の問題をとりあつかわれた。のちまた、1969年6月、法政大学での日本言語学会大会の公開講演でも、「現代と言語学」の題のもとに、関連の発表をしていられるようである。ついで、『現代言語学』（服部四郎先生定年退官記念論文集編集委員会編）（昭和47年）に発表されたのが、「言語学における“人間”」である。

芳賀氏は、言語学プロパー派と批判派というたてわけをされる。そうして、言語学プロパー派が“人間不在”の言語学を示すのを、批判派が批判していると解される。構造言語学なるものは、まさに言語学プロパー派のものとし、そのしごとは、ラングを自然科学的態度で観察記述するものと見られる。それゆえ、言語学プロパー派のことを、“科学的科学”派とも呼んでいられる。

さて、この言語学プロパー派、あるいは“科学的科学”派なるものを、芳賀氏は、内的言語学派とも呼んでいられるのであるが、私は、もし言語学が自然科学的であるならば、それはすでに内的なものではないと考えたい。内的とは、精神的あるいは哲学的な内面性を持つというように解したいのである。およそ、ことが内的であるならば、そこには人間が息づいていよう。

さてまた芳賀氏は、言語学プロパー派に対する批判派が、非合理主義へ傾斜することを論じていられる。私は、人間を尊重しつつ、しかも合理主義をたてまえとしたく思う。あとで亀井孝氏にもふれていくが、そこでも合理主義、非合理主義が言われている。これらのことばは、つかえば、とかく誤解も受けがちのことばかと思われるのであるが、私は、心しつつ、合理主義を言おうとしている。

“人間不在”と言われるその人間とは、いったい何なのか。これは、芳賀氏

人間言語学としての方言学

藤原　与一

一

湯川恭敏氏の書物に、『言語学の基本問題』（昭和46年）というのがある。私は、この書物を予告で知った時に、深い感銘をおぼえた。私どもには、つねに、学の基本を考慮すべき責務がある。新鋭の学究のこういう志向に、私は共感を禁じ得なかった。

今の私も、また、私なりに、同様の志向を重んじなくてはならない。

言語学にとって、何が基本の問題か。言語の人間性を重視することが、基本の問題になると思う。私は、この見地で、自身が方言研究者であることを自覚しつつ、「人間言語学としての方言学」を問題にしたい。私にとっては、「言語学の基本問題」というテーマは、「人間言語学としての方言学」というテーマになる。

（私は、昭和37年に『方言学』という書物ができると同時に、もっと厳密に言えば、その校正のさなかで、『方言学』をあらたにすること、いわば改稿することを考えた。その意は今日まで続いている。この「人間言語学としての方言学」の稿も、『方言学』改稿に関する一つの手びかえである。）

さて、私は、東条操先生編の『日本方言学』（昭和28年）の「文法」篇で、言語の人間性を重視する考えを、どれほどか表明した。その段階の考えは、『方言学』では、およそ以下のようにまとめられている。

> 人間の言語を研究する学問が、言語の人間性を見そこねてよいはずはない。（P.10）
>
> 実学としての方言研究、すなわち生活語学は、つねに、他に先んじても、言語の人間性を見守っていくであろう。（P.10）

方言が生活語であることを見て、生活語観をとなえたのは、さかのぼってかなり早いころのことであるが、その「生活語観を充実させて、方言研究を、人間愛の実学と」すると、また『方言学』（序章 P.10）で述べている。

民間常衆の方言学

藤原与一

「民間常衆」ということばを用いる。民間一般の常民大衆というつもりである。

「民間常衆の」は、「～の持つ」であるとともに「～のための」でもある。「のための」ものも、けっきょくは、「持っ」てもらわなくてはならないものである。

一　民間常衆の持つ方言学

学の概念をゆるやかに受けとって「方言学」と言う。あるいは、生活に密着させて学を受けとって方言学を言う。民間常衆は、すでにその生活の中で、方言学ないし方言学的なものを持っている。

1、言語生活者としての方言人の心の底にあるもの

「話しあいたい。しんそこから相手と話しあいたい」との欲求が、痛切深刻なものとして、人々の心の底によこたわっている。自分の生きがいを感じうるような真の会話への欲求が、かれらのむねには、秘められているのである。

私が旅で方言人に接して、ひとことも聞きもらすまいと、しんけんに相手にうち入っていくと、その人は、しずかなうちにもしだいに眼を輝かして、またはいよいよ高調して、話しはずんでくれる。自分の話を聴いてくれるはじめての人が来たとでもいったありさまなのだ。はじめは、こんな話が何の役に立つのであろうといったようなおもむきであったりするが、私がその話のことばをいっしょうけんめいでメモしているのを見るうちに、先方は、自分の話が勉強・学問の役に立つのだと思うようになり、かくて話はますます自然の佳境に入る。話す人は、腹の底から語って余すところがない。おじいさんが年来の秘事に言及し、おばあさんが苦労ばなしに涙を流す。――今、来たばかりの、アカの他人の私に対してである（どこのだれかと問うことなどもうち忘れて）。人は時々、言う。こうしてお前と話ができて、わたしはもういつ死んでもいい、と。時に、ことわって録音させてもらっ

たのについても、こうして後まで私の声を残すことができてしあわせだ、と言う。私は、感激して、返すことばも、ほどよくは見つけることができない。

人は、一生に一度でもよいから、思いのたけをのびやかに語ってみたい、と思うのではないか。ぐちもよろこびも、心の底にあるままを、心底に湧いてくるままを、話し出したいのが、人間の自然の性であろう。

ことに老人は、とかく若いものに疎外されていることを苦にし、しんそこから人と話しあえる機会をこいねがっている。わたしらのようなものはと、みずから卑下し、退引の心を表明する反面で、つよく、相手を求めているのである。このような人が、まじめに話相手として待遇され、その話のことばが一々重要なのだと知らされては、その人は、うれしさに感動するばかりである。こんなものでもたべるかと言って、おばあさんが手製の漬けものを出したりしてくれ、これを子どもに持って帰ってやれと言って、おじいさんがおもての畑でとうもろこしをもいでくれる（おみやげとはこういうものかと、そんな時、私は、物をもらうことに、心事の美しさを感じるのである）。

方言社会の中にはいって、方言人と交わって、私は、人々の有する深刻旺盛な会話欲求を把握理解する。これほどまでの、「話を求める」深い欲求、悲しみにも似た欲求を、私は、方言人の言語意識の中にある「学の基本となるもの」と見る。

民間常衆は、消極的なかたちでではあるが、生活語の学問としての方言学の胚種とされるものを、こうして、深く心底に蔵していると、私は考えてみるのである。

2、「何の役に立つか」ということ

上にもふれたことであるが、方言人たちは、私どもの方言調査に対して、一度はすぐに、〃こんなことをして何の役に立つのか〃との疑問をなげかける。ということは、「役に立つのがよいことだ」との観念が一般にはあるということである。

〃かねをつかって、広島からわざわざこんな遠くに来て〃とも言う。ねぎらってもくれたり、非生産的と見えるしごとをいぶかりもしたりである。ことばの学問の実用性に関する要望が、民間常衆にはつよいと言うことができる。

柳田国男先生は、「学問の社会的効用」を説かれた。私など、国語学の中にはいろうとして、——特に対象を方言に求めようとして、先生のこのご指導に浴し、研究理念の自覚に達することができた。柳田先生の社会的効用のご発想は、すでに民俗学的常民学的なものではなかったか。先生の日本民俗学は、日本の常民・常衆の生活の幸福のための学問である。常民のための民俗学を志向せられればせられるほど、先生は、その学問を、社会的効用の学とせられねばならなかったであろう。先生は、じつによく、民間常衆の生活感情をとらえていられたのであった。

先生が、民俗の学問を、実学と称されたのも、私どもにはよくわかった。方言・ことばもまた、人の生活の民俗にほかならない。方言の研究も、文字どおり、実学となっていく。そしてこれは、方言に生い立った人たちの、素朴自然な、しかも明確な要求なのである。

実学たるべき方言学の、現地調査という実践での〃非生産的〃なのを見て、いみじくも方言人は言う。

〝まあ、なんと紙をたくさんつかうもんだね。紙代だけでも、オドケタ　コトデ　ネー（おどけたことではない）〟

〝アー　オドケデ　ネー（容易なことではない。金がかかる）〟

などと。これらは、東北の宮城県下で聞かされたものである。この地で、一老人は、

〝シェンシェ　ヒョーバイダガラ（先生はそれが商売だから）〟

と笑った。〝非生産的〟なようであるが、何かにはなるのだろうか、本人はひどくまじめにやっているが、ということである。「オドケタ　コトでは　ない」を、かりに「じょうだんごとではない」「あそびごとではない」などと言いなおしてみる。「オドケル」ということばをつかってはいるが、中に、こちらのまじめさを認めてくれる気もちはうごいているようである。

私どもは、土地人のこうした観察に、世に生きるべき方言学の教えを仰ぐ。先方が、すでに方言学の一先生であることを思念するのである。

私どもは、民衆心理の中の「学問心」に導かれる。よしそれが不明晰なものであっても、私どもは、みずからその「学問心」を自己の胸中に思いえがいて、その素朴な「学問心」に反応していく。

3、方言人は「言語教育」観念を持つ

「何のために」と考え、「役に立つ」ことを思う方言人たちは、ことばの生活をひとたび問題にするとなると、ことばの生活が、あるいはことばが、人間相互の生活をよりよく和らげるものになることを志向する。ここには、民間人の美しい言語自覚があり、多くはこれが、生活の問題で、子女に対する「ことばのしつけ」となってあらわれる。「言語教育」観念がここにある。

民間常衆のこのような観念は、かれらの素朴自然な方言学を、動的構造のものたらしめている。このことは、ただちに、私どもに、方言学の高次の力学的構造を考えしめるものである。私は、高次の方言学が、まさに教育論を内包すべきことを、主張してきた。

民間人の「ことばのしつけ」の根幹をなすものは、「ていねい」意識である。これは、「デス」や「マス」その他のことばづかいにかかわるだけのものではけっしてない。尊敬のことばをつかうことも、「ていねいに」ものを言うことなのである。へり下って謙遜のことばをつかうことも、「ていねいな」もの言いなのである。要するに、人に対する、よい《いい》ことば、よいことばづかいはみな、「ていねい」なのである（世の研究者が、尊敬・謙譲・丁寧と、三者を鼎立させて考える時の「丁寧」とはちがう。それゆえ、かな書きにして「ていねい」と言う）。「丁寧」をも包む、さらに広汎な待遇表現法（いわゆる敬語法）観念が、ここに言う「ていねい」意識なのである。

京都弁で、婦人が、自家の者のことを人まえで語るさいにも、「行かハッて」などと言う。「行きなさって」は言いすぎのようでもあるけれども、じつは、――その表現者の心理作用としては、こう言って、その場のことばづかいを「ていねい」にしているのである。「ていねい」化の方法として、人は、尊敬法助動詞「ハル」利用の方法をとっているのである。国の東西で、「上手で　あらサル」など、「シャル」という尊敬法助動詞の転訛形「サル」を、「ある」につけた言いかたが見いだされる（そういえば、いわゆる共通語の言いかたにも、「才媛で　あらして」などがある）。元来、人に関し人に対して用い

られるべき尊敬法助動詞を、「ある」の下に利用するのもまた、表現法の「ていねい」化のためである。「ご用のおかたは　お申し出ください」と広告しているのは、一方から言えば、不ぐあいな言いかたをしたものとも言えるけれども、他方、作者の心意にたち入って言うと、これで、「ていねいに」ものを言おうとする、ひかえ心を表現したものであると言える。

「ていねい」意識、「ていねい」心意は、民間人の心ねに、つよく根ざしている。目に一丁字のない人も、古来、しばしば、ことばについて「ていねい」を言ってきた。人まえが、つねに問題とされたのである。対人意識のささえのもとで、わが待遇表現法としての敬語法は栄えてきた。

今日、敬語法が、外面から、問題視されがちである。が、民間常衆にとって由来だいじだったのは、〃敬語法〃ではなくて、対人関係のわきまえの表現法としての「敬意表現法」であった。私は、「敬意表現法」を、つまりは「心の敬語法」を重視している。

民間人の、このような実直な「ていねい」心意は、広い見地で、日本人の心性の特質として受けとるべきものかと思う。その心性は、独特特殊な、日本語の、文の表現法と無関係に成立したものではなかろうかとも、私は思う。いずれにしても、民間の人々には、明確な「ていねい」意識ないし、その意識の根源となるものがあり、これがしぜんに発動して、ことばのしつけにもなっている。高次の方言での教育論もまた、方言学の力学的・動的構造の中から、流露せしめられるところがなくてはならない。

4、民間の規範意識

しつけを重んじる心は規範を重んじる心に通じる。その規範は、社会の道徳律ともなっているものである。道徳律が、慣例なり因習なりの形になっている。

慣例の伝統が民衆を左右する。人々は慣例や因習にしたがって行動し、また日常の教育活動をおこなう。

もっとも陰微な教育活動は、当の小社会での「うわさ」（うわさばなし）や「評判」（評判活動）である。そうしてこれらは、主としては、牽制・非議の方向にはたらく。賞讃や推重の方向にはたらくことはごくよわいのが特色である。これは語彙面で見るとよくわかる。どこの方言社会でも、人倫上・性向上の語詞は、とかく非議（非難）・制肘の面に繁栄している。上質の人間を尊重する心を表明する単語などは、ほとんど、所を得ていないのである。小村落社会などでの日々の閉鎖的な生活では、そういう語は、必要とされるべくもなかったのか。大方の見かた・考えかたは、ことをおさえる方向に向いていたのである。社会道徳はまことにきびしいものであった。そのきびしさが、社会のまとまりを保持してきたのでもあろう。「人の噂も七五日」と言う。きびしさも、七五日もすれば、融けていったのか。

もちろん、民間常衆の社会は、ただ閉鎖的できびしいものであるだけなのではない。一方には、明るさ・おもしろさもある。かれらの日々のくらしの生活が、どのように苦難の多いものであっても、人は、その生活の中に、おもしろみやこっけいを産みだすことを忘れない。生活苦のしわを深くきざんでいる人が、ぞんがいに諧謔家である。そういう人たちの和楽・こっけいの言語生活の中に、諸種の世間話が位置しており、また、「うそ八百」のでたらめの話も位置しており、うそかまことかの「うわさ」も位置している。うわさすることも、じつは、一娯楽でもある。かのきびしい道徳律も、一方では、こういう中で、軟化されている。ここに、かなり自在性を持った規範意識がある。

　この規範意識を、民間人の言語社会学的理念とも見ることができようか（――「理念」とは、やや大げさな言いかたであるけれども）。そう見ると、民間常衆はこうしてかれらの生活方言学の心的基礎を持っているのだとも考えることができる。

二　民間常衆のための方言学

1、持っているものを明確に自己のものとさせること

　上来、一の項で述べてきた諸事実を、確実に、民間常衆に自覚させること、これが、民間常衆のために緊要であろう。

　探究してみると、かれらはすでに、方言（方言の生活）に関して、無意図無意識のうちにも、しぜんに、ことばの実学を実践してきている。研究にしたがう私どもは、かれらの日々の実践の中に、いくつもの学的基礎ないし実学形態（――非限定的であるとはしても）を見いだすことができる。その、注目すべきものを、私ども、生活語研究にしたがう学徒は、大いに掘りあげて、民間常衆の目の前に、整頓しなくてはならない。――私どもはすなわちここに、「社会的効用の学」を実現しなくてはならないのである。

　民間常衆は、すぐれた感受力・受容力を持っており、集団としてまた、そうとうに鋭敏な批判力をそなえている（私は、従来、この集団の主体的意識を、「社会意志」と呼んできた）。学徒の研究、その方言社会の現場への適応の努力が、よく、そういう民間社会に適合するものとならなくてはならないことは、多く言うまでもない。実証の手法に煩瑣などがあってはならず、理論化に過度の抽象があってもならない。理論も、かれらの生活意欲を前進せしめてこそ、生きた理論である。これまでの方言研究の成果には、分析主義の弊が出ていて、研究者は満足しても、方言生活者は益を蒙ることがややすくなかった。これは、言語研究に民俗学的方法が欠けていたということでもあるか。

2、創造的な自発的な言語生活の可能とはば《い》とを知らせる

　方言生活者――民間常衆――にもっともつよく言いかけなくてはならぬのは、かれらが本来的に創造的な言語生活者であるということである。いわゆる閉鎖的な小言語社会の中でも、人々は、すでに指摘したように、一方では感覚を奔放にあそばせ、たとえば日常の造語も、しごく自在にしはたしていく。一例であるが、北九州市域内の東邑、柄杓田という所には、「長い袋状になっているネルで作った頭巾」を言う、

○ドーモコーモ

　という語〈名詞〉があるという。「どうにもこうにもなる、色々と利用できるという意からきている」という（梅光女学院大学国語国文学会方言研究ゼミナール『北九州市門司区柄杓田の生活語彙』一九七三年三月）。造語の、なんとむぞうさで自在奔放であることか。ここには、とめどもないくらいの、かれらの自由な発想があり、言語生活の飛翔がある。

　表現法にしても同様であって、「することができる」ことを言いあらわすのにも、東北では、「するに　いい」との言いかたもしている。

○オラ　ホサ　キテクレルニヨーガンス　カ　（わたしの方へ「来てくれるのにようござんす」か）。

と、これは岩手などで言う。九州では、「することが　デクル」のほかに、「しキル」「しキラん」の言いかたをしている。南九州に行くと、「書きが　なる」（カッガ　ナイ）などの可能表現の言いかたをしているのを聞くことができる。国の方言の地方地方で、人々は、等しくできることを言うのにも、その多少の意味作用のちがいをとらえて、さまざまの言いあらわしかたをしているのである。東北でも、北条忠雄氏も説かれるように、何々しうる条件がそなわっている時に、「何々するに　いい」と言うのだとしたら、東北方言の人たちも、じつに巧妙に、一可能表現法を創作したものである。

　近畿西宮市でふと聞きとめた電話ことばであるが、

○エート、シテンチョー　イテマス（ええと、支店長はい　てイマス？）。

というのがあった。これのアクセントはともかくとして、このことばづかいの「イテマス」という表現法は、やはり近畿弁として注目される。「いマス」と言うのよりは「いてマス」と言った方が、居ることの定着性をよくあらわし得ていよう。たしかに居ることを表現する方法が、ここに開拓されたのにちがいない。

　神部宏泰氏によれば、隠岐では、

○カグラニ　スキデ　ノー（神楽が好きでねえ）。

○ワシャー　オドリニ　スカヌ（わたしは踊りがきらいだ）。

などの言いかたをするという。一見、妙な言いかたであるが、よく見ると、巧妙な表現法に思われる（「返事に　こまる」などの言いかたも、ここに思いあわされなくはないか）。てにをはの「に」が、自由に活用されているのだ。方言人たちは、このように、ひとことばをも巧妙に活用して、独自特定の表現法を創作している。

　方言生活者たち、その集団は、ことばの生活をすることが、このように創造的開拓的である。にもかかわらず、人々は、一面、共通語の画一的なものにけおされて、日常対外の言語生活に自信を喪失し、方言卑下の劣等感におちいっている。

　ここでもっともたいせつなのは、かれらに、「共通語」なるものの真義を理解させることである。〝共通語〟では、要するに通じることがだいじなのだ。形の共通語にはこだわらぬようにするのがよい。心を相手に通わすことができればよいのだ。その点では、平素の方言上の言いかたをも、心をこめてつかってみたのがよい。共通語は、方言人のひとりひとりから生まれていく。

　ひとりひとりが自由に創造的な言語活動をすれば、共通語も、精神内容のゆたかなものにしあげられていこう。このさい、方言人には、いよいよ、その活動自由のはばのいかにも広いことを、識得してもらわなくてはならない。

（『思想の科学』九　昭和四十八年九月）

※　※

missing from linguistics. In the midst of sciences which shut the human being out, shouting the non-residence of man, linguistics, which has such a consciousness of the human element, can become a significant science.

The important thing in human linguistics is a theory of meaning. A systematic study of the world of meaning is needed.

Where there is mutual [reciprocal] development of this kind of semantics and a unique theory of "Intonation," the scientific beauty of linguistics will shine brilliantly.

A linguistics with this scientific beauty can at last be given the name "Philosophy of Language."

I would like to say a word for a philosophy of language. Linguistics must move from a science which treats things/objects to a science which treats things/events. It must be a science that deals with events in the midst of the natural condition of language—synthetically. (Of course it must investigate what may be for the purpose of grasping what is.)

I, as an individual Japanese dialectologist, for some time have examined language facts—natural conditions—concerning the Japanese language. I think it is clear that a dialectologist has looked intently at the conditions of language. Therefore, I to the best of my ability have walked the path aiming at a human linguistics where the scientific beauty shines. I myself also long for a Philosophy of Language.

(『広島女学院大学論集』通巻第30集　昭和55年12月)

頁	行	誤	正
137	注1)1	It	In
133	29	"over-analying. "	"over-analyzing. "
132	12	everywhe	everywhere
125	16	benefitted	benefited
117	9	is not the the same.	is not the same.
115	17	[kjo: waatsuina:]	[kjo: wa atsui na:]
115	21	short	sort
94	5	*Philsophy*	*Philosophy*
92	17	expression-this	expression this

It took a long time, but it was inevitable that we have reached this point.

Here I exclude all vocabulary matters from syntax. The basic meaning of syntax is in the sentence expression field [dimension]. Of course, for the sake of discussing the formation of sentence expression, we must give attention to the structural elements of sentence expression, but these elements must always be immediate constituents of sentence. A theory of syntax, whatever theory of analysis one adopts, must not dip below the sentence level. This is the reason for a view of field. Syntax must be viewed in the field of Expression.

Concerning the term "supra-segmental" I have some questions. I never consider any language phenomenon, for example the pitch contour of sentence expression, to be a supra-segmental phenomenon. It is possible to segment such phenomena. To eliminate segmentation in human language expression is not possible. All linguistic activity is subject to segmentation. Syntax itself is based on segmentation. We cannot talk irresponsibly about supra-segmental features.

Treatments of discourse (linked sentences) have become popular. I consider this to be a natural development of syntax. And it is natural, too, that there is awakened interest in semantics.

On the level of sentence expression syntax arises, next, discourse theory arises, and these have as their background the corresponding development of a theory of meaning [semantics]. I prefer to call the sentence-discourse theory by one unified term "Expression-Intonation Theory." Recent developments in linguistics confirm what I have been saying all along in my basic writings.

The great strides in scientific techniques have brought a technological civilization with phenomenal prosperity, but the result has been to dehumanize all culture and civilization.

As I have practiced language research especially in my area of dialectology through the years, my one constant cry has been for a recognition of this science as a human science. It should not be necessary to say that that which makes us human is language. Language is basic to human existence. Furthermore, this language again can be seen to be the base of every culture formed by man. Language, without worrying about the embellishments, must be called human language. The idea of human language itself means to give primary importance to man in linguistics. Man must not be

pology is too broad a science to be considered supplementary to the science of linguistics.

c. Humanities, Natural Science

It is self-evident that the humanities are necessay to the science of human language—linguistics, but the natural sciences are also important. When one considers linguistics as one of the basic human sciences it is clear that various disciplines, from letters to science, are important to linguistics. The reader is no doubt aware of a number or recent examples of the use of natural science in support of language research. Especially notable are contributions from the fields of physiology and mathematics.

4. Subjectivity and Objectivity of Method

To achieve objectivity, linguistic research has shied away from subjective observations. But I would like to speak out positively in support of subjectivity in language studies.

What, after all, is an objective method? Formerly positivism was thought to be objective, but its procedure in offering proof has always been subjective. Any view, no matter how objective, stands on the base of subjectivity. Even in our so-called axioms there is subjectivity. A mathematician friend of mine puts it this way: "Behind mathematics there is what may be called 'majority opinion.' At the bottom there is a great subjectivity... Whatever is logical (objective) is numerical; but the foundation of logic is subjectivity... The selection of a [scientific] method involves subjectivity."

Every decision starts from a subjective decision. We must have more respect for subjectivity.

We will not go so far as to say that outside mathematical and computational linguistics there is no objective method in language research. Even in mathematical research, the research itself is important. How much more is this value to be guarded in man's cognitive activity!

CONCLUSION

The focus of interest in modern linguistics is principally on syntax. The increase in interest in semantics is also to be understood with this fact in mind. In other words, interest has come to focus on the natural appearance of the object, that is, the functional, synthetic body. I would like to say that *finally* linguistics has arrived here.

linguistic research, as a supplementary method. (Conversely, it may be well for general psychology to make use of linguistics in the study of human psychology.)

Psychology has a tendency to become "extensive" and generally diffused, but the psychology which we could make use of in linguistics should be developed more in an "intensive" direction. The area of psychology is so vast it is not surprising that psychological studies have a tendency to become diffused. But we can expect from it more and deeper academic influence when this discipline begins to develop in an intensive direction.

Another problem is that psychology, in addition to this tendency to diffusion, is inclined too much to analysis. If the study of "human psychology" would deepen by giving more importance to synthesis we might expect to gain much from it.

I have always considered sociology to be basic to linguistic research. Language has its existence in society; it is a social phenomenon. Thus, language, which is the culture of society, cannot be studied without employing the full force of the discipline of sociology. It is not good to restrict this aspect to what linguists are calling Socio-Linguistics. What is called for is a view of sociology—let us call in Pan-Sociology—which thinks of linguistics as the sociology of language.

The science of language can take on a fullness by treating it sociologically. By taking a view of the actual conditions in which language exists, linguistics can become enlightened. Sociology will serve to broaden the linguistic horizon.

b. Folk Studies and Ethnology

I consider the two peripheral disciplines, folk studies and ethnology, to be important supplementary sciences for linguistics.

Far from being peripheral, the study of folk customs is right in the middle of linguistics. In the study of language reality we must attain a mature understanding of the phenomenon of linguistic life and draw nearer to folk studies which are in fact the study of life.

A study of folk customs is always accompanied by ethnology.

When we consider these various peripheral disciplines it is natural that we should finally arrive at cultural anthropology. I can say that I have always employed the methods of cultural anthropology, as dialectology is, in fact, a branch of cultural anthropology. However, from the present point of view in linguistics, cultural anthro-

subject. That is, I caused the maps to speak to that subject. In this project can be seen my maximal synchronic method.

2. Pragmatics, Descriptive Science

For years I have stressed pragmatics and descriptive science.

Pragmatics grows out of a respect for facts (data) and a desire to accurately grasp them. I have advocated "one fact, thirty examples" (meaning that for the establishment of a single fact, thirty instances are required). For collecting data I advocate what I call the "Natural Pick-up" method, and for sorting data and the various related operations I strongly urge "scientific rigidity." I call such procedure pragmatics. Through pragmatics one can put into effect the synchronic method, the diachronic method, and the pure maximal synchronic method.

Descriptive science permits no laxness whatsoever. The descriptive scientific attitude stresses accurate and genuine description. It takes considerable effort to present even a single sample in detail. How is one to select from among so many even the appropriate phrase structure of a sentence! It is exhausting enterprise to describe clearly and succinctly.

But description of this type purifies the synchronic description (←method). It clarifies diachronic description (←method). And it orders a maximal synchronic description (←method). I believe that pragmatics, descriptive science, can very well make the three methods a possibility.

3. Bordering Sciences

Supplementing the three above methods are a number of what may be called "bordering sciences or related disciplines."

a. Psychology and Sociology

I consider the most important of the supplementary disciplines to be psychology. In psychology of course we have to respect the psychology of the individual as well as the psychology of society, but I want to consider especially individual psychology. In this way I seek to deepen my linguistic research.

In dialect studies [as one might expect], as well as everywhere in the field of linguistics, one might say there has been too much interest in psychology. Psycholinguistics has been advocated, but this branch seems to confine its interest solely to the psychology of language. What I am interested in is psychological methods in theory.

To overcome the shortcomings of both the synchronic and diachronic theories we must combine them. In other words, it is important for the researcher to have, on the one hand, a consciousness of contemporaneity, and, on the other, an objective view of the phenomenon. In any event, we cannot lightly discard either of the theories.

If we think of the synchronic theory as the horizontal axis and the diachronic theory as the verticle axis, then we must view them together as a unified horizontal-verticle grid.

As is clear from the above observation, we continue to follow both the synchronic and diachronic methods while seeking a third method. This third method may be called the MAXIMAL SYNCHRONIC METHOD.

c. The Maximal Synchronic Method

A maximal synchronic method would take thoroughly into account the synchronic and add the diachronic parameter to arrive at a maximal view.

Or, it is also possible to start with a diachronic view as the verticle axis and synthesize the synchronic view. But even if we start with the objective (diachronic) dimension, we cannot help developing the synchronic base. It is more logical, then, to start with the horizontal (synchronic) axis and synthesize the verticle (diachronic).

Furthermore, we can say that a maximal synchronic view first takes in hand the condition *an sich* and gives heed to the historical dimension incumbent within it. It is true that historical fact is not the same as diachronic fact; it is the real historical fact of man's activity. People alter facts—an activity which we call revolution.

A maximal synchronic theory is aimed chiefly at the future. Statements on the history of language are always observational. (I prefer the term "observational", to the more common term "retrospective".)

I have recently completed two maps in a series of dialect maps of the Inland Sea. Since this work was conducted in line with the techniques of linguistic geography, I followed the diachronic method. However, in the maps, in each category I compared old people and young people. My purpose in doing so should be obvious. I tend to observe language change, that is historical linguistics, with a view to the future. I contend that a comparative linguistic map of old people and young people testifies to historical development in linguistic phenomena with reference to a specific time and

attain the system described in Chapter Seven, it is necessary to use all three of these methods—or, to put it in a different way, we can approach system from three points of view—or, to put it in still another way, three purposes in research are represented by the three methods.

a. Synchronic Method

The synchronic theory in linguistic research was pioneered by Saussure who distinguished between synchronic and diachronic linguistics. It was Saussure who opened my eyes to the synchronic theory.

However, I think the time has come for a refinement of the synchronic theory in linguistic research. Under the stimulus of Saussure's penetrating insight, we must advance the idea as well as the methodology of the synchronic theory.

First, I would like to emphasize the importance and value of this theory. The synchronic theory focuses on the present; that is, any given point in time may be taken as "now" for the purpose of research. It should not be necessary to point up the importance of such objectivity. Something which we cannot grasp as contemporaneous, no matter how great it is, seems removed and false.

Of course I am not talking here of a pure *synchronique*. The idea of a *synchronique* with chronological substance is only a mirage. What we call "present" is in fact not present at all; it is already a historical fact. No matter what time the "present" refers to, it takes upon itself the substance of that particular time.

It is important that the researcher have a synchronic consciousness. If the researcher can focus on a conscious, unified synchronic field he can put to practice the synchronic method without undue distortion.

b. Diachronic Method

When synchronic fields are compared—whether vertically, that is temporally, or horizontally, that is spatially—such a comparison is diachronic. Comparative linguistics is nothing but diachronic linguistics. The importance of this needs no laboring.

The diachronic method has as its purpose to compare two or more substances to discover historical change. Most historical change is *a priori* of the cause and effect type, and very few changes are to be contributed to the human factor. In other words, in a pure diachronic theory change is seldom contributed to human involvement or human activity. Here is the reason for my dissatisfaction with a pure diachronic

convention of *kanji-kana majiri* [mixing the two systems]. But the mixture takes on individual characteristics unique to each writer. At one extreme would be a writer who employs only kana. (I will not confuse the issue by calling attention to two kinds of kana: katakana and hiragana.) But even so, I consider writing using kana only to be one kind of *kanji-kana majiri* writing—an extreme instance. It is sufficient to point out that there is individual difference depending on the writer in the use of kanji and kana (other signs are ignored here), and that the difference may be great. In other words, the writing system allows for individual differences. Such expression of individuality in writing is a reflection of differences in mental activity in a given time and place—that is, "Intonation." Writing can be taken as the manifestation, as is, of the waves of mental activity of the expresser. That is, writing, too, can always be understood as "Intonation." It can be understood as the surfacing of inner "Intonation."

In short, there is a "deep nature" in what linguistics has traditionally called intonation in oral language as well as in the equivalent phenomenon in written language, in its broad and deep interpretation. "Intonation" refers to this deep nature and can always be taken as an index to the expresser's real message.

Thus, while "Intonation" is the internal nature of language, in research it is grasped through the external form. "Intonation" seriously controls the external form. Therefore, we seek in a theory of "Intonation" a theory which explicates the relation of external form [surface structure] to meaning.

Chapter Eight: METHODOLOGY

The terms "research system" and "research method" are virtually synonymous. Systematization is accomplished by method. Method points to the systematization of research. Therefore, by pursuing method we can organize the system. Methodology becomes systematics. If this were not true, method could not be method.

On the other hand, method is derived from system. Method can be said to emanate from the intent of system. Methodology presupposes system. In addition we can say that methodology is derived from a concept of system.

1. Three Methods

The following three methods are basic to linguistic research: the synchronic method, the diachronic method, and what I will call the Maximal Synchronic Method. To

something, in our system, which will directly oppose a theory of meaning, we will come naturally to a "theory of expression+a theory of "Intonation." (or, simply, a theory of outward linguistic form as opposed to inner content or meaning.) The previously mentioned distinctive areas of phonology, grammar, lexicon, and orthography all fall under this new Theory of Expression+Theory of "Intonation".

3. A Theory of "Intonation"

In Chapter Five I described the main purport of a theory of meaning. The completed body of linguistic expression which can be seen in an actual situation is indeed the "Intonation" body. (This "Intonation" body is the completed body of expression which is unified by "Intonation.") Consequently it is well to understand that the body of "Intonation" is a body of expression value.

Every linguistic expression may be called expression value body, and expression value body can indeed be recognized in linguistic expression which is seen as the body of "Intonation." The total value of an expression can be recognized in "Intonation." This is what I understand as a broad view of "Intonation."

In the case of oral language, intonation [pitch contour] readily expresses the expression value. But in my view this pitch contour should not be understood as limited only to sound in oral language. The formation of oral pitch contour is directly joined to the living activity of the meaning function of expression content. Without the internal meaning function "Intonation" there could be no external oral pitch contour or intonation. When there is an oral pitch contour [intonation] the grammatical structure will correspond to the "Intonation." Furthermore, the phonological structure should naturally agree with the pitch contour.

Thus, what we call intonation in oral language has, in fact, a deep nature. With the term *yokuyo*, "Intonation," I attempt to encompass the whole and capture the substance of intonation in all its depth and breadth.

In the case of written language, as I have already stated, I regard the recorded result as written "Intonation." Written "Intonation" beautifully corresponds to the phonetic intonation of oral speech.

In written Japanese, which is different from romanized languages, two types of orthography are employed—ancient kanji and kana, and Japanese must be written by combining these two systems. If one wishes to write Japanese he must employ the

it presupposes a theory of structure, thus:

THEORY OF MEANING, THEORY OF EXPRESSION (←THEORY OF STRUCTURE)

But THEORY OF STRUCTURE→THEORY OF EXPRESSION is ultimately a theory of "Intonation," in its broadest possible interpretation. Therefore, my research can be depicted as follows:

THEORY OF MEANING, THEORY OF INTONATION.

This depiction can be modified to the following:

{THEORY OF MEANING
{THEORY OF INTONATION

2. Theory of "System"

Though it seems almost unnecessary to comment on it, linguistic research up until now has presented a system which could be shown as:

┌PHONEMICS
├GRAMMAR
└LEXICON

In recent years phonology has replaced phonemics, grammar has branched into morphology and syntax, and lexicon now covers word formation rules.

To the above schema it would be appropriate to add "expression theory." In fact, a "theory of orthography" has been advocated to take care of this.

The four branches, phonology, grammar, lexicon, orthography, have for some time been accepted as distinctive areas of linguistic research. It would seem a logical conclusion to set up these four distinct branches as a system of language analysis.

However, such segmentation of the system of language research reflects a data-centered [phenomenological] point of view. With this schema, the linguist does not begin his research by attempting to grasp the whole, but by segmenting. He allows word-level analysis to dominate. The result of such a view of system is mechanistic analysis just as one would expect, and semantics is totally ignored.

For the purpose of legitimately practicing the study of the language of man, I would like to challenge this traditional point of view. I propose a synthetic view of system which treats language as a living organism—as the life-expression of man's linguistic life. In such a view, the first theory derived is a theory of meaning. If we look for

And, with this recognition, already many people have made hasty contributions to semantic theory. The tardiness of meaning research in itself actually causes us to wonder about a number of things. If it is a fact, as everyone is saying, that research into a theory of meaning is tardy, then that in itself means that we must say that all linguistic research is tardy and developments in linguistic research have been slow. What sort of linguistic research is it that is behind in the research of meaning! To me, a delay in developing a theory of meaning is a delay in linguistic research.

If linguistic research had progressed in the direction of internalization it would have developed, as top priority, a theory of meaning. There is no call for lamenting a "late development." To think that research on meaning has been late shows clearly the mistake in placing the position of semantics in linguistic research. Actually isn't it true that many place their theory of meaning alongside their theories of grammar and phonology?

This shows a shallow awareness of the nature of meaning. We cannot be content with the kind of linguistic research which delays research of a theory of meaning.

From the study of words to the study of sentence—from pre-expression to post-expression-this development (a leap) means the blossoming of a theory of meaning. Linguistics which should take as its subject the study of human language, must not be permitted to go on and on casting the block of microcosmic analysis in the way of such progress. It must not continue to sit at ease in the petrified seat of superficiality.

If we desire a leaping development in linguistic research, we should, while continuing to pursue microcosmic analysis, put emphasis on macrocosmic synthesis, and pioneer the field of expression in a theory of meaning.

Chapter Seven : RESEARCH SYSTEM

1. Research System

The discerning reader has no doubt already guessed the type of research system which I have in mind; namely,

THEORY OF MEANING, X

This formula summarizes my system of research. With it I organize my work. I think of a research system as a system of research design. The "X" of the above formula can be made to stand for "THEORY OF EXPRESSION." In such a case

'clever,' and in other places it has the word signification of 'cunning.' These various meanings are the contextual meanings of the word *ozoi*. Each individual linguistic society forms a historical, social word signification. Pursuing this, my chief purpose in a theory of word signification is to take as subject the investigation of contextual signification and establishing of word signification.

One more thing: in a theory of word signification I want to treat as important the rules of word creation relating to the forming of word signification. Here a theory of word signification connects with a theory of word formation.

6. Linguistics and Semantics [Linguistic Research and a Theory of Meaning]

What we have been describing, i. e., research of the basis of sentence expression, is still not popular, at least among Japanese linguists. And even in western linguistics the tradition of analyticism still survives. To put it in other words, practical evidence of research on the basis of sentence expression is hard to find.

This, if I may say, is connected with the fact that the narrow sense of a theory of meaning, that is, a theory of meaning which takes as subject the world of expression has been slow to develop.

If the distinction between a narrow view of meaning and signification is not clear linguistic research is all the more inadequate.

Whatever road one takes, shouldn't our primary purpose be to arrive at the inner meaning through an investigation of the outward structure of language? On this point, if a theory of meaning is ambivalent to the slightest extent we cannot say that the basic posture of linguistic research has been achieved.

Can we conclude that the theory of grammar has been perfected and from this we will come to a theory of meaning? Has the quest for grammatical function been able to develop a theory of meaning which organizes meaning activity? Has phonetic or phonological theory been able to release a theory of meaning? Is it not true that ignoring meaning has caused problems in phonetics and phonology? Where have theories of word and lexicon produced a sound theory of word signification? Are not we still in the confusion expressed by the self-contradictory phrase "meaning of words" which interferes with the study of words and lexicon? There is indeed need for reflection on traditional analytical methods of linguistic research.

Today people seem inclined to talk about the late development of a theory of meaning.

say that the individual is not controlled by the social will. The individual, in the midst of the group, becomes an instigator as well as a receiver of the activity.

When this social will operates on language the result is the formation of word signification and an individual member's use of word signification.

Gillson, in *Language and Philsophy*, appears to have a corresponding idea to my idea of "Social Will: "Every minute, somewhere a new utterance is being born, and we, without being conscious of it, can create new utterances."*-2

The individual is creator; but society too is creator. In the end it is society, made up of individuals, which is responsible. (But individuals support this will.) The individual starts the activity of creation of word signification and finally the social will fixes the word signification and it becomes the possession of the social group.

That word signification is indeed a social and historical entity is plain. The social will—the living, working social will—testifies to the historical and social nature of word signification.

When signification, that is word signification, is made to live in sentence expression meaning, or sentence meaning, grammar becomes involved. Signification cannot live in sentence meaning if it turns its back on grammar. Together with the operation of grammar, phonological rules also operate. Words cannot live in sentences apart from the sounds. And words live in sentences with relationship to their lexical background. To form a sentence expression, which is the goal of the expresser, words are used. To use words means to select. Even when selecting a pronoun, the type of pronoun selected depends on the intuitive judgment of the expresser. Here is an excellent subject for research in lexicon theory.

My theory of signification is none other than a theory of word signification. But I am not the first to make this discrimination. To mention one pioneer,*-3 Gardiner considers meaning as limited to word.

In a theory of word signification, what should be the chief goal of our research? From my standpoint I view as important the study of contextual signification. (This is the standpoint of dialect study.) For example, the word "*ozoi*," in some situations has the word signification of 'fearful', in other places it has the word signification of

*-2 Gillson, *Language and Philosophy*, in Kōno Rokuro's translation, p. 337.

*-3 Gardiner, Allan H., *Theory and Speech of Language*.

to my attention. When asked to define a unit of meaning some answer, "an element of signification." The technical terms "meaning" and "signification" are not distinguished. Again some say that meaning is abstract when they should say that signification is abstract.

The signification of a word, that is, word signification, is fixed, and it has its existence prior to our individual specific use of it. If a particular expression is concrete, then the signification which is pre-expression must be abstract.

What is the origin of signification which has this abstract nature? I propose here the "Social Will" theory. The origin of signification (word signification) which is general and abstract in contrast to the sentence meaning of a sentence expression, is in the collective activity of a fixed linguistic society. Do we suppose that a single member of this group establishes his own private word signification? (Actually he makes a word live in an expression of a sentence and gives it his own individual sentence expression meaning. For example, "The general did it!" In this sentence, "general" does not refer to a military rank but means something like "rascal".*-1 The signification which the speaker has established (actually, the meaning which he specifically intends), when it is accepted by others of his environment, is literally socialized and the signification is fixed. The forming of signification takes place within a society, a group of two or more. On this point we can say that signification is indeed a social phenomenon. Since a linguistic society establishes signification as a social phenomenon, I recognize a "Social Will" which so establishes it in the linguistic society. I call this group activity [or the active force] the "Social Will." It is indeed a group activity but a group or a linguistic society cannot exist without the individual. This is impossible. The only thing which we can, as a matter of fact, take to hand is the cause which exists in society; i.e., the individual. Therefore, if one asks where this "Social Will" exists, in spite of the fact that it appears that we can say "in society," in the end we must say that it exists within the individual. Ultimately, we can say the following: the linguistic social group as a joint activity creates the "Social Will" and again possesses this social cause—the social will which individuals create. Individuals, continuing to participate in establishing the social will, further become possessors of the social will. To become a possessor is to operate by following the social will. We cannot

*-1 Equivalent to the way the word "governor [guv'ner]" is used in some British dialects.

At the bottom of structure is signification. In the final element (lowest level element) of structure, *go* ['word; morpheme'], there is signification. Signification is recognized in *go*. Therefore we can speak of this signification as *gogi*, 'word signification.'

At the highest phase of an expression there is meaning. (Meaning supercedes structure.) Meaning exists (breathes) in the atmosphere of sentence expression. There is a meaning in sentence expression and there is meaning in discourse expression.

The distinction between meaning and signification is clear. Meaning exists in the world of expression; signification exists in the world prior to expression. Between meaning and signification there is a field-difference; i. e., the field of formation versus the field of existence.

Meaning takes shape in the world of parole and signification exists in the world of langue, to use Saussure's distinction. Saussure's "sentence of langue" is a self-contradiction because sentence is sentence expression and as such it is an individual instance of parole. Signification always corresponds to a word in the world of langue. That is, signification is word signification.

In a Maximal Theory of meaning I recognize the narrow sense of meaning and signification. (Both are lower level distinctions.) But there is great confusion in semantic theories. People are inclined to use the term meaning or theory of meaning when talking about what I have shown to be signification. For such people the term signification has no significance. Formerly I talked about "dictionary, grammatical signification," because in most dictionaries the definition given a word is nothing more than its signification. A word, which is a bearer of signification and thus can be said to be a fixed concept, when it is brought to the place of expression in our language life, manifests a special environmental meaning in the particular sentence expression— that is, a word has meaning in context. In other words, the word signification blossoms in the environment of sentence meaning of the sentence expression. No matter what the instance, we must conclude that meaning exists in context.

When meaning and signification are not distinguished, neither are the worlds of sentence and word distinguished. It is necessary to reassert that the world of sentence which is post-expression and the world of words which is pre-expression are clearly different fields. They are like the front and back of the same phenomenon.

I'd like to comment on one or two statements on semantic theory which have come

Note: In the case of three or more sentences—a long linked-sentence structure—we can unerringly interpret them by relying on the sentence-ending particles of each. In other words, the point of a discourse may be found in the sentence-ending part of each of the constituent sentences. This is because each sentence, in its ending, makes clear the form of appeal of the meaning function. (By "appeal" we attempt to communicate the synthesized meaning of the sentence in summarized fashion to an interlocutor.) This is why we can achieve a precise understanding of the discourse's meaning by relying on the sentence-ending element—most frequently a sentence-ending particle (→sentence final particle apex).

It is not necessary to add that the meaning of a linked-sentence structure—or discourse—is more than the sum of the meaning of the individual sentences. We know that even in a single sentence the meaning is not the sum of the significations (see below) of the individual words that make up the sentence. In short, the meaning of a discourse is to be found in the complete, corporate whole. It is appropriate that the understanding process is called interpretation [in Japanese, literally, 'untie'+'untie'], for in attempting to understand and receive the complete corporate whole we unravel the individual sentences—investigating the intrinsic connection, the contrast-correlation of pairs of sentences.

A theory of meaning and a theory of interpretation are probably two views of the same thing. It may be well to say that a theory of interpretation is incorporated in a theory of meaning.

Some time ago I made a study of dialect conversation. This indeed can be thought of as an important area for the practice of meaning research. In this study I analyzed conversation in two ways. First, I took all the utterances of a single speaker of the conversation. Then I took the interplay of utterances between speakers. Both ways are very interesting and should be treated seriously. No matter which of the two procedures one follows he should pay special attention to the sentence-ending particles. In Japanese sentence expression it is wise to repeat this over and over.

I have studied sentence-ending particles for many years. When I think back on it, while fixing my attention on sentence-ending particles, I have been practicing meaning research.

5. The World of Meaning and the World of Signification

say that the intrinsic connection is weak? I don't think so. Even in a case where the intrinsic connection seems weak, that is, in so-called loosely connected sentences, I contend that the intrinsic connection is still working. Two sentences in succession in a discourse must be intrinsically connected. It should not be necessary to repeat that this is very important for interpreting. My reason for proposing the term linked sentences for discourse is at this very point.

Sentence endings in Japanese are significant carriers of information concerning the relationship—contrastive or complementary—between members of sentence pairs. In discourse expression of dialect conversation there is a tendency for a special word of appeal to occur at the end of sentences. I have called this special word of appeal the sentence-ending particle.*-3 This sentence-ending particle is a specially fixed structural element—the sentence-ending element—in sentence expression rules. An example is the particle *ne* in "*Kyo wa ii tenki desu ne,*" ('It is very fine today, isn't it'). Differences between this final *ne* and the English tag-question 'isn't it' are clear. From the point of view of meaning function the two are almost the same, but observed formally they are quite different. It is significant to understand this structural element which is unique to Japanese. That is, it is wise to focus on sentence-ending particles with a view of the way in which these reveal contrast and complementation between sentences. Let us take an example from the Tokyo dialect: "*Mo minna kutchatta yo. Kimi ga anmari osoku kuru kara sa.*" ('I've eaten it all up. You were so late getting here.') This discourse happens to be composed of two sentences. The first sentence is concluded by the sentence-ending particle *yo* and the second by the sentence-ending particle *sa*. The contrast-correlation between the former and latter sentences is concentrated in the final particles. That is, the relationship between the expression, "*Mo minna kutchatta yo,*" and "*Kimi ga anmari osoku kuru kara sa,*" is symbolically but adequately [and beautifully] shown in the final *yo* and *sa*.*-4 To grasp the meaning of the discourse made of the two sentences, first off we should look at the competing relationship between the sentence-ending elements. Here is the starting point as well as the final destination of an inquiry into the meaning function of the discourse expression.

---

*-3 Professor Fujiwara treats the subject of the "Appeal" role of sentence-ending particles in considerable detail in *The Sentence Structure of Japanese.*

*-4 *yo* is emphatic and *sa* is explanatory.

looking into "text linguistics" where our study of language structure will reach full scale. My own reaction is to regard all this as an attempt to rectify the neglect of meaning in linguistic studies. It appears that linguistics has at last found its way.

I find the term "structural semantics" very convenient. That is, as I said above, because I believe discourse structure naturally leads to a theory of meaning, semantics on this new level can be called structural semantics. I am not speaking of structural semantics in relation to word signification. If we follow this view, then structural analysis once more becomes necessary, since the analysis of the structure of language becomes semantic structural analysis. The study of discourse, or text linguistics, will be based on such a theory of structure, speaking from a structuralist (not an expressionist) point of view.

My theory of meaning leads to a theory of sentence expression and then to a theory of discourse expression. In a theory of sentence expression we treat the problem of the meaning function of sentence expression and in a theory of discourse expression (discourse treatise) we treat the problem of the meaning function of discourse.

The activity of capturing the meaning of a discourse is usually called reading. Reading is the activity of interpreting the meaning function of discourse expression. Finally, we trace the "Intonation" of the expression and further the special characteristic style. The final form of discourse expression is usually referred to as literature. Literature, indeed, has a determined value in the world of meaning.

An expresser, when he creates a work of literature, is a sender of discourse meaning. The reader, then, when he interprets literature, is the receiver of the discourse meaning.

Without differentiating between the roles of expresser [Sender] and interpreter [Receptor] in discourse (not sentence), it is probably right to say that the activities of expression and interpretation both focus on joining or contrasting two [or more] linked sentences. For the moment let us consider the matter from the side of the receptor. No matter what the discourse, we can arbitrarily select a pair of sentences which are intrinsically related. Sometimes this relation [connection] is formally marked by a connector [link]. But even when there is no formal feature [a connector such as a transitional or conjunction] a latent, unexpressed connector [connective] is at work. The presence or absence of a formal connector is of secondary importance.

I'd like to say a word about intrinsic connection. In ill-formed discourse can we show the relationship to the phonology and lexicon. In other words, it will result in a unified synthesis of the various external aspects.

At the stage where a synthesis has been achieved a theory of grammar becomes "deep grammar," a theory of phonology becomes "deep phonology," and a theory of lexicon becomes "deep vocabulary." Here, too, a synthesis of the three on a deep level is achieved.

This bringing together of the external features and the synthesizing, incorporating function of meaning makes one body.

4. Discourse Meaning [The Meaning Function of Discourse Expression]

In our daily linguistic life we ordinarily express or hear utterances composed of two or more sentences—discourse (linked sentences). Usually expression consists of a chain of sentences, one after another, and reception likewise consists of a chain-like comprehension process. Consequently, our linguistic life can be called a discourse expression life. In other words, we ordinarily live in the world of discourse expression meaning.

In this world of discourse [linked-sentence expression meaning] perhaps we can speak of the structure of meaning. Here we are concerned purely with meaning. (That is, we are not talking about the structure of signification which we will describe in the next section.) In the world of meaning of discourse expression, where meaning function of sentence expression develops by joining two or more sentences, we can take one sentence form at a time, and in just this way we can grasp each individual meaning as a complete entity. If we base our research on such an analytical grasp, in the world of discourse meaning we can recognize the structure of meaning as the unification of the meanings of successive sentences. Meaning structure, then, is the way in which individual meanings of separate, successive sentences join in a discourse.

To grasp the meaning function of discourse expression is essentially to grasp analytically the meaning structure.

A number of works on semantics have recently appeared. It has also become popular to write on discourse structure. I find this coincidence of an awakened interest in semantics and discourse structures to be very significant. When one seeks a thorough understanding of meaning he will naturally begin to look at discourse. Or, in the course of investigating discourse structures one will naturally project a theory of meaning. Discourse analysis is popular today, but before we know it, we will be

tion."

I feel that with this stress on sentence accent and its recording in our surveys we concentrated our efforts on the practice of capturing meaning in the language life of a people.

The study of accent, or the handling of sentence accent is a sentence operation. A theory of sentence accent is basically within a theory of sentence expression. A theory of sentence expression calls for a theory of sentence meaning. Thus, sentence accent leads to a theory of sentence meaning.

To capture dialect (the actual body of dialect) which is the basic sentence expression, as I have touched on before, is to investigate the language of people's lives, especially internally. To borrow the term [popular in Japanese dialect studies] "*gengo katsudo*," linguistic activity, we recognize linguistic activity as the world of the language of life; a unit of that linguistic activity is captured as a sentence expression. Sentence expression, as the language of life, is an act of cognition, emotion, meaning, and this indeed is to be recognized as life-expression. I early called this point of view a "View of Life-Language." A view of life-language leads to a phenomenological grasp of the basis of sentence expression. Here I think linguistics becomes a pragmatic science. Under the concept of human linguistic science, I attempt to see, by examining the language of life of an individual in the expression base—in each one of them—, the meaning function which works synthetically, in cognition, feeling, and meaning.

It has already been made clear that the grasp of meaning function in sentence expression is synthesis.

Even looking at language from its external aspect, meaning is grasped through synthesis. In other words, to grasp meaning requires a synthesis of grammar, lexicon, and phonology. Without such a unification of surface features we cannot have a dynamic grasp of meaning.

To take as an example a theory of grammar. There cannot be a theory of grammar which does not incorporate meaning. A theory of grammar must organize grammatical functions in keeping with the meaning function. If this consciousness is clear all organization of grammatical phenomena can be referred to as the work of semantics. (It has never been possible to organize the grammar by turning the back on meaning.) If grammatical analysis is done thoroughly in this manner, the analysis will of itself

this on-the-spot standard "translation" was restricted to the bare essentials. When a sentence (sample) collected in this manner was part of a longer discourse, we made special effort to interpret the meaning into Standard Language sentence expression. These translations were not what is known as formal correspondence translation.*-2 Though we cannot go into translation theory here, we simply tried to restate the utterance in ordinary, modern standard speech. By paying special attention to the level of the original expression we worked to find an equivalent level in standard speech. If such procedure is not the practice of sentence analysis which I have been developing in this thesis, then I don't know what is.

Also, the note-taking method which I have just described, including notes describing speakers in terms of age, class, etc., is the result of an understanding of the role of class status in dialect sentence expression. As to language levels, when we noted whether a particular utterance was refined or vulgar, contemptuous, spiteful, etc., we took care to record this. This too reflects our concern to try to investigate thoroughly and minutely the language status. We can say that such dialect surveys were analytical research from the standpoint of semantics, or that they represent the practice of meaning research.

In a word, until now the work which we have treated important and been occupied with on sentence expression base has been the work of semantics. The notation of sentences was basically phonetic transfer, but what I consider more important concerning our notation method is that we recorded the "Intonation." This can also be called the recording of sentence accent. We did not simply write down sentence accent as over against word accent, we actually attempted to capture the meaning from the point of view of "Intonation." Furthermore, the recording of sentence accent is one of the most important tasks in the research of meaning. In a way of thinking, by this effort the dialectologist is able to finally and completely capture the sentence expression meaning function of language. In the previous chapter I explained how the expression of the language of human life in external form is "Intonation" and again the style which is its characteristic shines through in that "Intonation." If we recognize the world of meaning to be in the world of "Intonation" then, if we are to practice a theory of meaning, ultimately we must collect our energies for the grasp of "Intona-

---

*-2 The translator here has used Nida's term.

Expressions—linguistic expressions—have an individuality of their own.

The concrete unit of individualization of linguistic expression is a sentence. Meaning is actualized with each concrete unit of expression. That is, a corporate body of meaning is manifested. This is why a theory of meaning must take as object the world of meaning and focus directly on sentence expression in order to grasp meaning.

To us, this gives legitimacy to the study of meaning as the base of sentence expression. The actualization of human thought can be recognized in the sentence expression unit. It is natural that semantic research which pursues cognitive processes should study sentence expression.

Note: One may want to think of paragraph as the immediate unit of meaning in a large unified body of discourse. It goes without saying that a long discourse is composed of mutually related paragraphs. This is true, but in discourse, which is the thought activity of man, paragraph consciousness is not always clear, and in many instances it is not clear how thought develops by means of paragraphs. It is of course desirable that paragraph division be clear, but the fact is many people do not "express thought" in neat packages. We do, however, develop thought in sentence units. Even in a rather incoherent discourse expression the expresser will in general adhere to sentence by sentence expression.

I have always worked on the assumption that meaning is the basis of sentence expression, as if it were only natural. In dialect research I have studied meaning in the following way: when I sought to enter an individual dialect life (that is, a specific dialect) to capture dialect conditions (for example, when I investigated the dialect of a district), I, as well as those who were of the same mind with me, always gave attention to the most natural utterances in the most natural environmental conditions. We called such a survey a Dialect Survey of the Sentence Expression Base, or a "Natural Pick-up Survey."*-1 One sentence (sampling) was taken on a single card and necessary notations were made. We noted clearly who spoke it to whom and under what circumstances. (Recording was done by using simple abbreviations and symbols previously decided on.) Equivalents in the Standard Language were given special attention in the notes. Since such a survey was of necessity taken in a limited period of time, even

*-1 Such dialect surveys stressed the importance of collecting non-elicited samples of dialect in a natural setting.

level it is so-and-so," it is a wasteful use of cognitive processes. To attempt to divide deep and surface levels and theorize about them is to make a game of investigative techniques. I take a monistic view of the world of meaning. After all, the facts do not permit a promiscuous division into shallow and deep meaning. Our task is to delve deep into the world of meaning in terms of the facts. If we dig out the meaning deeply from this monistic point of view, we can go from so-called surface to so-called deep meaning and understand the inner meaning processes corresponding to the depth of the study.

Expression always accurately reflects expression content. (Some argue that there are situations where the intended meaning is just the opposite of the surface meaning. In such cases, too, I think that when the opposite meaning is intended—a complicated way of showing meaning—it is somehow visible on the surface.) In short, the deep meaning is shown on the surface. With a caution against quick judgment, when we very carefully look at that which shows on the outward surface, gradually—though we may follow a winding path—we can reach to a grasp of the correct interpretation of the deep meaning.

At the very least I think we can say this: interpretation with a monistic attitude in keeping with the expression is the most accurate and least presumptuous attitude for interpreting an expression.

In addition to this attempt to distinguish between deep and surface levels, there is also a belief among some in the magic nature of words. I think this too is a man-made distortion of a view of language. Even in a case where it would be possible to admit to magic, wouldn't it also be possible to say that this very magic is the content? Rather than try to explain external and internal differences as discrepancy between surface and deep meaning, wouldn't it be better to say that a particular expression content appears to show such and such a discrepancy?

The scientific attitude looks for smooth solutions. For the researcher to separate himself from his research-object and intrude himself selfishly, though it may appear to be technically successful, means to fail in a direct grasp of essence [substance].

3. Sentence Meaning [The Meaning Function of Sentence Expression]

Meaning, that is the actual working of the meaning function, can be captured in sentence expression. Thus we can talk of the "meaning function of sentence expression."

2. The World of Meaning

If we follow the Maximal Theory of Meaning (or what could be called a broad theory of meaning) we soon learn that the world of meaning is vast. It is vast and deep.

It is extremely significant methodologically to establish the Maximal Theory. However, practically it is also meaningful to pursue a theory of meaning in correspondence to a theory of "Intonation." When we follow the latter, it means we recognize the world of meaning to be in the highest level of language expression form—that is, individual form of "Intonation." In this case we can look at the world of meaning as a very minute world on the geometric plane. The world of style equals the world of meaning.

Though we have arrived at such a view of the world of meaning, this does not in the least minimize older theories of phonology, grammar, lexicon, and orthography. The objects of investigation of each of these theories are all lower-level supports of the world of meaning we are talking about here; that is, they are the elements of structure. There could be no world of meaning without these supports.

When we directly examine these supports, we can talk about the deep structure of meaning. In such a case, if it is difficult to use the word "structure," then we can eliminate this word and simply speak of depth of meaning. The function of so-called structural elements—the integrating function—is to bring out plainly the cognitive and emotive aspects of meaning. Our study of meaning is actually the work of analyzing in every direction the membrane, the surface of the world of meaning—a world which has the support of structural elements but is also like a geometric plane. From the point of view of dialect survey this means capturing expressions "wrapped with life." The intellectual and emotional appeals of life as a corporate body form the world of meaning. Even a dialect survey is a meaning survey. (It is just here that we have the viewpoint of a Maximal Theory.)

When it comes to meaning, as I have revealed my thought process above, I make no distinction between deep and surface. Even if we were to distinguish them, wouldn't it be like distinguishing skin and flesh? As I said before, we cannot clearly segment the two.

Even if one were to concede some benefit from a mistaken method which makes such statements as, "If we take the surface meaning it is so-and-so, but at the deep

meaning and a theory of "Intonation" as complementary theories.

Here I would like to give my definition of meaning:

> MEANING IN LANGUAGE IS THE DIRECT CONTENT OF AN INDIVIDUAL, SPECIFIC WORLD WHICH HAS BEEN EXPRESSED BY LANGUAGE.

Among the "individual, specific worlds" which have been expressed by language there is a directional vector from the expresser to the receptor, the comprehender. That is, the individual, specific world which has been expressed by language—the entire substance, of itself, exhibits an activity and moves in the direction of the receptor. This is to be called meaning function and the content of this direct activity which is directed toward the receptor should be called meaning.

As is clear from the above definition, in summary, "Intonation" in language form and meaning in language content both are related to language expression. In a unitary language expression, on the one hand can be seen meaning and on the other hand can be seen "Intonation." Therefore, to do justice to both, I have erected, as a research discipline of language research method, two pillars—a theory of meaning and a theory of "Intonation."

However, if I were to add to this, I could say that these two pillars are unified in a higher theory of meaning. This is because, in summation, linguistic expression has its existence in nothing other than its meaning function. The system of semantics plus "Intonation" can be said to evolve from the standpoint of a theory of meaning. A theory of "Intonation" is practiced for the sake of a theory of meaning. Seeing style in "Intonation," too, after all, is seeing the world of meaning as the peak, the quintessence of "Intonation." I said before that meaning is the inner reality of style. Stylistics [a theory of style] gives way to semantics [a theory of meaning]. That is to say, a theory of "Intonation" which includes a theory of style and the complementary theory of meaning are all unified in a simple, all-encompassing semantic theory which we will call the Maximal Theory.

Ordinarily we attempt to delimit meaning in terms of the language expression. Therefore, by interpreting we are recognizing style. Getting the meaning by following the expression means that in the unification of a theory of "Intonation" and a theory of meaning the Maximal Theory is realized.

Chapter Six : THEORY OF MEANING

1. The Position of Semantics

In answer to the question, "Where is the meaning?" I must answer, "In the style—the quintessence of the expression form." It is in style indeed that meaning resides; the substance of style is meaning [content].

As was made clear in the previous chapter, I consider the quintessence of language form to be "Intonation." This "Intonation" is not coterminous with oral language intonation, but is to be recognized also in written language as written "Intonation." I consider "Intonation" to have a deep inner nature. This "Intonation," which is the quintessence of language form, takes on distinctive form with each expression. An element of distinctive form, then, is considered to be style. Style may be said to be, in language expression, the maximal characteristic [quintessence] of language. Furthermore, this style complies with the minute meaning function of language expression. Style, it can also be said, most directly scrutinizes the meaning function of expression. Therefore, for the sake of a grasp of the meaning of a language expression, it becomes expedient to pursue style in the context of "Intonation." A grasp of style is connected with a grasp of the meaning. Here we can see how a theory of style becomes a theory of meaning.

Thus, the position of semantics is this: semantics—a theory of meaning, stands as the background for a theory of style. In addition it can be said that semantics [a theory of meaning] has its being in close relation to a theory of style [stylistics] and is greatly interwoven with it. Style is the top margin of "Intonation." Now if we were to broaden our theory of style to include it in a theory of "Intonation" the theory of meaning could be said to be intimately related to "Intonation" theory.

Formerly, as a method of linguistic research, it was customary to divide linguistics into phonology, grammar, the lexicon, and orthography. This has become almost tradition. Already I have stressed that this method needs revision: namely, in linguistic research, a theory of meaning [semantics] should be given first priority. Then, the various forms which support meaning—phonology, grammar, vocabulary, and orthography—should be treated from a unified point of view of a theory of "Intonation." That is, I propose to establish a new discipline of linguistic research: a theory of

Previously I proposed three steps in interpretation : First, reading the material; second, reading the grammar, and third, reading the expression. Now I can say that this last step—expression reading—had as its goal grasping the style. Expression reading is the attempt to capture the characteristics of "Intonation" by investigating the nature of the oral and written expression and the condition of the progress of thinking of the expresser. In short, it is the attempt to capture the style.

As is clear from the fact that the presupposition [foundation] of expression reading is grammar reading and material reading, our grasp of style too is certainly built on this foundation. That is to say, we should be able to explain style in terms of its foundation.

However, I cannot follow those who, for the sake of interpreting style (for the sake of seeking the base), propose a theory of phonological style, word style, sentence style, etc. Nor can I go along with those who would investigate style through phonology, words, or syntax. It is not difficult to understand the motivation, but I cannot agree with a method, for example, a theory of word style, which ignores sentence expression. Style, of all things, is something which can only be treated in the field of sentence expression.

I have never discarded analytical procedures in stylistics. As I have already said, if one wishes to probe the foundations of style he must pursue analytical processes. At such times, the important thing is to keep the analysis in the field of sentence expression. That is, an analytical purpose intimately related to the final "Intonation" aspect (the sentence expression aspect) is crucial. For me, if possible I want to treat the matter of the "Intonation" contour of the sentence expression while talking about, for example, an element of "Intonation," and thus seek to grasp the style. Of course, this alone is not sufficient, but I must take seriously this intent and direction.

Here I am trying to set forth strongly the argument that style should not be treated merely as a relative impression. A theory of style is necessary.

I am certainly not evading the issue that more important than the effect of style is the value of style. On the contrary, I strongly feel that style must evaluate this.

of as stemming from something basic in the author. As I put it, this something basic is properly manifested in the outward form of life-expression in individualistic and unique "Intonation." This individualistic, unique "Intonation" takes on unique, individual characteristics. That is, individualistic, unique style can be recognized.

The work of an author is usually thought of as art. A professional author naturally follows his profession. He has developed his particular kind of expression, or is developing it (or is changing it), or there is vigorous movement in the direction of developing "Intonation" or style of an author. Accordingly, an author manifests a writer's style tendency at a particular time relative to the character of "Intonation"; that is, style. With each individual work an author manifests his style tendency.

Style can be recognized in minute details of language expression—in "Intonation." It is something which is recognized in an exceedingly minute dimension, but even at this, style, as the character of "Intonation," should be something that can be clearly defined. (It must lend itself to identification.) Together with the fact that we can say "Literature is the man," we can also say "Expression 'Intonation' (and of course language expression 'Intonation') is the man." But, if one pursues the individualistic, unique character of "Intonation," without doubt the style as a unified "Intonation" characteristic will be identified and with Buffon we can say "Le style est l'homme même."

In relation to style I have talked about special characteristics [character] of "Intonation," but I have not talked about the special nature of "Intonation." This is because style is seen not in terms of its nature but in terms of its concrete manifestation. Such concrete manifestation, or concrete explanation, should not be considered a simple matter. To attempt to explain style in the dimension or the field of expression may only serve to obscure it.

What may be considered here is this: Up until now this effort—the effort which attempts to clarify style pressing to the minuteness of "Intonation"—has been equated with interpretation. (This is why I believe that stylistics leads to semantics.) Isn't our difficulty in interpreting due to the fact that it is not easy to express style in a word or two? A discourse, or a work, may lend itself to a large number of interpretations and one single interpretation may appear impossible. This fact alone is sufficient to show the difficulty of grasping style.

characteristic is thought of as an individual instance of "Intonation."

Language can be explained formally as "Intonation," but it can also be explained as style. This is because, in the "Intonation" aspect, style is considered to be the individual character of "Intonation."

Style is recognized in each individual expression, in each language expression. Take a language work, no matter what the work (whether it is considered great or not) it will have style. Again, in oral—spoken—language, no matter what language expression it be, if an individualistic expression is made, it has its own special characteristic intonation which is recognized as style.

It is plain that style is exceedingly individualistic or unique. This is because "Intonation" is exceedingly individualistic and unique. "Intonation" can be looked upon as the expresser's direct revelation of his total self. "Intonation" must of its own nature be individualistic and unique. Arimasa Mori says, "Style is the form of thought in progress—the breath of thought—which manifests itself in writing."*-4

"The form of thought in progress—the breath of thought," these, just as they are, come forth as the "Intonation" of expression. Or, as Mori says, style is "manifested in writing." If I were to put it in my own words, intonation is a *reading*. If one inquires into the nature and character of "Intonation" it is possible to grasp the style which is the character of "Intonation." As Mori said, without question, "style manifests itself in writing [discourse]."

According to Nietzsche, the improvement of style is the improvement of thinking. Doesn't this too mean that style, or "Intonation" character, corresponds to progress of thought? In each individual particular [specific] expression there is an individualistic, unique "Intonation." Again, in each "Intonation" one can recognize individualistic style.

Paul Goodman has said, "Style, since it is a hypothesis which indicates an author's view of the world, is, in Kierkegaard's sense, the author's problem as he thinks as an author."*-5 He goes on to say, "Therefore, in a certain sense each individual work is a decisive experiment in style and the author's personality." Here again, style is spoken

---

*-4 *Collection of Interviews of Arimasa Mori*, "Words, Things, Experiences," "Conversation with Junji Kinoshita," Shōbunsha, 1968.

*-5 Paul Goodman, *Words and Literature*, translated by Shū Nakajō, Kinokuniya Shoten, p. 237.

If we consider that expression as sentences or discourse are the expressions of human beings, then "Intonation" too is human expression. If we understand human expression to be "meaning expression," then "Intonation" can also be understood to be meaning expression.

The deep nature of "Intonation," then, is clear. We use the term "deep nature," not "deep structure," because in establishing a theory of expression we must put aside the word "structure." But even though we do not call it deep structure, or before calling it that, we must first achieve a thorough view of expression looking at its deep strata and further understand the deep nature of "Intonation" which is the final peak of expression.*-3

In oral speech we recognize the element of speed [pace] in "Intonation," but it is obvious that speed is not related only to the phonetic aspect. The same observation holds for voice size or volume. It is necessary to understand deeply their deep nature—"deep structure." Concerning writing, though rhythm is an aspect of oral performance of written language, rhythm must in fact be understood to be a deeper matter than the mere performance; it belongs to the deep strata of the discourse itself. In other words, we must come to a deep understanding of the deep nature of rhythm.

4. "Intonation" and Literary Style

The actual manifestation of linguistic activity, everything from the shape of words to language form, whether it be oral or written language, can be grasped essentially as "Intonation." This "Intonation" corresponds to the meaning function of the inner aspect of linguistic activity.

I want to call the "Intonation" feature style. In "Intonation" we can recognize style.

The Following is my definition of style:

> STYLE IS INDIVIDUAL FORM WHICH CAN BE SEEN IN THE "INTONATION" ASPECT (THE HIGHEST ASPECT) OF HUMAN EXPRESSION [here meaning language expression].

Whether it be oral or written language, a characteristic which is carried by "Intonation"—the totality of the outward linguistic form—is to be called style. An "Intonation"

---

*-3 Here the coincidence of Professor Fujiwara's concept of "Intonation" [*yokuyō*] and Pike's "wave" is clear.

a. Unified Sentence Expression

The fruition of a declaration is, ultimately, "Intonation".

What I am calling "Intonation" [*yokuyo*] here I do not want to be mistaken for phonetic intonation [*intonēshon*]. It should not be unnecessary to mention this, since some have already pointed out that I think of "Intonation" as a high-level formal aspect conforming to the expression content. The fact is, expression content is completely contained in "Intonation." Therefore, "Intonation" can be said to be composed of "content plus form."

Thus, in my view, "Intonation" basically is not only related to spoken language but also to written language. In written language we are missing the sound, but in the writing and punctuation marks, in other words, in the writing form, "Intonation" can be discovered.

To those who define intonation solely in terms of high-low waves of pitch [pitch contour] I wish to ask you simply to internalize this notion. If one views intonation in its internal aspect he will, as a matter of course, recognize intonation as related to written language as well as spoken language.

A declaration, in other words, an individual, particular expression, is a manifestation of a special act of meaning in a specific place and time. Such a declaration has its own "Intonation." And this declaration, which is an activity of spirit, is accompanied by a distinctive "Intonation." People are not speaking robots. In our delivery of a declaration some refraction is inevitable. I call this refraction "Intonation." Even if it were conceivable that one could speak in a monotone, this monotone would be one type of "Intonation." We can never make a declaration or complete an elocutionary act without "Intonation."

Therefore, the body of expression value is also the body of "Intonation."

b. Discourse Expression (Linked-Sentence Expression Body)

Right off we can recognize an expression closure called "Intonation." The value body of discourse expression can also be taken as the body of "Intonation."

Combining and transporting declarations requires effort. The role of "Intonation" which is rich in refraction in linked sentence expression is plain. A discourse which requires effort must depend on the special function of "Intonation."

Whether in sentence or discourse, we recognize "Intonation" as the expression product.

forming of the declaration there can be no manifestation of sentence.

b. Discourse Expression (Linked-Sentence Expression)

Discourse expression and discourse structure are reverse sides of the same thing. Discourse, linked sentences, can be looked at as the accumulation of declaration. Accumulation of declaration is, in other words, the development of thought.

There are two varieties of thought development: one is from left to right [*lit.*, top to bottom], or the orderly development of thought (through relationship of what precedes and what comes after). This may be called the direct stream of development. The second type is one in which the after sentence has a supplementary or perfecting function with relation to the prior sentence, and the development of thought can be said to be reversed. It is not easy to make a strict rule, but the development of thought in discourse expression can be understood in some such terms. Expression tends to group into the above two types.

c. Lexicon [*goi*]

It is impossible to treat vocabulary and grammar on the level [field] of expression.

Should one theorize about the activity of a single phoneme in linguistic expression from a theory of expression phonology! Off hand this would appear to be an excellent way to handle phonemes. The same thing could be said about vocabulary. Sometimes, in forming an expression, an important problem can be, for example, whether to select the adjective "*okii*" or the substantive*-2 "*oki na*" [both meaning 'large'], and these can be made the subject of much discussion in a theory of expression lexicon. With regard to grammar, too, a similar thing can be said. It would be interesting to take as a subject in a theory of expression grammar the matter of the choice between "*shinakute wa naranai*," 'must', and "*suru hitsuyo ga aru*," 'it is necessary to'. But for a smooth treatment, such theories—expression phonology, expression lexicon, expression grammar—are better treated by comparing fields; i. e., the expression field and a lower level field (the step before expression). These are different in nature from what we are now treating in the expression field in the most direct view.

3. Unified Expression and "Intonation"

That which testifies to the unity of a language expression is "Intonation."

---

*-2 Depending on the grammar, this part of speech is variously called *keiyōdōshi*, adjectival noun, or copular noun.

in the field of "expression." A sentence expression, then, is recognized as an element [unit] of expression.

Sentence expression as a unit of expression can be looked upon as the declaration[*-1] of a speaker. The word "declaration" has been used in various ways, not without some confusion in meaning. Regarding declaration I want to say straightforwardly: when a speaker forms a sentence expression as a unit of expression, he can be said to have made a declaration. A speaker expresses a sentence as an individual completed act of parole. If this is a completed act—parole—which is the speaker's expression, we may call it declaration. (Immediately before the act of parole a speaker selects his words. He will join these words with selected particles; that is, he employs grammar. The speaker performs the business of language in his own way—in other words, as an individual expresser he completes his sentence expression. I call this "parol-izing," and parol-izing is declaration.)

Declaration can also be called the realization of the expression intent of the speaker. Whether the result is good or bad is another matter of its own. Somehow, where expression intent is accomplished, sentence expression is born and expression value comes to life. In this case, again, evaluation is another matter. Grasping this value is nothing other than the work of a theory of expression.

It must be stressed that we must recognize that declaration presupposes a direct confrontation with the field of parole. It should be clear that I have not accepted the declarative function of sentence expression to rest in the verb. The condition for a completed sentence lies in its declarative function. The declarative function is to be seen as the function of sentence expression and not as a function of a part of the sentence [such as the verb]. Since declaration is related to the unified sentence in its entirety, and is a comprehensive work covering the entire body of the sentence expression, it is easy to look at declaration abstractly, but I still think that it is not correct to use the term "abstract" with reference to declaration. Declaration is very concrete; it is a special, individual, localized sentence expression. When one analyzes a sentence expression on the lower level of word, no matter what combining structure the sentence indicates, in other words, irrespective of the words, declaration comes to be at the moment a sentence expression is realized in concrete form. Without this

*-1 *chinjutsu* (陳述), elocutionary act, statement, predication, etc.

this type of expression "function." To accurately capture an expression it is much more profitable to think of function as conforming to structure. We should no longer call expression function but process.

Expression-value of course has to do with the cognitive content of language, but it also has to do with emotive content. Generally it can be said that the emotive content includes the cognitive. If so, cognitive content which has been incorporated in the emotive content, or the total expression content which has been elevated to the level of emotive content, bears a particular expression-value. The purpose of a theory of language expression is to grasp the minute details of such expression-value.

Expression-value, from one side, can be viewed as the meaning of a language expression. (Meaning will be discussed in the following chapter.)

2. Expression Analysis

To achieve the purpose of a theory of language expression we analyze.

The first important consideration is field—to notice the field of the expression. The field [level] in which a pure expression exists is the field of realization of the expression—not some anticipated lower level. For example, supposing we had here the actual form of a phonological expression. Take the sentence, [kjo: waatsuina:], 'It's hot today.' This phonological expression does not anticipate any lower level treatment but is an entity, the realization of a life-form.

With such a view of field, if we take to task analysis related to language expression what short of analysis is possible? It is precisely an analysis which grasps the body of expression called discourse expression, and sentence expression.

a. Sentence Expression

Comprehension of a body of sentence expression conforms to a comprehension of its structure. Human language expression consists for the main part of discourse (linked-sentence expression). For this reason we tend to analyze sentences in the context of discourse. Nevertheless, even though a sentence is comprehended from the point of view of discourse, it must conform to the structure of sentence. Without such conformity a body of sentence expression cannot be accurately analyzed.

A single sentence may serve as a paragraph. In such a case the process of taking the sentence expression from the discourse is simple.

But no matter how the analysis proceeds, ultimately we analyze a sentence expression

out-of-season blossom.

"only a single" is attached to the phrase "is bringing forth an out-of-season blossom." When analyzed further it proves to be attached to "is bringing forth," but before this it is important to analyze the entire sentence into its interrelating three parts: "only a single," "is bringing forth an out-of-season blossom," and "a yellow rose near the window."[*-6] "a yellow rose near the window" too can be said to attach to the modification element which follows it. To recognize modification as a high-level element—the modification element—of a sentence is the modification element presupposition of syntax.

Further, in sentence expression, sentence accent—in other words, sentence "Intonation"[*-7]—can be recognized. The analysis of sentence accent is also an important matter in the syntax of sentence expression function. (Written language notwithstanding. For if written language is read aloud, or if one inquires, the implied sentence accent becomes relevant.)

Chapter Five : THEORY OF EXPRESSION

1. Purpose of a Theory of Language Expression

The purpose of a theory of language is to grasp the expression-value of a language expression.

Language expression conforms to its internal structure (or deep structure) and exhibits the expression function. As a result, expression has its own value. For our purposes it may be well to call this expression-value the effect of an expression. It is the position of a theory of language expression to comprehend the expression effect or value.

Note: To be precise, the word "function" should be used in connection with "structure" only. Function conforms to the order of structure. "Expression," to me, contrasts with the concept of structure. Structure and expression are inseparable, but at the same time the expression aspect is the geometrical [three-dimensional] aspect of a body of structure. It becomes no longer appropriate, then, to call

---

[*-6] It is clear from this that the author treats counters as elements on the sentence (not phrase) level.

[*-7] Not the same thing as what linguists traditionally refer to as intonation. For this latter concept Professor Fujiwara uses the term "*intonēshon.*" See Chapter Five, 3 (pp. 68ff.)

structure] because of the literal meaning of the characters which make up this name. A *kobun-ron* should be a "theory [*ron*]" of that which "structures [*ko*]" the "sentence [*bun*]" and belongs to the field of sentence expression.

In Japanese, it simply doesn't work to think of a sentence as a string of words. As I have repeated over and over, a sentence is made by stringing together sentence elements, not words. The sentence "*watakushi wa sore o wasureta*" is a string of three elements, "*watakushi/wa,*" "*sore/o,*" and "*wasure/ta*". In this example word order is not the significant thing. The word order of the English equivalent, "*I forgot it,*" is not the the same.

If one ignores the role of function and focuses solely on the form of the sentence expression to examine it mechanistically, it is possible to look at a sentence as a string of words. However, if we have as our goal to inquire into the function of sentence expression, we cannot rush into the solution that a sentence is a string of words. Word order (*gojo; gojun*)*-4 or collocation (*hairetsu; rengo*)*-4 or other like terms on the word level cannot capture the phenomenon of sentence structure.

Syntax has as its objective the investigation of sentence expression function, and in the process deals with the matter of system in grammatical structure.

In the investigation of sentence expression function, modifying components and elements become important. Thus, a theory of modification may be thought of as having a prominent position in a theory of syntax. It should already be clear [from what I have said about field in relation to word and sentence elements] that it is a great mistake to confuse the modification element with word modifiers. Modification is on the level [field] of sentence expression and is to be recognized as a sentence element, with the direct role of modification. Conjunctions [sentence links] and the conjunctive element mentioned before, on the level of sentence too shows some sort of modifying function.

Take as a sentence expression the poem :*-5

A yellow rose near the window
is bringing forth only a single

*-4 The original gives these two Japanese terms.

*-5 Not translated here as poetry, because to do so would obscure syntactic features which Professor Fujiwara is calling attention to.

words there is a distinction also between stem and suffix. Even when stem and suffix cannot be separated there is a cognizance of the word root, as, for example, the *na* of *utena*.[*-2] In so-called compound words the word construction is plain and analysis is easy.

From the point of view of construction, words may be called "word creations" or "word formations." (The term "word structure" is not correct. Since a word is by nature a construction—a gestalt—words are formations.) In word formation, or word creation, one can identify word consciousness and word rules. The method and mental processes of word formation are very much like those of sentence formation. That is, when we make a new word we do so in the same manner that we create a new sentence.

In this sense, it is possible to recognize grammar in word formation rules. Consequently, one can make the rules of word formation the subject of grammatical research.

From the point of view of phonology we can recognize phonological structure in words. In the case of Japanese, words are analyzed as having an open syllabic structure of CV pattern, and this phonological structure is controlled, in turn, by word accent.

d. Analysis of Lexicon Structure

In a defined linguistic society we can recognize vocabulary which is in keeping with the linguistic system. The lexicon,[*-3] as is clear in the meaning of the characters which make up the term, is a unified system of tension of words collecting together, and may be looked upon as a systematic entity.

When we analyze the lexical system, the first yield of the analysis is in the area of coverage of a lexical item. In every area we can analyze the internal structure of vocabulary belonging to that area. As a result we can grasp individual words [*tango*] belonging to an area.

e. Syntax, or A Theory of Sentence Structure

Western works on grammar bearing the title "syntax" sometimes treat words. An acquaintance of mine who says he is doing research on Japanese syntax is studying word-compounding rules. But I prefer to confine syntax [syntactic theory] to a purer domain, especially if we are to use the term *kobun-ron* [syntax, or theory of sentence

---

*-2 *utena* (台) which basically means "tower; platform; pedestal; etc.,"

*-3 The Japanese term Professor Fujiwara uses is *goi*, literally 'vocabulary'.

level analysis should not yield words but sentence parts. I want to repeat: an analytical element gained by analysis on the level of sentence is only a sentence part,[*-1] not a word.

A comparison of English and Japanese will call attention to the necessity of being perfectly clear about the relationship of words to a sentence construction. The English sentence "I forgot it," is in Japanese "*watakushi wa sore o wasureta.*" The English sentence divides into three elements following the word division; i. e., "I," "forgot," and "it". Thus, "I forgot it," is a sentence with three words, but it is also a sentence with three elements. The corresponding Japanese sentence, "*watakushi wa sore o wasureta,*" is also made up of three elements: "*watakushi wa,*" "*sore o,*" and "*wasureta.*" Each of these elements is a speech part. On this structural point there is no difference between the English and Japanese sentences. However, "I" of the English sentence corresponds to Japanese "*watakushi/wa*"; i. e., one word in the former corresponds to two in the latter. The same thing may be said of "*sore/o*" and "*wasure/ta*".* In this example we can say that identification of the immediate constituents [elements] of the sentence structure in English is not so important as it is in Japanese. The necessity of a view of field which was explained in Chapter Two is clear when analyzing Japanese sentence structure, but even in analyzing the corresponding English sentence into "I"+"forgot"+"it" we must seriously consider them as immediate constituents [elements] of the sentence structure. The agglutinating nature of the Japanese language is a distinctive feature helping us to see clearly in this case.

There is a sentence type called "word sentence," or *ichigo-bun* in Japanese. In my understanding, the name *ichigo-bun* is a contradiction in terms. On the sentence level "words" never surface, only sentence elements. However, a sentence may be manifested by an element which, at a lower level of analysis, we can identify as a word. Cognizance of a body of sentence structure on the level of sentence expression ultimately means recognition of speech parts. The term "word sentence" cannot but be rejected as inadequate because it loses the view of field.

c. Analysis of Word Structure

In the analysis of words there is the aspect of affixes (prefix, infix, suffix). (The designation "suffix word," etc., is mistaken. These are not words but partials.) In

---

[*-1] The author here treats the past-tense morpheme *-ta* on the same level as particles *wa* and *o.*

actuality, meaning comes in the form of discourse.

Discourse structure, or a body of discourse structure, is the structure of intrinsically related sentences. What we call paragraph is simply a body of discourse. Even a combination of two or more paragraphs has the structure of discourse. The top limit of discourse would be a total work, such as a literary work, a treatise on natural science, a legal document, etc.

To leave the size difference at that, we can start with the understanding that a discourse structure is a body of two or more connected sentences. Thus, discourse could also be called "linked sentences."

Linked sentences, or discourse, is a construction in which separate sentences are intrinsically related to previous and succeeding sentences. Even when the connection is weak we can still recognize the intrinsic connection, though in such a case it has the character of a loosely connected discourse. But to be a discourse, to be a construction of linked sentences, means that between sentences there is an intrinsic connection, however weak.

The index to intrinsically connected sentences is always present in each sentence of the pair. In Japanese the sentence-ending expression in particular shows the intrinsic connection between linked sentences.

Setsuzokushi, conjunctions [links] are special elements which in themselves speak of the internal connection between sentences of a discourse. In a specific expression, such a link should be called the linking element and it should be treated as an immediate constituent of the sentence.

b. The Analysis of Sentence Structure

It should be clear from what has already been said that sentence structure can be derived from discourse structure; i. e., sentences can be isolated as constituents [elements] of discourse.

These separate sentences, again, can be seen as the body of sentence structure. In the field of sentence [i. e., on the sentence level] when we are conscious of the sentence structure and analyze the body of structure as the function of the realized sentence, we can isolate the parts of the sentence into elements. Such elements are what I referred to above as speech parts. It is important not to isolate words at this level [in this field] of analysis. Though words make up sentences, on the sentence

bridge is to transport a person safely from one side of the river to the other. That which directly implements the performance of this function is, of course, the superstructure. To a person on foot, if the surface of the bridge which makes direct contact with the foot is safe, it is sufficient. However, in order for the surface with which the foot makes contact to be safe, the entire structure, from the foundation up, must be safe. In other words, the body of structure must be safe. It is indeed the total inner structure which implements the function of the bridge. In order to understand the bridge's function—in order to know how good or bad it is—we study (that is, we analyze and synthesize) the structure. Thus, the study of function always calls for a theory of structure.

Such a theory of structure must always be dynamic and have substance. I have never been able to accept a static, mechanistic theory of structure; that is, a theory of form only. Such a theory is what I mean by structuralism, and I wish to distinguish such a theory from a proper theory of structure.

Let us say we have a watch which ticks and gives the correct time. On its face can be seen hands moving around numbers and thus performing the watch's function. But if one examines the watch he also comes upon the mechanism—the mechanical structure of the watch. The watch performs its function of telling time upon the direction of this internal structure. The internal structure of the living, moving, time-telling watch is dynamic, never static. This one example should be sufficient to show that a theory of structure must be dynamic.

Of course a dynamic theory of structure includes the world of meaning. To return to the example of the watch: actually, by means of its dynamic structure the watch tells the meaning—that is, it tells the time.

Again, a dynamic theory of structure does not stop with micro-analysis, but it also employs macro-analysis. When analyzing the internal structure of a watch we do not start with micro-analysis; we first comprehend the total structure. The more importance we place on the world of meaning the more important macro-analysis becomes to a theory of structure.

2. Structural Analysis

a. The Analysis of Discourse Structure

The first linguistic structure to be grasped is the structure of discourse, for, in

new "ism", i. e., linguistic functionalism, to compete with formalism or *syntacticism*** or any other "ism" in linguistics, though I realize the term "functionalism" is apt to meet this criticism. Functionalism, or if you will, the study of function, must be the prevailing direction of language research. To strengthen a consciousness of the role of function in scientific research as well as to promote it, European psychology introduced the concept of gestalt. The idea of gestalt was nurtured in an attempt to comprehend an entity as a total, living work—in its life state.

I accept the idea of gestalt as a premise in linguistic research as well. But I also believe that one cannot comprehend the originating base of the function by merely comprehending an object in its wholeness, even though one can clearly see the function of this totality. In order to comprehend the base inevitably one must probe the structure of the gestalt. Thus, after gestalt the next most important concept was the concept of *struktur*.

To study function we must analyze the internal structure of the body of function—its life-body. (At times I have called this "entity" or "whole body".) The purpose of a theory of structure is to comprehend, by functional research, the structure of an entity as a structure body, to analyze and synthesize it.

I will try to clarify what I have just said by using an example. Take the stage. The stage is the total setting of a play. It is, as such, what we may call a body [entity], and it has a life-body of its own in keeping with this. It could be described as a gestalt. However, in actuality we know there are good and bad stages. During the first rehearsal the actors no doubt form their opinions about the stage, whether or not it is pleasant, etc. At other times, they may have an entirely opposite reaction. There must be some physical basis for the fact that a stage can sometimes elicit good sometimes bad reactions from the players. That is, there must be something in the function/organization of the stage itself which is the concrete basis for such different reactions. The basis for pleasant or unpleasant reactions is to be found in the structure of the stage itself. For example, the stage may have squeaky floorboards. When building a stage [as a gestalt] we must pay ample attention to the construction. This calls for internal structure.

Another illustration would be the bridge, which we used before. The function of a

---

** addition by translator (likewise hereafter)

is not merely a skeleton of branching bones contrasting polar opposites such as black vs. white. We must recognize that it is system which gives form and regularity to the [inseparable] body of structure.

People have a custom of eating three meals a day. This, we can say, is their "eating system." There may be people who are two-mealers or even one-mealers. An eating habit of one meal per day can also be called an eating system.

We must not let our concept of system become superficial because of a false standpoint.

6. (Human) Ecology

Expression and structure are simply two sides of the same coin. If we grasp the body of expression we capture the simultaneity of exterior-interior movement. We can call this simultaneous movement the "life-condition." This life-condition, or expression, is a unique endowment of human beings. There is no question that language expression is unique to man.

Thus linguistics, which studies this life-condition of language expression, could also be called ecology. For the sake of human ecology, we must not make a mistake in our view of structure. We must always be looking at the real substance of expression.

The real substance of language expression is in linguistic behavior—or man's language life. Linguistics, which looks at language expression in daily life (language life) and society (language society) must be, basically, (human) ecology.

Chapter Four : THEORY OF STRUCTURE

1. Purpose of a Theory of Structure

Not limiting the theory to linguistics, any theory of structure has as its purpose the investigation and comprehension of an entity*-1 (whether large or small, meaning that there is also the possibility of larger entities). In language, the purpose of a theory of structure should be to investigate and comprehend the organization which implements language as a life-form (or entity).

It is self-evident that language research has as its first (and last) purpose the study of language function. Whether one studies language in its formal aspects or in terms of content, the ultimate aim is to grasp its function. Here I am not proposing some

*-1 The Japanese term is *kotai*, literally 'body', etc.

And while I am at it, to refer to sentence structure as "word order" reflects too simple a view of structure.

The view of structure held by American Structural Linguistics and some other popular theories is for the most part static and uninteresting. Japanese linguistics, to no small extent, has fallen under the spell of such theories and shown the same failings.

When we think of structure we think of the body of structure. As a body has flesh, so the concept of structure should be one with meat on the bone. Structure [body of structure] is at the same time a static organ and a dynamic function.

Thus, in developing a methodology it is essential in the study of structure not to develop an exclusively structuralist viewpoint. What is lacking in the theory of structure developed thus far—i. e., structuralism—is its failure to overcome its own myopia [one-sided microcosmic view]. The more seriously the microcosm is taken the more the need for a view of macrocosm becomes apparent. Only when we have this macro-view can we achieve a proper view of structure.

The present burning issue in international linguistics is to establish a macro-view and make this the real business of linguistics—to capture in toto the full reality of human language. A theory of structure must answer this demand.

In addition, a theory of structure which takes structure seriously will not be non-cognitive. It is self-contradictory for a theory of structure which is expected to treat seriously the body of structure to be content with nothing but a mechanistic view of the structure.

5. System

System and structure are related concepts.

Because structure is in fact structure body, it follows that a relation of tension between elements, or a system is present. The internal structure has system.

Some linguists who have been overly influenced by American Structural Linguistics hold an especially narrow view of system. In this narrow view, system is described almost entirely in terms of binary branching or polar contrasts such as masculine vs. feminine, white vs. black. Anyone can recognize system when there are contrastive structures, but to conclude that system exists exclusively in such instances of contrastive structures is a position I find hard to accept. As I have already said, structure is to be understood as structure body, and as such it is complex. This body has flesh; it

structure (the internal structure of the expression) is analogous to the relationship between skin and muscle in the human body. It is true that that which is seen on the surface is skin and not muscle. But we cannot simply peel off a piece of skin. The muscle is attached to the skin so directly that it is impossible to make a clean distinction between the two. Though we recognize the closeness of relationship between the external and internal layers, since skin is plainly not muscle we must also recognize the separate fields to which each belongs; i. e., exterior and interior.

The structure behind expression is itself a body of structure and, as such, is an organized and systematic entity. Here the technical term *kozotai*, structure form [body of structure], is very important.

Could we not just as well describe the unity of a body of structure by the term *kiko*, function [structure/organization/mechanism]? Here I will not get hung up on the Chinese characters but will consider *kiko* and *kozo* to be synonymous.[*-2]

What is known as structural linguistics in America has been the impetus for linguists attempting a view of structure, a contribution from which we have greatly benefitted, but to the extent that structural linguistics developed a view of microcosm as the only structure it has had negative results. Though the concept of structural linguistics developed earlier in Europe, American Structural Linguistics has been marked by a severely mechanistic attitude.

To what extent can we expect structuralism, which does not incorporate meaning, to bring vitality to linguistic research? Again, how thorough can a micro-view be which has no corresponding thorough-going macro-view?

In recent years in what is called Transformational Generative Grammar, the term "linear structure" has been used. But can the interrelated structure of the elements of a sentence be described merely in terms of linearity? Analyzing linear structure basically means dissecting the real structure and attempting to grasp it piece by piece. Neither can I accept the explanation that structure is the arrangement of words in sentences. The notion that sentence structure is word arrangement is uninteresting.

---

*-2 Professor Fujiwara, unlike run-of-the-mill linguists in Japan today, uses the Japanese language with great skill and care. Thus, his technical terms such as *kōzō*, and especially the term *yokuyō*, "Intonation," which is discussed in a later chapter, are not to be taken as Japanese equivalents for technical terms in western linguistic literature (which fact is true of the majority of Japanese linguistic works). The meanings of Professor Fujiwara's technical terms are to be sought in their Japanese (and Chinese) source and in terms of Professor Fujiwara's own system.

not appropriate to see such psychological processes as the basic nature of language in language expression.

For me there is only one view—the view of language expression.

3. Language Expression

The actualization of language should be called language expression.

However, for expression to exist as expression, an underlying organ [structure] is necessary. There is no language expression which is not a unification of external form and internal content.

There is no room for a view of language expression which denies this unification. Together with the need for a serious look at language expression is the need to look at the structure of the relationship between expression form and content.

4. Structure

That which lies directly beneath expression, that which is in the background of it and supports it and makes it an expression, is structure.

The internal structure of expression is part of the expression (or *living* expression) and of itself is the structure.*-1 The actual act of expression is a sign of the dynamic body of internal structure.

An element of structure should be called *yoso* [particle/element/constituent]. The concepts of structure and *yoso* are plainly related.

The fact that structure lies immediately below expression requires considerable consideration. It would be well to follow an illustration: Let us say that there is a bridge. The part of the bridge, as a bridge, which is useful in our daily lives is, of course, the superstructure. As far as we are concerned the superstructure itself would be sufficient, because it is this with which people and vehicles have direct contact. Thus, we can relate to the bridge. This is true, but it is clear that the bridge is not simply this superstructure. In order for the surface structure of the bridge to function it is necessary for there to be a complicated structure supporting the superstructure. Actually a bridge is rigidly supported by a literal structure. As in this example, or parable, there is structure immediately beneath and behind the expression surface of language which rigidly supports it.

The relationship between language expression (that which is expressed) and language

*-1 (構造体) Literally "structure body."

fact, presents itself to us as language expression, and as a consequence it becomes the subject of our research, but this subject (language expression) itself possesses internal structure, or pre-expression.

The reader has already discerned, no doubt, that this view of two aspects, expression and structure, is closely related to our view of field. Since expression and structure are considered to be two aspects of the subject, each has its position in a separate field. It should not be necessary to add that a subject's different aspects—external-internal, surface-depth—belong to separate fields.

The notion of contrast between expression and structure which is recognized in all research subjects clearly demands a view of field. To put it another way, the practicality of a view of field is immediately recognized when one treats the subject "Expression and Structure."

2. Expression

A body of expression, that is, the thing expressed, is existentially real. Language actually exists as linguistic activity, and this linguistic activity always reveals "the thing expressed."

Linguistic activity can also be referred to as linguistic behavior. In the latter case, the actuality of language is considered in its relationship to man. The former, a view of linguistic activity, objectifies the linguistic act itself and scrutinizes it. There is a difference in focus, but both, as the characters for "activity" and "behavior" in Japanese reveal, emphasize the actual work of language. In other words, they look at the thing expressed by language expression.

The proper title under which my view of language should be presented is "A View of Language Expression." The immediate subject of all language research is expressed language, or that which has been given in outward form. In cognition man thinks by using the "things expressed" of language; that is to say, we must rely on the external language form. It is possible to derive external form from the internal structure, but in language research, which should give importance to the actual work of language, even the investigation of internal structure properly proceeds from external form to internal structure. The basic nature of language research is a thorough examination of the expression strata.

Though one is at liberty to give importance to [stress] psychological processes, it is

English on this point. However, a "part of speech" in modern English often corresponds to a word. To compare English and Japanese take the sentence "*Watakushi wa shiranai,*" which would be "I don't know" in modern English. The speech part "*watakushi wa*" though it is one word "I" in English, is made up of two words in Japanese, "*watakushi*" and "*wa*". Thus, "part of speech" and word do not match, either in size or quantity. The "*wa*" of "*watakushi wa*" is what may be called an adjunct of "*watakushi*" and belongs to it, as a behind-the-scenes indicator.*-3 But without this indicator, the sentence constituent could not be formed.

The importance of the particle element is clear. It is also no doubt because of this that particles have been treated on a level with real words in traditional Japanese grammars.

With a view of field, in all situations of life and research one can talk of things in large terms. Whatever theory of constituents [elements] one holds, his analysis cannot be discrete without a view of field. Just as in biological sciences, if one merely dissects mechanically he will destroy most of the elements.

Chapter Three : EXPRESSION AND STRUCTURE

1. Expression and Structure

Whether we are engaged in organic or inorganic research, the subject of the research is something which is "expressed." We shall call the subject which is expressed the *hyōgentai*, expression body.*-1 A research subject [the object of research], then, presents itself to us in the form of expression.

In Chapter Two I referred to my idea of pre-expression and post-expression. The body of expression which we are now dealing with belongs to the post-expression realm. An expression—that which is expressed—has its own internal structure. This should be clear from the concept of post-expression versus pre-expression. What is called pre-expression is a realm in which the internal structure of expression [which we are dealing with here] exists. It is not necessary to go into more detail at this point. Indeed, the relationships of external-internal, surface-depth should be obvious.

The immediate research subject of linguists, i. e., language, is no exception to the research subject described above in general terms. In other words, language too, in

*-3 The particle *wa* indicates that the preceding NP is subject-topic of the sentence.
*-1 The term "expression body" will sometimes be given simply as "expression" in this translation.

to be a unit on the expression level [field]—the field of sentence. That is to say, I recognized *wabu,* which is an immediate constituent of sentence, to exist in the expression field where sentence resides. In this way I was able to clarify the theory of *wabu,* and by so doing to perfect my view of parole.

In the Japanese language, over against what we call nouns [substantives] and inflected words there are isolatable units called particles and auxiliaries. As the name auxiliary makes clear, these words are auxiliary to substantives and inflected words; that is to say, they are "fictive words" which support "real words." I met an impasse when I attempted to treat particles and auxiliaries together with substantives and inflected words. In my theory of words [*tango-ron*] where I treated real forms—substantives and inflected words—I had not been able to handle fictive forms which consisted only of augmentative components. I realized that these could only be treated as attached forms in a field context. The fact that fictive forms attach to real forms means that they are immediate constituents—or elements—of sentence [sentence expression structure], and that it is appropriate to look upon these as sentence constituents. I thought of these sentence constituents as "parts of speech" and gave them the name *wabu,* speech parts. *Wabu* is analyzed as an immediate constituent [element] of sentence structure in the field of sentence expression. That is, *wabu* is to be grasped in the field of expression. I proceeded to refine my treatment of particles and auxiliaries and thus was able to establish a theory of *wabu.*

Another reason I began to place weight on the establishing of a theory of *wabu* was the declension of inflected forms. For example, I realized that verbs, which change shape when declined, could never be explained on the word level. The change in shape of verbs takes place on the sentence level—when the verb is used in a sentence expression. Thus, we can recognize the phenomenon of inflection and inflected forms to occur in sentence expression structure. Inflections and inflected forms can only be explained within the field of sentence expression.

For some time (and even today) without giving it much thought linguists have simply extended the coverage of the word level mechanically to include verb inflections, treating particles and auxiliaries on a level with substantives and inflected words, without recognizing a difference in field. This is a robot-like, mechanistic theory. To discover the immediate constituents—elements—of sentence expression is to recognize "parts of speech" or *wabu,* sentence constituents. Japanese is not different from

"pre-expression."*-2 If we think of "language" as described by Saussure as the totality of man's linguistic activity and behavior, then this language can be thought to include physical elements which accompany linguistic phenomena. It should be obvious that language thought of in this way is "post-expression." And if Saussure segments out parole from this language which is "post-expression," then that parole too should be understood to be "post-expression." In my own view of linguistics I confine the use of the term "post-expression" to the linguistic element of "parole." Langue, as a pre-expression linguistic element, also exists, as I have explained previously.*-3 In other words, here I see language, be it linguistic activity or linguistic behavior, as a total, comprehensive human activity and not as a contrastive concept in linguistics.

Thus I interpret Saussure in my own way, but the more I walk my own way the more I cannot help considering Saussure's analysis of language—that is, the identification of langue and parole—to be a distinction with almost unlimited possibilities for development. On this point we cannot easily rid ourselves of the influence of Sausseure's thought.

Below I will attempt to describe how I began to develop my own concept of field—led, as I mentioned above, by Saussure. In a small book, *A Study of the Grammar of Japanese Dialects*, published in 1949, I set forth my concept of field. The general shape of my concept of field, which I spell out below, had already been formulated in 1940 when I completed the manuscript of this work which was eventually published under the title *Japanese Dialect Grammar* [The Grammar of Japanese Dialects]. However, I recognized, in the greater part of the rough manuscript, a lack of organization on some points in the beginning and end and I could not be content to leave it at that. At that time, I don't now remember clearly, Dr. Tadao Yamamoto, who read this manuscript, pointed out extremely accurately some problem areas. Later I discovered that the problems in my analysis stemmed from an inherent inadequacy in Saussure's view of parole. I followed Dr. Yamamoto's advice and made a second try, looking solely for loose-ends in my conclusions based on my inadequate view of parole, and seeking to explain the incongruity between the beginning and end. By so doing I was able to tighten up the pivotal chapter on *wabu*, speech parts. In short, I discovered *wabu*, which exists as an immediate constituent [particle/element] of sentence,

---

*-2 See *The Sentence Structure of Japanese*. The concept of pre-expression and post-expression is crucial to understanding Prof. Fujiwara's view of language.

*-3 See *The Sentence Structure of Japanese*.

[or most of the time] while standing in a three-dimensional world they seem content with one-dimensional*-1 thinking. In our research, I would like to call us back once more to the insatiable curiosity we once had when our horizons were first lifted from the field of plane geometry to the field of solid geometry—a three-dimensional world that disclosed a higher plane.

I learned of field-view through Ferdinand de Saussure. Starting with Saussure's concept of langue and parole I came to grasp his theory of field. Gradually I developed my own field-view.

I cannot become interested, even now, in Saussure's distinction between a "linguistics of language" versus a "linguistics of words." Nor do I want to. Neither can I get excited about his including grammar in "Linguistic Science." I cannot accept in its entirety Saussure's theory of "language, langue, and parole." In spite of this, I think that Saussure's concept of langue versus parole is revolutionary and frees us to move in numerous directions. In other words, if we freely develop linguistic thought by adopting as our own the concept expressed in Saussure's terms, "langue vs. parole," under the stimulus of Saussure's teaching we can open up new parameters of the theory of langue vs. parole. Saussure's "langue-parole" distinction causes us constantly to be aware of the field in which a phenomenon exists. Isn't this, after all, the chief purpose of the concept of langue vs. parole?

No doubt Saussure made a sharp distinction between langue and parole. And many of his followers also, without questioning, show a tendency to make this distinction. (This follows from making such a sharp distinction.) For example, when classifying sentences, they describe sentences of langue and sentences of parole. (Saussure also proposed a linguistics of parole to correspond to a linguistics of langue.)

I recognize the distinction in the fields occupied by langue and parole, but at the same time I recognize their close mutuality, overlap and reciprocal relationship. To me it is meaningless to differentiate or distinguish between langue and parole if we do not recognize two-sided geometric [dimensional] aspect. To me parole exists virtually by adhering to, or embracing, langue, just as skin adheres to muscle. And, like the muscle under the skin, langue underlies parole.

I call the world of parole described above "post-expression" and the world of langue

---

*-1 thus in original, might read 'two-'.

encompassing synthesis. I have always spoken out for analysis.

Detailed analysis will naturally be analysis in depth. But I would like to add that even on a higher level there can be "deep analysis," as, for example, when a paragraph is analyzed as an element of discourse. In fact, no matter what the size of the segment under analysis, a proper analysis is always a "deep analysis." To put it even more strongly, unless one's purpose is to analyze in depth, he cannot begin to handle the analysis of larger units of language.

Chapter Two: VIEW OF FIELD

The importance of a view of field with reference to understanding the yield of the analysis was pointed out in the previous chapter. Corresponding to a theory of analysis there must be a theory of field. Both are equally important.

The necessity for a view of field can be recognized everywhe in our life and research. Furthermore, a grasp of field is stimulating and developments in the theory of field are exciting.

In our youth we learned arithmetic and eventually went on to high school where we studied algebra. We were led from a world of simple numerical values to a world of signs and were startled by this new development in field. Standing in this new open plain of algebra we were startled at the difference in dimension from the world of math. In the area of daily necessities—food, clothing and shelter—do we not have a fresh feeling of how different it is from the old when we move to a new house, put on new clothes, or eat something different? This feeling is similar to what I have been describing as astonishment at the difference in dimension or field. If we slight the difference between fields among things in our daily lives, or confuse the difference between separate fields, we create disharmony and discord.

A view of field is crucial to man's view of society and to his world-view. If we fail to see the field, if we evade a view of field, not only do we fail to see our surroundings correctly, we cannot accurately comprehend society and the world. We can say that basic to life is the concept of field. All research as well must be established on a field-view base. Most research, however, seems oblivious to a view of field, and, with almost no consciousness of the importance of a field-view, continues to flounder in numerous mistakes and wasted effort.

Though linguists have all studied plane and solid geometry, in research sometimes

2. A Few Remarks Concerning Analysis.

Until now I have always stressed synthesis as a correlate to analysis. This is the result of my involvement in analysis. As I came to give more weight to synthesis, I began to realize the importance of analysis at a much higher level. I continue to consider analysis important, but since I have placed such emphasis on synthesis, some have drawn the conclusion that I do not consider analysis to be important.

Examples of the attention I have given to the complementary roles of analysis and synthesis are to be found in my early writings, in a book called *The Grammar of Japanese Dialects*, and more recently in *An Account of Dialect Studies of the Shōwa Period—Shissei, Kita-gun, Ehime-ken.* One has only to look at these examples of my early and recent research to realize the importance I have always placed on analysis. These works also testify to the respect I have given to the indispensible role and position of detailed micro-analysis.

In *The Dialect of Tsugaru* (Hiroshima U., Bulletin of the Faculty of Letters, Vol. 24, No. 3, 1965), I described and stressed minute sentence-ending sounds carrying "appeal," or what I term sentence-ending appeal sounds. These minute particles of sound which appear at the end of most sentences in Japanese conversation are phonemic and carry the appeal of the utterance. While analyzing these sounds for phonological detail I have at the same time shown their place in sentence expressions as well as how they live in the totality of linguistic behavior. That is to say, I have described them synthetically. (Or, I have combined a micro-view with a macro-view.)[*-2]

I am particularly interested in how words are formed. I look at word formation as a development or expansion [from roots], but I have also discovered a parallel in the rules of word formation and grammatical rules. Furthermore, I have traced in detail the rules of word formation in man's daily linguistic behavior. Isn't such a study of word formation sufficient evidence of my respect for analysis?

It is a great mistake to treat analysis as simply a mechanical procedure. The mechanistic view is responsible for destroying the élan vital of language.

In serious analysis there is no such thing as "over-analying." In proper analysis it has always been legitimate to analyze to the smallest possible segment. We can be assured that a minute analysis is correct analysis if it returns in the end to an all-

---

[*-2] See also, *The Sentence Structure of Japanese*.

by ascertaining the domain or "field" in which the element or "particle" exists. When we attempt to capture an element we must focus our analysis on the field in which the element resides. If one mistakes the field, whether he likes it or not, his analysis becomes static, mechanical and destructive of the element. What is clearly desired is a research attitude which analyzes in conformity to an analytical concept and at the same time follows faithfully the subject of the analysis. A unified theory includes (1) analysis, which yields elements, (2) analysis of the elements, (3) analytical procedures, and (4) analytical field. To accurately grasp elements requires a view of field. Also, a view of elements causes acknowledgement of differences of a variety of fields in the matter of grasping elements. The complementary nature of element and field is apparent.

By a proper unification of element [particle] view and field view we can achieve a synthetic analysis—a dynamic analysis which deserves to be called a living analysis. Thus we can achieve, in traditional terms, a unification of analysis and synthesis.

Notes on Chapter One

1. Micro-view and Macro-view.*[-1]

As a result of analysis we view microcosmically; also, as a result of analysis we view macrocosmically. But one must not conclude that the macro-view is only in the direction of synthesis.

Synthesis yields a macro-view. Again, synthesis yields a penetrating view of the substance of the synthesis. One must not conclude that synthesis only incorporates a macro-view. The correlation between micro-view and macro-view is obvious: they are basically opposite concepts. Just as there is a harmony [unification] of analysis and synthesis, there is a harmony [unification] of the micro-view and macro-view.

There is a strong tendency for a micro-view to terminate in a microview, but we don't often see a macro-view ending in a macro-view. This is probably because the desire to achieve a macro-view comes from micro-view in the first place. (A macro-view takes considerable effort. Consciousness of a macro-view is achieved through penetration of the heart of the micro-view.) Macro-view presupposes a micro-view. In other words, a macro-view is accutely aware of its mutual dependency on a micro-view.

*[-1] Micro-view seems to come from "microcosmic view" and means examining the smallest elements [particles] of the analytic yield; similarly, macro-view seems to come from "macrocosmic view" and means examining the largest units of the analytic product.

analytic activity which leads to synthesis.[3] There is a danger that static structuralism will result in a far too simplistic analysis.[4] Dynamic analysis is called for.

The term "dynamic analysis" is offered to designate a type of synthetic analysis[5] which has vitality. It seems unnecessary to comment on the fact that such a vital analysis will enable us to accurately capture the essential essence [substance]. When one accurately grasps the essence, such analytical endeavor of itself develops into an activity of synthesizing.[6]

4. Field of Analysis (Particle and Field)*

A living analysis—a grasp of the real element[s] in the end can only be accomplished

3) Synthesis in Western Linguistics. In segmental analysis a number of descriptive terms have been coined, but practically none have occurred in synthesis. The fact is, nothing has been said at all. I find this interesting. In fact, I find it exceedingly interesting that in the history of language research, the term synthesis has been so conspicuously ignored. In linguistics the following statement is typical of the treatment of the role of synthesis: '[Synthesis is] the process or result of combining elements to form utterances.' The direction this explanation takes interests me. The direction is from analysis to synthesis, showing that synthesis is understood from the point of view of analysis. Synthesis is not considered beyond these bounds. Can't we say that an individual, isolable utterance is a fixed body of structure? Here we have a structure called utterance, in other words, a natural synthetical body. The concepts of synthesis and structure are inseparable. If we do not lose sight of this fact and conduct our research aimed at synthesis (just as we have various kinds of analysis), bearing in mind the dynamism of synthesis, we could establish a new term. We must develop a concept of synthesis to correspond to our concept of analysis. One cannot help but judge as mechanistic any analysis which equates research with analysis and ignores the concept of synthesis. Western linguistics, though it may have acknowledged the role of synthesis in language, historically has been purely analytical.

4) Analysis and Synthesis. A mathematician friend explained the relationship of analysis and synthesis as follows: Analysis moves from the unknown to the known; synthesis moves from the known to the unknown. Mathematics employs analysis; it doesn't employ synthesis.

5) Synthesis. My honored professor used to say: "As one would expect, synthesis is difficult to achieve (but analysis is easy). Synthesis is deciding what is central, where to start to untie the bundle to grasp the whole.

6) Synthesis and System. When considering synthesis from the point of view of structure, one could say that synthesis has organization. Whatever has organization is a system. Furthermore, one could say that it is an accepted fact that synthesis always has a consciousness of system. One should say, perhaps, that there is system in synthesis. When one studies the mutual relationship between elements and accurately assigns them their position, a neat organization can be found and a systematic grasp of the various elements can be accomplished. Thus the synthesis is completed. This is the way synthesis and system are viewed from the standpoint of the elements.

* Translator's note (likewise hereafter): With the author's permission we translate the term ***jigen*** ('dimension') as 'field,' following Pike's theory of "Particle, Wave, and Field," since the two linguists independently appear to have arrived at the same view of language. By the same token we should translate ***yōso*** as 'particle,' but we have opted for 'element' which is clearer. Later it will be seen that Fujiwara's concept of ***yokuyō*** which we translate "Intonation" (in quotes) corresponds to Pike's idea of "wave."

yields minute elements and macro-analysis yields large elements. The isolation from man's linguistic life of a segment of conversation is macro-analysis. When a self-contained, completed, isolable unit (paragraph)[2] is taken from a discourse, this too is to be viewed as macro-analysis. The isolating of the smallest segment of sound is the most minute level of micro-analysis—the smallest of the small.

There is a tendency in linguistics to overlook macro-analysis. This short-sightedness should be corrected. To examine a large slice of conversation or discourse is in itself analysis. When we talk of analysis we are inclined to make a one-sided emphasis on micro-analysis and overlook the other important side of analysis. We should not be surprised when such a one-sided view of analysis ends up in a mere mechanistic description of a subject which is in fact a unified body or a living organism.

Still, language research, just as other sciences, has adopted analytical procedures. The history of language research is the history of analytical methods in language research. The historical development of research concepts has been the development of a theory of analytical procedure. (Linguistics, like other disciplines, *developed*—for the time being we use this term—with these transitions in methodology.)

3. Dynamic Analysis

Most important to analysis is a clear understanding of its purpose. We have come to a stage in language research where we must make a new start and set about elevating the concept of analysis. We must overcome our blind obeisance to analysis per se, and our bent toward mechanistic analysis. The search for meaningful, effective analysis is still going on. We must push for development in "synthetic analysis"—that is,

---

thought of only as the isolation of the smallest segments of sound, we must also call this a one-sided view of the concept of analysis.

In western linguistics the term functional analysis is used. This indeed is a term that we can make free use of. If by this term is meant an analysis which pays attention to function, it may be correct to say that all analysis is in fact functional analysis. How many are the facts which can be explained in terms of function! There are a great many small things too which can be examined through functional analysis. The term opens up unlimited possibilities in analysis.

* Translator's note: What Prof. Fujiwara seems to have in mind is something like Chafe's post-semantic structures; see, *Meaning and the Structure of Language.*

2) Paragraph. The analysis of discourse or discourse compositions into paragraphs as an essential element in high-level analysis, and the fact that paragraph has a fixed meaning as well as a fixed position has long been recognized in literature. In psychology as well, the concept of paragraph as a basic element in discourse and conversation has long been employed. Only linguistics has been slow to develop a view of paragraph as a high-level unit of language.

that analysis must not end with analysis. Analysis must be properly completed, which means that it must come back to its original purpose; i. e., a grasp of the substance of the life form. Even when comparing the analyzed parts, comparison zeroes in on the process of synthesizing the analytic product.

Analysis (and, by nature, comparison too) is directed at synthesis. With this understanding we can say that what we mean by analysis is "synthetic analysis" [analysis whose nature is to synthesize]. Even microbiology, the science which minutely scrutinizes living organisms—an extreme form of biological analysis—attempts to explain the *life* of the living organism. Such a science seeks to reach a synthetic analysis by a thoroughgoing analysis of minutiae.

We are now prepared to offer a definition of research:

> RESEARCH IS AN ACTIVITY WHICH HAS AS ITS OBJECTIVE A SYNTHETIC GRASP OF THE UNIFIED SUBSTANCE OF A SUBJECT. (WHEN THE SUBJECT IS A LIVING ORGANISM THE UNIFIED NATURE IS MANIFESTLY CLEAR.)

2. Analytical Procedure (Micro-analysis and Macro-analysis)

The analytic product is an element [or constituent].

There are two kinds of analysis: microcosmic and macrocosmic.[1] Micro-analysis

---

1) Various Layers of Analysis. It the west the following terms can be found in current linguistic literature: segmental analysis, componential analysis, immediate constituent analysis, discourse analysis, semantic analysis. (I prefer to think of this last term, semantic analysis, as denoting a realized form of the meaning function of language, in other words, analysis of the realization of meaning.* I do not use this term to refer to the kind of analysis which focuses on lexical items. Discourse is a term which designates the realized form of conversation. Semantic analysis properly follows on discourse analysis.

Of course it is possible to analyze vocabulary. But the analysis of vocabulary belongs to the level [field] of the lexicon.) Other traditional terms used in linguistic analysis are phonetic analysis, grammatical analysis, and morphological analysis. Concerning the latter two, the limits of the analysis in actual practice can readily be envisioned, but considering the true meaning of the words in the term grammatical analysis, since it is the analysis of grammar, in its broader meaning the term may include syntactical analysis. In western grammars a clear distinction seems to be maintained among the three terms: grammatical, morphological, and syntactical, and one would have to admit that for the purpose of analyzing small-, middle-, and large-size units of language, such clear distinction is convenient. But if we are interested in developing grammatical analysis to include minute analysis in the area of grammar, even western grammarians would have to admit to the limitation of such a one-sided view. If by phonetic analysis is meant only the treatment of minimal, isolated sound segments, then I cannot accept it. One can also think of greater, longer segments of sound in the form of sentence expression. Sentence is a unified expression of sound. Furthermore, in phonetic analysis, too (as in grammatical analysis) we can easily think of analyzing on either a small or a large scale. If phonetic analysis is

The English word "dialect" comes from a Greek word meaning "conversation"—"oral language" or "speech". As I indicated above, dialect can also be called the language of life. It should be obvious that what we refer to as human language is in fact, dialect. In the course of my research, starting from the point of view that dialect is the language of life, I could not help but come to the truth that the study of dialects is linguistics, and that linguistics is language universals and that language universals are literally human language. As a student of dialects, language universals are to me human language universals. Dialectology, to me, is none other than the language universals of the language of human beings.

From this point of view I want to pursue a theoretical organization of my thoughts on language. If there is ever to be a true philosophy of language I think it will be somewhere in this area.

Chapter One : ANALYSIS/SYNTHESIS

1. Research / Analysis / Synthesis

Research is an activity which has as its purpose to grasp the substance [or totality] of a subject. Substance can also be grasped by intuition or enlightenment, but we will not consider these to be research in the restricted meaning which we give it here. Research is founded in cognitive processes; a subject is analyzed for the purpose of grasping its essence or substance. Research, then, may be described as the activity of grasping a subject's substance through analysis. To state in a word the nature and method of research, we can say that research is analysis.

One could also say that research is comparison. However, we compare what has first been analyzed. So, to say that research is comparison is simply another way of saying that research is analysis.

More precisely stated, to analyze a subject means to analyze a subject which has substance, or to analyze the perfected body of essence. It should be obvious that analysis must not be mistaken as an end in itself. Analysis continues until it has probed the essence of the subject. That is, analysis must be sublimated to the higher essence.

When the subject is a living organism it is referred to as a life form. The phenomenon of language can also be viewed as a life form. When we take as the subject of research linguistic phenomena with the goal of grasping the essence, it is self-evident

Foreword

My view of the sentence structure of Japanese has elicited considerable response from abroad, some of which I feel obliged to reply to. Though I have not altered my basic stance on the theory of language structure since my first publication on the subject in 1943, still, considering recent comments from abroad as well as the progress of my own research, I have come to the place where I consider it my new responsibility to put together a comprehensive statement of my thoughts on language. The desire to do so has become stronger during recent years. As a linguist working in the relatively obscure field of Japanese dialects, perhaps this insatiable curiosity to know more about the whole of my subject is understandable. At any rate, what I am attempting here is to concentrate my experience [and curiosity] on the subject: "My Theoretical Linguistics, based on the Japanese Language," or, as the translator has elected to call it, *Japan's Dialectoligist, Professor Yoichi Fujiwara's Theory of Language*, from which the title of this article is derived.

As I said before, I am nothing more than an individual student of Japanese dialects, who has, until this point, concentrated his efforts in the area of dialectology. In my youth I decided to narrow my interest to Japanese dialects, and it never occurred to me that what I was engaged in was linguistic research; in fact, I thought of the word "linguistics", not to speak of language universals, as something far removed from me and my world. But in the course of this one-track involvement in studying the actual language life of a people, I gradually came to realize that I had committed myself to a case study of what was in fact the entire body of Japanese language, because a dialect is none other than a specific, historical instance of a national language. In this manner I had in fact adopted the word "linguistics" as my own.

In a thorough study of a national language—and precisely when one language itself is the subject—language universals are discovered. (Language universals are discovered even though one is not engaged in comparative linguistic research.) And, since dialectology is properly the most concrete aspect of the study of a national language, and as such is "linguistics," we can say that dialectology is also the study of language universals. The theoretical implications of this have become apparent to me in recent years.

Contents

A Theory of Language

—as based on the Japanese language—

Yoichi FUJIWARA

translated by Noah S. Brannen

Acknowledgment

It is through the good graces of Dr. Noah S. Brannen that I have been able to offer my work in English. He has lived long in Japan and besides being at home in the Japanese language has made significant contribution to Japanese studies. One of these is his doctoral dissertation on the Ōmishima dialect. Another is his work on ancient Japanese language in his publication of the difficult *Kinkafu*, which is already widely acclaimed.

With a reliable, accurate knowledge of the Japanese language, Dr. Brannen has well understood my manuscript and put it in the most appropriate English. Fortunately too he is an authority on the theory of translation. He most discretely entered numerous technical notes[1] in elucidation of my points of view and terminology while giving his alternate translations[2] or adding words or phrases[3] of his own into the text, all of which, no doubt, greatly enhance the readers' understanding of my assertions.

His skill in translating my works has already been seen in my former work, *The Sentence Structure of Japanese*. For that great work of translation too I here wish to express my deepest thanks.

I should like also to extend my gratitude to another of my esteemed friends, Dr. Scott Baird, for his expert advice and comments on the present subject.

1) as foot notes with one asterisk in the text. *

2) within brackets in the text. [ ]

3) with double asterisk in the text. **

方言研究の学問

——「ものの学問」を——

藤原与一

私は、方言学を「ものの学問」の方向にねりあげていきたいと考えるものであります。

一

「ものの学問」という概念は、「方法の学問」という概念になにほどか対立し、「かたちの学問」という概念にどのようにか対立するでしょう。

今日まで、私自身、方言研究の道をあゆんできて、みずからの所業をかえりみながら言明しうることは、方言研究に、「ものの学問」を志向してきたということです。この道を最初に示唆してくださったのは、山本忠雄先生であることを、ここに私は感謝をもってしるさなくてはなりません。

英語学者、山本忠雄先生は、早期には文体論者でした。察しますのに、先生は、日本人として外国語を専攻する身のもてあつかいかたをみずから問題とするうちに、しぜんに、当時の新来の学問、文体論に身をゆだねられたようであります。その道の業績を大いにあげられたのにもかかわらず、先生はみずから文体論を去っていかれます。そのころの先生は、もはや「ものの学問」の強調者でした。察しますのに、英語を研究してもしても、日本人としての英語研究が、かたちの学問に浮上するのを、いかんともすることができなかったのではないでしょうか。先生は、英語学とは英語をよく読むことだなどと言われつつ、ものの学問を求められました。

この先生が毎度私に言われたことは、藤原はものをつかんでいる、ということでした。方言の山野に出かけて調査してくる私のしごとを、わらじばきの学問と評され、私のしごとを、ものに対面するしごとだとせられたのであります。

一度は、こういうことがありました。英語英文学の先生たちの集会で、私に方言調査の話しをさせられたのであります。当惑する私に、先生がくりかえし言われたことは、ただありのままに話しをすればいいのだということでした。つまり先生は、私の調査の実経験を丸まま吐露させようと考えられたようです。それにもかかわらず、なんとかして、整った一場のお話しをしたいと努力した私は、まったくわが身知らずと言うべきものでした。

　藤原をとらえて、ものを言わしめるのをたのしまれた先生は、いつも、私自身なんともないように思われる平凡なことに、眼を輝かされたのでした。ついには、鈍物の私も、しだいにものの学問に眼を開くようになりました。

　こういうことがありました。先生が私の宅に見えて、例のように討論（私にとっては受教）がはじまりました。――ソシュールの共時態、通時態の論をふまえて、私が、手前流に、高次共時を云々していた時のことでした。先生が、〝これはユリの花である、というセンテンスがあったとする。〟と説かれました。（おりしも卓上には、ユリの花がいけられていたのです。）それを聞いたとたんに私は、〝そんな日本語はありません。〟と言いました。これがつよく先生にはね返っていったようです。先生は全面的にそれを肯定されました。私はそのさい、おおいにものの学問にめざめたように思います。〝そんな日本語はありません。〟と言って、私が自己の胸中にいだきかかげた日本語こそは、日本語という生きたものにほかならなかったでしょう。ようやくにして私は、実体を感じとらえることができたようです。

　山本先生のお話しを承ることは、幾十回にわたっているでしょうか。そのすべてを一貫している先生の思想は、「ものの学問」の思想です。

　現在、方言学に心をもやす私にも、ものの学問への思慕のつよいことが明らかであります。

二

　ものの学問とは、ものそのものを重んじる学問、実質・実体を重んじる学問の意であります。実体をぐんぐんと前面におし出していこうとする学問、いな、実体がぐんぐんと前に出てくるようにする学問であります。――かたちをさきに与えることをひかえつつ、したがって、いろいろな枠ぐみなどを設定することはしないで、むしろ事実認識に徹底しようとするものであります。

　豊富な資料というものがここに要請されています。豊富な資料は、しばしば豊富な用例であってもよいことです。生きた用例の世界に、徹底的な追求心を向けるとなっては、当然、そのような用例の生きる言語表現の世界が重視されなくてはなりません。実体尊重論は、おのずから表現論的なものだと、私は心得ています。

　少数例は価値の低い対象となるでしょうか。いちがいにそうだとは言えません。少数例が、ないしは孤立例が、多量の調査作業から摘出されたとするならば、その多量の調査作業がすでに資料の豊富に該当します。要は事実認識のための調査探求（いわば用例追求）そのことが重要なしだいです。ものの学問は、そうしたところにあるのだと考えられます。

三

　『言語』1978 Vol.7 No6 に、柴谷方良氏の「カリフォルニア大学〈バークレー校〉」という題の文章が見えます。「連載・アメリカ主要大学言語学科紹介②」です。これに、次下の記述が見られるのを、私は好んでとりあげていきたく思います。同誌68ページには、

現在されなければならないことは、音韻論の形式化よりも、音韻現象の実質的な知識の集積である、と新しく脚注をつけ加えている。時として言語事実からかけ離れたレベルまでの形式化に走る生成音韻論に疑問を持つのはワンだけではない。

とあります。ついで、69ページから70ページにわたっての、つぎの記述を引用することができます。

理論的な立場でことごとく対立しているG・レイコフとチョムスキーであるが、奇妙なことにこの二人の理論家には共通点がある。それは二人ともあまり言葉を知らない関係上、理論の裏づけとなる言語事実に対する知識が非常に劣るという点である。この点において、アメリカ構造主義者と呼ばれるホケット、パイク、それにグリーンバーグといった言語学者と非常に対照的である。現在のG・レイコフの低迷、それにチョムスキーの言語の普遍性に関する早合点等は、貧弱な言語事実の知識に基づいた理論の追求の結果と考えられる。このことを人一倍痛感しているのはG・レイコフ自身であろう。彼は、前にふれたペレットとのインタビューにおいて、過去二十年間みられた理論偏重は不幸なことであるとし、形式化にとらわれない言語記述の重要性を説き、先にあげた学者や、ヤコブソンの業績を称えている。最近あちらこちらで感じられる、地道な言語記述、または言語事実の集積への動きは、右の考えはG・レイコフのみのものではないということをいみじくも反映している。

ここには「形式化にとらわれない言語記述の重要性」などということばがあります。なお、「地道な言語記述、または言語事実の集積」とのことばも見ることができます。さきには、「実質的な知識の集積」ということばがありました。論者の述べようとせられる趣意はよくわかるような気がします。ただここで私は、なおつけ加えて述べたく思います。「実質的な知識の集積」あるいは「言語事実の集積」の「集積」というのは不十分でしょう。「集積」の語は、他方に、この作業とははなれた「理論の追求」を予想させるかもしれません。「理論の追求」からはなれた「実質的な知識の集積」は、低次の集積作業であって、これに、実質的な知識を言うのには、いささか無理があるとされるように思います。

柴谷氏の紹介は、雄勁であり、私どもを刺激してやまないものを多く見せていられます。右の引用によっても、私は、言語研究上の、ものの学問への欲求が、アメリカ言語学界にもあることを、明らかにすることができたかと思います。

私が、方言研究上、念としてきたもの、また今後も念としつづけたいもの・ことは、まさに「地道な言語研究」であり、「論の形式化」を避けようとすることであります。

四

一実験心理学者の〝最終講義〟から得たことばを、つぎにあげてみます。

〝理論がたくさんあるのは、事実がわかっていないことだ。〟

〝事実がわかったら理論ではなくなる。〟

〝あまりに理論にふりまわされず、事実を確認していけ。それが実証科学だ。〟

〝私は、自分の道を、今から開いていく。〟

右に見られる「理論」と「事実」との用語を云々することは、今、しません。しかし、この引用全体から、私どもは、かたちの学問とものの学問という思惟をみちびき出すことは容易でありましょう。

私は、一方言研究者として、おのれの道をあゆみつつ、「理論がたくさんあるのは」というような状況を歓迎することはできません。事実からはなれて、どこに有力な理論が存立しているのでありましょうか。「事実がわかったら理論ではなくなる」ような理論がいくら与えられたとしても、それらはけっして力づよいものではないでしょう。

「事実」の確認につとめるかぎりは、「あまりに理論にふりまわされ」ることなどは、あり得ないのではないでしょうか。――これがものの学問のたちばにほかなりません。いったい、人は、〝理論〟を認めることが軽率でありすぎはしないでしょうか。

五

方言研究に関する発表会の席で、私どもは、しばしばつぎのような経験をします。

たとえば、一研究者がその郷里方言について、センテンス抑揚の状況を精細にしらべあげ、かくして当該方言の文アクセント傾向を叙述したとすると、多くの聞き手は、たいがい、その精密明確な整頓と叙述とに敬服の念をもよおします。

また、人が、その郷里方言の、しかも家族社会での音声現象に関して、いかにも精確な発表をすると、多くの聴者は、その内実に敦い信頼感をおぼえ、その発表をすぐれたものとします。

これらの実例とは反対のものが、研究者の短期間多地点を調査して得た結果の発表であります。

郷里方言が問題とされたばあいの研究作品の魅力は、ほとんどすべて、その研究者が方言研究のものの学問に成功しているところから出ていましょう。自己の熟知の郷里方言が問題とされたばあいは、むしろ必然的に、人は、私の言うものの学問におもむいています。

調査法に、いわゆる質問調査があります。所定の項目によっての、当方のかってにしたがった、一連の質問調査がなされた時、相手がたに味けなさと不満足感・不安感が残り、〝これで私は調査されたことになるのか。〟といったような気もちが残るのは、すなわち、ものの学問ではない、かたちの学問がとりおこなわれたからでありましょう。

六

私に「文末訴えア音」の考えがあります。

○もしァ。

などと、宮城県下その他で、よびかけのことばづかいがなされていますが、この例だと、「もし。」と相手がたに訴えるのに、人は、

「もし。」の「し」どめで満足しないで、「し」の下にア音をそえています。これをそえますと、「もし。」の「し」の〔i〕母音のすぼもりは、やがて〔a〕音におし開かれて、相手がたへの「もし。」の訴えの聞こえは、大きくなります。〔a〕は「文末訴えア音」です。方言界の人たちは、おそらく、だれするともなくしぜんに、天与の自発的な言語活動によって、この種の「文末訴えア音」のいとなみを創作したのでありましょう。日本語の方言界での、文表現を相手に訴えかけていく方法の、妙味ある手だてが、ここに看取されます。

東北方言あるいはその関連方言に関して、あるいは出雲方言に関して、私はとくにこの種の「文末訴えア音」の事実を重視しています。これらの地方での方言生活の実質に眼をそそげばそそぐほど、隠微なこの「文末訴えア音」を、私は、表現生活上の重要素としてとりたてないではいられないのであります。

もし、音素論者が、音素論のたてまえで、上の「文末訴えア音」をとりあげたとしたら、その人は、〔a〕音をどのように待遇するでしょうか。「文末訴えア音」は、音素論者の記述の中にどのような位置を与えられるであろうかと、私は考えてみるのであります。

もし、「文末訴えア音」が、音素論者の特別の待遇を得ることがないようでしたら、私は、方言研究のために、その処置を遺憾とします。そうして、遺憾とすべき音素論を、方言研究に関する、かたちの学問だと考えます。方言研究上、「文末訴えア音」の究明が必要であるとするならば、その必要が明視されるような学問形態がとられなくてはなりません。当然のことでありましょう。そうした処置を、私は当然のように、ものの学問とよびます。

七

方言を資料とする言語の学問が、言語科学になったとしても、そこに、方言研究の方言研究らしさが失われていたら、これは、言語科学ではあっても、ものの学問としての方言学ではありません。

一般的に言って、私どもは、広い言語科学の中に立ちつつも、方言研究のためには、ものの学問を目ざすべきだと考えられます。方言学のつよい存在理由が、そこにあるのではないでしょうか。

くりかえし強調すべきは、方言学は現象追求の学であるということです。自然言語というが中にも、もっとも明白な自然言語――方言を、現象態としてとらえるしごとは、本来的にものの学問の性格を持っています。私には、方言研究に関するいわゆる生成文法論のはたらきは、第一義的に有用だとは思われません。ただ、普遍化の方法あるいは思惟の見せてくれる方法論特性の、ものの学問を刺激する効能の大は、おおいに認めなくてはならないところであります。

八

当今、小方言の討究を特設して、早くも一個の研究発表におよぶこと、あるいは一個の研究論文を成すことが、すくなくありません。もとより、学の大きな進展のためには、いろいろの研究展開がはかられてよいわけでありますけれども、その特設の発表あるいは論文が、小成の美型式にとらわれるならば、私はそれをかたちの学問の、あまりよくないばあいと批判しないではいられません。一般言語学的な知見を模しつつ、小成の研究発表を美型式にのせようとすることなどは、その人の研究の大成のためには、むしろ惜しむべきことであります。この道の研究者にまず望まれるのは、ものの世界への突進の精神であります。〝科学的〟ということばの妄信はすてさられなくてはなりません。自然科学的な方法に追随するのに近い分析の見られるばあいをのみ「科学的」と言うなども、意味のうすいことであります。方言研究のためには、ものの学問の練成に「科学的」を考え、この練成のかなたに科学としての方言学を認めるべきでありましょう。

九

一九七八年の初頭、私はつぎのような自問自答をしました。

おまえの「学」とするものは何なのだ？——どんな「学」なのだ？

これが自問であります。答えることにつとめて、私は以下の数カ条の答えをつくりました。

一　私の「学」は言語の学だ。

二　人間の言語の学だ。

生活・生命の学だ。

したがって総合的把握を重視する。

分析も、しかるべく重視する。

三　私は、科学主義の傾向を避けて科学を求める。

科学精神を尊重する。

——実証精神を尊重する。

四　方法の学よりも実の学を求める。

五　要するに、ものの学問をねらう。

実学。事実の学。

理論的追求に励むとしても、私の理論言語学は実践の学であります。

近来、諸雑誌上に見うる言語学の実際は、テキストの学とよびうるばあいが多いのではないでしょうか。前行者の述作を下敷きとする諸研究を、私は「テキストの学」とよんでみます。これに対して私自身が重んじようとするのは、日本語の事実・事態と言うべき方言そのものを、自身で直接にとる学であります。これが、「実体の学」とよばれることを、私は念願します。

日本語についての生成文法論の行きかたなどは、現に日本語についてその方法を実践しているという点で、人はこれを事実の学、あるいは実体の学ともよぼうとするかもしれませんけれども、私はそれを、「モデルからの学」とよびたいのです。私は、西欧の言語理論、あるいは既成の理論（たとえば方言周圏論）、ないしはそれ流の枠組みによって、実体追求をしようとはしていません。（たとえば方言周圏論の適用といったような、ものの考えかたはしたことがありません。実体そのものの中にモデルを求めます。この点では、「モデルからの学」ではなくて、「モデルへの学」であります。

与えられるモデルを尊重しつつも、つねに、それへのアンティテーゼに生きようとしてきました。そして統合の見地によじのぼることを念としてきたのであります。私にとっては、それがものの学問の論理でした。

近来の、言語の学では（いわゆる言語学、いわゆる国語学では、）すでに「モデル」の語も術語として熟しているようであります。「情報」の語もまたしかりであります。しかし、考えとりますのに、モデルの語を用いての論作そのものに、術語「モデル」はかならずしも安定的ではありません。「情報」の一語にいたっては、その使用過多も見られます。――そこにはかたちの学問が明らかでもありましょう。私は、「情報」類に無条件に自己の触覚をたてむけ、諸論文中の「モデル」の語に眼を見ひらきつつ、かつはみだりに「情報」「モデル」とは言わないことにつとめています。「他語の学」よりも「自語の学」を念ずるものであります。他語に依拠する思弁の学にあそぶことをひかえつつ、自語を求めて実証の学に生きようとするのであります。

実体追求をつぎのようにも説明することができます。一つに、方言の世界に、日本語の事実を多く深く見とっていくのであります。二つに、説明のための思考の努力にも増して、説明のための材料を多くすることの努力にしたがいます。三つに、説明者が顔を出さないような事実論を旨とします。これらのことは、「事実・事態に密着すること。ひとえにそこに自己を生かすこと。」と言いあらためることもできましょう。

十

私はかつて、つぎのように言われたことがあります。〝言語理論のほうをやっている人には、藤原の研究が入用である。〟と。これは、私にとっては、ありがたい評言であります。藤原の心がけるものの学問は、上の評者に了解されているとしなくてはなりません。

方言という自然言語の具体的な究明こそは、純粋実証学とも言うことができましょうか。私は、対象の具体を凝視します。そうして、凝視のさきにあるものを徹底的にとりあげようとします。（ことばはいたりませんが、「具体的究明」であります。）もとよりのこと、凝視と徹底的なとりあげとは、私に、あくなき思惟と考察とを要求するものであり、それは当然、人に理論と言われる産物になります。

十一

私に、方言学への努力があるとして、自身、その努力を解剖しますなら、その中心部には、人と環境とをたいせつにしようとする方言観があります。すなわち生活語観です。（〝言語行動観〟でもありましょう。）人と環境とをたいせつにする方言の学問は、ものの学問として、本来的に、方言社会学になっていくべきものではないでしょうか。socio-linguistics という術語が設定されながらも、――それが方言を対象にとったばあい、なおもそのものの学問としての成熟がよわいのは、なんとしたことばの矛盾でしょうか。

こと、分析に関しては、私は、徴視分析と巨視分析とを問わず、そこに、優良な言語心理学的見地が生かされるべきものと考えます。この時、私は、世の方言研究に、繊細な言語心理学的心情の、かならずしも生きていないのをもどかしく思います。

文化人類学の名がありますが、私は、与えられたかたちとしての文化人類学になじむことはできません。そうして、いま述べた私流の方言社会学や、私流の言語心理学、こういうものの内面的な統合のうえに、私は、私流の文化人類学を生みだしていると考えるものであります。

十二

地方方言社会の現実の中にどっぷりとつかって、地方生活語をまるまる体験し、あの、共通語観念も標準語観念もない人たちの集団の、毎日の方言生活を見（——その人たちの生活語の実情を見）、その中でいとなむいっさいの方言研究、ならびに、それらにもとづく諸研究を、私は、ものの学問と考えています。

方言の中に出かけていっても、調査者あるいは研究者が、共通語のあたまで方言生活をつまみ食いするのでは、分析もまったく恣意的な分析であって、要するに理想的な方言研究ではありません。当方設定の項目に対応する事実をのみ、質問によってとりあげるしごとに終始するかぎりは、方言研究もかたちの学問であります。

この意味で、自然調査は絶対に必要であります。私はかつて、自分の郷里で、方言調査者の相手となったことがあります。質問だけされて帰られてしまったことが、くりかえし思いかえされます。

私の経験につぎのようなこともあります。方言研究者たちと対談していて、相手の人々が、生活語という「方言の体系的存在」を体験していないのにおどろかされました。方言を論題にすると、私はすぐに、方言の統一体とその生活とへの実感を、対話の出発点にしがちなのですが、人はかならずしもそうではありません。率直に言って、人は、方言把握とは言いながらも、上に言う実感をぬきにした、方言事実の恣意的な捕捉にしたがっていることが多いようです。あのように、地方の方言生活状態がわかっていなくて、なんの方言研究だろうかと、思わせられたりもすることがあります。ともあれ、私は、日ごろつねに、方言生活の純粋さがよくわかる人間になりたいと思っています。

十三

言語の学の理想形態、これを求めない言語学徒はいないでしょう。私自身もまた、一学徒として、つねに言語の学の理想形態を求めます。

私は、言語の学を人間学的に深化せしめることによって、言語の学の理想形態を将来したいと考えるものであります。言うところの人間学的深化は、ものの学問によってもたらされると考えます。

朝日新聞、昭和五十三年七月二十二日(土)の記事に、「モンゴル語・日本語　詳細に対比し論考」という見だしの記事があります。ここに、小沢重男氏の『モンゴル語と日本語』（弘文堂）がとりあげられています。そして、著者のことば、「日本語と〝似ている〟と感じられる諸言語と日本語とをできるだけ詳細に比べて見るという作業が、日本語の系統を解明するため必須の作業の一つとして要請される」というのが引用されています。小沢氏は、「日本語の系統は、現在のところ不明……」というたちばのよしです。「現在のところ不明」との見解をとられる氏は、「日本語と〝似ている〟と感じられる諸言語と日本語とをできるだけ詳細に比べて見るという作業」を、「日本語の系統を解明するため必須の作業の一つとして」いられます。

私はここに、日本語系統論の諸説のさかんな中にあっての、小沢氏のものの学問があると考えます。

アメリカの構造主義の言語学やチョムスキーアンの言語学あるいは生成文法論方向の言語学は、はたしてどのように人間学的たり得ているでありましょうか。私どもの目にうつるかぎりのところでは、それらは、人間学的であるよりも、しばしば言語技術論的であります。

ひるがえって、わが国のたとえば国語史研究の類を見ても、これが、はたしてどの程度に人間学的たり得ているでありましょうか。

一般的に言って、国語研究が、どんなに精細におこなわれたとしても、明らかにされた事実が、絶対値という点で、小であるならば、私は、それを価値ある研究とはすることができません。研究を精細におこない得て、かつ国語の大きな事実を明らかにし得たばあいは、言うところの絶対値が大であって、これは当然、価値の高い研究であります。ものの学問の優位がここに明らかであろうと思います。

十四

いわゆる国語学に関しては、私は、私自身の当然の道ゆきとして、「現代語」学を考える者であります。国語学に邁進して、浅い言語学ではない、深い言語学を庶幾する時、私としては、「現代語」学におもむかざるを得ないのであります。言いかえれば、私は、自己の国語学が浅い言語学になることを恐れて、ひたすらに、「国語現実としての方言」の学におもむくのであります。ここに来れば、しごとをしつつ、私自身、人間の心の中に深くはいりこんでいくことができます。深い言語学への道が、ここで感得されます。

「現代語」学、これは、私にとってのものの学問であります。

今日も、また以前も、哲学者や芸術家の、言語を考え日本語を語ることが、すくなくありません。それらに接するたびに思うことですが、それらの所論は、鋭く論じられているようでも、多くは、一般化された言語・日本語についての論です。私は、深い言語学を思念して、徹底的に、個別の言語状態にたちむかっていきます。

「個別の」あるいは「対人の」という心がけ、これこそは、人間につき入ってその心の世界にあそび、そこで言語をとらえる要諦であろうと考えています。

個への徹底は、けっして個にはおわりません。個への徹底は、私どもをして、真の具体の把握を可能ならしめます。

「個別」、「具体」、「実質」、そこに歴史的実体があります。歴史的実体の学が、深い学だと考えます。——その学は、ものの学にほかなりません。

十五

ものの学問は、生活（生活実体）の学問、人間の学問です。

方言研究のために、私は、ものの学問、生活語の学問を考えます。

（『広島女学院大学国語国文学誌』第九号
昭和五十四年十二月）

頁	行	誤	正
144	下20	No6	No. 6
146	上3	実証科学だ。	実証科学だ。

な思いを深くしています。――はてしない悩みの道を歩く思いを深くしています。しかし，これが学の追求のありようかと思うと，この悩みの道もまた，たのしい道であります。

なににしてもたいせつなのは，学の思想的な統一性ではないでしょうか。外面的な手法に走って，その面でただに組織をととのえることにつとめても，これは真の学にはならないと思います。

言うところの全円的な思想形成は，私などには難中の難事です。ことに，近来，新興諸学の発展様相のめまぐるしく推移する中にあっては，私など，一専門のための思想形成の，ただごとではない困難を痛感しています。

ここ本稿に開陳しましたものは，ただ，私の一つの苦悩の表白というのに近いものであります。（――もって師に献じ，新たにご叱撻を乞おうとするものであります。）

社会意志のはたらきを認めることの深化拡充によって，ものの学問としての方言学もまた深化拡充しうるのではないかとは，私のひそかにつよく考えるところであります。

（土井先生頌寿記念論文集『国語史への道』上　三省堂　昭和56年6月）

れば，その名は不安定な名称と考えられたのであります。しかし，今や，広域方言状態内の諸方言が，分派関係によって群がりあう方言通時態と認識され，それがさらに一大統一体と認識された時，これは高次方言共時態と考えられます。高次方言共時態という概念規定のもとで，広域の方言状態が，一大広域方言として把握されます。何々方言という称呼は，この時，積極的意義を有することになります。

あらためて言うならば，「広域方言」指示の名称は，すべからく，高次方言共時態認識の見地で用いられるべきだとしたいのです。

第三のたちばとされるべき高次共時論（──→高次共時方言学）は，特定の目的意識に立つ学世界であります。第一の研究方向と第二の研究方向との統合の，論理的に要請されるところに成立する高次共時論は，なによりもまず，上述の「広域方言」を対象とします。

ここでは，一つに，統合の事象記述体系が目的とされ，二つに，そこでの特性論が目的とされ，三つに，そこでの発展的動向の凝視把握が目的とされる，と私は考えます。

このさい，もっとも好ましい高次共時論，あるいは，方言研究上，理想的とすべき高次共時方言学は，広域方言も，全日本語方言状態をとっての広域方言，この明確な対象世界を問題とするものです。──最後的な高次方言共時態，日本語方言共時態（「日本語方言」）を対象にとるものです。

この次元になりますと，日本民族の生息する一大環境という意味で，全日本にかかわる特定社会もまた明らかであります。ことに対外関係のもとで考えますと，日本民族の日本社会という，一個の指摘が可能のようであります。この段階で，日本社会にかかわる社会意志の認められることは，また明らかな事実でありましょう。

むすび

方言学の「学」なるものを志向して，私は，つねに無限軌道を行くよう

ます。――大方言分派もまた，社会意志に無縁のものではありません。

その大方言分派の二つ以上が比較されることにもなります。当然でしょう。どのような方言分派も，要するに分派だからであります。分かれの派は，分かれない状態へと見あげられるべき宿命を持ってもいます。

大分派間（あるいは小分派間でも）の相関をたずねる時，有機的な系脈が認められ，ここに系脈論が成りたちます。さてその系脈なるものは，社会意志的なつながりの様相にほかなりません。

ついに私どもは，大分派比較上の系脈論にいたるまで，社会意志の存立を認めることになりました。このような考えかたをとることによって，私は，第二の研究方向とすべき地理学的研究を，人間存在に密着した，ダイナミックなものにしたいのであります。

高次共時論の方向

一地精到の小方言研究（いわゆる記述的研究），これはさきにも述べたとおり，共時論の方向であります。これを，研究体系上の第一の方向とします。これに対応するのが，上述の第二方向，地理学的研究の方向であります。

上記両者の方向が背反的であることは，言うまでもありません。ここに正反合の論理の要求されることもまた明らかであります。この点に思いをひそめて，私は，多年，第三方向，高次共時論の方向を考究してきました。

諸小方言分派の群がりあう分布関係にせよ，いくつかの大方言分派の群がりあう関係にせよ，それらは方言通時態と見ることができます。なんとなれば，隣接しあう諸方言は，たがいに自己を語りつつ，自己の史的推移を平面上に示しあっているからであります。

諸方言のならびあうこの通時態が，高次元で一大集合体と見られた時，その集合体（――じつは方言通時態）は，統一体として，今や「何々方言」とよぶことができます。ここにあらたに，広域方言の名称が登場します。

広域方言状態を，無作為に，あるいはただ常識的に，その地域にまかせて何々方言と概称することは，よわい方言観であるとしました。言いかえ

問題は，大きい方言分派をどう考えるかにあります。

類似の二，あるいは三以上の小方言は，上位次元で，集合体として把握することができます。たとえば，中国地方や九州地方に対して四国地方を観察し，当域内で，類似の小方言を，順次，より上位次元へ，より上位次元へと見あつめて，四国方言を受容することが可能であります。社会的統一という点では難があるばあいにも，言語上の集合状態，ないしは統一状態が認められましょう。これはけっきょく，方言分派（こういうばあいは大分派）と認めることができると思います。

ただし，これを私は，方言区画とは言わないことにします。区画という語は，どうしても人為をつよく考えさせるからであります。四国方言のばあいにも，これを，私どもが区画づけて受けとるというよりは，状態がそういうふうに受けとらせる結果にあるので，私どもは，それを受容するのです。これは，ただの人為的「区画」ではありません。

私は，区画の語にかえるのに分派の語をもってします。あるいは，「区画」の語が，私の言う分派の考えと同趣の考えのもとでつかわれてもいましょうか。それにしても，私は，区画という語が，やはりよくないと思います。

四国方言分派などというものは，それでは，社会意志に無縁のものとすべきでしょうか。私はあらためて，そうではないと言いたいのです。Ａの小方言とＢの小方言とが類似している時，その双方親縁の関係を保証するものとして，交通路が観測されます。これがつまり，伝播のすじ道です。交通路には社会意志があるとされるのではないでしょうか。交通路を交通路たらしめるものは，社会意志でありましょう。伝播の動力もまた社会意志とせざるを得ません。としますと，近隣諸小方言間の類似をもたらすものは，交通路による社会意志だと言うことができます。この意味で，諸小方言をおおう，高次元の大方言分派にもまた，社会意志の作用があるとすることができます。大方言分派を直接に支持する大社会意志を認めることはできなくても，大方言分派醸成に作用する社会意志を認めることができ

方言にたずねるといった方式の比較法が，まず考えられましょう。さらには，小方言の，たとえば文法に関する体系的事態（敬語法上の一群の事態など）をたてにとって，これを，前後左右の小方言について比較することも，また可能であります。この種のしごとは，しばしば構造言語地理学ともよばれていましょうか。

一個の事象をとりたてて，諸小方言を比較検討するしごともまた，しょせんは構造言語地理学的なものとされます。なんとなれば，研究者は，どの一個の事象をとりあげるにしても，予想される体系的事態の中から一個の事象をとりあげているはずであり，そういう一場の研究作業は，他の同趣の一場の研究作業とつねに密接に関連せしめられるからであります。正常な研究者は，何をどうするにあたっても，つねに体系的意識のもとでしごとをしているでしょう。

広域方言状態の研究にあって，その状態を「何々方言」と規定することは，よわい作業ではあっても，その範囲内での地理学的な比較研究は，じつにつよい作業になります。作業の的確さが認められる比較論のつよみは，つねに明白であります。

*　*　*

方言分派という考えは，このさい，どうおちつけられましょうか。（方言区画との考えかたも，ここであわせて整理したいと思います。）

町村集落単位の小方言が，おのずから小方言分派を成していることは，多く言うまでもないでしょう。一郡・一島の範囲などで観察しますのに，その村この町に方言が分立しており，島でならば，その浦わこの浦わの集落ごとに，方言が分立しています。だれがつくったとも知れない，しぜんの成りゆきのようなものです。この結果は，まさに，与えられた方言分派と言うのにふさわしいものです。——分派は自然成立のものとして受容されると言うことができましょう。人間が人為で区画づけるまでもない，与えられたものです。

およそ原理的研究と称しうるものは，みな，この小方言に関する共時論的な研究の中で，基礎的に徹底せしめられるべきではないでしょうか。

広域方言状態の研究

社会意志論の見地から，広域方言の観念を是正すべきであることは，ここにくりかえし述べておきます。社会意志のささえることが明確な言語社会に見られる方言と，そのようなことが明確には認められない広域方言とは，峻別すべきものであります。（――「社会意志を条件とする言語社会」との考えかたがたいせつであります。）「近畿方言」などの称呼がふつうにおこなわれていますが，一大社会意志の生きる近畿社会というものは考えにくいでしょう。

広域方言状態の研究は，単純に，広域方言研究と思いかえられてはならないはずです。いわゆる広域方言（たとえば「近畿方言」や「関東方言」）に関しては，「何々方言」と言うよりも，その範囲に関して，「何々方言状態」を言うこと，――この概称方式にしたがうことが，肝要であります。

「広域方言状態」という見地は，ただちにその内部状態を思考させます。内部には多くの小方言がありましょう。町村集落単位の小方言がありましょう。広域方言状態の研究は，当然，その諸小方言にわたる対比研究・比較研究になっていきます。すなわち地理学的研究です。

方言の，なにほどかの広い地域にわたる状態の研究は，よし，その状態が，広さを一括して何々方言とよばれようとも，研究の実際としては，その何々方言内の諸小方言を比較する「広域方言状態の研究」になっていきます。

地理学的研究の方向は，比較を生命とするものであって，おのずから史的研究に開けていくものであります。この意味で私は，言うところの地理学的研究を，通時論と考えます。

小方言比較の通時論・地理学的研究には，いろいろの自由な比較法があります。小方言の内部に個の事象を認め，それに該当する事象をつぎの小

は，彼我両者の対象性の差が大であります。

従来，「広域方言状態」のばあいも，一括視しうるその地域が社会的と見られがちでもあったでしょうか。言語上の統一的なものが見られるからであります。（おそらくは小方言のばあいに，すぐに言語社会が認められるのからの比論で，広域のばあいにも，言語社会が考えられがちであったでしょうか。）しかし，それが現実の統一社会でないことは明らかであります。したがって，村落単位などの小方言と，「津軽方言」「備後方言」などとは，実質がちがうと言わなくてはなりません。

つよい方言状態，よわい方言状態という見かたをするならば，「備後方言」などというとらえかた，まとめかたは，よわい方言状態を指摘しているのにほかならないものとされましょう。「関東方言」などと言いあらわしても，関東言語社会という一体的なものを認めることが困難なのは，多く言うまでもありますまい。

以上の意味で，私どもには，方言観の若干の是正が必要であります。また，広域方言研究上にありがちだった，漠然とした広域方言観念の是正が必要であります。

一地精到の小方言研究

「一地」の語は，やや不鮮明でもありましょうか。一村落，一町村といったようなものをさすと見ていただきたいのであります。一地の小方言は，意識的統一の明白な一小言語界であります。ここには，社会意志の支持形態が明白です。こういう小方言を観察の対象にとることには，ほとんど不安がありません。この全一体の把握にのぞむ時，いわゆる共時論的研究のきれいなものが展開されます。

方言の成立と変転に関する原理的な考察は，じつにこのところにおいて徹底せしめられるべきでありましょう。言語形式上の諸事象，ないしは言語内容上の諸事象に関する実証徹底の諸研究もまた，基本的には，この小方言を対象として実施せられるべきであります。

第二章　研究体系

「ものの学問」──→「社会意志」という発展的な考えかたにしたがって，研究体系を考えていきます。

実社会に正確に即応した方言観から，方言研究を出発させなくてはならないと思います。

社会意志は，まさに社会に存立します。社会意志の考えを重要視すればするほど，どういう研究のばあいにも，実際の言語社会に正確に即応すべきことが考えられてきます。

研究の二方向

インテンシブな方向とエクステンシブな方向，これが研究の二方向であるべきことは，方言研究においてもかわりがありません。

私はこれを，早くから，「一地精到の小方言研究と広域方言状態の研究」というようにもよんできました。西欧言語学の術語を借りるならば，両方向を，「記述的研究の方向と地理学的研究の方向」というようにも述べることができます。

ただし，私は「記述的研究」という語には賛意をおぼえかねます。「地理学的研究」においても，語の正確な意味での記述がなされるべきだからであります。

研究の二方向にどのような相違が認められましょうか。「一地精到の小方言研究」のばあいには，つねに言語社会の統一体が見られます。「広域方言状態の研究」のばあいは，その対象地域が，非「社会統一体」であります。（小方言存立のばあいには無人地などはふくまれないのに対して，広域方言状態のばあいは，たとえば「津軽方言」と言われるもののばあいなど，多くの無人地がふくまれています。これは，統一社会を成してはいません。）社会学的見地で

うが，じつはしからずであって，当該方言社会の社会意志は，無型と観察されるような状況を，積極的に保有しているのであります。こう考えれば，方言研究が，いかにも人間の学になってくるのではないでしょうか。語詞・生活語彙のこと，また社会意志のつよく関与するところであります。語義が成立し，語義に新義が加えられ，あるいは語義に転換がおこりますが，これらはみな社会意志のかかわるところです。造語のいっさいが社会意志の指向するところであるのも，言うまでもないことでありましょう。

五

社会意志の実際にはたらく場所を，あらためて考えてみます。

社会意志は，まさに社会にあります。無人の地域には，社会もなければ社会意志もありません。

言うまでもないことながら，社会ないし言語社会は，人間の定集団であります。したがって，村や町などの集落について，社会，言語社会が認められ，そこに社会意志の実際のはたらきが認められます。かんたんな例ですが，津山市域に津山言語社会が認められます。岡山県言語社会というのは，存在しがたいでしょう。なんとなれば，岡山県という境域は，多くの無人の地域をふくむからです。

私どもは，村落社会に即して，通常，ただちに村落方言を考えることができ，また，村落社会の社会意志を考えることができます。しかし，広い地域については，何々方言を考えることができるようであっても，何々言語社会の実在を認めることが容易でありません。したがって，広範囲の地域について社会意志を認定することは，不可能に近いことにもなります。

ここで明らかになることです。社会意志の考えかたに密着して方言を見ていこうとするかぎり，かんたんには，広域について何々方言を言うことができません。

社会意志に若干の分析が必要でありましょうか。分析して，いくつかの新しい術語を得ることは，私の当面の目標でもあります。

社会意志の中には，社会感覚とでも仮称しうるものがあるとしてよいかに思われます。言うところの社会感覚は，社会の感覚力であるともされましょうか。

社会意志の現実の活動に心をやる時，社会意志の中に認められる社会感覚は，すこぶる重要な要素とされます。

四

以下，社会意志の実際のはたらきを考えてみましょう。

方言の成立も変動も，まったく社会意志によると考えられます。方言の拡大も縮少も消滅も，該方言の存立する社会の社会意志によるものでありましょう。

> したがって，方言の研究を，実態尊重の「ものの学問」として推進するにあたっては，方法上，原本的に，社会意志を重視する必要があります。いわゆる記述的研究を進めるにあたっても，原理は社会意志に求めなくてはなりません。地理学的研究を進めるにあたっても同様であります。

つぎに，方言の事実について考えますのに，どの事実も，社会意志の関与しないものはないと言えます。文法の約束しかりであります。敬語法の事実のごときは，社会意志のはたらきとして説明されることを，おおいに待っているものと見ることができましょう。発音上の約束もまたしかりであります。一個の方言社会に，いわゆる一型アクセントあるいは無型アクセントがあったとしますか。それはまた，その言語社会のつよい特色であります。私どもは，一型または無型と考えられることの背後に，これをささえている，自然の社会意志があることを認めざるを得ません。思えば，無型などと言いたい状態も，常識的にはもののゆるみさえ感じられましょ

形成過程を明にしたい。」とあります。ちなみに第四節は「社会意識の分化」であります。第五節は「社会の分化と社会意識」です。

以上のように，高田博士の社会意識のお説に学ぶことによって，私は，私自身の社会意志の考えを，自己のものとして確認することができました。

三

かえりみれば，柳田国男先生が，すでに強力な示唆的発言をしていられます。先生の「昔の国語教育」(『岩波講座国語教育』 昭和12年7月）の中には，つぎのおことばが見えます。

> 新しい単語や句法は，多くは共同の遊戯の純一境から発生して居る。才能ある一人の考案といふよりも，群の意向の誰とも知れぬ者の代表，即ち模倣といふよりも承認が之を流布させる。

「群」の力が説かれています。私の社会意志の考えは，これに学んでいるのに等しいものです。

ここであらためて，私も，社会意志の定義的説明を試みてみましょう。

一つに，社会意志は個々人の脳裏に存在し，かつ個々人を超越して存在しています。社会に普遍的です。

二つに，社会意志は当の社会の全成員を指向します。(高田博士は拘束力を言われます。)

三つに，社会意志を形成し，更改するのは，個々人にほかなりません。

四つに，社会意志の生成・変動は，おおよそ不知不測の間におこります。

五つに，その不知不測の間の作用が，社会での共鳴・共感です。特定の個人に原動力があっても，その人はたいてい不出です。また，何も問われることがありません。

六つに，共鳴・共感のうごきは波動的です。プラスの方向にもマイナスの方向にもこの波動が伝わります。

七つに，社会意志の活動は，つねに隠微なものです。識閾下のものです。

質が具はると，個人は自己の意志を以て之を勝手に取捨する事が出来ない。所謂拘束力又は威圧（constrainte, coercion, Zwang）を伴ふのである。而して此新性質を生ずる総合はただ社会をまつのみならず，社会の存する所必ず之を生ずる。云はば社会と相伴つてゐるものである。従つて此の如き構成物即ち意識内容の総合に社会的の形容詞を冠して之を社会意識と称する。

とあります。

また，

社会意識は社会の多数人に於て共同なりと思はるる欲望である。此欲望といふ表現が狭く解せられ易きことからいへば，多数人に共同なりと思はるる情意なりといふべきである。

とあります。ここに見られる「欲望」ないし「情意」は，私が百歩を進めて，意志と言いたいものに相違ありますまい。「多数人に共同なりと思はるる」「欲望」なり「情意」なりは，まさに社会意志と言われてもよいものなのではないか，と私は考えます。

本節には，なお，つぎの記述もあります。

私は社会意識の特徴が其拘束力にある以上，社会意識の内容は一定の傾向でなければならぬ，即ち拘束力の行はるべき方向を意味するものでなければならぬと思ふ。

私は「社会意識の内容」，「一定の傾向」を社会という人格体の意志と見ます。

なお私は，好んでつぎの一文を引用したいのであります。

社会意志の思想はルソオの普遍意志の思想につながる。それは個人の意志の総体とは別なるもの，個人を其主体乃至支持者とせぬところの意志と見られてゐる。

私は，上の普遍意志の用語にしたがっても，「社会意志」の語を用いることができると考えます。

第三節は「社会意識の形成」であります。その冒頭には，「社会意識の

念のため，社会学者にたずねざるを得ませんでした。“博士の該書は，1949年5月6日付の「改版の序」を持つものですが，その時以来，多くの年月を経た今日，私どもが，「社会意識」を問題にすることは，ふぐあいなことなのでしょうか。”と。一知友は，私の質問を排して，「社会意識」の論題が，古くてなお新しい論題であることを強調しました。今，私は，その言に依拠しつつ，高田博士の「社会意識」の章を，いくらかここに引用させていただきたいと思います。該書127ページからが，「第五章　社会意識」です。その第一節「社会統制」の中にはこうあります。

全体社会は其形成分化の結果として，時間的にいへば其形成分化に伴つて，其様相乃至構造を保持しようとする。それが為には，其方向に成員の行動を統制する。即ち成員を其欲望の動くがままに放任するときには，全体社会の構造は浮動し破綻するを免れぬであらう。そこで之を安定せしむる為に成員を拘束する。此統制の媒介として，いはば統制作用の手段として形成せらるるものがある。それはともにある種の客観的のものである。成員の意志又は欲望を前提とし，それの合成果として形成せらるるものではあるが，成員の意志に依存せず，此意志からの独立の存在を保つ。一は成員の意識に位し，意識の動き自体を統制するものとしての社会意識である。他は一定の目的を中心とする行動の規則的様式として存立し，いはば聯絡せられてゐる行動の体系として統制を加ふるところの社会組織である。前者の存在場所は意識，ことに表象にあり，後者のそれは，行動の目的的聯関，ことに其中心をなす機関にある。

言われるところの社会意識は，私としては，まったく端的に社会意志と換言しうるものであります。

「第二節　社会意識の本質」には，

併しながら，多数の個人に属する意識内容は一種の相互作用により総合せられて，新なる性質を帯びて来る。各個人の意識内容であるから本来は個人の自由に左右し得べきもののやうに見えて，此新なる性

かったのです。social force と言われるものも，じつに，方言実態という生きものに属するからです。――「意志」と称して，それの社会に存在するはたらきを明確にしたいしだいです。

「社会意志」の語をとりまもるのあまり，私は，意識と意志とを混同するなとも，自己に言いかけてきました。

ところで昭和52年，ふとした機縁で，高田保馬博士の『改訂社会学概論』をひもといてみますと，おどろくべきことに，本書には「社会意識」の章があるではありませんか。しかも，そこを拾い読みしてただちにわかったことは，高田博士の「社会意識」と言われるものが，私の「社会意志」と言おうとするものに近似しているということでした。高田保馬博士の「社会意識」の説が，あらためて私をつよく刺激しました。

日本社会学会編『教養講座社会学』（有斐閣　昭和33年5月　五版第四刷）を，私は社会学の一テキストとしてとりあげ，その内容を見ましたが，目次の大小の項目を通じて，本書には，「意識」の語も「社会意識」の語も見られません。このような経験に住しているうちに，私は高田保馬博士に再会したのでした。おどる心を押さえるような状況で，この書物に接した時，まず私の目をとらえたのは，つぎの文言です。

> 旧版との比較において改修の要点を述べよう。（藤原注　「改版の序」の一部です。）
>
> 一．（略）
>
> 二．社会意識の部分は大体書き改めた。ただ此一章極めての難産であり，改稿幾たびかに及んだが，未だ意にみたざるところが多い。後日思索を重ねて根本的に改作したい。

本書に関して，著者がその意を述べられるところ，これより深いものはないのであります。そうであったかと，著者の心意に見参する思いがしました。不遜きわまることながら，そのはずだったろうとも，つい思いました。

さて，高田博士の社会意識を，ことあらたに目標にとるにあたっては，

社会意志があります。

方言実態という生きものは，まさに人間なみのものとも言えます。人間なみの生きものについて，社会意志を考えようとするものであります。

二

旧著『日本人の造語法』その他で，私はしきりに社会意志の説を成そうとしました。

のちに私の得ただいじな参考書は，ローガンP.スミス氏の，龍口直太郎氏訳『英語の歴史』であります。これに，主として文法事実をふまえた協同意志（corporate will）の説が見えます。——これはすでに私の著作の中で引用しました。

corporate（協同）の成りたつのは，社会においてでしょう。したがって，スミス教授の corporate will と言われるものは，私の言う社会意志に吻合し，この点すこぶる愉快であります。ただ私は，スミス教授の「will」には同感しつつも，「corporate」には同感しにくいのであります。私としては，「corporate」の成りたつ社会そのものを名目に出したい心がつよいのです。corporate will というよりは，social will と言ったほうがよくはないかと考えるものです。旧著『日本人の造語法』を成した直後では，「意識」とは言いたくないと述べ，社会意志と言わざるを得ないとしています。

爾来，方言界の諸事態を社会意志の見地から解釈し，「社会意志」の術語を重要視してきたのでありますが，ただ一抹の不安，「社会学では，私が社会意志と言おうとするものを，どのように説いているのであろうか。」というのがありました。知友の社会学者に社会意志の小考を持ちだして，これを吟味してもらおうとしたことは言うまでもありません。一社会学者は，私に，おまえの言う社会意志に近いのは，社会学の social force ではないか，と教えてくれました。なるほど，これも私の共感しうる概念です。しかし，なお私は，force を will と言いかえないではいられな

方言学志向

藤原与一

第一章　社会意志

私は，年来，「社会意志」の考えを披瀝してきました。今日の段階では，私は，「社会意志」という概念を，全方言研究に貫流せしめるべきものと考えています。

一

方言を方言たらしめるものは何か。これは，方言の学にとっての根本命題でありましょう。（方言を方言たらしめるものを考えることは，いきおい，方言の推移・変貌を考えることにもなります。）

方言研究の方法はいかにあるべきか。これは，方言の学を実践するうえの根本課題であります。

以上の根本命題に答え，根本課題に答えていこうとして，私は，「社会意志」と称すべきものを，解決原理と考えるものです。ここに私は，方言研究の全域にわたって，「社会意志」の思考をはたらかせようとするものでもあります。――社会意志の論を，全方言研究上に普遍化したいと考えます。

ものの学問の庶幾する対象者は，方言実態ともよびうるものであります。すでに実態の名に明らかなとおり，これは生きものです。生きものに

方言学はいかにあるべきか

——方言学推進——

藤原与一

はじめに

学は、一定の組織を持つべきものであろう。もし、学の完成ということが言えるならば、その完成時には、一定の組織が成立しているはずである。また、その組織の定着性も認められるはずである。

学にはそのような成形化が要求されるけれども、学にはまた、本質的に、その発展性が期待されている。この意味で、学の思想はつねに発展的たるべきものである。

私に『方言学』なる一書がある。そこに展開した基本体系、学の構造は、今も私は、永遠性を持つものと思量している。しかしながら、一方には、自己の学の思想の発展をこいねがう心がある。私も、一方言学徒として、かたときも、同一場所にはとどまっていたくない。こう期するところに、方言学推進があり得よう。

ここには、「方言学再編」という気もちで、このせつの私の、方言学推進の努力を開陳してみる。

一　モノの学問としての方言研究
社会意志の学問としての方言研究

私は、「モノの学問としての方言研究」との考えかたを徹底させていきたい。

徹底的に、方言というものを求めたいのである。その求める心情は、一種の宗教的な心情とも言えるほどに、深化させていきたいものである。

この方向で、私は、方言学体系の再編を考えていきたい。

モノとは、まったく具体的なものである。それゆえ個別的なものでもある。真の具体的・個別的なものは、真に実質をそなえたものであろう。具体的なものが、すなわち、内実を持つものである。

こうしたモノを求める方言研究は、事実認識の方言研究とも言うことができる。

事実認識は、人間の生活の中でおこなわれる。それゆえ、事実認識の方言研究は、まさに人間学的なものである。

モノが、いわば外的でもあるのは言うまでもない。その点、モノは、物象とも言いうるものである。こういうモノのむらがる全体像が、方言という体系的存在である。

体系的存在である全体像に、一定の統一力が内在している。これが、方言の生命（方言を方言たらしめるもの）とも言うことのできるものである。この生命を、私は、社会意志とよびうるものと考えている。

ここで、こう言いたい。

「モノの学問としての方言研究」は、一方でまた、「社会意志の学問としての方言研究」である。

モノの学問　後注

後注　1

後藤明生氏の「素材と方法」（『図書』一九七八年八月号）には、つぎの文が見える。

知識を物（本質）よりも尊ぶようになった人々は、自分たちが失ったものを、きれいさっぱり忘れている。

後注　2

上田閑照氏の「自己と世界――西田幾多郎の思索――」（『図書』一九七八年一〇月号）には、つぎの文章が見える。

（西田幾多郎）「純粋経験の考以来、私の考へ方は最も直接な具体的な実在から出立するといふのでした。今はそれを歴史的実在の世界と考へるのでございます。」

（同右）「唯物論や唯心論の立場といふものも、現実の立場に於て我々が考へるところから生じて来るのであるから、その前に我々の現実の世界、日常の世界が何であるかをよく摑んで見なければならない。そして其処から学問、道徳、宗教などの立場を考へていかなくてはならない。我々の最も平凡な日常の生活が何であるかを最も深く摑むことに依つて最も深い哲学が生れるのである。」

後注　3

田中国夫氏の「研究ノート　心理学と小説」（『朝日新聞』昭和五四年一一月一三日）には、つぎの文章が見える。

今小説という甘美な刺激が私をとらえて離さない。今さらながら、小説という手法での人間解明のあざやかさに驚嘆している。私たちの研究の、万人に通用する一般法則作りとは対極の、一人の人間ののっぴきならない意志決定と行動が、深みと厚みをもって慎重に描かれていく。しかも、そこに心理学が最も弱い〝愛〟が、いや〝灼熱の愛〟が躍動する。

コンピューターを駆使し、行動の数量化にあけくれる心理学の世界に戻る気持が蘇るのは先のような気がするのである。

後注　4

宮本常一氏『民具学の提唱』という書物についての、『朝日新聞』書評記事（昭和五四年一一月二五日）には、つぎの文が見える。

師匠の一人柳田国男の「郷土研究と郷土教育」が、「郷土を研究しようとしたのではなく、郷土で或るものを研究しようとし」た、と書いたのをうけつぎ、「民具を通して文化を見てゆく方法」を、民具学の根本に定めようとしている。

後注　5

内田義彦氏の「『読むこと』と『聴くこと』と」（『図書』一九八二年五月号）には、つぎの文章が見える。

本を読むったって、本を読むだけに終ったんじゃ、つまらないでしょう。ウェーバーについて悉しく知ったって、ウェーバーのように考える考え方、なるほどウェーバーを長年読んできた人だけあってよく見えるものだなあ、という見方を身につけねば仕方がない。論語読みの論語知らずといいますね。字面《じづら》の奥にある「モノ」が読めてこなきゃならない。本をではなくて、本で「モノ」を読む。これが肝心で、つまり、真の狙いは本ではなくてモノです。ところが、じゃあ、本を抜きにしてじかにモノを読む、それでモノが見とどけられるかというと、そうはいかない。何故か、何故本を読まなければモノが読めないかということになると本当は難しい問題になるので、今日のところはサラッと逃げておきますけれども、とにかく読まなくちゃまずいんです。で、本でモノが読めるように、そのように本を読む。それが「本を読む」ということの本当の意味です。

後注　6

内田義彦氏の「『読むこと』と『聴くこと』と（つづき）」（『図書』一九八二年六月号）には、つぎの文章が見える。

私たち素人が読んで一番印象の深いのは、ところどころの文言が、読み手である私の想像力を喚起し、私のなかにあった経験をゆりおこして、不意に、私の眼にある「モノ」を浮かばせてくれることです。それもモノ一般ではない。私の生活現実と直接にかかわり、それを見据えさせてくれるモノとして。漠然とはしていても、いぶきをもって眼の前に立ち現れて、ようし今度こそハッキリと把えてやろうと決意させる、ある手ごたえのある物。しかも、この漠としながら明確な手ごたえのあるものは、あちこちのこれまた定かではない文言のなかにしかし確かに出没している。そうだから、――著者が、文章に苦心して凝結させたところの、自ら見、伝えたかったものが、直接に私の生活現実にかかわって、私の眼に映ってくるからこそ、とらえ難いんです。そう簡単に、まとめうるようなものでは、それは無い。そしてまた、そうだからこそ、このとらえ難いものが大事であり、それをしっかりと受取ることが、大切なんです。

後注　7

ある料理家の言。〝料理の手だてというのは、二の次、三の次のもの。料理のねうちは、素材の味を生かすこと。〟

二　「モノ」の学問としての方言研究

ここで私は、方言の所在を図表にしてみる。

方言は、外形的に、モノの世界をなすものである。

内容的には、そこに社会意志の世界がある。

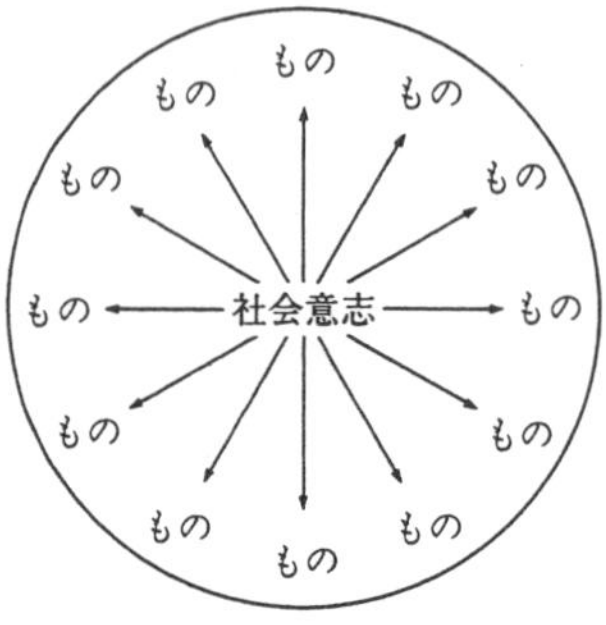

図1　方言の所在

後注　社会意志について

拙稿に「方言学志向」がある。（土井先生頌寿記念論文集『国語史への道』上　三省堂　昭和五六年六月）これの第一章は「社会意志」である。そこで私は、社会意志を考え、社会意志の学問としての方言研究を考えた。

※　※　※

一集落の方言というようなばあいには、言うところの社会意志が、考えやすく認めやすい。

社会意志は、方言存在の内面にあって、方言——という統一体——を、内面的に凝集するものである。社会意志は、内面凝集力と言ってみることもできよう。

大方言のばあい、たとえば近畿方言などと言われるもののばあいには、方言圏が、人の生息しない山や河をふくむ。この様相は、一集落単位の方言社会の様相とははなはだしく異なる。ここには、社会意志とか内面凝集力とかを考定するのに困難なふしがある。大方言に関しては、社会意志が認めにくいともされようか。

しかしながら、人々の通念に、近畿方言などという、大方言のとらえかたもすでにある。多くの人々が、無人地を無視して、広域に、大きな方言圏を意識してもいる。現にまた、私どもは、広い言語圏を意識することができるのではないか。現代日本語という一大統一体を考えない人はなかろう。現代日本語は、もとより無人地をその境域に持っている。私は、大方言についても、そこに社会意志を認めることにしていきたい。

さきの「方言学志向」の稿では、大方言圏を社会意志的世界と見ることには難があることを言った。しかしながら、一方では、「高次元の大方言分派にもまた、社会意志の作用があるとすることができます。」とも述べている。

三　社会意志の学問としての方言研究

外形志向では、「モノの学問」を考え、内面志向では「社会意志の学問」を考える。統一力としての社会意志が、すべての方言――という体系的存在――にかかわっている。それゆえ私どもは、方言研究上、この社会意志を、方法原理とする。

四　方言学再構

私は、「モノの学問としての方言研究」と「社会意志の学問としての方言研究」との二柱の考えかたによって、方言学再構に進んでみたい。

方言研究を、実態尊重の「モノの学問」と考え、方法上、根本的に社会意志を重視して、新たに、方言学体系を志向してみたい。

五　体系と思索

体系化のために思索の重要なことは、言うまでもない。研究にあたっては、「体系」と思索とが表裏をなす。

思索がすくなければ、学問はかたちの学問になっていく。「かたちの学問」とされるようなものであっても、これに思索を加えることが切であれば、そこに真の学体系が生まれる。（体系論者を、かりに体系家と言ってみる。体系家と思索家とは、本来、一元的たるべきものではなかろうか。思索しない体系家があってはならない。）

何ごとにつけても、体系的思考が重要であると考えられる。体系的思考によって、私どもは、観察なり解釈なりのレベルを高めていくことができる。

六　定義

思索することによって、私どもは、みずから定義を生みだしていく。定義を生みだすことが、すなわち、学体系の構築につながっていく。

私は、学問につとめてきて、今日、やむをえずともいったような心境で、定義をことするようになっている。ふりかえってみれば、かつては、定義づけを恐れた。定義づけを、むしろ警戒してもきた。他の定義に単純によることもできなかったし、みずから定義を試みることもいとわれてきた。この態度は、まちがってはいなかったと思われる。今日、「モノの学問」を考え、「社会意志の学問」を考えるようになって、ようやく、自己責任での定義ができるようになった。

「モノの学問」という面から言えば、事実を多く見、事実を多くとらえ、事実を多くまとめ、これらについて、多く考え、多く整理すれば、まさに、モノがわかってくる。そういうモノをとらえれば、まさに、自分自身の責任での定義ができる。――私も定義をしてみたいと考えるようになった。

敬語法研究にふれてみる。今日、私は、つぎのように思う。世に多くの敬語法議論が出ているけれども、それらが、日本語の敬語法の事実を多く見ているかというと、かならずしもそうではない。年月長く日本語の敬語法の事実を見てきて、私はそう思う。『方言敬語法の研究』正続二巻は、私が、現代日本語敬語法の実態をとらえたことの報告書であると言うこともできる。この見地で、世上の議論を聞く時、〃関東・奥羽の無敬語地帯〃などという説には、はなはだしく不満を覚える。東京語本位の、いわゆる敬語論が、日本語にふさわしい敬語法論の、幾分の一であることは、多く言うまでもない。私には私なりの、敬語法に関する諸種の定義が可能である。（成りたってもいる。）

　定義をさけたかった自分から定義をしてみたくなった自分への展開は、一方から言えば、私にあっての、「モノの学問」の成立ということでもあったか。それは、「モノの論理」というものをとらえるにいたったということかとも考えられる。「モノの論理」が私に思索させ、また定義させる。「モノの論理」が、私に思索の道をあゆませ、また、定義の道をあゆませる。

　アメリカの言語学に見られるおもな傾向をはじめとして、いわゆる西洋の言語学に見られる何ほどかの傾向には、「説明の科学」の傾向がつよくはないか。これはすなわち、「かたちの学問」の傾向とされよう。そこでの定義は、かならずしも安定的ではない。ひるがえって日本の学界を見ても、「説明の科学」の傾向はつよい。そこでの概念規定にもまた、定義の精神を満足させないものがある。

　そのいくらかの事例をとりあげてみよう。一つに、「実態」の考えかたがある。何々の実態と言われている。が、その実態追究が、あまりにも静的な説明になってはいないか。――説明の科学である。機械的な分析が、人々に、実態を思わせにくい結果をひきおこしてもいる。二つに、「基礎」という考えかたがある。これも、把握がしばしば平凡にすぎている。三つに、「歴史」という考えもここにとりあげられる。いったい、歴史は、過・現・未にかかわるものではないか。したがって、歴史概念は発展の概念をふくむはずである。にもかかわらず、研究や議論に見られる「歴史」というものには、発展の概念をふくまないものが多いように思われる。「文化史」との考えを見てもそうである。およそ、創造の理念をふくまない文化史観や国語史観が、有力であり得ようか。(文化史上でも、ただに文化遺産が言われるだけではものたりない。国語史研究上、前むきに標準語が論じられないのもものたりない。)

方言研究、やがては方言学と言いうるものにあっては、現在学のおもむきが濃い。――おのずから過去学をふくんでおり、おのずから未来学にも開けている。私どもは、方言研究の見地で、ただちに、過・現・未にわたる歴史を考えさせられている。

四つに、「文化」の考えにふれてみる。文化は、すでにふれたとおり、耕して創造することを重視して定義されるべきものであろう。耕す人間には、精神の努力がある。これを掘りさげての文化観が樹立されなくてはならない。言語文化ということばが、しばしば安易につかわれてはいないか。五つめの事例として、「言語行動」をとりあげてみる。「言語行動」をテーマとする方言研究が、もしただちに単語追究――単語論――におもむいたとしたら、これは矛盾ではないか。単語論にはいっていって、分析と羅列がおこなわれるようであったら、行動研究がよわいものになる。行動は、もっとも総合的・生動的なもののはずである。忠実な方言研究者は、言語行動ということばを用いることなくして、すでに、生動の方言現象を問題にしてきた。言語行動の把握とか分析・記述とか言われるものが、「説明の科学」の方向にのみおもむけば、言語行動研究の深みはなくなっていく。図式の科学に傾斜することは、言語行動研究の警戒しなくてはならないことではないか。言語行動の研究が、しばしば、事例把握の、新鮮ではないものを示すのは、やはり、「モノの学問」の精神の緊要を考えしめるものであろう。「言語と行動」といったようなばあい、私どもがまず考えるべきなのは、自己自身の言語行動ではないか。すべての人にあって、その言語行動は、じっさい、日々のことばの生活である。――総合的な言語生活そのものである。(この言語生活の言語は、まさに生活語とよばれてよいものである。生活語という考えは、言語行動観を如実にあらわしたものとも言えよう。)

さまざまの術語がつぎつぎに登場するようであって、それが、概しては、「説明の科学」の所産であるところに、私はつよく、「かたちの学問」を感じる。

七　「モノの学問　社会意志の学問」の基礎的実践

方言の学での、右の実践は、すなわち、方言調査そのことである。

新しく編成される方言学の基礎部分に、「方言調査」の項がある。この意味で、私は、「方言調査」を、特定的に、方言調査学とも称してみたい。

調査法に関して、二つのことを述べてみよう。まず、歴史的実体としてのモノの把握のために、社会意志の追究のために、私どもは、文表現本位のしごとをしていくべきである。表現されたもの、表現体をとりあげることが緊要である。それは、一文であってもよく、二文以上の連結体であってもよい。また、一文表現の直接要素とされる表現分子であってもよい。さらには、この表現分子が微視されてもよい。――それはもはや、表現の次元でのことではあり得ないけれども、表現観の生きた微視ならば、微視がどのようにきょくたんであってもよいことである。さて、文表現本位のしごとをしようとすれば、なんとしても、私どもは、調査上、自然傍受の態度を重んじなくてはならない。ここで言える。まず重要なのは、文表現本位のしごとである。文表現本位のしごとが重要なので、いきおい、自然傍受法が重要である。

文表現本位の調査にしたがえば、作業が、上述のとおり、どのような微視的なものになろうとも、つねに、表現法の観点が重要になる。この観点に立った調査は、すべて、まぎれもなく、場面に即応した、言語行動の調査になる。

人間の言語行動をとりあげる調査は、もとより、人間の社会生活を問題にする社会言語学の調査でもある。

調査法に関して、いま一つのことを述べてみる。私は、調査法に関して、未熟な言いかたではあるが、恵育ということを考えている。方言調査は、じじつ、その土地で、調査者の本人が、土地からの恵育を痛感するはずのものである。調査者は、土地から、恵まれ育てられる。調査上、相手の人間の心の中にはいっていこうとするしごとは、土地からの恵育を実感する中で、よくその良成果をあげていくことができよう。

八　方言学の成形道程

学成形の道ゆきは、私どもにとって、けっきょく、文章化（内実の表現）の道ゆきである。文章に定着させることなくしては、私どもは、どのような学をも表明することはできない。

九　体系意識の燃焼

成形道程、文章のあゆみの中で、私どもは、体系意識を燃焼させていく。こうして学体系が構築される。

十　学体系

方言学再編の意のもとに、私が、今日、発表しうる学体系は、以下のものである。

序　章　方言調査

第一章　方言の存立

第一節　方言の社会性

第二節　歴史性

第三節　歴史的構造～歴史的実態～歴史的実体

第二章　方言研究の方法

第一節　記述的研究

第二節　地理学的研究

第三章　方言と方言生活者

第一節　方言変動

第二節　方言意識

第三節　方言教育

第四節　標準語観

第五節　方言の推移

以上

第一章では、方言とは何か、方言はどうしてできるのか、方言の大小盛衰はというようなことがとりあつかわれる。

社会性なり歴史性なりを考えると、方言の存立は、歴史的構造と見られる。これは、歴史的実態、歴史的実体とも言いうるものである。

構造というのは解釈概念である。構造と見られるものは、現実上、歴史的実態として正視されなくてはならない。歴史実態は、その内面に即して、歴史的実体と理解される。

本章に、「モノの学問」という考えかたと「社会意志の学問」という考えかたとが貫流している。

ついで第二章が重んじられる。すべての科学は、方法によって立つとも言えるものであろう。ここに、方法原理としての社会意志がある。社会意志を縦横に考究することによって、「モノの学問」の充実がはかられなくてはならない。

記述的研究の諸面・諸相にわたって、事象・現象の観察把握に、社会意志の方法が展開される。

地理学的研究は、広域方言共時態を対象とする。ことは、その内部での小方言の比較である。これは通時論にほかならない。が、単純な通時論は、人間不在の要素論におちいる。ここに、私は、通時論が共時論を媒介として、高次共時論あるいは高次通時論になることを求める。

第三章は、「モノの学問」「社会意志の学問」としての方言学を、もっぱら人間本位に考えていこうとするものである。人間観を前面に出したのが、「方言と方言生活者」という題目である。

第一節では、方言生活者たちの、言語生活にあっての無自覚的浮動を問題にする。(その無自覚浮動の世界に社会意志がある。) つぎに、その無自覚浮動の中にはいってくる共通語影響を問題にする。これは、マスコミの影響、教育の影響ということになろう。第三章では、しぜんに教育論がはいってくる。

第二節では、方言卑下の感、方言自負の感などがとりあげられる。卑下・自負の感が方言変動をさそう。

第三節は、方言生活者に対する言語教育論である。これは、意識の教育をむねとする。言語生活尊重の自覚に論及することは、わけても重要である。

第四節の「標準語観」は、如上の言語生活者の行く手を考えるものである。方言生活者の方言生活が、これによって、意図的に推移せしめられるわけである。あるいは、方言生活者の方言生活が、自覚的にうごいていくようにされるわけである。

第五節の「方言の推移」は、上のことから来るものである。この節は、本章第一節に対応する。推移には、個人での方言の推移があり、日本語の諸方言での推移・流動がある。したがって、日本語生活での、将来論・明日論がここにくる。

第三章のはこびの、以上のようになされるところに、本章の完結があり、したがってまたここに、学体系の完成がある。

（『講座方言学』第三巻　国書刊行会　昭和六十一年五月）

本稿は、前掲稿「方言学志向」につづくものである。

Nos réflexions sur l'histoire des études dialectales et notre autocritique dans ce sens sont aujourd'hui très importantes. Je crois que, si notre autocritique rigoureuse porte ses fruits, bientôt les méthodes et l'esprit d'étude introduit par nous exerceront une bonne influence sur l'étude dialectale en Occident même.

Université d'Hiroshima
Japon

Y. FUJIWARA

(『Orbis』 Tome XVI,No.1,1967)

des dialectes japonais », mélanges en hommage à Tōjō pour son 80e anniversaire, vient d'être publiée.

Mais la question, c'est de savoir à quoi la théorie de la division appartient, à la théorie de la synchronie ou bien à celle de la diachronie. Jusqu'à présent, l'opinion publique n'est pas encore claire. Il y a quelques savants qui n'admettent pas qu'elle appartienne à la théorie de la synchronie et ce fait montre la faiblesse théorique de l'étude dialectologique.

Il y a une division. Il est certain que les deux parties de la division sont celle qui concerne un état historique, et celle qui concerne un état statique. Ainsi, la théorie de la division en branches doit en tout cas être contenue dans la synchronie.

6) Une fois que le système de théorie de la dialectologie est correctement reconnu, si microscopiquement que la méthode d'études dialectales soit appliquée, il n'existe pas d'excès dans l'analyse microscopique. Si la pensée est bien établie à la base, il est très utile de poursuivre complètement l'analyse microscopique.

Conclusion

Il nous a fallu donc réfléchir sur l'histoire des études pour développer correctement cette science et pour développer des méthodes idéales. De nombreux rapports de vocabulaire que l'on appelle « l'assemblage des dialectes » sont publiés depuis bien longtemps. On peut dire que l'intérêt pour les dialectes se poursuit depuis des années. Nous avons été aussi très influencés par les études dialectales pratiquées en Occident. Il y a même une certaine imitation de notre part. A cause de cela, nous introduisons du bien et du mal, mais aussi, nous pouvons voir aujourd'hui l'état de nos études égal à celui des pays européens.

Bien que nous ayons atteint ce degré, nous avons encore, à vrai dire, un point faible, celui de ne pas avoir de conscience nette, subjective et propre aux études dialectales japonaises. Nous n'avons pas encore élaboré la vieille tradition. Pourtant nous avons la manière de mettre en ordre les documents, telle qu'elle a lieu en Occident. Nos attitudes d'études sont souvent inverses.

La question de prendre conscience de notre science ne se pose pas seulement pour les études dialectales du Japon. C'est ce qu'on doit penser à propos de toutes les sciences. Il nous faut rectifier vite l'étroitesse de notre esprit d'études, qui consiste à imiter. Nous avons la nécessité d'encourager et d'animer un véritable esprit d'études, propre au Japon.

une erreur à moins de faire de la dialectologie une science inhumaine. Pour développer la géographie linguistique, il faut aussi une sociologie dialectale, qui considère toujours le dialecte comme la réalité vivante de la société humaine.

3) Comme je l'ai déjà indiqué à plusieurs reprises, nos études dialectales ne sont fondées sur aucune idée. Par là, nous prenons la géographie linguistique pour toute la dialectologie ou nous sommes en état de le croire. En introduisant le concept de structure, nous ne sommes pas aptes à penser à une structure de la dialectologie proprement dite, mais nous l'utilisons pour penser à réformer la géographie dialectale. La technocratie de la géographie dialectale elle-même est un reflet d'une étude dialectale non pensée. Par « idée », j'entends en effet une philosophie linguistique. La géographie dialectale n'a nul souci d'un fondement à donner aux études dialectales. Je pense à Wilhelm VON HUMBOLDT. Sa philosophie linguistique qui attachait de l'importance à l'humanité n'est-elle pas à la fois vieille et nouvelle ? Je crois que toutes les études linguistiques, non seulement l'étude dialectale, doivent considérer l'humanité comme le point de vue le plus important.

4) Arrivé au terme de mon exposé, je veux décrire brièvement la structure de la dialectologie que je conçois.

Voici la structure de ma dialectologie :

étude synchronique }
} étude synchronique à un degré supérieur.
étude diachronique }

Voici l'opposition :

synchronie
diachronie — état coexistant de synchronie.

Et voici ce qui unifie les deux à un niveau supérieur :

synchronie }
} → synchronie synthétique.
diachronie }

Je suppose que, grâce à la manière de penser qui saisit la synchronie à un niveau supérieur, on peut faire pénétrer dans toutes les études dialectales le point de vue qui attache de l'importance à l'humanité.

5) Dans nos études, il y a la théorie de la division, originairement bâtie par TŌJŌ comme je l'ai déjà indiqué, qui suit une grande tradition du monde dialectologique, et a été conservée jusqu'à nos jours. La « Division

exemple, un chercheur peut remettre en question ses cartographies d'enquête géographique faites pour le passé et refaire des tableaux de répartition. La deuxième fois, il ne fera sûrement pas le même tableau, car la combinaison des signes mêmes pourra être changée. De plus, cet essai de classifier les divers noms d'une chose lui apportera une amélioration et le fera progresser dans ses études. S'il y a quelques différences entre les deux tableaux de répartition faits par une même personne, on pourra saisir l'état de répartition géographique dans un aspect évolutif. On apprendra bien à ne pas regarder l'objet de ces études comme fixe. Saisir un état dynamique, c'est montrer qu'on aboutit à étudier perspectivement, c'est-à-dire, à une manière de voir et de penser perspectivement et, par conséquent, qu'on peut faire de la géographie dialectale perspective. J'ai montré un exemple ci-dessus. J'en ajouterai un autre. Si deux personnes examinent un même document et font séparément leurs cartographies de répartition, elles peuvent comparer leurs travaux en suivant la manière que je viens de dégager. Troisièmement, la comparaison des géographies linguistiques plus ou moins différentes de divers pays sert à réformer l'étude de géographie dialectale d'un pays — ici du Japon —, pour la rendre perspective. Il est également utile de recueillir des études rétrospectives d'un autre pays pour créer une méthode d'études perspectives. Il nous faut penser à une géographie linguistique comparative.

Passons maintenant aux articles d'enquêtes géographiques principalement de phraséologie. Jusqu'à présent, ce sont les mots qui viennent presque toujours en premier lieu dans les articles des enquêtes traditionnelles. Même s'il y a des cas où les articles d'enquête visent les formes de phrase, on le fait de manière analytique. Il me semble qu'on a fait très peu d'enquêtes sur les phrases en elles-mêmes dans les enquêtes géographiques, sauf celles qui considéraient plus particulièrement les expressions phraséologiques de salutation. Je crois que, si l'on veut faire des études géographiques vivantes, on doit ajouter aux enquêtes analytiques visant principalement les mots des enquêtes synthétiques basées sur l'expression des phrases. Il va de soi que c'est l'expression d'une phrase qui vient directement à l'esprit de l'homme. Si l'on fait des enquêtes visant à l'expression des phrases, les recherches deviendront naturellement des études géographiques, qui traiteront la langue d'un point de vue humain.

L'attitude d'études qui attachent de l'importance à la recherche de l'expression des phrases se rapproche de l'attitude perspective.

Je viens de traiter des méthodes de géographie dialectale. Pour évoquer une dialectologie idéale, nous désirons indiquer au moins que les études dialectales doivent prendre conscience d'elles-mêmes. Dissocier les études géographiques qui étudient les phénomènes des dialectes, ainsi que l'histoire des faits sociologiques de la langue humaine, me paraît

géographiques linguistiques des dialectes restent toujours des études géographiques. Elles occupent une partie du système de la dialectologie qui doit être recherché avec rigueur. Bref, elles doivent, si puissantes qu'elles soient, n'avoir comme place que celle d'être une méthode dans l'ensemble des études dialectales.

La géographie linguistique occidentale a une longue histoire et suit une grande tradition. Elle est introduite au Japon et ses excellents résultats nous charment. L'intérêt pour la géographie linguistique est commune aujourd'hui. Mais il y a aussi une tendance à la technique et à l'analyse minutieuse. Les hommes qui s'intéressent à ces études veulent montrer la splendeur ou la nouveauté de leur technique de travail ou de cartographie. A travers les études occidentales et japonaises, les arrangements linguistiques et matérialistes des géographies de dialectes sans doute me paraissent remarquables. Mais quel sera le destin de cette science, la géographie linguistique, qui devient une science dépourvue d'humanité, elle s'exprime par figures mathématiques bien qu'elle ait pour objet le dialecte originairement humain et très facile à comprendre !

Nous devons construire les études de géographie linguistique des dialectes, de manière à ce qu'elle puisse traiter la langue comme une langue humaine et vivante. Comment faut-il faire pour cela ? Je pense que nous devons premièrement transformer l'attitude des études qui est rétrospective en attitude perspective. Il est important de faire prendre à la géographie linguistique une allure prospective. Deuxièmement, nous devons ajouter aux articles d'enquêtes géographiques des études principalement de phraséologie.

Le sujet des études rétrospectives est bien souvent une élucidation de l'histoire de la langue. Ce genre de travaux étant mécanisé, on aboutit nécessairement à aiguiser des méthodes au cours de la mécanisation. Ainsi la géographie dialectale devient inévitablement une linguistique mécanique. Malgré ces élucidations de l'histoire de langue qui s'amoncellent, l'histoire linguistique ne nous apparaît pas toujours avec évidence. Notre étude rétrospective doit avoir comme avenir une étude perspective. Les recherches rétrospectives de l'histoire de la langue ne peuvent être une véritable recherche que si elles contiennent une attitude perspective. Que devons-nous faire pour prendre cette attitude ? Premièrement, il est bon de procéder à des enquêtes géographiques comparatives sur différentes générations. Par ce moyen, nous pouvons observer comment évolueront le parleur de dialectes et la vie dialectale. Si l'on peut faire des études de géographie dialectale qui nous montre le progrès des générations linguistiques, on peut dire que ces études ont un sens — qu'elles touchent directement la vie et l'action de l'homme. On peut dire qu'elles sont des études dialectales vivantes. Deuxièmement, tout en suivant la géographie linguistique habituelle et microscopiquement analytique, il est possible de la changer en géographie perspective. Par

En dehors des activités de l'Institut linguistique national, on doit relever celles de l'Institut ethnologique dont le directeur est K. YANAGIDA. L'ouvrage le plus valable est le « Glossaire général de l'ethnologie japonaise » (5 vol., 1955-1956). C'est un aperçu d'ensemble des dialectes japonais du point de vue de l'ethnologie. Ce travail est excellent, comme résultat d'études lexicologiques des dialectes. De même, on peut profiter de ces vocabulaires pour étudier les répartitions des dialectes et par là pour essayer d'approfondir une géographie linguistique diversifiée.

On pourra construire la dialectologie, si l'on prend les études synchroniques et diachroniques des dialectes comme deux piliers d'un système de dialectologie. Cela représente deux problèmes. L'un est : comment traiter l'étude ethnologique ? Je pense que la manière de l'ethnologie doit être toujours utilisée et doit jouer le premier rôle dans tous les procédés de la dialectologie et dans la manière de traiter tous les phénomènes. Par là, on peut assimiler l'ethnologie. L'autre est : peut-on apporter une unification systématique de la dialectologie en disposant parallèlement les études synchroniques et diachroniques ? Pour la synthèse, il faut une troisième idée qui unisse les deux piliers. Pour moi, je pense qu'il faut faire des études synchroniques à un degré supérieur.

On pourra réaliser ainsi une dialectologie souhaitable.

NOTRE AUTOCRITIQUE DANS LES CONDITIONS ACTUELLES POUR AMÉLIORER LA DIALECTOLOGIE DE DEMAIN

1) La dialectologie apparaît-elle comme un système ? Non. Elle ne nous montre pas encore qu'elle est une science en voie d'accomplissement. On dit souvent la dialectologie, mais ce n'est qu'une sorte de dénomination des études dialectales. Entend-on l'accomplissement de la dialectologie par des études géographiques linguistiques ? Bien que la géographie linguistique soit établie, la dialectologie n'est pas encore établie. C'est que la dialectologie doit contenir d'abord des études purement synchroniques, puis des études diachroniques et de géographie linguistique des dialectes, enfin elle doit devenir un système convenable. Quant à celui qui comprend la géographie linguistique comme seul contenu de la dialectologie ou qui ne touche qu'à la géographie linguistique et l'appelle imprudemment la dialectologie, celui-là manque, peut-on dire, de clairvoyance pour la dialectologie. En effet, à cause de cette idée, on n'hésite pas à poursuivre sur un plan purement technique des études de géographie linguistique des dialectes et à faire exclusivement des cartographies.

2) Les études de géographie linguistique des dialectes sont aujourd'hui appelées la géographie dialectale. On y ajoute encore l'adjectif « structurale ». Mais je pense que, malgré cette épithète de structurale, les études

Cependant, ces circonstances ne sont-elles pas les mêmes en Occident ? Il nous est difficile de comprendre comment l'étude dialectale en Occident définit la conception de la dialectologie et celle de la géographie linguistique et comment elle les distingue l'une de l'autre, car leur définition nous reste obscure.

Troisième période des études dialectales au Japon

Après la guerre 1940-1945, tout fut réformé au Japon ; les études dialectales ainsi que d'autres études entrèrent dans une époque nouvelle. Bien que, pour les étudiants fidèles à poursuivre la dialectologie, il n'existe ni après-guerre ni avant-guerre et qu'il n'y ait qu'un chemin continu, pourtant au fur et à mesure des années, le monde des études dialectales a eu tendance à s'ouvrir de plus en plus. La dialectologie moderne au Japon entra sûrement à ce moment dans une époque nouvelle, c'est-à-dire, dans la troisième période.

Après la fin de la guerre, en 1948, l'Institut linguistique national fut fondé. C'est un événement qui fait époque pour la dialectologie moderne au Japon. Les activités de cet Institut constituèrent le centre des études dialectales, qui contribua à élever l'étude scientifique des dialectes.

Si l'on fait une observation sommaire sur les courants des études dialectales depuis lors, on peut indiquer clairement qu'il y a deux tendances. L'une est l'étude synchronique — description systématique — sur le dialecte en lui-même, et l'autre l'étude géographique linguistique sur les conditions des divers dialectes — étude comparative des phénomènes (ou l'étude diachronique).

L'Institut linguistique national communique beaucoup de résultats et des études synchroniques au sujet de communautés régionales. Même si ces études n'ont pas pour but de faire des recherches dialectales, elles peuvent être d'excellents travaux d'investigation dialectale.

L'Institut procède à une grande enquête de géographie linguistique, ayant pour objet toutes les régions, grâce à une cinquantaine d'enquêteurs régionaux. Les localités enquêtées sont au nombre de 2400 et les questions des articles au nombre de 285. Cette enquête est lexicologique dans l'ensemble, en outre elle vise à des études grammaticales et phonétiques. Le premier Atlas édité en 1967 va paraître. On pourra bientôt voir « L'Atlas linguistique du Japon » colorié. C'est le deuxième tableau national de répartition, édité par l'Institut national depuis Meiji.

Bien sûr il ne manque pas d'autres études géographiques linguistiques sur des phénomènes dialectaux hors de l'œuvre citée. Sont publiés quelques ouvrages de géographie linguistique qui ont pris des régions comme unité de leurs études. De même, il y a un grand nombre d'études synchroniques poursuivies par ces instituts privés.

études dialectales. Voici mon avis : la philologie ne doit-elle pas considérer l'ethnologie comme un principe important de sa méthode ? Inversement l'ethnologie ne doit-elle pas faire de la langue un moyen essentiel ? Dans l'étude des dialectes, comme langues de la vie, l'ethnologie et la philologie doivent tout d'abord se réunir et être bien fixées. Si cette unification se réalisait, on peut dire qu'une dialectologie idéale naîtrait au Japon.

C'est à la deuxième période où le « Cours de linguistique générale » de SAUSSURE eut une influence considérable sur tout le monde de la philologie japonaise. Mais la manière de comprendre la théorie de SAUSSURE, qui distingue la langue de la parole, contient beaucoup de malentendus. Je pense que toute la langue est comprise dans la parole, si l'on emprunte à SAUSSURE les termes et si on comprend bien la relation entre la langue et la parole. Pour saisir la langue, on doit saisir la parole réelle. La langue n'est saisie que par la parole. L'étude sur la langue est libre, mais on doit la considérer comme une parole conduite. Peut-on saisir la parole seule ? Naturellement c'est impossible. Si l'on tâche de saisir la parole, la langue suit infailliblement. L'étude de la parole n'est possible que si l'on prend des moyens, conformes à l'étude de la langue, la parole étant une langue intérieure. La langue et la parole sont à la fois deux choses et une. Ce sont deux objets différents, mais il y a des relations entre eux qui établissent une continuité : langue intérieure et extérieure. Mais généralement, la relation entre les deux est impitoyablement coupée et l'on considère l'étude dialectale comme celle de la parole ou bien de la langue. Choisir l'une seule d'entre elles nous conduit à faire des erreurs. En effet, sans parler de la dialectologie, toutes les études linguistiques ne peuvent être fondées ni sur la langue seule ni sur la parole seule. Si l'on se trompe sur ce point, on ne peut trouver un fondement linguistique pour établir la science de l'étude dialectale. Les idées en dialectologie ne sont pas encore assez mûres.

Malgré ses progrès, l'étude dialectale de cette période ne cherche pas beaucoup à approfondir la science des dialectes, mais a tendance à être désunie, si on considère les domaines étudiés. Par exemple, dans le domaine de la phonétique, on étudie beaucoup l'accent et particulièrement l'accent des mots, en se séparant d'autres domaines ; ou bien on édite beaucoup de glossaires dialectaux, marquant le raffinement de la lexicologie. On introduit la méthode occidentale qu'on trouve dans la géographie linguistique sans tâcher de la situer dans le système de l'étude dialectale. On peut discerner des domaines spécialisés, mais on n'a pas la conscience nette d'une science systématique. L'intention d'unifier systématiquement les diverses directions des études n'existe pas, c'est pourquoi la dialectologie comme vraie science du dialecte n'est pas encore née.

disciple de K. UEDA. En réunissant tous ses documents, TŌJŌ a établi sur une vaste échelle la division des dialectes du pays tout entier. Elle comprend une grande division (haut allemand contre bas allemand par exemple) et des subdivisions. Ce point de vue de la division est depuis ce temps toujours utilisé et sert de base à toute discussion dans le monde de ceux qui étudient la dialectologie.

SECONDE PÉRIODE DES ÉTUDES DIALECTALES AU JAPON DANS UNE PERSPECTIVE MODERNE

Un des précurseurs des études dialectales fut Kunio YANAGIDA (1875-1962). Il s'occupa d'abord de la politique de l'agriculture, puis d'ethnologie. Il fut le fondateur de l'ethnologie japonaise. C'est surtout à l'époque Shōwa (1925) qu'il déploya sa pleine activité et qu'il présenta du point de vue ethnologique une lexicologie des dialectes, en se servant de son expérience acquise au cours de voyages, de ses vastes connaissances et de son esprit original.

Sous l'égide de YANAGIDA et TŌJŌ se forma la seconde période de la dialectologie moderne au Japon. On peut trouver de nos jours le résultat des études de YANAGIDA dans ses « Œuvres complètes » (36 vol. dont le dernier n'est pas paru, 1962-1964). Ce qui domine, c'est « l'Observation sur le mot « Escargot » (1re éd., 1930) ». Dans cet ouvrage, en utilisant un glossaire dialectal du mot « Escargot », l'auteur vérifie l'état des répartitions du mot dans tout le pays et développe ingénieusement une géographie lexicographique. Probablement il fut influencé par la géographie linguistique française de GILLIÉRON. En tous les cas son excellente géographie linguistique que constitue le glossaire dialectal du mot « Escargot » a abouti à la théorie des ondes concentriques. Elle rejoint la théorie des *Wellen*.

Beaucoup de successeurs s'enthousiasmèrent pour son « Observation sur l'Escargot » et ses travaux innombrables sur les dialectes. Si les études de dialectologie faites par YANAGIDA furent d'ordre ethnologique, celles faites par TŌJŌ furent plus philologiques. Sous la direction de TŌJŌ on institua dans les différentes provinces de nombreux groupes de recherches des dialectes et on édita un bulletin « Hōgen » (= le dialecte) (1931-1938) dont les membres adhérents se trouvaient disséminés dans tout le pays. On peut considérer que la seconde période des études dialectales dura jusqu'à la 20e année de Shōwa (1945), c'est-à-dire la fin de la deuxième guerre mondiale.

Pendant cette seconde période une dizaine de personnes recevaient l'influence de YANAGIDA et de TŌJŌ et allaient devenir de futurs chercheurs. Ainsi se poursuivait au Japon la dialectologie moderne. Mais il manquait encore une certaine maturité des idées, devant orienter les

Modernisation de la dialectologie japonaise au Japon.

L'histoire de l'étude dialectale peut remonter jusqu'à une époque assez ancienne. Les philologues du Moyen Age avaient déjà remarqué que de vieux mots étaient portés à rester dans les dialectes régionaux très souvent et ils étudièrent de ce point de vue les dialectes dans les œuvres classiques. On trouve donc dès l'époque ancienne cette prise de conscience des régions et le désir d'en faire un sujet d'étude.

Mais l'étude dialectale moderne s'est développée seulement depuis l'époque Meiji 1868. L'année 1902 marque le vrai début de la modernisation de l'histoire des études dialectales au Japon. Cette année-là fut fondée la commission d'enquête de la langue japonaise et commença une enquête nationale des dialectes par correspondance, qui devint une affaire d'état. Il en résulta la publication du « Rapport de phonétique » (1905), des « Tableaux de répartition phonétique, 29 cartes », des « Rapports d'enquête de grammaire de la langue parlée, 2 volumes » (1906), des « Tableaux de répartition de la grammaire de la langue parlée, 37 cartes » (1906). On peut dire que les observations des dialectes faites par ces premiers chercheurs étaient presque toutes d'ordre lexicologique. Mais le fait qu'on ait pu réaliser ainsi une enquête synthétique des phonèmes et de la grammaire, et en dresser des cartes, nous permet d'affirmer que cela a marqué une étape : nos études dialectales entraient dans leur période première d'une étude scientifique. Le directeur de ces études était Kazutoshi UEDA, qui était rentré d'Allemagne après ses études de philologie. Il décida, malgré des premières investigations géographiques fort poussées déjà, qu'il fallait enquêter dans toutes les régions du Japon sans exception : l'idée était excellente. Les savants actuels utilisent encore ces tableaux de répartition, qu'ils jugent très intéressants. Bien qu'ils aient été établis dans une enquête par correspondance et qu'ils soient de qualité inégale, on apprécie aujourd'hui encore les tableaux d'aperçu général. Une deuxième commission d'enquête de la langue japonaise s'effectua, cette fois sous la direction de Misao TŌJŌ. Il est regrettable que beaucoup de documents, résultats de l'enquête, aient été brûlés par le grand tremblement de terre du Kanto de 1923. A cette époque on commença également à publier les travaux d'Izuru SHINMURA et d'autres chercheurs à l'esprit plus moderne. Leurs études pourtant n'étaient pas comparables à la géographie linguistique de l'Europe, mais plutôt dans l'ensemble des rapports d'enquête historiques ou monographiques.

Les ouvrages qui jouèrent un rôle important dans cette première période des études sont l'« Atlas dialectal du Grand Japon » et son explication écrite « Division des dialectes japonais » (1927) par M. TŌJŌ,

Une histoire de la dialectologie japonaise

Avant-propos

L'étude dialectale en Occident a déjà eu sa longue histoire. A côté d'elle, l'étude historique et scientifique de la dialectologie japonaise n'est pas longue. Lorsque cette étude a commencé à se faire au Japon, l'*Atlas linguistique de la France* par Gilliéron et les travaux de géographie linguistique, entrepris sous sa direction, étaient devenus déjà des ouvrages classiques.

Mais nos premiers chercheurs développèrent assez vite, en matière de dialectologie, une étude scientifique des dialectes qui n'en est pas moins originale. Par conséquent, nous pouvons avec intérêt comparer les études, faites au Japon et en Occident, et mettre en valeur notre propre originalité.

D'une façon générale, nous voulons donner nos opinions critiques sur la dialectologie, pratiquée en Occident. Il est naturel que nous fassions également notre auto-critique. Nous pouvons considérer, comme premier point, la nécessité de réfléchir sur le sens historique de la dialectologie japonaise. Or, en réfléchissant à l'histoire de ces études, nous trouvons toujours une attitude prospective, qui s'appuie sur les éléments acquis du passé. Il nous faut penser sans cesse à ce que nous devons innover et à la manière d'innover ; dans le développement de la dialectologie, cette idée de nouveau nous sert de critère. Pour faire l'histoire de ces études, en nous référant à cette attitude prospective signalée, nous prêterons naturellement attention à la part de la dialectologie occidentale. Sinon l'histoire de la dialectologie au Japon serait incomplète. Il se peut que mon histoire de la dialectologie japonaise semble une étude descriptive par trop personnelle. Peu importe ! Si on me permet de le dire, j'avancerai que dans les études historiques de la dialectologie, faites jusqu'ici, il y a un abus d'énumérations de sujets et dans ces énumérations intervient un jugement trop arbitraire des auteurs. Le manque de clarté y est frappant et il n'existe pas souvent de philosophie dans ces études historiques de dialectologie. C'est pourquoi j'attache de l'importance à faire une recherche un peu nouvelle et personnelle.

ここに付言しますならば，さきごろ発表し得た『方言敬語法の研究』正続二巻は，以上のように考える私の，ようやくまとめ得た一作です。これでは，私は，昭和日本語の敬語法の過現未について，方言学のたちばから，高次共時論的な記述をおこないました。――ここに，一つの小さい「言語文化」学ができていれば幸です。

12　言語感覚

方言研究の学問のために，私自身，根底的に自己に求めるものは，言語感覚であります。自分のこれまでの研究道程をかえりみてみましても，そのいささかの苦闘のあとは，言語感覚練磨のたたかいのあとでもあったとも自覚されます。

昆虫の触手，あるいはカマキリのあの鎌のような手，それらにも比較してよい私どもの言語感覚が，方言研究のすべてを決定します。

言語感覚は，ことばを視る目，ことばを考える心とも言いかえることができましょう。

(藤原与一先生古稀記念論集『方言学論叢Ⅰ　方言研究の推進』
三省堂　昭和 **56** 年 **6** 月)

は，もとより構造論的なものであります。言語地理学は，本質上，構造言語地理学たるものでありましょう。

地理学的研究（私はこれを通時論と解します。）に関しては，一つ，提言したいことがあります。今日の方言研究では，記述的研究よりも地理学的研究のほうが，やや優勢でしょうか。それはともかく，両種研究は，車の両輪を見るのにも等しく，たえず調和的に見すえられなくてはならないと思います。方言の学を旨とするものは，自己において，両種研究を調和的に発展させることを，つねに考えなくてはなるまいと，私は言いたいのです。

一方からすれば，伝統ある言語地理学は，私どもの超克の対象とされなくてはならないとも言えましょう。いわゆる地理学的方法には，マンネリズムがあります。一人の調査者による，徹底的な，短期完成の地理学的調査ということも，あらためて，見なおされてよいのではないでしょうか。

11 「生活語」学 「言語文化」学

方言研究の学問領域が，方言（言語）記述学と方言（言語）地理学との二大領域に見わたされる時，私どもには，両者の統合が，最後の問題になります。従来，私は，ここで，高次共時論の方言学を考えてきました。

今はそれを，名の简にしたがって，「生活語」学と言いかえてみます。方言の現象を，けっきょく，方言風土に根ざす生活語の歴史的事態として大きく統合的に把握し得た時，この「生活語」学とでも言いうる方向のものは，また，「言語文化」学とも言いうる方向のものと考えられるのではないでしょうか。

共時論対通時論の，正対反を超えて，高次共時方言学を求めるところには，人間の方言生活の広がりと深まりとを，生活文化・言語生活文化として把捉しつくそうとする願望があります。

私の思索は，いまだ幼稚の段階にありましょう。しかしながら，これが，もっぱら実践にささえられたものであることは，かえりみて，たしかだと思います。

言文例の見える論文の)，今なお，あまり見られないのなどは，どうしたことでしょうか。

方言の学——あるいは方言学と言いうるもの——は，なんといっても，いきいきとした言語学そのものです。これこそは，人間の言語の学です。人間言語の学のためには，人間の生を見つめる見地，統合的な観察・考究の見地が，つねに重要必要であります。

以上では，私は，総合の語を避け，統合の語を用いました。

9　記述的研究の再検

記述的研究（いわば共時論的研究）の現状は，すべて是認しうるものでありましょうか。そうではないと思われます。

一つに，対象地域をとることが，しばしば局地主義に偏しています。もっと広い地域を見，比較のまなこを前後左右にそそぐことが重要であります。方言研究だからです。

一方で，地点本位の記述的研究が，地点の個人語に徹底することのよわいのもまた，ここに指摘されます。一個特定の方言を記述する態度の徹底をはかって，純乎たる個人言語を精密に記述するいとなみが，もっと発達してよいのではないでしょうか。特殊に徹することによって，私どもは，しぜんに，包括的な作業を成しとげることもできます。

広域を問題にするにせよ，一地点を問題にするにせよ，あるいは一個人を問題にするにせよ，私どもは，とりあげるべき事象に眼を開く必要があります。方言会話と名づけうるものについての記述的研究は，今後の大課題ではないでしょうか。方言会話ほど，はっきりとした表現の世界は，ありますまい。どのような統合的研究も，ここで可能なはずであります。

10　地理学的研究の再検

やはりここでも，統合的研究の推進が要望されます。ここでの統合的研究

に把握すべき（そうして，その生活上の意味を問うべき）責務が痛感されます。

8　統合的研究の重要性

どのように有意義な方法も，他の有意義な方法に対応して存立するものであれば，しょせん，諸方法は統合されなくてはなりません。すくなくとも，諸方法は，統合の原則のもとに配置されなくてはなりません。

思弁的方法と理学的方法との統合ということ，これ一つにしても，おもしろいことではないでしょうか。

諸方法による観察の微視分析と巨視分析ともまた，つねに統合されるべきものです。

敬語法研究にしても，これが「敬語」の研究であるうちは，いまだ語的研究であって，微視分析一辺倒です。他方の，文表現法の見地が，これに対応します。両者が，結合されなくてはなりません。そうあってはじめて，「敬語法」研究が遂行されるのではないでしょうか。

アクセントの研究にしても，語アクセントの研究と文アクセントの研究とが統合されるべきことは，言うまでもありません。

方言研究に，独自の意味論を求めようとすれば，私どもはまた，微視分析の方向と巨視分析の方向との統合に，あらたな努力をはらうべきことになります。

統合的研究の重要性は，けっきょく，文表現レベルの作業の，一段の重要性を意味するのではないでしょうか。

それにしては，文表現レベルの方言調査の，さほどには繁栄しないのは，どういうことでしょう。方言研究のために，方言調査学を言おうとする意は，このへんからも出ています。

近来は，「言語生活」が，研究テーマとして人々にとりあげられるようになりました。これは，研究意識の前進と言わなくてはなりません。ではありますが，そこでの，統合的研究の見地への志向は，依然としてよわいありさまです。文表現本位の記述を主体とする論文の（あるいは，アクセント付きの方

ますまい。運動の機能とは，つまり，蛙の生きた脚の表現性です。

研究方法がどのように理学的に進歩しましょうとも，それらが，表現性を的確に説明してくれるものでなかったら，私どもは，なお，頭脳の手工業をもって，いわば人間学的に——あるいは表現論的に——，表現性の追求をこととしていかなくてはなりません。

将来を予測して思うのです。今後どのように理学的方法が進歩しましょうとも，人間言語学としての方言学には，人間が手と頭で作業すべき領域が，かならず残る，と。

ここではまた，つぎの言いかたもしておかなくてはなりません。→方言研究が（あるいは言語研究一般が），どのように進歩しましょうとも，それらが微視分析の方向に傾斜するならば，私どもは，どのような素朴な手段に訴えてでも，残された半分の巨視分析の方向をだいじにしていくべきです。

7　研究方法——思弁的方法——

研究上，思惟の重要であることは，多言するまでもありません。どのような思弁的方法も，これを重視するのには，私も人後には落ちないつもりです。

しかし，ここで強調しておかなくてはならないのは，方言研究は自然言語研究であるという一点です。——抽象言語の研究でもなければ，機械言語の研究でもありません。方言の内界を考えるにせよ，外界を考えるにせよ，しごとはすべて自然言語についてのしごとであります。深層構造の考えも，つねに，現実態に即応しきったものでなくてはなりません。

方言音に関して，変わった音節の，音韻論的分析を試みることも重要でありましょう。しかしながら，変わったその音節の事例の，現に国土上に豊富であるのを見あつめ，地方地方にその音節の用いられる表現生活の実情を見ることは，方言研究のために，なお重要であります。共通語にも見られがちの事例，共通語本位の事例について，音韻論的分析の思弁をこととするのなどは，方言学徒の，いそぎ採るところではありません。それを避けもしませんけれど，私などには，現在なお，自然言語上の事実・事態そのものを確実

6　研究方法——自然科学的方法——

近時，興隆してきたのは，方言研究の自然科学的方法であります。——あるいは，理科学的理学的方法であります。

計量言語学的方法は，その領域での美しい研究結果を，すでに多く見せつつあります。実験音声学的方法もまた，精密な研究成果をもって，旧来の主観的方法の蒙を啓きつつあります。コンピューター方言学とでも言うべきものが，あらたに振起されつつあることは，言うまでもありますまい。計量的方法（あるいは数学的方法），機械によっていく方法は，将来の洋々たる天地を持つものでありましょう。

ここで私は思うのです。計量的方法が，あるいは機械実験の方法が，センテンス本位の多大資料を，同時にとりあつかうようになってはくれぬものか，と。音声現象微視の精密科学に接して，私どもは，その発明の大きいのに新鮮なおどろきをおぼえるとともに，もっと大きな単位の資料を処理するように，早く，なってはくれないものかと思わせられます。

ところで，センテンスの表現性というものは，数学的方法が，あるいは機械利用の方法が，どのように処理してくれるでありましょうか。表現性は，全一的な渾体であります。——しかも「性」です。これは，どのように分析されたとしても，ついには統合されて，命を与えられなくてはならないものであります。機械実験は，いかにしてそれをよくするでありましょう。ここで私は，古い経験を思いおこします。中等学校での動物学の時間に，——一年うえの級の人たちがやったのですが，蛙の解剖がおこなわれました。その脚の，根部から先端までの骨格が，きれいに分別されて，実験紙の上に配置されました。なるほど，これで，蛙の脚の骨格状況の全体は，明瞭であります。ただし，それは，分析結果の明晰でした。ことがわかったのは，きわめて静的なわかりかたです。いくら，この骨格要素のきれいな配列を見つめていても，生きものの蛙の，脚の運動原理などは，わかりようもなかったのであります。脚にとってだいじなのは，運動機能ではないでしょうか。脚があるということは，これが蛙の運動をつかさどっているということに相違あり

分，個人心理を対象とするものです。

言語（→方言）に関する，心理のがわからの討究を，包括して，心理言語学的研究とよびましょう。社会心理学的な研究も，それが言語研究を目ざすものであるかぎり，心理言語学の名のしごととされます。個人心理学的討究も，みな，心理言語学的研究になっていきます。

私どもは，古くから，ことばの生命を云々し，また，ことばに通う血を云云してきました。しかし，みずからの研究を，方法論上，心理言語学と見ることは，怠っていました。むしろ，心理言語学的な知見はとぼしかったと，言えるかと思います。このことが，私どもの研究史のうえで，どんなに大きな損失であったかは，多く言うまでもありますまい。

思えば，方言調査そのことも，かくだんに，深部調査の心がけられなくてはならないものです。いな，言語研究のどの道にしたがうにしても，言語内界の討究，内界への沈潜の，かならず重んぜられるべきは，言うまでもありません。心理言語学的方法の要請が，ここに明らかであります。

> 私も，方言に目ざめ，やがては，方言を生活語と言いかえるようになって，しきりに方言の内界を求めました。今にして言えば，内的言語学の要望です。
>
> 人間言語学とも改称される言語学は，本質的に，内的言語学の性格をそなえるべきものでしょう。——方言学もまた，その理にしたがうものと考えられます。

内的言語学に心理言語学的方法は必須です。

ここでまた，方法上，文表現本位の言語観の有意義であることが，強調されなくてはなりません。方言研究も，すべて，生活表現法を重視すべきことになります。文表現本位の研究が，基本的に重要であります。

もとより私も，音素論などを軽視するものではありません。ただ願わしいのは，その音素論の実践が，文表現本位の研究に裏うちされることです。

内的言語学の方向をねらう，方言の心理言語学的研究は，つねに，方言現実態に即応した思惟をこととします。こうして討入しうる内界は，方言現実の深層であって，けっして，抽象的思弁の深層ではありません。

どのようにして，内面的な作業を推進することができましょうか。たちまちとりあげることのできるのは，文表現本位の調査作業です。これは，おこなうにしたがって，方言研究ないし言語研究を，よく内面化してくれます。

ここで考えたいのです。インテンシブな対人間の調査も，社会言語学的な調査になる，と。いわゆる言語心理学的研究も，社会言語学的討究にむすびついてきます。

ともあれ，私どもには，方言研究の学問のための，いっさいの社会学的方法が，義務づけられています。言語が社会的事実であることは，このへんの問答を無用にしていましょう。

「言語研究は社会学のうちのものである。」との提言が，社会学の人々からなされてもおもしろいと思います。そのように考えられてもよい方向にある，社会的事実の言語を，私どもは，方言研究のがわから，追求してやみません。その所為を，今は社会言語学的方法と名づけます。

5　研究方法～心理言語学的方法～

旧名にしたがえば，これは「言語心理学」的方法です。が，さきに「社会言語学」の名をとった理にしたがって，ここでは「心理言語学」的方法との言いかたをします。芳賀純氏には，「“心理言語学”と“言語心理学”」(『計量国語学』11巻6号　昭和53年9月) のご発表があります。この中に，「心理言語学と言語心理学は活動あるいは行動としての言語を研究するという目的においては共通し，その研究方法として採用する文法理論や心理学説においては異なる部分を持つということができる。」との記述が見えます。また，「現時点でいえることは，もし，Hirst (1974) のいうように，研究というものの中では，目的が方法に従属するのではなく，方法が目的に従属するものであるならば，心理言語学と言語心理学は同一のものであり，差の見られる部分は Peterfalvi (1970) が示唆したように，地理的，歴史的事情によるものであるということができるかもしれない。」との記述も見えます。

方言研究の心理学的方法も，自明のことでしょう。方言研究の学問は，一方で，徹底的に，心理学の方法を重んじるべきです。言語は社会的事実であるとともに心理的事実だからであります。――社会的事実の言語も，現実には，個々人の口頭にあります。方言を調査するといっても，しごとは，大部

の火のように見ていた私などは，まことに迂愚の徒でした。

> それにしても，方言を生活語とよび，早くから方言の生活を問題にしてきた私は，社会的事実の言語を見る社会言語学を実践してきたということでもありましょうか。かつてコロンビア大学で，Labov さんに会った時も，氏によって，私の所説が，social dialectology とよばれたのでした。

わが国の，この方面の研究の先蹤は，田辺寿利氏の『言語社会学』(国語科学講座Ⅰ　明治書院　昭和8年11月）ではないでしょうか。氏は，のちにまた，『言語社会学敍説』(日光書院　昭和18年6月）を発表されました。これらが，当時の学界に，今で言えば社会言語学の，清新な刺激を与えたことはたしかでしょう。

近時，アメリカの sociolinguistics の影響で，社会言語学の名が襲用されるようになり，言語社会学の名は後退していますが，学史的には，日本に，昭和初年以降の斯学の発展のあることを認めるべきでしょう。

それにしても，今日，「社会言語学」と「言語社会学」との二名称のあることは，混乱をまねきますので，今は，つぎのように考えてみたいと思います。

社会学的見地を推進して，その中に言語研究をとりこむ時は，この研究方向を，言語社会学の方向とします。言語研究を基本とするたちばに立ち，方法論上，研究を社会学的に開展する時，この研究方向を，私は社会言語学の方向とします。

> 用語法は，漢文上の原則によっています。語の前後関係にあっては，上のものが下のものを修飾するのがつねでしょう。言語研究を立てまえとするばあいには，「社会言語学」と言うのがよかろうと考えます。

今日のいわゆる社会言語学的研究が，その初段の調査作業からして，‘外形的’であるのは，注目すべき特色でありましょう。一言語社会を対象としての‘全数調査’などとなりますと，音韻とか文法とか語彙とかの観点を投入しても，作業はおおむね，微視分析的な，‘外形的な’調査になっています。ここには，内面的な調査の欠落が明らかであります。

夢想に近いことですが)，その時の方言学徒は，その一色のものを，一定の生活語事態として，忠実に記述すべきであります。(ここでは，私は，記述の語を，最広義・最深義のものとしてつかっています。)

もし，今日，私どもが，昭和の方言状態のしかるべき記述を怠ったなら，後代，たとえば五百年後の人たちは，その国語史研究の中で，昭和日本語の言語状態を，どう記述しうるでしょうか。あるいはまた，昭和日本語の方言研究界を，どう批評批判することでしょうか。今日に住する方言研究者，私どもの，研究責務の重大さはここに自明であります。これにしたがって言うならば，全国言語状態がほぼ一色に近いようになった時代の人たちも，より後の世のために，自己の属する時代語の記述をしはたさなくてはなりません。学の永遠性を考えるかぎり，どのような方言状態・言語状態の時代にも，その時代語の記述につくすべきことが，よく了解されます。

私は，方言の学を人間言語の学と規定してきました。もとより，言語の学は本質的に人間言語の学であります。私は，方言の学を人間言語の学と考えさだめることによって，方言学を，よく言語学として定位することができたと心得ています。言語の学に終末はあり得ますまい。言語学の所業は，人間言語学として無終のはずです。その理によって，方言の学の所業もまた無終であります。

方言を有限と考え，方言学の有限を考えることは，方言認識の浅さ・よわさを示すものにほかなりますまい。また，方言学志向の偏狭を示すものにほかなりますまい。

4　研究方法～社会言語学的方法～

方言研究は，方法論上，一面，徹底的に社会言語学でなくてはならないと考えられます。social dialectology ということばがありますが，言われてみて，私どもは気づくのです。dialectology は，本来，sociodialectological なものである，と。方言研究の学問は，本来，一種の社会学です。方言学は，社会学の一態であるとも言えましょう。この点，旧来，社会学を対岸

実は，正視すべきであります。かえりみて，私ども自身，自己の研究開拓の表現に，用語の意をつくさなくてはならないことが，明白であります。

3　無終の方言学

“今の六十歳代の人がいなくなったら，方言は亡ぶだろう。”と言う人は多いようです。（じつは，もはや幾十年も前から，“今の六十歳代の人が………。”と言われてきたことを，私は今あらためて，興味ぶかいことに思うのです。）このような発言の背後には，‘そうなったら，方言研究はどうなるのだろう？’との意向が存在しがちです。私は，「今の六十歳代の」との考えかたにそうばあいにも，なんら悲観論者ではなく，また，方言研究はそういうことにはかかわりなく存立していくものだと考えます。

「方言」は「方の言」，「地方の言語状態」であります。一国に地方状態があり，なんらかの地域性があって，地域生活が存在するかぎり，地方の言語状態は存立するでしょう。どのような変動が地域上にありましょうとも，その変動に，なお地域性が存在し，地方言語状態が存立することと思われます。方言研究の学は，「方の言」を問題にするもの，一国語の地域的地方的分化を問題にするものであります。

一国の生活文化に，どのような前進・推移がありましょうとも，一般的に言って，生活と言語との統合と分化とは，二律として，長く存立していくものではないでしょうか。「方の言」の学は，無終のもののはずです。

私は，早くから，方言を生活語と言いかえてきました。願わしい方言学を，私は「生活語」学と考えます。もし，いわゆる方言現象が（方言対立の分化現象が），ごくよわいものになり，国の地域性と地方（地域）言語状態とが淡いものになったとしても，その時は，それが私どもの生活語の世界の現実です。この現実を，特色ある一様相と見て，これを直接の討究対象にするのが，まぎれもなく，私どもの，「生活語」学としての方言学であります。方言学は，永遠に造築されていくものと考えられます。

よしんば全国状態が一色の言語状態になったとしても（——これはほとんど

せん。

私が，年来，主張してきました，調査の自然傍受法は，ここに一定の意義をもって認容されるべきものと考えられます。自然傍受法は，けっして一種の調査法ではありません。

自然傍受法の作業が何を求めるものであるかは，言うところの実証精神が，すでに明らかにしています。文表現本位の調査の重んじられることも，ひとえに研究対象の合理的なとらえかたを実践しようとする趣旨からのものにほかなりません。

資料上のいっさいの厳密が要求されます。このために，方言調査学が必要とされます。

2　用語の問題

すべての思惟は，そのための用語を要求します。――そのための，独自の用語を要求します。方言研究が，学として純粋に追求されるならば，そこには，学する人独自の思惟が成りたちましょう。したがって，そこに，その人独自の用語も成りたつはずです。

用語は，研究表現の段階の問題であるとともに，研究開拓上の問題でもあり，また，研究進行上の問題でもあります。方言研究にあっても，もとよりこのことが言われます。

研究者が自己の経験を尊重し，研究者が論証・実証の道にいそしむ時，その人は，無限の意欲をもって，場に適切な用語を尋求するでしょう。(――また，場に適切な表現文体を求めていくでしょう。)

どういう学問活動にあっても，端的に言えば，用語がその研究価値を代弁するとも言えます。

私どもは，西洋学を輸入して翻訳にしたがうばあい，新規の術語を設定することがすくなくありません。その摂取しようとするものが，先進の独創的なものであるばあいは，積極的に，新術語を訳定することが多いありさまです。多くの先学が，すでにこうしたことを実践してきました。この一連の事

方 言 学 の 将 来

藤 原　与 一

方言研究の学を問題にします。

方言研究の過去をかえりみ，将来を見つめることにします。

以下，箇条を分かって，論述を試みます。

1　方言研究のための方言調査

方言研究のためには，まず，実地調査という研究にしたがわなくてはなりません。調査には，いわゆる通信調査もありますが，ここでは，もっぱら第一義の臨地調査を考えます。通信調査の時代は，もはや過ぎたのではないでしょうか。通信調査の結果を反省して，これに難点を認めるような時代は過ぎたと見られます。

方言調査は，方言の生きた真実を求めるものであります。真実のすがたを求めとらえる優良な調査が実現されなくては，真正方向の方言研究は，一歩も進めることができません。この点で，私は，実地調査のことを種々に考察して，近来，ここには方言調査学とも言うべきものが成りたたなくてはならないと考えるにいたっています。研究対象とも言いうる方言事態の把握の合理化のために，私どもは，あらゆる努力をしなくてはなりません。

方言の真の深部調査すなわち本格調査のために緊要なのは，作業者の，みがかれた実証精神でありましょう。私どもは，作業者となって，ただ実証精神の命じるままに，調査の真実と調査の徹底とを求めていかなくてはなりま

B　方言学の構造

sublimation into hyper-synchronism of dialect study is a due consequence fully acceptable.

The cumulative hierarchy of dialectology is thus complete.

2. Systemics of Dialectology: The discussions as to the system and structure of dialectology is not yet fully developed at this date. We are faced with the problem how and what should be worked into the science of our speciality. How much to be done, and what to be done, or how one type of work is related with the other…these should be thoroughly considered and studied.

Dialect studies should not be such that traces only what has passed, no doubt, yet it should neither be such as will come to an end when the common language will have prevailed throughout the country.

If we consider dialects as livelihood language, no matter how neutralized the local disparities, regardless of the degree of disparities, the livelihood language of each community is a reality always present to the individual of the community, and the scientific observation thereof will never cease to stand. Eternity of dialectology in this sense is obvious.

Dialectology, in its phase of dialect geography, is concerned with the past but in its functional phase, it is concerned with future. The entire property and subject of dialect studies is situated over this enormous status quo of the reality. Dialectology is the whole structure of such a specialized science.

3. "Theorie Vivante": Studies of dialect reach close to the soil of the livelihood language of the populace who live daily in it. We shall scan every inch of that soil and find the very root of the life of our mother language. The dialect studies motivated and carried out in this conviction will produce and keep producing new theories that will ever promote the status of the language and humanity of those who actually live the dialect.

(広島大学文学部『紀要』第20号　昭和37年1月)

頁	行	誤	正
244	6	presupose	presuppose
244	19	groud	ground
224	31	study, it was	study. It was
219	23	whold	whole
216	22	dialecctology	dialectology

synchronical dialectology, diachronical dialectology and finally hyper-synchronical dialectology.

Synchronical dialectology, as a full study of the dialectal entity, cannot be denied of its self-sufficiency. Comparison and contrast have no place in this segment of science.

Diachronical dialectology (dialect geography), another independent segment of dialect study whose main approach being comparison and contrast, is a self-asserting branch of science.

Synchronical dialectology and diachronical dialectology stand in parallel position to each other.

These two phases of dialect study have been there in the nascent experience of dialect studies. They were labeled as "Localized Study" and "Complete Enumeration at a Spot", according to my own terminology. What was to be meant by "Localized Study" is a diachronical study, an investigation covering a given expanse of area wherein comparative studies were to be made—more or less a spatial and relative study, whereas what was to be meant by "Complete Enumeration at a Spot" was a synchronical type of depth study of a given spot, an introversive type of study. These two were to co-exist, one in a vertical reach whereas the other in a horizontal expanse. These two dimensions are coefficient to each other; in order to reach deeper, the area has to be extended, and in order to expand in scope, the depth must be added. It is like driving of a stake into sands by a circular motion at the looser end of the stake. The funnel like crater reveals the correlated function of the diameter and the depth. This had been empirically known to us and it remains always true that the more concrete the observations at definite localities done, so much the better for the dialect geography, namely diachronical dialect studies.

However, there seems to have been a difficulty in accommodating two opposing members into a consistent system, —the geographical dialectology and non-geographical dialectology and a mental effort towards the unification of the two through 'Aufheben'. In conformity to the original orientation of the development of the snychronical dialectology, this

concrete approaches alone. It was still interesting, but I started to ask myself, "Should I be going on and on in this manner?" I suddenly realized that dialects are before anything else the livelihood language of the people who live in it; it was something more than a linguistic phenomenon a curious observer as I should be meddling with. I then adopted the philosophy of livelihood language as a basic direction of my dialectal interest and concern. I understood that the study of dialect, as well as of any aspect of language, should be, above all, the science of Man, and that mechanical dialect studies must be elevated to that of human ecology in terms of dialects. If the science of language could become a science of Man, it could promise a never exhausing sourse of interest and devotion, I would often tell myself.

Thus convinced, I do not hesitate to call the synchronical dialectology as livelihood linguistics and even venture to make the philosophy of livelihood language permeate into the diachronical dialectology (dialect geography). And I believe that the hyper-synchronical dialectology is the concluding chapter to the livelihood linguistics. This is my objective and philosophy.

9. Education: The philosophy of livelihood language will lead itself into the scope of education. Hyper-synchronical dialectology, a historical study, clearly suggests an educational implication. Whether from phenomenology, or from characterization, or from the developmental orientation, these discussions will let us draw, direct or indirect, some basis for educational policies. Especially the fact that hyper-synchronical dialectology will induce a natural way to the issues of standard language, must be given enough attention. If one finds the historical trends of the language, he is more than half told what should be done from now on.

Hyper-synchronical dialectology certainly is a science of the prospective.

Section 5. Conclusion

1. Structure of Dialectology: Thus we have completed the delineation of the science of dialectology as a developmental system in three stages,

The second stage, i.e., the characterization of the dialect studies, is of course of the already defined hyper-synchronical dialect unity. The maximum span conceivable for a synchronical dialect disposition is no doubt the national language, and the characterization intended is of that language. A national language, as an organic body, is an unity in the realm of livelihood language of those who live in that language, it is no less degree a livelihood language. The character study of a national language is therefore the characterization of a livelihood language at its maximum expanse.

The third step, i.e., the studies in the orientation of the development of the hyper-synchronical dialect disposition is also closely related with the problem of how to promote and insure the progress of our linguistic livelihood. If there are some historical laws to be found, they must be always discussed and referred to whenever there is an attempt at improving or advancing the linguistic livelihood in our mother tongue. Either it is the matter of developmental orientation or of historical laws, it is a matter concerned with the livelihood language of the nation as a whole. Thus, all the three phases of the present study are ones of the problem of the linguistic livelihood of every individual who speaks the language.

Once I called hyper-synchronical dialectology as "historical dialectology". By historical dialectology, I meant the dialecctology that will take up the hyper-synchronism of the historical status quo, which is formed on the human concept of livelihood. Historical dialectology originally stands upon the elemental concept and view concerning our livelihood.

The present author began his career as a dialectologist first by studying in the line of diachronical avenues. I was then naturally being drawn towards the geographical approaches. As a matter of fact, the words were found varying from place to place, and they could be systematically explained by local comparison and contrast. I was fascinated by these findings one after another. Many could have been led by such fascination before me. However, as I went on, I gradually came to feel a limitation closing around on me over the horizon of the dialect studies done in such

developmental orientation will, as a matter of course, emerge into the observational field.

These superior approaches including the characterization will also, in their practical aspects, come to encompass the entire language, (in the case of our study, the Japanese language,) the maximum expanse for any given dialectal spatial dimension. When the original purpose of hyper-synchronical dialectology is maintained throughout, the actual practices in every avenue will inevitably follow the course towards this end in its progressional development.

Thus, dialect studies are destined to become the study of the language of the nation. Dialectology ought to be the science to clarify the reality of our language. It is, through clarifying the reality of the national language, to improve the linguistic livelihood of the nation as a whole. Dialectology, though attempting to clarify more about the language, still maintains its own property and characteristics, and its own ultimate objective of making known the historical laws and the developmental orientation of our language. It is more than obvious that the goal of hyper-synchronical dialectology is concurrently that of the entire process, and therefore, of the dialectology itself.

8. Livelihood Language: In the paragraph 4 above, we laid out the direction, or the steps of study in the hyper-synchronical dialectology in three stages which may be ultimately unified at the latitude of livelihood language. The first stage, namely, the phenomenology, will first try to find the lateral expanse of dialect features and phenomena, then bringing in some consideration of the historical dimension, and unifying the local deviations and finally to foresee the future direction of the development. The issues actually taken up in this course are closely related with the individuals and their livelihood in their language. The speculations and theories concerning the future development naturally include the so-called "standard language" of the nation's tomorrows. It is necessarily a serious problem of the linguistic livelihood for those who look forward to future. The phenomenology is thus substantiated by the actual concern over the livelihood language over the populace.

to what kind of developmental prospect or a historical inevitability, or laws, are to be foreseen.

As referred to as an 'organism' previously, hyper-dialectal synchronism is an hypothetical organism. If observed as an organic function, the evolution of the language is best expressed as living, and the hyper-synchronical status of dialect is the very terminology for that particular model-image of reality in the affair of dialects.

The term 'living' and 'moving' are applied to the chronological fact that something has been living and moving until now and shall keep doing so in the future. And by tracing all the phases of such evolution, we may deduce some laws that have been evident in the past and latent in the present and potential in the future. The historical laws are at the same time the probable orientation for the future development of the language concerned.

Hyper-synchronical dialectology at its last phase takes upon itself the task of inquiry into such laws.

Previously, it has been stated that, as the operational factor of hyper-synchronism, the characterization needs to be established, and we re-affirm here that the characterization is the factor that is to formulate the actual functional inclination of the hyper-synchronical dialect disposition. Whereas, the inquiries into the historical laws and the prospective idiosyncrasies are the efforts to grasp the sources of the energy and vitality for the evolution, the growth and development, of the hyper-synchronical dialectal reality. This energy and vitality may be called the inherent life-force of the language, or potential disposition, or the basic laws.

While the characteristics are exterior indications, these are something innate and elemental; the first being, of course, caused and sustained by the latter.

However these studies and speculations on the developmental orientation (or the historical laws) do also build themselves upon the phenomenology (the descriptive system of the diachronical dialect unity). When the mesh of the phenomenological net becomes very fine, the

mulated, we may come in possession of the organic grasp of the hyper-dialectal synchronism. The actuality of a language may gradually become fully described through the enforcement of the hyper-synchronical dialectology, though only through such a limited approach.

To capture the language in its living actuality is the very purpose of dialectology. That will be *the* everything. The study of dialect is originally intended to attain the ultimate consummation of the science of a language. It is the most rightful course for dialect studies in hyper-synchronical order that it should find itself, namely to grow into, "Dialectal Study in a Language".

6. Characterization: If we can comprehend the hyper-synchronical dialect state as a historical synthesis, we may be able to draw some structural characteristics from the organic description of the language so obtained. This is how the characterization is made for hyper-synchronical dialectology.

The characterization, as a term, is to designate the process through which to bring out the typical characteristics of the language (as a historical synthesis) in its dialectal structure at present. It is also the way to find the functional idiosyncrasy of the organic whole called hyper-dialectal synchronism.

The characteristics are thus to be drawn from the descriptive system of the unity (phenomenology). If the descriptive system by the phenomenology is compared to a whold span of a net, the characteristics are the individual meshes. The net is formed of the meshes, while the individual meshes are meshes by virture of their being the parts of the net. The system of the description logically reduced are the characteristics, the idiosyncrasy proper to the system.

One of such characteristics may be those found in grammatical features. Another may be those in the features of phonemes, while still another may be in the features in words and vocabulary.

These traits of characteristics form a coherent system.

7. Developmental Prospect (Historical Laws): When hyper-synchronical dialectal status is being considered, the issue presents itself as

system fit to describe the historical structure of a language.

However, there remains a considerable difficulty in classifying and tabulating the items for the disposal by the phenomenology. The difficulty cannot be fully eliminated unless every item for consideration could be entered and classified. The representative samples must be selected so that they may exemplify when presented in a systematic whole, the actual totality of the reality considered. The selection and classification of the sample phenomena may be done somewhat in parallel to that of synchronical dialectology. This is not to say that the description of the organic unity of the component dialects of a language is equal to the systematic description of synchronical dialectology, but that the principles in the selecting and classifying for the descriptive system are more or less common to both.

On items of the selected phenomena, a proper description is made to unify the diachronical aspects of the subjects so sampled. The individual items will be individually described yet with an orientation towards a unity, thus a unity for a locality is achieved, then an assembly of such unities of a broader range, and ultimately to cover the entire language with its spatial expanse. When such dynamic system, the system that develops itself, is established, we may consider it the description and the comprehension of the hyper-synchronism in terms of the dialects.

The reason why such organic, comprehensive description is to be done, should be reiterated. Suppose there are phenomena belonging to a class, which may most likely find their counterparts in various localities in somewhat varied forms. The disparity and difference, if viewed from the higher unity as the language, is one of the indices to the local structure and the constitution of the language; it is an expression of the moving aspect of the language. By observing, in totality, the pattern and mode of the movement, we may grasp the local variances and derivations (and the corresponding areas), the contrasts, in an integrated comprehensive view. The ultimate unity so observed will be the very language, the original whole from which we departed.

When we compile the whole description of the phenomena so accu-

4. The Contents of Hyper-synchronical Dialectology: The hyper-synchronical dialectology so far defined may be considered to have the following three aspects as its property, namely:

(1) To obtain a descriptive system for organic unity
(2) To formulate the characteristics of its own
(3) To draw a prospective view (historical laws) for the development of the national language as reflected in the realm of dialects.

We may even say that the hyper-synchronical dialectology is a 'ecology' on the mode of living of a hypothetical organism called "Hyper-dialectal Synchronism". As an ecology, it has a concrete work to do in describing the mode of life of the subject in a systematic order, which is the first thing to be done. Secondly, it must find and enumerate the characteristics of the organism in a functional way. Thirdly, it must, upon the laws of its developmental history, foretell the prospect of the development for the organism. We shall discuss each of these aspects.

5. Descriptive System for Organic Unity: Hyper-synchronical dialectology is in need of a descriptive system for the unified dialectal diachronisms.

In order to comprehend the dialectal diachronism as an organic unity, or in practice of hyper-synchronical dialectology, it becomes necessary to accumulate and systematize the works done in grouping and classifying, by the terms, the items of contrasting affairs component of the diachronism concerned. The unification of the diachronism presupposes such basic studies on the phenomena. Without being founded on the actual phenomena, the unification of dialectal diachronisms will not be hoped for. The establishment of the descriptive system for the unified dialectal diachronism is to obtain the comparable system of description in the realm of actual phenomena. The descriptive system itself, as a term, connotes speculations and theories on phenomena, or, in short, 'phenomenology'; and phenomenology in this respect is such with which to systematically describe and synchronically dispose.

We may be able to obtain a vivid system for describing a language by means of such phenomenology, and such is the dynamic descriptive

to the reality of all the dialects of the language, is essential to the synchronical principles whatever the level. The uniqueness of the dialect studies are also manifest in this connection.

3. Synchronical Dialectology vs. Hyper-synchronical Dialectology: Synchronical dialectology deals with the simple dialect synchronism as its subject, while the hyper-synchronical dialectology comprehends the assemblage of simple dialect synchronisms as a unity with a dimension of diachronism added as its depth.

Whereas synchronical dialectology handles the simple forms of dialectal synchronism, though a product of historical growth, the hyper-dialectal synchronism regards the subject which is a synchronical affair, though containing as its dimension, the chronological structure. It handles the historical synchronisms, a historical synthesis. (Hence the higher or hyper synchronism as the terminology.) The hyper-synchronical dialectology, whose subject is the hyper-synchronical dialectal affairs, may be as well called "Historical Dialectology". Historical dialectology is the science, in the diachronical order, of the status quo of the phenomena.

Hyper-synchronical dialectology is a superior theory in the structure, whereas synchronical dialectology is of an inferior order; the description, comprehension and other processes will be comparatively easy and simple in the lower dimensions, whereas the practice in synthesis will be a matter of considerable difficulty.

The dialectal synchronism will be given the name of "Dialectal Japanese" if it has come to a comprehensive view of entire expanse of a geographical community Japan. (There ought to be distinctive uses between the term "Dialectal Japanese" and "The Japanese Dialects".) When the hyper-synchronism over the various dialects of the Japanese language is conceived, the status quo may be termed as "Dialectal Synchronism of the Japanese Language".

Synchronical dialectology will be made better by minimizing the span of its comprehension, whereas hyper-synchronism will benefit by encompassing broader expanses.

studies are prospective. At least, the studies at each level should be orientated towards this height.

2. Hyper-synchronism: Hyper-dialectal synchronism, or the synthetic synchronism of dialects is a view conceived in observing the diachronical order of affairs from an elevated platform, so to say; or perhaps, metaphorically, it is the other side of the dialectal shield.

The organic historical-ness of diachronism is made the unifying factor of the hyper-synchronism of dialect study.

The identity of the subject world of the diachronical observations and of the hyper-synchronical observation is obvious to all. It has no temporal depth, neither it is such to cover consecutive synchronical stages over a period of time, — very unique a mode of subject matter only proper to the study of dialects. To handle such a unique state of affairs as its subject, the uniqueness of the theory and technology becomes necessary, and for that reason, we have hyper-dialectal synchronism as the subject, and the hyper-synchronical dialectology as the special branch of science.

Wherever diachronism is observed, hyper-synchronism is latent, for each unit of diachronism is always possible to be regarded hyper-synchronically. The maximum span of diachronism possible is the entireness of the national language, and hence diachronical dialect studies look forward to the formation of the diachronical synthesis towards the national language. Analogically, hyper-synchronism of dialectal units will integrate into a national unity and we shall have the hyper-synchronical status quo of the entire language. In our case, the national language being Japanese, we may call the synthesized synchronism as Dialectal synchronism for Japanese, whereas the national synthesis of the individual dialectal diachronism will be sublimated into a hyper-synchronism called Dialectal synchronism of the Japanese language. There will be a matching speciality of dialect study covering that maximum expanse, as it is incumbent that a hyper-synchronism should anticipate its ultimate accession to this national grasp.

The hyper-synchronical approach to the national language in conformity

their respective context and derivational lineage and cognateness, the product will be duly said to be in the state in the order of hyper-synchronism and the corresponding study posterior to the diachronical study will accordingly be called hyper-synchronical dialect studies, which is a synthetic view of the preceding principles. To be precise, when synchronical principles are applied to the entire scope that has been integrated under the diachronical order, we confront the hyper-synchronical state of affairs and the corresponding hyper-synchronical views.

As a matter of fact, the comprehensive view of varied phenomena as a unit, is nothing but synchronical, but, in our case, the subject has already undergone diachronical phase and contains diachronical aspects. Though ultimately it is a synchronical comprehension of the subject, it should be differentiated from the original simple-termed synchronism, as the chronological structure is evident and present in the subject itself and the relative context of derivation and cognateness, i.e., diachronism, is latent, hence the term is to be promoted.

A metaphorical explanation, perhaps, may be allowed. Suppose there is a bee-hive which is an assembly of a tremendous number of individual cells. As a hive it is a unit and a integral whole. Each individual cell stands for an individual simple-term synchronism of dialects, and the entire hive, for the hyper-synchronism of dialects. Neither view is an abstruct reduction. The reality of a bee-hive is to be comprehended in two levels of synchronism and the superior one is the one we are now considering.

Hyper-synchronical dialectology is a logical conclusion to the scientific development of dialect studies. The polemic antithesis, synchronical dialectology and diachronical dialectology, are to be sublimated in the form of synthetic hyper-synchronical dialectology.

It has been obvious that diachronical dialectology could not be the ultimate of the dialect study, it was fated to be sublimated in an orientated polemics.

While diachronical orientation is retrospective, hyper-synchronical

The dialect diachronism is movable so to speak either upward or downward, and diachronical dialect study could be made at every latitude selected. Thus the dialectal diachronism may be a static affair in itself, but the studies therein are developmental and even dynamic.

Observing the fact that there is a developmental aspect in the diachronical dialectology, we may conclude that the comparative processes as well as the descriptive processes in the diachronical practice of dialect study should always be in an anticipation of the movability and the developmental nature of the diachronical dialectology. For instance, the handling and tabulation in the order of diachronical principal should be such that when it is developed into the process covering a wider ranges it is still valid and intact. Such flexibility and the consistency is what is essential and indispensable to the diachronical dialectology we have been discussing.*

Section 4. Hyper-synchronical Dialectology

1. Hyper-synchronical Dialectology: It is strictly in accordance with the present author's concept of the structure of the dialectology to have the hyper-synchronical dialectology instituted at this contextual position.

Synchronical dialectology was first instituted, upon which diachronical dialectology was to be built. The diachronical status of dialects, or the subject of diachronical dialectology, is a spatial expanse covering various individual dialects of the present, and as suggested by the entity called "National Language", obviously there is a possibility of such plurality being integrated into one superior unity, — there is a possibility of synthesis. When the individual units in Bumpa status of diachronical order were arranged and organized according to

* On the subject of "Diachronical Dialectology", a discussion has been already given in summary in the article entitled "My Opinion on Linguistic Geography" in VOL. 3 (1960) of the "Annual Report of Dialectology".

history of the development of dialect studies. While dialectology had been always sought for, the advent of the notion of the linguistic geography eclipsed the original terminology, or it became synonymous with the the term linguistic geography by some strange course of the matters.

The present author is of the conviction that the synchronical dialectology should be acknowledged first of all and that the concerns of livelihood language should be then incorporated into the geographical studies. And he is not thoroughly to subscribe to the opinions and platform as are collateral to the above development of the total affair. The situation is cited as it does well demonstrate the position the dialect geography is rightfully to fill in the field of dialectology, and the role it is to play there.

We may grant a special place to the diachronical dialectology, as of necessity, from the very fact that from the realm of synchronical study of dialect, the diachronical dialectology is induced.

11. Developing Nature of Diachronical Dialectology: As long as there is a grasping of diachronical state of dialects, a diachronical study of dialect study will be performed no matter how small the unit of dialect ranges chosen would possibly be. But, in actuality, the comparative processing germane to the diachronical dialectology will necessarily take the expansive aspect. A local comparison will lead to a comparison at a level higher covering a wider area of subject matters. Theoretically, therefore, it will eventually encompass the entire dialectal nation containing all the dialectal units within, To protract the argument to an imaginable extreme, the diachronical dialectology, as such, conceives the hope to undertake the diachronical disposal of the entire expanse of the national language.

Suppose a case. A synchronical status of a given expanse was grasped. While following the descriptive explanation of the same, a finer demarcation of synchronical dialect unit is being carried out. It is at this moment when automatically the study enters the realm of the diachronical order of study.

dialects existing under the contrastive localization, and handles the related facts in the manner of geography or even of natural sciences, or whatever the purpose, since it is a science whose subject matter is the very entirety of living language, the language people speak in their daily life (livelihood language), or in short, the dialects, the study of dialects, should grow into the study of languages of livelihood. The dialect study may relinquish some, but it cannot afford to forgo this. The concerns as to livelihood language should be permeated into every avenue in the study of dialect geograhpy.

10. Uniqueness of the Diachronical Dialectology: The geography of dialects, namely, the diachrohical dialectology, may be acknowledged as a speciality of a unique scope within the general field of study for dialectology. In the geographical studies of dialects,many maps are prepared and thereupon the subject materials are plotted and tabulated. Such maps have been called dialect maps and the technique, the dialecto-graphy. Some interpretations were made on the patterns revealed on such maps, which was analogically called linguistic geology. The series of this kind of study was unique to this branch of science, and among other practices and approaches, the present subject, the dialect geogra-phy, or in other words, diachronical dialectology,is one that constitutes the nucleus of the dialectology as a whole. At least in this area of the science, we find something most characteristic and proper to the dialect study.

In the so-called occidental dialectology, when discussion did not include the synchronical principles, it procedes usually into the linguistic geo-graphy without detour. Even in the case of Saussure, his dialect study was, after all, a linguistic geography. Whenever the methodology of natural sciences was applied in the study of dialects, as it was the usual case, the study of dialects could hardly resist becoming some form of linguistic geography. (As a matter of fact, in the country where the development of natural science arrived late, the development of dialect study as linguistic geography was also as slow and late.) In this sense, the so-called linguistic geography stood as a pole in the

by various local dialect units is obviously collateral to the fact that the livelihood of the nation in the past has been carried on in such a pattern of local developments, forming the respective range of livelihood, and therefore the development of the dialects is historically a parallel to the development of the nation's local livelihood.

Thus the efforts to reconstruct in retrospect the whole development of the various ranges of linguistic livelihood of the nation from what we find in the status quo of the dialect collocation at present may be consigned to the scope of the item 3 above. Categorically speaking, perhaps we may attempt to do a basic study on the matters concerning the making of an entire national language by protracting the observation in this line of approach.

Thus having enumerated the three steps in the dialect geography of Bumpa, we are fairly well convinced of the priority thereof over the preceding dialect geography of phenomena.

As the things stand, the collocational facts may not be comprehended without perceiving the actual and individual facts. To place an emphasis on the collocation should not end in slighting of the importance of the individual phenomena. The dialectal geography of phenomena will be sublimated into the dialect geography of Bumpa, and the combined unit should eventually conform to the status of the latter.

9. Approach to the Livelihood Language: In the scope of dialect geography, the collocational geography ultimately aims at the reconstruction of history of the linguistic livelihood of the nation and the history of the development of the ranges of livelihood. The demand is being felt that more interest in the linguistic livelihood be brought into the study of dialect.

Our earlier insistence upon the dialect geography in preference to the linguistic geography, and our extra-emphasis on the dialect geography of Bumpa are both underlined with the intention to uphold the unity and the property of dialects as dialects. This was another way to define dialects each as individual unity of linguistic livelihood.

Whether the purpose of dialect study is the study on the various

status of Bumpa, or collocation, as its basic understanding of dialects. The contents of this branch of science may be, as already given, classified into three stages. As for the item 1, the acknowledgement of dialect Bumpa, or dialect divisions, the issues such as demarcation, the bundle of isogloss etc., will be included. The recognition of Bumpa and their context is already a step taken towards the retrogressive comprehension of the history of the development itself. The item 2, may cover the study of collocational relationship and a comparative approach will be chiefly employed always referring to the actual phenomena, and perhaps go on to the speculation on the collocation itself. No matter the approach, the study on Bumpa will eventually find itself concerned with the contrasting or opposing status between and among the collocated dialect units of optional expanse; minor units will be, for instance, if the tendency demands, unified into a major unit of a superior order. Whenever we consider the affairs of Bumpa, lineage of derivation and states of cognateness between and among the dialect units are presupposed. The speculation in the line of Bumpa-analysis eventually finds itself in the consideration of the lineage and cognateness. Apparently the speculation in the matter of dialect demarcation is nothing but the static, spatial experession of something dynamic and chronological.

The actuality of dialectal demarcation finds itself more than often a presentation of a specified phase of dialect linealogy.

The actual problem seems to be the item 3. By further pursuance of the linealogy of the collocated dialect units, we can hope to clarify the chronological order and historical relationship existing between and among the units so brought into the contrast and comparison. The main subject for the item 3 is something of this sort, i.e., an independent study on the conclusive stage of the developmental study and speculation on the collocated dialect units along their history of derivation and inherent cognateness in between, thus to provide basis for the developmental nature of the dialect geography of Bumpa.

The linguistic fact that the territory of the nation has been occupied

of dialectal phenomena are to be plotted. These maps, in the geography, will prove a tremendous aid. By plotting a distribution of a dialectal item, say a derivative form of a word, and then by comparing it with another plotted for the other form of derivation of the identical word, one can find access to the mutual relationship of a historical order between the two affairs concerned. If one studies on a map the formations of distributory patterns between two different terms under a class of phenomena, he may be able to discern the chronological order in the growth and settlement of the respective distribution areas.

The dialect geography of phenomena will tend towards the direction capitulated in the items 2 and 3 above.

8. Dialect Geography of Divisions (Bumpa): In the study where the dialectal phenomena are studied item by item, the dialect itself is not considered as the subject of the study. There should be a geographic study of dialects that selects the dialects themselves for its subject matter, namely the science of dialects in which dialects are studied as local units of dialectal ranges with the definable spatial dimension. It will be necessary to establish this scope for a particular division of study and to place it in contrast to the preceding dialect geography of phenomena.

The geographical study intended to handle the dialect ranges, the spatial dimension of dialectal units, namely the dialectal geography of dialect collocations, may be considered, as already mentioned, a development from the dialect geography of phenomena, plus an advancement in the dimensional altitute. One is a branch of geography done in terms of dialects, whereas the latter is the geography proper to the dialects and the study thereof.

Comparatively viewed, the dialect geography of phenomena is atomistic and analytical in its inclination whereas the latter is non-atomistic and is synthetic.

The dialect geography of Bumpa is founded upon the acceptance and acknowledgement of dialects as they exist and will never ignore the

proaches, the study of dialects should always attempt at the dialect at its entirety.

It has been a general trend in the study of the so-called linguistic geography that, while aiming at the study of dialects themselves, the dialectness of the dialects, the inherent nature to be localized and to be configurated, or the dialect at its entirety, etc., have been only too seldom studied for. This is in short, the trend was always too much towards the dialect geography of phenomena, which now is due to be corrected. We are now under the pressure of demands for a better elucidation in the aspect of geography in the matters concerning the collocation and configuration of dialects. We can hope that doing only thus we can develop the so-called linguistic geography as it should be as the proper study of dialects. In the subsequent paragraphs we shall further define the actual contents of the dialect geography of phenomena and of the dialect geography of Bumpa, thereby to contribute to the clarification of the science of diachronical dialectology.

7. Dialect Geography of Phenomena: The aim of dialect geography of phenomena, is to find the proper place for the majority of the subjects of linguistic geography concerning the history and distribution, within the context of diachronical dialectology or of dialect geography.

Even though the geographical study of dialects exclusively concerned with the dialectal features and other phenomena is not the whole of the geographical study of dialect, it nevertheless is a part of the said geography.

Since it is based on the phenomena of the dialects, in whatever the manner the approach as geography, the study, comparative in its inherent nature, should be classified as a geographical study in dialects.

Thus the comparative study of phenomena as such comes also under the heading of dialect geography of phenomena, the subject covered by item 1 above. Simple linguistic history of vocabulary and phenomena will be drawn in this area of study.

When the phenomena are considered with reference to the spatical and local designations, as in items 2 and 3, maps for the distribution

to reconstruct the history of the ranges of the livelihood languages, a continuation to the item 2 above.

The transition from the first three into the second three is supposedly clear and obvious. The dialect geography of divisions is a natural growth in that direction of research.

In a generalization, we may say that the first three, the dialect geography of phenomena mainly considers the distribution of individual dialectal items, while the second three, the dialect geography of divisions and their locations. Here is a clear distinction between the Bumpu (分布), distribution and Bumpa (分派), division, the former referring to the distribution of the individual items or traits whereas the latter is meant to stand for the indirect consequence of the distribution above, namely the collocational relationship into which the various dialect groupings are supposedly evolved. The latter is a term standing for a totality of a given state of affairs, thus to avoid the use of word 'facts' or 'phenomena' which connotes some concrete items. The former designates the individual phenomena, while the latter stands for a relational status. If we strictly follow this nomenclature, such term as "dialect distribution" becomes a self-contradictory appellation, because, according to the above, it is the dialectal phenomena and features that distribute themselves over a stretch of areas, but not the dialects as such. Only Bumpa could be said of dialects.

Incidentally, for the actual expanse into which the given distribution is being plotted may be called the area of distribution, whereas the extent within which the Bumpa, or the unity is considered to prevail, the term "range of Bumpa" or "dialect range" will be used.

At any rate, the dialectal geography of phenomena, based on the distribution of the dialectal features and affairs counterpoises the dialect geography of the dialectal configuration. As a study of diachronical dialectology or dialect study at large, the second, namely, the dialect geography of Bumpa will be of more consequence. The main emphasis of the diachronical dialectology should be placed on the dialect geography of Bumpa. This is because, even in its diachronical ap-

will contain the following two phases:

A. Dialect Geography of Phenomena

B. Dialect Geography of Divisions (Bumpa)

Combining what the dialect geography has been doing and what it should be doing in future, the entire scope to be covered by these two phases may be thus defined.

"Dialect Geography of Phenomena" and "Dialect Geography of Divisions" constitute the lower denominators of the diachronical dialectology. The new term "Dialect Geography of (dialectal) Phenomena" was chosen as it has no danger of being confused with dialectology itself. The abrupt term 'geography' was forcibly used in order to conveniently show the method applied.

Item A, namely dialect geography of phenomena, will be further divided into the following three aspects:

(1) To pick up the dialectal phenomena, item by item, more than two for an identical term, without reference to the spatial factors such as areas, or the manner of distribution, thereby accomplishing the study in the order of diachronical principles.

(2) Though referring to the spatial and locational factors in the distribution, the dialectal phenomena themselves are made the main focus of the study done in the diachronical principles.

(3) The distribution areas for the subject phenomena are made the primary subjects of the study thus making the diachronical studies with its focus on the areas of distribution involved in the affairs of dialects.

Likewise, the following three headings are considered for the scope B, or the dialect geography of divisions.

(1) Observation of the distributions of the dialectal features and affairs eventually leading to the demarcation of the collocated dialect divisions (Bumpa), thereby contributing to the localizing of dialect areas.

(2) The study in search of mutual relationship between the collocated dialect areas. Discussions on demarcations will be under this entry.

(3) The history of the nation's linguistic life. This will be an effort

ambiguous or equivocal in their signification.

There is another issue to be brought up here in this apropos, namely the confused notion that linguistic geography is equal to dialectology, or to consider and use these different terms as if they are synonymous or near-synonyms. Some discussions, using these two terms, too often revealed no indication as to the mutual relationship between them. In these cases, the issues became more and more confused. It must be maintained that linguistic geography is one thing while the dialectology is another. It is the author's contention, as it has been made clear in the discussion in the structure of the dialectology, that dialectology is a superior category to linguistic geography; the former connotes and includes the latter. The amphibious term "Linguistic Geography" will be put out of use with a due benefit.

Thus the studies in dialects in the method somewhat related with geography and its principles may be rightly called "Dialect Geography".

Upon a second thought, is not the practice of dialect geography actually a phase of the diachronical approach? Diachronical study of dialects may be named diachronical dialectology. The diachronical dialectology as a term stands analogous to the term "Synchronical Dialectology". If we recall the fact that within the system of dialectology, synchronical studies and diachronical studies constitute the basic structure, and that since we have named the first "Synchronical Dialectology", we might, for the sake of consistency of nomenclature, match it with the term "diachronical dialectology". "Diachronical Dialectology" is definitely preferred to the term "Dialect Geography". The latter will invite the misconception that dialectology is dialect geography.

By instituting the term "Diachronical Dialectology", we can clarify the stand of a geography directed towards dialectal affairs within the scope of dialectology. It can also enable us to place emphasis on the diachronical implication in the geographical studies.

6. The Property of Diachronical Dialectology: The diachronical dialectology which handles the contrasting collocations of dialects through the comparative approaches will retrogressively observe the subjects and

geographical manners and they were usually called "Linguistic Geography". However, if we acknowledge the concept such as "Comparative Dialectology" we shall find it more legitimate to call the above branch of studies as "Dialect Geography".

Although there has been a lore of accomplishment under the name of linguistic geography as such, yet there seems to be much left undone (Ref. to the actual items, later). When we consider all that has been discussed and classified, the term, "Dialect Geography", seems to be quite significant and fertile. The uses and interpretations of the other term, "Linguistic Geography", by the specialists have also been considerably diverse to a degree that one now feels somewhat uneasy to use the term as taken for granted. It is recommended here that the other term truer to the reality, i.e., Dialect Geography may be used instead.

The term "Linguistic Geography", on the other hand, can be made to connote a vaster range of subjects … it may contain all the studies of language done according to the geographic order of the affairs, or in the geographic status of the subjects etc. The linguistic geography might well include the dialect geography in which dialects are duly handled, or it may include whatever the study of language done with some reference to geographical affairs. Linguistic Geography may be thus re-defined as a superior term that includes dialect geography along with other specialities conceivable. Precise naming is always a necessary virtue in dialect studies, and the terms with a definite signification are always in need.

Cases were when the term "Linguistic Geography" was used, disregarding the other kinds of studies in the field of dialect geography, to label the type of study exclusively intended for a comparative studies of dialectal phenomena according to the method of historical linguistics. The term in such case is extremely narrowed in its application. The term that should be considered as a comprehensive, general classification is being used in such a restricted denotation, only to confuse the nomenclature of the linguistic sciences. It is better not to use the terms

lished for the diachronical status of the dialects. Whenever there are more than two divisions of a dialect, there also is a diachronical dialectology. When a person becomes aware of the collocation of two dialects side by side, he has already come to a realization of the diachronism of dialects, and his pursuance of the facts is nothing but the diachronical dialect study.

When the researcher extends his view over a wider and still wider a field of observation, he will find more and more complex status of diachronical order among the dialects covered. Thus if a major expanse of dialects was observed as a unity, the comparable complexty will be also found between and among the dialects so encompassed. The major diachronism so comprehended will allow the diachronical dialectology proper to that expanse of dialectal regions.

Whatever the situation, wherever there is a dialectal contrast among or between dialects, there develops inevitably a diachronical dialectology corresponding to the mode of contrasts or to the various discoveries by the synchronical dialectology.

4. Comparative Dialectology: Copmarative method is essential to the diachronical dialectology. Every diachronical study in dialects stands on the comparative observations.

The terms and manners of comparison could be optional. The matters and subjects of the comparison will logically be the projections of the history of the language. The comparison of such items will be conducive to the emergence of diachronical formula.

Whether it is in a process towards unification or towards a division, the status quo of the dialect collocation will be considered historical and they may be placed under the comparative scrutiny as the historical outcome of the total past.

The dialect study in comparative method could be called "comparative dialectology", which will be analogous to the comparative linguistics. The comparative dialectology will become a historical dialectology.

5. Linguistic Geography, Dialect Geography, and Diachronical Dialectology: Hitherto a variety of dialect comparisons have been done in

unification is more often the case observed and upheld. However, the unification and division, as long as there remain localities in the linguistic livelihood of a nation, these two opposite phases will succeed each other. Unless local characters are wiped away, some sort of localism will survive with the local linguistic communities. And as long as there remains such a state of affairs, dialectal synchronism will stand. Where there is a dialectal synchronism, there is to be the proper, corresponding synchronical dialectology.

Section 3. Diachronical Dialectology

1. Diachronical Dialectology: As often mentioned in the previous section, the diachronical dialectology is the logical consequence to be developed out of the synchronical order of the dialect affairs and their studies. The starting point is always the synchronical reality. The diachronical dialectology finds its way when more than two dialectal synchronisms are juxtaposed and unless there is enough accomplishment in the study of synchronical order, the consequent diachronical study of dialect will be futile.

2. Dialectal Diachronism: Dialects co-exits in contrast against one another, and such is the collocated dialectal synchronism we have been discussing about. The situation, if considered in the maximum context, i.e., the national language, will be termed as the collocational state of dialects. Now, if we consider the collocational distribution or the division as the results of historical evolution, the status, the collocated synchronisms are nothing but a form of diachronical affairs. Such a unique status of diachronism may be named as dialectal diachronism. The dialects, collocated in a historical relationship to each other in its division, constitute a diachronical series, nevertheless, revealing themselves as localized, divided units. The diachronical dialectology may be established in a close accordance with the existing diachronism of the dialects.

3. Inevitable Development of Diachronical Dialectology: As it is inevitable that collocated dialects involved are in a diachronical situation, so is the fact that diachronical dialectology should be estab-

of the dialectal synchronism, and as the results thereof an ideal form of diachronical studies will be effected.

To conceive and produce a unified descriptive record of dialects through the grasping of individual dialects is the aim of the synchronical dialectology. The unified descriptive record may be synonymous with an organic description.

To observe dialects in their reality and to describe them in a systematic, organic way, is the final way to clarify the unique characters of synchronical states of individual dialects. Synchronical process of dialect study is nothing but the effort to complete the descriptive record of dialects in pursuit of characteristics of dialects. Studies of dialects may tend to be diachronical, and may become more in line with the study of linguistic geography, but with this point unconfirmed, the characteristics of the dialects themselves will never be clarified.

13. Developing Nature of Dialect Description: When we consider the continually expanding centrifugal development of dialect ranges, forming a series of stratified concentric rings, our corresponding description of the dialects concerned is also required to be one developing ever towards a larger expanse of dialect synchronism. This developing nature of the description of dialects is to be logically ascribed to the synchronical dialectology.

14. Linguistics of Saussure: Saussure successfully separated the synchronical status of language from that of diachronical order, as one of the conditions for his methodology, but failed to place the study of dialects in the proper synchronical context. He relegates the study of dialects, as one of the exterior linguistics, into the area of diachronical dimension, and explained it only in the scope of linguistic geography. We should protract the concept of synchronism invented by Saussure himself further into the realm of dialects, and recognize the synchronical order of affairs in dialects. Eventually we shall have synchronical dialectology, a parallel to the synchronical linguistics.

15. Constancy of Synchronical Dialectology: Are dialects evolving towards further divisions or towards a unity? The inclination towards

11. Science of Langue and Science of Parole: The synchronical dialectology selects the synchronical status of the dialects but it does not lead us to define it as a science of langue. This is not only true with the scope of dialect studies, but also with linguistic study at large. There cannot be a science of langue without the study in parole. It would be perhaps more true to say that what we really engage ourselves in is always a study of parole. Or in other words, we can, in actual practices of science, only handle the affair called parole, or still better to say that while dealing with parole in actuality, we, as a matter of fact and of necessity, handle, in the abstract, the affairs of langue. We take hold of language by means of parole, and if thereby the former is caught, then it is made possible because of the latent existence there of langue. Linguistic sciences are always studies of langue which in actuality is paroles, and vice versa. In this sense, our synchronical approach of our dialectology is a science of langue, and therefore of parole. Unless we confront the Parole, there is no way to describe the dialects and their phenomena. The description of paroles connotes the grasp of the livelihood language. The facts in the history of daily life is understood in terms of its spoken paroles.

It is through the practice in the science of langue, therefore of parole, that the dynamic description of dialects, namely the synchronic dialectology, is made complete as a science of livelihood language.

12. Uniqueness of Synchronical Dialectology: The independence of the synchronical dialectology as a science is acknowledged with its unique properties. Upon this uniqueness, units of individual synchronical dialectology will be formulated for each dialect. The entire system of description thus obtained will consist the foundation for the diachronical studies of dialects. Synchronical dialectology is there by itself without a dependency upon the diachronical dialectology. The synchronical dialectology is self-sufficient and has its own proper causes.

If there should be a description of dialects for a linguistic geography, the description ought to be different from the description meant for describing dialects. The synchronical dialectology aims at the grasping

munity. Within the system, every element is related to the other in an organic way thus to compose a functional structure. A word found in place within the structure, though one found among the vocabulary of the national common language, is still an element of the structure, with its own history to be there and to be thus, and will not be isolated away from the context of that unity. Every element, with its history and background fits into an organic structure called livelihood language. By digging deep for the history and values of the synchronical aspect of dialects, namely, the livelihood language, and thereby giving a set of synchronical descriptions, the dialectology of synchronical approach will become something very vivid.

Identification of synchronical dialectology with the livelihood language is significant as it is the designation of the science of languages as a science of man. Synchronical dialectology should not be mechanized by a rush hand. It is the mental attitude towards the dialects as livelihood language that would insure the teleological posture for the synchronical dialectology.

10. Description: To be descriptive in the grasp of dialectal synchronism has been emphasised as we believe that description should be always towards a further depth. 'Description' is not antonymous to 'explanation'; the former beyond doubt, includes the latter. The descriptive study of the dialectal synchronism ought to be such as will thoroughly bring to light the content and reality contained in the synchronical dialectal situations.

When we strive towards a deeper level for description, we are compelled to look deep into the consciousness of the actual speakers and stay true to it. A phrase, or even a word should be brought to scrutiny for it is a fact taking place in the livelihood language. This digging for the depth into the livelihood language will eventually lead us the way to the historical description of dialectal synchronism. There is no restriction as to how much historical a description here could be.

The synchronical dialectics of dialect in this line is indeed very much dynamic.

of daily livelihood, the synchronical study of dialects may be re-named as the science of Livelihood Language or Language of Livelihood. As we have variety in size of dialectal synchronism, so we have levels of studies of livelihood language for optional dialect synchronism.

A dialect is a thing to be recognized as such in the relative context of contrast among dialects, yet a dialect for a person who speaks in it is something absolute, the only language to which there is no alternative and the only language of livelihood. (The term "Language of Livelihood" is, as was the term 'dialect', not to mean the individual concrete items, but the relative units of affairs as a whole.) To generalize the term, it could be said that a dialect is a system of the livelihood language. The integrity of such unit is maintained by the whole history of an individual, or individuals who has lived through the thick and thin of the life in that dialect—it is the living organism that is upholding the unity. Accordingly the studies in the livelihood language should presuppose a full conprehension of the facts and experience in that language.

Dialectal synchronism, or in a further refined term, the general synchronism of language, seems to demand such introspective organic comprehension by the force of the obvious fact that they are themselves synchronic in their state of being. The further one delves into the interior of the synchronism of dialects, dialects reveal themselves more and more as livelihood language of the individuals concerned. In this respect we might safely say that synchronical dialectology is originally the science of Liveihood Language.

The unity of the dialect as livelihood language becomes even more announced when the speaker themselves become self-conscious of their own language. The deeper the linguistic awareness of the individual of his own native speech, the wider range of unity he may be able to conceive around him and the dialectal synchronism will become more actual to him.

The inherent system of livelihood language is the due consequence of the whole histotry of livelihood to each individual and to each com-

The variability by the levels, or the evolving status of the dialectal synchronism enables synchronical dialectogloy to compass any given locality of whatever the area.

Japan as a whole can be conceived as a unit of dialect community, if we protract the dialect range from any given spot to its ultimate range, and we may call that dialect 'Dialect Japanese', which is the inevitable consequence to any evolving phase of dialectology. This is one of the dynamic features of the synchronical dialectology and its subject.

Of course, there is no doubt as to the impracticability of concrete description of such extremity of protracted dialectal synchronism as covering the whole nation with its total area. When the subject becomes such a vast scope in contents and extent, the proper density and the points of emphasis are to be so determined as to maintain the total effect concrete enough. The synchronical disposal of the situation, admittedly however, becomes considerably difficult in practice.

Some rough sketch of synchronical order may be possible for such a major compass of the subject, but the significance as description will be somewhat lost, and the concrete terms at the lower levels for a smaller and more paticular areas seem to carry more immediate utilitarian consequences. The smaller the expance of the synchronism concerned, the more the synchronical dialect study will have to present. Generally speaking, the actual merit and validity is most manifest when the synchronical dialectology is applied to the subject phenomena considerably limitted in its coverage.

In anticipation of the diachronical studies to evolve out of the synchronical studies, it is beneficial to accomplish as much as possible in the study of synchronical level by limitting the scopes of observation as small and hence as concrete as possible.

9. Livelihood Language, and its Science; Whether at a major expanse or at a minor expanse, a dialect synchronism is observed as one unit; it is a complete whole for the individuals who speak and live in that dialect in that locality. Thus if we consider dialects as the language

area than that covered by linguistic geography (a diachronical approach, after all). It is imperative that we should grant the rightful status and understanding to the synchronical dialectology.

7. General Synchronical Linguistics and Synchronical Dialectology: Is there any difference between the synchronical dialectology so far defined and the general synchronical linguistics? The answer seems to be negative. There should rather not, unless there are more than one synchronism for the single term.

The synchronical dialectology, with its subject being the synchronism of dialects, is in the cast of the general synchronical linguistics, thus, concurrently, of the general study of the language, nevertheless handling the spatially collocated individual dialects. As it studies such characteristic affairs in the order of synchronism in the speciality defined as dialects, a matter far simpler than those of the historical synchronisms of the Japanese language, the synchronical dialectology has its own distinct characteristics.

The synchronical dialectology as the first stage of the development of dialectology has a particular importance and significance as it leads the way to the diachronical dialectology and eventually to the hyper-synchronical dialectology.

8. Subject World of Synchronical Dialectology: As we have so far made clear in the preceding discussions, synchronical dialectology may be freely applied to the dialects of whatever the range. Dialectal synchronism can be recognized in minor or major dialect areas as the case requires, and if we focus our views on a given spot, we can then expand the range around towards the perimeter to a desired extent. The dialect synchronism will evolve as we extend our range of view by stages. The process will present a stratified hierarchy of dialect synchronism, the broader the extent, the higher the term of generalization. The dialect synchronism at a higher latitude defines the actuality with a higher order of generality, but not at all vaguer for it. The synchronism will reveal as concrete the facts at the level as it does at any other lower levels, valid and complete in their own ways.

for diachronical observations and surveys do already presume the existence of some form of dialectal synchronism in the subject. The speeches of a locality constitute the dialect of that particular locality, and the surveyor will find the locality as an integrate dialect community with its proper dialectal synchronism. The geographical process as well as the diachronical practice presupose the synchronical phases of the subject. Thus in selecting the items for survey, the items are so selected as to be the component elements holding the proper place in the entire organic unity, i.e., the dialect concerned. We are convinced of the fact that the recognition and disposal of dialect-synchronism is a necessary premise for the study of diachronical study of dialects.

To conclude, whether for the diachronical dialectology, or comparative dialectology, or geographical dialectology, the study in the order of synchronical dialectology is prerequisite. Only when individual features of dialectal synchronism are described and comprehended, the diachronical study of dialects is to be expected to develop properly. When a comparison is to be drawn across some dialects, on a given subject item, the attempt will be frustrated unless one knows the entire backgroud from which the sampling should be made.

6. Establishment of Synchronical Dialectolgy; In theory likewise, the study of dialects is preceded by the synchronical studies.

Even when dialects in varieties of ranges and localities may be recognized in the manner of linguistic geography or of diachronical principle, they may be freely and individually disposed of as the subjects under synchronical study. Diachronical or synchronical, whichever should precede, the necessity of the diachronical studies and its importance is undeniable.

In the structure of the dialectology, the proper place should be accorded to the synchronical dialectology. These two approaches are metaphorically the two pillars that sustain the general study of dialects.

We are not to suppose that dialectology is equal to linguistic geography. The structure of dialectology has something more than the substance linguistic geography as such holds. Dialectology covers far broader an

In the western dialectology, the concept of "bundles of isogloss" have been of common acceptance and the actual areas encircled by such bundles of isogloss have been recognized as dialect areas.

The boundaries as such in the case of dialect areas are not usually clear-cut, though occasionaly very sharp, and the term "Dialect divisions" may be accepted as our technical term referring to vaguely outlined areas and the corresponding units of dialects.

The actual ranges of dialects may be vague and uncertain, yet the corresponding, localized dialect unities are a reality.

For each local unity of dialect, the proper dialectal synchronism is inherent and is to be found.

5. Synchronical and Diachronical Approaches: In order to comprehend the dialects as the affair of dialectal synchronism, a study of dialects in their contrast against each other should be carried out. The contrast will bring out the dialectal synchronism, thus the study of contrast between and among dialects may be synonymous to the study of finding the bundles of isogloss. When a dialect area happens to be segregated by only a perimeter of a single line instead of a bundle of lines, we may still say that it is one of the possible states of dialectal synchronism, though with the demarcation unusually sharp. Whether by a line or a bundle of lines, to localize and to bring the dialectal areas into contrast is legitimately a study in linguistic-geography. Since linguistic geography is a diachronical in its order, the diachronical study of dialects must precede the synchronical study of dialect when the affairs in dialectal-synchronism are to be studied.

However, in preparation of the observation of dialects in diachronical approach, i.e., geographical approach, spots of surveys are to be selected over a stretch of area and the index items for samples. In order to increase the validity of such geographical observations, the selection becomes a matter of great importance requiring much precision. The last fact witnesses to the fact that the selection itself is presupposing a tacit recognition of some sorts of dialectal areas, or a localized concentration of linguistic units. This is to say that even the procedures

have been in practice—reasonable and practical in their own right. Every dialect is unique to the populace, a people sharing the life of the community. As one community has its own solidity and unity, their language also shows its own individuality in the form of the dialect of the locality. The range of a community livelihood coincides with the expanse of the linguistic community, namely the range of the particular dialect.

Dialects, linguistic unities, are themselves something organic as phenomena or as existence. As obvious is the existence of dialects, the organic structure of dialects is self-asserting. The organic constitution of the dialects almost compels us to deal with them, more than in anything else, in the synchronical approach.

4. Dialectal Ranges: The term 'dialectal synchronism', or state of dialectal affairs synchronous, as a matter taken for granted, refers to the current dialectal synchronism, or again, the present status quo of the dialectal phenomena concerned. Thus the dimension of dialectal affairs in terms of time is decisive and imperative. If compared with the complexity involved in determining a synchronical order at a given time of the linguistic history, the dialectal status arbitrarily cross-sectioned at "the present" seems an easy matter to present.

However, the border-lines of dialects are too often vague and uncertain, and the spatial designation of dialects is considered generally a matter of considerable difficulty. Upon a second thought, however, such reveals nothing but the inherent feature of dialects.

No matter how vague and uncertain the boarderlines are for collocated dialects, the focus of each dialect unit, as the core of the dialectal functional unity, is always distinct. A dialect may be defined thus "a linguistic unity whose focus being the thickest spot of the concentration, thining away towards the perimeter."

If we take the term "Dialect Divisions" literally, we must follow that dialects are divided by linear boundaries, and as to such notion of "discontinuity" there have been negative assertions in the dialect studies here and abroad.

tinguishable blocks of local languages mutually contrasted and differentiated. Dialects, in fact, are the parts of a unity, thus the technical synonym "Bumpa"* "dialectal divisions".

The divisions are something observable in the relative context among collocated sectors, or "inter-divisional relationship." In this respect, the dialects may be said to be located and determined upon diachronical principles, as the evolution of Bumpa is subject to the diachronical order. However, no matter how extremely divided are the dialects, and how they appear relative in their divergence, and ready to be acknowledged diachronic-wise, for the particular stretch of locality where they are spoken, these dialects constitute, as an objective fact, an organic actuality. This is to say that a set of dialectal sectors are themselves in a phase definable as one unit of specified dialectal synchronism. Duly, such will come under the observation of dialectology as its initial subject.

As in the philological main, synchronical philology is established to match the synchronical aspects of language, so, in the science of dialects, synchronical dialectology might well be established if thus the synchronical dimension of dialects is to be acknowledged.

3. Organic Existence of Dialects: The actual solidity of dialects, the very subject of our synchronical dialectology, is empirically a matter easily apprehended. Say, for instance, a village community may be considered, and we will no sooner know the differing dialect groupings in the village itself, namely the existing contrast between the dialect-sectors. The parallel situation may be found if we consider a broader area as a unit, say an entire island, or a traditional district such as Inaba. The dialect of an island has its own unity and solidity, and that of a district with its own dialectal consistency obvious enough to win a proper name. Such appellations as these at various latitude

---

* The suitable term in English for 'Bumpa' (分派), in such a particularly unique connotation and use, may be difficult to find. For convenience's sake, we might use ***configuration, collocation*** or ***division*** etc., tentatively. Bun (分) stands for division, ramification; pa (派) for derivation, divergence, etc.

Structure of Dialectology

Yoichi Fujiwara

Section 1. Organization

The structure of dialectology may be expressed as a tripartite organization of the following three phases:

Synchronical Dialectology

Diachronical Dialectology

Hyper-synchronical Dialectology

Synchronical dialectology based on the synchronical linguistic approach is the first to be acknowledged. Then, as its development, we have diachronical approach and the corresponding diachronical dialectology.

The subject phenomena of the diachronical dialectology will integrate themselves and assume a phase of synchronical order one term superior, thus we have what is to be termed as hyper-synchronical dialectology.

To accommodate the two phases, synchronic and diachronic, as the inner components of dialectology, has been of course derived from Saussure's philology, and I, fully acknowledging these two, will carry on the synchronical attitude still further, eventually synthesizing the two phases in the form of hyper-synchronical dialectology.

Section 2. Synchronical Dialectology

1. Synchronical Dialectology: The first thing to be undertaken in the study of dialects is the study that will grasp the linguistic unity called 'dialect' as a whole and as it is, which approach is called synchronical study of dialects.

Dialects may be observed as an affair of synchronical order, 'dialectal synchronism' hereafter, which is to be the subject phenomena of synchronical dialectology.

2. Dialectal Synchronism: Dialectal synchronism, namely the dialects themselves, are something that exist beyond doubt. The term 'dialect' or 'dialects' may be defined as each of the individualized or dis-

---

A full volume in Japanese by the present author on Dialectology is being prepared for publication at this date. This is a full translation of the Chapter 2 of that work.

STRUCTURE OF DIALECTOLOGY

Yoichi Fujiwara

1 9 6 1

Acknowledgement

This essay was translated by the great help of my respected friend, Mr. Kan Katayanagi of Hiroshima Jogakuin College.
I heartily appreciate his kindness.

TABLE OF CONTENT

C　方言学の方法

上の比較作業は，順次に拡大されていくのが当然である。比較はさらに比較をよんで，通時方言学的研究の対象領域は，しだいに拡充されていく。これは必然でもある。ついに，比較は，国語の諸方言全部におよぶ。つきつめて言うなら，通時方言学は，国語諸方言の全般にわたっての通時態を処理するのが理想である。

こういう場合もあるだろう。ある広さの地域にわたる方言共時態がとらえられる。その記述把握にしたがっているうちに，その記述のもとで，その方言共時態の方言細分がおこなわれる。すると，これらについて，通時論的な研究がはじめられる。

方言通時態は，可動的に，上位方向にも下位方向にもとらえられる。それに応じて，諸段階ごとに，通時論的研究が成り立つ。方言通時態そのものは静的であっても，通時方言学の成立は，このように，動的発展的である。こういう発展性のみとめられることからして言えることは，通時方言学上の比較作業も資料記述も，つねに，通時方言学の発展性・可動性を見こしたものでなくてはならないということである。たとえば，ある広さの通時論的な資料整理，ないし研究は，研究がやがてさらに広い範囲の作業にわたった時も，すこしもさしつかえのないような，弾力性・規格性を持ったものでなくてはならない。

（『方言研究年報』通巻第3巻　昭和35年6月）

派の認定であり，区画の設定である。

② 方言分派の相互関係を追求していくもの。分派系脈論である。いわゆる区画論は，ここに含めて考えてよいか。

③ 国民の国語生活史，国語生活圏史を再構していくもの。②のつづきである。

前三者から後三者への発展系列は明らかであろう。事象分布をとりあつかうところから，方言分派地理学がもりあがっていく。

総じて言えば，前三者の方言事象地理学は，だいたい，事象の，分布をとりあげるもの，後三者の方言分派地理学は，分派をとりあげるものである。分布と分派とは，区別している。分布は，一々の事象について見られるものである。分派は，方言分派で，事象分布の累積の結果としてみとめられるものである。前者は個別現象であり，後者は全体的事象である。（全体的であるゆえ，事実とは言わないで，事態と言う。）――（このような用語法にしたがうかぎり，方言分布などとは言えない。分布と言おうとすれば，方言事象分布と言わなくてはならない。方言と言えば，分派とつづけなくてはならない。なお，分布のひろがりについては，分布領域と言い，分派の範囲については，分派領域――方言領域――と言う。）分布事象によって立つ方言事象地理学は，分派事態によって立つ方言分派地理学と対立する。

通時方言学，ないし方言研究としては，後者の方言分派地理学を，一段と重要視すべきであろう。通時方言学の主点は，この方におかるべきものと思う。方言の研究は，通時論的な方言研究にしても，つねに，方言総体をねらうべきものだからである。

これまでのいわゆる言語地理学的研究では，方言研究を目的とはしながらも，方言の方言性・地域性・分派性，あるいは方言総体を，ねらわないことが，少くはなかった。つまり，方言事象地理学に偏しがちだったようである。これは，今後，補正されなければならない。私どもは，新しい要請を自覚して，方言分派そのものの地理学を，縦横に開拓しなければならない。こうすることによって，いわゆる言語地理学を，まさに方言学的に，発展させることができる。

五

通時方言学は，方言通時態（二方言以上の並存する状態）のとらえられるかぎり，どのような小範囲の対象領域にでも成り立つ。しかし，通時方言学

態を対象とする共時方言学の名と，一定の対比関係をたもつ。方言の共時論的研究と，通時論的研究とが，あいよって，方言学体系の基本組織をなすことを思えば，学理上，ここには，共時方言学に対する相対名，通時方言学の名を用いることが，適当と考えられるのである。方言地理学の名を用いれば，また，方言学即方言地理学と誤解されたりするかもしれない。方言の地理学とともに，方言の共時論をみとめようとする私の立場では，その誤解の危険は，あくまでさけなければならないことである。

通時方言学の名を立てれば，方言に対する地理学的研究の，方言学での位置を，明示することができる。私どもはまた，通時方言学の名を立てることによって，地理学的研究いっさいの通時論的意味を強調することにもしたい。

四

諸方言対立の分派状態のうえに，比較法によって立つ，逆覩的な通時方言学は，つぎのような内容を持ちうるものと思われる。

A　方言事象地理学
B　方言分派地理学

従来の地理学的研究の傾向と，今後なお要望されるべき研究部面とを総合してみれば，全内容は，大約このように整頓される。

ここに方言事象地理学・方言分派地理学と言えば，さきに問題とした方言地理学というのと，まぎらわしくもなるか。しかし，これらは，あくまで，通時方言学の下位区分として設定した名である。方言事象地理学などの名が，方言学とイークォールなどとうけとられることはないであろう。下位区分の名として，「地理学」の名を用いることは，方法を明示するものでもある。

さて，Aの方言事象地理学に属する内容としては，つぎの三者が区別される。

① 事象の分布領域などは言うことなくして，もっぱら事象だけを，同一事項について，二つ以上とりあげ，通時的研究をおこなうもの。
② 事象の分布領域をとりあげはするものの，やがてそれは背後におしやって，事象本位に，通時的研究をおこなうもの。
③ 事象の分布領域を言って，それを前面におし出し，分布領域本位に，通時的研究をおこなうもの。

ついで，Bの方言分派地理学の内容としては，つぎの三者が区別される。

① 事象分布をあつかいつつ，方言分派をみちびき出していくもの。分

にしたがうならば，もともと方言の比較なのであるから，言語地理学と言うよりは，むしろ方言地理学と言った方が妥当であると思われる。

これまでの言語地理学的研究の内容は，かならずしも単純ではない。また，これまでの内容のほかに，考え加えられなくてはならないものもある。これらの内容を合わせうけとってみる時は，方言地理学の名の有意義であることが考えられる。

諸学者の，これまでの，言語地理学の考えかたも，単純一様ではなかった。この点では，私どもは，みだりには言語地理学の名を利用しえないようにも思う。けっきょく，本質から言って，方言地理学という統轄名がよいと思えるのである。

かえりみれば，言語地理学という名は，広い内容を持ちうるものである。およそ，言語の地理学的研究，―― 地理的状況をとりあげる研究であれば，みな，言語地理学的研究と言ってよいはずであろう。言語地理学の中には，方言をとりあげる方言地理学もあってよく，また，他のものを利用する地理的研究もあってよい。言語地理学の名は，方言地理学をつつむ一般名とすることができる。

方言事象の比較をこととする語史的研究を，他種の方言地理学的研究との関係は考慮することなく，単純に言語地理学とすることなど，なくはなかった。こうなると，言語地理学の名は，ひじょうに狭くつかわれたことになる。一般名とされるものが，このようにつかわれることなどは，方言地理学の研究を，混乱させることにもなろう。

なお一つ，問題にすべきことがある。これまでに，言語地理学を，イーウォール方言学と解するむきが，―― また，解したのにひとしいことが ―― ，なくはなかった。この二つのことばが，同義語に近いものとして，不用意のうちにつかわれることが，ないではなかった。時には，この二つの術語を設定しての理論化が，いったい両者をどのような関係にあるものと考えているのか，不明確なことがあった。これらの場合，言語地理学の名は，まことに，とりあつかい困難な名になっている。私見によれば，方言学は，いわゆる言語地理学とイークォールではない。前者は大概念であって，後者は小概念のはずである。前者は後者を含む。このようであれば，言語地理学の名は，方言研究のどのような場合にも，さけたのがよいことになる。

方言の地理学的研究に対しては，要するに，方言地理学の名を用いるのが適切とされる。ここでさらに考えるのに，方言地理学の実践は，通時論にほかならない。方言の通時論は通時方言学とよんでよい。この名は，方言共時

言語地理学についての私の考え

藤原　与一

一

方言と方言とは，対立して共存している。ここに，方言共時態の並存がみとめられる。これは，国語という主体のもとで考えるならば，方言の分派状態と言えるものである。分派は史的成果である。とすると，方言の分派状態，すなわち方言共時態の並存は　一種の通時態と見られる。方言研究上みとめられるこの独特の通時態を，方言通時態とよぼう。諸方言は，史的分派関係のもとで，たがいに地域性・分派性を発揮しつつ，一連の通時態を成している。この通時態に即応して，方言の通時論的研究が成り立つ。

二

通時論的研究は，まったく，比較法を生命とするものである。方言の，どのような通時論的研究も，みな比較法によって立つ。

比較は，何をどのように比較するのでもよい。比較の素材・対象は，国語の歴史の，今日の国語領域内への投影，―史的成果である。比較は通時論をうむ。

史的成果という点では，方言分裂ではなく，方言統合がおこっている場合でも，これがやはり，史的成果と見られる。じっさいに，時間的に分化し，または統合をおこしたものは，すべて，史的成果として，比較法の対象になる。

このような比較法の通時論的研究は，比較方言学とよばれてもよい。この名は，比較言語学の名と平行的に考えられるものである。比較方言学は，史的方言学となる。

三

従来，方言比較（さまざまの）の地理的研究は，言語地理学とよばれてきた。一面，当然の名まえとも言えよう。が，今，比較方言学という考えかた

方言地理学の方法

1 名義

はじめに与えられた表題は「言語地理学の方法」であったが、元来「言語地理学」という名は、方言研究上に限ってつかわれるべきものとはされないであろう。自由に考えて、言語一般につき、その諸種の現象面につき、地理学的研究が可能である。「言語地理学の方法」は、多角的であり得よう。今、私どもは、方言の研究を問題にしている。地理学的方法も、方言研究のために考えようとすることである。ここでは、限定名「方言地理学」の名を用いることがむしろ適当であると思う。今は、この方言地理学に関して、方法を考えることにしたい。

述べていく手段として、一つの研究例題をとりあげよう。そうすることによって、論述を具体化したい。私のとりあげる例題は、「瀬戸内海言語調査」である。

なぜ、このような題目を、目下の研究項目にしているか。私は、この題目を設定し、この題目を理想的に追求することによって、方言学の方向を考究しようとするのである。この意図のもとで、以下には、特に、いわゆる言語地理学――つまり方言地理学の方法を、述べてみることにしたい。

2　方言学と方言地理学

方言研究の地理学的方法を問題にするにあたっては、方言研究を目的とする「方言学」というものにふれておかなくてはならない。「方言地理学」は、「方言学」と、どういう関係に立つか。――〃方言学と言語地理学〃という言いかたは、これまでにも、しばしばなされてきた。

一口に言って、方言地理学は、方言学の中に含まれるべきものだと思う。すでに言語地理学を方言地理学としてしまえば、方言の地理学は、方言の学という、大きな、無限定的なものに含まれるのが当然である。

ことばだけの問題ではない。方言地理学は、いわゆる地理学的方法をとるものであり、これは、方言研究の一つの方法にほかならない。大きい方法であり、重要な方法であり、多くの業績をあげ得た方法ではあるけれども、これが方言研究の方法の全部ではない。方言研究には、他に、非地理学的な、インテンシブな方法、共時論的な方法、体系的記述の方法もある。それをも含んで、方言研究は、方言学の学的体系をそなえうる。

私はさきに、「言語地理学についての私の考え」（「方言研究年報」第三巻、一九六〇年）を発表した。そこでは、方言地理学を、さらに通時方言学とよびかえてよいことを述べたのである。「方言地理学」と言ったために、また、方言学即方言地理学と誤解されたりするようなことがあってはならない。（旧来、どうかすると、方言学イークォール言語地理学というようにも説かれた。今も、「方言学」の名のもとで、もっぱら言語地理学的研究があつかわれたりもしている。）

方言の地理学とともに、方言の共時論——体系的記述を目標とする——がみとめられるべきであるとする立場では、このような誤解は、あくまで防がなくてはならないことである。通時方言学の名は、この意味で設定してみた。通時方言学は方言学の一分科である。通時方言学は、方言の共時論すなわち共時方言学と対応する。この二つの方向が明確に定められて、方言学の体系は、組織される。(これ以上、方言学の学的体系について述べることは、今の必要事でない。)方言地理学は、通時方言学として、方言学の中に一方の地位をしめるのである。

このことから、当然、つぎのことが言われる。方言研究の地理学的方法は、共時論的方法と、たがいに援けあい、補いあわなくてはならない、と。地理学的方法を除外して、共時論的研究を適正におこなうことはできない。共時論的方法を考慮することなくして地理学的研究をおこなうことはできない。

3 目標

方言地理学、あるいは、方言の地理学的研究は、何を目標とするか。これまでのいわゆる言語地理学では、比較言語学即史的言語学の原則のとおりに、言語史的究明が目標とされた。今もまた、私どもは、大きな目標として、言語史の究明ということをかかげなくてはならない。

ただそのさい、言語史を、せまく考えるのでなくてよいことを、ここには言いたい。個々の言語事象、たとえば一語の名詞について、その外形なり意義なりの史的推移を考えることもできよう。——二方言以上にわたる観察から。また、一事物についての名称の変転推移を考えることもできよう。それらとともに、方言という分派の史的推移も考えることができる。一分派の分裂や、二つ以上の分派の統合も史的推移であり、新分派の孤立的な発生も史的推移である。それらを問題にすることができ、また、あいならぶ諸分派（つまり諸方言）の史的な前後関係を追求することもできる。方言という分派に関して、さまざまの史的考察・史的研究が可能である。方言研究では、こうして、広い意味での言語史の究明が期待される。

――このような点では、方言地理学の内部も、方法論的に、いくとおりかに分別されると思うのである。第一には、方言事象地理学と方言分派地理学とに分けることができる。（前記小稿参照。なお、このようなことに関しては、くわしく発表すべき責務を感じる。）

目標に関して、ここで一つつけそえたいのは、過去を見る目標とともに、将来を見る目標も、方言地理学にあってよいのではないかということである。言語史学としての言語地理学は、ひとえに過去を見がちであった。今はさらに、将来を展望する方言地理学の行きかたもあってよいと考えるのである。たとえば一つの事物の称呼にしても、――瀬戸内海で、「雷」のことや「落雷する」ことをどう言うか、というようなことであっても、これからはこれがどうなっていくだろうというように、今後の推移を見とおす作業もなされてよいと思うのである。展望の見地を積極的にうち出した作業が立案されてよいと思うのである。これは、ただに、あるものの過去をたずねようとするのとはちがう。――〝言語史の再構成〟という、機械的になりがちな回顧とはちがう。

展望的な見地では、調査項目を設定するにしても、かならずしも、これまでの言語地理学が好んでえらんだような、とかく変相の求められそうなものだけに、目を向けることはないであろう。俗に言うおもしろそうな項目だけをねらうことはなくて、むしろ変わりばえのしないような事項にも目を向けることになるはずである。方言事象らしくもないような、平凡な事実を、地理学的展望の問題として、重要視しもするはずである。こうした方言地理学が、直接に、的確な標準語論、標準語制定法をみちびく。私どもは、展望の方言地理学によって、より有力に、合理的に、標準語についての見とおしや考えを、みちびき出すことができよう。――言語教育の基礎を、ここでひとつ確立することができると思うのである。

4　調査項目体系

上述の目標から、調査項目はきまってくる。さてその相当数の調査項目は、おのずから体系化されるのでなくてはならない。方言地理学の調査項目が、ただに雑然と羅列的であるならば、ことははなはだ不完全であると言わなくてはならない。

調査項目の体系化のためには、共時論的方法の導入がいる。上のような目標に応じて、調査項目の要求を尽くすとなれば、けっきょくは、地理学的調査の対象――ある広さの対象領域――のうちのいくらかの方言を共時論的に見て、それら諸方言おのおのの体系的構造に共通する要点を尽くすことになろう。この結果は、当然、整然とした項目の体系になるはずである。ただ、実際問題として、一気に多数の項目をとりあげることは、どのような地理学的研究の場合にも、困難である。すでに調査地点も多いことだからである。現実には、調査項目を多くすれば、調査地点は節減せざるを得なくなり、調査地点を多くすれば、調査項目は節減せざるを得なくなる。それにしても、諸方言の共時論的観察から、いわゆる要点を抽出すれば、どのような相当数の要点項目も、それなりに、調査項目の体系としてうけとられるであろう。

調査項目の体系の内部は、以下のように分別することができようか。

a　方言音

ここでは、音声と音韻とを一元的にあつかって、方言音という見かたをする。未知の諸方言の解明にあたっては、素朴ではあっても、こだわりなしの方言音という見かたでのぞむことが、さっそくに有効である。

方言音の調査のためには、たとえば[kwa]の発音をたしかめるために、調査語「菓子」「火事」などをとり定めて調査項目とする。ところで、どのような調査項目も、被調査者に発音されれば、それはみな、方言音の調査にもなる。この意味では、方言音の調査目的は、多く、次下の諸部門の調査中に含めておくことも有意義である。調査中、つねに相手の発音に注意していけば、方言音調査の諸項目のなにほどかは、すでに自然のうちにたしかめることもできる。（ただ、規格・規準を重んじる協同作業の地点分担調査では、みだりに恣意的・偶然的な聴取にとどまることはゆるされない。）

どんな場合にも、方言音の通信調査はよくない。ごく単純な事項［ʃe］などの聞きとりにしても、地方人その人々にゆだねることは危険である。こちらがかなりはっきりととらえていることを、問いあわせてたしかめてみようとすることなども、一般には危険である。

b 表現法

語法または文法と言われるものを、なお、ふくらみをつけて、表現法とよぶ。方言での、ものの言いかたである。

どんな代名詞をつかうか。これは、代名詞をとりえらんでのものの言いかたというものをしらべるのではあっても、けっきょく、代名詞の個々の単語、語詞のしらべにもなる。が、某代名詞を、老人の女性たちが、友だち同士でつかって、うちとけた気分を表わす、というように見ていけば、これは、表現法の調査ともしてよいのではないか。

「日が暮れる」を「ヒーン　クルル」と言うのであれば、「ヒーン」を一つの表現法と解していきたい。主部を示す助詞がなくて、つまり主部助詞無形で、「――は」の意味が表現されたり、「――が」の意味が表現されたりするのは、そういう自在な表現法と見ることができよう。

表現法の見地・部門も、こうしてとり立てられると思う。

c 語詞

語彙ではない。語詞である。個々の単語を見ていくのである。たとえば「めだか」について、諸方言（諸調査地点）での異称を見ていく。

地理学的調査で、語彙を調査項目とすることは、まずできない。語詞調査の結果によって、各調査地点（各小方言）ごとに、どんなかの語彙を、ととのえうけとることはできる。このような語彙を比較の座に載せることはできる。したがってまた、この語彙比較を、方言地理学の手法によって言語地図化することもできる。

d 意　義

「タイガター」《堪え難い》ということばは、地方によっては、「ありがたい、かたじけない」の意の語としておこなわれ、また、地方によっては、「役に立たない」〈人間について言う。〉の意の語としておこなわれている。形容詞などには、方言による同形異義がことにいちじるしい。このようなわけで、語義もまた調査項目となる。

e アクセント

この部門の調査は、上来の諸部門の調査に付随させることもできる。が、それだけでは、アクセント研究の立場からすれば、体系的な作業とはならない。そこで、いちおう別個に体系的作業を準備して、少なくとも、その重点項目だけは、アクセント調査そのことのために、どのようにかして、地理学的調査の調査項目の中に出す（あるいは付随させる）ようにする。

調査項目の排列は、以下のように考えることができる。

地理学的調査の項目自体は、体系的に整備されなくてはならない。しかし、この項目の体系は、かならずしも、この体系のままに持ち出されなくてはならないことはない。調査そのことのためには、調査項目の排列は、別に自由に考えられてよいのである。

調査の諸項目は、現地調査としては、現場で、難なくしぜんに相手に聞いていけるように順序づけられているのが一番よい。わざとらしさも不自然さもなくて、相手は当方の調査順序にしぜんに乗ってくるようであればよい。さらには、しだいに答え手としての興味を増してくるようであればよい。調査者は、一定規格の問いかたで、規則正しくものを聞いていくのであるが、それが、時事風物についての自然会話ででもあるかのように、円滑に進行せしめられればよいのである。合自然性ということになろうか。この原理を重んじれば、季節感を利用して項目の順序を定めることもよいかに思える。が、これだと、年中いつ調査してもよいというわけにはいかない。けっきょく不都合である。季節々々によって調査順序を変えればよいではないか、というのはいけない。調査結果の整一を厳格に守るためには、つねに同一方式で、同一順序で問うていかなくてはならない。調査は相当の長期間にわたることである。この間に作業して、しかも自然調査の趣旨にかなった項目質問の調査を穏健になしとげていくためには、むしろ季節感などは越えたところで、もっとも日常的な平凡なところからはいっていくのがよくはないか。平凡・卑近ということを目やすに、諸項目の按配をしていけばよいかと思う。

5　瀬戸内海言語調査のための調査項目

私どもは、瀬戸内海言語調査のために、後に掲げるような調査項目を選定し、これを後に掲げるような順序（——調査順序）に排列した。

全部で二四〇項目である。この数は、節減に節減をへて得たものである。瀬戸内海上に、調査地点を多く求める方針をとったので、項目数は、しだいに節減することになった。

調査項目全体を、項目体系として表示することはここに省略して、一挙に調査順序による排列を出す。通覧していただけば、項目の体系は察知していただけると思う。

瀬戸内海域は、日本語の方言状態の中の一区域として、まことに特色の顕著な、注目すべき区域である。世界の諸国語について見ても、このように、一国語領域の内部に多島海がとりかこまれていて、そこで多くの島々が複雑な方言状態を示している所は、そう見いだされないようである。私どもは、この独特の区域を対象として、できるだけ正統を重んじた方言地理学的研究を実施してみようとするのである。このために、一つには、日本語の方言研究としての大きい見地から調査項目を考案し、また一つには、瀬戸内海域の特殊性に即応して、調査項目を現実的なものとしようとした。こういう基本的態度から選定されたもの、二四〇項目を、最後に、瀬戸内海域の生活と民俗とに合わせて、合自然性、平凡・卑近をむねとして、つぎのように排列したのである。


番号は排列順を示す。

*印をつけたものの調査には、絵図を用いる。

二重傍線の部分は、調査のねらいを示す。

1 明日
2 明後日
3 一昨日
4 一日おき
5 日曜日
6 おおみそか
7 本土
8 平らな
9 地震

10 恐ろしい
11 暗礁
12 潮が満ちきって流れのとまった状態
13 漁夫
14 梅雨
15 にわか雨
16 雷
17 落雷する
18 日照り雨
19 東南風
20 西南風
21 東北風
22 西北風
23 無賃労働奉仕
24 よしきた！
25 よく働く人

26 そんなに
27 やっぱり
28 しんどい
29 左利き
30 怠け者
31 常に
32 険約する
33 けちんぼ
34 そして
35 内証金
36 おてんば娘
37 おしろい
38 からかう
39 そしたら
40 するな
41 あかん！
42 うそつき

43 親戚
44 血統
45 末っ子
46 財産家
47 うらやましい
48 破産する
49 返礼の品
50 たびたび
51 ありがとう
52 夜おそくまで起きていて寝ない子
53 寝よう
54 カイ（文末詞）
55 うたたね
56 いびきをかく
57 くすぐる
58 くすぐったい

59 歯が痛い
60 どんな
61 あんじょう
62 夜、となりの家を食事どきに訪れてのあいさつ
63 夜、食事どきに訪問をうけた時のあいさつ
64 夜、用が終わって帰る人のあいさつ
65 夜、帰る人のあいさつに応じる、家の人のあいさつ
66 朝のあいさつ
67 日中のあいさつ
68 田畑からの帰り道でのあいさつ
69 別れぎわのあいさつ
70 シャレ（シャイ）

71 サッシャレ（サッシャイ）
72 シャンセ
73 サッシャンセ
74 ンセ
75 イセ
76 サンセ
77 ナンセ
78 ンサレ（ンサイ）
79 ナレ（ナイ）
80 ナハレ（ナハイ）
81 ハレ（ハイ）
82 ンヤレ（ンヤイ）
83 ガンス
84 レー
85 ラレー
86 オカエル
87 下さい

88 だれゾイ（文末詞）
89 ヨイ（文末詞）
90 ナラ（文末詞）
91 デー（文末詞）
92 エ（文末詞）
93 ヤー（文末詞）
94 ナー、ノー、ネー、ニー（文末詞）
95 ノーシ、ノモシ（文末詞）
96 ノータ、ノンタ（文末詞）
97 ノーヤ（文末詞）
98 カノ（文末詞）
99 ゾナ（文末詞）
100 ワイ（文末詞）
101 ワイヤー（文末詞）
102 ラー（文末詞）
103 トイ（文末詞）

104 チュカイ（文末詞）
105 ジャ（文末詞）
106 ガヤ（文末詞）
107 やりきれない
108 けっこうだ
109 しめた！
110 さしつかえない
111 このちびがぁ！
112 なくなる
113 動く
114 見らん　見れ
115 来つづける
116 行かせる
117 そうだ（伝聞）
118 聞かなかった
119 よう食いはすまい
120 行っつろう

121 休まねばならぬ
122 歩かなければ
123 おもしろかりよった
124 きれいであった
125 飲んだ
126 飲みながら
127 言うたとて
128 来たのに
129 そうだけれど
130 しないでも
131 言わずに
132 あげるから
133 してからに
134 行きがけに
135 雨ばかり
136 これしか
137 おしろいなど

138 十円ほど
139 一つずつ
140 どこかに
141 皮ごと
142 鳥を
143 人というものは
144 汝
145 私
146 みせびらかす
147 かしこい
148 いいえ
149 探したずねる
150 長い
151 *つくし
152 *いたどり
153 *甘藷
154 *馬鈴薯

155 *南瓜
156 植物の自生
157 *西瓜
158 いくつ
159 *とうもろこし
160 せど
161 *便所
162 出して
163 *井戸
164 *ながし
165 *まないた
166 *すりこ木
167 *じゅうのう
168 *鏡
169 *ろうそく
170 布、綿などの焼けるにおい
171 *火事

172 意外なものを発見した時のことば
173 火事だ!!
174 驚く
175 あわてる
176 *叫ぶ
177 *煙
178 *お灸
179 むりやりに
180 *正座する
181 *夫婦
182 嫁がかってに里に帰ること
183 分家
184 *かくれんぼ
185 *走り競争
186 *じゃんけん
187 遊び仲間にいれる

188 *なぐる
189 しゃあがる
190 行き(命令表現法)
191 *片あしとび
192 *肩ぐるま
193 *凧
194 *虹
195 *山頂
196 やっと
197 *にぎりめし
198 *海
199 *水にもぐること
200 *渦
201 *船首
202 *船尾
203 *つばめ
204 *かたつむり

205 *あり
206 *とかげ
207 *つくつくぼうし
208 *かまきり
209 *めだか
210 たくさん
211 *かかし
212 *稲架
213 *いなむら
214 *ふご
215 *てんびん棒
216 *おいこ
217 *かご
218 *手おの
219 *竹の皮を張った笠
220 落ちる
221 自然に

222 もうちょっとで落ちよった
223 *枯松葉
224 *松かさ
225 *雪が降っている（存在態）
226 *雪が降っている（進行態）
227 突然に
228 *袖なし
229 *国旗を立てる
230 *高げた
231 *とんぼぞうり
232 *こじき
233 舌
234 手
235 ひざ
236 かかと
237 嗅ぐ
238 わしがおぼえてから

239 先生・大人《おせ》
240 知りません

調査項目選定過程はつぎのとおりである。

はじめに、フランス言語図巻その他の、外国の言語図巻の調査項目を、できるだけ参照することにつとめた。

つぎに、国内の各種の参考物を、できるだけ多く見あつめ見とおすことにつとめた。

もと（あるいは出発点）になったのは、私自身の、内海域を重視しての、中国四国西近畿についての「言語地理学的」調査（その結果のいくらかは、一九五六年に、「日本語方言の方言地理学的研究」として発表）の調査項目である。

項目選定にあたっては、大学院の演習の座で作業してもらったことが多い。

項目選定の補助者は、愛宕八郎康隆・神部宏泰の二君、ならびに、佐藤虎男・神鳥武彦の二君である。援助者は山内洋一郎・蔵野嗣久の二君である。

項目選定作業では、一つに、内外の質問簿その他から、さきの趣旨の瀬戸内海言語調査に必要または適切と思われる項目を、自由に抜き出してもらった。補助者・援助者各自の作業としたのである。この結果を集合して、私は選択をこころみた。これは共同の席でおこない、削除したものについては、それらをとり出した人々に再考してもらった。別に、諸君に、自由な思いで、「瀬戸内海調査のためにふさわしい。」と思う項目をとりあげてももらったのである。ここまできて、項目八〇〇余を得た。これを私は整理して、三〇〇余項目におしさげた。ここでまた、新たに、私から、内海に即したものと思われるもの（今までの内海調査の結果による。なお、私は、この項目作業の直前にも、直接の準備として、備中の真鍋島に、一週間の深部調査をこころみた。）、一三〇余項目を、追加補入したのである。

じつは、私には、頭初から、これらをさし加えたい主張があった。しかし、このようなものをすぐに出すことはしないで、つとめて諸君の探究を歓迎したのである。その、公平な選択に期待しつつ、しだいに私の所見を述べ進めることにしたのであった。

さて、最後の段階で、以上の四〇〇〜五〇〇の項目を、内海調査のたてまえと一般的な見地とから、よく検討して、二百数十項目にきりつめた。これを試験調査にかけて、反省と討論とをおこない、ついに二四〇項目にしたのである。

6 調査地点

方言地理学的研究の調査にあたって、調査地点をどのようにえらぶかが、ここで問題になる。さきにもふれたように、調査項目数を多くすると、実際問題として、調地査点を多くえらぶことは困難になる。理想を言えば、調査対象区域について、その対象区域が要求しているだけの調査地点数をえらぶべきである。調査項目がどうあろうとも。

瀬戸内海域で言うならば、やはり一部落ごとに調査をこころみることが理想的である。小さな島の内でも、二キロくらいしかへだたっていない部落同士が、もう、たがいに、いくらかの方言差を示していることがある。このようなことがめずらしくない。このため、本格的な瀬戸内海調査としては、どうしても、部落単位にまでおりて、こまかく調査地点を求めていかなくてはならないのである。

私どもは、理想を目ざして、いちおう、内海島嶼の全部落をねらうことにした。そうは言っても、二、三軒とか、一、二軒とかの点在部落もある。そこで、いちおうの目やすを立て、三〇戸以上の部落をとることに定めたのである。これでいっても、全体ではたいへんな数になる。対象区域について、どのように精、あるいは粗に地点をえらぼうとも、加えてなお、その周辺地域に、補助調査地点をえらぶことが必要である。これは、当面の対象をそれとしてはっきりとつかむために、ぜひとも考えなくてはならないことである。

私どももまた、瀬戸内海をつつむ沿岸のぐるりについて、かなりのくわしさで、補助地点をとり立てている。調査地点の設定にあたって、経度と緯度とを利用し、たてよこにこまかく割っていって、その枡めごとに機械的に調査地点を求めることも、さきに西洋などでは考案され実施されているらしい。なされてよいことである。少ない地点を、恣意的にあら目に求めることの弊害は、これで救われる。

7 調査結果の整一

地理学的研究にとってたいせつなのは、調査結果の整一ということである。方言地理学は、要するに、地理学的調査の結果について、比較をおこなう。この比較のためには、比較されるべきものが、まさに比較されてもよいように、同一条件で、同一平面上にならんでいなくてはならない。すなわち、地理学的調査の結果の資料は、整一性を持ったものでなくてはならないのである。

整一のためには、作業のはじめからおわりまで、用意が、規則正しく徹底していなくてはならない。

一人の人が作業者となる時は、この結果の整一ははかりやすい。聞く耳も一人の耳であれば、書きかたもその一人の書きかたである。問答法の加減も、調査地点ごとに、心得て平均化していくことができる。が、一人の作業だと、ある広さの対象地域の作業をしはたすのに、いきおい、長い時間、長い年月がかかる。これはすでに、調査結果の整一を、時間のがわからやぶるものである。調査は、できるだけ短日月におえて、資料の時限的整一を純粋なものにするのがよい。こうなると、どうしても、多人数の作業者で、協同分担（地点分担）の調査を実施しなくてはならなくなる。

　協同で作業するとなって、調査結果の整一をはかることが、いよいよ大眼目となる。理想を言えば、そのいく人かの作業員を、一定の方針で教育しなくてはならない。雑然とした多数作業員では、結果がおそろしく不整一になる。アクセントを聞く耳ひとつを考えてみてもよい。かりに、四、五の人について、即席の実験をしてみても、なんと差のあることか。

　私どもいく人かは、内海調査のためにも、十年近く、いっしょに勉強してきた。ほぼ、気ごころを合わせてはたらける人が、かなりできた。それにしても、こと、アクセントとなると、まだじゅうぶんでない。方言音一般の方は、音節本位に顕著なものをとらえるくらいは、一様にできそうである。

　協同となれば、要求目標を、可能なかぎり、最底線におくことにしなくてはならない。高いことを要求すれば、ごくわずかの人々しか、ついてくることはできない。ころあいの要求にとどめれば、比較的多くの人々がついてこれる。相当数の協力者を望めば、その人々に合わせて、要求の平均線を慎重に引くことが肝要である。さて、平均線を高めるためには、また、計画を立てて、調査員教育を高めていかなくてはならない。

8　協同調査の調査票

多くの人々が、協同して、調査地点を分担し、その人この人が、その地点この地点と調査していくために、調査項目を、調査票の形にする。

旧来は、調査項目が単純に質問項目とよばれ（質問すればいいというような観念であった。）、この質問項目は、「質問簿」という形にまとめられがちであった。

しかし、「簿」と言えるようなものを被調査者の前に出すことは、さわりがあっても益はない。かつ、後の資料整理のためにも、質問簿かならずしも便利ではない。

私は、年来、カード式が一番よいと考えている。そこでこのたびも、各調査項目を、一枚々々の調査票にした。二四〇枚の調査票が一地点分である。この束が、調査簿でもあり、調査用紙でもある。

これは、半紙形の用紙を八つに分截したもので、たて長い、手でにぎり持つのにちょうどよいものになっている。（――あまり紙はばが広すぎると、手でにぎり持っていて、手がつかれる。手のつかれは、調査の能率を低下させる。）

私どもは、この二四〇枚の調査票を、いく束かに分けて、小出ししながら作業するようにしている。被調査者の目の前に出すのは、つねに、大して目ざわりにはならない程度のものなのである。調査票のあつかいかたひとつも、自然環境での自然調査の精神で、心ふかくとりおこなわなくてはならないと考えている。

調査法

私どもの調査票には、その一枚々々に、その調査項目を調査する調査のしかた、問いの出しかたが書いてある。別に、

瀬戸内海方言調査用意

という、簡明にと心がけた、かんたんなものを作ってあるが、これの記事をあたまに入れた後にも、なお、一々の調査で、方法を正しくするように、しかもそれはしやすいように、しむけているのである。きょくたんに言って、調査能力の低い人の場合でも、しかも、手引き書の内容は忘れている場合でも、個々の調査票に忠実にとりくめば、ほぼ無事な調査ができるように手配してある。調査票に、何も問いかたを示してないのは、自由に問えばよいものである。（なお、別に、参考事項も補記してある調査票が少なくない。）

各調査票ごとに、このようにわかりやすい規定を設けておけば、ますます、協同調査の結果の整一は、期待しやすくなる。

所定項目の調査を、一定の規格で、ほぼ標準的な時間をかけておこない、こうすることによって、「諸調査結果の整一」にこたえようとすれば、どうしても、実質は質問調査になる。この質問を、質問らしい質問にしないようにほねをおるのが、私どもの調査法でなくてはならない。問うのではあっても、相手の中へとけこんでいって話しあう問いかたにしたい。

こういう自然調査の精神から言えば、調査者の衣服・動作や心がまえ・心しらえに、深い注意・戒心と演練とがいることはもちろんである。畑を打つ人を見ていると、畑にしたしんでいると見える人ほど、おのずから、その身

のこなしかたがちがう。あのような身のこなしかたにならなくては、畑は受けつけてくれないのであろう。方言も、調査者を、ことに外来の調査し質問する人を、容易には受けつけてくれない。私どもは、調査者として、身のこなしとも言えるものいっさいを、どれほど演練してもしすごしはないのである。「都会」的な身のこなしかたは、「いなか」化していくことが、多くの場合、必要である。

自然調査のとりはこびにするために、相手をなぐさめもするため、質問に絵図を利用する。絵図化しうるものはできるだけ絵図化することが賢明であろう。さてこの絵図利用の調査は、できるだけ、作業過程の後段にまわしておく方が、全作業をうるおいのあるものにするうえに、有効のようである。

9　被調査者

たびたびふれた被調査者のことを、ここでまとめて考える。

純粋の土地人をえらぶこと、性別をどうするかということなどは、方言地理学の場合に限ったことではないので、ここではとりあげないことにする。

ここで第一に考えなくてはならないことは、調査の全地点にわたって、被調査者に、ほぼ等質の人を得るということである。これがないと、調査結果の整一は得られない。等質的な人をそろえるためには、あらかじめ、注意ぶかく条件規定をしておく必要がある。現場に当面して、急に例外的な人物をとることなどはよろしくない。このようなことのないようにと思えば、あらかじめ、条件をややゆるめにして、そのかぎりで厳格に、条件規定をしておくのがよかろう。

私どもは、瀬戸内海域につき、全調査地点で、老年層と少年層との二層をしらべる。老若二層を対照的に観察することは、はなはだ有意義であると信じている。さきに方言地理学の目標について述べたことをここに思い合わされたい。老年層は、六〇才〜六九才の女性一名をえらぶことにした。一名と決定したのは、いろいろに討議・考察しての後のことである。少年層は、中学一・二年生のうちから女性二名をえらぶことにした。この二名の答は、どちらが答えても、まとめて一人分の答というように受けとることにした。老若二層の調査を実行し得たら、後には、この結果を、方言地図上に、老若対照的に表示してみたい。

――それにしても、私どもの困難はすでに明らかである。三〇戸そこそこの部落では、中学一・二年の被調査者の得られないことがある。老女の方でも、なかなか適当な人の得にくいことが少なくない。このような場合の処理法一般は、よくきめておかなくてはならないことである。被調査者が得られなくて、調査が不能であった場合には、方言地図上には、そのことを明示する符号が施されなくてはなるまい。

10　整理と地図化

方言地理学の実践は、最後に、方言地図を製作するところまでいく。（地図化することのほかに、図表化することなども、してできないことはない。すでに先人も、諸事象の分布状況を、量的に、正符号を用いて表示したりした。）

地図製作のためには、調査成果が、分類排列しやすいようにととのえられるのにこしたことはない。

この資料の最終整備のためには、地理学的調査の、作業の最初に、ものごとがじゅうぶん計画的にとり進められなくてはならない。

最初が最後、準備が仕上げであることの、いかにもはっきりとしているのが、方言地理学の作業である。

注

方言地理学での、方言地図の解釈——いわゆる言語地質学——に関しては、別にグロータース氏の発表が予定されている。したがって、私としては、右のような述べかたで、いったん本文をおわることにした。

（国語学会編『方言学概説』　武蔵野書院　昭和三十八年十一月）

頁	行	誤	正
276	13	最底線	最低線
278	16	心しらえ	心しらい

方言の境域的存在── です。方の言は、同次元では、たがいに分派の関係で存在しています。東條操先生は、この分派について「方言区画」を言われました。区画という静的なとらえかたを、動的なとらえかたにしていけば、分派という考えが成りたちます。

方言が、区画づけられるごとくに存在している、その区画(──分派)に即応して、方言研究の道を求めていけば、そこに、方言研究らしい方言研究をうち立てることができましょう。

区画論が、ただに区画の認定にとどまったのでは不徹底です。区画づけができるとすれば、やがてその意味が尋求されなくてはなりません。区画の意味するものとなりますと、もはや、方言区画を「方言分派」と考えていく方が適切となります。分派観こそ、ものの動態・生成をすぐに考えさせますから。

かくして方言分派地理学は、私どもに、方言諸分派上で、国民の国語生活の歴史(過現未)を考えさせることになります。そうして、その国語生活の歴史を、国語生活圏史としてとらえさせることになります。(──未来に向かって伸びてもいく生活圏です。)このところが、言語地理学の究極ではないでしょうか。回顧と展望の言語地理学がここにあります。

5. 汎時論的な言語地理学へ、これが、言語地理学深化の道だと、私は考えます。

Ⅵ 一般言語学へ

私などは、伝統あるヨーロッパ言語地理学に、多くを学ばなくてはなりません。学んで、しかもあきたりないものがあれば、みずからそこを疑って、ものを新しく求めるようにしなくてはなりません。咀嚼と超克とが必要であります。

私どもが、日本の言語風土の中で、日本語の方言状態について、方言地理学的研究をこととするうえは、日本でのこの特定状況ならびに日本語の実質に直面し即応した研究努力──発見や措定も──がなされなくてはならないことも、また明らかでしょう。ここでは、西洋の言語理論を適用しても、適用が制約・拘束にならないように、見かたを開いていくことがだいじであります。

こうして、方言研究の地理学的方法が推進されますか。けっきょく、日本での言語の地理学も、人間言語の学としての一般言語学へと高められるべきだと、私は考えるのです。

(『瀬戸内海言語図巻』も、そうした本願を持ったものであります。)

(『方言研究年報』通巻第14巻　昭和47年1月)

類処理する態度（見地）での、共時論的態度（見地）と通時論的態度（見地）との調和です。この調和が、解釈の客観性を私どもに得させるもとではないでしょうか。

h）すべてにわたって厳密を期することにつとめました。これは、科学一般の要求に答える当然のおこないだと思います。調査結果は、その一事一物を、それぞれに、生きた個体として尊重してきています。それこれをみだりに統合したりはしません。資料処理の善意と恣意とを峻別することには苦労してきています。

厳密すぎるのではないかと言われたことがありました。（―― 全域全部落調査ということについても。）私は、一般論として、「過ぎる」のは「及ばない」のとともに、厳密でないことだと考えています。

i）私どもの言語地図の発表では、――『瀬戸内海言語図巻』という名を用いますが ――、各調査項目ごとに、老年層図と少年層図とを一幅対にします。当該調査項目ごとに、老少両図の、対照比較されることが願わしいのです。

識者は、この対照方式の図を観覧されて、問題の事項の過去と将来とを考究せられるでありましょう。『瀬戸内海言語図巻』は、前むき・展望の言語図巻であります。

4．私の求め、かつ実践してきた方言地理学での、瀬戸内海域方言に関する言語地図製作までのことは、以上のとおりです。そのむかし、私は、小林英夫先生の書きもので、言語地理学は言語製図学と言語地質学とから成ると教えられましたが、まことに、言語地図製作は、資料段階からのことをも含めて、言語製図学としうることだと思います。

さて、方言研究の地理学的方法によって、方言事象分布を示す言語地図が作られた場合、これに即して、私は、方言事象地理学と方言分派地理学との二方向を考えます。（そのおのおのの内部については、いま、言うことをはぶきます。）二方向のうち、後者の方言分派地理学の方が、「方の言」、方言のためには、いっそう重要だと、私は考えます。

このへんのことは、旧著『方言学』をご参照下さいますなら幸甚です。もっとも、懐疑精神を言う私としては、漫然と旧著にとどまってはいられないわけです。旧説をそのまま主張することは避けなくてはなりません。が、地理学的方法による方言研究のしごとの大目標としては、けっきょく、方言分派地理学の方向が考えられてよいのではないかと思うのです。

方言分派とは、方言対方言の相対関係下で認められる、おのおのの方言――

a）地図にことばを書きこむことはせず、ことばを代表する符号を、地図に押します。この符号法のために、凡例を作らなくてはなりません。各凡例の製作では、合議を必然の過程としています。その最後では、私が、各図にわたっての趣旨の一貫に、特に注意しています。

b）凡例では、諸項目が、三段階に分類されます。上位分類から下位分類へと、立体的に、諸事象が分類されるのです。平面的な一列分類は、ことを不鮮明にします。

c）事象群の体系的分類によく対応させつつ諸符号を配分することが肝要です。

私は、なお、符号配分に、事象分布の地域性をも考慮することがだいじだとしています。すなわち、あらかじめ地域代表の符号群を考えてもおくのです。

事象そのものへの注意と、事象分布地域への注意とを統合しつつ、事象項目に代表符号を与えることは、大いに可能であります。時に、そうすることがむずかしくても、道はついに見いだすことができます。その時は、じつによい図を作り出すことができるのでもあります。

d）私どもは、製図に多色は用いていません。（一つには、のちの製版時に、費用が多くかかると考えたからです。）白の地図面に、黒一色でゴム印を押しています。一つには、これでどこまで立体的な図を作りだすことができるか、たしかめてもみたかったのです。

言語地図効果としては、ふたとおりのことをねらっています。第一には、直観による巨視的把握が可能なこと（すぐに、大ぐくりの分布がわかること）。第二に、人が注意した時、第二次的に、地区的な小分布などがはっきりとわかること。

複雑であっても、それが一方で単純化されていることが望ましいわけです。

e）凡例と本図とに随伴するものとして、私どもの図には、詳細な脚注があります。この脚注は、当該調査項目の全調査結果（資料）の凡例化に伴なう諸整理作業の報告と、製図上の諸注釈とを使命とするものであります。

地図を見る人は、この脚注までを見ることによって、その調査項目に関する調査結果のすべてを受けとめることができます。

f）図は客観図と言うことのできるものだと、私どもは考えています。

g）それにしても、図は研究者の所産です。その意味においては、できた図はみな主観図です。

その主観の通しかたとして苦慮したことは、凡例作製のために諸事象を分

質問法が規定してあります。調査者全員の共通に守るべきすじ道がここにあります。

二百四十項目の排列は、四季いずれの場合の調査にもさしつかえのないものとし、かつ、問いのしぜんの移行にかなうものとしました。絵カード使用の調査は、相手もやや疲れるかもしれない後半に配しました。

相手あっての調査が、このしごとです。私どもは、相手がたが、調査終了時に一種の快感を表明してくれることを、ひそかな念願（目やす）としました。二百四十項目調査の必要規準時間は三時間です。早すぎもせず、おそすぎもしないように、調査の作業をおえることが規定なのでした。

f）記録法のことなどは、いま、省略します。

g）調査の相手がたを選ぶのに、精密な条件を設けたことは言うまでもありません。ところで、私どもは、瀬戸内海域の全有人島嶼126の全集落を調査地点としたわけですから、小集落では、一定条件下の相手がたを選び求めるのに、ずいぶん苦労しました。

「老」女の方は相手一名、「少」女の方は相手二名〈うちの一名を主対象とする〉を対象にしたのですが、この相手がたの人数については、考えなくてはならない問題が多いようです。

h）調査地域上、私は、瀬戸内海をかこむ沿岸部も重視しました。時期はややおくれますが、海岸よりもやや奥まった所にも手をつけて、第二周辺調査をしはたしました。

i）現地調査上の根本精神としたものは、私の言う自然傍受法の精神です。もっとも自然な調査環境を得て、そこで、一々の事実を、自然のうちに受けとめようとするのです。このために、調査者が、一人の人間として、どのようでなくてはならないか、ことは明らかです。現場は、まことにきびしいものです。

相手とそのことばとを、物あつかいしないように心するのが、自然傍受の調査法です。自然傍受法には精神主義的なところがある、と人に言われても、私はそれを甘受します。私は、言語地理学をも、手法の世界から精神の世界へ引き上げたいのです。

調査者全員は、一糸乱れず、完全に統一体として動き、のちの研究での「比較の座の確保」に終始しました。この統一と遂行とを可能ならしめたものは、一つに、各員の、自然傍受法できたえられた調査者魂であったと私は理解するのです。

3．製図（言語地図製作）段階のことは、以下のとおりです。

きました。

はじめに、ヨーロッパ言語地理学の即物的なのをうたがいました。言語地理学のしごとの大部分が単語の言語地理学で しかも語をほとんど唯物的に処理しているのが不満に思われました。人間不在の言語地理学に、人間と生とを導入しなくてはならないと思いました。このために重要視したのは、一つに調査項目の拡充です。私は、思いきり、文表現本位のもの ── 生活表現の基本形式 ── をとることにしました。単語の方言地理学から文の方言地理学へであります。二つに年層対比調査です。私は、老年者と少年者とを、同日に対比的に調査相手とする方針を立てました。ことばのうつりきたった今日までを見ることにつとめるとともに、これからそれがどう動いていくかを見ることにもつとめようとするわけです。将来論の重要性を、私は、当の言語生活者たち ──（人間）── のために思います。

2．資料採択段階でのことは、次下のとおりです。

a）調査全般に関する準備期間は約十ヵ年でしたが、調査要員の養成は、この期間の中で、予備調査・実習調査などの機会をも利用しつつ、私がおこないました。その訓練の主目標は二つです。聴きとりの力と対人態度と。

b）見本島嶼に対する小規模の試験調査、その結果によっての言語地図製作演習に、私は時をかけました。

c）調査項目の制定にあたっては、私は、およぶかぎり、内外の先行文献を見とおしました。それらに学び、また、瀬戸内海の特殊事情に留意し、文表現形式の項目をとることにもつとめて、けっきょく、理想とする二百四十項目を得ることができました。項目をこの数に節したのは、多数の地点を短期間に調査しおおせるがためです。── この項目数は、一地点一日で老少二層を調査しおえるのに適当な数でした。

d）調査地点総数九百二十八、これに対する調査は、昭和三十六年と七年との二ヵ年で、その大勢を決することができました。この二ヵ年を中核とする五ヵ年が、私どものおもな調査期間でした。文字どおりの短期統一調査です。これで、比較法による研究は、まず安心しておこなうことができます。多地点最短期調査に、私はどれほど心をくだいたことでしょうか。もとより、この成功は、信頼にこたえてくれた調査員二十余氏の、異常なまでの努力のたまものです。（文部省科学研究費の恩恵も、ここで深謝しなくてはなりません。）

e）二百四十の調査項目は、現場での良効果を重んじ、かつは爾後の整理にもすぐに役だつようにと考えて、カード式に整頓しました。各カードに、

す。技術主義的で、思索性に乏しく、内面開拓がよわければ、一般に、そこからは、汎時論的傾向が出てきにくいでしょう。もし、精神の科学としての言語地理学が志向されれば、そこからは、当然、言語地理学の汎時論的傾向も出てくることかと思われます。

7．ヨーロッパ言語地理学界の人々は、言語地理学を、学として、どのような方向に進展させようとしているのでしょうか。

言語地理学を、通時論の世界におしやっているのが、ヨーロッパ言語地理学界の実情かと思います。人は、そのところで、共時論の適用、共時論的思索の適用は考えないのでしょうか。

もとより、言語地理学は、比較法の学ですから、ことは史的言語学的です。これに単純に共時論を適用することはできません。けれども、共時論適用といったような反作用的考察が、ついには、言語地理学の汎時論を可能ならしめるのではないでしょうか。（私は従来、この種の行きかた・考えかたを、高次共時論と称しています。）

人間社会での、人間たちの生の行動、その集団的行動を言語上にあとづけ、人々のその言語行動の展開をとらえるとなったら、この言語地理学は、「人間生態」言語地理学でありましょう。これはまた、人間文化解明の地理学、文化地理学でもあると考えられます。

8．言語地理学は、理想的な一般言語学から離れていてはならないと思うのです。（一般言語学なるものが、即物的で素材論的であるのにとどまっていれば、これと言語地理学とが、単純に二つのものになるのも、やむを得ないことでしょう。一般言語学は、その理想にしたがって、一つには、分析の言語学から総合の言語学への脱化を説かなくてはならないと思います。関連して、高次共時論の見地の重要性を説かなくてはならないと思います。）

言語地理学を、「一般言語学の方法としての方言地理学」と規定してみることも、よいのではないでしょうか。

Ⅴ　私の求める〈――実践してきた〉方言地理学、瀬戸内海域方言の方言地理学的研究

方言状態を対象とする言語地理学を、かりに方言地理学と言っておきます。

1．私は、ともすれば固定しがちな自分の方言地理学〈――言語地理学〉観念にむちをあて、つねにこれの改新をはかろうとしてきました。

よわい力にむちうって、私は、つとめて、ものごとをうたがうようにして

と、どうも、遠大なものを凝視しているおもむきがうかがえません。事実なり分布なりが解釈されたとしても、それは、言語の科学主義的解釈にとどまって、人間または人間群像の言語上の生態——しかも歴史的な生態——の理解・把握をつよくねらうところには行っていないように思われるのです。

つまり、ヨーロッパの言語地理学には、「うたがい」がないありさまです。約束にしたがってやっているとでもいったようなところが目だちます。

長い間、そして今日も、単語形のものの調査が多くなされているのも、以上の意味において、私どもの注目を引くところです。調査事項の、大展開がもたらされないものでしょうか。（文表現を見る諸種の調査の重要性は、もはや多く言う必要がありますまい。）——（なお、老若の諸年層をとっての対比調査が重要であることも、ここに明らかであります。）

5．科学的・実証的ということも、その方法が固定固着しては、だんだん妙味がなくなります。ヨーロッパ言語地理学は、伝統の上に安住しているとも、伝統の重みにたえかねているとも言えるかと思います。目的論的ではないと言えるのではないでしょうか。対象のとりかたを新しくし、テクニクを新しくすることからも当然おこるはずの「理念の生長」を、人はもっと考えるべきではないかと思うのです。

私などは、しごと以前に目的をとやかく言いすぎるかもしれません。が、大目的の立言なく出発して、ただにしごとを愛好するのも、人間科学の道のこととしては、たよりないことだと思うのです。理念を明確にしていくことは、いつの場合にも、たいせつでありましょう。ことに、言語地図を製作していく段階になったら、もはや理念は明確でなくてはなりません。その明確さが、じつは、言語地図上に、いきおいよく出ていなくてはなりません。

私は、言語地理学上、「人間の言語生活の実情・実質・実体」の解明・把握を理念としています。態度としては、回顧的であるよりもむしろ展望的であろうとしています。

6．かりに、私流に汎時論ということばをつかって言えば、ヨーロッパ言語地理学ははなはだしく回顧的で、汎時論的な要素がすくないと言えそうです。

今日の言語生活を問題にし、方言も生活語としてとらえようとするのは、現代の言語状態を歴史的現実としてとらえようとするものであります。歴史的現実の見かたは、うちにおのずから未来への見かたをも含んでいましょう。過・現・未を一体視する見かたは、字義どおりに汎時論的と言えます。言語地理学にもこのような汎時論の態度が緊要であると、私は考えるのでありま

第一に、資料選択上の粗雑さが指摘されます。（これは私のいちばんうれえる点であります。）それはどのように粗雑でありましょうか。一つに、比較を生命とする地理学的方法の言語学でありながらも、対象地域での調査の最短期完成を考えることが、厳格ではありません。人は、調査が十年を越えることも、意に介してはいません。“十年たっても、ことばはそんなに変わるものではないから。”などと言っています。私は、「変わる・変わらぬ」よりも前に、比較のためには資材は同一次元のものたるべきだと考え、同一次元確保のためには、時も短期間ほどよいと、原則的に考えるものであります。――短期完成が、条件として、不要なはずはありません。さて二つに、調査のしごとをする人々が、――長期にもわたりますので、いよいよ不均質的です。が、人はこれをあまり問題にしていないようです。ある人は、“だれだれはじつにすぐれた調査者だった。この人が特によくやってくれた。”と喜んでいました。それを聞いて私は、そのことをたっとく思うよりも、その人と他の調査者たちとの力量差をうれえたのです。差異の大きいいく人かの調査者たちがしごとをしたのでは、結果は、定めし不均質のものになりましょう。もとより、人間たちのすることですから、人による多少の不均質の生じることは、まぬかれることができません。けれども、そのことがわかっていればいるだけに、私どもは、まず調査者たちの質をそろえることに努力しなくてはならないと思うのです。そうすることによって、のちに比較すべき資料の採択に、公正・平準を期したいのであります。三つに、問いの諸項目はおおかた質問簿方式にまとめられていますが、私としては、これも、相手に与える諸影響を考慮して、他の形式のものに改訂してはどうかと思うのです。ともかく、質問は質問簿でといったような固定観念らしいもののあるのが問題でしょう。調査の現場は、人間対人間の、いかにも微妙な、また緊張も大きい現場です。ここでは、相手に悪影響を与えないように用心して、文字どおりの自然さを保つことが肝要です。調査現場の自然性を、いやが上にもまっとうなものとするためには、調査簿についてはもちろん、筆記具や服装その他についても、調査者間で統一的に、用心することがだいじだと、私は考えるのです。

欠点の第二として、――さきの機械化・固定化ということに対応するものですが、思想性の欠如あるいは薄弱が指摘されると思います。

ヨーロッパ言語地理学は、かなり作業的です。旧来の傾向にしたがって今日も作業的です。すくなくとも、作業的と言える面がつよいように見うけられます。

作業していって、どうしようとするのでしょうか。到達目標は？　こうなる

パから受けいれなくてはなりませんでした。ただし、わが国では、日本語内での諸方言状態を対象とする言語地理学――方言地理学――となりますと、日本語の歴史の古さと国土の特色の大きさとによる方言状態の複雑さに即応して、深みのある方言地理学を築きあげることができます。

Ⅳ　ヨーロッパの言語地理学

1．ヨーロッパの言語地理学は、第一に方言状態に対する地理学的研究として発達し、第二に、諸言語を併せて対象とする、包括的な「言語」地理学として発達しつつあります。（――対象の取りかたがひろがってきました。）

このような展開を見せてきているヨーロッパ言語地理学の歴史は、すでに長い歴史であります。ドイツ・フランスはもちろんのことですが、イタリーについて見ても、その古来の業績を、年代順に、かず多く見とおすことができます。イタリーも、言語地理学のすぐれた伝統を持つ国です。

2．このようではありますが、ヨーロッパ言語地理学も、長い歴史のわりには、存外、進歩していないとも言えるかと思います。型がきまっていて、そのわくがただ守られているかのようなところがあります。

言語地理学には、さまざまの類型なり新構想なりがおこって然るべきなのではないでしょうか。それがそうなっていないところには、言語地理学の機械化があります。――一本調子の型が、だいたいに流行しているありさまです。

型を破ることがあってよいのではないでしょうか。型を破る営みから、新しいものが産まれます。

歴史の古いヨーロッパ言語学には、比較法のマンネリズムがあり、同じく、歴史の長いヨーロッパ言語地理学にも、機械化・固定化の弊があると思います。

限界ということばをつかうとすれば、ヨーロッパ言語地理学は、すくなくとも結果論的には、限界を見せていると言えましょう。人々は、そのことを、これからどう考えるでしょうか。私には、問いたいことが多いのです。

3．機械主義的言語地理学は、技巧のおもしろみをさそうことになります。

言語地理学のよさが、技術主義的なものになりますと、その学業には、技術の美しさだけが光ることになって、学問は、底の浅いものになります。（――技術主義的な行きかただけからは、学問の深い味わいは出てきません。）

4．今、ヨーロッパの言語地理学について、どのような欠点を指摘することができるでしょうか。

Ⅲ　ヨーロッパ言語学と日本

1．ヨーロッパは、いかにも比較（―史的）言語学のくにです。このことが、私にも痛感されます。

土壌がまったく比較（―史的）言語学の土壌です。イタリーの言語学者も、イタリーという国にありながら、ごくしぜんに、比較言語学の土壌をたがやしています。したがってまた、ごくしぜんに、一般言語学ということも言っています。これらのことが、日本にはありません。

比較法の実施と訓練とは、まったくけたちがいに、ヨーロッパ言語学界では、よくできているのでしょう。日本では、この点で、言語研究の方法論的展開に、先天的な制約があったと言わなくてはなりません。

2．ヨーロッパ言語学は、その史的言語学の中で、苦悩を以て、共時論を産み出したと、私どもは理解することができます。

日本の場合には、比較からの史的言語学という研究方向がはなはだよわかっただけに、みずから苦しんで共時論を産み出すという深刻な営みは、なかったと思います。共時論は共時論として、単純にこれを受けいれました。だから、共時論が発達しません。共時論の厳格さが発揮されるようになってはいません。

3．言語学にも言語学風土というものがあるのだと、私は思います。

ヨーロッパの言語学は、まさにヨーロッパの言語状況の中で、もっともしぜんな成長をとげたのだと、私は、身を以て感じました。米国の言語学の一傾向でも、やはり風土的なものではないでしょうか。そこでの記述言語学の発達と、言語研究でのさかんな開拓精神とは、まさに米国地盤でのものだと、私には思われるのであります。

4．ヨーロッパでの、言語地理学の成立と発達も、まさにヨーロッパでの一風土現象だったと、私は解します。

比較言語学・史的言語学の世界では、「地理学的方法」のおこるのは当然のことでしょう。言語地理学は、比較（―史的）言語学の一顕現にほかならないとも考えることができるのではないでしょうか。

比較言語学のすぐれた土壌を持たない米国では、また、言語地理学の発達もおくれました。のみか、米国では、言語地理学の作業が開始されてからも、ヨーロッパの言語の歴史的現実の複雑さの中での言語地理学の深みのようなものは、出すことができていません。

日本でもまた、言語地理学の思想一般からはじめて、これをまず、ヨーロッ

る自覚的立場が不安定であっては、刺激を正しく受けとめることはできないでしょう。根本には、つねに、体験的なものがいると思います。

以上が、言語研究者としての私の、生活論理です。もとより、私どもが、もっともしぜんなかたちで外国をかえりみればかえりみるほど、私どもの体験は、高次元のものとなっていくでありましょう。その純化向上の可能性を持ったものが、私どもの原本の体験でなくてはなりません。

Ⅱ　学会と私の発表

私は、上述の立場から、発表そのことよりも、刺激を受けとることのために、表題にあります学会に出かけました。国語研究者として、平生の姿勢のままで、自己の内発的要求に忠実に、外国学会に出かけました。かえりみて、私は、私なりの成果をあげることができたと思います。ことばの不如意を越えて、じかに、多くの刺激を受けとることができました。

学会が、地中海という内海域を統一テーマとするものであったのがよかったと思います。それがそうであったからこそ、瀬戸内海域を研究対象とする私も、もっともしぜんなかたちで、先方に参加することができたのでした。ここには、文字どおりの内外一如があります。私は、無理なく、地中海を瀬戸内海に比較して考えることができました。（以前からそうしているのであります。）

日本語研究、—— 日本語圏での瀬戸内海域についての方言地理学的研究を発表すれば、これが先方の人たちの注意を引くことになるのですから、私は、発表者としても愉快でした。発表の題目は、「地中海言語問題とその研究に対する私の関心」です。私はこの中で、瀬戸内海域で見られる言語伝播の実情をふみ台にしつつ、“諸氏は地中海域でどのような伝播理論を産み出そうとしていられましょうか。”と問うたりもしてみたのであります。彼我一如の実感を以て、私はたのしくこれを言うことができました。あちらは多くの言語のむらがる地中海、こちらは多くの小方言のむらがる瀬戸内海です。

規模を言わねば、島嶼の群落様相は、こちらの方がむしろおもしろいのではないでしょうか。この瀬戸内海での実証からして、先方の状態を推測することは、いろいろに可能なことであります。こうして、やがては、彼我一体となって、内海域ないし島嶼地域に依拠するユニークな言語理論を生産することができるようになればと、私は思うのです。

方言研究の地理学的方法

―― 第四回地中海言語研究国際会議の経験にかえりみつつ ――

藤原与一

I　私の立場

私は、日本語という一特殊言語の方言状態を研究対象とする一学徒にすぎません。この私が、ヨーロッパの言語学を観望し、ヨーロッパの言語地理学のしごとを観察したとしても、なにほどのことがありましょう。まったく、申し述べるのも恥ずかしいことです。

それにしても、私は私なりに、なにほどかはじっさいに経験し得たことも、事実であります。この素朴な経験を、私自身の考察の対象にすることは、許されることでもありましょう。以下、私は、その心得のもとで、いくらかのことを述べていきます。

私は、自国内のことに没頭しようとする一研究者でありますが、そのように自国内のことに没頭しようとすればするほど、自然のなりゆきとして、外国のことが、かぎりもなく知りたくなるのです。方言研究の地理学的方法に関してもそうであります。このさい、外国語ができて、自由に外書が読めるなら、これは申し分のないことです。が、私は、それができません。ここでゆるされることは、何でありましょうか。わずかばかりの言語コミュニケーションをたよりに、自分のからだ(心身)で、相手からの刺激を受けとることであります。

刺激は、これを受けとる用意ができたら、そうとうに、それを受けとることができるのではないでしょうか。受けとるセンスのもとになるのは、受けとり手の、その道のしごとで養成した体験とでも言うべきものだと思います。この、生きた体験が作動すると、その人の、現場々々での刺激受容のセンスが発揮されることになります。

原本の体験は、主体的自覚ということでもありましょう。このもとが立ちますと、自覚の拡充、体験の拡充という方向で、ほどよく現場でのセンスがはたらき、刺激が多く受け入れられます。

外国語ができて、先方の文献を縦横に読み解くことができても、受けいれ

ことばのながれとひろまり

―方言周布論―

藤原与一

これは、かたいことばで言いますと、「言語の流動伝播」ということであります。それを、私は私なりに、日本の方言の世界で考えてみます。日本語の方言状態について、「ことばの、ながれとひろまり」が、どのように考えられるか、というのであります。

その流れかたを、やがて、方言周布と名づけようとするのであります。この場合、正しくは、方言事象の周布と言うべきですが、便宜や慣習にしたがって、方言周布と言っておきます。

一

方言上では、たしかに、ことばの流れたり広まったりしている様子が見られます。

物ごとの名の類の名詞を見ますと、そういうことのよくわかる場合が、少くありません。近い例で、「さつまいも」のことを言う方言名の分布を見ましょう。中国四国地方では、第一図に見られるように、「カライモ」というのが、土佐方面に分布しています。

注　中国四国近畿を主対象にした分布図は、さきに、Folklore Studies XV（1956）の A DIALECT-GEOGRAPHICAL STUDY OF THE JAPANESE DIALECTS に発表したものであります。

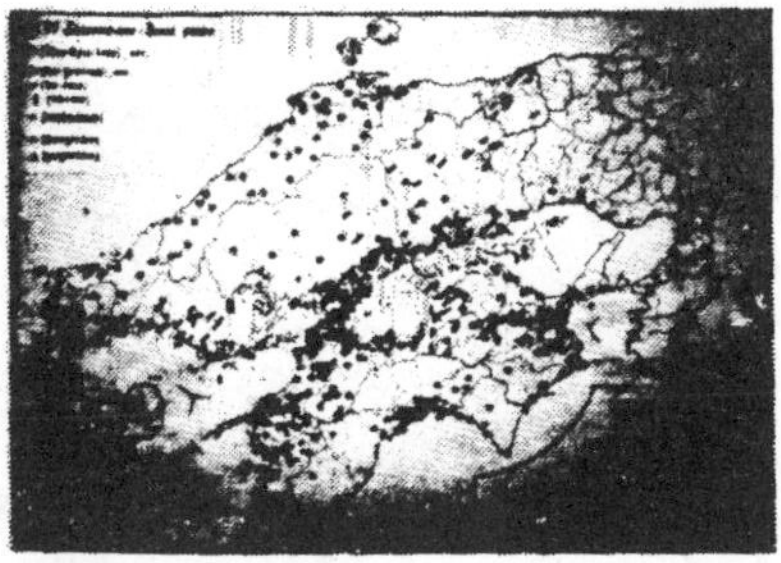

第一図

土佐をのけた四国の全体と、中国地方の大部分には、「リューキューイモ」という名が分布しています。さらに、中国地方のおもに山陽がわと、四国の北がわのうちとには、「トーイモ」または「トイモ」が分布しています。「さつまいも」についてのこれらの名の、このような分布状況を見ますのに、他の九州地方その他での「さつまいも」のよび名の分布とも考え合わせまして、まず、「カライモ」「リューキューイモ」などの名称が、流れ伝わったり、伝わり広まったりしたものであることは、およそ察知せられるかと思います。

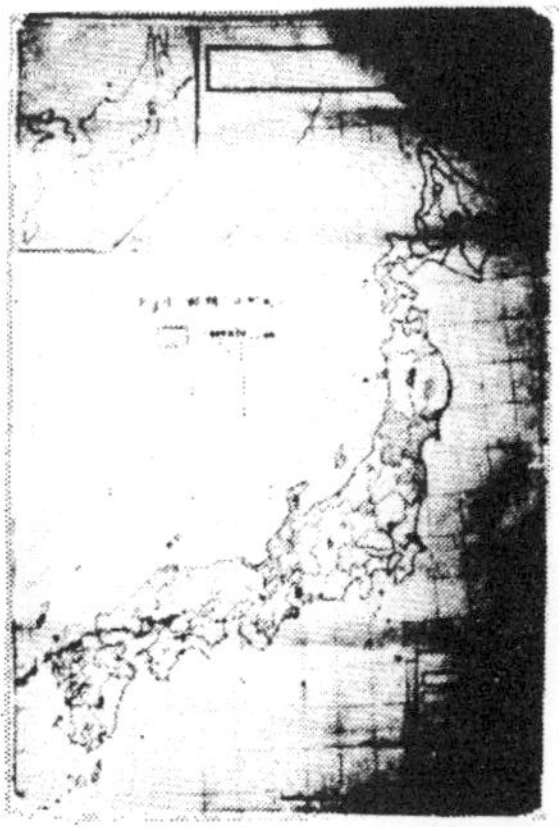

第二図

こんどは、全国状況について、「ゴザル」という動詞、今では古めかしいことばになっている「ゴザル」の、今日の分布、存在の様子を見ますと、第二図のとおりであります。四国はちょっと問題ですが、図上、だいたいのところでは、全国にわたって、残存のありさまの存在状態が見られます。このありさまからしますのに、おそらく「ゴザル」は、もともと全国にそうとうよくおこなわれたのではないかと思われます。「ゴザル」は、前の時代の、全国共通語だったかのようであります。その状態になったのには、中央語（京都中心の）の「ゴザル」が地方に広まったことも、考えられはしないでしょうか。

もう一つ、敬語法の「オ……アル」形式（「オ行きアレ」などと

第三図

いうもの）の、今日の分布を見ますと、およそ第三図のとおりであります。これは、「オ出でアル」の「オジャル」となったものは含めての図です。四国や三河などにいちじるしい「オ行きル」の類は、しばらく保留というつもりで、図には出してありません。さて、この「オ……アル」形式の図をごらん下さいますと、一口に言って、九州南部と東北方面とに、わりあいよく、「オ……アル」形式が残っているのが、とらえられると思います。中世の、京都中心のことばでは、つまり当時の中央語では、この「オ……アル」敬語法が、さかんだったようであります。そのことを思い、今のこの分布状況を見ますと、あるいは、こんな語法形式の場合も、かなり、流れ広まることがあったか、と思われるのであります。「オ……アル」に関係の深い「ヤル」、「どうどうしヤッた。」などという「ヤル」尊敬助動詞の分布を、右の図で見ましても、「オ……アル」形式も「ヤル」も、あいともに、中央語のいきおいとして、そうとうに広まることもあったかと思われるのであります。

中央語というようなものを考えようとしなければ、一般に、諸方言上に、ながれとひろまりとは、みとめやすいと、言ってよいかと思います。

さきの「ゴザル」の分布に関係のある「ガンス」ことば（「ゴザイマス」のうつりかわったもの）を見ますのに、これは、かんたんに言いまして、東北地方のうちと、中国地方のうちとに、よくおこなわれています。「ゴザル」に「マス」をつけることは、全国に一般的だったことでしょう。ところでそれを、いろいろにつづめて、なまらせていったのは、――つまり、「ガンス」「ゴンス」や「ガス」「ゲス」などをつくっていったのは、主として地方的な傾向だったかと思われます。今日の、そのさまざまのなまりの分布とおこなわれざまとからしますのに、そう考えられます。「ガンス」も、地方でしぜんにつくられたものでありましょう。東北と中国との一致は、似たような条件のもとで、同似の結果をひきおこしたという、しぜんのなりゆき、そういう一致かと思われます。一致はそれといたしまして、中国地方でも、現に、「ガンス」は、そうとうに広くおこなわれています。これが、みなみな、その土地での自然発生とは限らないと思われます。やはり、こんな地方的な場合にしましても、中心地とか、広がる元とかはわからないとしましても、ことばの、どんなかの流動伝播はあったことが、察せられます。

今日の流行語とか新語とかいうものを考えてみますれば、「パーマ」という一語にしましても、まことに、都会からいなかへと、そこそこの小中心地から地方への、流動・伝播は明白であります。

ここで一つ、「流動」「伝播」を、すぐには言いにくい例を出し

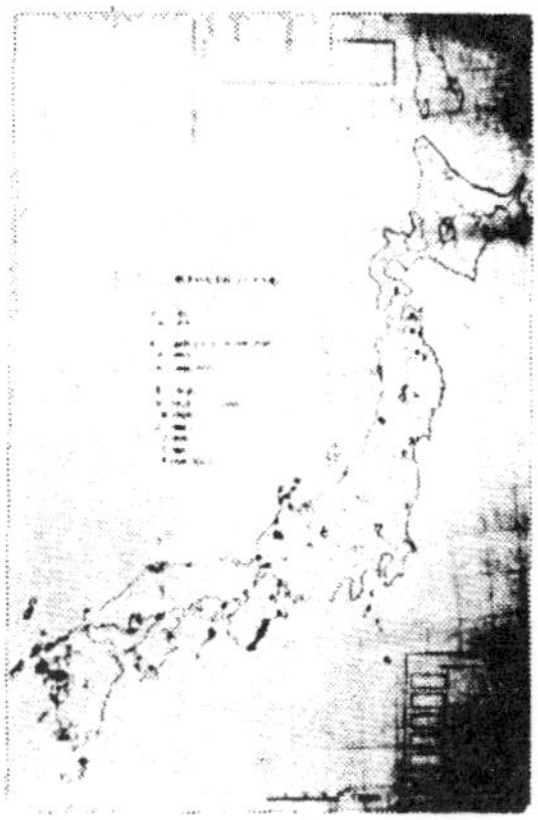

第四図

てみます。第四図です。これは、対話の文表現のむすびにくる訴えことば、「ニー」の、今日の分布・存在を示すものであります。「暑いネー(ナー)。」というところを「暑いニー。」と言う、その「ニー」の分布です。「ニー」と「ニン」とは、いっしょにして見てよいと思います。そこで、「ニー」「ニン」の分布を見ますと、今日のところでは、図に見られるように、とびとびに、すこしの分布が見られる程度です。ところで、これが、全国にわたって、孤立的に、方々にありますので、私どもは、やはりすぐに、「ながれとひろまり」というようなことも、考えたくなります。しかし、今のこの状況では、何とも言いにくいと、まず言わなくてはなりません。ただ、これを、今日の新しいできのものかと見ますと、じつは、分布のたいていの場合が、その反対でありまして、かつがつ残っていたり、衰退途上のものであったりするのが大部分です。そこでまた思うのですが、もとは、もっとよく、方々におこなわれていたのではないか、ということです。それが、亡びようとしているのではないかと解されます。今日のこの分布で、一つ、ふしぎ、というよりも興味ぶかいのは、ものが、主として海辺地域に分布していることです。こんな、分布の特色、あるいは制約のあるのを見ますと、あるいはもと、なんらかの広まりかたをしたりもしたかと察せられるのであります。けっきょく、「ニー」などの場合にも、いつかどこかでは、ながれもひろまりもあったではなかろうか、というのであります。上の図では、「ニー」に関連するものとして、「ニシ」「ニセ」や、「ニーヨ」「ニヤ」、さては「ニャー」などを、あわせてのせています。これはやはり、「ニー」について、今の分布の背後に、どんなながれやひろまりがあっただろうかと、探索の手をのべたものであります。

二

さて、ことばそのものの、流れたり広まったりしているのが、それとみとめられなくても、じっさいそういうことがあったにちがいないと、結果的にはみとめられることが、多いようであります。

一つに、動詞や助動詞の二段活用について見ますと、これは、すでによく言われてきましたように、九州地方に、今もよくおこなわれています。それについては、紀州の一部にあることが、早くは、国語調査委員会の「口語法分布図」(一九〇六年)の29図にも見えています。(なお、「和歌山方言」という方言雑誌の3(一九五四年)の表紙には、もっとくわしい、範囲もやや広い「二段動詞使用地域」の図が出ています。)私どもは、九州とともに紀州にもあるのはなぜだろうと、ふしぎに思いました。だんだんしらべていますと、四国の伊予の南にも、紀州よりはよわい分布ですが、二段活用のあることがわかりました。これは、杉山正世先生もおしらべになりました。九州と四国西南部と紀州と、というふうにつらねて考えてみますと、なるほど、紀州にも残ったのだなと、考えられてきます。ところでまだ、類似のものは、中国地方のうちにもあります。山口県内や島根県下に、助動詞の二段活用、「行かセル」ではなくて「行かスル」というようなのがあります。以上のような一連の分布を見ていますと、二段活用の一段化ということが、上《カミ》の方からだんだんに広まってきて、そういう傾向にとり残された所が、今の二段活用を見せている地域だと考えられてきます。二段活用の、今、言いましたような残存分布からしまして、私どもは、活用形式の改新の波が、東から西に、しだいにおよんだ、——つまりことばが流れ広まった、と考えることができます。紀州の日高郡方面は、この方面なりの地理的事情にあったために、改新波の新影響を多く受けないできたとされましょう。伊予の南部がまたそうであります。紀州とまことに似たような条件下にあるのが、伊予の南部であります。

つぎには、センテンスの主部をかたちづくる助詞の、「ノ」「ガ」を見ましょう。九州では、広く、「ノ」が用いられますが、南部方面では、たとえば、

センセイノー　ゴザイター。

と言いまして、これで、先生への尊敬の気もちを表わします。「センセイガー」となりますと、わるいことばだそうであります。出雲地方にやはり「ノ」「ガ」をつかいわける風があり、広島県がわにも多少その傾向がありまして、東に行きますと、丹後の与謝半島のうちに同じような傾向のあるのがみとめられます。出雲から東に、だんだんたどって行きますと、但馬の山おくなどにも、「ノ」助詞をよい方につかう風がいくらかあるようにも見うけられます。古くは、「ノ」「ガ」の、敬意にかかわる用法差が、国の中央語、京都を中心とすることばに、あったと見られています。異論もありますが、私は、方言の現状からしましても、用法差はあったことが、みとめられるのではないかと思います。もともと中央にもあって、今はこのようにはしばしの存在となっている、「ノ」と「ガ」との用法区別、このありさまは、用法区別をしぜんに捨てる傾向——そういう改新波が、しだいに地方地方へ波及していったことをものがたるものではないでしょうか。

三

以下、私は、こういう改新波について、お話を進めていきます。改新波のながれ・ひろまりを、たち入って見ていきます。

中国四国地方を見ますと、「どうどうせナンダ。」という「ナンダ」の分布では、明らかに、「ナンダ」という改新波がとらえられようかと思うのであります。第五図をごらん下さい。これによりますと、「ザッタ」「ダッタ」「ジャッタ」が、中国の備中・伯耆以西に、四国の、主として、土佐・伊予にあります。そうして、クロマル印の「ナンダ」が、近畿から西に広く見えます。この場合の「ナンダ」の分布を、打消過去の言いかたの改新波「ナンダ」の、ながれ・ひろ

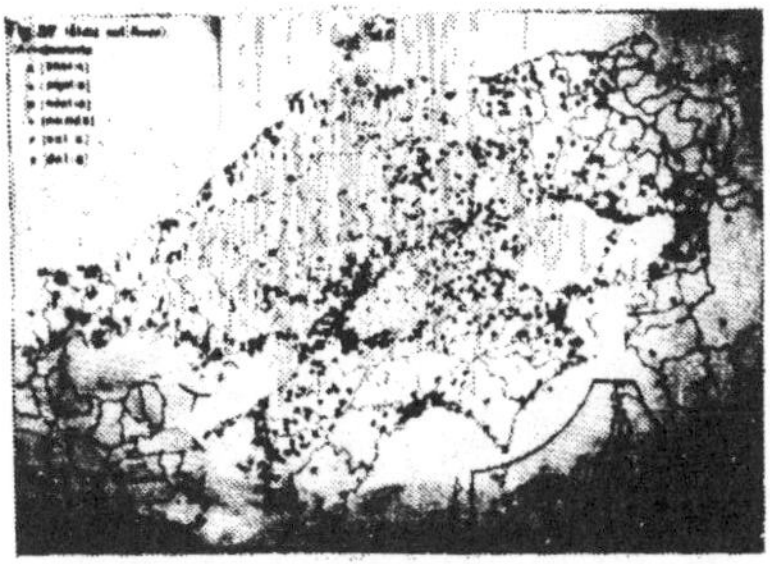

第五図

まりと見ることは、いわゆる国語史から考えても、ちょうどよいのではないでしょうか。

第六図も、改新波のながれ・ひろまりを思わせやすいかと考えます。「何々の話を聞いただろう。」と問う時の「聞いタロー」に関する分布図です。これを見ますと、「聞いツロー」「ツロ」、それとともに「ツラー」「ツラ」が、中四国おのおのの、西よりに片よって分布しています。そうして、クロマル印の「聞いタロー」「聞いタロ」が、およそ全般に見られるありさまです。「ツロー」「ツラー」の類を衰退と見て、「タロー」「タロ」の方を新しい勢と見てよいのではないでしょうか。改新波「タロー」「タロ」が広まったと見たいのです。

もっとも、ここで一つ考えなくてはなりません。「タロー」「タロ」が広まるとしても、単純にそのものが方々へ流れ広がっていったとばかりは言えないでしょう。所によっては、現地変化とでも言いますか、その地で、「聞いツロー」が「聞いタロー」になった、ということも、あることかと思います。この点、「ながれとひろまり」ということは、なかなか言えぬことでもあります。しかし、A

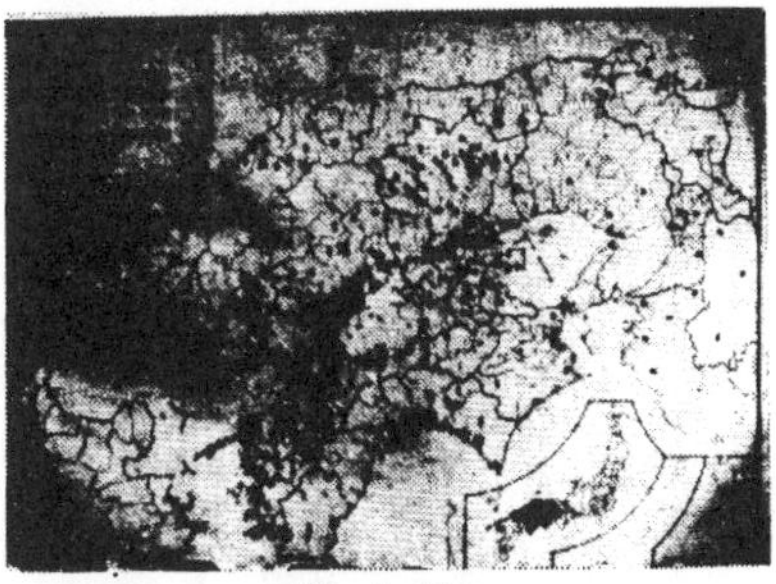

第六図

がBに改まる傾向が、そこでもここでも、あいついでおこった、ほぼ似たような条件下で、あい近い時におこった、ということは、むしろありがちのことかと思います。このようにして、ほぼあい近い時に、だんだん、方々が改新の現象を見せたとすれば、これも、ゆるやかな意味で、改新波の波及に準ずることと見てよいかと思うのであります。類似の条件下の同時的発生も、改新波の波及と同一結果になります。そこでこれを、広く、ことばの「ながれ」「ひろまり」に類するものと、うけとってはどうかと思うのであります。

「馬鈴薯」のことを「ニドイモ」「サンドイモ」と言ったりします。これなども、土地土地で、よそとは無関係に、この名を創作することが少なくなかったでしょう。それにしても、方言上では、「ニドイモ」（二度いも）なら「ニドイモ」というのが、かなりの地域の広さに分布しています。「サンドイモ」（三度いも）というのと混在したりしてはいません。こんなことを考えますと、——じっさい、着想の模倣・伝播もあったことでしょう（それを否定する積極的根拠は見つからぬことです）から——、類似条件下の同時的発生

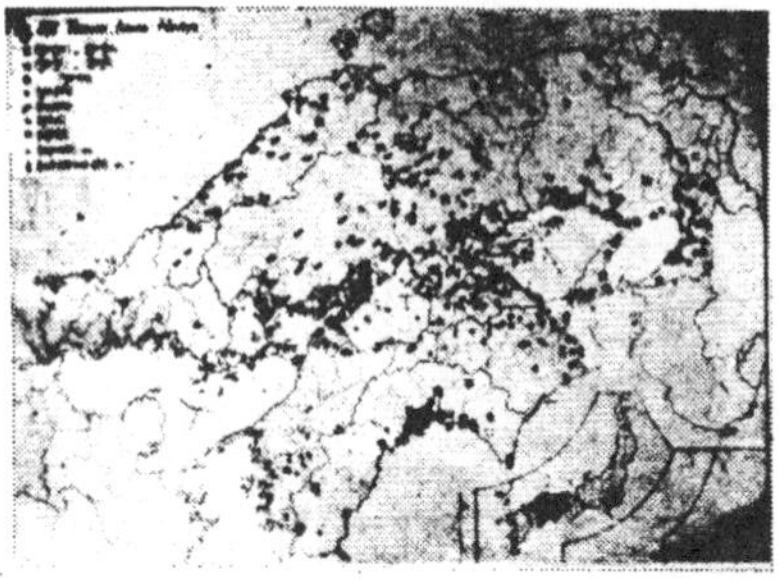

第七図

も、「ながれ」「ひろまり」になぞらえてうけとってよいと思われます。

つぎの例では、また、明らかなひろまり、改新波の波及が、とらえられるのではないでしょうか。「いつも」という副詞の例です。第七図。これを見ますと、「ジョージ」、「ジョージュ」というのが、近畿から、中国のおもに東部、四国のまた東部に、よく見られます。「ジョージ」「ジョージュ」などが、新しい勢として、あるいは東からの波及として、中国四国におよんでいることが、みとめられるのではないでしょうか。とすれば、改新波が明らかにとりあげられるということになります。

もう一つ、「そでなしの着物」についての方言名の分布を見ます。第八図です。これを見ますと、土佐に「ソータ」というのがあって、きわ立っています。つぎに、伊予南部方面には「ポンシ」というようなのがあります。今までの図でも、どうかすると問題の現象を示したこれらの地方に、また、こんなものがあります。そうして、四国の他の部分では、「デンチ」「デンチュ」「デンチュー」などが多く、近畿にも「デンチ」があります。「ソータ」、「ポンシ」、「デンチ」類の三つを見あわせますと、たしかに、ことばのながれが考えられそうです。それにまた、内海斜面を主として、おもに中国、それから四国に、「サルコ」の分布が見られます。これも、なんらかの、ことばの広がりにちがいありますまい。

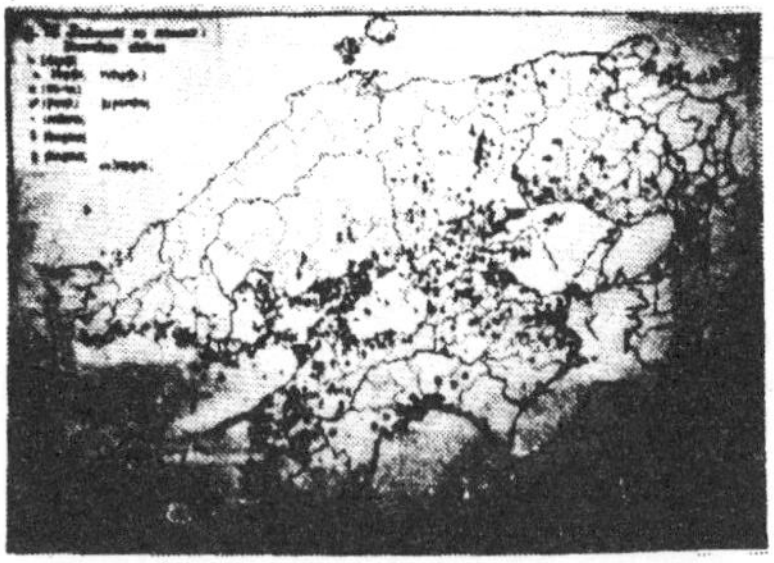

第八図

以上、おもに中国四国地方について、改新波のながれとひろまりとを見てきました。

四

ここに、改新波の流れ進む道、広がるすじ道が、問題になってきます。じっさいに、ものが流れ広まる時には、その道すじがあるはずです。類似条件下の同時的発生にしましても、すでに条件の類似ということでありますから、その「発生」がそこでもここでもおこるということに、おのずから、自然のつながり、地域的なつながりがあろうかと思います。これは、ものが、ある道すじを通って流れ広まったのと、同じような結果にもなるかと思います。

改新波のうごくすじ道とは、一口に言えば、言語路であります。言語は、人の頭と口にあるものですから、言語路といえば、人の交通路を考えねばなりません。

さて、中国四国方面では、瀬戸内海中心の海辺言語路、これが、いちばん重要なものであったと見られます。

私は、さきに、「方言研究年報」第二巻で、「隠岐〜足摺岬」の線で切解して見た中国四国方言ということを言いまして、右のことを、いくらか記述しました。この線で切解してみると、中国四国では、まず、内海斜面で、方言新化の状態が見られるというのであります。このような新化、方言状態の新化が見られるからには、この内海斜面がわの言語改新が、よりさかんであったと言わなければならず、よりさかんであったとは、そこが、より活発な言語交通路、言語路であったということになります。中国・四国・九州・西近畿の方言状態を合わせ見ますと、たしかに、瀬戸内海斜面の言語路が、活発な大言語路であったことを、うけとらなければならないようであります。

すでに、さきの「サルコ」の分布は、瀬戸内海斜面というものをよく考えさせます。島嶼部にもよく分布しています。「いつも」という意義の、「ジョージ」「ジョージュ」の改新波にしましても、内海斜面に広がる傾向を見せていました。

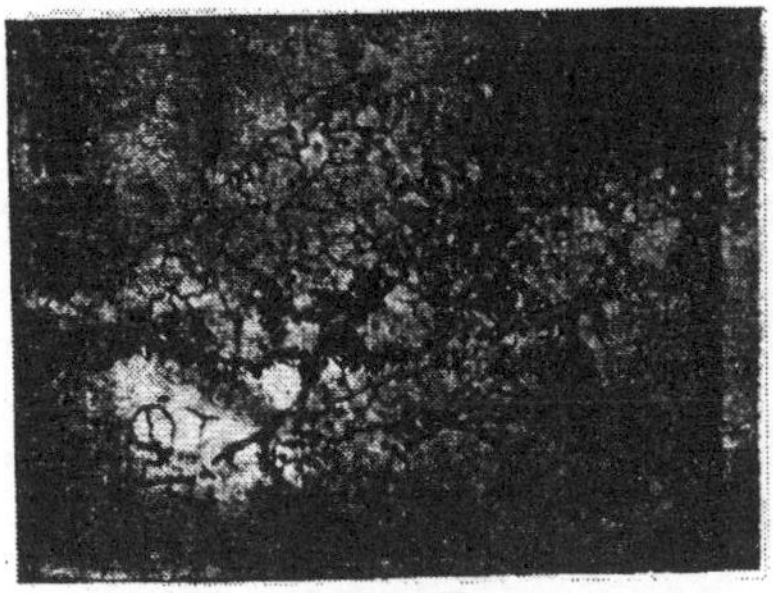

第九図

上の第九図をごらん下さい。これは、「ソバエ」一類の、おもしろい分布を示しています。「ゆうだち」のことを言う「ソバエ」です。瀬戸内海斜面によく分布しています。もっとも、この島嶼中心の分布は、「ゆうだち」・「ソバエ」の、現象そのことに関係の深いことかもしれません。そうだとしましても、ここに、内海本位の言語路線のあり得ることは、肯定することができましょう。

ついで、「出しあいの飲み食い」のことを言う分布図を見ます。第十図です。これで、一つだけを問題にしますなら、(Ψ)印をとりあげてよいかと思います。「メオイ」の分布です。概して、内海斜面分布の傾向を持つものではありませんでしょうか。「モヤイコ」「モヤイ」のようなものに対して、単純な造語の「目オイ」というのは、比較的新しい勢力として広まったかもしれないと思うのであります。

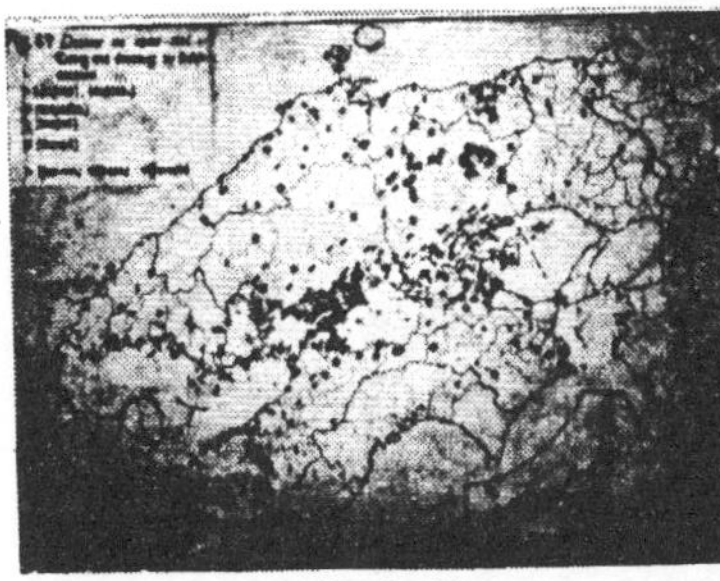

第十図

ついでに、「唖」のことを言う「ゴロー」一類の分布を見ます。第十一図です。やはり瀬戸内海斜面の分布と言えましょう。

では、一転して、つぎのような分布図をごらん下さい。第十二図。「足だ」のことを言う方言名の分布図です。中国山陰に

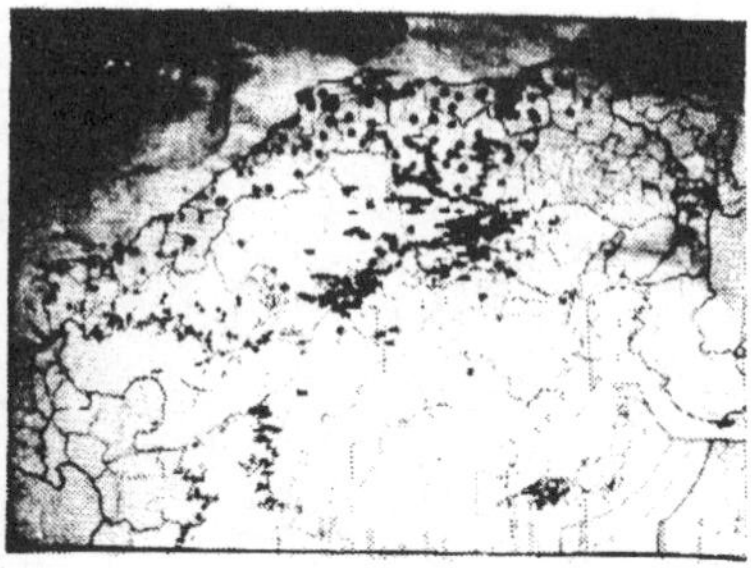

第十一図

第十二図

は「ボクリ」「ブクリ」が見られ、これが山口県下につづいています。転じて四国の南部にも「ボクリ」があります。山口県下の状況は、中国山陰の分布と、四国南部の分布とを、つなぐようなおもむきであります。「足だ」のことを言うこんな名が、このようなかたちに分布しているのは、「木履」という名称そのものとも考えあわせますのに、一種の残存分布と考えられます。瀬戸内海斜面には、第一に「サシハマ」の分布があり、第二に、「ヒコズリ」の分布があります。想像しますのに、「木履」の古名は、もともと中国四国に広く分布していたのが、「サシハマ」などという、また「ヒコズリ」などという、わかりやすい新造の俗名によって、しだいに追われたのではないか、と思うのであります。ここには、新名の新しい流布、つまりは、改新波のひろまりが、みとめられやすいかと思います。あるいは、内海斜面で、所をへだてても、ほぼあい近い時に、たがいに同じような発想をおこして、同じ名を持つようになった所どころがあるかもしれません。が、ともかく、改新の勢が、一つも二つも、瀬戸内海斜面によく見られることは、注目をひきます。この図に即して、内海中心の両がわの地域を、言語改新の大動脈、つまり大言語路と見ることは、ゆるされるでありましょう。

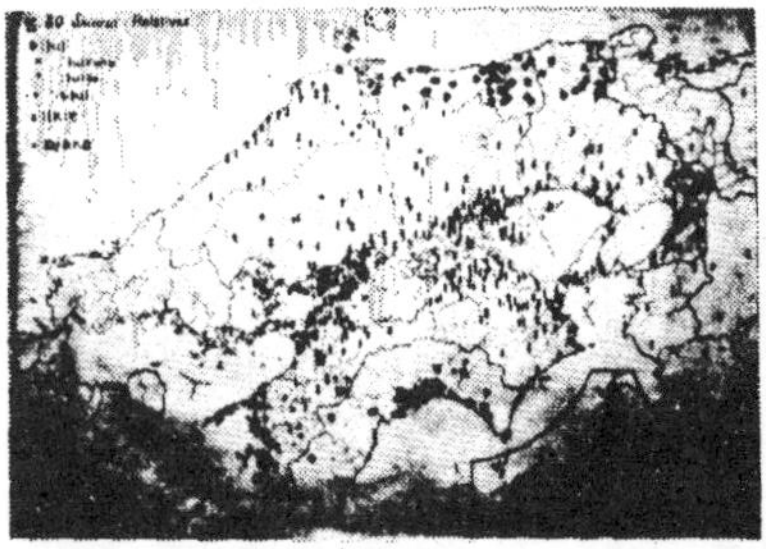

第十三図

　つづけて、「親類」のことを言う方言名をとりあげてみます。第十三図です。この図を見ますと、北に、マル印の「ルイ」があり、かけはなれて、南にまた「ルイ」があります。この、同じものが両端にあるのを、おもしろく思います。この図がらに、さきの「ボクリ」「ブクリ」の分布のありさまをうちかさねてみますのに、ここの「ルイ」分布もまた、特殊の残存分布だろうと思われてくるのであります。言いかえますと、南北の「ルイ」は、けっして無縁の分布ではなくて、もとはしぜんにつながっていた全体的な分布のなごりが、こうなったものであろうと、察せられてくるのであります。「ルイ」をこのようにしたのは、近畿にもさかんな「イッケ」かと思います。「イッケ」は、新興勢力のように、広まっているのであります。その中四国での様子は、まさに、第一に、内海斜面の言語路のつよさをものがたっていましょう。

文法事実、さきの二段活用の一段化にしましても、東からの、一段化という改新波のながれは、瀬戸内海斜面を大動脈とするものでありました。「どうどうせナンダ。」の「ナンダ」の流布にしましても、大勢としては、やはり瀬戸内海斜面を本流として進入しています。

こうして、私どもは、内海斜面の、東西に走る一大言語路というものをみとめることができます。そうして、中四国において、瀬戸内海斜面の方言状態が、一段と新しくなっていることを思う時、この言語路が、他よりも一段と活溌な言語路であったことを、みとめないわけにはいきません。

〔以下、概説していきます。〕

山陰地方には、山陰地方なりの、東からの改新波のながれがあったと、私は見ています。出雲地方のズーズー弁その他の色こさは、本来もっと東にもつづいて見られたのが、東から順次に消えてきたものと理解されます。

中国で言いますと、第一には山陽系の、第二には山陰系の、言語路線が証明されるようです。この大小の幹線言語路から、支線言語路が分岐します。たとえば岡山県下でも、備前を北に、改新波が、それぞれすじ道を求めて、のぼって行きます。広島県下にしましても同様であります。岡山県の奥の美作の西部などになりますと、広島県の奥とよく似た方言状態です。これは、改新波をうけおくれた両方の一致と言えましょう。

改新波のすじ道、あるいは言語改新の脈動のすじ道を、言語の生息する現地に合わせて追跡し、そのすじ道をつかもうとするのが、私の言う周布論であります。

ことばの「ながれとひろまり」を、方言で見ますのに、まことに、周布とも言うべき状況を呈しています。大きな幹のすじ道から、小さな枝のすじ道へと、ことばは合理的に、まず合理的に広まっています。ことばの「ながれとひろまり」の経路そのものに着眼し、その言語路のつよさ・よわさも吟味して、伝播・流動の理を明らかにしようとするのが周布論であります。

五

周布論的考察によりますれば、——私としましては、よらざるを得ないのでありますが、（つまり、よるべきことを、実情が示していますが）、中四国の外の状態も、大略、以下のように解釈されます。ほんのあらましを述べるほかはありません。操作と処理とは、中四国についてしましたようなものであるべきことは、多く言うまでもありません。

中四国にとなります九州地方を見ますと、周布論的には、史的三段層ということが言えると思います。例の豊日方言・肥筑方言・薩隅方言の三区分法をとるとしまして、このうち、中四国に近接した豊日の方面が、もっとも新しくなった方言地帯と見られます。これに対して、いちばん古態を示すことの多いのは、薩隅方面であります。あいだの肥筑方面が、中間的な方言状態を示すということになります。

よく、〃肥筑方言がもっとも九州方言らしい。〃というようなことが言われてきました。「九州方言らしい」ということを云々するのは、弊害があるかと思います。薩隅方言は特殊すぎるし、豊日方言は中国方言などに近いから、まあ肥筑方言がということなら、その心もちはよくわかります。これはすなわち、九州全体の方言状態を、史的三段層のうつりゆきとしてとらえたものとも見ることができます。

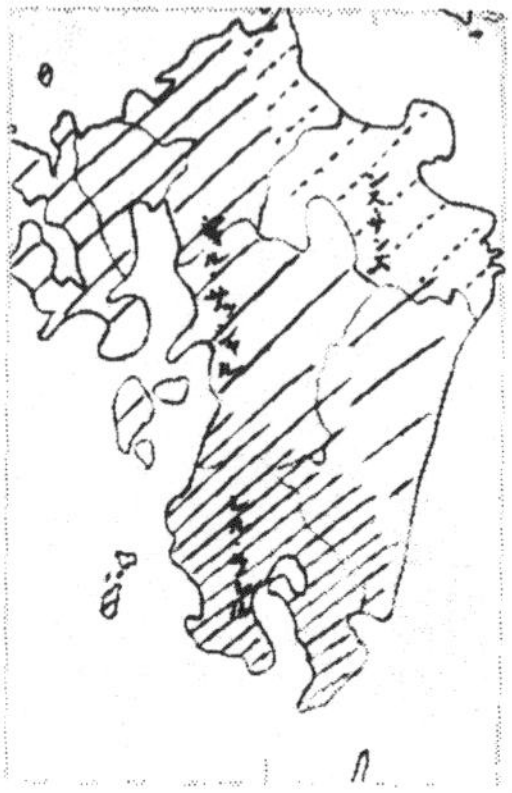

第十四図

史的三段層の推移関係を、一つの例で見ますと、つぎの第十四図のようなことがあります。薩隅方言には、尊敬表現法の「レル・ラレル」助動詞が、わりとよく残っています。肥筑方言になりますと、筑後を中軸として、「せラレル」「させラレル」に当たる「シャル・サッシャル」、その変化形の「ス・サス」、ことに「来《キ》ヨル」などの動作進行態に「ス」のついた「来ヨラス」などが、よくおこなわれています。薩隅方言では、こんな「せラレル」「させラレル」の複合形に属するものはありません。複合をおこし、それをひどく転訛させたものを持っているのは、それだけ、ここが、方言の様相を、一段と新しくしているということになりましょう。さて、豊日方言になりますと、まえの薩隅にはもちろん、肥筑にもない「ンス・サンス」を、すこしおこしています。「ンス・サンス」は、「シャンス・サッシャンス」(「シャル・サッシャル」に「ます」のついたもの)からきたものだとしますと、「シャル・サッシャル」よりは明らかに後の形式であります。すると、豊日方言は、九州の中でも、「ンス・サンス」という、「レル・ラレル」「シャル・サッシャル」系のいちばん後の敬語形式を示しているということになります。つまりこの地域は、方言状態がいちばん新しくなってきているということになります。

一つの例からではありますが、こんなふうに、史的三段層の、古から新への推移のすがたがみとめられます。

九州東北部は、中国・四国、ことに中国山陽と相互に交渉することにより、接衝面らしく、他よりも早く、しだいに自己の方言状態を改新してきたと見られます。その改新にとり残された他の九州地方は、中国では、山陽にとり残された山陰と、四国では、主として北半にとり残された南半と、まずまず同格の地位に立つと言えましょう。九州方言と山陰方言、また四国南部方言との似かよいの点は、これで説けます。このようにして相互の間にたどられる底脈を、私は系脈とよんでいます。

　周布論からは、当然、系脈という考えかたが出てきます。

　また、周布の一定的な傾向、つまり、改新波がしきりに通るとか、緩漫にしか伸びないとかによって、方言状態に、旧を存することの比較的多い地帯・地域——私はこれを古脈とよんでいます——ができることも、周布論は、つねに問題とします。古脈地帯のできるのは、周布の自然の理であります。四国では、概して南半が古脈性を有し、中国では、山陰が古脈と言えるということになります。

　さて、近畿地方を見ますと、南部周辺が古脈として注意され、大和十津川などは、その一つの露頭と見られます。近畿の北は、若狭湾岸まで、近畿的なものが張り出て、このあたりは、裏日本的な古脈が中断されました。それでも、湾岸のはしばしなどをしらべてみますと、おもしろいことが出てきます。たとえば、小浜湾頭をさぐってみますと、すこしずつ、古いことが見つかります。たとえば、方言音として、「ツ」〔tsu〕の音がだんだんに聞かれます。また、敬語の助動詞の「シャル・サッシャル」があり、「ねサッシャッた」は「ねヤッシャッた」ともなっています。「ンス・サンス」もあって、「サンス」はまた、「ねサンセ」「ねヤンセ」などと言っています。こんな、近畿の昔の習慣が、こうしてここに残存しているのは、興味ぶかいことであります。若狭方面にも、どれほどかの古脈性は、今日なお、みとめられます。まことに、方言上の周布現象は、しぜんに、合理的におこっていると言えます。近畿西北の、但馬から丹後の奥、与謝半島までが、中国色であることも、中国色がここに張り出したものではなくて、近畿色のながれとひろまり、さらに言えば周布の、およびのよわくなった所で、こんなに、山陰一般の残存性の色あいが、濃厚に残りとどまっているということでありましょう。

　北陸をちらと見ます。たとえば中舌母音のようなものが、能登半島のうちにあり、また、加賀で言えばその山地部にあります。このようなものがこのように在るのは、北陸の平野上の幹線言語路を活溌に通る改新波が、やがて二次的に枝の小言語路におよび、しだいに改新波を周布浸潤させていった結果での、残りの現象、「消え残りの雪」というようなものではないかと思います。そう見て、解釈がつきます。大言語路から小言語路への周布、その周布力のつよさ・よわさというようなことが、ここではよく考えられると思います。

　東海道や関東・東北についても、同じような周布論的な考察を、実証の帰結として、述べてみたいのですが、今は省略するほかはありません。ただ一つ、東北については、「ことばのながれとひろまり」で、表奥羽・裏奥羽と分けて見なくてはならぬ事情——そういう周布事情が、小さくないのではないかということを、述べそえます。「どうどうしナサイ。」の「ナサイ」の「サイ」となったものの変化形、「シャー」「ヘー」などは、裏がわで愛用されていて、表がわでは、そうおこなわれていないようであります。

六

　さいごに、全国を大観しましても、かつての中央語、京都語が、関西以西には周布しやすくて、東には、——北陸路はやや別としまして——、周布しにくかった？というようなことがあります。
中央語が、つよい周布の勢力を張る前の、地方分権的な方言状態のおのおのにも、どんなかの中心があったり、ことばの「ながれ」「ひろまり」があったりしたことでしょう。
さまざまの史的通時的事情をふまえて成立した中央語は、その勢がどんなにつよくなっても、ただ単純には、地方への周布をなし得なかったはずであります。

（広島大学助教授）

（**付記** 「古代日記文学と読者」（今井卓爾）および「ことばのながれとひろまり」（藤原与一）の二論文は、六月十四日総会（早大）の折に公開講演されたものである。）

（『文学・語学』第十三号　昭和三十四年九月）

☆　☆　☆

わたしの方言区画論

藤《ふじ》原《わら》与《よ》一《いち》

一　「方言」区画論の定位

(一)「方言」区画

方言が、ある広さの地域で、一「統一体」としてみとめられれば、それは、「方言」区画としてうけとられる。方言は元来統一体である。方言に区画があるのは当然である。(「区画」の語の適不適は別として。)——そのありさまについては、説明を要するとしても。

方言は、通常、他と相対的にみとめられる。二つ以上の方言が相対的にみとめられる時、そこに、区画づけの作業がおこなわれる。このばあいは、およそ一線をもって方言境界は規定され、本来、周辺不鮮明のはずの方言も、まさに「方言」区画として、区画づけられる。こうして、二つ以上の方言——「方言」区画——が得られる。

「方言」区画は、一方では、方言を区切りとること(方言とりたて)であり、一方では、区切りとられた(とりたてられた)もの(すなわち方言)である。

方言が、他との相対関係のもとでみとめられることからすれば、「方言」区画は、方言分派ともよぶことができる。方言の存在する自然の状態を観察して言えば、方言は方言分派と言うのがふさわしい。方言存立状態はまさに方言分派状態である。「方言」区画の名が、方言を区画する人為・能動に即応した名であるならば、「方言分派」は、在るものを見て描いた合自然的な名である。

「区画」概念を「分派」概念に改訂していくことは、いわゆる「方言」区画の研究に、有効であると思う。方言の区画づけ（区域づけ）（境域づけ）は、方言研究の要請であろう。が、とらえたものを区画と言えば、ここには静的な観察があるにすぎない。方言、――他との対立関係のもとにある方言は、本来、相対的動的に見いだされるものではないか。方言把握はつねに動的発展的でなくてはならぬはずである。（こうあって、下位方言の上位に、下位方言を包摂する上位方言も容易にみとめられる。）「方言」区画と言えば、静的平板的で、固定的であって、方言圏の発展性は、意味せしめることができない。「区画」として、切っていく方向よりも、「分派」と見て、方言の、他方言との自然の関係状態、上位方言への展開状態――方言の層位性――をみとめていく方向の方が、より重要ではないか。

区画づけは、分派認定である。「方言」区画というものは、方言分派とよぶのがよい。「方言」の「方」の字は、すでに、方言の対他性・動態性・分派性を示している。

（二）「方言」区画論の位置

区画は分派である。分派を「区画」とよんでも、「区画」は元来、通時論的概念のはずである。

方言と方言との区画的対立を問題にするものは通時論である。「方言」区画は、通時論的帰結である。区画論は、こうして、通時論としてうけとられる。

従来、区画論の定位はあいまいだった。区画対立を問題にしながらも、このしごとを、通時論とは考えなかったうらみがある。私は、いわゆる言語地理学（多く、語の地理学をやってきた。）が通時論になっていることをみとめるとともに、区画論的研究もまた、方言「分派」の地理学であって通時論であることを考えてきた。

もとより、すべての地理学的研究も、それがまさに方言に関しての地理学的研究であるかぎり、みな、方言学の中のことである。区画論は、その地理学的研究の中の一つとして、方言学の体系の中の通時方言学の中に、重要な地位を占める。

(三)　区画論のいま一つの方向

方言「区画」を論じながらも、通時論には行かない方向が、ないではない。方言単一体を一個体（「方言」区画）として把握することそのことを目的とすれば、この区画論は、――（これも「区画論」とよぶとして）――、通時論にはならない。厳密に言えば、一「方言」区画をとりたてるのも、周囲からそれを切りはなしてとりたてるのであるから、周囲との関連を無視はできず、したがってこのしごとも、やはり通時論のしごとになる。けれども、このしごとは、「方言」区画二つ以上の対立関係を目標としてはいないから、対立関係を目標とする方向の通時論のいとなみとは、かなりちがったしごとも言える。一個特定の方言共時態の、くまどり、輪廓をみとめることだけを目的とする区画論は、まず共時論的としてよいかと思う。

いわゆる言語地理学（――方言地理学、通時方言学）とは区別されてよい、一種の区画論のあることが、ここにみとめられる。

それにしても、このような区画論は、発展的意義を持たない。一「方言」区画を一体のもの（区画）としてとりあげることは、体系的記述という共時論作業の当然の前提である。方言の体系的存在を把握する「区画どり」を区画論と言ってみても、大した意義はない。

（四）　区画論の永遠性

通時論的にもせよ、共時論的にもせよ、方言の区画論は、永遠に存立するであろう。

社会生活の地方差は、容易なことでは、なくなるまいと思う。方言、あるいは地方的な言語生活（方言生活）は、国の種々の地方性・地域性にしたがって、どんなにか、どの程度にか、存立しつづけるであろう。それにしたがって、区画論が、さきざきも、存立しうる。

区画に大小・濃淡の変動が生じてくれば、そのことがまた、通時論的研究の対象になる。

二　方言「区画」論の方法

（一）「方言」区画の対比的認定

「方言」区画論の正規の立場（あるいは常道）からすれば、一々の「方言」区画は、かれこれ対比的に認定されるべきものである。――だから、「方言」区画の名は「方言分派」の名に還元されてよく、また、「方言」区画は、通時論的事実とみとめられる。

対比的認定の手つづきは、かりにも恣意的であってはならない。対比的認定は、まさに生物解剖の腑わけのように、方言分派の自然・自然法にしたがった、穏便なものでなくてはならない。結果的に言えば、対比関係のそれこれをよく見わたした、穏当公平な近接と処理とがいる。つまり、客観的に、合理的方法のとられることが、要請されているのである。

客観的に、合理的方法を実施するとなって、対比的認定のための、裁定規準が用意される。対比的認定の規準は、方言分派裁定規準と言ってよい。これは、複数の、そうとうの数の項目になるのが当然であろう。諸規準の全体が、一定の組織をなすものであるべきことも明らかである。

諸規準には、おのずから、軽重・先後の別がある。大局的観察にかなう項目は、先だつ重要な規準項目である。項目は、上位次元から下位に配列される。下位次元の項目は、下位方言分派を細見するのにふさわしい。

どの次元での分派裁定でも、規準項目は、もとより単一ではなく、複数のものが体系的に利用される。

方言分派裁定の手順としては、まず、全体相に対して、一個の見地での、整然とした鳥瞰の姿勢をとることがいる。その後に、上位次元の裁定規準体系（複数）によって、方言分派を、大きく割りとる。（区画づけるのである。）ついで、分派裁定の次元を、上位から下位へ順次おろしていって、それぞれの次元・段階で、その次元の裁定規準項目体系をつかって、細分派を求めていく。（区画を細分していく。）

つねに、どの段階でも、対比関係を客観視して、分派・区画を、公平に割っていく。そこそこでの、裁定規準項目の体系化は、最重要事である。

以上のような分派処理法のいっさいは、体系的存在（構造体）と存在とを見あわす構造論的方法と言うことができよう。通時論的事実をみちびくのではあっても、方法は、このように、構造論的であることが妥当と考える。

処理進展の正規の段階において、そこに任意に、他種の見地・視点を導入するようなことがあってはならない。たとえば、ふとそこに史的見地を導入して、こんな古語がのこっているからと言って、そこに特定の区画をみとめるようなことがあってはならない。

「方言」区画の対比的認定のための理想的手段としては、なお、つぎのことが考えられる。対比的処理の対象となるべき二つ以上の方言圏について（予想される「方言」区画について）、なるべく多くの地点にわたり、地点方言の体系的調査

（くわしい体系的記述）のなされることが望ましい。これによって、対比状態は確実に把握される。——たとえば母音体系について対比を見ることも、敬語法体系について対比を見ることも、自由であろう。地点方言を縫って、事象の体系的比較をやれば、方言圏の対立状態を、確実にとらえることができる。

体系的調査の調査項目のいくらかは、方言分派裁定の大小の規準となるものである。

つぎに、分派裁定のための規準項目として、一つ、調査研究者が諸方言状態の中をあるいて得る「実感」を問題にしておきたい。かならずしも、これを、規準項目とは言わなくてもよい。正確な意味では、これは、規準とはしがたいであろう。であれば、ここでは、分派裁定の作業全般にわたって、つねに、作業者の現地実感が必要である、と言いたい。総合的な体験は、分派処理上での、一つの大きなつよみである。印象資料も、科学的なつよみを持ってくるのである。——もちろん、印象資料の感得が、不純のものであってはならない。この純粋性を保証するものは、作業者（調査者）の、忠実な実証精神と、着実であって豊富な野外作業経験とである。

調査者・作業者の「実感」についでとりあげてよいものに、土地人の「意見・感想」がある。土地っ子、地方人は、「方言」分派について、いろいろの所感・所見を持ち、それを私どもにもらす。この人たちの地域別観、地方差観は、私どもにとって有効である。その、異域を発見して語ってくれることばもまた概して有効である。それらがきょくたんな言説であっても、そこにはきょくたんに明らかな徴証のあることが多いから、言説みな、当方の解釈資料として有効である。私ども自身の正規の追求・解明・推論が、この人たちのこのような言説によって、さっそくに支持されたり補証されたりすることは多い。すぐにはそのようなことがなくても、その言説・所見は、問題資料として、——時には疑問符をつけながらも——、温存すべき場合が多い。のちになって、時に、あるいは思わぬ時に、その問題資料が生きてくる。

かつて（昭和二五年）、三河の渥美半島田原町をたずねた時のことである。そこの加子克己氏は言った。

　ここは関東関西の接衝地帯だ。

コータ、ハロータ ↕ カッタ、ハラッタなら、ここはまず関東系というところ。東京資本は浜松まで。関西資本は刈谷まで。豊橋は空白地帯というところ。東のものと西のものとが、みんなこのへんでこみあっている。おもしろい所だ。このあたりは。

おもしろい話である。氏はまた言った。

むかし、ここの子どもらが京都に修学旅行をして、京極で言ったことばが、

ジマ　ゴヒャ　クリョー。

（地豆を、五百、くれ。）↓（そこまめを五銭ください。）〈十年ぐらい前までは、子どももおとなと同じく、五銭のことを五百と言っていた。〉

であった。引率の先生は赤面した。

と。「クリョー」の言いかたをするほどに、ここは、京都とちがっていたのである。（——やはり、加子氏の言われるように、〃ここはまず関東系というところ。〃である。）加子氏は、なお、多くのおもしろいことを言って下さった。

「おれたちのことばが、（——家康が江戸へ出て）、標準語を開いた。」という自負を持っている。われわれは。

とか、

三河人全体が、「名古屋人・大阪人が標準語とちがうようには、ちがわぬ。」という自信を持っている。

とか。いずれも含蓄の多い話であろう。分派研究を示唆すること多大である。ついさきごろは、静岡県下の御前崎方面で、土地の人びとが、「関西」を、はるかな異域と見てい、感じているのを知った。滞在して、方言を観察していて、いかにもそのはずだなと、確認させられたことである。

昭和三三年に、若狭小浜沖の堅海《カツミ》部落をたずねた時のことである。土地の人たちが、まったく異口同音に、泊《トマリ》のことばは変わっている、と言うのである。あるいて一五分ほどすれば行けるとなり部落のことだった。堅海の人たちの、このつ

よい異域観にさそわれて、私もしらべに行った。が、じっさいには、泊も、それほどまでにひどく変わった方言の土地ではなかったのである。ただ、対称代名詞「オレ」を用いることは、泊の特色だった。ふしぎと、堅海では言わない。泊では、

○オリャ　ナシトン　ナ。

〝おまえは何をしとるな?〟

のように言う。小学四年生の男子も、

○オレ　ナン　ナ。

〝君は〟なんだ。

と、用例をあげてくれた。夫婦間でも、たがいに相手を「オレ」と言うという。ある中年の婦人は、

越中の人は自分をオレオレと言う。

と説明してくれた。(越中の人は、漁業に来る。)堅海の人も、私が、〝泊のことばはどんなに変わっているのでしょう?〟とたずねると、みな、第一に「オレ」をあげ、そして、他例をすぐに加えあげるというようではなかった。おそらくは、この「オレ」という、きょくたんな一例が、堅海の人びとの、泊部落に対する異域観をかきたてたのであろう。こんなことであっても、私ども、研究者には、この異域観は貴重である。じじつ、「オレ」という、珍重すべき事実・資料があがっている。ここでまた、私どもは、なるほど、代名詞一つがちがうことは、ずいぶん方言差を感ぜしめるのだなと、知ることができる。――考えてみれば、生活語体系としての方言の中の代名詞は、生活語の事実として、じつに重要な地位に立つものである。この一語で、早くも、方言の異域を感じたとすれば、当然であることはもちろん、まことにするどい指摘把握であった。ここで想起されるものに、加賀白峰地方の自称代名詞「ギラ」がある。女性もこれで私に話しかけた。私は、このごろでは、もう、白峰ことばの全貌に関することは忘れているが、「ギラ」一語は、くっきりと胸中に明らかであ

る。堅海人の泊部落指摘の方法も、もっともと思われるのである。

上述の、作業者（研究者）の「実感」、土地人の「意見・感想」、これらによる区画所見は、一口に、印象区画とよぶことができる。印象の区画を合理の区画に高めていくことが、一つの有益な道になる。

（二）「地図化」作業と「区画」解釈

現象を客観的に処理して、合理の区画を得ようとするのが、「方言」区画論の地理学的方法である。すでに前項で、その方言地理学的方法を述べたわけである。（区画論は、元来、方言地理学の中のものである。）「方言」区画の対比的認定の理想的手段をとれば、つぎには、厳格な「地図化」の具体的方法がいる。

方言の地図は、方言の各事象項目ごとに、事象分布の図として作られる。調査項目（←—体系的調査、共時論的調査の）に即応した多数の地図は、集成され、分別されて、体系的に処理される。これによって、「方言」区画の解釈受容——「方言」分派の受容——が可能になる。

方言事象分布の厳格な「地図化」は、考えれば考えるほど、むずかしいしごとである。調査地点おのおのからの採取事例を地図上に登録したものが、全体として、まさによく事象分布の実情を反照していなくてはならないからである。現地域での、方言事象分布の様相が、さながらに、生き生きと、地図上に写し出されていなくてはならないからである。

そうかといって、フランス言語図巻のように、採取事例を文字でその地点々々に書きこんで、一覧図表としただけでは、最善とは言えないと思うのである。これでは、読む地図はできても、見る地図、見取る地図はできない。現地の全体様相が生き生きと写されるとは、見てすぐにその実情が直観できるように生き生きと、ということでなくてはなるまい。分布の地図であれば、事象の分布が、簡明に見わたされるようであることが望ましい。ここに、処理上の第一の苦心がいる。

生き生きとした、見られる分布図にするためには、どうしても、作業者（研究者）が、どの程度にか、整頓の手を下さなくてはならない。（資料を資料として出しただけでは、どうしても、見られる分布図にはならない。）――事象のおのおのを符号化して、図を符号の分布図とすることは、今日、多くの研究者によってなされている。これは、「見られる図」の作りかたとしては、適切な第一次的手段と言えるであろう。

ところで、その整頓は、研究者の主観に属することである。整頓は解釈にほかならない。そこで、これがいきすぎると、研究者個人の見解が出すぎて、図は、状況図というよりは、完全な解釈図――見解図になる。むろん、こういう図もあってよい。が、さきの、現地域の全体様相を活写した図という趣旨では、徹底した個人解釈を全面的に出した図は、行きすぎの図と言えよう。そこまでは行かない、控えた解釈・整頓の図を作ることが適切かと思う。さて、こういう程度・ねらいを実現することは容易でない。それゆえ、厳格な「地図化」はじつにむずかしいと言える。

思うのに、解釈は徹底的にすべきであろう。そうして、判断のうえ、自己の解釈の安全線をきびしく見さだめて、もっとも穏当安全なところまで、解釈を後退させるのである。この程度の解釈を、解釈の基礎的段階と考えて、ここで公正な地図化をはかる。こうすれば、さっぱりとした、見られる図をうみ出すことができるのではないか。

解釈の安全性がすぐにみとめられやすいのは、どこでか。地図（分布図）の項目、たとえば「かたつむり」の、方言事象群（つまり多くの異称名）が、系統的に、過不及なく類別されているのが見られるところでである。一枚の分布図に登載すべきそれこれの事象は多い。これは、正確に類別され、種類・範疇、要素ごとに、相互関連のよくかえりみられた符号が与えられるべきものである。その符号が地図に載せられる。急所は、つねに、登載多事象の分類にある。類別しすぎると、たとえ系統観は正しくても、符号の図は煩瑣となって、見るのによくない。（直覚的効果がよわくなる。）かといって、類別が大様だと、科学的分析とは言えぬものになって、分布図はあいまいなものになる。分類、――多事象の整頓、――分類での総合と分割が、厳格かつ見るによい地図をうむ第一条件になる。

多事象の系統的分類には、支えとして、多くの教養がいる。しごとは個人の解釈処理であって、しかも、穏当な基礎的解釈の、第三者製作的分布図が要求されていることである。多事象分類は、さまざまの角度から、いろいろの配慮を根底にして、いくとおりも試作されることがいる。縦横の分類をくりかえして、「分割と総合」の穏当線を発見すべきである。厳格な「地図化」処理上の新しい苦心として、なお、次下のようなことが実現されるなら、これにこしたことはなかろう。——これらによって、地図はいよいよ明確に、実情を反照しうるはずである。

一つに、分布図上に、分布事象の勢力が明示できるとよい。(もとより、厳格な事象調査が先行していなくてはならない。) 勢力は、使用頻度と考えてもよかろう。ところで頻度は使用者階層に関係している。このへんで、「勢力」図示は、やっかいなしごとになる。使用者階層の、老若の世代別くらいは、なんとかして表示したいものであるが、見にくいものになるか。

二つに、自然地理的状況と、それに関連する地域人文の諸条件とを、図上に明示しうるとよい。

以上のような諸要求を、分布図上に、下図《した》としても符号法によっても、実現することができれば、まさにダイナミックな言語分布図ができる。しかし、諸要求を盛りこんで、地図をいたずらに複雑にして、全体を見にくいものにしたのでは、厳格な「地図化」の本則にもとる。ただ、事情さえゆるせば、事象分布図製作では、関係事項や諸要件をも収合して、図を立体的動的なものにしたのがよいことは明らかであろう。

図に苦心すればするほど、符号が問題になる。符号研究は当面の一大課題である。今日、私どもは、すでに、内外の文献について、多くの符号例を見ることができる。これらを集めて検討することは、当然の急務である。このしごとをよりどころにして、つぎには、分布図のための符号一般の、形態分析をこころみるべきである。この合理的な分析が、一研究問題であろう。分析結果については、その一々につき、また、一対他の関係につき、視覚的効果の研究がいる。(ここで、符号心理学とでも言うべきものの進展が期待される。) 一口に言って、符号学とでも言ってよいものが、生まれねばならないと思う。

つぎに「区画」解釈について述べる。「方言」区画の解釈受容――「方言」分派の受容――には、どのような過程が考えられるか。

第一には、現象の部門別処理がある。部門を、発音・文法・語詞というように考える。さきに作られた諸分布図は、項目にしたがい、まず右の部門に類別される。――類別しやすいようにできているはずである。もともと、調査は、「部門観」を考慮してなされているのだからである。

第二に、類別されたものを、各部門内で処理する作業がはじまる。たとえば、「発音」部門内では、諸分布図が、まず、「アクセント」関係の図と、そうでないものとに大別される。単音の図では、「注目すべき母音」の分布図、「注目すべき子音」の分布図などが分別される。音韻変化の図でも、音韻変化方式の分類にしたがって、「音韻変化」分布図が分別される。

部門内細分類には、おのずから体系が立たなくてはならない。

第三には、各部門内で、その細分類の各グループごとに、そこに属するいく枚かの分布図について、事象分布の傾向を見ていく。これは、その地図この地図での分布領域を見くらべて、そこに分布状況の最大公約数的なもの（――→分布様態、分布方式）を求めていくのである。

分布には傾向がみとめられるはずである。分布の理のことは今、多くは言わない。ことばが、ある広さの地域のうえに広まるのには、地理と、住民のコミュニケーションとに即した自然さがあるはずである。これが一つの根底になって、諸分布事実間には、地域に応じた一定の傾向が生じる。これが分布傾向である。分布傾向は、「方言」分派（分画、区画）生成の理となる。分布傾向によって、しだいに「方言」区画をとらえていくことができる。

一つ一つの分布事象は、ある広さに分布して、分布輪廓を形づくる。その点では、同一図内での、あい並んで、重なることのない二「事象分布」間には、一線の分布界線が見られる。しかし、Bの地図の甲事象の分布輪廓は、Aの地図の甲事象の分布輪廓と、同一ではないのがふつうである。両者の分布輪廓は、重ならない。あるグループ内のその地図この地図の、いく枚かの図に、事象分布の一定傾向がみとめられた場合、その分布傾向をとらえしめる境域は、明確でないのがつねである。すなわち、これは、多く、さまざまの輪廓線の不整にむらがりあう束状の線でとりかこまれている。したがって、こちらの分布傾向を支える境域と、そちらの分布傾向を支える境域とは、きわめて不明確な太い線で境されているのがふつうである。このような束状の界線が、〃等語線の束〃などと言われてきた。「等語線の束」は、方言事象分布の分布傾向のみとめられる一個の境域を本位にして言えば、「事象分布輪廓線の束」である。

分布傾向を確認して、そこに一定的な境域をうけとるがためには、いかに下位段階でも、操作として、かりに、境域の界線を引かなくてはならない。つまり、その境域を区画どる（区画づける）のである。そうしていかなければ、「方言」区画とよびうるものをしだいに帰結していくことはできない。「方言」区画の受容のためには、こうして、下位段階から、分布傾向の把握に、解釈を加えていかなくてはならないのである。言いかえれば、等語線の束を、あえて一線化していかなくてはならないのである。それでよいのだと思う。「区画」とは、そのようにして得るもののはずである。

第四の作業となって、以上のように、各グループで分布傾向を認定したもの——区画づけたものを、各部門内で、しだいに集合集成していく。発音の部門であれば、アクセント関係のものと、そうでないものとはまず大別する。「そうでないもの」の方の各グループを見て、分布傾向をしだいに寄せ集め、重ね合わせてみて、傾向性のつよいものをとっていく。一つのつよい分布傾向が帰納されれば、それの地域と隣接地域との「〃方言〃の区ぎり」が、しだいにみとめられてくるはずである。分布傾向の見られる地域は、その小さいものから、しだいに大きいものを見ていくようにすればよい。しかも、部門内をグループに細分類した、その細分類の体系にしたがって、分布傾向帰納の作業を順次盛り上げるようにしていくべきである。アクセントに関するものは、それ以外のものの処理統合のすんだところで、その結果に、重ね合わせてみるようにする。つねに体系的処理の精神をつらぬくようにすることが重要である。

第五に、右の部門別の作業が終ったら、諸部門のものを統合整理し、いよいよ、「方言」区画を帰結する。

ここで問題になるのは、発音・文法・語詞というような部門別を、どのような順序に見て、部門統合の処理をしていくかということである。部門の先後関係を立てることは容易でない。が、だいたいの方向としては、つぎのように考えてよいかと思う。発音関係のものを基盤におく。ということは、第一にこれをとりあげるのである。ことばはすべて発音されるものである。すべての言語現象は、発音の基底の上で形態をとる。分布傾向の統轄処理は、発音関係のものからはじめて、その作業結果を、まず下地《したじ》におく。発音関係のものでも、まず、アクセント以外のものの処理を先にする。ついで、アクセント関係のものと、文法関係のものとを、あいともにとりあつかって、これらから、総合的に、つよい分布傾向を帰納する。この結果を、さきの下地としたものに重ね合わせてみる。そこで、分布傾向——したがって一が他に対する区画関係——の最大公約数的なもの（重ね合わせてみての、一致の頻度の高いもの）を求めていく。このさい、下地に拘泥しすぎることはないようにする。たとえば、下地の一分布傾向が大きい地域にわたるものである時、アクセント・文法の方の分布傾向は、その大地域を割るものであって、しかも、事例上の頻度が高くて、その傾向のつよいことが思われれば、私どもは、下地の傾向をこえて、アクセント・文法の見地から、新しい「方言」区画をみとめていく。部門のさいごに語詞をあつかえば、さらに小さい区域をしめる「方言」区画の傾向が、だんだんに見いだされるであろう。その時、そのものの傾向がつよければ、やはりこの段階でも、小さな「方言」区画——そういう対立関係——をみとめていく。

諸部門おのおのの作業結果（分布傾向の帰納収約）を、さいごに統括処理したところで、「方言」区画と言いきってよいものが得られる。つまり、方言の分派関係の実態が確認される。ただし、この段階にもなれば、区画線——等語線の束——、（分布傾向で言えば、その輪廓線）は、大様になってもくるはずである。「等語線の束」で言えば、複雑な束がみとめられることになる。そうあって自然である。その大束の複雑な流れが、すなわち「方言」区画線のつよい流れだと解すべきである。

部門内作業から、部門対部門の作業まで、大小の各段階で、作業は、体系的処置の方式でおこなわれる。したがって、さいごに「方言」区画が得られた時、これは、体系的比較によったものと言えるのである。

比較以前の、地点地点の体系的調査は、当然に、体系的比較（事象比較の体系的操作）の方言地理学をもたらす。体系比較の方言地理学こそ、まさに方言の地理学であろう。

（三）「区画」法則

第一に、区画には、「等語線の束」の区画線しかあり得ないことを、「区画」法則としてあげなくてはならない。特殊の場合、たとえば川すじの一線で、あるいは藩領のくぎりで、「方言」区画線が、くっきりと一線に通ることがあるか。多くの事象にわたって細密に検討したら、とてもそうはいっていないことがみとめられるであろう。（だいたい明瞭な一線がみとめられる、という場合はあるにしても。）第一の「区画」法則は、境界不鮮明の法則である。

第二に、事象分布の理が、「方言」分派（「方言」区画）形成の理になることを、一つの区画法則と考えておきたい。

「分布」と「分派」との用語差は明らかであろう。「分布」は、方言の個々の事象について言う。「分派」はすでに言ってきたように、「方言」分派である。——方言としてのまとまりについて言う。

distribution は「分布」と訳されている。「分派」に相当する適切な学問語は、先方の方言研究には無いか。わが国では、〝方言分布〟との用語のもとに、「分布」の語が、いろいろに使われてきた。そこのあたりには、なにかと、不鮮明なものがある。

一要素の分布、それと、隣接の一要素の分布との関係から、分布の地質・地域性がつかめる。分布関係は、どんな一つも、けっしてただの偶然にはとどまらない。どの分布関係も、他の、類縁のものとの関連性・抱合性のもとにあるはずである。ものによっては、きょくたんに孤立的な分布関係もあろう。が、その場合は、調査と整理のふじゅうぶんのため、他の類似類縁の「分布関係」例が、あがっていないだけのことである。可能態としては、類縁のものがあり、出ている一個の分布関係は、その沈んでいるなにほどかのものを、予示しているのである。こう解釈しうる点で、分布と分布関係とは、方言の分派、分派関係を予示すると言える。分布関係から分派関係（区画）の推定されることを、一つの区画法則としてうけとる。

第三には、区画成因となる諸条件が、当然の作用を発揮して、当然の方向に区画を成立せしめることを、区画法則と見ておきたい。

区画成因の諸条件は、どのように分別しておくことができるか。だいたい、

- 自然条件
  - 気候
  - 地理
- 人為条件
  - 史的なもの（例、藩治制度）
  - 現代のもの（例、政治的規制）

このように分別してみることができよう。このような諸条件によって、「方言」分派は、当然の方向に醸成される。そこに区画法則の自然法をみとめることができる。これを、「区画の自然性」の法則と言うこともできる。

第四には、区画・分派に、能動的にできるものと受動的にできるものとがあり、双方はむろんとなりあうことを、分派・区画の二態生成の自然法としてとりあげたい。注目すべき区画法則である。およそ、分布に対しては、非分布のあることが明らかであろう。諸事象の分布において、ある地域が、つねに（あるいはしばしば）非分布をもって対応すれば、ここは、分布ゼロの消極分派の地域となる。消極分派は受動分派である。完全に分布ゼロではなくても、いくらかのよわ

い分布はある時でも、総体観からすれば、そこは受動性の分派としてとり立てられる。ある地域に、特定の発音基底があるなど、ある基盤的なものがつよければ、その地域にさまざまの事象が流れこんだ時も、その地域は、一々消極的に反応して、ものを分布（存在）せしめず、せしめても、すこししか存在せしめず、また、存在せしめても、それらを土地風に変容させる。こうなって、この地域と、この地域の外の地域との区域対立（すなわち、区画のありさま、すなわち分派）は顕著になる。

三　日本の「方言」区画

（一）　これまでの区画論

日本の「方言」区画論は、東条先生の発想と指導とによって進展せしめられてきたと言うことができよう。

それにしても、今日の段階では、なお、次下のような問題点を指摘することができる。

一つに、「方言」区画をみちびいてくる科学的態度と合理的方法とがよわかった。区画づけるための裁定規準の体系的整頓はまだない。

その段階としては、討究部門別による統合処理が、不当に恣意的だった。たとえばアクセントの見地から「方言」区画が言われることのつよすぎる場合がすくなくなかった。

要するに、総合的判断の科学的方法は未発達である。

二つに、右と関連して、分布図の製作・処理の未発達がある。（「方言」区画論のための調査の未発達のことは、今、言わない。）

三つに、研究者が、それまでの他・自の諸観察・諸材料によって、印象区画を述べる場合、説の出しかたに大胆すぎるところがあった。理由づけの単純なことがすくなくなかった。裁定規準のとりかたの恣意が目だった。伊豆七島などはしばらくおくとしても、九州や奥羽については、もっと、多くの研究者の研究帰一の傾向が見られるようだとよい。

四つに、区画の民間説では、旧藩の転封その他の人間移動事情を、区画成因として重く見すぎる風があった。研究者の場合も、区画成立の、言語事情としての合自然性をみとめることがよわかったと思う。

民間人の「方言」意識や区画印象は、正確に活用して、区画論の中へ善用するようにしたい。

五つに、方言研究の中での、「方言」区画論の位置づけが、なされないできた。「方言」区画図の通時性は明らかであろう。しかし、区画論は、方言通時論の中へ位置づけられるというようではなかった。その、不明確なあつかいのままで、ただ、区画が論じられてきた。

私なりの言いかたをすれば、方言地理学的研究の、「〝方言〟分派」地理学が未発達である。したがって、区画論も所を得しめられていないし、区画論の目標も不明確である。

(二) 私の日本語「方言」区画考

私は、私なりの立場で、以上の問題点を反省する。(なお、多くの反省すべきことがらがある。)

現在のところで、未発展の私なりに、いちおう、日本語の「方言」区画を、用心ぶかくまとめてみれば、つぎのようになる。(小著『方言学』〈三省堂・一九六二年〉四四四ページ)

ここまでの研究の手つづきに関しては、小著をごらん下さるなら大幸である。

- 日本語方言
  - 内地方言
    - 東部方言
      - 北海道方言
      - 東北方言《南東奥方言・北西奥方言》（奥羽方言）
      - 伊豆七島方言《伊豆諸島方言・八丈島青ガ島方言》
      - 中部関東方言
        - 関東方言《関東方言・関東東北部方言》
        - 中部方言《愛知岐阜方言・長野山梨静岡方言・新潟方言・・佐渡方言》
    - 西部方言
      - 関西方言
        - 北陸方言
        - 近畿方言《近畿方言・・南畿方言》
        - 四国方言《予讃阿方言・土佐方言・・四国西南部方言》
        - 中国方言《山陽方言・山陰方言・・雲伯方言》
      - 西国方言《豊日方言・肥筑方言・薩隅方言》（九州方言）
  - 南島方言
    - 奄美方言
    - 沖縄方言
    - 宮古方言
    - 八重山方言

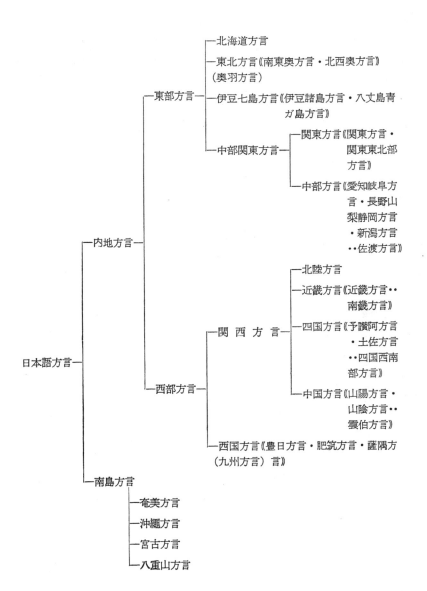

図にしてみれば、つぎのとおりである。

日本語方言分派図

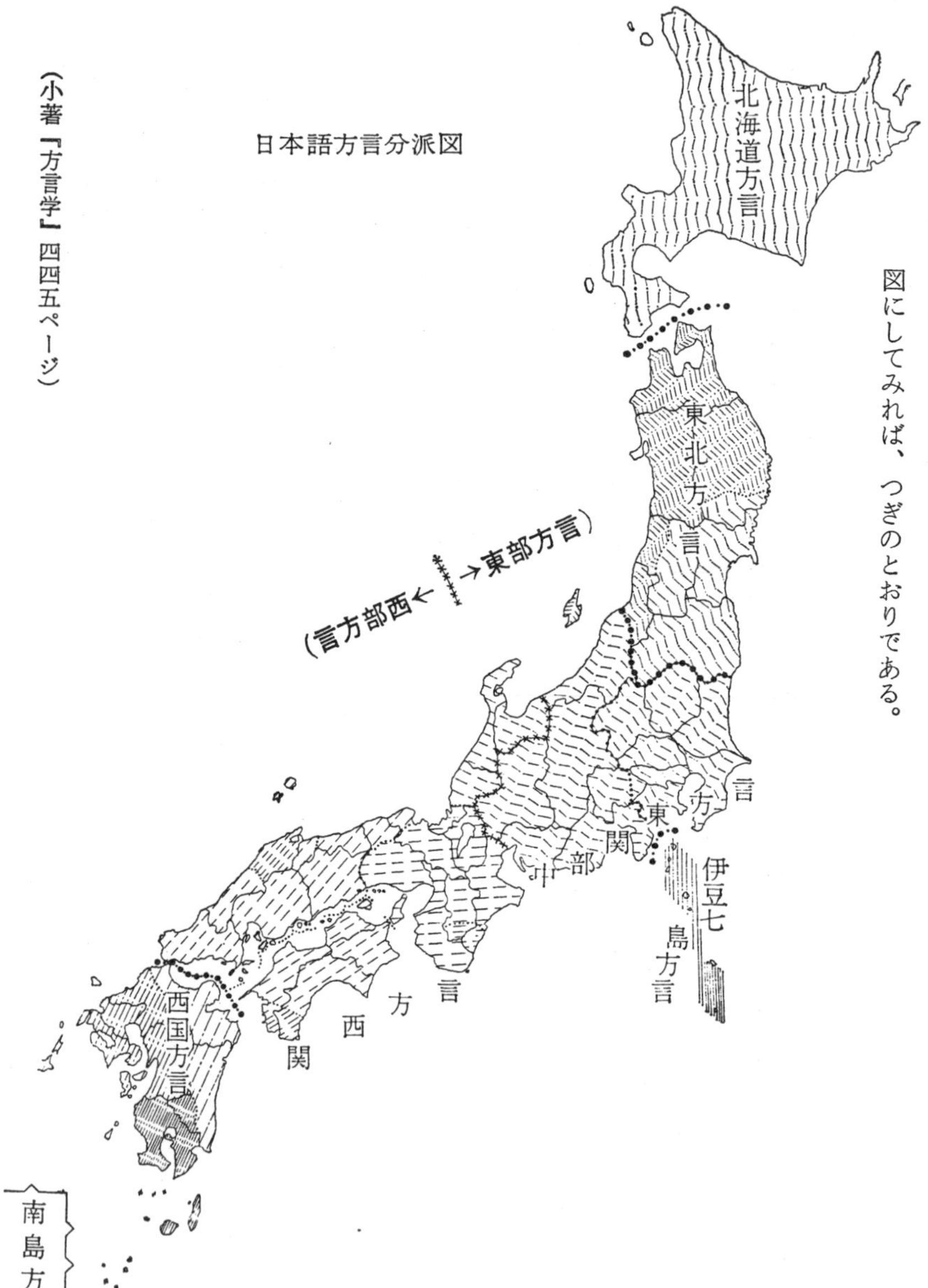

（小著『方言学』四四五ページ）

四　「方言」区画論の目標

「方言」区画を立てたらそれで終りか。そういう区画論では平板すぎると思う。

「方言」区画は「方言」分派である。区画の図は分派の図であって、区画図は区画の史的関係の図である。区画論のさきには、区画通時論、つまり分派系脈（系統脈絡）論が開けている。区画論は、方言分派関係の成立史論に展開する。これは、国語生活上の、生活語圏史論である。

区画論は、語史再構のいわゆる言語地理学とはちがう。その言語地理学は、方言事象地理学である。区画論は、方言分派地理学である。区画をたてにとるかぎりは、区画づけられた「方言」分派関係の史的研究をはずすことはできない。

もっとも、区画づけられたおのおのから、対応する事象をとりあげ、それをまとめて、事象を相関的に記述し、それに記述の体系を与えて、この記述体系をもって、区画対立を統合的に説明することも不可能ではない。不可能ではないどころか、これは、私としては、諸「方言」区画のならぶ方言通時態を統合的にあつかう、高次の共時論的研究だと考えている。それはおのずから別の方向である。区画論であるかぎりは、その区画づけをする論は、基本として、通時論の方向をはずすことができない。

あとがき

上来、しばしば、簡略な叙述におわったことを、おわびする。抽象的でありすぎたところも多かろう。じつは、小著『方言学』（三省堂、一九六二年）に述べたところを考慮して、反復にならぬように注意した。

前著からすこしでも出ようというのが私の思いである。考究の進展につとめた。しかし、日本語方言区画に関する、今の段階での、結論的な考えには、かわりがない。したがって、右には、三省堂のゆるしを得て、小著中の「日本語方言分派図」を、そのままかかげた。

（三八・九・一四）

（日本方言研究会編『日本の方言区画』　東京堂　昭和三十九年十一月）

頁	行	誤	正
314	9	「オレ」と言う	「オレ」と言う

(『Zeitschrift für Mundartforschung 』昭和 43 年)

頁	行	an	正
335	20	A sentence may by	A sentence may be
335	21	, isn't it?" he is	, isn't it?", he is
333	31	there eare	there are
331	27	Mediteranean	Mediterranean

Now, coming back to the Seto Inland Sea area again, we see the general trend of compound particles that *nôya* is going to be discarded as being vulgar and that the younger generations have turned their back upon *nomoshi* and *namoshi* on account of their antiquated qualities. But the *nô-anata* type still enjoys its longevity, probably because of the familiar personal pronoun in the second person which forms part of this compound particle. Yet, due to the rapid growth of standard Japanese, *nonta*, etc. being strange forms, are gradually being discarded by the younger generation. Let's have another look at No. 5 map. Δ means that young girls don't use them.

More and more, girls and boys declare that they do not use *nô*, which is still favoured by the old people, but that they use *nâ* or the standard *nê*. Look at this map. Indeed, we realize that language changes with the lapse of time.

Under such circumstances, our Seto Inland Sea is waiting for our dialectological investigation into its interesting and abundant linguistic materials.

9

By all means, I wish to continue my research on the dialects in this interesting area of the Seto Inland Sea of Japan. Just as all the rivers in the surrounding areas empty themselves into this inland sea, this part of the country is, as it were, a crucible into which flow all types of culture from all directions. Here may be lying great historical strata of language. Here may be seen within particular islands some linguistic revolutions and so on, brought about by complicated interrelations between those islands.

The situation of the Seto Inland Sea area is such that we may duly regard this area as a remarkable miniature copy of the history of the Japanese language. This seems to correspond to your interest in the Mediteranean Sea area as a copy of the history of European languages.

But the difference is that ours is a matter within a single language. Therefore, our advantage may be that we can expect to draw pure and systematic linguistic theories out of what the dialectological facts offer.

From such a point of view I have already planned my second and the third steps towards dialectological research in the Seto Inland Sea area. At the second stage of my research I will particularly concentrate my energies on the recording of the native speaker's natural conversations in terms of sentences. In terms of sentences—because I want to emphasize a synthetic treatment of the dialectological facts of language from a humanistic point of view. I would insist on a synthetic treatment, which has unfortunately fallen far behind an analytic one. And I would push it forward, to establish the study of dialect as a proper study of the really humanistic language, which may be evinced in the general characteristics of dialect. This, I think, is one of our urgent duties.

wished to make some strong appeal to his hearer, he would conclude his utterance with *nô* and further he would add *ya* with a view to intensify the effect of his appeal. This may be how the compound particle *nôya* came into existence. Therefore, it is not surprising that *nôya* is very similar to *nô* in its distribution.

There are also similar compound ending particles such as *nonta, nôta. Nonta, nôta* derive from *nô-anata*; *anata* is a personal pronoun in the second person corresponding to the English "you". Therefore, *nonta* is different from *nôya*, where *ya* is an exclamatory word. But both of these come from the same psychology of the speaker.

Nô-anata type shows its distribution within the wide distribution of *nô*. It is interesting that the distribution of *nô-anata* type is in marked contrast to *nôya* in the east, and that within the *nô*-distribution is to be found the co-ordinate distribution of these two forms, which may be regarded as of northern colour. There are actually regional differences in their distributions, and the causes for these regional differences must be ascertained on a basis of the totality of various linguistic phenomena.

7

Another group of noteworthy ending particles, which are also related to *no*, comprise *nomoshi* and its variants—*nôshi*, and *namoshi*. *Nomoshi* and *namoshi* were originally composed of *nô* or *nâ* and *moshi*, in the same way as *nôya* was formed of *nô* and *ya*. *Moshi* in *nomoshi* or *namoshi* is primarily a sentence-word, which means something like the English "Hullo!".

By choosing *moshi* as in *nomoshi* or *namoshi* the speaker can be emotionally more intense than by using *ya* like *nôya*. And *moshi* is more general than *anata* as in *nô-anata*, which is indeed specific.

As you see, *nomoshi* and *namoshi* are distributed mainly in the south of the area, while *nonta nôta* are in the north. It may be clear from this map that *nô* is not necessarily confined to the northern part. (The archaic *nô* preserved itself in the southerly part in such a compound as *nomoshi*.) Why, then, have the distributions of the *anata* type and the *moshi* type been so clearly divided into the north and the south?

8

Nôya, *nomoshi* and *nonta* may all be looked upon as the developed forms of particles of appeal. Here is seen a manifestation of the accumulative method of statement in Japanese, which is one of the ways how this unique language expanded its expressions. We can see all over the world of dialect the change of times and the vitality with which Japanese has cultivated and expanded its expressions.

pression has also very much to do with the cessational or ending particle. In my opinion, the ending particle represents definitively, conclusively and culminatingly, not only the honorific value but also the value of expression in the sentence in general. It must be noted that in a Japanese sentence the ending particle comes immediately after the predicate, which is the principal verb plus auxiliary. Compare that with the position of the English tag question. The tag question is usually placed far after the principal verb of the sentence. Thus, the honorific or non-honorific character of a Japanese sentence depends very much upon the politeness or non-politeness expressed by the ending particle. I have pointed out that *nâ* is admitted to be a more polite form than *nô* in many places in our area. Now, in this connection, let's have a look at the map.

On the map this mark o indicates the place where people admit *nâ* is used by women, and this mark Δ indicates the place where people say that *nô* is used by men. Here, it must be borne in mind that the Japanese have a common feeling about the politeness of language that, in general, "women use the more polite forms of language than men." Consequently, the honorific expression is closely related to the sex distinction of the speaker, which characterizes the whole aspect of the Japanese language.

5

When native people admit that *nô* is used only by men, it is often added that it is the men "of the older generations" that use it. At any rate, the archaic character of *nô* can always be recognized. And it is interesting that in present-day Japanese the use of *nô* depends upon the district, in the particular part of the Seto Inland Sea.

Both of *nâ* and *nô* show the nation-wide distributions, but in many places the distribution of the one is, as it were, entangled with that of the other and they never show clear-cut distributions. It might be because both these forms sprang up arbitrarily as people chose to make some appeal in particular situations.

Furthermore, in the present state of the dialects in this country, ther eare cases where *nâ* is considered a later development than *nô*, but it happens that in no place is *nô* positively considered to be a later development than *nâ*.

We may say that the western part of the Seto Inland Sea, where *nô* shows a predominant distribution, has preserved its linguistic locality fairly well. And it may be due to the particular ways of language flowing that have enabled this part of the area to remain linguistically unchanged.

6

In connection with the distribution of *nô*, take a look at this map. This shows the distribution of *nôya*. When a native dialect speaker

a conversation, although their occurrence is rare in general expressions in written Japanese. Again, Japanese dialects in general abound in ending particles; the diversion of ordinary words to ending particles has been a wide-spread practice; and *nâ* and *nô*, among others, are considered to be basic forms of the ending particle.

Phonetically, Japanese has five basic vowel sounds: [i, e, a, o, u]. And the ending particle is formed by adding a particular consonant sound [n] to one of these vowel sounds, and thus produces an exclamatory effect of address.

3

Evidently, in the Seto Inland Sea area *nâ* and *nô* are primarily predominant. Although *nî* is to be heard in a very limited extent, it is dying out. (*Nû* has never established itself; and *nê* is gaining ground in this area, which is regarded as a standard form in Japanese.)

This map shows the distribution of *nâ* and *nô* forms used by the native old women, who represent the older generations in this area. It is suggested here that in this area *nô* was originally predominant, and that *nâ* was a later intrusion. *nâ* seems to have spread westwards from the eastern part of the area, where *nâ* is prevailing against *nô*. (By the way, the eastern part of this area is not far from Kyôto and Ôsaka, which used to be the centre of Japanese culture for some one thousand years.)

Now, look at this map with regard to the young girls' choice. The general tendency is much the same as in the preceding case. But you must note that in some places *nâ* proves much preferred by young girls. Again, in increasing number of places the young girls' choice of ending particles is limited solely to the newly-arrived *nê*.

It may be concluded that *nô* is losing ground in our area. And as if to support this conclusion, the old women in many places admit that *nâ* is a more polite form than *nô*. This situation is shown by the next map.

But, on the other hand, there are some places where older generations think the other way round. It may be that in such places the traditional use of *nô* has been inherited down to the present age, or the original character of *nô* is preserved in such compound forms as *nonta* and *nomoshi*, both of which are polite forms.

Generally speaking, it may be considered that *nô* has been driven out of the scene by *nâ* and reduced to a low-grade, vulgar form.

4

Here arises the problem of honorific expressions. In the Japanese language various forms of the honorific expression find their places in the subject, predicate and even in the modifiers in a sentence. This is one of the remarkable linguistic characteristics of Japanese. The honorific ex-

WORD-GEOGRAPHY OF JAPANESE*

By

YOICHI FUJIWARA (Hiroshima)

1

I am going to talk about one of my attempts in dialect-geographical studies of the Japanese language in the area of the Seto Inland Sea of Japan.

I don't know of any other country that has within her boundaries an inland sea with so many small islands like Japan. My concern has been to inquire into the whole aspect of the dialects that are spoken in this interesting area from the dialectological or linguistic point of view.

So far, I have completed the first stage of my work—a linguistic research on this area from a geographical angle. And what I am going to do now is to take up one of the grammatical problems derived from my research and, through its examination, make clear some aspects of the dialects of the Seto Inland Sea area.

2

It is characteristic of spoken Japanese to use a particular "cessational or ending particle" at the end of each sentence. I think the use of such a particle in Japanese characteristically distinguishes spoken Japanese from the spoken forms of modern European languages. Now, let's see the use of the ending particles in our particular dialects.

A sentence may by said to be "a form of appeal". When an Englishman says, for instance, "It is fine today, isn't it?" he is making an appeal to his hearer by means of "isn't it?". In Japanese we express the same thing like this: "Kyô-wa ii tenki-desu nâ." Here, *nâ* may be replaced by *nô* or *nê* without affecting the meaning of the sentence. And these are the cessational or ending particles in Japanese. They correspond to the English "isn't it?", "don't you?", "wouldn't she?", etc., which are called tag or disjunctive questions by grammarians. The English tag question is a grammatical combination of words, while its Japanese counterpart is a single word, independent of the grammatical structure of the sentence.

In Japanese conversation we conclude sentences with such ending particles so very frequently that without these a conversation cannot be

* Technical reasons forbid the printing of the maps.

習ということばがすぐに思いおこされ，別しては，模倣ということばがすぐに思いおこされます。

A　言語伝播と社会（受容と散布）

B　社会通過の方式（周圏と周布）

C　伝播での社会の反立（通過と新化）

ことに，いわゆる辺境社会では，その新化が問題になります。

第五章　方言地理学　（通時論）

A　方言社会の大小

B　中央社会と辺境社会

C　方言事象分布

D　方言分派

第六章　精神現象学としての言語学・方言学　（高次共時論）

A　社会的事実と心理的事実

B　方言の存立と将来

以上のように包括的に考えられる，広「社会言語学」的な広「社会方言学」が，私にとっての，人間の学としての言語学であり方言学であります。

（『方言研究年報』通巻第27巻　昭和59年12月）

基質」が私のものになりました。社会意志の論は，今後も，じゅうぶんにあたためていきたいと思うものであります。

私どもがかいまみることのできます社会学文献では，高田保馬博士の「社会意識」というのを除きまして，社会意志関係の，さまでの術語が見られません。これはどういうことなのでしょうか。さて私は，社会意識という語よりも，私製の社会意志という語を重んじたく思います。「社会意識」の語は，個人の自覚に関してもつかわれるものだからであります。「社会の意識」というつもりでは，「社会意志」と言ったほうがよいと考えます。社会意志は，方言社会，言語社会の責任主体であるとも言うことができましょうか。

A　言語社会の基質

A′ 言語社会の動力

B　共鳴共感

C　言語事象の製作

D　言語事象の受容

第三章　言語意味と言語形式　（共時論）

意味論とか意味とか言ったまででは，ことばが広すぎますから，今は，言語意味・言語形式と言います。これらは，上の「言語事象の製作」や「言語事象の受容」にかかわるものであります。

文法学は，言語形式の学とされます。

社会意味論は，一面，意義学になってきましょう。その意義学は，早く，社会学者が説いたところでもあります。

第四章　言語伝播　（通時論）

社会意志が内的方向のものであるならば，言語伝播は外的方向のものであります。

言語伝播は，意味・形式の伝播であります。ここでは，慣

また，私どもの社会方言学の内包が明らかであります。

私の文法学もまた，社会言語学の文法学であります。方言文法を内容にとる文法学は，社会方言学の文法学であります。言語行動学の文法学であります。

意味論あるいは意義学が，社会方言学の内包として重要であることは，申すまでもありません。

人間の学としての方言学あるいは言語学，と唱えてまいりました私の考えかたも，社会方言学の実践にかかわるものであります。

十　私の社会方言学体系

「生活語学」との思惟と実践のもとで生みだしたもの，社会方言学の一つの体系化を，ここに開陳してみます。目次のかたちで進めてまいりましょう。

はしがき　方言研究の社会学的見地

第一章　方言社会　（共時論）

A　その特定社会としての家庭

B　町村社会

C　広域観

広域を概括する方法（言語地理学にしても）は，厳密に申しますと，社会学的ではないかもしれません。このところ，問題のおもしろいところであります。

方言社会というものを見つめていきますと，広域をとりあげることが，そうとうにむずかしくなってきます。

第二章　社会意志――言語社会の基質――　（共時論）

メイエ『言語地理学における比較の方法』の，泉井久之助氏の訳本によって，私は，「地方的基質」というのを知りました。以来，これを，得がたいだいじな思想としてまいりました。が，それはやはり借りものでした。のち，ようやく，地方的基質は社会意志なのだと気づいて，「地方的

きました。これは，私なりの，社会方言学の実践であります。言語生活学というような考えかたをお持ちのかたのばあいにも，これすなわち，社会方言学の実践とも言えると思います。コセリウは，人間を言っても，生活を言うことは，翻訳で見るかぎり，あまりないのではないでしょうか。私は，人間を言うよりもさきに生活を言います。生活の中には，いわゆる人間・言語・外界がみなあります。言語以外の生活文化をも生活の中にとらえこんだ所で，私は，生活語学というものを考えています。「生活語学」は，社会言語学の名に比せられるものであります。

J．V．ネウストプニー氏の『外国人とのコミュニケーション』（岩波書店）を批評したことばの中に，「現代の社会言語学が文法外のコミュニケーション規則に注目してから」というのがあります。私は，文法外と言われるコミュニケーション規則も，当然，生活語学で注目して来なくてはならなかったものであると考えたいのであります。

世にはまた，方言学への社会言語学の貢献ということばもありますが，方言学を，生活語学として実践する時，それはおのずから social linguistics であります。

『国語学』の133で，畠弘巳氏の『場面とことば』という論文を見ることができます。それには，「社会言語学と場面」という項目があります。その社会言語学の目的として説かれるものを見ましても，私どもは，生活語学の中で，ゆだんなく，そうしたことをも押さえていくようにしなくてはと思います。

田辺先生の『言語社会学叙説』には，おわりのほうに，「語の出生」「語の存続」「語の死滅」というようなことが重くとりあつかわれています。これは，意味変化の問題にもなっています。このような語論もまた，私どもの生活語学，社会方言学の内包でなくてはなりません。造語法に関すること，もとよりであります。造られた一語一語は，みな，社会的な文化財であります。

柴田武氏は，井之口有一氏・堀井令以知氏の『職人ことば辞典』（桜楓社）を推すおことばのしめくくりに，「日本の社会言語学にとってすばらしい文献が一つ加わった。」と述べていられます。このように考えますと，

いを実感したのでした。

三省堂版のさきの書物を見ますと，巻末に，国立国語研究所の「『社会言語学研究』報告概要」というものがあって，『八丈島の言語調査』(1950)から『敬語と敬語意識』(1957) までがかかげられています。そのおのおのについて，その書物内容の要約，研究成果のエッセンスが述べられています。それらは，かならずしも，私どもの常識を越えたものではありません。ここには，社会言語学深化の要請があるとも見られます。一方，ここの六著作列挙からは,「広義社会言語学」の示唆を受けとることもできます。

研究者集団の有力な組織活動によって，社会言語学的研究がなされたばあい，調査が，ものの深層の解明になること，生活の深部の解明になることは，もっとも望ましいことであります。深い調査のためには，どれだけの条件をととのえなくてはならないのでしょうか。

私は，方言研究のために，ひいては，社会学的見地に立っての方言研究のためにも，生きてはたらくものの追求ということを，しきりに申してまいりました。これは，言語生活事実を，できるだけ奥深く追求していこうとするものであります。このことは，ほんとうに，無限の追求，無限の作業であります。ここでは，かならずしも，二人以上の共同作業が容易でなく，形式化された質問簿の適用もまた容易でありません。

こうしたところに，広義社会言語学の所行がうまれてくるでしょうか。

八　統合の見地あるいは広見地での社会方言学

私は，素朴単純に，方言研究の社会学的見地を求めようとします。根本は，ものを追求する方言研究の心がけを持つことにあります。

こういう広見地あるいは統合見地での社会方言学のためには，私は，古いことば，social dialectology というのを保存しておきたい気がします。方言学はそもそも社会言語学なのだと，自分に言いきかせたいのであります。心理学的見地をふくむ社会言語学であります。

九　社会方言学の実践または内包

私は，早くから，方言について，生活語・生活語学との考えかたをして

としてよかろうかと思われます。さてこれは，一般的に考えられる社会言語学が，研究対象の分化を求めて，ある限定に向かったものでありましょう。この限定に相応して，また，研究方法も分化・特定化されてきます。そこに，旗幟鮮明な社会言語学が成りたちます。こういう，(狭義と申してまいりますが)，狭義の社会言語学の，近年の躍進は，目ざましいものがあります。成果の一例は，国立国語研究所の『大都市の言語生活 分析編』(三省堂　1981年3月）に見ることができます。これは，「SOCIO-LINGUISTIC SURVEY」とされています。

社会言語学者は，この種の方法と所産とをもって，社会言語学の本格的なものと考えるでありましょうか。

ここですこしく，狭義の社会言語学一般に対して，感想をつけ加えてみます。

狭義の社会言語学は，言わせて切りとる調査をおこなうものでありましょう。場面に即応して，相手の言うものを用心ぶかく受けとる調査ではありません。狭義の社会言語学に，割り切り主義があるとするならば，ここに生じる弊害をどのように克服していくかが，今後の課題になると思います。さてまた，割り切り主義は要素主義につながります。このことは，分析手段の宿命のようなものであります。一例を，いわゆる敬語調査にとってみます。なるほど，狭義社会言語学では，「敬語調査」なのであって，敬語法調査ではありません。敬語として分析することになると，敬語法の人間生活は，くみとれないことになってしまいます。解答方式の，生の事実に対する作業困難が，ここに明らかであります。以前，一つの敬語調査をテレビで見たことがあります。調査者が，深い討究のもとで，精密とも言えるほどに，敬語法表現の多くの項目を順序だてました。被調査者が，そのどれかを答えればよいしくみであります。ところが，一人の若い女性は，その，並んだ二つの，Aのことばでもなくて，Aのことばのいくらかとをつないだものを答えざるを得なかったのであります。これは調査者の意外とするところになり，その時の処理は，しぜん，不鮮明なものになりました。私は，そこの一こまの状景を見まして，言わせて切りとる調査と，言うのを受けとる調査とのちが

からではありますが，社会学的見地が心理学的見地をはらんでいることを，よく理解することができます。

『社会学のすすめ』の巻末にある社会学関係の文献には，社会心理学関係のものが出てきます。イデオロギー論のようなものも出てきます。ここには，いわゆる弾力的な社会学的見地があります。

このせつさかんな，集落の全数（または大数）調査といったような社会言語学的なしごとに関して申しますなら，それにも，調査法のこまごまとした用意がいりましょう。それは心理学的見地にかかわるものにほかなりますまい。心理学的見地は，ここにしぜんに，社会学的見地に包摂されてきます。包摂されてこそ，深い社会言語学的研究ができるのではないでしょうか。

あらためて，社会学的見地と心理学的見地との統合という考えかたをしてみますか。その統合の立脚点は，超個人にかかわることの多い社会学的見地におかねばなるまいと思うのであります。共時論と通時論との統合では，超時間にかかわることの多い共時論に，統合の立脚点を見いださなくてはならないと考えるしだいであります。

現実学としての社会学は，まさに共時論的なものでもあります。

心理は個人の内，社会は個人の外と言いきることはできませんけれども，個人を越えるところを，社会の特色と見まして，外のたちば本位に，内のたちばを合わせていくと考えてみてはどうでしょう。

けっきょくのところ，私は，心理学的見地をも包摂する，あるいは，心理学的見地と合体する社会学的見地を見つめて，そのところで，広義社会言語学を考えてみたいのであります。

七　統合の見地での社会言語学（心理学的見地をふくんだ社会言語学）と狭義社会言語学

広くゆたかに認めていく社会学的見地ということからも言えますように，また，統合の見地でということからも言えますように，社会言語学には，広狭の二様を弁別することができます。

研究者集団による，総合計画の社会調査の類は，狭義の社会言語学のこ

ものであります。

「社会学的見地の優先」に関しては，ひとまず，コントのことばを引いてみましょう。コントは，

言語は実に，すべての人間制度のうち最も社会的なものである。

と言っています。田辺寿利先生の『言語社会学叙説』に見えるものであります。なお，こういうことばがあります。

言語が真に言語としての役割を果たすのは，人間の社会においてである。

このことばは，コントのことばであるのか，田辺先生のことばであるのかが不分明であります。おそらくは，コントのことばでありましょうか。つぎのは，明らかにコントのことばです。

言語に関する真の一般的理論は，本質的には社会学的のものである。

コントは社会学者であります。心理学者は，コントに対応して，どのように述べるでしょうか。

今は，コント流の考えかたに立って，社会学的見地の優先を申してみましょう。

社会学の中には，社会心理学が胚胎していました。『言語社会学叙説』の中で，田辺先生は，タルドについて，

模倣現象をもつて基本的社会事実となし，

と述べていられます。タルドは，

社会，それは模倣である。

とまで極言しました。

方言研究にたずさわって，方言生活者たちの方言生活を見，あるいはその方言心理をうかがってきまして，私などは，模倣ということを，社会の鉄則のようにも考えたしだいであります。タルドの極言が，身によくひびきます。

タルドに『模倣の法則』という書物があります。これについて，田辺先生は，

タルドは社会心理学の古典といはれる『模倣の法則』に於いて，

と説明していられます。このようにたどってきますと，社会心理学的な面

縁社会とも考えられるものだからであります。(このさい，職業社会あるいは利益社会といったものは，ひとまず，考慮の外におきました。) 地縁社会との見かたに依拠すれば，社会学的見地に，心理学的見地をもむすびつけることができます。

六　私の社会学的見地観

言語研究の社会学的見地は，すでに伝統的とも言えるものであります。伝統になっている健全な思想とも言えるものであります。社会言語学は，すでにすでに，思索され，要請され，実践されてきました。sociolinguistics といった術語の出る前に，アメリカでも，social dialectology などといったようなことばがあったのではないでしょうか。こういうところにも，社会学的見地の，穏健な思想があったとされましょう。

今日，社会言語学が喧伝されるにあたりましても，旧来，方言研究の名のもとにおかれていた諸論文が，思いかえされて，社会言語学の名のもとにおかれるようになってきているのも，意味深いことに思われます。

私は，sciolinguistics というような名称にはこだわらないで，また，昭和十年代以降の言語社会学ということばにもこだわらないで，広くゆたかな見地，社会学的見地を立て（と申しては僭越ですが），あるいは重んじ，これに，従来のもろもろの方向を収めていきたいと考えるものであります。社会学的見地の名のもとに，旧来の多くのものを考えとり高めていくことが，最良の態度ではないかと考えます。

そういう，広くゆたかな社会学的見地が，心理学的見地をも，しぜんに包摂すると考えていきたいのであります。

> 私は，社会学的見地と心理学的見地との対立を，共時論と通時論との対立に比較してみたりもしています。どのように統合観をうち立てていくかが，今の私の関心事であります。

二つの見地，社会学的見地と心理学的見地との対立を見る目から出発して申しますなら，私は，社会学的見地が，心理学的見地に優先する，との言いかたをしてもみたいのであります。私は，社会学的見地を優先させ，この見地をたがやすことによって，心理学的見地を包括したいと心がける言語社会学と，言語学理念の社会言語学とに，おこなうことの広い狭いとか，くいちがいとかがありましょう。関心の濃厚な方面にしごとを進めるのが，おのおののたちばですから，そこに，しごとの差等が生じてくることと思われます。社会言語学としての社会方言学もまた，方言学的な関心の濃厚なしごとをしていくはずであります。

五　社会学的見地と心理学的見地

言語は，一方において，心理的事実であります。言語学は，社会学的な側面と，心理学的な側面とを持ちます。社会学的見地と心理学的見地とが，言語学という車にあって，まさに両輪をなしています。両見地は，同一次元の対立見地であって，たがいに対立しつつ，また，たがいに牽引しあっています。内面の深くで，相手をよびあっています。

さて，社会学的見地との関連でとり立てられるのは，歴史学的な見地です。社会学の中にも，一般社会学あるいは理論社会学という考えかたと対応するものに，歴史社会学といったような考えかたもあるようであります。歴史学的見地の，社会学的見地にまじわっていくところが，ここに出ていると言えましょうか。

歴史学的見地の考えられるのにつけましても，対立するものとしてすぐにとりあげられるのが，地理学的見地であります。加えまして，哲学的見地というものを考えますれば，以上で，人文科学系の見地が，いちおう出そろうことになりましょうか。

見地論をさらに進めてまいりますならば，他方に，自然科学的見地があります。この自然科学的見地は，言語学のたちばで申しますと，理学的見地と言いかえてもよいかと思うのであります。その中には，物理学的見地があり，生物学的見地があり，地学的見地がある，などと言ってよいかと思うのです。そしてまた，ややはなれたところに数学的見地があると言うこともできるかと思うのであります。

＊　＊　＊

私は，今，方法上，社会学的見地を，第一に見すえることにしましょう。そこへ，歴史学的見地も地理学的見地も交叉してきます。社会は，地

になりました。田辺先生は，昭和11年の６月に日光書院からお出しになった『社会学叙説』でも，冒頭で，言語の社会的事実であることを説いていられます。

三　言語の学は本来社会学的

言語は社会的事実と考えられるものでありますゆえに，言語の学は，本来，社会学的なものであると考えることができましょう。

言語の学が，本来，社会学的であるのについで，方言の学もまた，本来，社会学的であると考えられます。

四　言語学　社会言語学

言語学は，本来，社会言語学であるのを，否定することはできないでしょう。方言の学もまた，本来，社会方言学であると考えることができます。

ところで，「社会言語学」と「言語社会学」とは，私ども，どのように考えわけていけばよいのでしょうか。趣旨は同様なものであろうと思われます。ただ，社会言語学と言えば，その漢字の並べかたの習慣にしたがっても，「言語」というほうが強調され，「言語」が主となりましょうか。社会言語学は，言語の学を理念とするもの，とされます。それに対しては，言語社会学は，「社会」ということばに重点が認められ，社会学を理念とするものと解することができます。理念と関心との別を認める時は，上の二とおりの学の想定されることが，有用であると言えましょう。（心理言語学という考えかたと，言語心理学という考えかたとについても，同様のことが言えます。）

区別の有用を認めますが，社会言語学と言語社会学とについては，つぎのようにも考えることができます。社会学を理念とする言語社会学が，社会学本位のものであることは言うまでもありません。ところで，言語学を理念とする社会言語学もまた，それが基本的に社会学的見地を重んじるのでありますれば，ものはけっきょく，言語社会学に類同してくるとも言えることになると思うのであります。それにいたしましても，社会学理念の

であることを思い，一方言研究者のたちばで，定義を試みてみます。

社会学とは，人間の生活集団の，その必然的なむすびつきを，一個独自の形態と見て，これの成立・機能・発展・結果を，討究の対象とするものである。

ここで機能と申したものの中に，中枢機能としての言語を認めたいと考えます。

私の定義は，高田保馬先生の『社会学原理』（岩波書店　1919年）に，教示を受けて，試みたものであります。

ここにしばらく高田保馬先生に言及しますならば，先生は，内外の，いわゆる社会学的研究の総合性，むしろ相対性といったような包括的な様相を鋭く批判して，特殊科学としての社会学を厳格に求めようとせられたようであります。このような見かたは，新明正道先生の解釈にもよっております。

さてその高田先生の原理とするものは，四部から成っています。社会本質論・社会成立論・社会形態論・社会結果論であります。

文化の問題は，社会結果論のところにはいってきます。私は，そのところを解釈しまして，「成立・機能・発展・結果」というふうに申しました。社会学の領域での文献解説によりますと，高田先生の上の四部組織は，日本社会学にあって，はじめて，高度の社会学体系をうち立てたものと批評されています。偶感をつけそえます。高田先生が，日本の社会学の成長のながれの中にあって，このような『社会学原理』を著作されるにいたったのには，方言研究のながれの中にあって，方言の学を求めようとする私どもの，共感にたえぬものがあります。

二　言語は社会的事実

言語が社会的事実であることを，私に教えてくださった最初の人は，田辺寿利先生であります。昭和８年の『国語科学講座』の中に，田辺先生が『言語社会学』をお書きになりました。それを拝見した時に，私が大きく受けとめなくてはならなかったのが，社会的事実ということ――思想――であります。以来，社会的事実ということばが，私にはたいせつなことば

方言研究の社会学的見地

～『社会方言学』おぼえ書き～

藤 原 与 一

目 次

一　社会学

人間の生活集団という，この特異なものに対して，特定の研究が，成長しないはずはなかったでありましょう。すなわち，ここに，社会学という学問が誕生いたしました。それを，学の名にふさわしいものとした，最初の人は，コントであったと言われています。

ところで今，私どもが，社会学の定義を求めようとしますと，かならずしも，かんたんには，その的確な定義を求めることができません。社会現象としての人間の共同生活に対して，社会学の視点の成りたつのは当然だったのですが，その必然的な学問も，定義づけは，かならずしも容易ではないようであります。

私は，言語研究あるいは方言研究にとって，社会学的見地が必然のもの

理する基本的態度は，じつにこれであると言えよう。

結　び

「『方言心理』学」を志向することが，方言学にあっての，学意識発展のために，きわめて有効であることは，多く言うまでもなかろう。

「方言研究の心理学的見地」。人は，これを，自明のものとするか。まさに自明である。全方言研究をおおうことの明らかなものだからである。

しかし，実際の研究界で，この見地にもとづく研究が，どのように推進されつつあるだろう。とりたてるべきもののすくないのが現状ではないか。私は，心理学的見地による方言研究が，大きく体系化されることをこいねがう者である。

（『方言研究年報』通巻第28巻　昭和60年12月）

頁	行	誤	正
367	9	なっていくとも考えられる。	なっていくと考えられる。
366	26	方言心理をねらいとして，…	方言心理をねらいとして，…
358	8	問題根	問題視
358	21	特別の語詞にして，それをはっきりと	特別の語しにして，はっきりと
358	26	こまかに表現される	こまかに表現される。
354	27	もまた，似たようなものである。	もまた同様である。

20　方言事象伝播に関する方言心理

言語形式そのものの伝播があり，また，言語形式ならぬ，心意とも言うべきものの伝播がある。そのおのおのに，方言心理がはたらく。

たとえば，めだかのことを「ミトチン」という方言事象があるとする。A集落は「ミトチン」である。隣接のＢ・Ｃの集落には，まだ，「ミトチン」の語が伝播してきていないが，「ミト――」的発想は，何かの機縁で，言わず語らずのうちに，Ｂ・Ｃの集落の人々も，心得るようになった――そのように方言心理がはたらいた――とする。(たんぼの「ミト」(水門)は，Ｂ・Ｃの集落の人々にとっても，かねて，つかいなれた語だからでもある。) こうしたばあい，Ｂ・Ｃの集落にも，「ミトチン」という言語形式に関する心意は，すでに伝播してきたのも同様，と想定することができる。

心意伝播は，まさに，集団心理上の問題であろう。

21　まとめ

以上のとおり，心理学的見地との考えかたが，広汎に生きる。

心理学的見地，これは，方言研究全域をおおうものである。

四　心理学的見地と社会学的見地

心理学的見地と社会学的見地とは，相関し，相即する。

そうではあるが，私どもは，見地観というたちばでは，相関・相即を，ただに車の両輪のようなものと見はなつことはできない。

二者は，どのように見あつめられるか。どのような統合観が，ここに可能であるか。となって，私は，社会学的見地が心理学的見地を包摂すると考える。

包摂を考え，見地の統合をはかることによって，私どもは，しぜんに，「人間の学としての方言学」の実践を，みのりゆたかなものにしていくことができる。

統合観を可能ならしめるもの，または，統合観のもとで追求されるべきものは，方言に対する，文表現本位の事実把握態度である。二見地観を処

い。漁村に行くと，土地っ子が，わけもなく，“ここはことばがわるい。”，“ここはことばが荒っぽい。”と言う。

自己方言の方言事象をとりあげて，早くも，みずからそれをけなすのに出あうことも，すくなくない。たとえば，(ことに若者は,)自己方言圏での老人が「ゴザル」などと言っているのを問題にして，“あんな変なことばを”などと言う。

自語・自己方言に関しては，どちらかというと，老年層のがわに，尊重の方言心理がうかがわれる。まれに，極度の自慢心に接することもある。若い世代の人々には，方言総体に関して，また方言事象に関して，とかく，卑下の方言心理がうかがわれがちである。

19　方言の広地域現象に対する印象批評の方言心理

一小地域語に関することは，すでに16の項で述べた。こうしたばあい，ものを見上げる方向よりも，ものを見下げる方向に，印象批評の心理がはたらきがちなのは，注目すべきことである。17の項目で述べた，社会意志の説を参照せられたい。

広地域現象といえば，下位の方言がいくつかならびあう状態である。人は，素朴にこれらの下位方言を比較して，方言の広地域現象に関し，印象批評をくだしがちである。“甲方言と乙方言とはよく似ている。”とか，“A方言とB方言とは，まったくちがっている。”とかの立言がなされがちである。あいならぶ二方言に，多少の差異点のあるばあい，その差異点が，とかく強調されがちでもあり，一挙に，両方言の大差が説かれがちでもある。

方言の広地域現象に関して，事象本位に，比較の話しを提出する人があり，そこへ，独自の俗解を持ちこむ人がある。——めずらしい外来語の入来を説いてことを説明しようとするばあいなどもある。

方言の広地域現象に関して，下位方言間の境界線を論じる印象批評もある。こういうさい，方言心理はさまざまにはたらく。——境界の成因を想像してである。

方言境界線・方言区画の意識は，地方の物知り人・有識者に，かなりよく認められるものである。

これがなくはない。

旧来，方言意識との考えかたなり術語なりが，おこなわれもした。これまた，方言心理と言いかえることのできるものである。

17　方言集団と方言心理

地域社会は一々の方言社会である。方言社会に，方言の体系的存在があり，方言集団とも言いうるものがある。

さて，その方言社会・方言集団に属する人が，自己の方言をかえりみて，あるいは，自己の方言集団について，なにがしかの方言心理（方言意識）を持ちがちである。

その心理は，しばしば，排他的な心理であり，多く，生活閉鎖の心理である。

その心理はまた，言語模倣の心理である。

その心理はまた，言語道徳の心理である。この道徳は，制肘の心理を核心とする。同時に，なにがしかの奨励の心理を核心とする。制肘と奨励とのはたらきの背後にあるものは，異端排斥である。

方言集団にかかわる心理の，上述のようなはたらきの根源を成すものは，社会意志とも言うべきものである。方言社会の根源的な支配力が，社会意志である。これは，ただ単純に，一方的に，内面からはたらき出るものではない。社会意志は，方言社会に属する全個人の共鳴・共感によって形成される。心理学的には，社会意志は，共鳴・共感の心理と言いあらわすことができる。

このような心理によって，地方的な基質が形成され，地方性が形成され，風土性が形成される。

18　自語・自己方言を尊重したり卑下したりする方言心理

“ここの方言は，国語に近い。”などと方言人が言うのは，自己方言を尊重する心理によるものである。“ここのことばは，神代のことばをたくさん残している。”などと言うのもまたしかりである。

　土地人の，これは神代のことばだと言うものが，「―― シャル・サッシャル」ことばであったりすることもある。

自己方言について，卑下の情を述べるのに出くわすことが，私どもに多

「う」は長音を言い,「む」は撥音を言う。人はよく,長音・撥音に注目して音法則をまとめた。このような意識も,方言心理のはたらきとされるものである。

近世の音声学では,「だなら」相通が言われている。音訛法則の巧妙な把握である。把握者たちの方言心理がすばらしい。

14　語アクセント・文アクセントでの方言心理

諸方言上,きょくたんなあと上がり調があり,またあと下がり調がある。「オハヨー　ゴザイマス。」(お早うございます。) と言われると,はじめて聞いた他地方人は,ハッとなろう。あら?と思う心が方言心理である。もとより,あと下がりやあと上がりに発言する人のがわにも,その抑揚にやどす方言心理がある。

高音連続調の文アクセントに,それ独自の方言心理がくみとられ,曲折調とも言える,一種の堅い調子に,それなりの方言心理がくまれることも,また明らかであろう。

語アクセントでの方言心理に関しては,一例,近畿弁の語アクセントと,いわゆる東京弁の語アクセントとを比較してみればよい。空から降る雨を,前者が「アメ」と言えば,後者は「アメ」と言う。一方の人が他方の人の語アクセントを聞けば,どちらの人にも,ただちに方言心理の活動がおこる。

語アクセント・文アクセントは,まさに心理的事実である。

15　緩急・強弱・大小あるいは音質と方言心理

これらのもののばあいは,方言上では,さして問題にならない。

16　「方言」というものに対する方言心理

方言事象に対する外部観察の方言心理がある。なにがしの事象を,よいと思い,わるいと感じるなどもその一つである。地方語の全体相としての方言に対しても,外部観察の,「感じがわるい。」などの思いがある。

方言事象に対しては,また,外部観察の,正・不正の思いわけがある。みな,個人的な印象判断にほかならない。

つぎに,方言という体系的存在を,外部から観察して,早くもこれを特別視する方言心理がある。特別視・特殊視である。学究の人々の中にも,

音訛の事象は，かぎりもないほどに多い。その音訛のかたちごとに，それ独自の語感がある。方言心理の学は，この語感を，できるかぎりこまかに追求していかなくてはならない。音訛専攻の方言研究者があってしかるべきでもあろう。

> 音訛の世界は微妙の世界である。土佐弁に，「している」の「シチョー」があり，「シチュー」がある。「チョー」と「チュー」とでは語感がちがう。土地人の受けとりかたがどうであるかを探求する必要がある。
>
> 津軽ことばに，「アンヅマシー」という形容詞がある。「味」が「アンヅ」と言われている。これは，なまりにちがいない。けれども，土地っ子は，「アンヅマシー」との言いかたに，かぎりもないほどの愛着をおぼえている。「味ましい」との意のものだからであろう。他地方の人が，どのように感じようと，それは問題外である。土地っ子にとっては，「アンヅマシー」の語感が，ぜったいに魅惑的なものである。

音の魔術とでもいったようなものが思われる。〔kioku〕というのへ〔ɾ〕の一音を投入するか。〔ki〕と〔o〕との間に投入してみる。〔kiɾoku〕ができる。「記憶」が「記録」になった。小さな音が，じつに大きい作用をする。なまりでの小音の作用も大きい。これによって，語感はおおいに左右される。

12　音添加・音省略での方言心理

「飛ばす」が「トバカス」となれば，「カ」音添加のゆえに，「トバカス」からは，特異な語調が感得される。方言心理の感得である。鉛筆を「トギラス」というのが「トンギラカス」ともなれば，これからは，いよいよ，ぎょうさんらしい，しかも卑俗な気分がくみとられる。

「クダサイ」が「クダイ」とあれば，サ音省略のゆえに，「クダイ」が変なことばと感じられるようになる。「ガンス」からの「ガン」のばあいもまた，似たようなものである。

音省略や音添加は，いちおう，音訛から離して，別置してみる。

13　民間の音法則観念での方言心理

古く室町時代にも，「うむの下にごる」との言いかたがなされている。

が，より上品なことばづかいになっている。

促音効果・長音効果・濁音効果・ラ行音効果など，諸種のものがなお指摘される。

音効果心理学がここにある。その効果が，とかく待遇敬卑にかかわっていくことは，方言世界の注目すべき事項である。能田多代子氏の『五戸の方言』に，つぎの記事があるのも，ここに引用しておきたい。

此「エ」が語尾に添ふ場合は敬語となつて目上に用ゐ親愛を含む。

行ぐベアエ（行くでせうよ）

行ぐベアヨ（行くだらうよ）

11　音訛にうかがわれる方言心理

この部面がまた，音効果心理学のうちたてやすいところである。「大根」が「デァーコン」と言われれば，聞く人の多くは，このなまりに卑語感をいだくであろう。「ろうそく」の「ドーソク」のばあいもまた同様である。卑語と感じるのは，生活者たちの方言心理である。

「これは」が「コリャー」，「書けば」が「カキャー」になる。こんなばあい，人々は，結果を拗音と見る。こう見る人々は，いわゆる拗音を，独特のなまりと見ている。拗音はねじれたことばとされている。そう見るのが，人々の方言心理である。

縮音のばあいもある。たとえば「ございます」が，「ゴザンス」になり，「ゴアンス」になり，やがて「ガンス」にもなる。人はだれしも，「ガンス」にかくべつの上品みは感じていないであろう。縮音結果に，どのような方言心理がはたらくかは，多く言うよしもないことである。

転倒音にもまた，人はただちに，へんなことばとの印象をおこす。「茶釜」が「チャマガ」と発言されるのを聞けば，だれしも笑う。その笑いの心理は，転倒音への方言心理である。

音便の世界が方言心理のはたらく特別の世界であることもまた明らかであろう。「長く　待った」に対する「ナゴー　待った」では，「ナゴー」の，いわゆるウ音便の情調が明らかである。きびきびとはしていない。「出して」が「出イテ」と言われると，語感は俄然，変わってくる。その語感というのが，音効果心理学の対象である。

について，柳田國男先生は，早くＮ音効果ということを説かれた。Ｎ音には，人の注意をひきつける効果があると見られたのである。「No.」や「Nein.」の否定詞のことを考えても，私どもは，結果論的にも，Ｎ音効果を論じることができよう。

「どうどうしよう　ヤ。」と人を誘うばあいの「ヤ」，「やめろ　ヨ。」などの「ヨ」，これらを通観すれば，ここにまた，ヤ行音効果（――そういう心理効果）の立言が可能であろうか。「ヨ」のよびかけよりも，「ヤ」のよびかけのほうが，よりくだけた言いかたになるとするならば，それは，方言心理のそのような差ということになる。「ヤ」の言いかたが下品とされるばあいには，ことに，方言心理の説明が容易である。

つぎに「ン」音効果が認められる。宮城県地方でのことばづかいだと，「こっちに　おいで。」の意での，

○コッチャ　ゴザイン。

が，えも言われぬ愛らしい言いかたになるという。「コッチャ　ゴザイ。」とあれば，これは，おやが子に叱りぎみで言ったりする「こっちへ　おいで！」である。土地の人々は，「ン」をつけると気もちのよいことばになると言う。岩手県下のことばづかいにも，

○オドサン　ドゴサ　イッタ　エン。

お父さんはどこへ行ったね？

などというのがある。土地の人々は，この文表現を，上品のものとしている。「ン」音効果が明らかであろう。同似のことは，関西の四国などにも見られる。土佐の西部の，

○ドッコイモ　イカン　ゼン。

どこへも行きませんよ。

というのでは，おわりのことばが「ゼン」とあって，これが，目上への言いかたにされている。同等のものへは，「ン」をはぶいた「ゼ」の言いかたがなされる。（「イカン　ゼ。」）伊予の北部でも，

○ナニ　ショル　ンゾン。

何してるの？

などの言いかたがなされており，「ゾ」が「ゾン」とあるので，この表現

連接では，しばしば，第二文冒頭に接続詞がはたらくであろう。接続詞があってもなくても，二文の連接は，必然的な接続である。まのびしたような二文関係というようなばあいにも，それはそうした必然的な連関である。したがって，各二文連接ごとに，そこそこでの，必然的連接の心理がよみとられるべきであり，方言連文での方言心理がよみとられるべきである。

二文連接の特異なものに，特殊連文とも言いたいものがある。

○ヨー。ゲンキ　カー。

　　やあ。元気か？

○ヨーケ　アッタ　ワイ。オー。

　　たくさんあったよ。うん。

などのようなものがそれである。私は，前者例の「ヨー。」のようなものを発文とよんでいる。後者例の「オー。」のようなものを終文とよんでいる。発文・終文の観点から，二文連接の方言心理がくみとられやすいことは，多く言うまでもあるまい。

三文以上の長形章段ともなれば，その構造分析の方法を合理化することは容易でないとしても，ものそのものに，方言心理のよみとりやすいことは，明瞭な事実であろう。むかしばなしなどのばあいを考えてみればよい。

一個の章段が，長大なものであればあって，また，簡潔なものであればあって，おのおのごとに，簡複が，心理解剖のめやすになることも，また明らかであろう。各章段内の個々のセンテンスの長短もまた，方言心理解剖のたいせつなめやすになる。短文累加の章段が，いかによくテンポの快調を思わせることか。太宰治の『走れメロス』の文章もそれである。――今は，方言人の独自の話しぶりの中の短文累加を，私は想ってくる。

10　個音相に見る方言心理

音相の世界こそは，方言心理の露出する世界でもあると言うことができよう。私どもは，方言音に接して，端的に，方言心理をうかがい見ることができる。

さきに述べた文末詞，文末特定の訴えことば，「ノー」や「ナー」の類

さい，たいせつな課題とされる。形容詞がまた重要視されることも，もちろんである。

第三には，造文法にあっての，条件づけの心理が注視される。これは，結果として，複文上の修飾節を産む。その修飾節の末部には，接続助詞が出る。接続助詞利用のいっさいは，まさに，条件づけ心理を討究すべき場所である。条件づけが，ことわりになり，言いわけになるといったようなばあいには，ことに，表現者の心理が明らかであろう。

第四には，文冒頭におく接続詞が問題視される。ここに私どもは，接続の心理をよみとることができる。人は，あるいは，接続助詞を接続詞化し，あるいは，名詞や助詞を利用することなどによって，自在に多くの接続詞を創作している。接続詞語彙を群生させているところに，私どもは，方言人の接続の心理のはたらかせようをよみとることができる。

第五には，造文法での，訴えかけの心理が注目される。方言生活者たちは，一つのセンテンスを言いおわろうとする時，最後に，特別の訴えかけことばをおく。たとえば，「きょうは　暖かい　ね。」と相手に話しかけていく時にも，方言人は，「キョーワ　ヌクイ　ノー。」などと言う。「キョーワ　ヌクイ」との言いかたをしたあとに，「ノー」をおく。これが，文末独特の訴えことばである。そもそも，すべての文表現は，訴え形式のものと見ることができよう。人は，何をどのように一文に表現しても，心はかならず，それを相手に持ちかけている。つまり，それを相手に訴えかけている。その訴えかけの心理を，特別の語詞にして，それをはっきりと相手に聞かせようとするのが，文最後尾での文末詞設定である。

文表現が，すべて，訴え精神のものであるだけに，文末詞の創作されることは，各方言にあって，はなはだいちじるしく，この世界は，方言人たちの表現生活の，重要な部面になっている。待遇敬卑の心情は，この文末詞によって，こまかに表現される造文法に方言心理を見るとなって，もっとも重要視されてよいのが，このところであろう。

第六以降，提題の心理その他が指摘される。

9　連文上の方言心理

二文の連接のさせかたにも，ただちに，表現心理がよみとられる。二文

むかしばなしや伝説を対象にとってみるというようになれば，方言心理研究も，いよいよ人間学的なものになる。

8　造文法（構文法）の方言心理

方言心理討究の対象領域としては，これが，一つの，重要視されるべきものである。討究すべき諸課題が多い。

第一には，文形成（文造型）上にはたらく待遇心理が注目される。方言生活での文表現は，すべて，明らかな対人表現であり，みな，待遇心理にささえられたものである。これが，狭くは敬語法の文と見られ，広くは，敬意表現の文と見られる。なお言えば，これが，敬卑表現の文と見られる。人は，「トンデモナイ」との言いかたをあらためて，「トンデモ　ゴザイマセン」と言いはじめた。出雲で私が聞いたものには，「インヤデス。」（いいえ。）がある。人は，私への否定の答えに，「インヤ。」（いや。）と言いはなつことをはばかって，さらに「デス」をつけ加える。共通語生活上で，「アリマス。」というのを，さらに，「アリマスデス。」と言うのも，ここにとり合わせて見ることができる。

特定表現の文，たとえば，「お待ちよ。」または「待て。」といったような気もちの「マッタ！」，こんなのにあっても，表現者の相手に対する待遇心理のくむべきものが，すぐに認められる。近畿方言下では，人が，「そんな　ことを　するな。」と言うかわりに，「ソンナ　コト　シタラアカン。」と言っている。むきつけに命令のことばづかいを避けた表現がここにある。待遇心理の何たるかは，明らかであろう。

特定表現の文と限る必要はない。じつは，すべての文表現が，時・所・位に応じて，その文表現なりの待遇心理を示している。方言心理の学は，このところで，なかんずく重要な活動をしはたすべきかと考えられる。

さて第二には，造文法にあっての，修飾の心理が問題とされる。人間，ひとたび文の表現をおこすとなったら，だれしもかならず，なにほどかの修飾の心理にかられる。私どもから，修飾の表現法がとり除かれたら，私どもは，片ときも，ものを言いあらわすことができないであろう，とも考えられるほどである。修飾の方法として重要視されるのは，一つに，副詞である。地方語としての方言に関して，副詞語彙を集成することは，この

謡・童唄や言語遊戯の基本心理とも言えるものである。

5　方言ものづくしの方言心理

方言世界では，地方地方に，土地のふうがわりなことばをとり集めたりした，方言「ものづくし」とでも言ってよいものができている。たとえば岡山県下では，「ズド　ホン　ボッコー　オエン　ゾナ。」といったような言いぐさができている。「ズド」「ホン」「ボッコー」は，いずれも独特の副詞である。「オエン　ゾナ。」というのは，「どうもうまくないですねえ。」などといったような意味のものである。

宮城県下の言いぐさには，「ワタリ　ゲーゲー。アラハマ　チクショー。」があるという。

兵庫県但馬南部の養父郡大屋村には，

オーヤノ　ジョー〜　イワマイ　ジョー。
マタ　イッター　ジョー。ワルイ　ジョー。

大屋の「ジョー〜」を，言うまいぞよ。また言ったぞよ。わるいぞよ。

との言いぐさがある。

みやげものの手ぬぐい，あるいはのれんの類に，方言番付ののせられているものがある。人はまた，年賀状に，おもしろく，方言番付を掲げたりもしている。いずれにも，方言単語その他のとりあわせに，私どもは，その地方の方言生活の，ユニークな心理状況を見ることができる。

「ものづくし」のとり集めかたに，地方地方の，方言生活者たちの方言心理がうかがえる。

6　むかしばなし<方言表現>の方言心理

方言表現のむかしばなしの世界もまた，方言心理を討究すべき好領域である。周知のとおり，むかしばなしには，説きはじめの一文，説きおわっての一文の，特異なものがある。たとえば，「ソレデ　トント　ヒトムカシ。」と言って，一条のむかしばなしがおえられる。このような特異文句には，ただちに，表現者たちの方言心理を見てとることができる。

7　伝説<方言表現>の方言心理

この領域もまた，前者のばあいと同趣である。

（ぞうり隠し，かくれんぼ。橋の下のねずみが，チュチュンボくわえて，チュンノチュン。）

私どもは，少年時代をすぎてのちまでも，方言生活では，「カクレンボ」ということばは，つかったことがなかった。（それは「フーミン」と言われた。）そういうものが，なぜか，この唱え文句には，ちゃんと出ている。どこからか得てきたことばが，上品語として，ここに採用されたということなのか。それにしては，のちに出てくることばが，「チュチュンボクワエテ　チュンノチュン」である。対比がいかにも奇である。が，これが，「チュチュンボクワエテ　チュンノチュン」との言いかたの方言効果を，いっそう大きいものにしてはいないか。前後のこういう処置をしてのけたのが，方言生活者たちの，口あそびの心理であったろう。上の唱え文句は，じっさいには，つぎのように発言された。

ジョーリカークシ　カークレーンボー。ハーシノヒータノ　ネーズミガー，チュチュンボクワエテ　チュンノーチュン。

「チュチュンボクワエテ」のところは，かくべつ長められていない。これは，どうしようもない語句だったのだろう。さてその「チュチュンボ」は，「橋の下のねずみ」からきているか。ねずみの「チューチュー」を思い出したひょうしに，おどけた言いかた「チュチュンボ」ができたのにちがいない。「——ボ」とむすぶのは，方言生活によく見られる手である。ねずみだから「クワエテ」となる。「チュチュンボ」と言ったから，「チュンノーチュン」とむすばれた。唱え文句のしめくくりは，さすがに，また，「チュンノー」とばかり，長めた言いかたにされている。全体のながれが，「チュチュンボクワエテ　チュンノーチュン。」というところに来ると，上の唱え文句は，まったく佳境に入る。ここで，だれしもが，気らくなあそび心にうかれる。

俚謡・童唄や言語遊戯には，上述のように，しばしば，語句の遡及影響法・前及影響法が認められる。これらは，ひとくちに言えば，前後に必然的な相関をもたらす方途である。俚謡・童唄や言語遊戯には，そうした相関をもたらす，思惟の俊敏な走りがあるように思われる。その心理は，俚

漫才師が，一日じゅう歩いて家々を回っても，得られたものは一にぎりの米であったとは，たいへんなことである。「イチンチ　アルイテ　ヒトニギリ。」とのうたいことばが，いかにも物を乞う人たちのもの哀しさをよく衝いている。が，それを，哀しさとしては表現しないで，ユーモアの表現としたのが，子ども・おとなに共通する，このばあいの方言心理である。

4　言語遊戯の方言心理

これを，「口あそび」の方言心理と言ってもよい。「唱え文句」の方言心理ということも考えられる。（唱え文句と童唄との境は，おぼろげである。）

「いい気味！」「いい気味だ！」との言いかたになるものに，「エーキビダンゴ。」がある。「日本一のキビダンゴ。」の「だんご」である。「ダンゴ」と言われると，言われた方は，なんとも手きびしく言いきめられた感じを持つ。どすんとしりもちをついたような感じである。

下品なものに，「キッポ　キニ　カカル。ハゲ　ハズカシ　ヤ。」というのがある。「キッポ」（切り傷あと）というのを受けて，「キニ　カカル」との言いかたがなされた。音が合わされている。しかも，「キッポ」はまさに気にかかるものである。「ハゲ」については，同じく音を合わせて，「ハズカシ　ヤ」との言いかたがなされた。前言に類同するものである。「ハゲ」（禿げ）も，恥ずかしいどころではないけれども，軽く，こう言いながしたところがけっこうである。さて，全体では，「キニ　カカル」との，思いこむ態度を言うことばづかいと，「ハズカシ　ヤ」との，口にでも出しそうなことばづかいとの対応が，巧妙にできている。「ハズカシ　ヤ」の，文語調の言いかたも，この場に快い。その「ヤ」止めの感嘆が，よく，この口あそび全体の表現を，明るいものにしてもいる。

いま一つ，唱え文句の例を出してみよう。私などは，幼少の時，つぎの言いかたをしながら，「ぞうり隠し」のあそびをした。

ジョーリカクシ　カクレンボ。
ハシノヒタノ　ネズミガ，
チュチュンボクワエテ　チュンノチュン。

（ネンコロサンコロ，酒屋の子。杯，持って来い。酒，飲まそう。）

「ネンコロ　サンコロ」と口ずさめば，あとには，「サ」のつくことばのくるのが必定である。心理上では，じつは，「酒屋」が言いたくて，「ネンコロ」のつぎには「サンコロ」を言ったのではないか。「ネンコロ」対「サンコロ」のひびきあいのよさが，しぜんに，「サカヤノコ」ということばを喚んでいる。「酒屋の子」が出れば，あとは，言うまでもなくとばかりに，「杯，持って来い。酒，飲まそう。」になる。子守りうたとして，これをうたう人の心は，一つに，ことばの発音の「声ととのえ」をよろこび味わうであろう。偕調を味わう心理である。二つには，これをうたう人の，酒に対するたのしげな想像の心理があるらしい。「酒屋の子」に酒を飲ませたら，どんなことになるか。ここに，方言生活者たちの，軽い意地わるの心理もうかがえる。ところでまた，「サケノマショ。」は，飲ます・飲まさないが問題ではないのだろう。無責任にこう言いあそぶところがまた，俚謡の方言心理である。

童唄の一例としては，下のものをあげよう，（これは，私自身が，幼少のころに口ずさんだものである。）

マネシ　マンザイ
コメ　マンザイ。
イチンチ　アルイテ
ヒトニギリ。

（まね師，漫才，米漫才。一日歩いて，ひとにぎり。）

このばあいも，やはり，音のとりそろえをたのしみ味わう心理がある。「マネシ」のつぎは「マンザイ」である。なお，「コメ　マンザイ」である。さて，「コメ」と言うと，もはや最後の「ヒトニギリ」が予定される。人は，「ヒトニギリ」をむすびにするここちで，早くも，「コメ　マンザイ」と言ったであろう。「漫才」というのは，いわゆるいなかの人々の耳にも，よくはいっていたことばか。むかしの，漫才の流布が思われる。このころの，遍路・物乞いへの施し物は，しばしば，一にぎりの米であった。（私なども，米をにぎって持って出たおぼえがある。）施料一にぎり。

言心理討究には，かぎりないほどの課題のあることが知られる。

1’ 語彙の方言心理

方言社会にあって，人々は，どのように語群落をつくりあげていくか。これもまた，その方言心理によることである。私どもは，語彙の様態を見て，そこに，方言人の心理を種々にうかがうことができる。生活部面による，語彙分野の繁栄と貧弱とは，つねに問題になろう。ここでまた言える社会意志は，上品のほうへよりも，中品・下品の方向に関心を示しがちである。青年女性の自堕落といったものに，なんと語彙の繁栄の見られがちのことか。語彙の心理は，方言社会の群集心理として見て，はなはだおもしろいものである。どの分野にもせよ，とかく下卑の方向の注視されるのが，方言世界でのことである。

人以外の方面で，ただちに特定性の認められる語彙分野をあげるならば，一つに便所関係のものがある。「オチョーズ」あるいは「オカンジョ」（お閑所）などの語ができているのは，あえて上品の方向を開拓したものとして，その開拓者の人間心理が注目される。（やはり，西洋にも，REST-ROOM などがある。）

1’’ 民衆語源での方言心理

「時計」のことを，方言人が「トキエー」とよぶことがある。人は「時」を思ったのであろう。「ステンショ」には，「所」を思ったあとがある。このように，自己解釈・自己判断の思いを寄せるのが，方言心理のはたらきというものである。

2 俚諺の方言心理

「ドロにヤイト。」（泥に灸。）との俚諺には，方言心理のはたらくさまが明らかである。

俚諺の世界を，方言心理学的見地に立って討究してみたい。

3 俚謡・童唄の方言心理

俚謡・童唄の方言生活に，特定の方言心理がくみとられる。

俚謡の一例は，下のものである。

ネンコロ　サンコロ　サカヤノコ。
サカズキ　モテコイ。サケノマショ。

方言研究の中での心理学的作業の諸課題をとらえてみる。

1　命名・造語——造語法——の方言心理

まずはこれが，興味ぶかい研究領域である。

命名あるいは造語の世界は，方言社会での，共鳴・共感の世界である。共鳴・共感は，社会そのものの，全一的な意志のはたらきとも見ることができる。（この意志を，私はかねて社会意志とよんでいる。）方言社会では，通常，たとえば人倫関係の造語にあっても，社会道徳の規範に順応するものがじつに多い。人々の非行，あるいは悪，あるいはよこしまなものを批難する態度の語が多くて，善行を賞讃する語はすくない。ここには，規制・制肘の意図がつよくて，万事にことなかれが重んじられている。旧来，方言社会の秩序は，社会意志のこうしたうごき・はたらきによって守られてきた，と言うことができよう。調和と穏当，ないしは非積極は，方言社会の道徳律である。人々の心理は，おのずからこの方向にはたらいてきた。私をして以上のように言わしめるものは，ほかならぬ，私の造語心理研究である。

命名にあっては，「森」姓のもとには，「茂」という名が来がちである。人は，わが子の名を定めるにあたっても，その将来の幸福を祈念する心理にかられる。

命名・造語の方言心理という点では，洋の東西に，大差はあるまい。私は，さきごろ，カナダのバンクーバーの大学の中で，INSTANT BANK との名のボックスのたちならぶのを見た。これは，いわゆる自動引出装置のボックスであった。ミシガン大学で経験した一語は，Bag Lunch Time である。その時間に，私は，一席の話しをした。人に聞くと，バッグ・ランチは，「手弁当」といったようなものとのことであった。

造られた語に対する観察にあっては，方言に生きる人々に，古いことばへのあこがれないし敬信がある。また，古いものはみやびやかだとする意識がある。

古いもの，新しいものにかかわらず，つくられたものに，滑稽味をすぐ見てとる心理が，人々にある。また，諷刺を感得する心理がある。

こうしたことをかぞえあげていくにつけても，命名・造語の世界での方

二　方言心理の討究（把握・解釈）

1　方言研究の「方言心理」学

上に言う作業の学を，方言心理学と言いあらわすことができる。

造語上の約束からは，「方言心理学」というのは，「心理」に重点がおかれたものとされようか。そのことは顧慮しつつも，私は，あえて，「方言心理学」と言いあらわしてみる。ことは，すでにすでに，方言研究上のことなのである。それゆえ，言うところの方言心理学は，方言研究の方言心理学なのである。方言研究という言語学での方言心理研究なのである。今は，私の言おうとする「方言心理学」は，方言研究そのことでの，言語の学での，「方言心理の学」である。

心理方言学と言いあらわせば，造語の約束からは，「方言」に重点があると見られよう。このさいは，いかにも方言研究であることが表明されて，適切かのようである。しかしながら，今，私は，そのばあい，「方言心理の学」という心のあらわしにくいのが難点であると考える。私は，心理学的見地のたてまえのもとで，今は，「方言心理」を明言したい。

方言生活の心理的側面が，心理学的見地の名のもとで追求しようとするものである。心理的側面，すなわち，方言人の心理，方言心理を問題にするとすれば，私どもは，どうしても，方言心理学の名をえらばなくてはならない。表記して，つぎのようにすることも有効であろう。方言心理学

> 心理学の世界に，言語心理学との術語と作業とがある。これに関しては，「心理言語学」との述語がまた，論題になる。そうではあるが，心理学の世界に，「方言心理学」や「心理方言学」の名は，まだ，ほとんど成りたっていないであろう。これをよしとして，私は，「方言心理」を目標にした，方言研究のたちばでの方言心理学を考える。

三　方言心理討究《(把握)》の諸領域・諸課題

方言心理をねらいとして，狭義心理学的見地のもとの諸領域・諸課題を見る。

言いかえれば，方言研究そのことでの心理学的方向をたどってみる。

心理学的見地の外にはあり得ないものである。

方言研究の，実際の討究作業そのことがまた，すべて，心理学的見地のもとになされるべきものである。——言いかえれば，心理をほりさげていく作業となされるべきである。ことばはすべて，人間のことばだからである。私どもは，方言研究者として，討究のすべての場席で，人間の心理を見，人間の心理をとらえようとし、人間の心理を説明しようとする。ことばにとってかんじんなのは意味であろう。「ことばは意味である。」との言いかたもなされている。私どもの方言研究の実際は，意味研究の心理学になっていくとも考えられる。

意味ほど人間的なものはない。意味こそは人間をやどすものである。この点で，意味はすなわち人間であるとも言える。ここではまた，心理学的見地を，人間学的見地とも言いかえることができよう。

論著に表現していくことにもまた，一々，心理学的見地での考慮がはらわれるべきである。意味のはたらきを，健全なものにしていくがためである。一つの言いかたに，どういう漢字をどのように用いるかも，深い考察を要することである。私は，「とはいいながら」との接続詞を用いるばあい，「言」という漢字は用いない。「言う」の態度が，すでにうすれているからである。文章の構「文」法ないし構「文章」法が，一々，心理学的見地での作業になっていることは言うまでもない。熟慮はすべて，心理的事実である。

2　狭義心理学的見地

方言現象あるいは方言事象の討究・把握に関して考えられる心理学的見地を，今，私は，狭義心理学的見地とする。討究・把握にあって，つねに問題とされるのは，このさい，方言心理と称するべきものである。

討究対象に即応して，それに方言心理を見ていくことが，今，狭義心理学的見地の課題とされる。

これを言いかえれば，方言心理そのものを目標にしていく，方言現象あるいは方言事象の討究・把握が，狭義心理学的見地の作業であると言える。

一　心理学的見地

1　広義心理学的見地の普遍

すべての方言研究作業が，みな，心理学的見地でおこなわれるべきである。

方法のいっさいが，心理学的見地で考えられるべきものである。たとえば，語アクセント調査のための調査語詞の選択が，心理学的見地のもとでもなされるべきである。老年層と少年層とをとり合わせて調査しようとするばあいなど，三音節名詞に「ミサオ」(操) を採ることなどは，適切でない。言うまでもなく，少年たちにとっては，「ミサオ」の何であるかが，わかりにくいからである。つまり，そこには，調査語の心理的障害がある。四音節動詞をえらぶとしても，「シタガウ」(従う) などをえらぶことは、また同様、穏当ではなかろう。語アクセント調査の語詞の配列そのこともまた，心理学的見地で考慮すべきものである。方言生活語彙の研究のための質問調査項目についてもまた，配列のための，心理学的見地での考慮がいる。調査そのことが，まったく，心理学的見地で考慮しなくてはならない作業であるのは，言うを要しないであろう。俗に言われる「インタビューのしかた」などにしても，これが，心理学的見地での，深い考慮のもとになされるべきものであることは，多言を要しない。つぎに言語地図制作というようなばあいにあっても，心理学的見地での熟慮と判断とが，大いに必要とされる。調査地点数に合わせて，地図の大きさをくふうすることが，一つのたいせつな問題になる。人は，百の地点を半紙二枚分の大きさの地図にあらわしたのを見るのに対して，百の地点を半紙一枚分の大きさの地図にあらわしたのを見る時には，おもわず，後者のばあいに，「そうとうにくわしい地図だなあ。」と感じがちであろう。地点数に対する図面の大きさが，しばしば，人々の錯覚を招きがちである。図面の大きさに対する，地図上の符号の大きさもまた，心理学的見地で，じゅうぶんに考慮しなくてはならないものである。符号が大きすぎれば，符号相互の対応関係がわるくなるのはもとよりのこと，人の心理もまた，図面に，混雑・不正確さなどを過度に感じたりする。要するに，方法のいっさいが，

方言研究の心理学的見地

藤原与一

目　次

前　言

社会学的見地については，すでに述べるところがあった。さてそのさい，私は，社会学的見地が心理学的見地を包摂するとした。こういう点では，見地論としては，むしろ，心理学的見地の論を先だてるべきであった。じっさい，心理学的見地での全作業は，みな，社会学的見地での作業にほかならない。

ここでは，ひとまず，心理学的見地を独立させ，この見地のもとに考えられることがらを整序してみたい。

序　主題の精神

言語研究一般に，心理学的見地がある。言語は心理的事実でもあるからである。

方言研究にも，心理学的見地がある。

見地による，公正な観察・研究の重要性は，およそ自明であろう。

『方言心理学』おぼえ書き

藤原与一

はじめに

私はかねて、言語学は言語社会学と言語心理学との二体に分析される、と考えてきた。この考察にしたがって方言研究を推進する時は、方言学のためにも、方言社会学と方言心理学との二体がうちたてられることになる。――（学の側面的な処理でもある。）

どちらかといえば、私の中には、方言社会学が、より早くかたちをなした。さて、近来しきりに胸中を往来する思考は、方言心理学についてのものである。いずれにもせよ、私は、これら二体の学を、「人間の学としての方言学」の実践として、まとめていきたく考えるものである。

かえりみれば、私に、「民間の言語心理」（『文学』VOL. 25 1957 2）との旧文がある。これは、私にとっての、自覚もおぼめかしいころの「社会心理学」的所産であった。

テーマ「方言心理学」

私の設定する方言心理学は、言うまでもなく、方言心理の学である。このばあい、方言という述語にも心理という述語にもかたよらないで、方言心理という述語に、私は、一個のウエイトをおきたい。方言心理は、言うまでもなく、社会的なものである。

期するところの方言心理学は、方言生活の心理学である。言いかえれば、方言生活の研究の（方言学の）心理学的側面を言おうとするものである。これを心理学的方言学《サイコダイアレクトロジー》とも称することができる。

方言生活の心理学ゆえ、これは、いわゆる言語心理学の範疇を超えて、社会心理学的である。

方言社会学、すなわち方言生活の社会学は、方言生活の研究の（方言学の）社会学的側面をねらうものである。これは、社会学的方《ソシオダイアレク》言学《トロジー》と称することができる。

方言生活（――→言語生活）は、生活行動にほかならない。私どもは、日ごろ、方言生活の研究にしたがって、言語行動学を実践している。（「言語と行動」という思考方式は、すでに、私どもに無用である。）言語行動は、もとより、社会においておこなわれるものである。したがって、言語行動学は、広義の社会行動学の内にあるものとされる。（注。南博氏の『社会心理学入門』には、「そうして、そのような全体社会の規模で社会行動を分析する学問は、社会行動学とよぶのがふさわしい総合的な共同研究の分野である。」とある。）私はいま、そのような言語行動学の中の方言心理学をまとめようとする。方言心理学と方言社会学との契合もまた、ここに明らかである。

方　法

方言心理学は、「社会心理学としての方言心理学」と規定することができる。方言心理学の方法とされるものは、言うまでもなく、社会心理学の方法であろう。

私は、いわゆる心理学の専門学徒ではない。しかしながら、方言研究にしたがって、方言社会の方言生活にふれ、ここに追究の歩を進めて、いわば、方言心理の世界にあそんできた。端的に言って、私どもの方言調査は、社会心理学的作業だったのである。なんと久しく、社会心理学という述語をおき忘れてきたことか。

研究史によるのに、William McDougall は、一九〇八年に、『An introduction to social psychology』を発表している。

社会心理学とは何か。その道の人は、社会心理は、「人間の社会行動の心理」であると言う。社会心理は、集団、社会の持つなんらかのものが、個人の行動におよぼす影響である、などとも言われている。社会心理学は、「人間の行動を社会関係の中で（もとで）研究する。」ものであるという。知友の示した簡潔な定義は、「社会心理学は、人間の社会的な行動を研究するもの。」というのである。

私どもは、こういう定義を聞いて、一面、むしろおどろく。人間社会の人間の行動に、非社会的なものがあろうか。旧来の、修飾ぬきの「心理学」もまた、人間の行動の心理を問題にするばあい、もちろん、社会的な行動を問題にしてきたのではなかったか。近年、「社会心理学」の言われることがつよいけれども、思うのに、これは、けっして個人心理学から隔絶されたものではない。現に、多くの社会心理学者は、その実験と調査とで、ずいぶん多く、個人心理ベースのしごとをしている。

社会心理学と個人心理学との相即は、自明であろう。私の、いささかの経験をもってしても、つぎのことが言える。社会心理学が樹立されて、それまでの個人心理学的作業が、多く、社会心理学化された。（社会心理学の名のもとにおかれた。）

社会心理学と個人心理学との相即には、ラングとパロールとの相即を思わせるものがある。

私は、求めるところの方言心理学にあって、社会心理学と個人心理学との相即の考えられる社会心理学を、方法とする。これまた、自明のことであろう。

二・三の例説にしたがう。文法ないし表現法は、すでに法の名をこうむっているのにも明らかなとおり、社会心理学の対象である。ところで、表現法をふまえるものに、表現がある。前者は一般的であり、後者は個別的である。表現を直接の対象とするものは個人心理学であろう。個人心理学と社会心理学との相即は、表現と表現法との相即に、さも似ている。つぎに、音韻は、社会心理学の対象である。音声は、個人心理学の対象にほかならない。社会心理学と個人心理学との相即にも等しく、音韻と音声との関係が、相即的である。造語法は、これまた法の名に明らかなとおり、社会心理学の対象になる。人の泣くまねを語にまとめて、「ナキマネ」というのがつくられているが、これは、「動詞連用形＋名詞」の造語法を示すものである。ところで、一人の幼児が、おとなの「ナキマネ」という語を聞いて、なんのひょうしでか、「マネ」に「豆」を思い、「ナキマネ」を「ナキマメ」と言いあらわしたとすれば、この時の「ナキマメ」は、明白な個人創作であって、いわば、個人心理学の対象である。造語の個人創作と造語法との相即もまた、個人心理学と社会心理学との相即に対応する。

作業

方言心理学のために、私は、種々の調査作業をおこなう。

言ってみれば、私どもは、すでに、長年月、こうした作業を実施してきた。地方に旅し、それこれの村落にはいって、土地人士の間に起居し、私どもは、そこそこで、多くの方言心理を経験してきた。――じっさいには、その方言心理のやどるものを、すなわち方言事実を、かぎりもなくとりあげてきた。

社会心理学者は、ことに、心理学的方向の（社会学的方向のではなく）社会心理学者は、いわゆる実証主義を重んじる。実験と調査が、その人たちの生命である。その線にしたがって言うならば、私どもは、実験というよりも、調査そのことを旨としてきたものである。今後も、これにかわりがないであろう。

機械実験の方法を無視するものではない。しかし、ドイツでおこなわれた機械実験主義の方言調査の轍は、踏みたくない。方言心理の把握を目的とするからである。

作業の領野は、どのように見わけられるであろうか。今は、単純に考えても、まず表現法事象の領域がとりたてられる。観察を替え、局面をとりなおせば、たとえば方言意識の領野がとりあげられる。この領域の中が、また細分される。要するに、作業領域の分析は、つぎに述べる学体系に対応してなされるはずのものである。

作業に関して考慮すべきは、把握の深みである。私は、方言心理学の名において、できるだけ深切に、方言生活の、社会心理学的な現実をとらえたいと考えるものである。

心理は、すべて、人間生活の深奥を示すものであろう。私も、方言学徒として、方言生活の社会心理学的な解明にしたがい、できれば、深到の追究・把握に成功したい。

学　体　系

ここには、一書の発表を想定して、学体系を、いわゆる目次のかたちで述べてみる。

目　次

はしがき　方言研究の心理学的見地

第一章　方言社会の方言心理

第二章　社会意志

社会意志は、社会心理に属する。

社会意志は、「方言心理の社会」の内質をなす。

方言社会での社会意志のはたらきを分析すれば、次下のような心理把握が可能であるか。

その一　社会生活のやや公的な――いわば責任生活の――方向を見る

「家」の心理

協同の心理

孤行の心理（閉鎖の心理）

「世話をやく」の心理

つとめ・義理の心理

守株の心理

模倣の心理

不寛容・排他の心理

掣肘の心理

もとより、これらの心理を、方言生活に即して、具体的に説明していきたい。しかも、その説明が、深みを持つようにしたい。たとえば掣肘の心理をとりあげても、これは、人倫語彙の下向性の指摘などによって精説したいものである。

その二　社会生活の多少とも私的な――いわば無責任生活の――方向を見る

交際・つきあいの心理

「ふうがわるい」の心理（「人目《め》」の心理）

噂《社会連帯の一種》・評判の心理
嘘の心理《はなはだ対他的なもの》
嫉妬の心理
憎悪の心理
侮蔑の心理
諷刺の心理
滑稽の心理
娯楽の心理
無造作工夫の心理
旅人（お遍路さん、遊芸の人など）をむかえる心理
旅出（もの参りなど）の心理

もとより、これらの心理把握は、方言生活そのものの描写による。たとえば娯楽の心理についても、私どもは、民間歌謡の即興性などを実証して、その心理を深く追究することができる。

第三章　方言意識と方言圏

社会意志の一態として、方言意識をとりたてる。方言社会に方言意識がある。

1　方言圏の大小
2　方言生活圏

以下、汎社会的な見地で。（「どの社会にあっても」との心である。あるいは、「なんらかの社会で」との心である。）

第四章　表現法の心理

これは、かんたんに、語法の心理あるいは文法の心理と言ってもよく、また、おもむきをかえて、発想の心理と言ってもよい。文法上の命令形などは、たちまち好個の問題になるであろう。とりわけ重要な問題とされるのは、待遇表現法である。あるいは、広く言って、婉曲表現法である。一例をあげてみる。愛知県尾張西部の一地で経験したことである。一中年婦人は、私の〝どうもごちそうさまでございました。〟とのあいさつに対して、〝オムツカシュー　ゴザイマシテ。〟と返事のあいさつをした。この婦人はまた、夕食後、お膳を下げにきて、つぎの間で、〝エライ　オムツカシュー　ゴザイマシテ。〟と、ていねいにあいさつした。つぎに、この家を辞去するさいのことである。私の礼辞に答えて、当家の主人は、〝オムツカシュー　ゴザイマシタ。〟とあいさつした。これらに見える「オムツカシュー」は、私どもに、深い探究を要求してやまない。方言心理学の最大の研究課題の一つは、待遇心理であるとも言えようか。

特異な表現法の一々に、所定の言語心理があることも、また明らかであろう。

第五章　音韻の心理

ただちに思いおこされるのは、柳田国男先生の説かれたN音効果である。これに加えて、M音効果もまた、重要視すべきではなかろうか。日本人は、ことあるごとに、「マーマー」の発話をしている。なぜ、このように、「マー」が、頻用されているのか。与論島では、文表現の末尾に「ヒン」がつけられると、それは、目下に対する言いかたになるという。「ヤン」がつけられると、目上に対する言いかたになるという。「ヤン」音と「ヒン」音との、作用上の大差が注目される。

音韻の心理と文法の心理とに関しては、先掲の「民間の言語心理」に、いくらかのことが述べてある。

第六章　語詞・語彙の心理

便所は、かつて「お閑所」とも言われた。今日の「お手洗い」という語も注目すべく、旧の「お手水」という語もまた注目すべきものである。総じては、生活の下卑の方向を見れば、そこに、語詞製作の心理の、きわめてあらわなうごきがあるのを、看取することができる。

それぞれの語彙分野に、相当数の語が、しぜんにとりそろえられている。その集合は、ただちに、私どもに語彙の心理のえぐりとりをうながすものである。生活部面による語彙の豊富と貧弱とがまた、注視すべきものである。

以下、総括の二章である。

第七章　地方性・風土性

1　民俗心理事態

2　地方的な好悪——風土性——

第八章　方言心理現象の特異性

——方言人その心理像——

＜方言心理学と方言社会学との相即＞

以　上

広島大学社会心理学研究室の上野徳美氏は、社会心理学について、学史にもわたり、多くのことを教えてくださった。深く謝し、厚くお礼を申しあげる。

（『広島女学院大学国語国文学誌』第十一号　昭和五十六年十二月）

民間の言語心理

藤原与一

一

〃マス・コミュニケーション〃ということが言われはじめて、コミュニケーションということばは、近来よくつかわれるようになった。伝達ということばもあったのだが、コミュニケーションと言われはじめてみると、何だか、ことがらそのものも、新しく考え直されるようになった。あることがらを、〃コミュニケーション〃と言いあらわしてみると、ことは、「コミュニケーション的に」考えざるを得ないかのようなのである。これは、コミュニケーションという外国語の単語が、われわれ日本人の心理になげかける魔力とも言えよう。

心理がうごけば、そこから新しい活動がおこる。新しい解釈がうまれる。また新生面が開ける。言語の推移・変化も、このような心理のうごきによるものと見ることができよう。

以下には、国語のうごきを地方的にながめて、言語推移の一端をとらえてみよう。そこには、民間人のどのような言語心理がよみとられようか。

二

ものに名をつける命名には、民間の言語心理の、おもしろいうごきを見ることができる。その言語心理のうごきにつれて、新名は誕生し、新旧名称の隆替がおこっていく。

たとえば「めだか」に対して、人はその小体に着目し、「ジャコ」と名づけた。ところが、例の「めだか」の形態には、もっといちじるしい特色がある。そこで、人は「ジャコ」などの総体名に満足しないで、つまり「ジャコ」ということばをさらに分析して、「目高《ダカ》」と命名したのである。また「目太《ブト》」とも名づけた。人は、この際、「――ダカ」とか「――ブト」とかの、形容語を以てしての言い止めをおこなって、命名の安定をおぼえたらしい。言いかえれば、「――ダカ」「――ブト」の語感に、言語心理上の満足を感じたかと思う。「目ぱっち」というのも似たものである。目がぱっちりとしていることを描いたものと思われる。これらの新語がもともとだれかに製作されると、言語心理の共鳴をよんで、つぎからつぎへと、多くの人の口のはにつたわり、かくてよくこれらが社会の言語となったのであろう。

心理のうごきが新語を決定する。農業用語に、むずかしい漢字ことばが多いことがしばしば言われるが、知者が善意で農事改良につとめて、その新見解・新開拓の説明に新漢語を用いると、それに新たに賛成し新たにしたがう人々は、その「新」であることをとるがゆえに、そのむずかしいとされる漢語を、特別の心理をもって、むしろ愛好しつつ、むかえるのである。

民衆語源と言われているものがある。「ステーション」を「ステン所」、「メッセンジャー」を「メッセン車」とするたぐいである。これも、人が「ステーション」を聞いた時、「ション」に「所」を感じたのであろう。これは当然の心理と言える。かねての知識からして、「所」と思い合わせたのである。「メッセンジャー」を「メッセン車」とうけとった人々は、おそらく、車を引いて用事のつかいをしている、はやりのメッセンジャーなるものを見たのであろう。当然に、その人たちは「メッセン車」と解した。かれらは、「ジャー」の音に、「車」を当てて、言語心理上の安定をおぼえたのである。

発音に関して、いろいろの言語心理のうごきが見られるのは、興味が深い。

三

むかしからのことばに、「なまり」というのがある。今は訛音などと言うが、かつては、「よこなまり」などとも言われた。「よこなまり」とは、正に対する不正感を表したものであろう。「なまり」の意識には、これを非とする心理がやどっているのがうかがわれる。

「ございます」が「ゴアンス」「ガンス」「ゴンス」となっては、これは、なまりとして、低く見られるようになった。「なさる」が「ナル」と約されると、また、一段低い敬語とわきまえられるようになった。「どこへ行きナサッたか。」はよい言いかたで、「どこへ行きナッたか。」は、一段とくだけた、心安い気分の敬語と考えられるようになったのである。

ことばの音が縮約されていけば、なまりの意識が顕著になって、多くの場合、人は通常、卑語感をいだくようになる。さきの、「一段低い敬語」とわきまえるのなどは、すぐには卑語感とは言えないけれども、実質は、やがてそうなっていく方向のものなのである。現に、関西地方内で「早う行きナーレ。」などと、「なさる」の「ナル」を「ナーレ」と引き伸ばして言うのなどは、すたれかけた、あるいは廃滅まえのことばであるだけに、聞く人が変に感じるばかりか、土地人も、言うまいとするようになっている。みずからよくないと見ているのである。一般に、方言人がすこしくおのれの郷土語に反省を加えはじめると、〝ここのことばはわるくて〟と卑下する。〝ことばが荒い。〟〝敬語がない。〟と言う。

「ガンス」が「ガン」ともなり、あるいは、「ガス」「ゴス」「ゲス」などともなると、一方「ございます」「ゴザンス」も通用中のことではあり、「ガン」「ガス」などに、極度の縮約を感じて、卑語感をつよくするようになる。「そうやさかいに」が「ソヤサケニ」となっても、「そうして」が「ヘテ」になっても、縮約には、自他ともに、卑語感をおこしやすい。

右の「ヘテ」には、「そうして」の「そう」の〔s〕の〔h〕化が見られる。

縮約でなくても、ただの音の転化でも、それこそ「なまり」一般として、しばしば卑語感をさそうことは言うまでもない。全国的な現象としては、「ろうそく」の「ドーソク」、「らっぱ」の「ダッパ」、「うどん」の「ウロン」など、いわゆるダ行音ラ行音上の変動が、かんたんに卑語感をおこしている。

「シェンシェー」（先生）などの〔ʃe〕の発音については、「セ」を「シェ」と言うなどとも言われていて、世の通念では、「セ」が「シェ」になまったかと思われてもいる。じつは、このような〔ʃe〕は〔se〕の前身であるが、人はその逆の変化を考えて、なまりを意識し、変な発音だと感じがちである。古音も、退化の途上では、世上一般からは異端視される。おこなわれかたの優劣が、そのものの正訛・常異常を決することが多い。言語大衆は、自然のうちにとはいえ、みずから一方をすてて他方にうつっておいて、つまりなまっておいて、元の方を異端視することもあるのだからおもしろい。しかし、一般には、こうして、言語意識の大衆的な変動推移がおこる。つまりはこれが言語の進歩であろう。

近畿ことばの「行かハル」「見ヤハッた」などの「ハル・ヤハル」ことばは、もともと「なさる」であり、その点ではやはりなまりの産物にほかならないが、これは卑語感をひきおこしてはいないようである。どちらかと言うと、近畿弁らしい上品さすらも感ぜしめがちである。一つの想像であるが、この「ハル・ヤハル」の〔h〕音は、同じく近畿弁の特色をなす「行かヘン」（打消）「見ーヘン」などの〔h〕音と、相むすぶものではないか。――相むすんだ、近畿弁の（近畿人の）このみではないか。ともかく、「ハル・ヤハル」は、こうなまって、新に独特の音感を成就し、近畿方言人の生活感情をつよくささえることになったようである。転化横訛、かならずしも卑語感をおこさず、ことばの新しい飛躍をもたらす。

四

なまって出来たものにかえってよさを感じ取ることもあるが、一般には、元のものによさを感じる。じつは、元のものによさを感じるから、なまりの観念があり得るのである。――なまりの産物によさを感じるのは、もはやなまりの意識をはなれているのである。

なまり意識の断絶がないかぎり、元のもの、したがってより古いものが、よいと感じられる。あるいは、上品――「雅」と感じられる。亀井孝氏には、このような事実に関しての、「記憶の伝承」という御説明がある。（「ツル」と「イト」――日本語系統論のために――「国語学」第十六輯、参照）私は旧来これを古雅意識などと呼んできた。古いものをみやびやかと感じる心理である。

清音と濁音との対立の場合でも、古雅意識のはたらくのが見られる。「カニ」（蟹）のことを今日「ガニ」「ガネ」と言い、「トンボ」のことを「ドンボ」と言う事例が見られるが、これらの場合、元の濁らぬものの方を、人は上品と感じている。

清―濁の意識は、古来、そうとうにつよい対立観念になっていたかと思われる。〔t-〕に対する〔d-〕など、有声音を「にごる」と評したところには、価値意識のいちじるしいものがみとめられよう。一般には、濁音化を下品と見がちである。

東北関東の方音で、「旗」を「ハダ」と発音し、「柿」を「カギ」と発音し、東京語でも「自転車」を「ジデンシャ」と発音することがあるのなどを、人々は単純に濁音化と呼びがちである。〃濁音化〃

との表現には、何かの異常を意識する心理をみとめ得ないではない。むかし、みやこびとは、東国人の発音を批評して、「舌だみたる声」などと言った。そう言われたのは、どんな発音であったろう。ともかくも、その批評の心理は、想察にかたくない。

五

音便という現象も、たとえば「飛びて」の「トンデ」を「音の便」と名づけたところには、「びVン」の変化を、音の便宜的な変動と見たあとがうかがわれよう。「音便」という造語の背後には、音便とならない方が本則との観念が伏在しているのがみとめられる。

音便も一種のなまりである。清音の濁音化もまたそれとしてのなまりである。音便などと、「便」の字を用いて事象を言ったのは、まさになまりの観念を表明したものとうけとれる。なまりであれば、古雅意識の温存は当然とされる。

六

もっと明らかな「よこなまり」は拗音化であろう。「オカヤマ」が「オキャヤマ」となった時の、「キャ」という発音は、ひどいなまりとして、時には、低く見られたり、おかしな発音と見られたりしてきた。岡山弁と言えば「オキャヤマ」という発音を思い出すほどだったのである。これとならんで、名古屋弁も、「オキャーセ」(おきャーセ)ことばと言われてきた。やはりこの拗音が注意されたのである。

拗音は、特別の注意をさそう。拗音は、人に、特殊な音感をひきおこす。聞こえの心理的効果である。その点では、拗音化したものを聞いた場合も、はじめから拗音であるものを聞いた場合も、同じである。「ゲンギョガク」(言語学)というような発音には、多くの人がしたしみにくさを感じる。「さけぶ」ことを「ヒャコル」と言えば、多くの聞き手は笑うであろう。「ヒャ」とあるのにほほえみをおぼえるのだと思う。

「シャシン」(写真)の「シャ」や、「シュ」「ショ」も、古来、やはり拗音と言われてきた。「シャ」のように、カナ二字の大小を組み合わせて表記されるものは、みな拗音とされてきたのである。しかし、「シャ」のごときは、音の本質としては、じつはねじれていない。不拗音である。音声記号で〔ʃa〕と書き表わしてみれば、そのことは明らかであろう。「シャ」は子音として単純な〔ʃ〕と、〔a〕母音とからなる単純な音節にほかならない。「シュ」は〔ʃu〕、「ショ」は〔ʃo〕である。これらをあえて拗音と言ってきたのは、まったく聞いた感じからであろう。なるほど、聞こえの効果としては、「キャ」〔kja〕の、ほんとの拗音も、「シャ」も、ねじれて、よこなまって、聞こえる。ねじれて聞こえれば、人はそこに特別の感じをおこした。人々は、聞いた感じから、いわば心理的に、拗音という一類をくくりとったのである。「シャシン」の「シ」は、じつは〔ʃi〕であって、〔ʃa〕とまったく同性質のものであるけれども、「シ」と、カナ一字で書きあらわしてよいと感ずるところから、これにはだれしも、音の拗を意識しない。心理的分析の作業はこの際、気ままというほかはない。が、一方から言えば、そのように、ねじれの聞こえにこだわるのである。「鮭」は「シャケ」よりも「サケ」と言った方が上品と、共通語人は考えていよう。「ささやか」を「シャシャヤカ」と言うのを聞けば、たいていの人は、ささやかでないと思って笑うであろう。しかもここでおもしろいのは、今日のサ・シ・ス・セ・ソも、もともとは、シャ・シ・シュ・シェ・ショだったろうかと考えられることである。

現状として、ともかく拗音の効果を排する気もちのつよいありさまは、なおいろいろの実例についてこれを見ることができる。その一つは、近畿以西の、国の西半地方に多い、拗音語法と仮称してみたいものの場合である。まず、「……てオル」の「チョル」――(「言うてオル」＞「ユーチョル」)――が広く見いだされるが、一般には、これによる表現は、低卑と見られがちである。「……でオル」の「ヂョル」、「……てオク」「……でオク」の「チョク」「ヂョク」、みな、共通語意識の高まり広まるのにつれて、しだいに、よくない言いかたと、自他にわきまえとられつつあるようである。この種の拗音語法は、退化しつつあると見てよかろう。「……てヤル」の「チャル」、「……でヤル」の「ヂャル」もまた同じ趨勢にある。東京語中心の「破いチャッタ」などの「チャッタ」表現法も、右への比論からすれば、もっぱら、くだけた言いかたとして用立てられているのは、当然とされよう。ただ中国地方では、「……てであった」の「てヂャッタ」敬語法が、「(言う)チャッタ」という、かるい、やさしみのある尊敬法になっているが、これは、「言うテン。」(おっしゃるの?)その他の言いかたともあいともなって存立しているので、いくらかの特殊事情も考えられる。中国地方でも、「チョル」ことばの卑語感は、そうとうに滲透してきていると思えるのである。

近古の助動詞「せ・らるる」「させ・らるる」が、やがて近世に、「シャル」「サッシャル」になったとすれば、これも一種の拗音語法とされようか。この方は、当代にはいる前には、国じゅうに、広くさかんにおこなわれたらしい。しかし、今や、共通語では、「入らっシャル」の言いかた一つがのこっているばかりで、「シャル」の一般的使用はなく、「サッシャル」はすこしもおこなわれていない。このような推移はなぜおこったのだろうか。言語心理のおもしろいなりゆきである。察するのに、「シャ」という拗音の音感が、快くはうけとれなかったのであろう。「入らっシャル」の場合は、特別とも解されるか。というのは、このことばは、「ある」ことにも「行く」ことにも「来る」ことにも使われている。むかしの「ゴザル」と同様である。このような特殊な用途に意味作用を展開し得たことばは、その特殊の地位・使命によって、特定の生きかた――残存のしかたをするものかと思う。そういう用途のものとして、そのように特別視してみれば、そのような音形態であることも、一定のすがた・かたちとして、特別に意味があると、見られることになるのであろう。加えて、共通語には、これも特別の役わりの、「おっシャル」がある。これは、「仰せラルル」の転か「仰せアル」の転か、それは今おくとして、ともかくひとしく「シャル」音の語法である。音感上では、人は、すこしくわきまえたとなると、「入らっシャル」と「おっシャル」とをならべてうけとろうとする。用語気分、あるいは語法存立のふんいきとしては、両者は実際、ならべうけとられて然るべきもののようである。特別なもの二つを、このように、あいともなわせて把持するしかたが、いよいよ、この二つの地位を特殊に安定させたであろう。こうなって、この二つは、共通語生活の中での、重要分子とされていると思うのである。

さて、その一方で、中央人士は、また共通語意識は、地方の「行かっシャル」「見サッシャル」などという、「シャル・サッシャル」

ことばを、異様視している。方言上の「シャル・サッシャル」という拗音語法の助動詞は、原則として、「シャル」は四段動詞類に、「サッシャル」はその他の種類の動詞に、広く自由に附くものである。特定特別の用法に限られてはいない。それゆえ、ものは地方のものの方が本格的とも言えるのであるが、共通語意識のがわからいうと、そのような方言状態は過去的なものであって、その意識中の通用事実が規準となっているのである。そこで、「入らっシャル」を常用する人が「行かっシャル」「来サッシャル」を笑い、「おっシャル」を言う人が「言わっシャル」を笑うことになっている。理を糺せば、一家族の出身者が、その家族員たちをかえりみて笑うようなものであるけれども、事実は右のようになっているのである。言ってみれば、「入らっシャル」「おっシャル」は特別のものにしておいて、一般の「シャル」という拗音語法の音感に、忌避の心理をうごかしているのである。

このような心理は、今や、地方人士の間にも、そうとうにうごいている。壮年青年の人たちには、「シャル・サッシャル」ことばを、古風なことば、老人たちのことばと見ているむきが多い。かつてさかんであった「シャル・サッシャル」が、すでに今日までに、明らかに衰退過程をたどってきたのも、じつは、言語大衆の音感上の自然のこのみが、うつりうごいてきたのではないか。

そのうごきには、ちょうどよい、うごきの方向があったように思う。それは、「なさる」ことばへの方向である。「せらるる・させらるる」が「シャル・サッシャル」となると、さしもの高い敬意の表現法も、その品位・待遇価値の下落を来たした。効用が逓減すると、人々は新に有効な方法を求める。「なさる」はかねての「なさ・る」で、高い敬意の表現法である。しかも、その「ナサル」と転じたものは、「シャル」などにくらべると、清澄な音感のもので、心理的な衝害を感じることがない。人々の好尚は、自然に「ナサル」にうつったのではないか。今日の「ナサル」の全国的な優勢を思う時、「シャル・サッシャル」の拗音語法の衰退は、十分にうなずけるように思う。

東京語にも、「入らっシャッた」の「入らシッた」「入らッシた」「入らシた」がある。つまり、拗音が直音化している。これが一つの転化方向だったとすると、東京語についても、やはり、直音化のこのみを想像せざるを得ない。東京語人の言語の好尚にも、「誰さんが入らシて」などと言いたい心理があるのであろう。九州地方・北陸地方その他でも、同様の現象が見られる。北陸では「食べマッシャイ」というような言いかたが、「食べマッシ」というようにもなっており、いわゆる命令形が、「シャイ」の拗音をすてて直音化している。「マッシ」が「マーシー」のようにもなり、「たべマーシー。」など、上げ調子がつくと、「シー」は特別な文末効果を呈するものにさえなりがちである。九州地方などでは、「行きよる」などへ「シャル」ことばのついた「行きよらッシャッた」のような言いかたが、「行きよらシた」となり、ここに「らス」ことばの意識が生じて、これは、「シャル」以後の新しい活動を見せている。「ラス」というような把握がなされると、これはまったく新しい意感のものとされるのか、地方により人によって、「ラス」の、さまざまな把持のしかたがあるらしい。語態の推移が、言語心理の改新を来たす。

また、言語心理が、言語改新の動力であるとも言える。拗音の感じをきらうところから、種々の新しい変転を産むことがあったろう。

七

以上、おもに「なまり」をとらえて、われわれの語音の生態を見、そこにうごく自由な言語心理を見てきた。

口ことばはすなわち音声言語である。口のことばはみな声として生きている。とすれば、語法上のことも、音相から、いろいろに考えてみなければならない。

東京中心のことばに、〃どうぞあたたかいうちに召し上がれ。〃などの、「召し上がれ」という言いかたがある。「召し上がる」という動詞の、命令形を、そのままに使う表現法である。国の西部地方の人々には、この「召し上がれ」の「――れ」〔e〕とあるのに、どうもしっくりしないものを感じる人が、かなりありはしないか。「召し上がれ」は、いわゆる敬語を用いてあって、いちおうよい言いかたにはなっていても、「上がれ」の「れ」は、「取れ！」「破れ！」などといった、普通の動詞の命令形の「れ」に、思い合わされやすい。音感上、すぐにそういうものを連想するのである。「――れ」は、一般の命令ことばとして、かたくわきまえられている。さらに言えば、用言の〔e〕母音のむすびは、命令調一般として、一種の固定観念になっている。そこで、どんなによいことばでも、その〔e〕母音のむすびには、何となくそぐわぬものを感じるのである。

東京語で、「いらっしゃいマシ。」「少々お待ち下さいマシ。」などと、「マセ」でなくて「マシ」を言うのはどういう心理であろう。近来は「マシ」が前ほどには用いられなくなっているかもしれないが、「マシ」の、〔i〕音化には、何か音感上のこのみがあったのではないかと思われる。

世上一般に、「下され」「なされ」は、「下さイ」「なさイ」となっている。「ツカーサレ」（遣わされ）は「ツカーサイ」となっている。いわゆる命令形の〔i〕音のむすびは、よく普及してもいるのである。東京語の、「マシ」のこのみと、「入らっシャッて」＞「入らシッて」の「シ」のこのみとには、関係があるのではないか。当事者の心理を想像してみるのである。

命令となると、相手に直接に当てることを、やわらげようとする。人間本然の、通有の心理であろう。ただの命令形の使用がおしつけがましいとすれば、人はこれを改訂する。〔e〕母音の〔i〕母音化は、そのわずかな、しかも効果ある改訂であった。今日の言語心理のありさまから言えば、そう言える。〔i〕音尾命令表現で、われわれの命令心意は、よく、やわらげられているのである。

東北地方、主として磐城から陸前にかけての地方では、「来られい」＞「来られー」は「来ライン」、「行かれい」＞「行かれー」は「行ガイン」、「くれなされ」＞「くれなれ」＞「くれない」は「クナイン」というように、〔i〕母音に、さらに「ン」の韻尾がついている。それは、時にははっきりとしたものであり、時にはかすかなものである。地方によっても、その「ン」の出かたに、相違があるかのようにも見うけられる。いずれにしても、これは、まず微妙な発音と言える。土地の人たちは、その微妙な〔in〕という発音に、命令表現法の特殊特定の安定を感じている。「何とも言えぬ気もちのよさ」を感じている。言ってみれば、〔i〕を〔n〕にはねたところで、相手への快い当たりの感を得ているのである。

尊敬の表現法としての「レル・ラレル」語法は、古来、口ことばとして、今日の文章語的「れる・られる」ことばの新普及以前に、全国広くによくおこなわれたらしい。それだのに、今や旧来の口ことばとしては、その「レー・ラレー」という音相の命令形の用法は、主として、岡山県地方と富山県地方とに見られる程度である。しかもそのおこなわれざまはというと、時にばかめたような言いかたにも、「ハョー　セラレー。」などと、用いられているのである。敬語法ではあっても、〔re:〕〔rare:〕の音相のものは、こんなにおこなわれなくなっていることがまず注意される。そして、おこなわれている所には、特殊の用語感情もかもされていることが注目される。そのような用語気分は、おそらくは、〔e:〕という、〔e〕母音の長呼に触発されたものではないか。

南九州大隅などでは、「まあ先生。こっちー　オヂャン。」などと、「オヂャレ」を「オヂャン」とも言っている。これは〔re〕音の〔n〕化である。〃チョット　見ニ　オヂャン。〃は尾張知多半島内の例である。

東北、福島県下では、例のベーことば、「何々だろう」の「ベー」を、「ベン」とも言う所があるらしい。「ベン」は「ベー」よりはていねいであるという。

三重県紀州の長島ことばの「ソヤリー。」は「そうやろう。」の意のよい言いかたであるという。「ろー」の〔o〕母音が「リー」の〔i〕母音となってよい言いかたになるのは、注目にあたいする。

尾張方面の「ソノガニ　アゲリン。」（その蟹をあげますから。）「モテキン。」（持っていきなさい。）などの言いかたも、ここにあわせ注目される。「先生はオカエリン。」（先生はかえられない？）は三河の例である。

八

もの言いのことばじりには、「そうですね。」の「ね」とか、「な」とか、「の」とかを、よくつける。これらの、文末よびかけのことばは、ひとしくナ行音で、母音差のうえに成り立っている。この「ナー」と「ノー」とが、地方の諸地域で、品位の高下をことにしているさまは複雑である。近畿は、一般には、「ナー」の方をよいとしていようか。それでいて、内部には、「ノー」をよいとしている所もある。〔a〕母音と〔o〕母音とのむずかしい関係であるが、何と解し得るものであろうか。中国地方の「ノー」の領域では、「ネー」は新来のよそことばとする。「よそことば」との意識のもとでは、「ネー」の〔e〕母音の聞こえを、わるい声とはしていないであろう。九州南方、薩摩半島の方へ行くと、「ネー」はよいことばではないともいう。

同じくナ行音のものとして、「ニー」もある。が、今日のこれの分布が、きわめて限られたわずかのものであるところから想像するのに、これは、他のより広い母音のものほどにはおこなわれなかったのではないか。すると、対話の文末のよびかけことばとしては、〔i〕音効果のものはさほど好まれなかったのかと察せられる。人の心は、自然に、聞こえの大きい、それだけに、訴えの効果の的確なものの方へおちついていったのであろう。

人は、対話ごとに、その文末で、特定の訴え活動をおこす。その際、いろいろのものが、文末要素として登場する。強調の心理に応じて、「ノーオマイ∨ノマイ」「ナーアンタ∨ナンタ」といったような複合形もあらわれる。「ナー」が「ナイ」「ナン」ともなる。ものの変化、音相の推移に応じて、そこに新しい感情がやどる。

九

主格をあらわす助詞に「ガ」があり、「ノ」がある。この二つを、方言では、つかいわけている所がある。九州の内部とか、山陰の内部とかに、その使用区別が見いだされる。中国は安芸奥にもその名ごりが見いだされるから、中国に限ってみても、もとはこれが広くおこなわれていたのであろう。ともあれ、その用法は、尊敬気分の時はその主格に「ノ」を用い、そうでない時は「ガ」を用いるというものである。「先生ノ　来ライタ。」（先生がいらした。）などというぐあいにである。

このような用法別はどこからおこったであろうか。一つには、「ノ」と「ガ」との音感の相違が、所因として考えられると思う。「ガ」と、いわゆる濁音に発音されると、母音は〔a〕で大きい聞こえのものではあるし、ものがおしつよくひびいてくるように感じられる。それに対して、「ノ」は、比較的、しずかな、澄んだ音感のものとしてうけとられる。「ノ」のおとなしさと、「ガ」のきわだたしさとは、対立的ではないか。

濁音はいつもきらわれるかというと、そうではない。山陰の一形容詞、道路などが坂であることを言いあらわす「サガイ」は、「サカ」の「カ」を濁音化させることによって、「イ」音尾の新しい形容詞をつくっている。これなどは、濁音の上手な利用と言うことができよう。

一つの音も、時と場合によって、甲・乙・丙いろいろに、心理的価値・表現価値を異にすることがあり得る。

十

現実の国語のうごきを、広く地方語のうえに見わたすと、さまざまな言語推移の状況が見られる。右にはとりあげなかったけれども、近畿四国地方でのアクセントを見ても、これには、今日の東京語系アクセントのつよい影響による新しい変動の、つぎつぎにおこっているのが見られる。

一般の、言語推移の事実については、言主たちの言語心理のうごきを追求することができる。その意味では、どのような推移も、推移はすべて意識的事実であると言える。

しかし、個人の自覚はかならずしも大衆の自覚とはならない。個人が「これはこんなものだ。」と思い、「こうなったのがよい。」と思っていても、ものは案外そううごかないことがある。言語社会の大勢としてである。この時、われわれは、個人をひきいていく社会心理をみとめることができる。

言語は、言語社会の成員個々人によってささえられつつも、大衆をつらぬいて存する社会的な言語心理によって、とかく、個人の無自覚のうちに推移せしめられるとも言えよう。推移の一々の結果に対しては、人はだれしも、一定の心理的な応じかたをしている。

（『文学』Vol.25　昭和三十二年二月）

4.1 藩領と方言境界線

一般に、旧藩治の旧藩域が、どんなに鞏固なものであったとしても、そこの方言社会の、今日に見る輪郭は、旧藩域どおりに明確ではない。

5 方言社会の運命

多くの方言社会に対して、共通語文化の波がおおいかぶさっていく。方言文化圏は共通語文化圏化される。しかし、地上の地域と、その地域性とは、容易には亡びないであろう。なんらかの意味の地域社会は、ほとんど永遠的にも、生成存立するものと見られる。

したがって、地域社会に即応する地方語（方言）社会もまた、ほぼ永遠的に、存立するものと考えられる。

方言社会は存在しつつ、方言社会文化は、日々に改新されていくであろう。

ともあれ、「方言社会」の存立していくこと自体が、すでに、興味ある地方的文化現象だと思う。

（広島大学文学部『紀要』26－3　昭和41年12月）

頁	行	誤	正
407	26	「Fw ʃī gī」	「Fw ʃī gī」
403	12	「クヮ」	「クヮ」
403	13	「クヮシ」	「クヮシ」
399	27	吉野部川上村	吉野郡川上村

私は、辺境変移の説が、一般言語理論たりうることを期待する。

4　方言社会の人為製作

昭和14年初、宮崎県児湯郡下をたずねたおりのこと、四国から来住の、紙すき業の小集落を見学することができた。そこはだいたい、四国弁の方言社会だったように思う。最単純な「方言社会の人為製作」を、このような職業集団の移住に見ることができる。

むかしの藩政時代、領主の転封によっては、方言社会の顕著な人為製作もおこり得た。佐賀県唐津市に、「城内ことば」と「城外ことば」との別がある。昭和14年末の調査結果によれば、城内ことばは家中弁で、小笠原侯来封によって伝えられた、関東系の方弁である。たとえば、

○ゴメンナサイマショ。

　　ごめん下さい。　　＜訪問あいさつ＞

○マー　オアガンナサイマショ。

　　まあ、どうぞお上がり下さいまし。

のように言う。城外ことばでなら、おのおのは、

(○モーシ。
○コレー。

(○サー　アガランデス　カ。
○サー　アガラン　ケー。

と言われる。大いにちがおう。城内ことばでは、「これは私のだ。」というのでも、

○コリャ　ワッ　チンダ。

○コリャ、カーチャン、ワッチンダカラネ。

と言う。“東京のことばは唐津のことばとすこしも変らんぜ。だからすこしもはずかしくないぜ。”と、ある母おやが子に言ったという。城内ことばの社会は、いわば異種の方言を以て、異風の方言社会となり得たらしいのである。転封が、はっきりと、このことを可能ならしめたようである。（ただ、その方言社会の勢力と輪郭とが、どんなものであったか、今、知ることができない。）

これらに、のような型がみとめられる。（これは、九州の南部から西辺によくみとめられる傾向に酷似している。四国内では、伊予南部内のほかでは、このようなものは、ほとんど聞かれない。）以上二つの変異型が、四国がわからの何かの作用・影響によったものなどとは、考えかねる。やはり、辺境、列島最後の極地、真鍋島での、自然の変移現象かと察せられるのである。——真鍋島の手まえの手まえにある白石島に、「ワスレン　ノヨー。」（忘れないのよ。）など、型に類するものが聞かれる。これも、真鍋島に起こった変移の、生起の必然性を語っているものではないか。

中央から隔絶している所、たとえば八丈島のような所での、「辺境変移」の生起と、列島の先端の島というような所での、「辺境変移」の生起とには、差別があろう。前者の場合は、中央からの直接影響の外で、自由な変移を起こしうる。後者の場合は、列島を順当に伝わってくる、ある文化中心からの影響を受けつつ、変移を起こすのである。その変移は、「入来した風が、その最後の地点で吹き舞う」のによってひき起こされる何かの変動というような変移になるであろう。

いずれにしても、辺境では、たしかに、変移が起こる。辺境を、大きく、東アジアの日本列島に見いだしても、興味ある考察が成り立つ。日本列島上には、なぜこのように、世界の諸言語から遊離した日本語が成立しているのであろう。おそらくこれも、「辺境変移」の説で説明しうることなのだろうと思う。この日本列島に、他から諸種の文化的影響が流入したとする。北方からそれが来ようと、南方からそれが来ようと、要するにここは、風の吹きだまりになる土地である。吹きこんできた風は、この国土の上で吹き舞う。そこに、自己作用、自律作用の何かが起こったにちがいない。辺境変移である。日本の歴史が古ければ古いほど、この自己作用も、土地に深くくい入ったものとなったはずである。日本語が、異風の一言語として立つようになったことも、けっして偶然ではないと思う。文明論の方法としても、辺境変移の説は、利用しうるのではないか。文化変容については、一つ、「辺境変移」で説明されるものがあると思う。

まりのような祝島で、しだいにさかんになり得たものであろう。「スワリンサイ。」のように、文頭に強調高音のくることは、ここに限らず、起こり得ていることでもある。それらは多く、後生形式かと察せられる。祝島のも、後生形式であろう。その生起の可能性は、手まえの四代にもあって、しかも、祝島が究極の行きどまり地点なので、このような変移が、ここに一段と露骨に起こったのではないかと思う。以上の諸相、変わっている事象が、たとえば九州の国東半島からの直接影響によるものなどではないようである。（私の国東半島調査のことは、述べるのを省略する。）列島状の、一連の海上地帯の突端に、こんなに変異の事実のあるのを、私は、辺境での自然変移と見たい。ここが、みずから変改の作用をおこして、こういうものを示すにいたったのであろう。

辺境での変移現象は、内海の、備中に属する神島・白石島・北木島・真鍋島の列島の上でも見いだしうるようである。先端の真鍋島が、風の吹きだまりの土地で、ここに諸種の変移が見いだされる。その中に、またしても、文アクセント上の注目すべきものがあるのはおもしろい。

○イラン　ノー。

　　いらないの？

○シラン　ノカイ。

　　知らないの？

○グヮン　スルンデス　ガナー。

　　願を立てるんですよ。

これらは、祝島のと同様、型と見られよう。いま一つ、注目すべき型がある。

○アタマ　カカエテ………。

　　頭をかかえて………。

○イママデノ　コドモ　ワ、………。

　　今までの子どもは、………。

○アルノニ　ナンデ　コンノジャロー。

　　あるのに、なんで、こないんだろう。

などのようにつかうのも、「ヨ」について、一つ、新しい用法を成立させたものと言えるか。「食わんケニ（から）」とともに、祝島では、「クワンケデ（から）」を言う。中国山陽一般には、「ケデ」を言うまい。祝島が、みずから「ケデ」を創作したのではないかと思われる。祝島ではまた、

○ダレカ　ワシオ　タケル　ゲーナ　ヤ。

　　だれか、わたしを呼んでるらしいわ。

のように、「のような」「らしい」の「ゲナ」を「ゲーナ」と言う。「ゲナ」を「ゲーナ」にして、この長呼形を一習慣にしている。ここの文アクセントに、また、注目すべきものがある。

○ワタシラガ、………。

　　わたしらが、………。

○ガッコ　ソツギョー　セルマジャー、………。

　　学校を卒業するまでは、………。

○アガランノデス　ヨ。

　　上がらないんですよ。

○スワリンサイ。

　　すわりなさい。

○バンビンエ　ノッチョル　ブン。

　　（あの船長は）晩の便船に乗ってる船長です。

のようなものである。傾向として、のような型をとりがちなのが注意される。おもしろいことに、この文アクセント傾向が、まったく、祝島の著しい特色なのである。中国弁の語アクセント体系を保有しつつも、文アクセント上では、ここだけ、くっきりと、このような特色を示す。興味を持って、祝島の手まえの長島を調査してみたところ、祝島に近くて、関係も比較的深い四代《しだい》部落に、いくらか、あるいはほんのすこし、類似の傾向がみとめられた。だが、言うにたりない。祝島に、上記傾向が断然さかんである。（一人の古老は、“四代とここと、ふしまわしが、マルットちがう。”と言った。）四代にも徴候はあり得て、祝島にさかんであるこのもの、おそらくは、風の吹きだ

山口県下の内海島嶼に、祝島がある。その位置は、図のとおりである。このような地位の祝島にも、たしかに、辺境変移と呼んでよい事実がみとめられるのである。

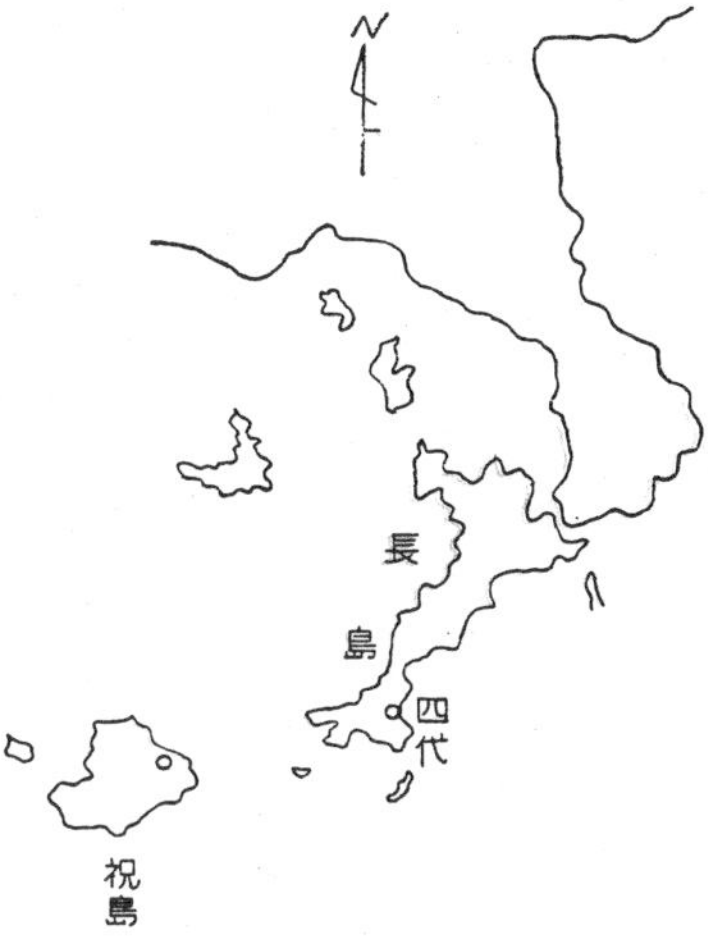

この祝島には、たとえば発音上で、〔tˢu〕のおこなわれることが、およそ一般的である。人びとが、これに気づいてもおり、佐賀県で笑われたなどとも言っていた。ある婦人は、この島に入嫁して、この〔tˢu〕に気づいていて、“英語のｔの発音のようだ。”と言っていた。(対応する〔dᶻu〕は、ほとんど聞かれなかった。すくなくとも、〔tˢu〕が男女老若にあるのに対しては、〔dᶻu〕は、言うにたりないもののようである。)ここの〔tˢu〕の発音法は、古い習慣の残存と言えるかと思う。古いものの伝承・残存を指摘しうる反面、この島での新傾向かと思われるもののいくつかも、指摘しうるのである。たとえば、

○キレーナ　ヤ。

　　まあ、きれいだわね。

と言う。

○ウーラ、キレーナ　ハナ　ヤ。

　　わあ、きれいな花ねえ。

と言う。これらの「ヤ」が注目される。「ヤ」は“調子ことば。何の意味もないが、つける。「ね」に当たる。”という。まず、この辺の他地方では聞きかねる「ヤ」のことばづかいである。「ヤ」を、このように、自由につかう習慣を、自生せしめていると見ることはできないか。「ヨ」という文末詞を、

○ネョー　ヨ。

　　寝なさい。

の、二面性とも言うべきものが考えられる。

九州地方について、さらに南方の琉球方面を見れば、これこそ辺境であって、琉球語は、日本語の姉妹語かとも見られるぐらいに、現代日本語とは大いにちがった様相を示す。しかもその中には、たとえば「上がる」の「アガイュン」など、特に古い動詞形式があり、他面また、三母音組織など、特に変改したものがある。

国の辺境として、もう一つ、つねに考えることができるのは、たとえば四国の内部での、谷あいの奥地とか、関東地方での、利根川の川上とかいう辺境である。谷あいに、村落が並んでいると、きまって、最奥の小部落に、おもしろい辺境事実がある。また、川にそって溯っていくと、その枝わかれごとに、最奥の部落に、注目すべき辺境事実がある。海辺、島嶼でも、また同様である。海岸づたいに、岬の先の部落へ行くと、そこに、きまって、そこへ来なくては発見することができなかったような事実がある。瀬戸内海域の、いくつかの列島でも、その列島の島を伝って、一ばん先の島まで行くと、やはりそこに、注目すべき辺境事実のあるのがつねなのである。

辺境について、言語周圏周布の所産としての辺境方言を見ることができ、辺境方言に、新古二重の性格をみとめることができる。

なぜ、辺境に、この二重性格がみとめられるか。辺境は、風の吹きだまりのような所である。周圏周布の結果、流布してきたものが、ここでは、吹きたまって、そのままにとどまり生きる。これが古態遺存になる。一方、この吹きだまりの地域に来て、押し寄せてきた風は、吹き舞う。この吹き舞うはたらきによって、ここに、しばしば恣意的とも見られる、自己変改の作用が起こる。(言語上のことに限らないと思う。)この結果、ここが、近隣にないものを持つことにもなる。——それが、そこの新生面となる。

3．2 辺境変移の説

辺境では、たしかに、ものが自由に変改せしめられもする。これを、辺境変移と呼んでみたい。

れる。はたして、山陰の奥丹後地方にも、北陸方面（ことに能登）にも、関連事象が見いだされるのである。みな、周圏周布のはての残存現象と解される。残存結果の、相互一致が、裏日本線上にみとめられるのである。

残存しているものが、左右にたどられ、それらが一系の事態とみとめられるのによって、私どもは、方言分派——の地方的存在の、系統脈絡、系脈を云云することができる。系脈もまた、自然系脈である。

伝播理論を周圏周布論と呼ぶ。結果として生起した文化圏を、周圏周布的文化圏と呼ぶ。周圏周布的文化圏にどんな断続があっても、注意ぶかく観察し研究していけば、そこに、系脈がたどられる。系脈論の立場もまたありうる。

3.1 周圏・周布と辺境

周圏周布の結果の、おもしろい事実がみとめられやすいのは、とかく国の辺境においてである。周圏周布論では、当然、辺境が興味の対象になる。

国の辺境を、二とおりに分けて考えることができる。一つは、国土周辺というような辺境である。東北地方や九州地方は、国の大辺境として、周圏周布論上、まず注目される。九州でも、南部にいっそう注目すべきものがあり、つづいて九州西辺海島に、注目すべきものがある。一口に言って、このような辺境には、古態の国語事実の残存することが多い。薩隅方言の、あの異様とも思われるような方言状態も、要するに、国の辺域での、古態残存によるものなのである。「マタ　オサイジャッタモンセ。」（また、いらっしゃって下さいませ。）などという、変わった言いかたも、もともと、「また、お差し出あってたもり申せ。」という慇懃な言いかたで、これは、近古の中央語の習慣の伝承そのままである。辺境に、古態残存とともに、また、自由な改新の事態もあるのは、反面、注意すべきことである。東北地方に、たとえば助動詞「なさい」の、つぎのような用法がある。

○ネマラサー。　　＜ねまりナサイ＞

すわりなさい。

（新形「サー」の成立と、その新たな承接とが、ここにみとめられる。）辺境

う。それはおおよそ、自然流動即合目的的流動なのである。

自然流動を、時にははなはだしく抑止するものは、人為の歴史的事情である。

要するに、地理的歴史的事情によって、文化流動・言語流動は促進され、その周圏・周布の伝播の結果として、文化流動・言語流動のかたまり・まとまりが生じる。それが地方文化圏であり、地方言語圏（――方言）である。――それに、大・小のできることは自明であり、観察の次元を替えれば、小方言も、大方言に、統合してうけとることができる。

圏の成立を促すおもな自然的条件は、山地山脈であり、河海・湖沼であり、時に森林・原野である。

周圏の結果によりそって、文化地理学的な発言をすれば、こう言える。同中心異円の各円周上には、東西南北をたがえながらも、同似の文化状況・言語状況が見られる、と。たとえば奥羽と九州とに、同趣の言語状況が見られても、ふしぎではないとされるのである。話しことばの抑揚の、「あと上がり傾向」とでも言うべきものが、上記の両極地方に、等しくうかがわれるのを、私は興味ぶかく思う。（拙著「方言学」p.365参照）最近は、これに関する資料を、徳川宗賢氏が、「ことばの宇宙」6 ＜41年6月＞に発表された。（その論題は「日本語の母音と子音」である。）他にも、この両極地方に共通に見られる、興味ぶかい事象がいくつもある。たとえば「オ出アル」の転「オヂャル」とその訛形を、双方が共に有している。「オヂャル」は、この両極のほかにも、点点と存し、八丈島などの、南辺の極地には、またそれが著しく存しているのを見ると、そのむかし、「オヂャル」ことばは、京都中心に栄えて（そのことは文証明白である。）、それがよく四周に波及したこと、――あるいは、「オヂャル」を生ぜしめる可能性は、よく四周に波及したことが、察知されるのである。今日の、奥羽と南九州とに著しい「オヂャル」は、まさに周圏周布的一致と見られる。

日本海がわについて、さきに裏日本文化圏を云々した。裏日本がわで、東北のいわゆるヅーヅー弁に通うものが出雲地方にある（隠岐でも、そのことが問題視される。）ことも、周圏的一致と見た時、いかにも合理的な事態と理解さ

紋また波紋と、四周にひろがる。中央からの、ものの伝播流動は、周圏と呼ばれる様相を呈するのである。

原則的に言って周圏である。国語の方言のうまれる国土は、円い池の水面のような単純なものではない。言語伝播のさいの伝播流動のしかたは、池の波紋が同心異円に秩序よくひろがっていくようにはいきかねる。——いきかねるのがつねである。多くは、川の、下から上に、ものが伝播していくようになっていくようである。このさい、川口のＡから、この川を上っていくものは、川のＢの所で、支流にも分かれそって上っていく。Ｃの所においてもまた、そうである。ものが、支流のＢ′に達するころには、本流づたいの伝播流動の方は、ものが、おおかたＤに達したりもするであろう。

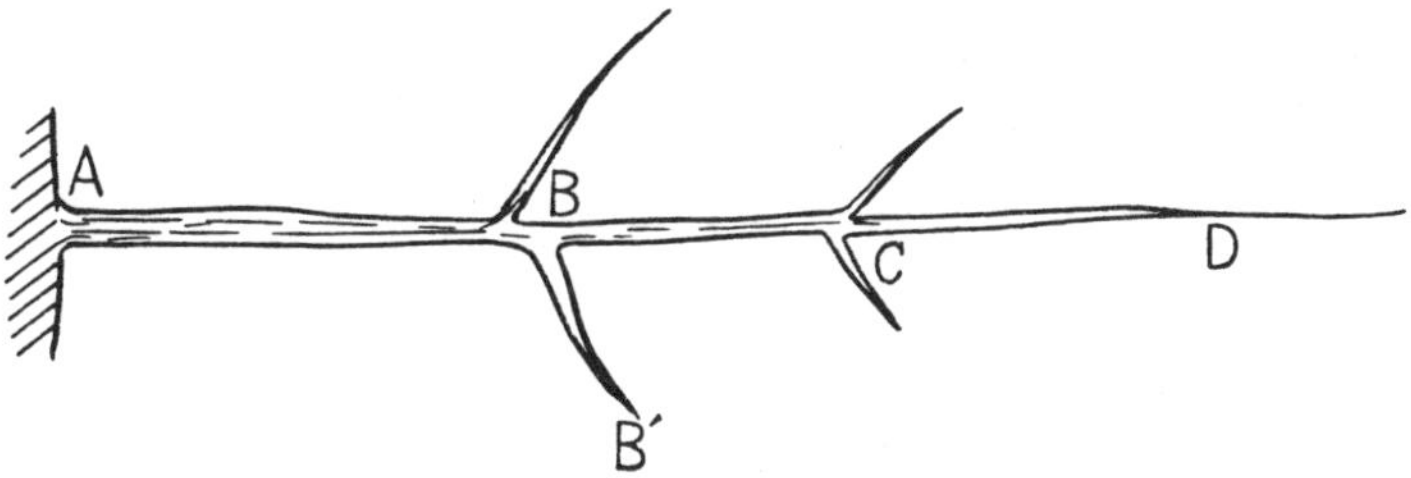

地理的条件等によりつつ、ものはともかくこの川の流域に拡散する。(民家はおもに川ぞいに集落をなす。ものが川の流域に拡散するとは、ものが、土地の人びとに、そのようにうけとられるということである。) このようなひろがり、伝播の状況を、私は周布と呼ぶ。原則的には周圏と考えられることも、こまかくその周圏のすじ道を追えば、周布と見られるのである。いわば、事象は、大きく周圏しながら、こまかく、周布の道をたどる。中央語、中央文化の地方影響は、河川に河口から汐がさしてくるのに似た状況で、流動浸潤するのである。

言語流動も文化流動も、文化の中心地からの自然流動となる。流動には、もの（文物）そのものの流動する場合のほかに、文化・言語の、変動の可能性の流動波及する場合もある。——受け入れ態勢そのものが、連鎖反応的に、地方地方に発生する場合がある。いずれにしても、いっさいは、文化流動と呼べよ

というのは、“びっくりした時に言う。” もので、“京都という所は遠い所ヤ。行けんというわけヤ。”、と 解説した。「けうとし」の「キョートイ」についての説明だったのである。古風な言語自覚が、存外強く、言語の伝承力となっているかもしれないと思う。

3　言語の伝播流動と周圏・周布

上位次元の大方言圏を考える段になると、私どもは、はっきりと、全国方言状態に対する中央語、ないし、「国の文化の中心地」を 考慮することになる。たがいに関連しあう大方言圏の相互状態からは、当然に、それの成因としての「中央語とその言語伝播」を、考えざるを得ないのである。

じつは、どのような小方言圏の成立に関しても、中央語または地方的な中央語とその影響とは、考えないではいられないことである。中央語、または地方的な 中央語（たとえば北九州地方での 博多弁）が、その 勢威を 四周におよぼし、この言語伝播・言語流動が傾向となって、地方の地域地域に、方言圏ないし方言社会が生じる。

もとより方言圏は、ただ他律的に、他から影響を受けるだけで成り立つものではあるまい。受容傾向を基本としつつも、地域自体が、なんらかの自己形成作用をも演じて、方言は成り立つものと思われる。が、ここでは、しばらく、国の文化の中心地、中央語、——あるいは地方的なそれの、四周への影響について、考えてみたいのである。

中央から地方に、ものの影響の流れるのは、うたがうことのできない、きわめて一般的な事実であろう。これは、今日の文化的影響の一種、音楽や映画の地方的流布を見ても、よく わかることである。東京で まずおこなわれたものが、たとえば大阪に来て、広島・福岡におよぶ。時には、広島をとばして、早くも福岡におよぶ。（時に、広島は、福岡のあとで、そのものを受容するのである。）そのように、影響は、俊敏に地方へ流布する。流れる。

原則的に言うと、この影響流布は、周圏という状況になる。すなわち、言語伝播で言うと、中央語の影響は、池に投じた小石の描く波紋のように、——波

なかったでしょう？

○ナイッケ　ヨ。

なかったよ。

○ナイッケ　カ。

（“相手に聞く。過去のこと。”）

○ヘンダッケ　ヨー。

変だったよ。

○インケ　ヨー。

“そこにいなかった。”

東京語などでと同じように、

○イタッケ。

いたよ。

などとも言う。それでいて、なお、「ケ」の、上のような用法をも見せているのである。（「アッタッケ　ヨー。」とともに、「それと同じもの」という「アルッケ《アッケ》　ヨー。」を存している。）この種の方言習慣は、本県内に、なお広く見いだされるらしい。このような文法が、根づよく、その風を保っているのだと解される。こんなのが、おそらく、隔世遺伝的にも、後に伝えられることであろう。関東の「ケ」とはちがった「ケ」が、まだまだ長く、当地方に残ることかと思われる。

大方言文化圏であると小方言文化圏であるとを問わず、そこには、方言人をみとめることができる。方言人は、一般に、無自覚のうちに、言語の流動を惹起し、言語の流動推移に参与し、一方でまた、古風な言語自覚を持ってもいる。自覚の一つとして、“ここの土地のことばはわるい。ミトモ　ナイことばじゃ。（南紀例）”などというのがある。また、民衆語源説などと言われる語源観がある。（――こういう語源観も、古風な言語自覚の一つと言えると思うのである。）古老たちは、この種の考察を愛好してもいる。一例をあげよう。奈良県吉野部川上村上多古では、一老男氏が、

○ヤレ　キョータ　ヨー。

陸方言文化圏をきめてうけとるうけとりかたが、すでに問題かもしれない。)裏日本的なものを、なお西に、山陰地方までみとめることにすれば、こういう長大な方言文化圏は、表日本的なものと対立しあう、意味ある方言文化圏とうけとられるのである。

東西両方言という、日本語方言の大区別が、古来ある。この区別も、実情を注視すれば、分けて分けにくい、やっかいなものである。しかし、ばくぜんとではあっても、東方言文化圏と西方言文化圏とをみとめている人は、多いだろう。やはり、大まかながらも、方言圏の、大きい二大部分のみとめられるのに即応して、人はしぜんに、方言文化圏をみとめている。

方言の成立するのが、そもそも、合自然的なことであった。東西二大方言というように、日本語方言が、中部以東と近畿以西とに分かれがちなのも、一つには、すでに地理風土に根ざしたことであろう。

方言文化圏とは、言語風土と解しうるものである。言語風土の上に地方生活がきずかれ、それがしぜんに地域的特色をおびる。言語風土の分派ごとに、言語の地方生活の地域性が醸成されて、その地方の方言の方言らしさが生じる。方言の輪郭は克明でない場合でも、方言の根底は強いはずである。

大方言文化圏についても、進歩性と保守性とは、やはり言える。生活の用具としての単語のごときは、どんどんと、改まり変わっていく。日常生活百般の推移がはなはだしいからである。しかし、文法面などになると、たとえば東海道方言圏というような所にしても、鉄道沿線地帯でさえ、古来の言いかたを守っていて、存外、推移が弱いとも言える。一方から見れば、共通語がよく流通していて、静岡県下など、東京地方なみの共通語生活を見せもする。それでいて、反面、地方的な「ものの言いかた」を、そのままおこなってもいるのである。御前崎方面のことばでなら、たとえばつぎのような言いかたを、中学校女生徒たちも、日常さかんにおこなっている。

○エーッケ　ネ。

よかったね。

○ナイッケラ。

そのような共存を、言語世代に即して注目することは有意義である。兵庫県但馬、養父郡「大屋・口大屋では、大人がオキュー、若者がオキョー、学童はオキロー」を用いるという。古い形式「オキュー」はおとなのものであり、若い人たちは共通語的な「オキョー」を持っている。そうして、学童たちは、「起きよう」に近いとも見られる「オキロー」をひきおこしているのである。

保守性と進歩性という問題は、けっして言語上にとどまらないであろう。社会内の世代に即して考えてみれば、そのことは明らかである。こうして、自由性もみとめられる方言の、方言圏が、まさに、方言文化圏としての意味を持つことが、首肯されるのである。

2．1 大方言文化圏

大方言の文化圏ともなれば、隣接圏との流通の関係がかなりよくみとめられて、圏域が明瞭でないことは、さきにふれた。それにしても、大方言の文化圏も圏である。やはり、その境域には、時に、ゆるやかにではあっても、それ相応の地域的特性がみとめられる。近畿方言の独自性を見られよ。近畿方言圏は、中部以東の、東国系の方言文化圏とは大いに色調を異にし、また、四国方言圏とさえも、おもむきを異にしている。また、近畿方言圏は、等しく関西に属する中国方言圏とも、かなりはっきりと対立しあっているのである。

○コノゴロワ　サッパリ　アカン。

　　　　このごろは、さっぱりだめだ。

という、一つの発想法・表現法をとってみてもよい。これは、近畿方言文化圏の基質にかかわるものであって、他圏の何ものでもないのである。近畿方言圏と中部方言圏とはどういうように境されているかとなると、——岐阜・愛知二県下の近畿性については、精細な考察を必要とするので、簡単には境界を明言することができないけれども、そのようであって、なお、近畿方言文化圏の独自性は、比較的顕著なのである。

北陸方言文化圏と東北方言文化圏との境などは、中でも、明白にはきめかねるものである。広く長く、裏日本的方言文化圏が指摘されるからである。（北

伝統が、今もあるのだろう。大阪方言とか、東京語とかいうものを、——ばくぜんとしたものではあるけれども、みとめるとすれば、そのようなものの中にも、ふしぎな伝承性はあるもののようである。

文化の中心地から離れた方言の場合は、さっそくに、問題なしの伝承性がみとめられるとしてよかろう。しかし、こんな場合にも、なお、他面、事項の変改も、かなりおこっており、変改の自由性とも言うべき特性がみとめられもするのは、注目すべきことである。なににしても、方言のことばは、無記録の、口頭のものである。伝承・残存にも見るべきものがあれば、他方、変改にも見るべきものがある。その変改は、共通語での通則からは、想像もできないような変改であったりもする。奈良県吉野郡山地の川上村の上多古《こうだこ》部落では、つぎのような言いかたを聞いた。（上多古部落は、これなりに、一つの小方言社会とみとめられた。）

○アンタ　ソコ　チカ　ヨ。

○アンタ　バカ　チカ　ヨ。

前者は、「あんたは底力があるよ。」、後者は、「あんたは、ばか力があるよ。」の意である。まことに自由自在の語句製作・文法製作である。まったく、共通語の習慣からは、上記二文が、すぐには理解しがたいであろう。人は自由に、このような変改・創作をやっていくのである。何の拘泥もなく、何のためらいもない。上のは、子どもたちの世界にできた表現法のようであったが、まさに、子どもたちは、このような創造の天使である。頑是ない子が、ひとりの創意で、「ゆるめる」の反対語「キツメル」を創作する。あるいはまた、雪の降るのをふしぎそうに眺めて、古来、いかに多くの子たちが、その自由な発想の立言をしたことか。方言のおとなもまた、自由な創作に参与する。尊敬表現法の「行かレて」（お行きになって）のようなのを、「行ケて」としている所など、関西地方に見いだされるが、これは、転訛を自由におこなって、新しい文法を創作したものである。

小方言文化圏の自由性という特性をとり立てることは、ゆるされよう。言語生活の保守性と進歩性とを共存せしめているのが、方言である。

る。ここの方言文化圏の存立の根づよさがみとめられよう。

伝承性は、重視すべき特性である。事物の伝承は、だいたい、孤立的ではない。何の種類の伝承も、二・三、三・四の関係事項が、あい寄り、あいまち、たがいに牽引しあって、ともに伝存する。私は、このことを、関係遺存などと呼んできた。古語の場合にしても、「ゴザル」ことばがあれば「召す」もあるというぐあいに、ものは、関係して——孤立的でなく——遺存する。そうなりがちである。それは、もっともなことではないか。関係遺存で、つれあいがあればこそ、ものが、牢固として残りとどまってもいるのではないか。「どうどうしヤル」というような「ヤル」敬語助動詞が、田唄の中にだけ遺存しているというような事実（——方言圏の中で）も、「ヤル」ことばと田唄との関係遺存である。「ヤル」は、こういう関係のもとで、廃滅をまぬかれているのである。発音上でも、「シェ」を言う方言で、「クヮ̄」も聞かれることはすくなくない。「シェンシェー」（先生）や「クヮ̄シ」（菓子）などの諸発音法が、関係遺存で、残りとどまっているのである。

関係遺存の事態において古いものを見いだすことは、比較的容易であって、一個特定の古事実の孤存を証明することは、通常、容易でない。古音、語頭〔P〕音の存在を方言上で証明することは容易でなく、また、「そうろうことば」を方言上にみとめることは容易でない。（世に言う「どこそこのそうろうことば」も、文末のつけそえことば、「ソラ」《そら、ほら》などの、転訛形だったりしがちである。）

さて、文化の中心地と言えるような所の方言の場合は、なにごともうごきがはげしくて、伝承性は比較的弱いこと、言うまでもない。そういう方言では、方言としてのまとまり、方言の輪郭も、はなはだしくあいまいなのがつねである。——（方言圏が明白であるようなら、閉鎖的傾向も強くて、伝承性は強いはずである。）ところで、大阪市内でも、戦前までは、「船場・島の内」ことばの伝統が、かなり明白だったらしい。その伝承は、今日でも、調査によって確認することができる。都会の中にも、存外に強い、伝承のとりでのあることが、時にみとめられる。大東京の中にも、神田っ児気分とか下町ことばとかの

□オアカ

あずき　　＜廃＞

□オムラサキ

お醤油　　＜廃＞

□オカケモミジ

大根の葉の干したもの。ヒバ（干葉）　　＜廃＞

一々、めずらしいことばが伝承されている。つぎに、ことばづかいの注目すべきものがあった。下記のとおりである。

○ゴザ　カーン。

「ござる」かね。　　＜訪問のあいさつ＞

○コッチ　ゴザイ。

こっちへおいでなさい。

○メシアガイ。

おあがりなさい。（飲食）　　＜廃＞

○オクダシンサイマッシェ。

下さいませ。

○コン　ゴロージ　ラーイ。

○コン　ゴロージライ。

これをごらんなさい。　　＜廃＞

○ソギャン　シテ　メショカイ。

○ソガン　シテ　メショカイ。

最後例には、「召しおかれい」の言いかたと思われるものが見える。先方の人は、この文例を、「そのまま　して　おきなさい。」とも言いかえてみせてくれた。＜廃＞　以上のようなのが、“ムカシノ　「オヤシキコトバ」　バンタ。”というわけである。“オヤーシキコトバ　バッ　カイ。”（おやしきことばばかり！）とも強調した。いろいろな言いかたが、多くあったのだろう。

旧須古村は、もと、小藩の城下であり、一つの地方文化圏であった。平野の中の集落ではあるが、今も、上例で明らかなように、強い伝承力を見せてい

の新購入の場合にそうだったし、生活改善のためとての台所改造の場合にそうだった。むすこたちがはげしく反発しても、ふしぎなことに、老父母は、祖父母として、そのしぶとい生活意識を孫たちに伝える。隔世遺伝である。子もりの歌やお月さんの歌などは、こうして、いつまでも亡びないで生きていく。

遅進性に関連して、一般に、後進性を指摘することができる。小方言社会の文化は、後進性を特色とする文化とも言うことができよう。

後進性の反面は伝承性である。小方言社会の伝承性という特性こそは、注目すべきものであろう。小方言社会が閉鎖的で遅進的であれば、しぜん、その伝承力は、強まることになろう。もし、一つの方言社会が、他の異質の方言社会に接触することが多ければ、当の方言社会は、飛躍的にも発展することがあろう。異質のものからの異色ある刺激を受けるからである。しかし、一般に、小方言社会は、彼我、たがいに、類型の近似を以て並存している。相互に、無刺激に静まって存在しているのである。方言文化圏の飛躍的展開の契機が、きわめて乏しい。よって、たがいに、伝承性の強い小方言圏として存在しがちなのである。伝承性は固陋性ともなっている。

伝承の内容を分析すれば、注目すべきものに、いわゆる古語の温存がある。佐賀県下の杵島郡白石町に属する旧須古《すこ》村の例をあげてみよう。ここの小方言では、昭和33年の調査で、「むかしのおやしきことば」のいくつかを聴録することができた。殿様時代のなごりが伝承されており、あるいは、それが廃語として記憶されているのである。

□オンサヲサヲ　　　　（傍線は、アクセントの高音を示す。）

は、“よか　きもの”のこと、絹もののことであった。この語はすでに廃語となっている。甲斐絹など、「さをさを」と音がするので、こう言ったとのこと、いかにもと思われる。風雅な一語である。

□オサグイ

くじら　＜廃＞

□オカベノオカズ

「おから煮しめ」のこと　＜廃＞

はできない。東北方言と関東方言とは、深くさしあっているのである。四国方言は、四国島に、かなりはっきりと存立して、遊離独立性の強い方言である。しかし、そうであっても、四国の東部の方言状態が、また、近畿紀州のそれに通うものを見せぬではない。(たとえば、「ミー、ネー、ダー。」＜みきちゃん、お寝よ。＞、「このひえの中には、モミ＜籾が＞アルンジャ　ダー。」のような「ダー」を徳島県下で言い、和歌山県下でもまた同様に言う。全国の、他の地方では、ほとんど言わないことばである。) 四国方言の場合すら、そのくまどりは、きっぱりとはしていない。上位次元に立って、大方言の存立——大方言社会即大方言文化圏——を認定すればするほど、大方言間に、さまざまの流通のあるのがみとめられる。

2　小方言社会即小方言文化圏の特性

上記の事実とは反対に、小方言圏になればなるほど、その方言圏のくまどりが、はっきりとしてくる。——方言社会即方言文化圏は、境域のはっきりとしたものとしてうけとられるのである。小村落方言などになると、そのことがことに顕著である。山村の一部落一部落が、孤立して独特の方言圏をなしており、島の海ぞいの各部落が、たがいに、明確な一小方言をなしている。今日はしだいに、その傾向が消えつつあるが、それにしても、たがいに反立するおもむきの明らかなことがすくなくない。

こうして、方言ごとに、閉鎖的な方言社会ができており、閉鎖的な方言文化圏ができている。一口に言って、小方言社会には、閉鎖性という特性が指摘される。閉鎖的であるのに相応して、そこの一般の道徳律がきびしい。法律の制裁をはるかに大きく上廻って、「村の道徳」が作用していること、事例が多い。噂というもののしきりにもてはやされるのが小方言社会であり、その噂も、善美をほめるのとはちがった方向に栄える、口誅の噂が多い。

閉鎖的であるのに関連して、一方、生活文化全般の改新が、遅進的である。遅進性が、小方言社会の一特性であろう。いろいろな新風が、小方言社会に入来するたびに、家庭のむすこたちは老父母と言い争ってきた。生業上の新機具

言を問題にする。以下にも、地域的地方的な方言社会即方言文化圏を問題にしていくのである。

ここで、方言を定義しておこう。――「方言は、人間言語の歴史的社会的分化事態である。」(一国語内での)

I. 1 大方言圏の成立

日本語の全国方言状態を見わたすと、いくつかの大きい方言分派を観望することができる。たとえば、九州方言、北陸方言というように。このような大きい方言社会即方言文化圏の成立・生成についても、私どもは、原則的には、生活がそうさせたのだと言わざるを得ない。じっさい、九州地方は九州地方なりに、独自の生活条件をせおって、一個の九州方言圏になったと見られるであろう。

どのような大方言も、その占める地域に照合してこれをうけとってみる時は、その方言圏が、いかにもそうあってよいものに思われ、合自然的なものと理解される。瀬戸内海域も、ある点では、一体の方言圏としてうけとられるのであるが、この内海域の、一つの方言文化圏をなすことも、当然とうけとられる。

それにしても、上位次元の大方言の場合は、その方言の境域が、判然とはしない。一は他に、自然につながって、たがいに流通しあうさまが見てとられる。たとえば九州方言にしても、その境域、すなわち九州地方の、東北部分は、中国西部や四国西部の方言色に通うものを見せているのである。東北方言のヅーヅー弁は、奥羽の境域に限られたものではなくて、関東の、東北部分はもとより、なお、千葉県下まで、そのつづきがみとめられる。千葉県房総半島の、下総が安房に接するあたりの山地部でも、ヅーヅー弁の中舌母音が著しくて、小学生たちも、「タカナ ʃï」(高梨＜姓＞)、「サ kï」(先)「カン kïṙï」(鑵蹴り＜遊びの名＞)「オ nï」(鬼)「モ ʃï」(もし)「mï タ」(見た)「Fw ʃï gï」(ふしぎ)「ナン tʃï ッタッテ」(なんと言ったって)などと言う。ヅーヅー弁をよりどころにして、いわゆる東北方言を、奥羽に区切ることなど

かであろう。この文化圏を、方言文化圏と呼ぶことにする。地域社会は、なんらかの程度において、みな、地方的な方言社会であり、方言文化圏と見られるものである。

方言社会の成立と、方言文化圏の形成とは、同時的・同義的のことと解される。

方言社会即方言文化圏は、どのような過程をへて成立するものか。生活がちがうので、そういう対比的な差別相がひきおこされるのだと答えることができよう。人びとは、地域ごとに生活圏を形成して、方言社会を現成する。生活の集団が方言社会になる。方言文化圏になる。

生活圏、――生活集団の相違をひきおこすものには、広い意味での歴史的要因があり、また、多様な自然地理的要因がある。今は、これらの要因の分析には、多く立ち入らない。自然地理的要因の基本的なもの、たとえば山嶽というようなものが、ことに強く地域性を支えることなどは、多く言うまでもなかろう。旧藩制の藩領区分というような、人為的・政治的規制（それもまた、多く、自然地理的要因などに依拠しよう。）も、人びとの生活の集団を左右し、限定し、特色づけたわけである。地域性に応じ、生活集団に応じて、方言社会はうまれてこざるを得なかった。

極端な場合としては、一個人ごとに、方言がみとめられる。一個人ごとに生活がちがうからである。個人ごとに個人社会があって、個人方言がある。

家庭社会と言えば、この場合にも、当然、それなりの方言社会・方言文化圏がみとめられる。家庭が、それなりの、独自の生活圏をなしているからである。――甲の家族の形成する社会と、乙の家族の形成する社会とは、同一でなく、いわば地域性を異にし、生活圏を異にしている。

個人に方言をみとめるのと同じようにして、特定的な階層にも、方言をみとめることができる。かれらはまさに、生活を等しくして、たがいにあい寄っているからである。禅家の集団に禅方言があり、素粒子論グループに理学方言がある。――そこそこに方言社会があり、方言文化圏がある。

ただ、私どもは、通常、方言を問題にする時、おおかたは、地域的存在の方

方言における"文化と社会"の諸問題

藤　原　与　一

目　次

ここに、共通主題「文化と社会」がある。私は、方言研究の立場で、これにこたえなくてはならない。

考えうる、理論上の諸問題はすくなくない。しかし、それらを体系的に処理することは容易でない。今は、諸問題のいくらかを、諸問題としてとりあげてみる。

1　方言社会即方言文化圏の成立

方言というもの、——そういう存在は、言語の、明確な体系的存在である。そのものは、地域社会に存在する。いな、方言が存在して、その存在ゆえに、地域社会は、明白な地域社会となり得るのでもある。方言存在の地域社会を、私どもは、方言社会と呼ぶ。

方言社会が、その地域性に応じて、地方的な文化圏を形成することは、明ら

方言と文法

藤原与一

一、方言文法観

地方地方のまとまった言語生活――方言には、その、体系的存在としての方言ごとに、文法の体系がある。方言の文法体系は、共通語ないし標準語の文法体系にくらべて、いちじるしい特色を持つのがつねである。

それぞれの方言ごとに、それぞれの文法体系がある。といっても、方言と方言とのちがいが小さければ、その文法体系の構造差も小さいはずである。近接の小方言間では、文法体系がほとんど同じこともあろう。

なにほどか、たがいに異なる文法体系を持った二方言も、上位段階において、大きな一つの方言とみとめられる時は、その段階ではその段階なりに、一つの文法体系がみとめられる。さて、この方向が極端にまでたどられた時は、日本語の東部方言とか西部方言とかの単位が把握され、そこでは、それなりに、方言文法体系がとらえられる。さいごに、東西両方言をも含めて、日本語の方言全体を、一つの体系的構造として、共時論的に把握することができるならば、そこでまた、日本語の方言的文法体系がとらえられることになる。

このように考えられることから明らかであるが、方言と方言との、文法体系の構造差が、たとえ大きい場合でも、両文法体系がはなはだしく異質的というようなことはない。〈このさい、南島の諸方言（あるいは琉球語）のことは、しばらく問わないことにする。〉しょせんは国語の方言間のことである。大すじの構造は、すべて一元的である。個々の方言文法体系は、国語の文法体系の、それぞれの変容とも言うことができる。

それにしても、方言の文法体系は、もっとも純粋な口頭語の文法体系である点で、その特性が注目される。いわゆる共通語の場合も、その口ことばの共通語では、まさに口頭語の文法体系がみとめられるわけであるが、それは、共通語の書きことばの文法体系と、あい近い。そうあってこそ、共通語でもあろう。それに対して、方言の場合は、なんらの書きことばをも予想しない、――書きことばと表裏すべき運命などはになわない、単純本来の口頭語の世界である。ここには、いかにも自在奔放な、口頭語の文法があり、したがって、特性のある文法体系がみとめられる。

二、方　法

1

右のような方言文法に対しては、第一に、共通語の文法を考える考えかたにはわずらわされないで、清新な態度でのぞまなければならない。いわゆる「口語法」の叙述が、文語法研究の立場からわり出されたものであってはならないのと同様、方言文法の研究と叙述も、これまでの口語法研究に引かれたものであってはならない。方言文法研究のためには、方言という事態に直面して、その言語体系から、ものに即して、文法事実を得てこなくてはならない。

「けさはひえますネ。」というような文の場合、共通語の文法、いわゆる口語法の研究では、文節に分けるとなれば、「ひえますネ」を、一つの文節とする。そうして、「ネ」を、感動助詞とか間投助詞とかとよんでいる。しかし、今、わたしどもが、ごく虚心に考えてみるのに、「けさは　ひえます　ネ。」の「ネ」は、「口語法」研究としても、助詞と言っておいてよいのだろうかと、うたがわれてくる。「けさは｜ひえますネ。」ではなくて、「けさは｜ひえます‖ネ。」であろう。方言の状態に直面する時は、この「ネ」のようなことばに、しきりといきあたる。それらの現実のはたらきを見るのに、この種の要素は、文末の特別なしめくくりことば・よびかけことばであって、助詞という名でよばれるのにふさわしいものではない。そのものは、文末の特定成分として、遊離独立し、文節ということからすれば、これもまた独立の文節をなしているのである。このような事実に対しては、これをそのままにとりあげて、方言文法の構造分析と解釈とを、自然なもの、柔軟なものとしたい。

2

じっさい、方言文法の現実に直面した時は、今までの文法処理法では、すぐにはまにあわぬことを、痛感する。たとえば「雨が　降リョール。」というような文があったとする。この「降リョール」は、一語の動詞なのか、動詞二つなのか。今までの単語処理法でいけば、すぐにいきづまってしまう。従来のいわゆる品詞分類をおこなおうとすると、さばきかねる場合が、すぐに出てくる。共通語本位の「口語法」では、方言の「降リョール」は「降ッテイル」なので、処理はわりあいにかんたんでもある。「降ッ　テー　イル」と分割することができる。けれども、東京語の「降ッテル」になると、もうむずかしい。これを「降ッテイル」に還元して処理するとなれば、「降リョール」も、「降リョル」→「降リオル」に還元して処理してよいことになろう。「ウヤー」(上は)は「ウエワ」にもどしてあつかってよいことになる。

処理は自由である。しかし、「雨が　降ッテル。」、「雨が　降リョール。」などという表現は、方言上での、生きた特定の表現であって、それとして生命を持ったものである。この生命体のための文法研究であるからには、この現実態に即した把握がなされなければならない。現象存立の姿勢と位相とをかえりみないで、ただ分け得るがままに分割していくようであれば、方言文法はこわれてしまう。研究はもはや方言文法の研究ではなくなる。東京語の「降ッテル」の場合は、他方で「降ッテイル」とも言っていることであるが、国の西部地方の「降リョール」(所によっては「降リョル」)の場合は、これがおこなわれる所としては、まったくこれ一本の言いかたをするばかりで、「降リオル」をあわせ持っていることはない。近畿・四国などは、「降リヨル」と言うことが多いが、この場合も、これを言う土地は、おおかたこれ一本の言いかたをしており、「降リヨル」とともに「降リオル」もつかうというようなことはまずない。「降リョール」なり「降リヨル」なりの機能は、まさに、この現実の形態に即してとらえなければならないのである。

極端な例、南島方言の動詞を見よう。南島では、動詞「書く」は「カチュン」（金城朝永氏「那覇方言概説」）、「できる」は「ディキュン」（与論島例）である。この「カチュン」「ディキュン」は、もともと、「書き居り」「で《ディ》き居り」であったろうとされている。しかし、今は、だれしも、「カチュン」などを、二語の動詞としてあつかってはいない。あまりにもはっきりとした一体の形「カチュン」などを、人は一語の動詞と見なしているのである。「降リョール」などを、そのまま、一つのはたらきの単位としてとらえる、現実的な分析、これがまず必要である。わたしは、このような単位を話部とよんでいる。Speech の生きた part だからである。こうなって、「雨が降リョール。」は、「雨が 降リョール。」というように、二つの話部に分割されることになる。「雨が」は、単語から言うと、体言「雨」が基幹になっているので、体言的話部とよぶ。「降リョール」は用言的話部である。

このように、話部をまずうけとって、つぎに、話部の構成を考え、そこに単語を認定する。したがって、単語の存在は、話部存立の次元の下位段階にみとめられるわけである。単語論は話部論と一線をもってさかいされる。

話部の把握は、方言文法にかぎらず、共通口頭語などの場合にも、必要なことであろう。ところで、共通口頭語などの場合は、たとえば、「わたしは一これに一します。」と、文の現実要素（話部）＜まさに、佐伯博士の言われる文素＞をうけとっても、同時に、「し…ます」などと、個々の単語の完全な形が、見てとられる。そこで、とかくすると、文の直接要素としての話部の存立と意義とは、見うしなわれがちになる。それが、方言文法となると、「わたしは」も「ワタシャー」あるいは「ワシャー」などとあるので、この現実態に即するかぎりは、――方言文法の特性に忠実であるかぎりは、「話の部」をみとめざるを得なくなる。話部の見地は、方言文法研究にとって、現に必要なものと言える。

3

現実の様態に即応して、話部をとらえるという方法を重んじていけば、つねに、方言文法研究の共時論的立場を、明確に保持することができる。

方言文法の研究は、方言共時態をみとめて、その文法現象を、体系的に記述するのを目的とする。共時論的見地の純粋・徹底のためには、話部論的処理が不可欠となる。

話部の把握が不可欠であれば、人は、「雨が　降リョール。」の「雨が」の場合も、これをみだりに、「雨」と「が」とに分別してはならない。ことばのじっさいのはたらきのままに、「雨が」を、まず一体としてうけとるべきである。そういう把握観念を、つよくすべきである。じじつ、「雨ン降リヨル。」などの「雨ン」という方言形態に対応するのが、いまの方言形態「雨が」である。たとえ「雨　降リヨル。」とあっても、この「雨」は、単純な体言（名詞）そのものではなくて、現実は、体言的話部である。話部の証拠に、たとえば、「が」格などという格性を、すぐによみとることができよう。この現実の「雨」を、ただに、格助詞が省略されているなどというのは、平板な機械的解釈にすぎない。

話部の考えは、文法研究を動的なものとする。動的な観察をしないではすまされない事態の、眼前にことに明らかなのが、方言文法である。

4

方言文法の体系的記述の整頓のためには、分析も、どこまでこまかくいっても、いきすごしはない。

ただそれは、話部観の後に、その下位分析として、いわば単語論的におこなわれるべきものである。

方言文法上の重要な微粒子が、種々に検出されるならば、文法体系の記述は、精細なものとなろう。

5

どのような分析がおこなわれようとも、さいごには、それが一個の方言文法体系の記述であるからには、記述の体系が、その方言の特性を出すものとならなくてはならない。このためには、分析にともなう総合がよくおこなわれねばならない。けっきょくはまた、文表現を本位とする見かたが要請される。

6

口頭語の文法としての方言文法を研究し記述するのに、文表現の音声相をも重視すべきことは、多く言うまでもない。

音声相への着眼は、文法事象の総合的把握を容易にする。

7

一個の方言文法体系に対する研究記述のほかに、なお、諸多の方言をつらね見ての、個別事象に即しての、比較研究の方向がある。

このような比較研究の項目は、個々の方言文法体系をつらね見ての、要点的項目であることが有意義である。

比較研究が進歩し充足すれば、二つ以上の方言文法体系を統合してうけとることもできるようになろう。さいごには、日本語諸方言の全般を統一的に見て、日本語方言文法の特質を云々することができよう。

三、方言文法の諸相

以下には、上の方法に照らして、日本語方言文法の事実をいくらかとり出し、体系的記述や比較研究のための着眼点を、どれほどかあげることにつとめてみたいと思う。

研究成果の示しかたとしては、一方言の文法体系について、その構造を記述してみることもよいであろう。が、一つの体系的記述からは、方法は得ても、他方言の文法の実情についての見とおしを、すぐに得ることはできない。

ここでは、人々が任意の方言について、その文法現象の世界を対象とすることができるように、一般的な関心を高めるべきだとすれば、一方言に終始するのではない記述の方が、適当かと思う。事項をとりあげて、日本語の諸方言を見わたすことにすれば、比較研究の目やすも立つし、任意の方言体系への身のよせかたもはっきりとしてくるかと思う。

一、文　表　現

日本語の方言界を見わたす時は、文表現の方法がさまざまで、特異なものも多いのにおどろく。外形が多様であり、組みたてかたがさまざまであり、発想がさまざま、はたらきざまがいろいろである。

ここでは、一つの観点、組みたてかたをとりあげてみよう。その組みたてかたの見かたにしても、種々の角度からの見かたがあり得るかと思うが、ここでは、またかぎって、文表現の結末部の組みたてかたに着目することにする。これによって得られたもの多種類の中で、今は特に、結末部が体言本位の組みたてになるものをとり出してみよう。――それを三つに分類することができる。

（一）「体言＋助動詞」におわる文表現《これだけで文が成り立っている場合も含む。》

これはなにも方言にかぎったことではない。けれども、この着眼で、じっさいのものを見ると、方言色の濃い実例が、全国諸方言にわたって、多く見いだされる。

○ホッテーテモ　ラクジャ。

　ほっといてもだいじょうぶだよ。

「ラクジャ（デス）」は、岡山県地方の文表現において、特色を発揮している。播磨の「ラッキャ。」（楽ヤ。）も同種のものであろう。これらは、体言に「じゃ」（ヤ）助動詞がついている。

○オカンゲサマデ、マンヅ　ハー、サガリ　アンシタヘデ、ハー　デマセン　ゴッター。

　おかげさまで、熱はまあ、下がりましたから、もう出ないでしょう。

――岩手県北例――

というようなのがある。「ゴッター」が「ことだ」とすれば、おもしろい言い方である。「ガッカリ　ハ　チカラオトシ　シタ　ゴッタ。」のようにも言う。

○アラキサン。タノム　コッチャー。マター。

荒木さん。おたのみだ。また。（店の内から、表を行く婦人に言う。）

「ことじゃ」、これは能登西岸の例である。

○アノー　コトダ。ドーダッタイ　ナー。

あれだ。どうだったかなあ。

これは、丹後与謝半島の例である。「あのことだ。」の言いかたが、発語（発文）――一つの言いかた、一文のはじまる寸前に、いわゆる発語として前置される特定文――として、よくおこなわれている。ていねいには、「アノ　コトデス。」などと言う。

「です」といえば、

○お晩デス。

のようなあいさつことばの文表現は、中部地方以東によく聞かれる。

「そうだ。」ということばづかいの、「だ」の部分だけがおこなわれる事例も、ここにかかげておこう。

○ンダ。

は東北の例であり、「ンダンダ。」とも言われる。

○ダーダー。

岡山県奥にも、こんなのがある。

○ジャージャー。

は大分県下にいちじるしい。「ジャー。」は、近畿南部の、熊野のうちにもある。

共通語ふうの話しことばに、山形県の人から聞いた、

○（前略）まあ、満足してる　ぐあいダッ　ス。

がある。この「……ぐあいダ」という、体言結末への持っていきかたは、たぶん、東北方言的性格のものだろう。東北では、「ぐあい」とともに、「あんばい」も注目される。

（二）　体言がきて、そこに文末詞（文末助詞）のつづく文表現《体言に文末詞というだけで文が成り立っている場合も含む。》

これには、たとえば、

○アリャー　ボク　バイ。

あれはいかんよ！

○イラン　セワ　タイ。

いらんせわだよ。

——熊本県奥地例——

というようなのがある。

○デルカラ　ウエ　ヨ。

もちろん、よく出ますとも。

は、四国西辺の例である。だんだんに、異色の文表現が見いだされる。
あいさつことばの文表現には、「御免　ネ。」のような一般化したものがあり、かつ、方言色ゆたかな「今《インマ》　ヨー（ナー）（エー）。」〈辞去・別離のあいさつ〉のようなものが多い。母おやにおやつをねだる時に、「何　ゾー。」（何かいいものちょうだい。）と言ったのは、わたしどものたのしい思い出であるが、考えてみれば、ここには、「ゾ」のおもしろい用法がある。
すべて、文末詞のさまざまとそのはたらきとが注目される。

(三)　体言におわる文表現《体言だけで文が成り立っている場合も含む。》

この類では、文表現の特異性がことにいちじるしく、方言的特色の濃いものが多い。

○カジェン　サムサ。

風の寒いこと！

このような言いかたは九州で聞かれる。

○ホンナ　コーツ。

ほんとだ！

○タイセーツ。

いや！　〈「イヤ　バイタ。」をつよく言ったもの。〉

—熊本県下例—

のようなのもある。

○トシヨリデモ　イーッテ　ユーカラ、キトッチュ　ワケー。

年よりでもいいって言うから、来てるわけだ。

は、山梨県西南部の例である。

あいさつことばの文表現には、「オミョーニチ。」〈お明日。〉（おやすみなさい。）のようなのがある。これは東北地方にあり、類したものは四国などにもある。

以上三類に関しては、体言化表現法ということが考えられる。表現法のこの方法は、日本語文表現の方法として、注目すべきものだと思う。

二、慣用の特殊語句

方言文法上には、どの方言の場合にも、この種のものが多い。〈特殊とは、共通語に照らして言うことであって、方言そのものとしては、こんなのが、むしろ本すじのものでもある。〉

○シッテタ　コトワ　モーシアゲスカラ。

知ってることは申し上げますから。

——東北仙台例——

このように、東北地方のうちでは、過去・完了の言いかた（知ってタ）がよく聞かれる。共通語でなら「現在」に言えばよいところを、当方では、「……タ」の形で言う。

○ドナタサマモ、ワケテ　モーシミシェン　ナネ。オサキ　カエラシテ　モライマス。

どなたさまも、一々は申しませんわね。おさきに帰らせてもらいます。

——能登西岸例——

このように、「分けて申しません」というのも、あいさつことばで、慣用句になっているらしい。

○ジューノ　サニチメニ　ウチエ　キタケド　ネー。

十三日めに、うちへ帰ったけどね。

――近畿紀州南部例――

当地では、「行った」は「イタ」、「帰った」は「キタ」である。年よりはみなこれだという。

○ヒエルンガ　ヤレマセン。

冷えるのがいけません。

中国地方では、このように、「ヤレン」「ヤレマセン」の言いかたが、きまり文句として、しきりに用いられている。

○どこそこのむすめさんは、どこそこへ、ヨメノ　ハズニ　来ておった。

――阿波南部例――

ごく簡略な入婚をこう言うとのことである。

「行くハズ(を)した」とも言う。「……のハズに」は、おもしろい言いかたである。「ハズ」の自由なつかいかたが、一つの慣用になったと見ればよかろう。

○ニゲカタバカリジャッタ。

にげるばかりだった。

――熊本県下例――

九州では、このように、「動詞連用形＋カタ」の言いかたが慣用されている。

○トオイガ　ナッ　トヤ。

通ることができるのか。

九州南部では、このように、可能をあらわすのに、「……ガ　ナル」の言いかたをしている。

以上、一部の例ではあるが、ここに、特定慣用の語句の、方言色ゆたかな用法をとりあげてみた。日本語の方言の現実は、多くの、このようなものによって、つよくささえられている。

三、話部のさまざま

前項の場合も、すでに、文の表現を、話部の単位に区切って観察したものであった。話部の、二つのつながりのうえにも、特定の慣用句のみとめられることが少なくない。

文に即して、その生きた要素、話部をとらえるとなれば、その時ごとに、さまざまの話部がとりあげられる。その中に、話部形態として、注目すべきものがある。

い　進行態

○カエリヨル　ン。

帰ってるの？

近畿や四国の「カエリヨル」式の言いかたは、進行態を表示する話部として一定化している。

中国地方では、この進行態の言いかたをつかうことがまたさかんで、「カエリョ《ー》ル」「モドリョ《ー》ル」のように言い、所によっては、

○ウタニ　アリョーリマシタ　テ。

歌の文句にありましたよ。なんでも。

のような言いかたもする。「こわかった」というのでも、「イブセカリョッタ」で、いわば、進行態のつかいすぎである。それにしても、「ありました」を「アリョーリマシタ」と言うところには、特定の表現味があることをみとめなければならない。

九州内・近畿内などには、「どうどうしオ（ヲ）ル」という形もあるのか。

○オイガネェ、見ヲッタイバ、丁度猿ノノボイヲッタトザイ。

は、長崎県東彼杵郡下波佐見村の例で、松添鶴次氏が、「言語生活」三一年一一月号の「ことば風土記」に寄せられたものである。

ろ　拗音語法

「行きョール」「ありョール」のようなのは、音声相を顧慮して、拗音語法とよんでみる。この見地をひろげてみれば、いろいろのものが、拗音語法としてとりあげられる。

——四国西南部例——

○ヒチョル　ゾー。
　しているぞ。

「どうどうしてオル」の「しチョル」となるものは、九州・中国・四国方面にさかんである。（「しチョー」「しチュー」もある。）

○シチャール。
　してある。

○シチャル　ワ。
　してやるわ。

四国のうちや近畿では、このような拗音語法がよくおこなわれている。

○コナイダ　シンブンニ　ノセチャッタロー。

　こないだ、新聞に、のせてあったろう?

は、近畿南部の一例である。

○ワシガ　ノーヂャウケン　オマン　ウケヤ。

　わしが飲んでやるから、その酒を、あんた、おうけよ。

は、土佐の一例である。

　九州の、「申し上ぐる」が「モシャグル」とあるのも、一種の拗音語法である。中国すじでは、「とんでみようか。」の「トンヂュー　カ。」など、拗音語法のはなはだしいものがあり、「鳥を」の「トリュー」、「今日は」の「キャー」、「それまでは」の「ソレマジャー」、「出ねば」の「デンニャ」など、拗音語法とされるものの類は多い。近畿・四国では、「ドンブリゴッキャ　ワ。」(どんぶりごっこヤ　ワ。)、「ツッチャサン」(土谷さん)のような拗音化がよくおこなわれている。関東系の、「もう　すんジャッタ。」「ほかしチャオー。」なども、いちじるしい拗音語法である。拗音語法を呈する話部形態が、よく、方言を特性づけることは明らかであろう。

は　直音語法　縮音語法

「見てヤレ」が「見チャレ」とならないで、「見タレ」となれば、これは、拗音語法に対しては、直音語法ともよんでみることができる。「あるかねば」が、「アルカニャ」ではなくて「アルカナ」とあるのも、直音語法とされる。

○ヨー　フル　コッタル　ノーシ。
よく降ることですね。
○イカンターレ。
行かないでいなさい。

「ことでアル」が「コッタル」になっており、「行かんとアレ」が「イカンターレ」になっている。一般には縮音語法と言ってよかろう。拗音化も、直音化も、縮音にはちがいない。

近畿の「行きましょう」の「イキマホ」も、中国の「言わずとは」の「ユワッタ」も、東北の「食え」の「ケー」も、縮音語法にほかならない。

北陸の「シネバン。」（しなくてもいい。）も、もとは「するにはおよばん。」であるとすれば、はなはだしい縮音語法であり、さっそくには、むしろ省略なども言えるものである。

に　その他

文頭のいわゆる感嘆詞をとらえてみても、――これはそのままが一話部であるが――、さまざまのものが見いだされる。指定助動詞の「ダ」はつかわぬ近畿や四国のうちに、「ンダ」の、感嘆の話部がおこなわれているのは、注目にあたいする。

活用に問題が多いことは、言うまでもない。

「動詞＋助動詞」の形の用言的話部では、方言助動詞の諸相が見られる。

「……＋助詞」の話部では、とりどりの助詞の生態が見られる。

○キミー　ワルカッタ　ヨ。

気味がわるかったよ。

――中部地方例――

のような、助詞が顕在しないで、しかもその機能の明らかなものも、いろいろの場合が、諸方言に見いだされる。

四、方言文法の特質

日本語の諸多の方言文法界を通観する時、つぎのようなことが言えるかと思う。

方言文法は、共通語や文語の文法にくらべれば、その存立と活動とが、いかにも自由奔放である。たとえば、山形県庄内地方などでは、「ございません。」というようなつもりで、「ガンスネ(無い)。」と言う。「ナニモ　ガンスネクテ　スミマセン。」などとも言う。作州などでは、「マメデヤリョーゴンシタ　カー。」(元気でやっていましたか。)というようなことを言って、「ゴンス」をごく自由気ままにつづけている。

自由にうごく方言文法こそは、国語表現法の可能性のはばを示すものであろう。わたしどもは方言文法に、日本語の文法の生態を、推移発展を、よく見ることができる。

(『日本文法講座1　総論』明治書院　昭和三十二年十一月)

日本語文法の記述体系

藤原与一

まえがき

私に「日本語方言文法」という原稿がある。さきの「日本語方言文法の研究」につづくものであり、言うことがゆるされるならば、前者を発展せしめたものである。組織は改革されており、とりあつかう対象は、全日本語方言となっている。（ただ、その点では、現在の稿本は、なお第一次的である。）

旧著は、一地の小方言をとらえて記述することに終始し、それによって、体系的記述とその方法とを明らかにしようとした。この作業をいとなむまでには、ソシュールのパロールの思想から、多くの影響を受けたように思う。

旧著は、どちらかと言えば方法論的でもあった。もっとも、方法論を露出させることはさけようとしたつもりである。国語の一つの現われとしての方言（一つの完結した小言語体系）をとらえ、これを動的に処理することによって、記述が説明になることをねらいつつ、方法論のすじを通すことにつとめた。

今度の「日本語方言文法」は、「の研究」ということばを除いている。記述即説明という、記述の精神に徹していこうとつとめたものである。

全日本語方言の文法状況を記述して、日本語の特性に即応した体系化をこころみれば、こうもなるべきかというのが、右の原稿に展開した、私の記述体系である。体系的記述をはかって、記述を私なりにととのえてみれば、このような記述体系が得られるというのである。

表題では、「日本語文法の」と言っていて、「日本語方言文法の」とは言っていない。前に述べたように、方言を、国語の一つの現実としてとらえるのであれば、方言の研究は、国語現実——しかも歴史的な現実——の研究である。したがって、方言文法の研究も、これなりの国語法研究になる。「日本語方言文法の」記述体系は、「日本語文法の」と言ってもよいはずである。

さて、日本語方言に即応した日本語文法把握の体系的記述にしたがえば、以下のような記述の体系が得られる。

章節以下の項目を見とおしていただきたい。

各項目のもとでは、その記述内容・記述方向のあらましをかかげる。

第一章　文と連文

第一節　文とはどんなものか

文とは訴えであると見る。方言会話の日常生活では、人はたがいに文をなげかけて、相手に訴えている。文とは、訴えの形式である。

その訴えかけ性は、文末に凝結している。したがって、文表現については、文末部が最大の注意点となる。文末特定の文末詞は、訴えかけの役わりをになう特別の要素として注目され、文末詞以外でも、たとえば「……でせう？」の文末助動詞が注目される。「アンタワ？」のような「は」でも、文末でこうはたらいた時は、やはり特定の文末部として注意される。助詞も助動詞も、文末に立てば、すべて、文表現の訴えかけ性表示の波に乗って、特定文末詞に近い役わりをはたす。そのことに習慣のつよみができた時は、ものは特定の文末詞に転化する。

文末詞によってしめくくられた文は、文が訴えであることを、顕著に示している。文表現形式の完結は、文末詞によって、ことに顕著に示されるとも言える。方言上では、ほとんど、「文とは、文末詞によってしめくくられて、つよい訴えかけ性を発揮しているもの。」と言ってもよい。

文末詞が利用されたら、そこまでで、かならず一文である。訴え性がはっきりとしているからである。「キョー　ナー。ワシガ　ナー。……。」のようなのがあったとする。話し手は、「ナー」「ナー」と言っている。この場合も、「ナー」のところごとに一文である。文末詞で、一々、相手に訴えているのであるから、その訴えているところで一文と見なければならない。特定の訴えことばでしめくくられれば、それで、文の形式は決定される。

文に陳述ということがある。陳述とは、現実に、訴えていくことであろう。じっさいの（現場の）パロール化が、陳述の名にあたいすると思う。「キョー　ナー。」の「ナー」なら、いつだれがどこでつかってもよい。「ナー」も一客観物である。同一個人でも、文表現上、これを時々につかって、時に応じて、ちがった音調、抑揚にする。さてその時々の現わし・現実化、真の現実化がパロール化である。このようにパロール化した時、陳述したと言う。

陳述の文末には、明確な声の断止があり、独特の声調がある。たとえば、下がり調子の時は、「、」の直前でなら抑揚波の下降度は比較的小さいのが、「。」の前（文の終る時）だと、下降度が比較的大きく、声はどんと下がる。文末に独特の声調のあることは、上がり調子の時、いっそうみとめやすい。「マタ　アシタ　ネー。」などと、終でいちじるしく上がる。文末詞がない時も、「イッー。」などと、上がり調子はいちじるしくて、これで、文の訴えかけ性は明らかである。一般に、文の表現において、文の末尾にあるものが、特定の文末詞に近い状況を示すのは、この文末特定の抑揚波をおびてのことである。文の末尾に独特の声調がおこればこそ――文の訴えかけ性のゆえに、文末にこの独特の声調が約束されていればこそ――、文の末部の、特定文末詞以前の諸要素も、文表現上、みな、訴えかけの要素らしくひびくのである。要するに、文の陳述には、文末に独特の声調があり、これによって、文の立ち姿は明らかである。

第二節　文の構造

文のまとまった姿を端的にうけとめて、その構造を見る。文末から、観察ははじめられる。

1　話部

文表現という、スピーチの単位が、その次元において分析された時、スピーチのパート、話部が得られる。友人、片柳寛氏は、これをまた、スピーチ・シラブルと反訳してくれた。この後に、どなたかの、「話節」という述語を拝見したと思う。

○ハヨソノ本オ見セテクレーヤー。

という文表現があったとする。このスピーチでは、まず「ヤー」という文末話部がとり立てられる。つまり、この一文の訴え表現をくりかえし味わってみる時、現場分析としては、第一に、「ヤー」というパート（スピーチ・シラブル）のとりはなしが可能だと思われるのである。したがって、右の文の話部分割は、第一段として、「ヤー」とそれ以外との二部分にわけられるということになる。ついで、「ハヨー　ソノ本オ　見セテクレー　ヤー。」と分けてうけとることができる。これは、話部分割の第二段階である。「ハヨー　ソノ　本オ　見セテ　クレー　ヤー。」このようにわけて見るのが、話部分割の第三段階である。この段階は、話部把握ではあるけれども、もっとも静的に処理していく段階であるとも言える。

文の現場と機能とに即応するかぎり、話部分割は、かならずしも、一挙にこまかなところへは行かない。文現実面を直接におさえればおさえるほど、分割は大ぐくりになる。その時、早くも分割されるのが文末話部（文末詞から成る）である。大ぐくりの分割が、しだいに小さく分けられていく。——話部把握が弾力的でなくてはならないことは明らかであろう。

文の構造について、とり立てられる話部は、つぎのとおりである。

文末話部（文末詞から成る）

述話部（いわゆる述部）……話部の見地からは、述話部と言わなければならない。

主話部（いわゆる主部）……右に準じる。

修飾話部（〃副詞的——〃〃形容詞的——〃）

接続話部（接続詞から成る）

感嘆話部（感嘆詞から成る）

よびかけ話部（体言から成る）

間投話部（間投詞から成る）

2　語

話部の背後・地盤に、単語がある。さきの文例の、「ヤー」という現実部分、文末話部には、その根底に、「ヤ」（文末詞）という単語がよこたわっている。「見セテ」という話部の底には、二単語のならびがある。

3　話部順と語順

一個の文表現は、一話部から成るものを除けば、一定順位の話部排列になっている。話部排列の文構造は、また、語順としても見ることができる。文の現実面よりも下位の、観念的次元においてである。

文構造の、下方の、動詞には、助動詞がつづき、そのまた下に文末詞がつづく。これは一系の語順であるが、助動詞の動詞への接合と、文末詞の末尾膠着とは、実質上、截に区別しなくてはならない。助動詞は、動詞という部分に接合している。文末詞は、直前の助動詞という部分（辞！）に接合しているのではない。不変化の助動詞が、どんなに終助詞に近くなっているようでも、助動詞は、接合の約束（活用形式）のもとに、動詞に、特殊的限定的に接続しており、これに対して、文末特定の要素、文末詞は、活用形式の約束によることなどはなくして、自由無碍に、文の末尾に膠着している。

一系の語順にあっても、最後の文末詞は、まったく、「動詞＋助動詞」の必然的連関の流れを絶したところで、超然と、孤立して、存立しているのである。

日本語表現法の文末決定性は、この文末詞のある時、この文末詞において、ことに顕著である。文末詞において、訴えかけの表現はあざやかに完成され、感情的な待遇価もまたここできまる。

4　文形の諸相

文の構造の全一的なうけとりかたとして、さいごには、文形の見かたが成り立つ。文形にはどのような諸相があるか。これは当然、第一には、文末への着眼によって整理される。

方言上特に注目されるのは、体言がきて終る文である。その体言のきかたにまた諸相がある。いずれにしても、この種の領域は、日本語方言の文表現生活の特性を知るうえに、見のがしてはならないものである。

感声的特殊文と総称し得るものもまた、文形として、おもしろいものである。この中も、けっして単純ではない。返事の一ことばのようなものも、ここに入れて考える。

第三節　文の表現

文の構造を見たうえは、文の表現がテーマとされる。文形を全一的にとらえれば、やがてそこに、文表現を表現体そのものとして見る表現観がひらけてくるはずである。

1　抑揚

このような表現観によって記述されるべきことは何か。文の抑揚、ないしは文アクセントが、第一にとりあげられなければならないと思う。抑揚は、口頭の文の表現の、さいごのしめくくりになるものだからである。文の機能は抑揚に凝っているとも言えよう。

ここで、全国諸方言にわたって、文アクセントの特質的傾向が探究され、記述される。

抑揚とともに、緩急が問題になる。これは、特に、近畿四国地方と、他とを、対比させて見ることが有効である。

2　文表現の発想

抑揚の把握は、文の外形をとらえていくものである。これに対応する研究事項としては、文表現の発想がある。発想については、個々の文表現を通して、習慣的な、あるいは方処的な発想法を追求していく。発想法は、ここで、文法の問題とされる。

文表現の発想と発想法が、もっともとらえやすいのは、あいさつことばの表現領域においてである。あいさつの表現に諸種の発想類型があることは、すでによく知られている。

特殊な文表現になればなるほど、発想法の特色はとらえやすい。諸方言上には、共通語から言って特殊的と見られる文表現法が多い。私は従来これを特殊表現法とよんできた。命令の言いかた一つにしても、諸方言上、なんと変った言いかたの多いことか。それらは、共通語の習慣からすると、特殊な表現法である。特殊な文表現に見られる特殊表現法の捕捉によって、私どもは、文表現発想の特性を知ることができる。

3　音声表現法

抑揚のことはおいて、文を音声の姿として見た時、その音声姿態に、表現上の特色の出る傾向を、音声表現法としてとりあつかう。「あれをお見。」が「アロン。」、「これをお見。」が「コロン。」となっていれば、この「アロン。」「コロン。」は、音声姿態に、はなはだしく、表現上の特色を見せたものである。

方言上の文表現行為には、このような習慣・傾向が少くない。文の末部に注目しても、「………ゴザイ。」と命令形でむすぶ時、「………ゴザイン。」とするなどの習慣がある。最後に鼻音をそえることが、命令表現の、相手への当たりを、やわらかくすることになる。そのような約束のもとに、「〜ン」音声表現法は成り立っていると見られる。文頭でも、たとえば代名詞の、「アンタ」と「アータ」とで、敬卑がちがう、「オマイ」と「オメー」とでも敬卑がちがう、などのことがある。すべて、文の音声相を文の姿として見た時におこる表現上の問題が、ここではとりあつかわれる。

第四節　連　文

私どもが現実の会話を聞いていると、文から文へとことばはつづく。文の連なるのが常態である。一文々々は、口話の直接単位ではある。が、口話のつねとしては、多く連文のかたちがとられている。端的に一文の投げ出された場合も、うけとり手がこれに応答すれば、二人の間には、また、連文が成り立つ。

一人のうちでの連文でも、二人以上の人の間での連文でも、文がつらなるのには、それ相応の、連文の法則がはたらく。

文を調査する時は、文例を表記したなら、それがどんな場合にどんな人がどんな人にどんな感情・態度で言ったものであるかを、註記しなければならない。これだけのことを記しておくと、一文の資料も、どんな環境に生きているものかがよくわかって、後の利用あやまりなどはひきおこさない。さてその環境を明示することは、とりもなおさず、一文が、どんな連文状況の中にあるかを示すものである。文例について、その存立の条件を明示することは、連文の思想と、密接に関連している。

1　二文の連関

一個性の表現する二文の連文生活からは、「補充」と「展叙」との二大方向が帰納される。

補充とは、たとえば、「ダレダ。コレオ　シタノワ。」のようなものである。いわゆる倒置のことである。ただ、表現に即するかぎりは、倒置とは言えない。表現されたからには、そうあるのが順置である。この内容を見た時、二文の連文を、補充的な展開と解することができる。

いわゆる倒置の類を除いて、あとを展叙とよぶ。それでは、第一文または第二文が特殊であるものが、まず注目される。たとえば、「オヤ。ダレカ　キタ　ゾ。」のようなものである。これは第一文が特殊である。一方の特殊文の特殊性が顕著であればあるほど、連文の特性はあらわになる。さてつぎには、普通文同士の二文連関を見る。この中についても、私どもは、反復一つについても、単純反復とか、累層的な反復とかと、諸類型を見ることができる。

2　三文の連関

方言の口頭表現では、——これにかぎらないと思うが——、三文の連結において、第三文での表現方向転換が、特に注目される。話し手は、第一文に対する第二文の展開には責任を持っても、第三文の展開には責任を持たないかのようである。話しはとかく第三文で屈折する。第三文は、第一文に対して、奔放である。

3　必然的連関

二文であっても三文以上であっても、文（センテンス）が連関すれば、そこには必然的連関と言ってよい状態が生じる。すでに連文が表現されたからには、それが、一人の個性によるどんな弛緩した表現であっても、そのまのびした連文の連関が、まのびという特色を持った必然的連関である。

必然的連関に即して、連文の表現体がうけとられる。必然的連関の様相を分析することによって、連文表現の表現特色を云々することができる。

第二章　話　部

話部の記述は、主としては、先に述べた、話部分割の第三段階でおこなうことになる。

諸話部の名目はさきに列挙した。

話部、スピーチのパートは、一方から言えば、現実の個文の直接の要素であるから、話部をとらえるとなれば、一文々々の話部を、無限に追っていかなくてはならないことになる。が、どんな話部も、ラングぬきのパロールの要素ではない。ラングの内包を欠くならば、だいいち、パロールをとらえることはできない。パロールは現にとらえることができる。とらえ得るのは、じつは、ラングが内在するからであり、ラングがパロールをとらえさせるのである。こうして、私どもは、パロールの要素、話部をとらえることができ、かつは、その内包に応じて、話部を整理することができる。話部には無限の出現があっても、私どもは、これを文法的に処理することができるのである。

話部をとらえて類別し、話部の、文中での役わりを検討するのが、話部論のしごとである。

第一節　文　末　話　部

たとえば四国方言の、「キョーワ　サムイ　ナー。」というような「ナー」は、ふつう、終助詞などとよばれている。（私は文末助詞と言ってきた。）はたして助詞であろうか。右と同趣の言いかたに、「キョーワ　サムイ　ナモシ。」というのもある。同じく四国方言内でのことである。「ナモシ」も助詞か。「モシ」は元来、まとまったよびかけことばのはずである。

「ナー」「ナモシ」は、ともかく、文末の話部である。文機能体の自然に即した解析で、さいしょにとりわけられるのが、遊離独立の成分、文末話部である。この話部を形成する単語「ナー」「ナモシ」は、助詞とはよぶことができないように思う。少くとも、「詞と辞」と言われる辞の、「キョーワ」の「ワ」というような助詞とは、同列にあつかいかねる。私は、文末助詞のよび名を、文末詞に改めたく思う。（接続助詞「が」「と」なども、やがて接続詞として慣熟すれば、それらは、もはや接続詞である。文末の「ナー」などは、もともと、叫びごえのようなもので、ただのてにをは類ではなかったろう。）

以上のような文末詞が、文末で、文末話部としてはたらいている。文の文末話部としてはたらくものを整理すれば、文末詞の体系が得られるわけである。

文末詞に着目して、文末話部を処理する時、記述の重点はおのずから定まる。

第一には、感声的な文末詞から成る文末話部が記述される。感声的な文末詞は、元来、言語以前の感声が、文末詞として定着せしめられたものであろう。

これに対して、転成の文末詞がある。「ナモシ」のようなものである。ものが文末話部に立つことが慣熟してくると、もともとよびかけであった「もし」も、「ナモシ」「ナンシ」などとまとまり、文末詞化する。「ソーデス　ナーアンタ。」などの場合も、「ナーアンタ」という文末部が、頻用・慣熟につれて、「ナンタ」などとまとまり、まったく、文末専用の特定要素になる。文は訴えであり、訴えは文の末尾できまるため、文末部に立つものは、本来の文末詞でなくても、みな、訴えかけの特定要素になろうとする。ここに多くの転成文末詞が生起する。

文末話部をとらえてみれば、転成の文末詞である、というもので、特におもしろいのは、一つに、「アナタ」系の文末詞であり、一つには、「ワタシ」系の文末詞である。「アナタ」系のものでは、「ナ」「ノ」「ネ」などに「アナタ」の熟合したものがよくおこなわれており、あわせて「アナタ」に「ナー」の熟合したものもある。「ワタシ」系のものには、転化形が多い。さて、「ワタシ」系の「バイ」に、「アナタ」系の「タ」の熟合した「バイタ」のようなものも、九州方言の中に成立しているのは、注目にあたいする。「ワタシ！」（バイ）とむすんでも、相手への訴えかけのためには、なお、「アナタ！」（タ）とよびかけないではいられなかったのであろう。

第二節　間投話部

文末話部の地位に近い地位を保持するものは間投話部である。文中に間投された話部は、間投と言えるとおり、まったく遊離独立の話部であって、諸話部のつながりの中に超然としている。たとえば、

〇キョーワ　ケー　チョーシガ　ワリー　ナー。

今日はどうも調子がわるいなあ。

〔岡山方言〕の「ケー」は、間投話部であって、文中に遊離孤立している。孤立していて、しかも、その存在は、一文の表現性を左右しているのである。その機能の大きさは、文末話部の、最後的な収約性・表現決定性の機能の大きさにつぐ。

遊離の成分、間投話部は、たとえば体言「オマイ」が、それになっていることもある。「ダッテ　オマイ　コレガ　ホッテ　オカレル　カイ。」のようにである。体言は間投詞化しようとしている。前の例の「ケー」も、もともと「これ」であろうが、「ケー」となって、今は、語としての間投詞になっている。

間投の助詞というものはみとめることができない。じじつ間投されたもの、遊離独立の成分なら、さきの文末詞と同じく、間投詞と言うほかはない。

遊離独立（孤立）の話部としては、文末話部、間投話部のほかに、なお、接続話部、感嘆話部、よびかけ話部をみることができる。これらはみな、独立部とよばれてもよい。

そういうよびかたからすれば、主話部も主部、述話部も述部、修飾話部も修飾部とよぶこともできる。

しかし、話部論の見地を通すことにすれば、主部も、主部に立っている話部という意味で、主話部とよばれる。

第三節　述話部

述部をなす話部である。これは次下の二方面に分けて記述することができる。

1　待遇意識の展開

この視点に立つ時、一つには、尊敬動詞をもって形成された述話部がとりあげられ、また一つには、「オ＋行き（動詞連用形）＋アル」とか、「動詞＋レル（ラレル）」とかの、動詞一般をつかった敬語法形式の述話部がとりあげられる。意識の昂揚に応じて、形式もさまざまにととのえられていく。

述話部による待遇意識の展開は、尊敬の方向だけに限るものではない。謙譲の方向もあれば、丁寧の場合もある。が、私は、三者は総括して、広く、丁寧意識の展開と見るべきもののように考えている。日本の方言社会の言語習慣では、そう見ることが妥当のようである。

その丁寧表現として、述話部は、助動詞的に複雑化することもあれば、一方、簡約の態を示すこともある。後者は後者なりに注目される。

待遇意識の展開は、上向きだけには限らない。下向きにもまたさかんな展開を見せている。下向きのは、一口に言って、卑罵表現法である。上下を通じて、待遇意識展開の段階がたどられ、系列がみとめられる。

2　種々の叙法とその外形的特徴

どのような文表現も、口頭語の世界の対話であるからには、待遇の表現でないものはない。その点で、述話部にしても、待遇意識の展開として見られないものはないはずである。たとえば、

○ケサワ　ドーモ　オキラレナカッタ。

と言えば、述話部「オキラレナカッタ」は、これとしてやはりこれだけに、相手に待遇意識を見せたものである。（「オキラレマセンデシタ」と言うのにくらべてみてもよい。）が、なお一つ考えるのに、「オキラレナカッタ」という述話部は、叙法そのものとしても、一定の特色を示している。この叙法上の特色も、述話部の検討としては、すておけないことである。

こうして、動作進行態叙法や、状態継続態叙法が、まず注目される。「アイツ　ウマイ　コト　ヤリヨッタ。」と、大阪弁で言うとすれば、「ヤリヨッタ」が、叙法の注目される述話部である。これは、進行態の完了法になっている。外形的特徴としては、促音がみとめられる。「ヤリヨッタ」とあれば、拗音・促音が注意されるわけである。さてこの大阪弁の言いかたは、この叙法なりに、多少の卑罵の効果を示している。

外形的特徴とにらみあわせて、特色のある叙法を見ていけば、しだいに多くの事実が整頓される。

第四節　主　話　部

主部に立っている主話部では、主話部を形成する助詞の有無が一つの問題になる。この見地で全国の諸方言を記述することは重要である。助詞のない場合、それが、「が」格相当のものであるか、「は」の係り相当のものであるかなどは、国の東西にわたって、精細に記述しなければならないことである。

その助詞に関しては、助詞があって、それが上接者に熟合している場合も、広く記述されなくてはならない。このようなことは、つぎの副詞的修飾の話部の場合の、目的格に立つものの場合などについても、言えることである。

第五節　副詞的修飾の話部
形容詞的修飾の話部

文表現の部分としての話部を、「副詞的」とか「形容詞的」とかと、単語名にちなんでよぶことは、けっきょく、話部観を不明瞭にするであろう。話部は単語とは次元を異にするものだからである。（連用修飾とか連体修飾とかと言っても、ぐあいのわるいのは同じである。）

一口に、修飾話部とだけ言っておけば、問題はない。ただ、その時は、二種のものをどう区別するか。第一種・第二種などという区別のしかたを、してできないことはない。

第一種・第二種の修飾話部は、どのような語のどんな運用によって形成されるか、そのあり得る場合を整頓しなければならない。おのおのの場合について、方言記述がおこなわれる。

第三章　語　　詞

語の存在する次元のことはすでに述べた。語、語詞は、話部（あるいは文表現）の、底面に存在するものである。語は表現以前の世界のものである。

ということは、語は文表現のために用意されているということである。人は語をとり立てて文の表現をおこなう。極端な場合、たとえば、

○コレ！　〔相手へのよびかけ〕

などというように。「コレ！」は文であるが、だれにも発言されない字引の「コレ」は、単語である。

人、話し手は、語を単純に語として発言することは、まずない。語を発言したと思ったら、文にしている。

語はこのように文に生かされるものであって、しかも、あくまで文以前・表現以前のものである。

文以前の語を、私どもは、多くとり集めることができる。あつめたものは分類される。

対比的特徴によって、多数の語の類別がおこなわれた時、一類々々を品詞別と見る。

対比的特徴とはどんなものか。語・語詞が、一定の地位の話部に生かされる、その生かされかた——さきのことばで言えば、語、語詞が文表現のために用意されるその用意のされかた——の、かれこれたがいにことなっている、ことなりぐあいが、対比的特徴である。

前章の話部の記述に合わせて、順次、適当に、語としての品詞が記述される。その記述では、話部化への契機に着目する。このために、造語法、語の体系的形成が注意される。重要とされる語詞形成法は、さまざまの複合法である。

単語論はすべて、話部論のもとにある。単語論は、話部論に包摂されるべきものである。

文法研究は、文表現論を中軸として、一方には連文論を展開せしめ、他方には話部論を展開せしめる。その話部論の分析的方向において、話部論の下位に、単語論が定位される。

むすび

以上は、趣旨として、総合的見地を通そうとするものである。生きた文法をとらえようとするかぎり、しぜん、こうなる。今日緊要

な日本語文法の記述体系は、こうした総合的見地に立つ記述体系であろう。

日本語文法を総合的に把握していけば、さいごには、「日本語文法の発展的動向」が指摘できる。言うところの記述体系のむすびは、これでなくてはなるまい。

（『国文学攷』第二十三号　昭和三十五年五月）

Dialect Map

in

reference to the descriptions in the text

- Dialectal Japanese
  - Main
    - Eastern Dialects
      - Hokkaidō Dialect ……9
      - Tōhoku Dialect ………8
      - Kantō Dialect…………7
      - Chūbu Dialect ………6
    - Western Dialects
      - Kinki Dialect…………5
      - Shikoku Dialect………4
      - Chūgoku Dialect ……3
      - Kyūshū Dialect ………2
  - Southern Islands Dialect …………………1

[ⁿda], some milder variations such as "*Hun-da*" [hunda] and the like are found in some degree as far down as the Chūbu dialect region.

For the simple reply "*So-da*", in the southern area of the Kinki dialect region (5), "*Jā*" [ʒa:] is found to be in use, which, to the ear, is nothing but an exclamatory utterance. Inside the Chūgoku dialect region (3) there are localities where "*Dā*" [da:] is spoken while in northeastern Kyūshū "*Jā*" [ʒa:] is very much in use together with some "*Jā-jā*". Towards the western area of the Kyūshū dialect region (2) "*Jā*" is also found with "*Jai-jai*" [ʒaiʒai] and "*Jaru-jaru*" [ʒaɾuʒaɾu]. In southern Kyūshū we have the somewhat complicated form "*Jai tō*" [ʒaito:] and "*Jahī tō*" [ʒaçito:].

Ja [ʒa] is comparable to *da* [da], both being nothing but variations of declaratory auxiliary verbs. The varieties quoted above after "*Jai-jai*" are all of the *ja* series. Whether a dialect assumes the *ja* or *da* series in this type of idiom simply depends upon whether the region has its auxiliary verb in *da* or in *ja*.

Through the study of simple exclamatory sentences of a special kind as we have done so far, we are led to speculate over the potential expressiveness of a sentence as a whole. In the study of the sentences ending in a substantive, the so-called noun-structure, we have always paid sufficient regard to their expressional faculty. As a structural study of sentences, I think, this is a logical and natural consideration. The study of sentence structure and the study of sentence expression, though in different dimensions, go hand in hand. With this we are prepared for the study of sentence expression.

(To be continued.)

(『モニュメンタ・ニッポニカ』Vol.XVII,1－4,1962)

頁	行	誤	正
470	1	[mata kinai no:]	[matakinaino:]
469	8	[akimahen wa]	[akimahenwa]
459	33	[o:goto]	[o:goto]
458	36	waiting. "	waiting".
455	14	(2)	(2):
453	37	("place, stead", etc.)	("place, stead", etc.).
450	34	[oɾawaŋan:emona:]	[oɾawaŋan:e:mona:]
443	37	[huɴ]	[huɴ]

is prevalent, which perhaps is a derivation from [na]. For English "No" we have somewhere "*Naije*".

In the central area of Kyūshū, "*Nai*" is pronounced [ne:] and sometimes [nei]. In spite of such phonetic changes, the politeness and degree of honorific mood suffer little change.

In the southern sector of the western half of the Tōhoku dialect region (8) "*Nei*" is prevalent. A sample of a conversation: To a question, "Are your children doing fine?" in a kind of greeting, the reply will be:

Nē. Mazu o-kage dē. [ne: madzüokaŋede:]…(8)

(Yes. Thank you for the concern.)

The "*Nē*" is also pronounced [nei]. On the western side of the Tōhoku region one finds [^{n}na:], while on the eastern side "*Nai*" is found.

Interesting enough, however, there are scattered between these two major "*Nai*" regions some other localities, where the [n] series is still retained. It has been reported that towards the northeastern area of the Kinki dialect region (5) "*Nai*" was found, and that the northern strip of the Chūbu dialect region (6) retains some "*Nai*" varieties.

Parallel to the [o] series of replies as "*Oi*", we have a "*Yoi*" [joi] series. Besides the [jo] series, there is a [ja] series, and even "*Yā-yā*" is also reported, but the group with an initial [j] sound is rather unusual in Japanese dialects.

We shall discuss now another type of response pattern, namely, responses which, though not originally exclamatory, are somewhat similar in nature. They are, in practice, idiomatic simple affirmative replies of the type of "That is so."

The origin and growth of this type of idioms do deserve some notice, and the following examples are quoted, though briefly, as representative cases.

In the Tōhoku dialect region (8), instead of the usual light affirmative reply, "*So-da*", (That's right), "*Nda*" [^{n}da] is used regardless of sex and age. Occasionally, it takes the repeated form [^{n}da^{n}da]. If someone asks me to present offhand the characteristic feature of the Tōhoku dialect, I give this sentence pattern. At present, this idiom is passing off almost as a special sentence equivalent of exclamatory nature.

Although not so much departed from the formal "*So-da*" as

the parallel is not complete between the [a] series and [ha] series, and the growth and derivation of each idiomatic single word sentence of response seems to follow its own course.

In other words, being commonly of exclamatory nature, the phonetic mutation is so much determined by the fact whether they retain the initial [h] or not. The phenomenon could be ascribed to the different temperaments of the exclamatory charge in each expression, as represented by the exclamatory speech-syllable now in question.

In contrast to the "*Hai*" group, we shall study now "*Nai*" and its group. In the preceding paragraphs we realized that there are two parallel series, i. e., an [h] series and a series without the initial [h] and that they are, though not completely but in many ways, parallel. But here we find the third parallel, i. e., a [na] series. The [na] series is not at all new as a response idiom. Among many dialects of the language, the [na] series is considered to be particularly archaic. This does not mean that the origin of the [ha] series is very recent, but it implies that it is still prevalent while the [na] series is only spoken among the elderly folks and is dying out fast.

The series is noticeable for its oldness and for its unusual distribution. It is found at both extremities of the country, i. e., in the Kyūshū dialect region (2) and in the Tōhoku dialect region (8), which both represent the older dialectal strata containing many phenomena of the bygone days of linguistic history, and it is interesting to witness that both, though so much apart from each other, share so many common features at this date. Also the fact that the [na] series of the response idiom is shared by these two remote parts of the country is interesting to note.

In the Kyūshū dialect region (2), the [na] series is chiefly found in the north of the central area (excluding the eastern half) and on the adjacent northern islands.

The sample from the northern area is "*Nai*" [$\overline{\text{nai}}$], [$\overline{\text{na:i}}$]. The use of this expression is so persistent in northwestern Kyūshū (2) even at present, that even young men of the locality cannot bring themselves to use "*Hai*" when talked to in the local dialect. "*Nai*" is pronounced with a slight difference in the northern area and becomes "*Nā*" [$\overline{\text{na:}}$] without conspicuous lowering of the politeness of the utterance. Here again the repetition "*Nai-nai*" is found. There are apparently some localities where "*Una*" [una]

this is not passed off as a low and crude idiom. In such cases "*Ō*" is used with almost a similar honorific nuance as "*Ē*" in relation to the standard "*Hai*". It carries a normal degree of respect and dignity. I remember a case in the Chūbu region (6) where I was greeted with an "*Ō*" [o:] by an upperclass lady of a village whose language level was considerably high.

In Hachijō-jima Island far off the coast of the Kantō dialect region (7)—the linguistic affiliation of the islands to the Kantō region is somewhat questionable—we find a sample:

Ou. tottoki-itasō wa. [ou.tot:okiitaso:wa]

(Yes. I will put it aside for you.)

in which "*Ōu*" is not rude at all. The use of *itasō*, an honorific auxiliary verb, clearly intimates the general height of the honorific mood of the utterance. The natives of the island explained to me that "*Ōu*" [o:u] is an affirmative response to a person worthy of respect.

"*Ō*" is also repeatable and becomes "*Ō-ō*" as usual, but it is spoken chiefly by elder folks.

In connection with "*Ō*", we have "*On*" [oɴ], [o:ɴ] and "*Oi*" [oi], both considerably informal in mood. In the common language vocabulary "*Oi*" is a relatively raw and sloppy word of accosting used by men.

Towards the northwestern areas of the Chūbu dialect region (6), "*Oi*" is found to be further complicated into "*Oinē*" [oine:] "*Oini*" [oini], "*Oiya*" [oija] etc. The last is also found in the northeastern areas of the Kinki dialect region (5).

Another variant similar to the [o] series is "*Un*" [uɴ] (Yes) which, in the vocabulary of the common language is a vulgar and impolite reply.

Along with this [u] series, we can even find an [i] series, though extremely limited.

Now we have accounted for the single word sentence equivalent to "Yes" five series, i. e., an [a] series, an [e] series, an [o] series, a [u] series and an [i] series, that is, a series for all the five basic vowels of the Japanese language. And interestingly enough, there are corresponding forms with an initial [h]. If we may include some utterances which are not strictly dialectal, there is "*Hun*" [huɴ] often put upon women's lips in intimate colloquial circumstances. However, an [h] series is not found at all. Thus

We must pay attention to the fact that such idioms are still alive and used by groups as communal idiom, i. e., as something beyond mere personal speech mannerism.

There is another series of words meaning " Yes ", namely, the counterpart to the preceding [ha] and [he] series, which lacks the initial [h] sound.

The first one is " *Ai* " [ai] (Yes). A sample was collected in the northwestern area of the Chūbu region (6). A lady of the house entertained a guest, a man in his thirties, who had just called. Serving tea, the woman said:

O-cha shinjō ka nyā. [otʃaʃiɴʒo:kaɲa:]

(Shall I serve some tea? Would you care for tea?)

Then the man replied:

Ai. [ai]

(Yes, please.)

and took up the cup. The reply type " *Ai* " is relatively common in the eastern area of the Chūbu dialect region (6), while in Tōhoku (8) we find the type [ae].

" *Ai* " is repeated and becomes " *Ai-ai* " and sometimes is transformed into " *Ā* " [a:]. While " *Ai* " is almost as elegant as " *Hai* ", " *Ā* ", as a reply, is considered a little inferior in degree of honorific implication and nuance.

In parallel to " *Hē* " [he:] of the previous paragraphs, we have "*Ē*" [e:] (Yes). This is also universal, and in the common language it is an informal and a lighter reply, while in dialects it is more often considered formal and highly polite. When uttered by children, " *Ē* " sounds almost sweet. In the Chūgoku region (3) adults are heard to say [je:].

Whereas " *Hē* " is about to vanish, " *Ē* " still persists in the common language even though its honorific tinge is now questionable. In other words, while the [he] series is being forced out of practice by the [ha] series, [e:] variants—[he] minus initial [h]—are still of common usage.

While we cannot find instances of " *Hō* " [ho:] (Yes) among those with an initial [h], there are forms without the initial [h].

" *Ō* " [o:] (Yes) is found among all the dialects of the language but is generally considered slightly vulgar. In some localities, however, " *Ō* " is no less respectable and dignified. In such a locality as where women commonly reply to men in " *Ō* ",

There is a locality where a visitor greets with "*Hāi*", which is responded by another "*Hāī*" 〔ha:i:〕. In the western area of the Shikoku dialect region (4), such slow and mild "*Hāī*" is the usual occurrence. A similar variety is also found in the Tōhoku dialect (8). Not only in these specific areas, but almost all over the country, and regardless of whether it is a greeting by a visitor or not, "*Hāi*" is widely pronounced 〔ha:i〕 in much of the dialectal strain.

Another series of variations of "*Hai*" is "*Hā*" 〔ha:〕 (Yes, etc.). Notwithstanding the elision in sound, the variety contains no less mood of respect and politeness than formal "*Hai*" in dialects. The species is also relatively prevalent as a reply form of the common language. Originally, however, it was of dialectal origin. In the Kinki dialect (5) "*Hā*" 〔ha:〕 is an elegant reply if uttered by a woman. In another dialect "*Hā*" 〔ha:〕 is considered lower in its degree of respect and formality than 〔haɛ〕.

"*Hā*" naturally can be repeated and becomes "*Hā-hā*", and often changes to "*Hān*" 〔ha:ɴ〕. The differential nuance between these variants is diverse. For instance 〔ha:ɴ〕 may intimate a nuance somewhat like "Well, that's so?", etc.

Another series of "*Hāi*" variants is "*Hē*" 〔he:〕 (Yes, etc.). This is also used throughout the nation and is rather old. The elder folks still use this variant with the same implication of respect and politeness as that of "*Hai*". Parallel with the use of "*Hē*" we have "*Hei*" 〔hei〕 which, however, is now extinct. This shows that the 〔ha〕 series is forcing the 〔he〕 series out of practice. And in fact, the younger generation is more inclined to use the variants of the 〔ha〕 series than those of the 〔he〕 series.

If emphatic in mood of politeness and propriety, "*Hē*" is also repeated as "*Hē-hē*".

Comparatively speaking, the reply in the 〔he〕 series is more often heard in the western half of the country than in the eastern half.

In the southeastern area of the Chūbu dialect region (6), we collected a sample:

Het ān. 〔het a:ɴ〕

which is as unusual as

Hī at. 〔hi:at〕

found locally in the Chūgoku dialect region (3).

Chūbu dialect region (6):

Honna kota mamē. [hon:akotamame:]

(I don't mind such a thing.)

In this case it is obvious that the final *mamē* is not originally a substantive, but, as far as the form is concerned, the sentence is concluded by a substantive, or its equivalent, and the mood of the sentence is clearly that of the substantive-ending sentence.

Now that we have discussed the sentence pattern ending in substantives, we are next to take up the 7th item given in the table, namely, "exclamatory sentences in various forms" or "special sentence pattern of exclamatory nature." There, of course, are many types of sentence patterns that fall into this category, but we shall only take up a few representative samples, namely, short sentences equivalent to the English "Yes" "That is so."

These special sentences are characterized primarily by their simplicity and minimum length. In view of the sentence pattern, "the special brevity" is its feature which deserves a careful recognition. Such brief sentences and utterances naturally become more exclamatory by necessity, and many are exclamatory in fact.

Firstly the sentence of response or reply equivalent to "Yes" will be studied. This type of sentences is idiomatic in nature.

Throughout the dialects of Japanese, "*Hai*" [hai] (Yes=I heard you, or Yes=that is right) is prevalent and this is also a standard expression of the common language of the nation. "*Hai*" [hai] of the Kyūshū dialect (2) is especially outstanding in its peculiar intonation pattern (in the standard pattern of the common language, the intonation pattern will be [hai]). In the Kyūshū variety of "*Hai*", it spells high in tone somewhat like [ha·i] and slowly, which immediately attracts our attention. The temperament of the people of Kyūshū seems to reveal itself in such tonal strain of a single word sentence.

Dialectally, "*Hai*" is often found in phonetic varieties such as [hæi], [haɛ], etc. It is often repeated as "*Hai-hai*" all over the country when the response is intended to show extra earnestness or to soften the appeal, as in the case of replying to a child, etc.

"*Hai*" is also pronounced [ha:i] which can be found almost anywhere in the country. The prolongation naturally carries emotional slack and the tonal fluctuation is usually mild.

adjectival speech-syllable that precedes it—an unmistakable feature of the substantive-ending sentence structure.

It is noted that in the dialect of the Southern Islands, instead of stating the future occurrences in the future tense, *denai darō* "(Fever) will not recur", it states the anticipation in the present tense, *denai hazu* (not anticipated to recur). Among other substantive-ending sentence patterns, this type deserves special attention.

As for the difference between *paji* and *haji*, the accepted theory has been that *paji* is more archaic than *haji*; for the [p] sound in archaic Japanese corresponds to the [h] sound in modern Japanese. [ʒi] of the Southern Islands dialect corresponds to [zu] of all the rest of the Japanese dialects.

So far we have studied the cases where final substantives are preceded by other speech-syllables, especially the ones of adjectival modifiers. The next point for our study is the speech-syllables in adverbial modification preceding the final substantives. We shall quote a few significant samples:

Mina yama-n hō-i nige-kata. [minajamaŋho:inigekata]

(Everybody fled to the mountains.)

The sample is found in the southern half of the Kyūshū dialect region (2) and is a conspicuous phenomenon among other dialectal phenomena of the nation. Certainly the sentence ends in the substantive *kata*. But *kata* in this instance is not an ordinary substantive but a combination of an empty, nominal substantive *kata* with the preceding verb *nigeru* [nigeɾu] (to flee, to escape) in one form of its conjugational endings. In the Kyūshū dialect this type is not rare.

Likewise, in the central area of the Kyūshū dialect region (2) we have

Sonna koto shi-cha boku-boku. [son:akotoʃitʃabokuboku]

(Don't do such a thing.)

In this case, *shi-cha* is a speech-syllable in adverbial modification to the subsequent *boku-boku*. However, in this particular case, the final substantive *boku-boku* is so thoroughly idiomatic and dialectal a substantive that no sense is definable except that it implies a prohibition. The sample seems quite different from the *nige-kata* of the previous sample.

Another sample obtained in the southeastern area of the

personal pronouns are used as final substantives which function as cessationals. It is also true that in the language climate of Japanese, the suffixation of " I " or " you " at the end of utterances constitutes a mood in expression. The tendency is stronger in the eastern half of the country than in the western half.

These two types of personal pronouns, i. e., " *watashi*-variations " and " *anata*-variations " or " I-variations " and " you-variations ", as they are frequently used in the stated mood of expression, become more and more established as cessationals. The final substantives, in this case the personal pronouns, become not only functionally a distinct speech-syllable, but also categorically a distinct part of speech, *bun-matsu-shi* or " ending particle ". The conversion is parallel to that of morphological shifts in the words themselves, that is to say, the further the change in the form, the more definite and stable are the words in their function as distinctive ending particles. The morphological changes are the inevitable process of the functional transition from substantive to ending particle in the capacity of cessationals. Thus, we have a variety of ending particles derived from personal pronouns. We have *wai* [wai], *bai* [bai], *wa* [wa] as ones derived from *watashi.* We shall further discuss the topic in a later section of this study.

Not unlike the case of *watashi*, there is another variety which ends utterances but without becoming itself an ending particle. A sample may be quoted from the dialect of Yoron-tō Island of the Southern Islands dialect (1) :

Nyā necha ijira-nnu paji. [ɲa:netʃaiɟʒiɫan:upaʒi]

(Fever will not recur.)

And in Oki-no-erabu-jima Island north to Yoron-tō, we have :

Nā nichi-wa ijira-na haji. [na:nitʃiwaidʒiɫanahaʒi]

(ditto)

These samples end in variations of *hazu* (which, though a noun, only intimates the mood of anticipation : There is no going, " *Yuku-koto wa nai.*" There cannot be any going, " *Yuku-hazu wa nai.*" There is nc one to go, " *Yuku-mono wa nai* "), i. e., *paji* and *haji* respectively. The sentence is obviously noun-ending but *paji* (or *haji*), in this case, does not constitute a cessational. Although the word *hazu* is a noun, the sense is too abstract to be called a full substantive ; it should be called a formal substantive. And yet, the noun *paji* (or *haji*) is grammatically modified by the

such as *on* [oɒ], *o* [o] or transformed varieties such as *won* [woɒ], *wo* [wo], are prevalent.

Thus far we have discussed the sentence pattern ending in a substantive, *mono*. We have found that *mono* is much more used as an independent cessational than *koto*, though both are originally substantives, and that because of its frequent use, *mono* is far more subject to changes than is *koto*. *Mono* demonstrates how the position at the end of the expression forces the noun (or any other kind of words) to bear the function of a cessational and finally to become a full ending particle.

Though different from *mono* and *koto*, there are kinds of personal pronouns which are inclined to become ending particles.

Readers are reminded of the fact that the more complete the conversion is, the greater is the disconnection between the word and the preceding speech-syllable which originally is the modifying element. In other words, the speech-syllable preceding words like *mono* and *koto* becomes less adjectival in modification of these words and the sense of the utterance is completed without necessity of the final nouns. The final nouns are thus tenuously connected with the inflection of the preceding speech-syllable.

The same situation exists in the case of the personal pronouns we are going to discuss. When these pronouns are placed at the end of utterances, they are under no more restrictive relation to the preceding element than *mono*, *koto*, etc. We hear, for instance, in a sample from the female Tōkyō language of the Kantō dialect region (7):

Dō shi-mashō watashi. [do:ʃimaʃo:wataʃi]
(What shall I do ?)

The sense is complete with "*Dō shi-mashō*" alone and *watashi* (I=personal pronoun, first person singular) is added freely with almost no restraint. Because of such freedom in suffixation, the pronouns are apt to become independent and act as cessationals.

Uchi-nya ora-n āta. [utʃiɲaoɾaɒa:ta]
(Will not be at home.)

The sample is from the Kyūshū dialect region (2), in which *āta* (you) is non-restrictively added to a complete sentence thus becoming itself a cessational or its equivalent.

Personal pronouns such as "I" and "you" are often dialectally suffixed to utterances. Strictly speaking, we should say such

much different from the preceding one.

Another sample from the Inland Sea islands within the Kinki dialectal region (5) :

Hatake atta-n-ja mon. [hatakeat:aɐʒamoɐ]
(We used to have farms.)

In many other dialects, such *mono* and *mon* can be found as carrying no meaning and used merely from a stylistic habit. The situation is not much different in the Chūbu dialect. The more it becomes a stylistic tag, the more it becomes cessational. The dialectal version of "I do not know" will be "*Wakarimase-n mon.*" (6) There is no sense in the *mon* ; it is only tagged on. The suffixation of *mon* gives a distinctive nuance to the expression. *Mono* reveals and asserts the speaker's stand in the dialogue as if to say, "As far as I am concerned...", or, "As for me...", etc.

Bō-wa nā-mo shira-n mo. [bo:wana:moʃiɾam:o]
(I know nothing about it.)

is a sample from the northwestern area of the Chūbu dialect region (6) in which we notice that *mono* has been elided to *mo*. *Mono*, at this stage of corruption, can bear no meaning of its original form and we can no longer call this sentence one ending in a noun, because the final *mo* is gone far beyond what should be called a noun. *Mo* is nothing but a full ending particle of the utterance.

We can quote the following sentence again from the Kantō dialect region (7) which was already quoted above :

Datte atasha chittomo shira-nai-n-da mono.
[dat:eataʃatʃit:omoʃiɾanaindamono]

In this sample, *mono* in its original form is found but it stands alone as a cessational. Observe the preceding speech-syllable *shira-nai-n-da*, which grammatically concludes the utterance. (*Da* is the definite ending of the auxiliary verb whose root is also *da*, indicating the indicative mood.)

In the Tōhoku dialect region (8) we find utterances like

Ora wagan-nē mo nā. [oɾawaŋan:emona:]
(I cannot understand.)

In this utterance the sentence concludes with the ending particle *na*. If we disregard this *na*, *mo* stands in exactly the same position as in the Chūbu dialect (6). *Mo* is interposed when an extra stress is intended. In the Tōhoku dialect region the derivatives of *mono*,

we establish that *mono* and its derivatives can be used as cessationals.

The following cases confirm this observation:

Washi-ga e-n ji-san-ni ō-taro mon.

〔waʃigajendʒisan:io:taɫomonɴ〕

(You might have met my grandpa.)

This is a sample from the western area of the Kyūshū dialectal region (2) given as a question with the sure anticipation of the reply in the affirmative. *Mon*, in its original sense, has no relationship to the sense of the sentence. It is here functioning only and purely as a cessational.

The ending *mon* does not make the sentence exclamatory, even though it emphasizes the utterance, while *koto* in the previous examples made the utterance exclamatory.

Although etymologically *mono* and *koto* are similar, their functional expressions seem to differ rather widely.

Nambashi erakarō-batten agen iwa-n-cha yokarō mon.

〔nambaʃijeɫakaɫo:bat:eɴageɴiwantʃajokaɫo:monɴ〕

(Big shot, that he is, for sure, but why that high-handed talk!)

The sample is of northern Kyūshū (2), the concluding *mon* carries a strong emotional charge.

Observe the inflection of the preceding speech-syllable for each *mon*: they are *ō-taro* and *yokarō* respectively. The ending *-rō* is, according to Japanese grammar, a contraction of involved auxiliary verbs constituting the mood of speculation and guessing, whose conjugation in *-rō* grammatically concludes the expression. Therefore the final *mon* is an addition standing on its own and carrying the understone of the entire expression. The paramount isolation of the final *mon* is conspicuous from such a grammatical point of view.

Let us see a sample of the Chūgoku dialect (3).

Yon-demo ko-n-no-ja mon. 〔jondemokon:oʒamonɴ〕

(I called him, but he did not come.)

In this case again *mon* is a full cessational. It is placed after the grammatical conclusion in *ko-n-no-ja* (did not come.), *ja* being the ending of an auxiliary verb of the demonstarative mood.

Nan-ja sē-hen mon. 〔naɴʒase:hem:oɴ〕

(Nothing doing.)

This sample is of the Shikoku region (4), whose *mon* is not etymologically untraceable and somewhat affiliated in actual utterance to the sound of *koto*.

Sentences ending in *tokoto* are usually more of a dialogue than of a monologue in their mood even though uses as the following are found occasionally:

Omoi-de-n tokoto. [omoidentokoto]···(6)

(I don't remember. I can't recall.)

Both *tokoto* and *toko* are used by men as well as by women above middle age.

Now we must discuss the ending *mono*, which was mentioned in the preceding paragraphs. *Mono* [mono] ("thing, item, affair, fact", etc.) and its variants (*mon* [moɴ], etc.) often stand at the end of utterances and complete what is called noun-stopping sentences. By virtue of its strong dialectal propensity and frequency, it has acquired the status of a cessational in nature and practice. A derivation such as *mon* attests the conversion. We shall study the samples beginning with the Kyūshū dialects (2), as usual.

Akushana mon. [akuʃanamoɴ]

(What a bother! How troublesome!)

The sample is from central Kyūshū (2). The noun *mon* (or *mono* originally) is here modified by the preceding adjectival verb *akushana*. *Akushana*, in its participial form, has to take a noun, and by itself constitutes a speech-syllable of adjectival modification. This *mon* can be replaced by *kōtsu* [ko:tsu] (thing, fact, etc.). *Mon* is a special noun to conclude a sentence, but its independence is not so complete as otherwise because of its agglutinative suffixation to the preceding adjectival verb. However, in other cases of the same area, such as:

Aitsu-ga mata kita mon. [aitsugamatakitamoɴ]

(The fellow did come again.)

the *mon* becomes more independent and functions as cessational. In the same region, to a question, "Can you manage it?" or, "Can you do it?", the reply will be, as the case may be, thus:

Deke-n mon. [dekem:oɴ]

(Nothing can be done. Can't do it.)

in which *mon* is clearly functioning as cessational. The word *mon* has been thoroughly stripped of its sense of "thing" or "matter", and the sentence is no longer about the "thing". *Mon* purely acts as an element to conclude the expression, the sentence. Thus suffixed to the definite ending of the adjectival verb *nigiyadaka*, the sense is once complete before *koto*, thus making *koto* stand alone at the end of the utterance, which is quite different from the agglutinated connection between *nigiyakana* and the noun *koto*. Thus there is enough evidence to explain words like *koto* as independent, self-sufficient cessationals; and, as a matter of fact, the people who use these words, use them as if they were full cessationals, which they actually are.

It is also noted that even the cases where *koto* is agglutinatively connected with the preceding adjective do show the tendency of becoming cessationals. In cases like

Kyō-wa samui koto. [kjo:wasamuikoto]…(7)
(" What a cold day! How cold it is, today! ")

of the Tōkyō dialect, *samui* can be considered as being either definite or participial. (In the conjugation of such adjectives as *samui*, the definite ending and participial ending are identical.) Whether *samui* in this case is considered as definite or participial adjective, the final noun *koto* stands alone and is explained as a cessational. We might conclude that regardless of the relationship with the preceding adjectival speech-syllable, *koto*, by the very virtue of its frequent function as cessational, persists to act as an independent element.

In connection with the discussion of the *koto*-ending, we have the *tokoto*-ending, prevalent in the northern sectors of the Chūbu dialectal region (6) and occasionally in the northeastern Kinki dialect (5).

So-ya tokoto. [sojatokoto]
(" That's so, That's right "...strong affirmation)

The sample is from the northern area of the Chūbu region (6). (The tone of affirmation may be weaker elsewhere.) As no further analysis is possible as to its formation, *tokoto* must be said to be a full cessational.

Sō-ya toko. [so:jatoko]…(6)

is another variation with no estimable difference in sense and function, and therefore must be explained as a cessational.

It might be possible to explain *tokoto* as *toko-to* and *toko* as a contraction of *tokoro* [tokoło] (" place, stead ", etc.) In that case, *tokoto* should not be classified together with *koto*. However, we discuss *tokoto* in this paragraph simply because the word is

Another example of a similar kind quoted from the Tōhoku dialect (8) reads:

Jōzuna godā. 〔ʒo:dzünaŋoda:〕

("Dexterous! How dexterous!")

The final *godā* is obviously a contraction of *koto-da*, and the sentence is not strictly one ending in a noun. Nevertheless, the amalgamation is so complete as to read *godā* 〔ŋoda:〕 with a characteristic phonetic change of *ko* into 〔ŋo〕, particular to the Tōhoku dialect.

The preceding observations lead us to conclude that the final *koto*, either by itself, or in amalgamation with other elements, works as the sentence-ending segment and carries the appeal of the utterance. Because of this load, it incurs some change and strengthens its appeal, a natural fate for any Japanese word if placed at the end of an expression, regardless of the part of speech it belongs to.

The final position of a word in a Japanese sentence, which is to endow the word with a special and paramount power, makes nouns (such as *koto* and *mono*, etc.) into sentence-ending particles.

In fact, the *koto* of the Tōkyō branch of the Kantō dialect (7) is almost a bona fide ending particle. See the following sentence sample:

Mā nigiyakada koto. 〔ma:niŋijakadakoto〕

("My, how vivacious! How flourishing!")

The use of *koto* in this way is universal in so much as the Tōkyō dialect has been made the national common language and is prevalent throughout the country. (However, as Tōkyō dialect or as common language, this *koto* is spoken only by women and is considered urbane and sometimes affected.)

That *koto* above quoted is performing the part of a cessational and in fact is converted into a sentence-ending particle in its own right can be shown by an observation of its relationship to the preceding adjectival sentence-syllable. *Koto* is annexed to the definite ending of an adjectival verb, *nigiyakada*. If *koto* follows *nigiyakana* 〔niŋijakana〕, the participial ending of the same word, the selection is normal in taking *koto*, a noun, and *koto* will not be considered as an independent element. The case is parallel to that of "*Honna koto.*" of the Kyūshū dialect (2). When *koto* is

dialectal region (8). *Mengoi* [meŋ:oï] (cute), an adjective, with its final [ï] dropped, is an adjectival speech-syllable modifying the cessational *koto* which is a substantive and is repeated. It is quite usual in noun-construction to end the sentences with *koto*.

The formations of the adjectival speech-syllable modifying the final substantive are not uniform, yet they are, generally speaking, either simple modified words or a verb plus negative auxiliary verbs. In a word, they are of simpler formation and less numerous.

In the place of *koto*, we have *kote*, for instance, in the Chūbu dialectal region (6):

Isogu kota nē kotē. [isoŋukotane:kote:]

("There is no hurry!")

or in Kyūshū (2)

Ā honna kotē. [a:hon:akote:]

("Oh, really!")

These *kotē* are not merely a variation of *koto*. It is possible that, especially in the case of the Kyūshū variety, *kotē* is an amalgamation of *kote* and *yo*, the latter being a sentence-ending particle. The phonetic change of [koto] plus [jo] into [kote:] is not at all improbable in Japanese.

If *koto yo* is discernible in *kotē*, *kotē* may not be a proper sample to be included in this section where we are discussing the sentence pattern ending in *koto*. Actually, however, when amalgamation is so complete as in the case of *kotē*, *kotē* is closely approximated to *kotsu* and *kōtsu* in its function. Although there are slight differences in tone as there are differences in the actual formation of the words, the samples quoted here are almost equivalent to the sentences ending in *koto*, for *koto* takes and absorbs *yo* in such a way as to become itself a functional unit as a sentence-ending syllable carrying the appeal. This gives us a clue toward a further understanding of the distinctive value and status of substantives at the end of sentences.

In a sample from the Kyūshū dialect (2),

Michi-no yē kotsā. [mitʃinoje:kotsa:]

("How good is the road!")

the final *kotsā* is discernibly *koto-wa* in contraction, yet it is again a case to be considered as a variety of the pattern ending in *koto* in its effect.

Sonna koto shira-n kotsu. 〔son:akotoʃiɫaŋkotsu〕

("That's the thing I don't know", or, "I don't care about".)

The sample is of the western Kinki dialect (5). The following sample is from islands in the Inland Sea within the same dialectal region:

Wā gaina koto. 〔wa:gainakoto〕

("My! How so many!" or "How so much!")

The intonation pattern of *koto* is ¯_, denoting that the sentence is of an exclamatory nature (while in the previous sample *koto* was converted into *kotsu*, rather an unusual specimen among the varieties in the Kinki dialectal region). At any rate without an emphatic or exclamatory implication, such changes might not have occurred. Changes as those from *koto* to *kotsu* show that the final segment of sentences carries the impetus of expression. In the latter example, the initial exclamatory interjection *wā* (in itself a speech-syllable) is echoed by the exclamatory ending *koto* with a proper tonal flicker.

Ōkini. Suman koto. 〔o:kini. sumaŋkoto〕

("Thank you. How obliging!")

This is from the northeastern area of the Kinki region (5). The second sentence is a noun-construction ending in *koto*, with a similar tonal fall as the preceding one. Another sample in linked sentences is quoted from the southern dialect of the same region.

Hyōban-jatta-gurai yo. Totemo-nai koto.

〔çjo:baɲʒat:aguɫaijo. totemonaikoto〕

("Oh, yes! It was popular. Ever so much!")

The first sentence is high in tone of emphasis and appeal directed toward the hearer, while the second sentence is more reflective and more of a self-addressed monologue of exclamatory nature. The tonal peak is at *mo* while *koto* is at the end of the trailing slope of the tone affecting a decisive ending.

Oitoku koto. 〔oitokukoto〕

("Mind you! Leave it there!")

This is a sample collected in the northern area of Chūbu (6). As a matter of fact, this type of expression is almost universal and close to the usage in the common language.

Ō mengo koto mengo koto. 〔o:meŋ:okotomeŋ:okoto〕

("How cute! How lovely!")

This is a sample from the western area within the Tōhoku

" sadness ", namely *matsu*, a verb, and *mi-no* (noun suffixed with *no*, a particle). The infinitive verb *matsu* is modifying *mi*, " person ", " body ". At any rate, this kind of exclamatory utterance is very congenial to, and most demanded by, the daily linguistic life of the nation.

Toshiyori-demo ī-tte yū-kara, kitocchu wakē.

[toʃijoƚidemoi:t:eju:kaƚakitot:ʃuwake:]

(Thus I came, for they said the old folks may come) is quoted from the southeastern area of the Chūbu dialect region (6). This is a rather long sentence, but it ends in a noun immediately preceded by a speech-syllable of adjectival modification, *kitocchu*. Even though this fails to be an exclamatory utterance, it is properly ending in a substantive modified by an adjectival modifier, and asserts itself as a typical dialectal sentence pattern.

Another type of sentence is the one consisting of speech-syllables of adjectival modification plus a substantive, which may or may not be preceded by other speech-syllables of the kinds referred to in the preceding paragraphs, and the final substantive *koto*.

Throughout various dialects of the Japanese language, the sentence pattern ending in *koto* appears to be a distinctive noun-structure worthy of study. Samples are quoted from all over the country.

Hōnna koto. [ho:n:akoto]

Honna kōtsu. [hon:ako:tsu]

(Truly so !, Really !)

These are of the Kyūshū dialectal region (2) ; both are similar and exclamatory. The second sample has *kōtsu* instead of *koto*, which is not an unusual phonetic shift. The form with *kōtsu* shows how distinct the function of the successional *koto* is in its various forms. The change of *koto* to *kōtsu* ensures the appeal of the expression in noun-structures. In order to emphasize the reciprocated conversation, the speaker is psychologically induced to put more stress on the word that carries the appeal. In the case of *Honna koto* the stress is shown by the final rise in intonation.

The substantives at the end of sentences have a special function in the expression of sentences and are accordingly liable to change in form, thus causing the final substantives to become distinctive speech-syllables to conclude sentences, i. e., cessationals.

stantive (actually a pronoun) *sore* (indicative pronoun referring to the object of medium distance or indifferent of distance).

Tengo-tengo. [teŋ:oteŋ:o]
is found in the eastern Shikoku dialect (4) prohibiting or preventing children from mischief; an English equivalent would be "Don't do that", or perhaps "Cut it off!" in a milder tone, but literally *tengo* means "mischief". This is a similar case of a repeated noun. *Dame* [dame] is the counterpart in the vocabulary of common Japanese, and when repeated, is a warning and a prohibition, while *dame* itself is a noun etymologically.

The next sample pattern is a little more complex than a mere repetition of a noun. It ends in a noun but is prefixed by an adjectival modifier.

Kaje-n samusa. [kaʒeɒsamusa]···(2)
is a monologue stating the coldness of the wind, found in the Kyūshū dialect. *Kaje-n* is standing for "wind's", an adjectival modifier to *samusa*, "coldness", a noun. In the same locality we have

Kyō-n assā. [kjo:ɒas:a:]···(2)
"What a hot day we're having!" (literally, "Today's hotness"). Obviously the final noun is modified by the preceding adjectival modifier consisting of a noun plus *no*, a particle. If it is about the coldness of the day, as was the previous sample, the word *samusa*, "coldness", is made by suffixing *sa* to the adjective *samui*, "cold". The sentences of this pattern are congenial in expressing emotional impact, and often take the appearance of soliloquy.

Ira-n sewa. [iɍaɒʃewa]···(2)
is a phrase of response in Kyūshū, the equivalent of which may be "Mind your own business!", but literally, "Unnecessary catering!" or "Uninvited kindness!" *Ira-n* of the present sample is formed of a verb suffixed with an auxiliary verb. This kind is not limited to Kyūshū. In the northern Chūbu dialect (6) we have

Matsu mi-no tsurasa. [matsuminotsuɍasa]
meaning, "sad lot to wait", literally, "the sadness of a person waiting." This is again an exclamatory expression. The noun, *tsurasa*, is again obtained by suffixing *sa* on to the adjective *tsurai*, "sad". In this sample, however, we have two distinct syllables in adjectival modification governing the noun *tsurasa*,

of only the ending syllables. For instance, sentences ending in a substantive (4 above) may include a sentence which consists of the substantive only.

The case 7 includes all exclamatory utterances complete in themselves. Likewise, the cases 5(a), 5(b), 6(a), 6(b) may all be actually sentences complete in themselves.

We ought to give full details about each entry in the above list with actual samples. However, for the moment, we shall take up two representative cases for a systematic interpretation of the entire situation of sentence patterns. The first one is case 4 above, sentences ending in a substantive.

This is a typical case of what is called noun-structure. In the normal practice in the written language, the sentence pattern ending in a substantive, or consisting of a single substantive syllable, is not the usual form. Some recent authors experiment with this pattern as a stylistic novelty. But there seems to be a long way before such will become an established ordinary usage. The style abounding in this pattern of sentences, if skillfully used, affects an air of informality and of intimacy, but not without vigor and agility. This shows the strong colloquiality inherent in this pattern of sentence formation. Not in this case alone, but in dialects of the Japanese language as a whole, a free-handed use and formation of noun-structure is found to be very prevalent. In colloquial Japanese, the noun-structure seems to be an innate pattern of expression.

To begin with, the simplest noun-structure will be studied, namely, sentences consisting of a substantive alone.

Taisētsu. [taiʃe:tsu]

(Oh, bother..., I, never..., etc.)

is a dialect sample from the central Kyūshū dialect (2).

Taisētsu, in fact, implies something of the sort indicated above but actually is a single noun-equivalent. Similar samples are not rare in common Japanese, for instance: "*Ōgoto.*" [o:goto] (God, see what's happened!), literally, "big incident".

Sore-sore. [soɾesoɾe]

is a sample from Western Chūgoku (3) used while listening to show a vague consent in the affirmative; perhaps the English equivalent could be found in the conversational, "I see", "uh-huh", or "that's so", etc. The word *sore-sore* is a repetition of a sub-

Japanese, we shall classify them according to the nature of tail-heaviness. The following is a table of conceivable sentences according to the manner in which sentences end.

1. (a) Sentences ending in a verb
   (b) Sentences ending in a verb suffixed by an auxiliary verb
   (c) Sentences ending in a verb suffixed by an auxiliary verb plus final particle
   (d) Sentences ending in a verb plus final particle
2. (a) Sentences ending in an adjective
   (b) Sentences ending in an adjective suffixed by an auxiliary verb
   (c) Sentences ending in an adjective suffixed by an auxiliary verb plus final particle
   (d) Sentences ending in an adjective plus final particle
3. (a) Sentences ending in an adjectival-verb
   (b) Sentences ending in an adjectival-verb suffixed by an auxiliary verb
   (c) Sentences ending in an adjectival-verb suffixed by an auxiliary verb plus final particle
   (d) Sentences ending in an adjectival-verb plus final particle

(The auxiliary verbs in these cases may be single or in a cluster of two or more. The final particles may or may not be single.)

4. (a) Sentences ending in a substantive (noun, numeral, pronoun)
   (b) Sentences ending in a substantive and dialectal variants of the auxiliary verb *da* inducing the impact of finality to the expression

(In the honorific mood of the common Japanese, *da* has been superceded by *desu*, a more polite expression, and even by *degozaimasu*, a still further formal and polite variant. These, of course, enter into dialects in various forms.)

   (c) Sentences ending in a substantive plus final particle
5. (a) Sentences ending in an adverb
   (b) Sentences ending in an adverb plus final particle
6. (a) Sentences ending in a conjunction
   (b) Sentences ending in a conjunction plus final particle
7. Exclamatory sentences in various forms

(Exclamatory sentences include sentences originally exclamatory and others derived from other patterns of sentence.)

In the above list are included some sentences which consist

freely switch an affirmative sentence, at least a sentence so intended, into a negative one if one changes one's mind not too late during the course of the additive procedure of sentence construction. Whether one attempts it or not, the fact remains that the Japanese language is by nature so made, and the listener has to listen to the very last word of an utterance if he desires to be certain of the import of the statement.

The tail-heaviness of the Japanese expression tends to make meaning and import obscure. The speaker himself often loses himself in trailing and ends in illogical incoherency of expression, i. e., in an anacoluthon. The sentence inadvertently becomes longer and longer. The complexity of the Japanese expression lies in its linear length with its comparatively simple ultimate contents.

In Japanese sentences, the principal predicate verb usually occurs towards the end and is often suffixed by auxiliary verbs which decisively influence the implication of the entire expression. The suffixed auxiliary verbs could be well considered inflexional endings of verbs. The truth is that the agglutination is governed by a set of selective laws according to the case of inflexion. After the auxiliary verb comes the cessational. Cessationals being not inflexional themselves, simply couple themselves with the preceding auxiliary verbs without being restricted by inflexional conditions of the former. The independence of the cessationals is assured both by the contextual order of elements of expression and by the internal propensity of the word order.

Moreover, the cessational carries the accosting function of the sentence, and it determines the mood of the sentence toward the listener, the manner and the attitude in which the speaker regards the listener. The cessational, at the last moment, determines, in a close alliance with its tonal inflection, the total effect of the expression upon the listener. It may not alter the sense and meaning of the statement, but it certainly gives a finality to the mood of expression as a whole.

4. Morphology of Sentences

After an over-all view of the structure of sentences, the sentence pattern must be investigated.

From among various ways to study sentence patterns in

anticipate almost anything from a child to a horse or any other animal or thing. And likewise, when the expression reaches the the end of *warashi*, he is still unable to foresee what is there in wait. Perhaps it will end in *menkoi warashi-da* (it is a lovely child!), or in any other possible conclusion conceivable. Even when the apparent end is attained in registering the final "... *warashi-da*", yet there is a chance of an unexpected ending in *to-wa omowa-nai* ("I would not think," reversing the preceding statement). And certainly there is no arbitrary decision that the expression has ended according to the whim and preference of the speaker. The sample, though inadequately, reveals the fundamental law of expression in Japanese, namely, that in disclosing or unfolding the conceived idea into explicit expression, the necessary component words are added as the sentence proceeds. Thus for an abstract content equivalent to the English "I don't know", the Japanese say "*Watashi-wa shiri-mase-n*" [wataʃiwaʃiɨimaseŋ]. The negative assertion, the essential substance of the expression in the English equivalent, is given by "don't" as early as it appears in the expression, but in this ordinary Japanese, the impact, the negation, is reserved in suspension through the full length of expression until the very last moment. This is the word order in expressed Japanese. Along the steps of this order, the substance of expression is convoked and compiled word by word to the final consummation and conclusion. This I call *bunmatsu kettei-sei* among the laws of Japanese expression, or literally "the propensity of heavy dependence upon the sentence terminus for sense-determination", or "the fact of so much being determined by the ending of a sentence", and for the sake of expediency, we might temporarily use the term "tail-heaviness of Japanese expression."

In English, the principal verb usually comes somewhere relatively early in an expression, and if an auxiliary verb is to be employed, it precedes the verb. Thus, in general, the determination and the intimation of the content of the expression is revealed in the rather earlier part of expressions, and if allowed, I might call this trait "head-heaviness".

In Japanese, quite contrarily, the main verb tends to appear towards the end, and the auxiliary verbs follow the verb, naturally causing the appearance of the auxiliary verbs of negation after the verb, thus all the more withholding the advent of the critical information toward further back. In Japanese, one can quite

into a kind of subtle internal monologue of the speaker who invertedly desires to deliver his impulse of verbal protest against the charge. Phonetically, the tonal fall at that very word is not optional or incidental, but an inevitable and optimum support of the psychological and, therefore, expressional function of the sentence.

3. Word Order

Sentence-expression may be regarded as the arrangement of involved speech-syllables in contextual sequence (even if a sentence may consist of one single syllable). This arrangement of speech-syllables may be studied dynamically or organically in terms of the function of the expression. However, there is also another angle of approach which regards sentence structure as a chain or series of words, a philological study of the words themselves.

If we admit that when making a sentence, one selects words, organizes them in accordance with the design imposed by the expression-motive, and finally completes the expression in sentence form, there is ground for the exclusive study of words as such. Accordingly the discussion of word order becomes necessary and significant. The first topic, therefore, will be, when recalling individual words out of the latent vocabulary for the intended purpose and arranging them in order, to see what is the general order and rule to be followed.

According to the innate law of Japanese, the content to be communicated, the substance of expression and its formal expressional plan are not intimated at the beginning of the expression. Rather, the expression grows through addition as the sentence evolves. So once set on for an expression, it pursues a course towards the completion via the prescribed route, picking up optimum words as the expression proceeds, and at the final moment, comes the asserting or determining word or phrase.

See, for instance, an expression in the Tōhoku dialect (8)

korya menkoi warashi-da nā. [koɍjameŋkoïwaɍaʃïdana:]

(This really is a cute child.)

As the expression evolves with *korya menkoi*, the listener is not given any inkling to anticipate what is to be stated. When he has heard as far as *menkoi*, meaning "cute" or "lovely", he can

Sō-da-kēdo kā massugujā nai.

[so:dake:doka:mas:uguʒa:nai]···(5)

(They may be so, *yet*, *why*, it isn't straight, *you know*...) (*Kā* is so untranslatable that perhaps the italicized words together may occasion almost an equivalent psychological reality for an English reader.) *Kā* in this expression is a sample from the northern Kinki dialect (5), and is purely interjectional. It holds the asserting position in the context and in the syntactical structure in so paramount a way that it almost transcends the coordination and tends to be a dissociated component in the expression. Because of such a highly charged interjection, not as word, but as speech-syllable, the intensity and the tone of the expression is singularly heightened or lowered, as the case may be. In the above instance, because of the *kā*, the formality of the otherwise commonplace expression is reduced and instead a mildly racy effect achieved.

Finally we have to consider the sentence-ending syllables or cessationals (usually words which belong to the group of sentence-ending particles). The cessationals are only another type of independent syllables of expression, but carry the heaviest load of stress in a sentence.

Those independent syllables do, no doubt, cast modifying shadows over the rest of the constitutional elements, but the cessationals, in view of the word order which is to be discussed later, and in view of phonetic expression and the acoustic effects, influence the entire structure most comprehensively at the terminus.

Datte atasha chittomo shira-nai-n-da mono.

[dat:eataʃatʃit:omoʃiɍanaindamono]···(7)

(in response to an accusation for a failure in meeting a supposed obligation, etc., " But, I knew nothing about it, you know, or won't you see ? ", etc.)
The sample consists of the initial independent syllable, filled by a conjunction, *datte*, then the subject element, *atasha*, or " I ", then an adverbially modifying syllable, *chittomo* (not a bit), then the predicative element in a syllable, *shira-nai-n-da* (do not know), and finally *mono*, an independent cessational. *Mono*, etymologically derived from *mono*, thing, a noun, retrogressively casts an undertone on the already stated situation with a flash. As a matter of fact, this expression, by dint of the unique cessational, is metamorphosed

asoba-zuni (without playing), because of the sense implication, the two adverbial syllables must modify the predicate in a parallel way, each independent of the other. Thus, in a word, these two syllables, which should not be and could not be given forth in a series, are so given anyway. This linear feature of expression in Japanese may be one of its characteristics. Under comparatively loose laws of structural order, the speech-syllables take their position with natural and contingent selection and preference.

Besides the subject, predicate, and their modifiers, independent and free syllables, e. g., exclamatory syllables (usually interjections in the capacity of speech-syllables), are often found prefixed to a sentence. The exclamatory speech-syllables are thoroughly independent from the coordinate relationship of the remaining main sentence.

Yā sugoi nā. [ja:suŋoina:]···(7)

(Boy, that is something !)

The initial speech-syllable is exclamatory and independent of the remaining expressional body.

Similarly, any initial independent syllable that is incurred in response to the preceding utterance of the speaker himself or of the conversant may be regarded as another type of independent syllable, which is termed a conjunctive syllable, the conjunction usually assuming a syllable status.

There is also another kind of independent syllable, which is likewise placed independently before the main body of the expression, and acts as a signal of accosting or addressing.

All these superimposed independent syllables stand dissociated from such constitutional syllables as subject or predicate syllables or those of modification. Because of such a paramount position they enjoy over the main expression, their influence is general and potent ; in other words, these absolute modifiers exert their influence over the entire expression. Of course, their influence will be different in kind and in intensity from the influence of adverbial syllables over the predicative syllables, yet their modification and restriction broadly encompass the subsequent expressional body.

There is another independent element which is a purely interjectional speech-syllable. This is often filled by ordinary interjections.

(my). This is a sample of the Southern dialect of the Kinki block.

As for the rules of modification, the adverbial syllables should be contrasted with adjectival syllables, since both of them are applied to modify both, the subjective component and the predicate, as the case may be.

Generally speaking, adjectival modifying syllables are placed adjoining the modified, while the adverbial syllables are, especially in dialect, far more movable and unrestricted. For instance take the case of a sample from the Chūgoku dialect (3):

Hayo asuba-zuni iki-nsai. [$\overline{\text{ha}}$joasu$\overline{\text{ba}}$zunii$\overline{\text{kinsai}}$]

(Soon, without playing around, go!—Go quickly, no fooling around!—a little softer than the English presentation here.)
In principle, the adverb *hayo* (soon or quickly) should be placed next to the predicate verb *i-kinsai* (do go), which is obviously not observed in this case. Actually the expression is done on two levels, on the first "Go quickly" with a stress upon *quickly* or *soon* which is superimposed on another content to be communicated, i. e., "without fooling around", with equal amount of emphasis. As a parental command to a child, the significant ideas are conceived as they come to the mind and are thrown at the child in that sequence; thus, *iki-nsai* (do go!) is modified by *hayo* (soon or quickly) and at the same time subject to the modification of *asuba-zuni* (without fooling around). As a result, we have the spontaneous order of the syllables where the adverbial *hayo* is placed one syllable beyond the next. In short, the order of syllables of adverbial modification is less fixed and selective.

Adverbial speech-syllables, though coherent in themselves, operate rather freely, and even in sentences with explicit subject and predicate, they can precede the subject and still modify the predicate.

Incidentally, in the sample, the adverbial syllable *asuba-zuni* naturally modifies the predicate, but what about its relationship with the other adverbial syllable *hayo*? If they are taken to be directly affiliated as modifiers, an incongruity is inevitable. If the order was "*Asoba-zuni hayo...*", the first syllable, *asoba-zuni* (without playing around), naturally would modify without misleading, but since the syllables are arranged in the order "*Hayo asoba-zuni...*", there is a slight difference in the overtone of the expression, namely, since *hayo* (quickly or soon) cannot modify

Hayo ikkyai wō. 〔hajoik:jaiwo:〕

(Please go soon, will you ?)

This highly polite sample of the Southern branch of the Kyūshū dialect (2) has no subject part. *Ikkyai* is the predicate and the subject "you" is implicit. In other cases such as:

Yametoku yō. 〔jametoku˅jo:〕

(I'd stop doing it.)

of the Southern branch of the Kinki dialect (5), there is no subject, "I" being implicit. In still another instance,

So-i-ga-n-desu. 〔soig̣andesu〕···(6)

(So it is, or, That's right.)

we find only a predicate.

These are particular cases of sentences consisting of only predicative syllables, yet the kind abounds in the general dialectal clime of Japanese all over the country. We call this type of sentences "predicative sentences", because the speech-syllable that carries the predicative part holds the paramount potentiality. In this sense, I am of the opinion that in Japanese sentences the subject is one of the modifiers or qualifiers of the predicative elements. If the restrictive and qualifying function of the subject part is emphatically observed, the word "subject" should be abolished in favor of "modifier".

As far as the general cast of a sentence goes, the sequence of the subjective part and predicative part in balance and each of them modified by the preceding modifying part is the usual organization of the sentence. For instance, in the case of the just quoted Kyūshū dialect (2), the predicative syllable *ikkyai* (please do go) is preceded by a modifying syllable *hayo* (soon or quickly) of an adverbial nature. Perhaps the reader may question here the kind of modification, i. e., when the subject idea is declared to modify the predicate, how can the adverbial element be said to be modifying the same, since they seem so much different in relation to the predicate. This is to be admitted. But if the former modifies and qualifies in upholding the strain of the juxtaposition, the latter modifies and qualifies the predicate by enveloping it directly.

Oi-no geta nai gē. 〔oinogetanaige:〕···(5)

(My *geta* are not here, are lost, etc.)

has a subject *geta* which is modified by an adjectival syllable *oi-no*

[hon:ihon:iodʒo:^{n}dzüdeodεaɒsünas:ü]···(8)

(How wonderfully dexterous you are!)

The primary division will result in four syllables, namely, *honnihonni*, *ojōdzude*, *odeansu* and *nassu*.

If each of these syllables is taken separately out of the context and analysed, words may be obtained. From the first syllable, we have the adverb *honnihonni*. From the second syllable, *ojōdzude*, we get a noun, *ojōdzu*, and a particle *de*. The third syllable, *odeansu*, gives a radical of a verb *deru*, whose operational form is the factual *ode* which is prefixed by the honorific *o*. Then we have *ansu*, an auxiliary verb after the verb. Thus this syllable consists of two component words. Japanese auxiliary verbs are more like the inflexions of English verbs and therefore never independent. Hence, if one so prefers, this syllable consists of one verb-like word with its inflectional suffix. But if one prefers to consider auxiliary verbs as independent words, the syllable consists of two words, which does not constitute a great theoretical problem in our case. The final syllable *nassu* is in itself a distinctive kind of word, a *bun-matsu-shi* (sentence-ending-particle), of the same status as other parts of speech. (In my opinion, it is not necessary to break this word into further components, but take it as an individual word regardless of its etymological origin and its historical evolution.)

The sentence is thus divided into speech-syllables. The immediate elements of the structure of a sentence are the syllables, while historically (if the word is pertinent) we are told that the sentence is made of words.

To observe sentences according to their syllables is an interpretation in terms of contextual, expressional function, whereas the concept of a sentence as a chain of words is an interpretation in terms of its semantic contents and its organization. For the syllables in a sentence, there is an order of expression, and for the chain of words, there is a law of word order.

2. Order of Speech-syllables in Sentence Structure

As is the case with the common language, in the sentences of dialects, usually the order of speech-syllables is subject, predicate, though often the subject is implicit, for instance:

(How uninteresting...expression of a mild disappointment or dissatisfaction)

This is a sample of feminine expression in the Tōkyō branch of the Kantō dialect (7), in which a cessational *wā* is found. In this sample, *wā* carries a rising pitch in concluding the utterance. The tonal pattern clearly shows that the expression is complete and concluded by itself.

Akima-hen wa. 〔akimahen wa〕

(No good, at all...rather earnest expression in resignation.)

This is a sample of the Ōsaka branch of the Kinki dialect (5), spoken by a male merchant. We find *wa* again as a cessational, but this time carrying a falling pitch, which also is an indication for the ending of an expression.

Yoi. Iko yā. 〔joi. ikoja:〕

(Hey, shall we go ?...perhaps a little more polite than the English version.)

This is of the Shikoku dialect (4) by a male. The first part, *yoi*, has its own tonal fluctuation falling instantly by *i* which carries a very low tone, showing that the particle is in itself a complete sentence. *Yoi* is thus instituted as a sentence by dint of its tonal indication. But, had not the tonal fall been so abrupt, not thus ↘, but less acute, say about this ⟶, and the break in sound not so distinct as it was, the situation could have been different. In such a case, *yoi* becomes a part of a solid expression (joiikoja:) where it ceases to be an independent sentence, but is a speech-syllable of a sentence-expression.

In other words, in marking off a sentence by a falling tone pattern, the fall should be considerably acute and conspicuous.

In whatever kind of sentence, for its completeness and independence the specific tonal indication of the ending is essential, because it carries the appeal of the expression. The tonal feature is thus an indispensable quality of sentence-expression.

Structure of Sentences

1. Speech-syllables and Words

By analysing the expressional structure of sentences, firstly we obtain immediate constituents, namely, speech-syllables. Suppose we had the sample :

Mata ki-nai nō. 〔mata kinai no:〕
whose counterpart in modern English would be:

Do come again, will you?

This English sentence actually consists of two sentences, while the Japanese expression is only one sentence. The function of the latter sentence of the English counterpart, i. e., "will you?" is performed in Japanese by the cessational *nō*. An expressional impact calling for a formal interrogative sentence in English takes only a single speech-syllable in Japanese, namely, a cessational. (The reader should be reminded that cessationals are not word-equivalents in their function although they may be derived from words. They are more often sentence-equivalents, as demonstrated in the present comparison with the English equivalent "will you?".)

The cessational is a unique feature found in the ending of sentences in Japanese, and if this fact is understood, sentences of dialectal Japanese can be explained only as units of expression in terms of an expositional appeal.

3. Form of Sentences

A sentence is that which, expressed by an expressor in verbal expression, is complete in itself, and is presented actively to the listening party. The appealing function of sentences in dialectal Japanese is not an abstract interpretation but a self-asserting fact which asks our acknowledgement. Thus, in order to be a sentence, an utterance must end with a distinctive cessation in vocal sound, with which an oral sentence secures its distinction and independence. If there is a cessational, its deliberate utterance inevitably calls for a cessation, that is to say, if there is a cessational, the sentence is thereby completed with inevitable pause. The appeal is held in the air of silence in anticipation of the response, thus forming a distinctive cessation of sound which at the same time puts an imaginary full stop to the sentence.

A sentence needs a pause and accompanying tonal indication at the end, regardless of the presence of a cessational. If without a cessational, the tonal indication becomes more decisive to compensate. An example may explain this:

Tsuman-nai wā. 〔tsuman:aiwa:〕[1]

---

1 Lines over the phonetic transcription indicate the syllables carrying the peaks of tonal fluctuation.

2. The Nature of Sentence

In a word, a sentence is an "appeal", it accosts, addresses and demands. This description is obtained empirically. If we observe sentence-expression in Japanese dialects, we shall find that a sentence ends with a specific kind of words of accosting. We may reductively say that a sentence usually ends in such a manner after the propensity of the sentence-expression.

Perhaps we might name this kind of element, sentence-ending speech-syllable, or briefly, "cessational".

If we actually witness the daily life in Japanese dialects all over the nation, we encounter a myriad of varieties of cessationals in vital uses.

Each cessational, by its nature, carries the climax of the expressional tension of a sentence at the last moment of the utterance and, in the form of accosting and appeal, sends on the strain to the listener. Though different according to the kind and the function of the cessational used, the listener is forced to realize his position as the receiver of the communication. One may be merely hearing what is being said, but with the advent of a particular cessational, one suddenly realizes and assumes the position of a listener.

When we recognize the paramount vitality of the cessational in its specific function and influence, our understanding of the concept of sentence has to be modified with a proper reference to its function of appeal and accosting.

There is no sentence that is not in itself an appeal of some sort or other. To communicate is the intrinsic aim of any expression. With or without cessational, an expression in a sentence is a body of appeal presented to the listening party. This is always evident in the mode of the tonal inclination at the end of such utterances.

This being so, the appeal in Japanese is carried by specialized cessationals to an amazing efficiency. The cessationals are a genre of elements in the expressional mode of Japanese and certainly deserve special study and attention. Perhaps we might venture a contrast with the pattern expression in English sentences, in which I do not think there is a counterpart to this phenomenon.

In the Chūgoku dialect of Japanese (3) we find the following expression:

A Dialect Grammar of Japanese

By Yoichi Fujiwara, Hiroshima

Introductory Notes

1. In the subsequent paper, refer to the map on the free-leaf whenever sample dialect items are quoted. The map is accompanied by a table of dialect branches and subdivisions and numbered accordingly. The number following the sample refers to the dialect branch to which it belongs and to the dialect regions on the map. When I designate a dialect branch and the region for a sample phenomenon, it implies that the phenomenon is found in that branch of dialect covering that area of the country.

2. The samples quoted were almost all collected by me at each locality. Since the course of study has been orientated toward a comprehensive view of the dialectal situation of Japanese, by collecting and accumulating material, what is described in the present paper is, therefore, a synchronic account of the various subjects. The information supplied draws from the sources covering the entire period of my survey, which was begun in 1938.

Nature of Sentence

1. Introduction

In the actuality of dialectal life, the unit of expression often consists of linked sentences, either uttered by one person or by several conversants. However, linked sentences, as such, do consist of sentences, and since sentences are the component elements of linked sentences, a discussion of the nature of a sentence will be necessary.

方言の発想法

藤原与一

一　思いかた述べかた

発想法とはどういうものか。これに正面から答えることは、私にはできない。ここでは、発想法というものを、ものごとを思って述べる「思いかた述べかた」としておく。

心に思うこと考えることがおこって、それをことばにする。その時、その思い・考えに、思いわけようなり考えわけようなりができる。その思いわけよう・考えわけよう——（一口に言って「思いかた」）——が、まず文字どおりの発想法であろう。さて、そのような「思いかた」に応じて、当然、それなりのことばがつかわれる。つまり「述べかた」がなされる。発想法は、じっさいには、ことばの述べかた——述べられているありさま——についてとらえることができる。ことばでの述べかたによらなくては、発想法を客観的にとらえることはできないであろう。ここで私どもは、発想法を、「思いかた述べかた」と考えることができる。

方言生活の中には、どのような発想法が見られようか。私は、方言生活の中に、特殊な発想法があるなどとは言おうとしない。方言の中の発想法もまた、国語の中のしぜんの発想法にほかならないからである。

方言の発想法を、多く、こまかく見ていくと、ここには、国語の発想法のしぜんのすがたが、限りもなく見いだされる。国語の発想法はこんなものなのかと、よく納得させられることが、じつに多い。私は、国語の発想法を具体的に把握しようとして、方言の発想法を見る。

二　方言の世界

日本語の現実を、諸方言のむらがりあう世界――そういう統一世界――にみとめて、「日本語の現実を『方言の世界』に見る。」と言おう。

方言の世界に、国語の発想法を見る。方言の世界は、国語の発想法の咲き匂う花園である。

一例、比喩表現の発想をとりあげてみても、方言の世界に、国語の発想生活の、じつに多彩なおもしろみを見いだすことができる。「いそがしくて、まったく、やりきれない。」ということを、方言人は、「マイガ　マエン。」（舞が舞えん。）などと言う。（――「テンテコマイ」などということばも、ここに思いあわされる。）比喩の思いは、いろいろな角度から、きわめて柔軟にきり出される。

次下には、方言の世界について、特にあいさつ表現の生活に眼をそそぎ、ここで、方言生活上の発想法の、端的にとらえられるのを、問題にしてみよう。

三　左様ナラバ

別れのあいさつに、「サョナラ。」ということを言う。諸方言上では、これが、

〇サイナラ。

などともなっている。「サ様ナラバ。」が「バ」略となって、口ことばらしい、くだけたものとなっては、やがて、「サョナラ。」→「サイナラ。」の音訛も、当然のように起こったことであろう。

さてこの「サ様ナラバ」系の言いかたを見ると、その下の「どう。」ということば、たとえば「これにて御免仕ります。」というような口上が、省略されている。もともと、「サ様ナラバ」でやめた当時は、言主たちに、あいさつの口上をうち切った意識があっただろう。今日の「では。」「ヂャー。」（「ヂャー　イズレ　マタ。」）などを言った時のようにである。そのような叙述中止が、習慣化した。これは、叙述中止の発想法をとるようになったということであろう。中止して、あとの言いかたを省略したのでも、あいさつことばとしては、よろしいと、考えたのである。叙述中止法を採った発想法は、「省略」発想法とも言うことができる。

「サ様ナラバ。」だけでとどめるとなると、この表現意識に即応して、これだけのものに、表現完結のしるしの文アクセントが、習慣化し固定するようになった。あとに他のことばがつづく時には、「バ」の部分に、いろいろの抑揚波が起こりうるが、「サ様ナラバ。」の言いきりでは、まず、「バ」に、多くは、下がり調子が、固定的となったであろう。「バ」略となって「サョナラ。」形が成就すると、これには、「サョナラ。」というようなものもできた。この場合は、「ラ」で調子が上がっている。が、これはこれで、習慣的な一定形式になっているわけである。文アクセントが固定するように

なったころには、もはや、その叙述中止の「省略」発想は、発想法形式として、安定しているのである。この安定の中で、「サヨナラ。」→「サイナラ。」のような変形も、自由におこなわれていく。

「アバ　ヨ。」などの別辞が、「さらバ」系のものとすれば、これは、「バ」を省略はせず、そこへ「ヨ」文末詞をそえて、それで、一まとまりの別辞を仕上げたものである。「ヨ」のような、よびかけ性のはっきりした文末詞をつけそえれば、その前のものが、どんな省略形であろうとも、そこにたしかに、一文表現のまとまりはうまれる。さて、「アバ　ヨ。」となったものは、また、しぜんに変化もしていったらしい。「アンバ　イー。」などとあるのも、「アバ　ヨ。」の変形である場合が、なくはないと思われる。

「バ」をおとす・おとさないは、表現気分あるいは発想の、一つの大きな、注目すべきちがいでもあったろう。その、おとした方の発想法は、国の西部系の地方に多く見られ、おとさない方の発想法は、だいたい、国の東部地方に見られる。そうして、「バ」のある方では、「サヨウナラバ。」の、長い言いかたは、していない。（「バ」を言うくらいの所では、短い言いかたをしているということである。）発想法の地方差が、こうしてみとめられる。

ところでここにおもしろいのは、西の九州にも、「バ」を言う形の見いだされることである。たとえば、野村伝四氏の「大隅肝属郡方言集」には、

サンバサンバ　　家人が旅に出る折、後に残る老人などが、去る人を手招ぎしつゝ唱へた言葉。意味不明。

と出ている。薩摩の甑島に、「サンバ。」「アンバ。」（さようなら。）がある。（北条忠雄氏・上村孝二氏も報告していられる。）

山口麻太郎氏の「壱岐島方言集」にも、

サンバ　　晩の挨拶。さようなら。「――な」「――しうか」

が見える。こういうところからすれば、もともとは、国の東西に広く、「〜バ。」形の別辞がおこなわれていたかと察せられる。近畿三重県下の方言文献にも「あばな。」「あばあ。」の見えることなどからするのに、むかしは、この種の言いかたが、国の中央にも東西の諸地方にも、広くおこなわれたことかと察せられる。（ただ、「サ様ナラバ。」はどうであったか、知りようがない。）そうあってもよかったのだろう。「さらば」などは、かんたんに言って、標準語形だったろうからである。「〜バ。」が広く東西におこなわれるうちに、西部系の地域は、しだいに「バ」をおとす方におもむき（発想の転移である）、東部系の地域は、主として、「バ」を保留する発想に生きた、とされようか。

東部系の地域と言った場合、中部地方以東をさしている。中部は北陸でも、たとえば加賀の白峰方面で、

○アバ｜　イー。　　さよなら。

などと言っている。それでいて、中部地方では、たとえば長野県下でも、「南佐久郡方言集」（「方言」一ノ三）など、

サイナ　　別れの詞、さようなら

と、「バ」略の形を示している。「バ」の有無の分布を、単純にわり切ってうけとることはできないようである。西の九州の肥前五島には、「サラ。」というのがあるらしい。これなど、「サラバ。」の「バ」略か、「サイナラ。」などの縮約形か。

方言人の発想は自在である。思いもおよばぬような省略・縮約をもやってのけ、また、意外とも思われる所で、意外とも思われるも

のを示している。方言の世界の発想法は、そのように、自在で多彩である。「サ様ナラ」に対して「それナラ」も起こしていることなどは、多く言うまでもない。「サ様」に対する「ソレ」は、ことばの時代差をすぐに感じさせる。人は、当然の要請として、「サ様ナラ。」から「ソレナラ。」を求めもしたであろう。「ソレナラ。」を作るとまた、「ソイナラ。」「ソンナラ。」「ホンナラ。」などと、諸変形を作った。「ソイナー。」は薩摩の「さようなら。」である。（この方では、「サヨナラ。」も「サヨーナー。」などと言っている。）

四　まづ

東北地方ならびに新潟県北に行くと、「マンヅ」「マンツ」のようなのが、別辞につかわれているのを、多く聞くことができる。小さな子たちも、遊びおわってたがいに帰る時、

○マンツ。

などと言っている。「まづ」がもとなのであろう。子どもの「マンツ。」など、じつにかわいく聞こえる。

○ンデ　マンヅ。　　さよなら。

これは宮城県下の一例、

○ンヤ　マンヅ。　〔中等の言いかた〕

○ンダラ　マンヅ。　〔上等の言いかた〕

これは秋田県男鹿半島での例である。

「さよなら。」の別辞を「まづ」と発想するのは、「さらば」と発想するのとよく似ていよう。「さらば。」の生えた土壌には、「まづ。」が生えていてもよいはずと思える。「さらば」と「まづ」とは、ともに修飾語句、人間の服飾で言うなら、ともに「かざし」に当たる。しかも、右の両者は、私どもに、同種語感のものであることを、感ぜしめはしないか。時代性も同じと見られよう。両者は、同式同位の発想法に属するものと見ることができるようである。

五　来るよ

別辞の発想法としては、「かざし」ことばを採るのではない言いかたの領野が、さらに広く見わたされる。

沖縄本島の「クー　ヨー。」〔対等者への言いかた〕は、「来るよ。」――（また来るよ。）――と、表現者の表現意図の実内容を言ったものである。ちなみに、この方では、目上の人に対しては、「メンシェービリ　ヨー。」と言う。（なお、ここに付加するなら、宮古島に「ピラットー。」があり、これは「もう行きましょうね。」との「辞去のあいさつ」であるという。やはり、実内容を言っている。）――「イナー　ヨー。」（「去なあョー。」）などと言う所は、関西内にも、なくはない。

薩摩半島南辺では、同等以下への「さよなら。」として、

○ノッヂョ。

と言うのを聞いた。これは「後よ。」であるとすると、また、実内容を言ったものである。それが、「来る」や「行く」などの、動詞によるものではなく、端的に、「後」という名詞によるものであるのは、思いかた述べかたとして、注目される。なるほど、「後よ。」でおもしろい。（もとは、「後にお目にかかりましょう。」であったにしても、「後よ。」と言えば、「お目にかかるのは後よ。」と

いうことになる。）

さて、以上の諸例を見ると「来るヨ。」「後ヨ。」と、文末詞「ヨ」をよくつかっている。「ヨ」は、このようなところに、このようにつかわれてふさわしい文末詞であることが理解される。さきには「アバ ヨ。」があった。

「ヨ」の使用の東西両方一致と軌を一にして、「後！」と、体言を投げ出すようにつかう発想法が、西とともに、東北内にもおこなわれている。（北条忠雄氏「国語の真相を覓めて——国語史と方言とをかへりみつつ——」方言研究第十輯　参照）「オノチ。」「オノッサマ。」（「お後さま。」さようなら。）が岩手県下にある。宮城県下に、「ノヂガダ。」「ノヅガダ。」「オノヂガダ。」（「お後かた。」）などがある。

同じく宮城県下でよく聞かれる

○オミョーニヅ。

などという辞去のあいさつは、「お明日。」との言いかたをしている。これは、「後」を「明日」と限定したものである。「お後。」などと「お明日。」とは、近縁のものとされよう。人は、再会を思うて、「後」とも思い述べやすかったし、「明日」とも限定しやすかったであろう。

「後」「明日」に関する言いかたが、右の東西両辺地のほかにはほとんど見いだしかねるようなのは、どうしたことか。諸他の地域に、これらが全然おこり得なかったものでもあるまい。そうは想像されるものの、これらの今日の分布が、こんなに微弱であるところからすると、やはり、このような発想法は、広くも、長くも、人びとの関心をつなぐことができなかったのだろうかと考えられる。習慣化した発想方式の栄枯となると、これはまた、ことにおもしろい討究問題となる。栄えていてよさそうに思える方式が、ふるわなくて衰退していることなどには、民衆感覚のふしぎなはたらきを、追求せしめてやまないものがある。

六　省略法と実内容提示

「省略」発想のさかんな傾向は、さきに述べてきたところで明らかであろう。別辞のあいさつことばを見ただけでも、方言の世界——という国語の世界に、「省略」発想法のいちじるしいことは、よくわかる。

「かざし」ことば（修飾語句）を叙述しただけで文表現を中止する、その「省略」発想法に対して、被修飾部分とも言うべき実内容を端的に提示する「思いかた述べかた」を、「実内容提示」発想法としておく。

ところで、この後者も、たとえば「お明日！」と言うのなど、一方から見れば、「では、」とか何とかの、「かざし」ことば、あるいは修飾法が、省略されているとも、見られないことはない。見られれば、これもやはり、一種の「省略」発想法によっているものとすることができる。こう見ていけば、省略法は、ずいぶん広汎にうけとられる。

ただし、「お明日！」などの場合はもちろん、「さらバ。」のような場合でも、できあがった形式を利用する発言者たちに、もはや、何の省略の意識も、また叙述中止の意識もないことは、言うまでもない。おのおのの述べかたは、それぞれに完結しており、——そのことは、述べられることばの文アクセント形態によって保証されており、発言者たちは、一まとまりの完結体を表出する意識で、これらのことばづかいを実現している。

七　あなたの

省略法のはなはだしさを、一つ、別種の例で見ていこう。

○アンターン。　ごめん下さい。

これは、山口県下の訪問あいさつことばの一つである。これは、これとならびおこなわれる「アンタンデ　ゴザイマス　カ。」などとくらべてみる時、明らかに、極端な省略形であることがわかる。「アンタの」でうち切るところなど、ほんとに、あいさつことばはどんな形でもよいのだといったようなところがある。相手をあなたとよぶ、よびかけの気分さえ出せるなら、あとのこまごましいところはいらないといったようなところがある。すると、ここでは、よびかけ気分を出すことをもって満足する発想法がみとめられることになる。（——そういう気分の述べかたで満足する発想法が、みとめられることになる。）

右は、省略法の著例にちがいない。しかも、この省略形の、表現形式としての完結の様態は、「アンターン。」の、おわりの長呼と、文アクセントの後方高音継続方式とに明らかである。

八　アリャ

感嘆の場合に、よく、

○アリャ！　あれ！

と言う。「あれは」であろう。「あれはどうどう。」の、あたまだけが採られている。これまた、「かざし」ことばによるものである。

○コリャ！

と、猫や子どもを叱る常用文句も同種例である。いかにもこれで完結していることは、文アクセントに明らかである。

○ドリャ。　どれ。

というのもある。私の郷里などでは、老女たちは、こう言って、用事・しごとにとりかかる。郷里では、「ドレ」はかならず「○○」型式に発音する。けれども、「ドリャ。」は、右のような文アクセントに発言するのがつねである。

叙述中止法が、一定方式として、規則的にもおこなわれることは、ここに見られるとおりである。省略法の、随所に、はなはだしくおこっているのを、私どもは、広くみとめることができる。

九　今日は　今晩は

日中のあいさつの、「今日は。」「コンチャ。」「チワー。」などは、また、「今日はどうどう。」という言いかたの、あたまを採っている。明らかな省略法である。「今日」の内容は言わないで、それでもって、「今日はどうどう。」のあいさつことばとしている。これは、こういう、省略の発想法である。（「今日は。」ではしょっても、これであいさつのことばになると、人びとは、思いとっている。）

英語では「今日は！」を、「グッド　モーニング。」と言う。これは一挙に実内容を述べている。「グッド　モーニング。」とは、いかにも祝福のことばらしい。が、私どもの「コンニチは。」もまた、たしかに、これで、相手を祝福している。相手と、好感をとりかわそうとしている。

「今日は。」に対して、「今晩は。」がある。晩のあいさつこと

ばである。ところで、これには、東国地方に、

○オバンデス。

がある。「お晩です。」は、「グッド　イーブニング。」に等しかろう。実内容を言っている。「オバン。」もある。東国のこのようなのに類するものを、国の西部地方に求めれば、中国地方などの、

○バンナリマシタ。（晩になりました。）

などがある。（「お早うございます。」の「オヒンナリ（お日になり）。」は、北陸路にあり、四国東部にもある。）東西で、述べかたなり表現法なりがちがうのを、ここで見ることができよう。さきの「お明日！」という体言法を見せたのも東国であった。「お晩！」も東国のものである。

実内容を直叙する発想法がとられるにしても、国の東西で、

オ晩。　←→　晩にナリマシタ。

のように、実内容のえぐりとりかたがちがってくるのはおもしろい。

また注目するのに、「晩」に関しては、「オ晩！」の言いかたが成り立ち得ている。しかし、「今晩」に関しては、「オ今晩！」などの言いかたは成り立ち得ていない。また、「今晩デス。」の言いかたも成り立ち得ていない。「今晩デス。」がないことなどは、この「今晩」ということばの流行がおそかったのにもよっていようか。それはともかく、「オ晩。」と「オ今晩。」とをくらべてみると、音節数がちがい、音律がちがう。やっぱり、「オ今晩。」や「オ今日。」は、通常、できようがなかったのではないか。人びとの発想は、しぜんのうちに、ある適切な音律を好み、そこで、述べかたをえらび、述べかたをまとめてきたかと思う。（造語の場合も同じである。）

十　お早う

朝のあいさつ「お早う。」「オハヨー。」は、「早くどうどう。」だとすると、これまた、「かざし」ことばを採った発想法とされる。

「お早うゴザイマス。」は、その「お早う。」を、実内容を述べた形に定着させたものであろう。「オハヨーサン。」などと言うのも同巧である。

ところで、九州南部の、

○ハヨ　メガ　サメヤシタ。

などというのは、「けさは早くお目がさめましたね。」と言うのであるから、まさしく、「早く」の下の「どうどう」——実内容を言っている。祝福のことばにちがいない。

さてその祝福の気もちは、すでに「お早う」と言っただけでもよく表現できる、との、しぜんの表現心理から、発想—→「思いかた述べかた」は、「オハヨー。」でうち切る言いかた（思いとりかた）にとどまりもしたのであろう。

九州南部の、

○ケサ　マダジャイモシタ。（けさはまだでございました。）

などという、「お早う。」のあいさつことばは、これらなりに、実内容を表白している。そうして、「けさはまだでございました。」（種子島などでは、「キョーワ　メッカリモーサン。」《きょうはお目にかかり申さん。》）は、「早くお目がさめましたね　。」な

どというのとは、こと変わった発想法のものであることが明らかである。一方は、積極的に、進んで出て、相手の早い目ざめを祝福している。一方は、謙虚の情をもって、やや消極的に、しりぞいて言っている。発想のおもしろい相違である。

十一　段々　大きに

「ありがとう。」の感謝を言いあらわすのに、「ダンダン。」と表現する所は、中国地方に多い。出雲などでは、「ダンダン　ダンダン。」などと、はなはだしい重複の言いかたも、よくしている。「ダンダン。」はもと「段々」で、副詞である。ここには、副詞の、特殊特定の文表現になったもの、固定形式が見られるわけである。

これをこうしたのは、あいさつことばの発想法自体であった。「段々にありがとうございます。」などというのから、発言者は、苦もなく「段々」だけをとってきて、この省略法で、感謝の発想を充足させたのである。

ややものたりなく思うようになったむきは、あるいは、もっとていねいに言いたいと欲するようになったむきは、「ダンダン　ダンダン。」と、強調累加をおこないもしたのである

近畿四国では、「ダンダン。」に対応する謝辞として、「オーキニ。」が頻用されている。中国では、「オーケニ。」が、時に（だいたい、稀に）、「オーケニ　オサヨーデ、……。」（大きに、お左様で、……。）などと、古老男子たちに用いられたりもしていて、「オーキニ。」の、謝辞となったものは、大勢として、おこなわれていない。それにしても、謝辞「オーキニ。」が、「大きにどうどう。」とあるはずのものの、はじめの修飾語句であることは、中国地方の右の用例を見ても、明らかであろう。

「オーキニ。」は、国の東部地方の謝辞にはなっていないようである。関西でも、中国地方は右のようであるとすると、「オーキニ。」の、謝辞発想の、方式としての固着は、比較的新しいことなのではないかと察せられる。

「段々どうどう。」「大きにどうどう。」の、「段々」や「大きに」を採って、謝辞一般の完結表現法としたのと同様に、「再々にどうどう」の「サイサイニ」を採って、これをまた、「ありがとうございます。」表現法の完結体としている。この発想事例は、広島市北郊などで見いだし得ている。

共通語では、「ドーモ　アリガトー。」の、「ドーモ」だけを採って、これを「ありがとう。」にする習慣ができている。

十二　諸種の発想法

方言の世界にあいさつ表現を見るとなっても、あいさつの生活の領域は広く、事象は多い。以上は、その一部にふれたものである。ここでなお、あいさつ表現にはこだわらないで、方言の広い世界に、諸種の発想法を見ていくことを、すこしくこころみておこう。

近畿弁では「知らなかった」の言いかたを問うても、「シラヘン」などと答える。（服部敬之氏との談話による。）問いのことばは過去形になっているが、答えは現在形である。ところで、考えてみるのに、このように「シラヘン」（知りはせぬ）と答えるのも、「知らなかった」ことの答えかたとして、たしかに一理を得ている。ここには、「シラヘン」と、過去事を現在法で思い述べる発想

法がある。

　せんだってのことである。明石駅の構内に立っていると、四、五才の孫の男子をつれたおばあさんがはいってきた。なぜか、おばあさんは、財布をいらっている。それを見あげた孫のことばは、

○ナンカ　カウ　キ　アル　ンカ。

　　何か買う気があるのかね。

であった。「買ウ気　アルンカ。」の「気」の下には、「ガ」がない。「ガ」格について、「ガ」を表出するとしないとでは、表現気分がちがおう。「ガ」を表出しない所では、「ガ」をあらわにはせぬのに相応した、簡略気分の発想があるとしてよかろう。

　右の一文をさらに見るのに、幼孫の、祖母に対することばづかいは、ていねいではない。しかし、これはこれで、祖母に対する、心おきなしの、親密感をあらわしていよう。そういう、特殊特定の発想法が、ここにみとめられる。一般化して言えば、敬卑親疎の諸表現法別は、発想法の分化としてうけとることができる。日本人はこの方面の発想生活に敏感であるとしてよいのだろう。

十三　発想法の世界

　方言の世界に日本語の発想を見ていけば、日本語に生きる人びとの、日常の発想と論理とを、克明に見ていくことができる。

　方言に見る日本語の発想法は多彩である。これについてのかんたんな推断はゆるされない。

　発想法研究の発展性は、いろいろに考えてみることができる。まず、根本的には、造語法との関連が考えられる。いったい、発想して、文表現をうむことは、造文発想とも言うことができる。これに対して、造語は、造語発想とも言うことができる。「発想」に思いいたれば、造語法も造文法も一つのものであることがわかる。

　発想法は、分化力・造型力にむすびつけて考えることができよう。日本人は、方言の世界で、どのような発想法を示しつつあるかを、高度にまで究明することができたら、日本人の分化力・造型力の一般的叙述が可能になろう。

　日本人の発想法に、日本人の論理がみとめられる。日本人の論理性の解明のためには、方言の世界に日本語の発想法をたずねる作業を、緻密におこなっていかなくてはなるまい。方言の世界に、日本人の発想と論理とをたずねていって、そこで、日本人の、日本の科学や文学をうむ能力を見つけることができる。

　以上は、私の「発想法研究」の一片にすぎないけれども、それでいて、ここに付言したいことがある。それは、方言の世界に執するかぎり、何をテーマとしても、すべての研究は、みな、『方言』の研究として、一つのものになってくるということである。――これもまた、今の場合、発想法研究の立場から言えば、発想法研究の発展性と言うべきものであろうか。

（『国文学攷』第二十八号　昭和三十七年五月）

頁	行	誤	正
480	上18	もしたのである	もしたのである。

言語表現前と言語表現以後
――言語研究方法論――

藤原与一

私の志す日本語学

一　日本語の研究は、一個特定の言語の研究ではあるが、同時に、言語学としての普遍性を持ったものである。日本語学は、特定言語学であって、同時に一般的言語学でありうる。

諸言語の相違は、おそらく、海上の波と波との相違のようなものであろう。波また波は、海面下において、しずかに、海水の一般性共通性を示す。諸言語も、その波のように個別的であって、かつ、たがいに言語の一般性を示しあう。ここに、個別言語に即しての一般言語学の可能性が明らかである。

私どもは、特殊に徹すれば徹するほど、一方で、かえってよく、一般性をうち出すことができる。私は、日本語および日本語学の特殊に徹することにつとめて、日本語の今日の歴史的現実――国語現実、方言を、研究の対象とする。方言という現代生活事実ほどはっきりした国語特定事実はない。これによって、もっとも鋭角的な言語学を実現することができれば、その特定言語学が、もっとも鋭角的な一般言語学になりうるであろう。

二　私がさきに外国の学界に多少ともふれて、言語研究につき考えさせられたことの、もっとも重要な点は、言語研究での humanistic point of view の欠如ということであった。第二回方言学者会議での多くの経験についても、そのことが言える。この学会でにかぎらず、一般の言語地理学的方言研究に、多く、単純な技術主義的傾向が認められた。方言は唯物的に、小きざみに処理されがちである。それがたとえ器用なしごと、巧みな操作であっても、そこには、方言の生命も言語の生命もないと思われるのである。このようなのが方言研究のすべてであってはならない。しかし、西洋の方言研究では、一律に、伝統的な言語地理学的方法がつよい。

方言研究にはかぎらない。欧米の多くの言語研究が、今日、どのようにか、機械主義的ないきかたの弊を持っていると思う。アメリカのいわゆる構造言語学にしても、その構造の概念からして、私にはすでに受けとりにくいものなのである。機械翻訳を問題とするような、真の機械的言語学は、それ独自の目的を持つけれども、それをもおって、一般には、言語研究に、「人間」がいなくてはならないと思う。言語はつねに人間の言語のはずであり、人間の生の事実と見られるべきものだからである。

私は、言語学がどのように発展せしめられ、どのように尖鋭化せしめられようとも、その研究態度の中心部位には、つねに、humanistic point of view がなくてはならないと思う。人間の学としての言語学は、どこまでも重んじられなくてはなるまい。

三　上述の考慮からして当然に導かれることは、言語対象把握のための分析が、もっとも良心的であるべきことである。生きたものをとらえるのであるから、分析は、しかるべき単位に着目した、言語の生命体をこわすことのないものでなくてはならない。研究の宿命作業、分析を、適度のものとすることがまず要請される。

分析は、微視の方向への分析と、巨視の方向への分析とに分けて考えることができよう。言語の、雲塊にも等しい全存在に対しては、sentence や sentence の連続体をとらえていくことも分析であって、これは巨視的分析である。この方向では、分析過剰はおこり得ないであろう。危険なのは、微視的分析の方向である。この方向に進んで、人はしばしば、分析のための分析をする。

ひとくちに言って、西洋の言語学は、微視的分析の言語学ではないか。それは、言語の研究に多くの貢献をし、法則の発見にあずかることも多くて、言語学をまさに言語科学の名にふさわしいものとしたけれども、じっさいに、分析の道を機械的・技術的に走ることにもなったようである。結果として、言語の実体を見うしなった言語分析を見せることにもなったのである。実体を見うしなった言語分析、これは人間不在の、血の通わない言語研究である。

機械的分析の過度は、humanistic point of view の欠如と相即するものであろう。後者がなければ、分析は節度を失って前者におもむくのが当然であろう。

私どもは、研究者として、対象自体の発する分析要求の声に敏感にならなくてはならない。分析の途中にあっても、分析の手をやすめて、生きた言語対象の分析要求の声を聞くべきである。そうすることが、humanistic point of view に立つことである。

正しい分析によって、生命のこもったunitがとらえられる。大であれ、小であれ、生命のこもった unit がとらえられるならば、分析は成功である。そのような分析は、容易に、私どもに分析結果の総合をゆるすであろう。ここで、私どもは、よく、生きた言語なるものを科学的に把握することができる。

表現前と表現以後

一　私の方法の根底となっているものは、表現前と表現以後という考えかたである。

言語表現とは何か。言語活動における、形式と内容との有機的統一体である。私どもの現実の言語生活は、この言語表現によっておこなわれる。この世に生きてはたらくことばは、言語表現と言われるものにほかならない。

ところで、言語表現にかぎらず、表現は、すべて、一回性のものである。表現活動における外化は、すべて、一回かぎりのものである。

そのように、個別々々のものでありつつも、言語表現が、世のcommunicationの具（方法）となりうるのはなぜか。言語表現——表現が、表現法を持っているからである。表現の法はすなわち表現の社会性である。——社会的慣習である。個々の言語表現は、内に、社会共用の具としての約束・ルール・法則を持っているがゆえに、それが人に通じるのである。

そのルールは、あくまで、表現に内在するものである。目にすぐに見えるものではない。表現に内在し、かつ、表現活動の発始以前に、すでに可能態として存在するものである。それゆえ私どもは、このルールを、「表現前」のものと言うことができる。

表現前のルールをふまえて、人は、個別的個性的な表現をする。そのいとなみが表現活動である。かさねて言えば、人は、表現のための根拠、すなわち表現のしかた〈固定的なものと考えるべきではない〉を利用して、思想感情の表出をはかる。そこに表現がおこる。表現の外化が「表現以後」と見られる。

表現前では、私どもには、表現の法をふまえたいろいろの表現・外化が可能であろう。その可能性の中から、どれかの可能態を選別して、それを現実化する（表現する）。こうして表現の現実態がうまれる。

二　「表現前と表現以後」は、「可能態と現実態」と考えることともできる。またこれを、「語の次元と文の次元」あるいは「音韻と音声」とも考えることができる。文は、言語表現の現実である。文は文表現であって、言語表現のもっとも明確な単位である。この文（文表現）に、表現の現実を代表させることにすれば、私どもは、現実態という術語と文という術語とをおきかえることができる。語は、文表現前のものである。私どもは、語を語として発言できるか。否である。発言したら、もはや、その語は文の表現になる。語はまったく、文以前、個人の登言活動以前のものである。――個人によって発言されることを期待しつつ、文表現の下位に隠在するものである。すなわち、語はまさに、人間の表現生活のもとで、可能態として存在するのである。

私は右のように、語と文との存立次元を区別する。「表現前と表現以後」とは、まったく、次元観にもとづく対象整理だったのである。語は表現前のものであって下位次元に位し、文は表現以後のものであって上位次元に位する。

こう見る対象整理が、人間の学としての言語の学に有効であることは、多言を要しないであろう。

三　前説からして、ソスュールのラング・パロールの説を想起する。

私見によれば、ソスュールのラングは、表現前のものであり、パロールは、表現以後のものである。パロールは文表現の次元に位し、ラングは語の次元に位する。――文表現はパロールに属し、語はラングに属す。（一語文などと言われる文表現は、すでにパロールである。）

ここで私は、おことわりしなくてはならない。私には、ソスュールのいわゆる『一般言語学講義』の背後にソスュールの真意を深く読みとる作業など、何もできない。それゆえ、ソスュールの真意は知らないのである。しかし、ソスュールがラングとパロールとを分別していることには、一つの思想的な啓示を感知しうる。私は私なりに、ソスュールのこの啓示を、じつに有益なものと思うのである。

そのような理解のもとで、私は、私の「ラングとパロール」の考えを表明したい。私としては、以下の考えが、私なりのソスュール解釈というつもりである。

私どもの言語生活では、言語表現として発現するものは、すべてパロールである。現実界には、パロール以外の何ものもない。したがって、私どもは、研究上、ラングをすぐに単純にラングとして研究することはできない。人は時どき、ラングの研究とパロールの研究とを単純に両立させて、ラング・パロールの説明をしているけれども、それは、ラングを正しい位置において見たものではない。ラングとパロールとは表裏一体の関係にある。両者は対立概念をなすものではあっても、事実上、一如一体と認められるものである。

言語表現の実用において、意味が通じるのは、その言語表現に、社会的因子、人の心と心とをむすびあわす（人の心と心とを通わせる）社会的な約束——法則があるからである。パロールという言語表現の現実は、ただのパロールだけでは存立し得ない。パロールがそこにあるということは、すなわちそれがラングに支えられているということなのである。それゆえ、パロールの学ということも、ラングの学を予定しないでは（——内包しないでは）、言い得ないことである。

人が、「ラングの言語学、パロールの言語学」と言ったとすれば、それは、ものの二面・二傾向として理解すべきである。ラングの言語学の上にパロールの言語学が築かれると考えるのなどは、ラング・パロールの対立概念を、ただに機械的に受けとったことを示すものにすぎない。

世にはまた、「ラングの文、パロールの文」などという見かたもある。「これは私のです。」のような主述の整ったものをラングの文とし、「ぼくのだよ。」などというようなものをパロールの文とする。たいへんな誤解である。「ぼくのだよ。」にしても、かならず、内にラングがある。ラングがなければ、これが人に通じることばにはならない。通じることが、ラング存立の証明なのである。（「ぼくのだよ。」が、一定の法則で——語序で——つづられているのを見られよ。その語序という法則の具現・外化がパロールの「ぼくのだよ。」である。法則はすなわちラングである。）「これは私のです。」にしても、この具体的表現は、もちろん、パロールである、個人によって、なんらかの目的で、何かが、だれかに向かって、どこかでどのようにか発言されたうえは、その発現は、すべてパロールである。（内にラングを含む。構造・くみ立てを含む。法則を含む。）文の表現は個別的であり、その現実ごとに、それらはみな、パロールでしかない。

人はこんなことも考えた。書いたことばに比較すれば、話したことばは、よりパロール的であると。これもあやまった思考である。話されようと書かれようと、ことばが個人によって個性的に発言され発現せしめられた以上は、そのものは、みな、パロールである。他の人がすぐに模倣追随して書くことができるような文・文章を、一個人が書いたとしても、その書かれたものは、純乎とした個人表現であって、けっしてラングというものではない。同一センテンスが二人によってそれぞれに作られた場合にも、まったく、それぞれが、書き手おのおののパロールである。

同一人が、同一センテンスを、話して、また書いたとするか。そのさい、話されたものの方が、より尖鋭で、より尖端的であるかのように考えることも、なくはない。（——そこで、話された方を、これこそパロールの名にふさわしいもの、と思ったりする。）しかし、それもまた単純な誤解である。音声化されたものの方が、より尖端的かのようであっても、じつは、その音声化にもまた法則がある。法則——ラング——がなければ、その音声的表出は、ことばとして通用しないはずである。音声的表現にも、ことばの内的秩序があって、そのいっさいが、ラングなのである。さて書かれたセンテンスに対しても、私どもは、また、その現われた直接の結果を、第一に、パロールと見なくてはならない。要するに、話されたものも書かれたものも、個人の手からはなれおちたそのものは、みなパロールなのである。パロールを音声言語と規定したりしてはならない。

人は時に、ラングは語においてみとめられるだけのもの、文ではみとめられない、と説く。一見、もっとものようである。が、これもまた不徹底な説明である。なるほど、語は、ラングとしてしか認められない。（パロールとして認められる時は、その語はすでに文になっている。）けれども、ラングのみとめられるのは語においてだけだとは言えない。すでに述べたように、文においても、ラングは認められる。私どもは、躊躇することなく、文の表現にラングを認めていくべきである。文には文のラングがある。（ラングがなければ、文は人に通じる文とはなり得ない。）ラングを背後的基礎的なものと考えるあまりに、ラングを、ある限られたもの、長くはないものと考えたりするのなどはあやまっている。ラングについて、その大小を考えることなどは無用である。

ラングは仮定的なものか。そうではなくて、内在的なもの、実体的なものである。ただ、実体的とは言っても、パロールをはなれて実在するというようなものではない。皮膚を支えてその直下に存する筋肉のように、ラングはパロールを支えてその直下に不離者として存在する。ラングは、可視物ではないけれども、理論上、存在すると考えられるもの、考えざるを得ないものである。それこそ、志向的客体である。

ラングは観念形態とも見なすことができる。しかし、くりかえして言う。この観念形態は、ひとり遊離しないものである。ラングはつねにパロールを予想する。

（したがって、一方の学問は他方の学問を予定する。両者は分立の学ではなくして双成・相互助成の学である。）

在るものは一つであって、その受けとりかたに、次元別による両様の受けとりかたがある。一方の上位次元ではパロールが受けとられ、他方の下位次元ではラングの定在が認知される。

四　ソスュール思想での金字塔は、言（パロール）の思想であろう。ソスュール学最大の独創は、ランガージュからの言（パロール）の析出にある。パロールの析出と提言とには、絶対の妙味がある。

彼によって開示されたこの「パロール」について、私どもは、どのようにも自由に考察を進めてよかろう。ソスュールは、パロールの思想の伸展を、すでに私どもに求めているかのようである。

私は、ソスュールの思想に依拠して、言語表現の個人性・個別性・現場性を強調する。言語生活に関して、「表現以後」の考えかたの重要であることを強調する。

考えてみると、私は、私の方言研究から出発してソスュールにむかった。私の方言観・方言研究観の養成とともに整頓し得たのが、「表現前と表現以後」の考えである。

人間の学としての言語学のためには、また、言語研究にあって **humanistic point of view** を重んじようとすれば、いきおい、私どもは、「表現以後」そのものの観察と把握と処理とを重んじなくてはならないことになると思う。

言語構造の分析

一　日本語にかぎらず、どの言語の場合にも、一言語は、まず、その言語に生きる人びとの言語生活の総体——一大統体——として受けとられる。この、言語生活の一大統体は、すなわち表現以後の世界にほかならない。

表現以後のその世界を構造体として理解しようとするのは、表現以後の世界を、「表現前」に即して合理的に把握しようとするものである。

一言語を構造体と見て、これを分析する時、第一に、音韻的構造が認められる。第二に語彙的構造が認められる。第三に文法的構造が認められる。

一の一　表現以後の言語生活は、だれにとっても、まず音声の生活である。（——それが文字に定着されれば、書きことばの生活、表記の生活になる。）言語の現象面として、音声面がまずとらえられる。その音声面を把握する方法が、音韻論的方法である。パロールの音声の観察にあたって、ラング観としての音韻論が適用される。こうして、言語構造の一部としての音韻的構造が記述される。

一の二　表現以後の言語生活は、局面をかえて見れば、だれにとっても、個々の単語をつかう生活である。ここで、個々の単語のむらがる語彙が問題になる。

語彙の世界は、ラングすなわち表現前の大きい世界にほかならない。が、この世界から資材を得て、人はみな表現以後の言語生活をする。一言語を語彙的構造としてとらえることも、また、言語構造の重要なとらえかたになる。

一の三　個々の音や個々の語を、つらねて一連の有機体たらしめるものは文法である。文法は、そういう支配力を持つ。個々の語のある一語を文にするのも、文法のはたらきである。

このように、文法は内在的なものである。ラングと言うべきものにちがいない。言語は、内在の構造、文法構造を持つ。

もとより、どんな内在的なものも、それをとらえるのには、外在の形象（——パロール）によらなくてはならない。個々の現象形態を通じてしか、文法はとらえようがない。

一の四　話されることばが、文字や符号によって定着される。その定着の過程を対象にすれば、ここに、いま一つの、言語構造の分析ができることになる。すなわちここに、表記法構造とも言うべきものがとりあげられる。

以上、言語構造を分析して、私どもは、四とおりの構造を区別することができた。そのいずれもが、「一つの言語に属する成員すべてが形成する一大言語生活」を科学的に把握するための方法のよりどころとなるものである。

二　一つの言語をとらえる方法として、私どもは、以上の考えかたとはちがった分析手段を見いだすことができる。それは、つぎのような見かた考えかたによるものである。

言語 ｛ 意味の世界
　　　　抑揚の世界、表記の世界

言語は、その表現以後の世界を注視するのに、まったく、意味の世界と見ることができる。じっさいに、言語が言語として用をなすのは、人間のあいだに意味を通わせるからである。意味の通わぬところに言語はない。言語は、要するに意味であると言うことができる。

意味を直接にはこぶものは何か。音声の抑揚であり（話しことばでは）、表記の記号——文字や符号——である（書きことばでは）。

言語は、じつさいに、中味の意味と外形の抑揚または表記とで成り立っているとすることができる。このような見かた考えかたをとって、私は、言語構造分析の第二の方法を立てる。

二の一　言語にとって、意味はつねに意味作用である。意味が意味として通用するのは、意味が、発言者がわから受容者がわに、作用するのである。——（作用が意味の流通をきたし、時に不流通をきたす。）

作用としての意味、つまり意味作用が、言語音声を支配し、「語の利用」を支配し、文法を支配する。言語は意味作用がすべてであると言える。

言語学は、意味作用の法則の科学だとも言える。

二の二　言語を外形的に見た場合は、書きことばでは、表記面がすべてだと言える。話しことばでは、音声上の抑揚がすべてだと言える。

書きことばで、表記がすべてであることは、すでに明らかであろう。書かれたことばは、文字や符号で定着されていて、表記によってのみ、まさに可視的である。表記がすべてである。もっとも末端的なもの、外形化の局限——表記面が、言語のすべてなのである。

話しことばでは、どうして、音声上の抑揚が言語のすべてだと言えるのか。話される（—た）ことばは、音声化される（—た）表現である。このさいは、音声面が、言語表現の末端になる。ところで意味作用の担い手たる音声表現、意味作用によって統率される音声形態は、しぜん、「文」表現音声という形式をとる。文表現音声という音声相の、最後的な頂面、局限面は、じつに抑揚であると考えられる。それゆえ、話しことばでは、けっきょく、抑揚が言語のすべてであると見ることができるのである。

二の三　抑揚と表記とは、同格の地位に立つ。これらはともに、言語のパロール面と考えることができる。パロールの抑揚面に即しては、抑揚の型、社会的習慣をとらえることができる。このものはすなわち、表現前のラングと考えることができる。表記に即しても、私どもは、表記法という法をとらえることができる。これがまた、表現前のもの、ラングにほかならない。もとより意味作用に関しても、その現実のパロール（意味作用は表現以後のものである）に対して、表現前の意義を認めることができる。意義はラングにほかならない。

抑揚と表記が、意味を直接にはこぶこと、抑揚・表記と意味作用との合体については、もはや多くを言わない。

二の四　言語の学問は、以上のようにして、意味論と抑揚論（表記論）とより成るべきことが理解される。

意味論は、文法論と音声音韻論と語彙論とをおおう。抑揚論もまた、話しことばの文法論・音声音韻論・語彙論をおおう。表記論も書きことばの文法論・音韻論・語彙論に深くかかわる。意味論と抑揚論（あるいは表記論）とは、表裏一体の関係をとる。

旧来の、音韻・文法・語彙・文字などの言語研究部門別は、今の新しい考えかたによって、超部門的に統合されよう。

二の五　言語研究に関する右のような範疇論が、言語の学の新しい方法になりうると、私は考えるのである。

（『国文学攷』第五十七号　昭和四十六年十一月）

方言文章論試作

——連文の類型——

藤原與一

はじめに

二文以上にわたる、センテンスの連結体を文章とよぼう。＜極端な場合として、一文から成る作品にも、文章の名は冠することができる。＞文章は、前後につらなる「文」相互間の呼応を契機として成立している。パラグラフには、パラグラフとしての、呼応の内面的統一がある。

口頭語の語られるのを聞いていると、相前後するセンテンス二つ以上の、特色を以てつながりあうさまが、ことばづかいの調子のうえに、いかにもはっきりと出ているのをみとめ得ることが多い。ことに、前後二文の緊密な連関のさまが、さまざまに見てとられる。文章語のうえでも、このようなことはみとめられるはずであるけれども、音声相のたどられる場合は、このことがいっそう顕著である。一般に、音声的表出においては、そのことばづかいの調子の抑揚頓挫のうちに、文相互の連関相が、明瞭なうねりを描いて出ていると見られよう。文章の構造は、このうねりにしたがって、解剖し説明していくことができる。

音声的表出も、方言上の会話になると、右の事実が一段とけざやかに出がちのように思われる。方言では、共通語意識に制約されない地方的生活のもとで、その生活の自由で個性的な言語表現がなされているからである。すくなくとも、ここでは、文連関上のいろ〳〵の特色が、とらえやすいとは言えよう。わけても、その前後二文連接の場合の特色は、すぐに、いろ〳〵と、捕捉することができる。

以下には、方言文章論の試作の一片として、この二文連接の場合をとりあげてみよう。二文の連接したものを、連文とよぶことにする。

必然的連関の二文

二文連接の特殊構造について、筆者はかつていくらかのことを述べてみた。（「日本語方言文法の研究」）それは、『文構造論』において、『呼応』観を展開せしめてのことであった。

その際、文字どおりの「重文」（センテンスが実際に重なる場合）に言及し、これに、呼応のきわめて明瞭な場合が少くないことを言ったのである。そういう、一文脈下の『重文』を、二文の必然的連関と言った。そのような必然的連関の二文を、また、連文ともよんだのである。

二文連接で、第二の文が接続詞を以てはじまれば、この接続詞が、二文呼応の顕著なくさびになることは、その際述べた。それから、方言として特色のある二文対立呼応に、発語・終語のある場合があることを指摘したのである。後者の場合を、今、共通語的表現をかりて、あらためて説明してみれば、

○どれ。　出かけようかな。

というようなのが、いわゆる発語（〃どれ〃）の見いだされる場合の、二文の対立呼応（必然的連関の二文）である。発語は、語でなくて文である。よってこれは発文とも言うべきであるが、発話と言ってもよいと思う。

○あそこにたしかにあったよ。　うん。

これは、終語（〃うん〃）のある場合である。終語はまた終文とも終話とも言うべきであるが、いずれも熟した名ではない。ともあれ、実情では、右であると、「うん。」というのが、簡単ながら第二文となって、上文と必然的に連関している。そのさまは、発話が先頭にくる場合と相似ている。名称はともかく、後方にこのような形で、特定の呼応体がくることを、また、それが方言上で著しい傾向になっていることを、われわれは、とりあげざるを得ないのである。

「アッ、しまった。」とある時は、「アッ」は感声であって文ではない。したがってこの場合は、二文の必然的連関ではない。ひとり存立する時の「アッ。」は文とされる。また、「アッ。しまった。」のこともあり得る。この場合は、二文の対立呼応と見られる。この時は、前行の「アッ。」を発話と見てよい。これの決定は、前後二体のつながり目の、『ことばづかいの調子』のうえで、休止ぐあい、主としてその休止時間による。

発話のくる場合は、その二文間の休止間の休止が、終話のくる場合よりもいくらか長い。

発話・終話のある場合は、二文ではあるけれども、二文がまさに一文のように緊密に連関している。いわゆる必然的連関の、まさに必然的な場合である。このようなのを特殊的なものとして、順次、諸多の、必然的連関の二文が見いだされる。これらを、連文の類型として検討することができる。

連文の類型

——安芸八幡村の場合——

方言上では、右に述べたような極端に顕著な連文の場合をはじめとして、いろいろの場合が、興味深くながめられる。方言表現の生活の特質を見るのに、この連文の類型を整序してみることが有効である。

以下では、昭和二十九年九月現在の、広島県安芸のくにの奥、山県《ヤマガタ》郡八幡《ヤハタ》村のことば——『八幡方言』と称し得る——について、その言語生活の連文相を見る。調査の準備と、作業の実際とについては、今はふれない。ここに取り出す資料は、当言語体系（生活語体系）に対する一定計画の一週間調査の成果中、連文例としてカード化し得たものである。連文の諸相をくまなく見よう

として観察した結果ではないことをおことわりしなければならない。ただ、そうした偶然資料からも、類型のいくつかを指摘し得ることを報告したいのである。

他の方言について調査し記録し得ている連文事例を引用すれば、あり得べき連文類型をだん〳〵明らかにし得るとしても、今は特殊の『個』に即することとし、もっぱらこの八幡方言の場合にかぎって、いちおうの記述をする。方法論的意義は、これで十分であると思う。

1　発話のある場合

――発話によって導かれる連文――

○エーエー。アガーデ　アリマス　ヨ。

えゝ〳〵。そんなですよ。

〔いやしくない、かなり上品な言いかた〕

前説のとおり、このような、発話のある場合が、一つの類型としてとりあげられる。この種の連文の表現的性格は、発話を視点としてとらえることが容易である。当方言として、「エー」という返辞はわるくないことばであり、それに対応して、「アリマス」がきている。「アリマス」は、共通語の「ございます」に近く、方言的なていねいさを表すものである。ちなみに、「アガーデ」は、いわゆる遠称の指しかたをしているが、これも、方言的特色をなす一つの表現法であって、実際は右の訳文に記したように受けとるべきものである。なおついでに言えば、右の第二文の文アクセントは、安芸全般の大体の傾向からすれば、「アガーデ　アリマス　ヨ。」とあってよいところであるが、安芸西北奥一隅のこの地のアクセントは、右のように、「ガ」だけを高くしている。これは、山口県下に著しい、文アクセントの特質的傾向、「……　○○……。」「……　○○……。」に似た形で、それこれの関連的な存在が注目される。

2　終話のある場合

――終話によって特徴的にしめくくられる連文――

○アノ　ジュブンワ　アッタ。ノー。

あの時分はきっとあったよ。ねえ。

〔中等度の品位の言いかた〕

この連文は、「ノー。」の終話によって注意される。ふつうの会話に、「アノ　ジュブンワ　アッタ　ノー。」のことがあり得る。それはそれとして、今とりあげたのは、「……アッタ。」の「タ」の下の休止がとりわけ大きい場合である。ことばづかいの全体的な調子では、この際、「……アッタ。」の「タ」の所での文アクセント下降が、「……アッタ　ノー。」の場合の「タ」の所での音の低下よりもいっそうひどく、両者の差違、したがって両方の場面的相違ははっきりとしている。右、第二文の「ノー。」はよびかける気もちの強い、独立した、うかがいの表現である。おのずから、「……アッタ　ノー。」の場合の「ノー」よりは、一だんと内容の豊富なものになっている。

○カーカー。クソ。

やれ〳〵。こいつ！

〔中年以上の男性的なことば〕

これは、何かのことで、いや気をおぼえて、なげやりに言ったことばである。一種の慣用的な表現法になっているか。ただし今は年長の男子のことばに偏していよう。極端な形態の連文としてこれをあげた。「カー」というのは、元来、文字どおりの間投助詞である。「コー　サムーチャ　カー　ヤレン　ノー。」（こんなに寒くては、ほんとに、どうにもならないねえ。）のようなのが、そのもっとも熟した用法である。かねて、発話的にも終話的にもつかわれる。これが出れば、その表現は、いったいに、くだけた気分、時におどけた気分の、いくらか低卑ぎみの表現になる。したがって、男性間での使用の方が多いものである。右では、発話的に用いられる場合の「カー」が重畳されて、特異な文表現となっている。一方、「クソ。」は、「何々こそ」の「こそ」の転じたものの自由な用法で、もとよりつよい言いかたになっている。素朴な方言表現の世界を有力に打ち出す特徴的な「カーカー。」は、まさに「クソ。」とよく呼応し、内実の緊密な連関を示している。

　これは、終話の視点から取り上げることができるとともに、「カーカー。」を発話として見る見かたからも取り上げることができるのではないかと、思われなくはないであろう。いちおうは、そうも考えられる。しかし、このことばづかいの調子を見るのに、抑揚の実質一つを見ても、右に明らかなように、この二文では、第二文の方が従属的地位に立っている。今は、附加的な特異の文「クソ。」の、独自の連文終結の役わりに、『終話』性をみとめることにする。

　こうして、終話をみとめ得る場合が、一つの著しい連文類型として注目される。

3　よびかけ文をもってはじまる連文

○センセー。ジカンワリュー　クダサイ。

　先生。時間割を下さい。

〔小学校の教室　よいことば〕

　よびかけ文をもってはじまる場合は、さきのいわゆる発話のある場合に比肩せられる。あるいは、よびかけ文も、広い意味の発話の、一種の場合ともされよう。それくらいであるから、この3の場合も、顕著な一連文類型として、容易に取り出すことができる。

○コンタシュー　ヤー。キョーワ　アメガ　フリャー　スマーカ　ノー。

　おい君。今日は雨が降りはしないだろうかね。

〔男性の同輩間のうちとけたことば〕

　これは、よびかけ文が、「ヤー」でしめくくられていて、よびかけ性はことにあらわである。第一文の「ヤー」と、第二文の「ノー」とが前後に呼応して、二文の必然的連関を、まさに頂点的に表示している。文末助詞のこのような効果については、あらためて後に述べよう。（12）

○コンバンワ。アリガトー　ゴザイマス。

　今晩は。まあごめんください。

〔おとなのことば〕

　これは慣用の訪問挨拶である。（「コンバンワ。」とともに、入口の戸をあける。）この場合の「アリガトー」は、物品の贈与に関係なくつかわれている。つまり、まいどつきあってもらっていることが「ありがたい」のである。食事のもてなしは受けなくても、ただ「ありがとう。」の意に、「ゴッツォ（御馳走）サンデゴザイマシタ。」と言う習慣が方々にあるが、それとこれと思いくらべ

れないことはない。

○オウチニ。ゴメンナサイマセ。

もし／＼おうちのかた！　ごめんなさいませ。

〔年長者のあらたまったことば〕

これもきまった挨拶ことばであるが、よびかけ文の「ニ」文末助詞が注目される。その尊敬気分の表示を承けて、次文「ゴメンナサイマセ。」の鄭重な表現がよく連関している。

4　反復形式の連文

〔『日本語方言文法の研究』五三三頁参照〕

ここでは、「反復」ということばを、広い、ゆるやかな意味につかい、そのいろ／＼の場合を見ることにする。

○タイガター　コト　ヨ。タイガター。

ほんとにお恥ずかしいことです。ほんとにおはずかしい。

〔老男→筆者　心からの挨拶　上品〕

これはまったく単純な反復になっている。それだけに、表現上の強調性は明らかである。

○ハー　イラン　ヨー。ハジメ　コータ　トキニャー　イルガノー。ノー。ボッチャン。

もうはや、いらないよ。はじめ買った時にはいるけどねえ。ねえ。坊ちゃん。

〔幼児男同士の無邪気な会話〕

この場合の第二文と第三文とに、「ノー」反復が見られる。ところで、第三文「ノー。」は、第四文「ボッチャン。」に対して、発話のよびかけの役をはたしているので、第三・第四両文は、特に緊密なつながりにある。そこで、文末「ノー」を持った第二文は、文脈上では、すなわちまたことばづかいのうえの勢では、第三・四文連結体とよく呼応しあっていると見られる。第三文は、そのような地位にあって、第二文末によく承応する反復形である。第二文末の「ノー」という抑揚声調とその休止断絶とに対して、第三文「ノー。」の抑揚はよく応じている。このうつりゆきをさかいとして、以下の発言速度ははやくなる。はやさがすなわち強調となる。

○ドコイ　ウラハッタ　カ。ドコイ　ウッタ　カ。

あの土地を、さて、どこへお売りになったかな。どこへ売ったかな。

〔老男のひとりごとめいた話しぶり　よい言いかた〕

ここに一つの注目すべき反復形式を見る。第一文の「売ラハッタカ」は一種の敬態である。例の「なさる」ことばが、おもしろいことに、「ンサル」を一般とする安芸地方の、この一隅で、近畿流に、「ハル」ことばとなって孤存している。これは、今やようやく衰退しようとしており、中年以上の人たちにおもに聞かれる。そうして、実質は、衰退中のものにありがちのとおり、敬意のごくうすれた、低い敬語となっているのである。多くの人が、これを、わるいことばだなどとも言っていた。が、純粋の卑俗なことばでないことは、実際の使用に明らかだったのである。流動する敬語については、たいてい、このような事実がみとめられる。右の例の場合も、第一文と第二文とには、表現されたものに差等がある。第一文は、たしかに、ある程度の敬意のもとに発言されたのである。それでいて、すぐに「ドコイ　ウッタ　カ。」の反復がおこされたということは、その敬態が、常態とさほど不調和なものではないことをものがたる。いわば、そんなに高く敬して言わなくてもよいと思われるところで、多少のわきまえをもって、第一文はおこされたのであろう。（自覚された場合に準じて考えてみて、こう言える。）だから、次いでの発言は、「ドコイウッタ　カ。」と、常態の、さりげない反復となった。さて、このような意味のもとに、敬と常との二文態が連関するから、内実上、呼応のさまは特定的に顕著なのである。

○イケタ。イケタンダロー。

あの人は行かれた。行かれたんだろう。きっと。

〔返事　おとなのよいことば〕

これは、右に出した例が敬卑上の差等を見せた反復であったのに対して、完了の報告とそのことの推量という、叙法上の差等を見せた反復である。

○ワシャー　バカサレタ　デ　ヨー。バカサレタンダロー。

わたしは、ばかされたんだな。ばかされたんだろう。きっと。

〔思った内容の告白　若い人のやや卑俗な感情による発言〕

これも右に準じて受けとることができる。もっとも、これにあっては、第一文内の「バカサレタ」は完了の言いかたであるけれども、それに「デ」といういみずからいぶかる一種の推量表現法の要素がついているから、第一文全体は、推量表現の意味になっており、かくてこれが、第二文の叙法とよく相応ずることになる。第二文は、推量の感情をより確定的に表現することによって、反復の新味を出したものと見られる。

○イッソ　キカンカッタ　ノー。シランカッタ。

ついぞ聞かなかったわねえ。ちっとも知らなかった。

〔青年女子間の会話〕

これでは、はじめに話しかけ、つぎに自得の言いかたをしている。「キカンカッタ」→「シランカッタ」のように、ある内容を、ことばを変えて反復表現することはめずらしくない。

○オバサン。イマナー　ドー　カイ　ノー。イマナ　サンニョガ　チガヤサッツロー　カ　ノ。コレ　ミチャンサイ。

おばさん。今のはどうだろうな。今のは計算がちがいはしなかったろうかな。これ見てごらん。

〔店員男→初老の女　気安い中にもすこしの遠慮〕

これにおいて、第二文第三文の必然的連関を特に取り出すことができる。その緊密なまとまりのさまは、第三文の文末の「ノ」というしめくくりの抑揚・声調によく出ている。さてこの連文では、起句「イマナ」がくりかえされて、反復の調子は早くも著しく、かつ叙述では、前行文の抽象的内容が後続文で具体的に布衍され、したがってことばは大いにちがってきているのである。

○マタ　アント　イーダータ。ケンカ　スルト　イケンノンダ

またあんなこと言い出したなあ。けんかするといけないんだよ。

〔幼男らのあそび〕

この場合、前後二文は思考上では反復の傾向にあって、表現されたものは発展を示している。二文の連関と緊縮のさまは、第二文の文末「ノンダ」のところによく出ている。ちなみに「ダ」は、安芸一般にはなくて、石見に接するこの安芸北西奥などに見

られるものである。

以上、反復形式と言える連文類型については、その内部に、いろいろの小類型を見ることができる。反復形は、注目すべき類型であろう。口話においては、その自然のなりゆきとして、諸種の反復形が生まれるはずと思う。母がその幼い子に一言かたっても、〃コレ？　コレはお塩なのよ。〃などと言う。

5　対比の連文

○テゴロヂャ　アリマセン。テゴオー　ナリマシタ　ノー。
　手ごろではありません。手ごわくなりましたねえ。
〔老男が農作段別の多すぎることについて言う〕

これでは、まず「テゴロ」と「テゴ……」との『反復』が目につく。が、じつは、ただの反復ではなくて、対比なのである。「テゴロ」にきっかけを得て、第二文「テゴオー」は発足している。

6　並挙の連文

○コンニモ　アラー。アンニモ　アラー。
　ここにもあるよ。あそこにもあるよ。
〔上品ではない言いかた〕

これも「ここ《コン》」と「あそこ《アン》」との対比と見られないことはない。が、第一文第二文の表現を全体的に対比させて見れば、並挙の形とでも言うことができる。

7　累加の連文

○アリャー　ノー。クーテカラ　ノー。
　あれはね。食ってからね。
〔ぞんざいなことば〕

このように、累加していく言いかたに形式上の特色のみとめられるものもある。

8　いわゆる倒叙の連文（旧著五三六頁参照）

たとえば「だれだい、君は。」、こう表記されて、これが、倒叙とか転置とかよばれている。一つの考えかたによれば、なるほど転置でもあろう。しかし、表現の伸びをそのまま伸びとして受けとり、表現のむかう方向をすなおに受けとれば、これは転置でも倒叙でもなくて順叙である。全体の流れを直接にとらえると、右の例であれば、「だれだい。君は。」の、必然的連関の二文と受けとられる。以下には、倒叙などと言われる、そういう形の叙べかたの連文を、特徴的な類型として取りあげる。

単純な倒叙形は、いつでも出来るものであろう。次下の例は、すこし変ったものである。

○ノッテ　アルキヨーリマス。クチュー　ウエー　ナーテ。
　のって歩いていますね。口を上にして。
〔中男　鯉の遊泳について〕

この「のって歩きよります。」「口を上になして。」は、転置してみても、主・述の関係となるものではない。後者は前者の修飾句になるものである。このような関係のものの、右の前後関係では、連関のゆるやかな調子が感ぜられる。実際、そういう発言であった。

○マー　トーテ　ツカーサレー。ガクモンノ　ヒラー　ツマラン　ガー。
　そのことなら、まあ問うて下さいよ。学問の方はだめだけど。

〔中男　素朴なあらたまりかた〕

これの第二文末は「ガー」となっている。前者例の第二文末は「テ」である。順説の「て」のむすびよりも、逆説の「が」のむすびの方が、第二文の第一文に対する連関性をいっそうよく示していると見られようか。この時まさに第一文も「……　ツカーサレー。」の命令形で、前者例の「……マス。」のむすびとは異る。本例の場合は、前後の二文の間に、前者例とはちがった、結合の硬い調子が感得される。

○コージュー　ヤリャーガルケー　ノー。ドガー　ユーテモ。

工事をやりやがるからね。どんなに言っても。

〔初老男↓同　卑罵〕

○ゴトーサンモ　オナードシデスケー　ノー。ウチノ　オヤジト。

後藤さんも同じ年ですからね。うちのおやじと。

〔中男↓筆者〕

これら二例も、いわゆる倒叙の下文が、明らかな、しかも短い修飾句になっている。そうして、〃補足の倒叙〃とでも言い得るさまが、ことに明らかである。第一文がこの際「ノー」という文末助詞で終っているのは注意される。

○ゴイセン　ノー。ハヨ　ゴイシャ　エーノニ。

【人が】見えないね。早く来られればいいのに。

〔田舎風の親しみ深い敬意表現〕

これも右に類するものとされよう。そうして、倒叙ではなくて順叙と言える如く、第一文の「ノー」はよく下に大休止・断絶をおこしており、それと相対してまた、第二文の「ノニ」が、文末助詞的に安定している。

9　二文仕立の連文

一文であってもよいような構成のものを二文に仕立てている、その意味において、前後の必然的連関の明らかな連文がある。言うまでもなく、「一文であってもよいような」とは、観察者として傍観的に言うまでのことであって、この場合、前後に分かれて二文になって、その間に断絶の効果がおこっていることが、表現として特定の意味を持つのである。

○ホンニ　チョロインダケー。ツカマエドモ　サセン。

ほんとにあの鯉はすばしこいんだからね。つかまえなんかさせはしませんよ。てんで。

〔気さくな言いかた〕

この場合、「……ケー。」で休止は大きい。「ケー」は文末助詞的役わりに近いものを示すにいたっている。ついで第二文は第一文よりもいくらか早口に、終ほど力を入れて発言される。「サセン」と高い調子に終り、これは第一文の早くからの下がり調子とは対応する。連文全体の緊密さは、この対応の上に明らかである。

10　接続詞による連文

前二項のなどのように、第二文冒頭に接続詞のはいり得ないものがある。それに対して、接続詞のはいるものがある。

○ソコイ　オッツカーサイ。ソーセニャー　ヤレマセン　ワイ。

そこに居って下さい。でなくては、いけませんよ。

〔主人↓客　上座をすすめる〕

これでは、第二文の冒頭に、接続詞「ソーセニャー」がきている。これは、二文の対応のしかたを、一種の接続法で、形に明らかに打ち出したものである。

11　無形接続詞による連文

○アメガ　フリダータ。ハヨ　ヒャコッチャンナイ　ヤ。

あ、雨が降り出した。【あそこの、たんぼの誰さんに、ほしものを入れるように、】早く大声でどなって下さいよ。

〔粗野な親しさ〕

これなどは、第二文冒頭に、接続詞を装着し得ないことはない。もっとも、現に装着していないとおり、表現全体は、ここですこしもゆるまず、緊張の断止を見せている。第一文末に文末助詞の有形化していないのは効果的である。一方から言えば、その有形化していないところに——そこのことばづかいの調子に——次下に接続詞の継起してよいことを感ぜしめるものがある。第二文末の「ヤ」は、この連文を、まさに一連一文脈のものとして統轄し得ている。

○ナント　ダンベーデ　ナー。カシコマレン。

なんと私はこんなにふとった図体なんでね。どうも、きちんとすわれない。

〔ややおどけたことば〕

これも、つづきから言えば、第二文のはじめに接続詞をおけないことはない。第一文は相手に言いかけることばになっている。第二文は自分に言うことばになっている。前者例の逆である。

○タクチォンガ　トートー　キタ。ワシガ　ツレテ　キタンダ。

卓ちゃんがとう〳〵遊びにきた。ぼくがつれてきたんだ。

〔子どもの世界〕

これは子どもがおとなに報告することばになっている。第二文末は「キタンダ」となっており、これが連文全体をしめくくっている。その「ンダ」の叙法からして、第一文下の休止の内面に、無形接続詞が反求されるのである。「ンダ」は文末助詞に似た地位にあるものとも考えることができる。

12　文末助詞対応の連文

つぎのものになると、また接続詞は入れようがない。第一文の文末助詞と第二文の文末助詞とが、きれいに対応している。

○コンタ　コッチー　ゴザレ　ヤー。ソカー　アツイ　ワイ。

あんたこっちへおいでよ。そこはあついよ。

〔年長者間のうちとけたことば〕

これにおいては、第一文は「ヤー」にしめくくられ、第二文は「ワイ」にしめくくられて、この二文が、「ヤー」対「ワイ」的に対応している。完全に「ヤー」「ワイ」の文末助詞が出ているから、この場合、抑揚上の対比に注目すべきものはない。「ヤー」と「ワイ」とは、当方言生活において、存立の位相を同じくし、いわば同僚ことばである。ここに、前後二文の、まさに必然的な連関相が見られのである。

○オマイラー　オーケナ　コトー　ヌカーテモ　ノー。ツマラン　ヨー。

おまえなんかは大きなことを言ってもね。つまらないよ。

〔男青年間のけんか〕

これでは、前後は「ノー」と「ヨー」との対応が見られる。これもまた、当方としては、しっかりとむすびあうものなのである。

○ウラー　ノー。トテモトテモ　ヤレン　ヨ。
　わしはね。とても〳〵どうにもならないよ。
〔おとなの男子のくだけた言いかた〕

これも同例である。

「ヤー」対「ワイ」の場合にしても、「ノー」対「ヨー」の場合にしても、この種のものを対応させる連文の表現は、みなよく方言の方言性・土地らしさを示し、生活感情の特質をよく反映する。「ヤー」対「ワイ」は、いくらかの品位とやさしさ、ゆっくりとした気分を出すことがつよく、「ノー」対「ヨー」の対立は、それよりもやや品位の低い感情を示し、打ちつけがましいところがある。土地ことばとして、素朴な表現態度を反映する点では、後者の方がいっそう特徴的と言えよう。

○ソリョー　ミー　コソ。ヤッツロー　ガー。
　それを見ろ。しくじっただろう。
〔おとなの叱責〕

これにおいては、「コソ」と「ガ」とが対応している。これまた、「コソ」あっての「ガー」であり、「ガー」に承けられればこその「コソ」である。こうして、連文全体の表現気分は、「ソリョー　ミー　コソ。ヤッツロー　ガ　ヤー。」との言いかたをもする、――その「ヤー」のむすびかたもする、「ヤー」的なものとなっているのである。これは、低卑ぎみの、それでいて力づよいところのある、男性的な感情のものである。

文末助詞を明瞭な頂点とする文双方の対応は、方言表現上で、一つの顕著な連文類型をなすもののように思われる。この傾向の中に、文末助詞化した種々のものが見いだされる。そのような文末助詞化ごとに、前後両文の対応の特殊性が、個々に色こく打ち出される。

おわりに

右は、一方言の実情にもとづく一とおりの記述にほかならない。

国語今日の方言状態を、つらねて一大共時態としてながめ、そこに起り得ている連文の諸相を十分に取り上げれば、種々の角度から、一定の連文法則を帰納することができよう。方言生活の特質は、この把握によって、ずいぶんに明らかにされるところがあると思う。方言文章論の一項目、連文論は、われ〳〵にとって興味深い題目である。

連文の構造の究明は連文の表現性の究明につながる。連文の構造論は表現論と一如である。一般化して言えば、文章構造論はすなわち文章表現論となる。このような文章表現論が、『文章』の生活の実質をよく記述し得るであろう。生活語としての方言の、その生活語法の解明のためには、この種の文章表現論が、重要な方法となる。

（『国語学』第二十輯　昭和三十年三月）

頁	行	誤	正
490	下4	のうえで、	のうえでの、
490	下6	二文間の休止間の休止が	二文間の休止が
491	下3	「……　○○……。」	「……　○○……。」
494	上23	鈘法	叙法
494	下16	鈘述	叙述
494	下18	イケンノンダ	イケンノンダ。
498	上2	しつかりと	しっかりと
498	下13－14	旧味深い	興味深い

社　昭26年12月）
池上　禎造　「はい」と「いいえ」（「国語国文」第21巻第8号　昭27年9月）
宮良　当壮　風土と言葉（「日本民芸双書」1　岩崎書店　昭29年5月）
金田一春彦　日本人の挨拶（「ことばの研究室」Ⅱ　大日本雄弁会講談社　昭29年6月）
東条　操　標準語引分類方言辞典（東京堂　昭29年12月）
山口女子短期大学　主婦を中心とした農山村の家庭生活　山口県阿武郡佐々並村大下部落の家庭生活実態調査報告（「山口女子短期大学研究報告」3　昭29年12月）
岩井　隆盛　加賀と能登の「挨拶語」（「言語生活」第45号　昭30年6月）
岩井　隆盛　能登の「応答」（「言語生活」第48号　昭30年9月）
伊藤正之助　住居語彙と挨拶（「民間伝承」第20巻第3号　昭31年3月）
飯豊　毅一　あいさつ――おはようございます――（「言語生活」第71号　昭32年8月）
山口女子短期大学　主婦を中心とした農村の家庭生活――山口県佐波郡徳地町西村の実態調査報告――（「山口女子短期大学研究報告」9　昭32年8月）
浅見　徹　あいさつことば西と東（「言語生活」第110号　昭35年11月）
編集部　新年おめでとう――北から南から――（「言語生活」第112号　昭36年1月）
大藤　時彦　村民のあいさつ（「言語生活」第116号　昭36年5月）
三宅　武郎　あいさつ語の文法◇文法夜話(37)◇（「実践国語教育」第250号　昭36年5月）
藤原　与一　方言の発想法（「国文学攷」第28号　昭37年5月）
押見虎三二　佐渡が島方言考――小佐渡（前浜）調査から――（「方言研究年報」第5巻　昭37年12月）
矢成　政朋　物売りの声の今昔（「言語生活」第145号　昭38年10月）
岸田　定雄　大和の挨拶のことば（「近畿民俗」第7号）

〔柳田　征司　調〕

つことば」研究の重要性がある。

しごとに関連した、多くの「あいさつことば」を見ていくことも、重要である。

6．1　表現法の固定という点で、「あいさつことば」は、注目すべきものである。「固定」が、外見上の特殊化にもなっている。

しかし、特殊表現法としての「あいさつことば」に、かえって、日本語表現法の本来的なものを見うることもしばしばである。私どもは、一見、きょくたんな形式にもなっている「あいさつことば」を、日本語表現法探究の見地から、見なおし、見ふかめるようにしたい。

6．2　日本語の生活の実情としては、旧来、家庭での「あいさつことばの生活」と、社会での「あいさつことばの生活」との距離が、いくとおりもの意味において、ずいぶん大きかった。方言生活を見ると、そのことがよくわかる。

この距離のことは、今後の、国民一般の、あいさつ表現の生活を考えるさい、問題にしなくてはならないことである。それにつけても、私どもは、まず、方言での「あいさつことば」の実態を、さまざまの角度から明らかにすることにつとめなくてはならない。

（『方言研究年報』通巻第6巻　昭和38年12月）

×　×　×　×　×　×　×　×　×　×　×

「あいさつことば」についての諸研究　一斑

永田吉太郎　「サヨナラ」のVariety（「音声学協会会報」第24号　昭6年9月）

加藤　義成　中央出雲の挨拶（「方言」第5巻第10号　昭10年10月）

柳田　国男　あいさつの言葉（「民間伝承」第10巻3・4・5号　昭19年3・4・5月）

柳田　国男　毎日の言葉（創元社　昭21年7月）

小林　　存　越後方言七十五年（「新潟県常民文化叢書」第3編　高志

○サイサイニ。
（再々に。）

とか、
○ダンダン。
（段々。）

とか言う謝辞は、副詞だけを残したものである。
○オヒンナリ。
（お日になり。）

という、「今日は。お早うございます。」の「あいさつことば」や
○オバン。
（お晩。）

という、「今晩は。」の「あいさつことば」は、「ました」や「です」を落としている。（「今晩は。」というのも、まったく省略型のものである。）

5．6　瀬戸内海の島嶼には、あっさりとした気もちの「いや、ありがとう、ありがとう。」の表現に、
○メンタシ。
と言う所があった。老人男子のことばだった。（今は亡んでいる。）「メンタシ。」は「めでたし。」か。これを古語法形式と見れば、こういうのも、一種の表現型としてとり立てることができる。

そんな、文語法終止のものでなくても、訪問のあいさつの、
○ゴイサリマセー。
ご免なさいませ。

のようなものでも、一般人士の耳には、古めかしく聞こえよう。これも、古語法と言えなくはないものである。「マセ」のむすびの問題は別としても、今、これを、古語法の表現型としてとり立てることができる。


「あいさつことば」には、古語法が、よく退存している。

5．7　表現型の整理は、まだまだ、このさきがある。今は、いくらかを見るのにとどめるほかはない。

さて、前にも述べたように、この表現型の討究をつくして、「あいさつことば」の、内外両方からする研究を、正しく統合するようにしたい。

6　むすび

6．0　人間の言語生活での、あいさつの重要性に正比例して、「あいさ

ろう。西は「………マセ。」と言う。「マシ」の、軽い言いかたに対して、「マセ」の、おさえつけたような言いかたは、重い。さてその「マセ」とともに、「マシタ」も言う。

方言では、「オイデヤンセ。」とは言うが、「オイデヤセ。」とは言わず、

オイデヤンセ。
オイデヤス。

がつれ合う、というようなことがある。九州南部でも、

○マタ　オサイジャッタモンセ。

　　　また、いらっしゃってくださいませ。

と、

○マタ　オサイジャッタモス。

とがつれ合う。

考えてみれば、「あいさつことば」に、命令形をつかった「もの言い」をするのは、注目すべきことである。その方法の変相として、「マセ」に対する「マシ」〔i〕、「ヤンセ」などに対する「ヤス」などを、注視することができる。

一般に、「あいさつことば」でも、また、文末に、特色がよく出ると言えよう。

5．4　文末をはなれても、特色があることを、つぎに見たい。

○ゴネンノ　マイリマシテ、アリガトー　ゴザイマシタ。

と、広島市西郊などでは、古老が言う。「御念の参りまして」とは、妙な承接である。いかにも気まま自在な承接であろう。が、これが、きまった言いかたなのである。（──「あいさつことば」には、このように、妙な習慣化がしばしばみとめられる。）したがって、今は、この異常承接をよりどころに、ここに、一態の表現型をみとめてよい。

山口県下の、訪問時の「あいさつことば」、

○アンタンデ　ゴザイマス　カ。

　　　御在宅でございますか。

も、異常承接の「あいさつことば」と言えよう。

5．5　上の「アンタンデ　ゴザイマス　カ。」が、

○アンターン。

とも言われている。これは、はなはだしい省略である。省略型という表現型をみとめてよい。この種のものは、広汎にみとめられる。したがって、その内部を分類すべきことにもなる。

もある。

4．6　あいさつ表現のための発想法の動向としたら、相手をあしざまにおとしめたりする方向へは、発想即発想法は栄えないと言うことができる。当然のことであろう。「あいさつの世界」のことだからである。

いきおい、「あいさつことば」は、中態以上のところで栄えている。（中態とは、敬卑の段階を、かりに上態・中態・下態と区別して言うことである。）

5　「あいさつことば」の表現型

5．0　あいさつ表現文の類型を整理すれば、「あいさつことば」の表現型が得られる。どのような表現型があるか、かんたんに見ていこう。

5．1　「ドーゾ　オアガンナシテ。」など、「テ」でとめるのは、さきにもふれた、特色ある一表現型である。

近畿四国のうちには、上の「………ナシテ。」があるが、中国には、ほとんどない。九州にも、おそらくなかろう。ところで、中国・九州でも、

○ごやっかいにばかり　なりましテ。

というような「テ」どめはおこなわれている。同一型の表現型でも、ものによっては、また形式によっては、方言ごとに、おこなわれるおこなわれないの別がある。

5．2　店屋の人が客に対して、

○アリガトー　ゾンジマス。

などと、「ます」現在法でむすぶのは関東である。関西方面では、

○アリガトー　ゴザイマシタ。

などと、ともかく「ました」完了法の言いかたをする。

そうかとおもうと、東北では、「御主人はお宅ですか。」と問われて、その妻君が、「居ます。」と答える時、

○イーシタ。

と言う。関西方面は、この時は、「オリマス。」である。

「お早うございます。」の時は、どことも、「ます」のむすびがふつうかと思われるが、それでも、中国地方のうちなどでは、よく、

○オハヨ　ガシタ。

などと、「た」完了法の言いかたもしている。若い人びとは、この言いかたを、古い人たちほどにはしまい。（かつ、だんだんしなくなっていよう。）

5．3　店屋で、「イラッシャイマシ。」と言うのは、中部地方以東であ

などなどがある。ここにはすでに四種の発想法が並存している。くらべて見ると、発想法の特色は、いかにも歴然としていよう。

あいさつの、切りこみの角度が、それぞれにちがう。発想は想を起こすことであるが、想の起こしかた（発想法）は、ものを引き出す引き出しかたであり、ことがらや相手に切りこんでいく、切りこみかたである。切りこみかたに、切りこみの角度がある。発想法の角度が、発想法の特色になる。

嫁を「手ま」と見るところには、そういう切りこみかた、発想法の特色があるとしてよい。

4．4　ごちそうになれば

○ゴチソーサマデシタ。

などと言う。――そういう発想法が、ほとんど普遍的である。ところで、方言によっては、物を貰っても、

○オゴッツォサンデ　ゴザイマシタ。

などと言う。つまり，たべなくても「ごちそうさま」と言う。

またの例である。物を貰えば、

○アリガトー。

などと言う。ところで、方言によっては、物は貰わなくても、

○サイサイニ　アリガトー　ゴザイマス。

と言う。これは、いつもおせわさまになっていますというほどのあいさつである。さらには、近所づきあいの毎日を、なにげなく謝するていの、軽いあいさつである。

あいさつの発想は、一面、奔放である。発想法の飛躍の自在さがみとめられる。

4．5　かとおもうと、一面、発想法の形骸化がある。「ありがとう。」でも、

○マイド　アリー。

などと言うようになると，言う人自身、「ありがとう。」の意識は持たぬままで言っていよう。――「コンニチワー。」ぐらいなところである。

○オー、クタ　カー。

などでも、「食ったか？」と言いながらも、食ったかどうかを問うつもりはなく、「おい、どうか？」とか、「今日は！」とかのつもりになっている。「食タカー。」の発想法そのものから言えば、一種の形骸化である。もっとも、「クタカー。」の言いかたで、「どうか？」と、相手の様子を聞く言いかたを起こしたのだとすれば、これはまた、こういう，発想法飛躍の自在で

は、東が簡で西が繁であろうか。男女間での差別度も、西の方が、一だんと高いようである。

4.1 土地方言ごとに、その発想習慣の大きな傾向の中で、生活の各場席に応じた、あいさつ発想の生活がなされている。あいさつのもの言いがなされている。

発想は発想法となる。想ったら――想念発起――、それは想いかたになる。想うのと、それが想いかたになるのとは、同時である。発想はすなわち発想法になる。発想法、想いかたに相応して、言いかたがうまれる。

発想習慣も、すでに発想法の大きなわくであろう。その大きなわくの中で、土地方言ごとの、個々の発想即発想法が実現される。

4.2 その発想法に、二つの方式がみとめられる。一つは、連綿として発想していくもの、連綿発想法とも言うべきものである。他は、単発式に発想していくもの、単発発想法とも言うべきものである。この方が、発想法の広領域をなしている。

旅の親戚の老人などが来ると、それこそ久しぶりのあいさつは綿々として長い。しかもそれは、ただ長いのではなくて、ある規格をふんで、きちょうめんに、そのように長く語られている。そのあいさつのふんいき・状景は、たしかに一個の民俗としてうけとられる。

○オトドシノ暮ニワ………。キョネンノ春ニワ、………。夏ニワ………。
　秋マツリノコロニワ、……。

たとえばこのように言う。あいさつの姿勢のままで、長い間のできごとや交渉を、順次とり立てて口上にうつす。述べる方も、受けとる方も、たがいにそのしばらくの間のやりとりを大切にする。郷土社会の人情も道徳意識も、ここにくっきりと出てくる。おもしろい方式の発想法があるものだと思う。

一方の、通有の単発発想法について、私どもは、簡明に、発想法の特色を見ていくことができる。

4.3 たとえば、嫁をむかえた家の人への「あいさつことば」には、

○エーノー　モラワレテ、………。
　　いいのをお貰いになって、………。
○エー　ヨメサンオ　モローテ、………。
　　いい嫁さんを貰って、………。
○オキャクサンを　………。
○テマー　モローテ、………。
　　手まを貰って、………。

音韻変化である。

「あいさつことば」の保守性などについては、民族心理学的な研究も、おもしろく進められよう。諸言語・諸国民にわたる、あいさつ心理の比較討究も好個の題目である。「さよなら。」の別辞には、諸国語に、「再び見る」ことを言う言いかたがある。

それにしても、「あいさつことば」のおもしろさは、わけても、その表現と表現法のおもしろさにあると言えよう。その表現と表現法とを、表現論的に研究していくことは、中でも、たいせつなことだと思う。さきには、「文法学的研究の方向」と言ったけれども、それは、表現論的態度のものでなくてはならない。とすると、前述のように、「あいさつことば」研究に二方向を考え、かつ、二方向の合一を目標に研究を進めていくことは、「あいさつことば」研究の本格のいきかたと言える。

4　「あいさつことば」の発想法

4・0　「あいさつことば」の発想は、「あいさつことば」のくり出しとなる。「あいさつことば」のくり出される様子を見れば、あいさつ発想の動態がわかる。

民間人は、日々、あいさつに生きている。毎日の人間生活は、これ、あいさつの生活である。あいさつする人、せぬ人があり、すること、しないことがある。そこに、人びとの、人間社会の生活での、くさぐさの、あいさつの心理・意識がある。民間人の民間生活意識は、一つ、あいさつ意識にきわまっていると言ってもよかろうか。

田舎人の心ばせは、そのあいさつのことばに、端的にあらわれると言ってもよかろう。一つの村にはいってみても、その村の気風は、人びとにあいさつをしかけてみると、よくわかる。そこのあいさつが、その郷土社会をよく表徴している。

あいさつに地方差があり、「あいさつことば」に地方差がある。この地方差はすなわち、あいさつ民意の地方差、つまり発想習慣の地方差である。

発想習慣にいろいろのものがある。ある地方では、ことこまかにていねいにものを言い、ある地方では、「ヤー。」「オー。」などと、ごく簡略におおざっぱにものを言う。このような地方差はめずらしくない。なにごとも、おおづかみ・簡略の言いかたですませてしまう傾向が強ければ、そこは、そういう発想習慣の土地なのである。概して言えば、国の東方と近畿以西とで

粋に客観的である。客観の発想である。日本のは、相手という「人」にむすびつく発想である。

「あいさつことば」を発想に即して見ていく内面的研究は、たしかに、おもしろい研究方向にちがいない。

もちろん、私どもは、外形をおさえることなくして、発想を検討することはできない。内からの研究も、出発点は外にあると言える。

3．2　他の一つの研究方向、「あいさつことば」の表現のかたちを見ていくのは、表現の外形を、文法学的に分析していくものである。「あいさつことば」の表現のかたちには、また、いろいろの、表現法上の類型がある。たとえば、

○いつもおせわさまになりましテ。

などと言う。「テ」と、言いはなす。――あるいは、言いさす。これも一つの目だたしい表現型である。この方面を整理していくと、ずいぶんおもしろい事実にいきあたる。

3．3　すでに明らかであろう。以上の二つの方向は、二にして一である。表現型を整理してみれば、それは、発想の発想法の分別処理である。「言いかた」は、発想の宿るところである。発想の、発想法が、言いかた、表現のかたちを決定する。

ただ、発想の研究は、かたちの面を必要とするが、表現のかたちの研究は、いちおう、外形本位に――つまり「発想」を考慮することなしに――手はじめることができる。このため、いちおうの考えかたとして、「あいさつことば」研究の二方向を措定することは、不当でない。さて、二方向に展開せしめれば、やがて、明確に、外からと内からとの二つの見かたを、統合することができる。

3．4　「あいさつことば」をとりあげての研究が、文法学的研究の方向に限られてよいものでないことは、また、多く言うまでもない。諸他の研究方向の、なおとられてよいことは自明である。

たとえば語彙論的に見てもおもしろかろう。「ゴメン」の一語にしても、注意すべき漢語である。「あいさつことば」の世界には、ものなれた漢語が多くひそんでいる。

音韻上、「あいさつことば」が注目されることも、すくなくない。たとえば「ユタンナサレ。」とある。「ユタン」はもと「ゆだん」か。辞去の「あいさつことば」として、「油断なされ。」が用いられるうちに、「油断」は、「転用」の効果を顕著にして、「ユタン」となったらしい。一方から見れば

し冠──→婚──→葬──→祭──→その他の人事──→

の二面を見わけることができる。

男・女、老・若による調査区別は、いつの場合にも用意しておかなくてはならない。

また、あいさつを、相手一人に対するものと、相手二人以上に対するものとに分けて観察することもいる。

おおかたのあいさつについては、

訪問──→辞去──→途上

の別も考えておかなくてはならない。

上述の程度の目やすによって、ほぼ、おちのない、調査作業体系を作っていくことができよう。上述のものが、すでに、作業大綱である。

3　「あいさつことば」研究の二方向

3.0　「あいさつことば」の研究は、おおよそ、つぎの二つの方向に展開させていくのが有意義かと思う。

一つは、あいさつの発想を見ていく研究方向である。他の一つは、「あいさつことば」の表現のかたちを見ていく研究方向である。

3.1　あいさつの発想を見ていく方向は、「あいさつことば」を内から研究していく方向である。

発想とは何か。ここでは、「想を発すること」と、これを字義どおりにとっておく。想念発起である。想念が発起されて、「あいさつことば」の表現がうまれる。（──→それは、なんらかの表現形式、表現のかたちをとる。）「あいさつことば」を、その想念発想のがわから見ていくのである。

発想、「あいさつことば」の発想には、顕著な類型がある。たとえば、日本語では、人びとは、朝のあいさつのさいに、

○オハヨー。（お早うございます。）

と言うが、英語では、

○Good morning.

と言う。一方は、「早い」ことを言い、他方は「良い朝！」を言う。「早い」ことを言うのは、「お早いことですね。」「あなたは早くお目がさめましたね。」との発想によるものであろう。（──そういう朝は、けっこうな《good》朝にはちがいない。）が、かれは、さいしょから、「良い朝！」と言っており、「人」には関係なく朝そのものをとりあげる発想である。いわば純

になろう。

こうして、くまどりをはっきりとさせた資料こそ、整備された資料と言える。

単一の「あいさつことば」を研究対象とするような場合にも、その資料の確実な把握のため、関連の「あいさつことば」をも、あわせ観察しておくことが望ましい。そのような、総合的な資料把握が、また、有力な資料整備になる。

2・2 一地方言につき、また多地点多方言につき、「あいさつことば」の諸現象を、総括的にとらえていこうとする時は、どのような手順でしごとを進めていくのが、調査の徹底上、有効であるか。私はやはり、日常生活のじっさいを、生活形態・生活分野にしたがって分析して、その各部分を、順次、調査対象にしていくのがよいと思う。――「生活」を分析して、調査の作業体系を作るのである。（さきの、凡例にかかげた五種の調査項目は、つまり、その、「完全調査」目標の作業体系の中から、五つのポイントを抜き出したという意味のものにほかならない。）

「生活」は、まず、

{ 平時
{ 特別時

の二系列に見わけられる。このおのおのについて、春夏秋冬、ないし各月が見わけられる。

そういう「時」の上で

{ 日常事
{ 特別事

がある。そのおのおのに即して 「あいさつことば」を見ていくことができる。

日常事の中に、

{ 日常勤労面
{ そのほか

の二面を見わけることができる。「そのほか」の中は、

{ 衣 ──→ 食 ──→ 住 ──→
{ 朝 ──→ 昼 ──→ 晩 ──→

（「身体 ──→ 性情 ──→ 行動 ──→」などをも含む。）

のように見わけていくことができる。

特別事の中に、

{ 年中行事

について、比較的にあるいは総合的になされる場合もあろう。どちらの場合にしても、「あいさつことば」の全現象にわたろうとする時と、部分の現象にわたろうとする時とがあろう。

研究の、どのような場合にしても、根本として、確実な資料を得ることが肝要である。これは言うまでもないことながら、「あいさつことば」研究の場合には、その確実ということについて、特に注意する必要がある。

確実をねらった、用心ぶかい調査がいる。

2．1 「あいさつことば」研究の直接資料が、文表現本位のものであるべきことは、すでに、資料整備の、かくべつむずかしいことを、よく考えさせよう。

文を文として処理しうるように、しかもそれをいつでも他と比較しうるように、文をとりあげていくかためには、文記述に、周到な用意がいる。第一には、「あいさつことば」の文を、文として認定していくうえの困難を克服しなくてはならない。ついで、その文を、音声相に即して、くわしく記述することが必要である。

「あいさつことば」となると、これは、「文」の特殊なものでもありがちである。その特色・特性のはっきりとするように、ものを、記録し取らなくてはならない。

「あいさつことば」は、さまざまの生活条件によってささえられている。その多条件をこまかに分析して、当の「あいさつことば」をとらえねばならない。用いられる時・場合に関しても、用いられかたに関しても、「あいさつことば」には、微妙な限定や制約のあることがある。似たりよったりの言いかたにも、ちゃんとした用法差のあることがある。そのようなものを、不安定にではなく、かっきりと取りあげることがいる。ものによっては、また、一つの「あいさつことば」が、かなりはば（用途）広く、あるいは漠然と広くも、用いられていることがある。それらは、それらなりに、その用法習慣のはばをはっきりと受けとめるように、とらえなくてはならない。

本巻（「あいさつことば」特集）執筆者の一斉作業では、以上のような点に関して、本巻第(4)頁の凡例に記したような調査規準を、あらかじめ出した。資料把握――調査――の厳密と、資料性の統一とをねらって、ひとまず、この程度の要求を出したのである。（多作業者の協同作業の統一集成のためには、現実に即した要求水準の設定を考慮することもまた肝要である。）

一々の「あいさつことば」を、その実態実質に即してとりあげるとなったら、要するに、記述は精細になり、記録は、諸条項・諸条件をつくして精密

というのがあり、これが村の人びとの常用文句になっていれば、これは「あいさつことば」と見られる。「そんな時にはそのように言うのが習わし」というのであれば、それは「あいさつことば」とされる。目の前に中耕しているのを見ながら、しかも、「打チョルのか？」と言うのであるから、これは、きまり文句の「あいさつことば」としてよかろう。

あいさつの心理で発言するものが「あいさつことば」である、と言える。けれども、そのあいさつの心理というものが、はっきりとはしないことがある。とすれば、無自覚的と言える様子で、習慣の言いかたをし，相手に訴えかける（また、答える）、その通り文句が「あいさつことば」であると言ってもよかろう。「食べタカネ。」というのなど、こう言っても、かならずしも「たべる」「たべない」は問うていない。こうなると、これは、無自覚的な発言と言え、「あいさつことば」と言える。

自覚的なのは「あいさつことば」にならないというわけではない。たとえば、ひどく暑いので、

○キョーワ　アツイ　デー。

と言ったとするか。明らかにこう思って、このことが言いたくて、それこそ自覚的にこう言ったのであるが、この場合、あいさつの心理がはっきりとしていて、これは「あいさつことば」である。

あいさつの心理ははっきりしないもので、自覚的な発言で、しかも「あいさつことば」ととれるものがあるか。

○コマル　ネー。

などはどうか。人に話しかけたものはみなあいさつのことばであると、言えないこともない。「あいさつことば」は広義にもとれる。が、「あいさつことば」の研究としては、むしろ狭義の「あいさつことば」を考える方が有意義であろう。となると、この「コマルネー。」などは、「あいさつことば」の埒外におくのが適当かと思われるのである。ものごとを、事物に即して、自覚的に、分析的に表現したものは、「あいさつことば」とは見にくい、と考えることにしたい。

2　資料・調査

2．0　「あいさつことば」研究のためには、資料を、どのようにして整備するか。

研究は、一地点方言についてなされる場合もあろう。また、諸地点諸方言

○ンヂャ　マンツ。
などと言っており、「では」に「まず」がついている。そして、この「まず」を、単独にもつかって、

○マンツ。
などと言っている。途上の別辞として、子どもなどもこれをつかっている。（「辞」と、旧来、言ってもいるが、こういう場合、じつは「文」である。）「まず」（先づ）は、共通語的なあたまで言えば、「まず、どうどう。」と、ことのはじめ、これからをあらわすことばではなかったか。それが、方言上では、このように、ことのおわりにつかわれている。東北で、「まず」——「マッヅ」が「まあ」の意味につかわれることは多い。この「マッヅ」が、文表現中に頻発する。「まあ」の「マンツ」が、自由に、別辞としておこなわれるわけであろう。そういえば、共通語でも、「ジャー、マー。」などと言って別かれる。しかし、「マー。」とだけ言って別かれることは常でない。

方言では共通語にない「あいさつことば」が多くおこなわれており、そこには、共通語での「あいさつことば」の用法なり約束なりからはみ出たものがある。しかも、その異様な習慣のものが、かず多い。東北で、もう一つの例を見るならば、

○タダ今。
というのが、帰った時の「あいさつことば」にもなっていれば、出かける時の「あいさつことば」にもなっている。明らかに、共通語の習慣からはみ出ていよう。

こういうものを見ると、私どもは、いやおうなしに、「あいさつことば」のしくみやはたらきのおもしろさを考えさせられる。

簡潔に言えば、「あいさつことば」一般の研究のためには、主として、方言生活上の、あいさつ表現の文を見ていく必要がある。「あいさつことば」研究の正道はここにある，と言ってもよいかもしれない。

1．2　さて、方言生活に「あいさつことば」の文表現を見るといった場合にも、一・二の困難な問題がある。中でもやっかいなのは、どこまでを「あいさつことば」と見るかということである。しごとに関する対話などでは、ことに、「あいさつことば」と非「あいさつことば」との区別がむずかしい。

はなはだしい慣例文句になっていれば、「あいさつことば」と見ることができる。人が動いている所を通りかかってのことばに、

○ウチョル　ンカ。
　　打ってるの？　〔畑の中耕〕

「あいさつことば」の研究について

藤原　與一

1　あいさつことば

1．0　「あいさつことば」と言っただけでは、いろいろに解釈されるおそれがある。

ここでは、「あいさつことば」を、「あいさつ表現の文」と考える。あいさつのことばは，じっさいには、個々の文表現としてあらわれている。「あいさつことば」は「『あいさつ』文」である。

あいさつの文表現は、むろん、共通語の生活の中でも、不断にみとめられる。が、ここでは、方言生活の中での「あいさつ表現文」を問題にする。

1．1　「あいさつことば」の研究にあたって，方言生活の中の「あいさつことば」——あいさつ表現文を見ていくことは、意味が深く、価値が大きい。なぜなれば、方言では、いかにも多様に「あいさつことば」が見いだされて、共通語生活では気づかないでいるようなことも、ここで、いやおうなしに、多く気づかせられるからである。私どもは、共通語の生活で，ふつうに「コンニチワ。」と言っている。何が「コンニチワ」なのか、考えてもみない。なれて自然に機械的にこれをつかっている。「サヨナラ。」と言っても、まったくそれだけのことなのである。「サヨナラ。」を言う共通語の人びとが、「アバ　ヨ。」などを聞いて、はなはだしく下品なことばだと思うことはすくなくない。人は、この両者をつよく引き離してうけとり、「サヨナラ。」は〝あたりまえのことば〟と思いきめている。別れぎわのあいさつに言う「ヂャー。」も、これはこういうものとしている。なれた共通語の生活では、あいさつのことばは、きまり文句のようにわきまえられていて、人はこのことばにものを見いだすことがない。むしろ、「あいさつことば」はきまり文句で味気ないもの、というくらいに思われていることが多くはないか。

ところが、一歩、方言の世界にはいってみると、あいさつのことばは、じつにくさぐさに繁茂していて、ここは、私どもに、多くの自覚・発見をうながしてくれる。さきの「ヂャー。」でも、東北世方のうちだと、

あいさつことば

藤原与一

□〝きまり文句〟とは言われるけれども

あいさつことばは、なるほどきまり文句でもあるが（と言っても、あいさつことばと非あいさつことばとの境は明確でない。）、じっさいには、それが現場でよく生きている。

先日の朝がた、海岸を散歩していたら、知りあいの人が、

〝オハヨ　アリマス。〟（お早うございます。）

とあいさつしてくれた。いつになく、この人が、「オハ」を高音に発音したのでおどろいた。しかし、これはこの場での、先方のしっくりとしたあいさつ表現であったようである。けさはまた、放送のドイツ語の時間に、ドイツ人の、

〝グーテン　モールゲン。〟

とあいさつするのが聞こえた。聞きなれてはいないイントネーションだったので、私もハッとなった。この人のこの時のあいさつには、かならずや特定の感情がこもっていたのであろう。

あいさつことばは、きまり文句にもなっているとしても、人間によって発言された一つ一つのあいさつことばは、個性化されて、現場によく生きている。「ボン　ジュール。」にしても、人は、心情のままに「ボン　ジュール。」などとも言うのだという。「グッド　モーニング。」のあいさつにしても、強調がいろいろにおかれているではないか。

いずれは、ある種別の型〈複数〉になるのだとしても、その型への持っていきかたが、あいさつ表現の個別活動である。

「コンチャー。」（こんにちは。）――「チワー。」といったようなものにしても、よく聞いていると、この〝きまり文句〟が、発言者によって、いろいろ、微妙なものとされてい

る。「はい。」の返事は、応答のあいさつの、もっとも簡単なものであろう。が、たとえば、教室で数十人の人の出席をとってみてもよい。「はい。」が、その人ごとに、一々ちがった音声表現である。感情表現である。「はい。」のあいさつことばが、よくもあしくも、その人その人に生きて輝いている。

　あいさつことばは〝きまり文句〟であっても、それは、どのようにか生かされなくてはすまないものである。

□べんりなことば

　あいさつことばは、きまっているから、べんりなことばである。

　このべんりさで、人の社会生活・言語生活は、どれほどらくにされている（救われている）ことか。

□対話文の基本

　対話は、センテンス（あるいはセンテンスの連続体）のなげかけあいである。

　考えてみると、あいさつことばは、その対話の出発点によく出てくる。ノーマルな言語生活はノーマルなあいさつことばからはじめられていよう。

　対話の原点に、あいさつことばがある。あいさつことばは、対話文の基本であるとも言うことができよう。――対話でなげかけあうセンテンスの基本的なもの、原型的なものがあいさつことばであろう。

　あいさつことばは、言語生活全般のまん中にある、とも言うことができるか。私どもは、あいさつことばの軌道にのって、対話を進行させていく。

　もしも社会に、〝きまり文句〟のあいさつことばがなかったら、と考えてみたい。

□「あいさつことば」のおくにぶり

　現代日本語にも、なんと、あいさつことばが、全国各地に、とりどりにおこなわれていることか。あいさつことばは花ざかりである。

　いつの時代にもこうであったろう。あいさつは、人のまじわり・対話のもとだからである。

　ただ、古い時代のことは、ほとんどわからない。たとえば、平安時代の民間の女性たちが、「お早うございます。」「今日は。」などをどう言っていたかとなると、私どもは、今、何も知ることができない。

　それゆえ、私どもは、今の世代でのあいさつことばを、よくしらべておかなくてはならないわけでもある。

　国民の生活史の記述、国の文化史の記述のためにも、私どもには、こうした方面の研究の責務がある。

　現在の、国の、あいさつことばの花園を、すこしくかいま見てみよう。

1　結婚披露宴に招かれてのあいさつ――京都府丹波西北奥で昭和十年八月に私が聞いたもの

　当時の七十七媼が、私に実演してみせてくれたものである。

〝コンニチワ　オヒガラニツイテ、オテマヲ　モライナサッテ、ワタシラガ　ゴッツォーサンニナリマスジャゲナ。〟

（後半のアクセントは記載することができなかった。ことばのおわりも、受けとりきることができなかった。）「オテマ」は〝よめさん〃のことだ、とあった。

あいさつことばのおくにぶりが明らかであろう。当時、中国山地方面でも、よく「オテマ」の語が聞かれた。

2　晩のあいさつ

出雲地方では、「今晩は。」のあいさつの、

○コンバンモー。

○コンバンモ。

というのが聞かれる。全国でもめずらしいものではなかろうか。考えてみると、「モ」でおわるのも、もっともな言いかたである。村内の人どうしなら、おおよそ毎日、出あっている間がらである。特別に「何々は！」と言うよりも、「今晩モ。」と言ったほうが、親愛感がよく出る。

平凡な晩のあいさつことば、というようなものではあるが、民衆は、こんなところでも、しぜんにおもしろい創作をしている。

3　わかれのあいさつ

途上でなど、かんたんに「さよなら。」とあいさつすることばに、「アバヨ。」の類がある。これは、東北地方から九州地方にわたって、国内に広く見いだされる。「アバヨ。」の語源については諸説があるが、今、私は、「アバ」は「さらば」がもとだと解する。「アバ」に近い「アンバ」があって、これは九州内で「サンバ。」（さらば。）と並存してもいるからである。

東北地方・関東地方は、「アバ」形のよく見られる所である。「アッバ」も見られる。「アンバ」もある。

○アンバイ　ヨー。

これは、山形県南の駅頭で私が聞いたものである。――老女のこの別辞に対して、孫と見られる人が、〃アバ。〃と答えていた。

○アバ。アバ　イー。

は、千葉県下の一例である。八丈島には、

○アバ　ヨ。シバ　ヨ。

との言いかたがあるという。――子どものことばで、かるくわかれる時のものとのことである。

中市謙三氏の『野辺地方言集』（藤原注　青森県下のもの）には、「アリガドゴジャリマス」についての、

ありがたう御座りますの訛だが、「さよなら」にあたる、さよならといふ語は普通民はつかはない。

との説明が見える。

宮城県地方には、日ぐれのわかれのあいさつ、「オ明日。」がある。他家を辞去する時にも言う。佐渡では、かつて聞いたことであるが、子どもたちが、夕ぐれ、わかれる時に、

〃アシタ　ヤー。〃

と言いかわしていた。佐渡のこちらの、越後北部では、やはり子どもたちが、夕ぐれのわかれに、

〃マンツ。〃〈まず。〉

と言いかわしていた。

わかれのあいさつの特異なものをあげる。八丈島には、

○オモエ　ヨ。〈思えよ。〉

○オモウ　ワ。

がある。これらが「さよなら。」にあたるとは！――そのはずであろう。敦い別辞は、まこと、こういうことばにもなるべきものだったろう。八丈島出身の一婦人は、

「オモウ　ワヨー。」は、長い別離にさいしての、思いをこめての別辞である。多くは女性の口にのぼされ、ごく親しい

人を送る時に言う。

と、私に教示せられた。

茨城県下では、

○オヒッコミナンショ。

との、わかれのあいさつを聞きとめたことがある。野良しごとからの帰途、その人の家の前あたりでこのように言うのだという。

4 ありがとうのあいさつ

「ダンダン。」は、中国地方によく聞かれる「ありがとう。」である。出雲地方では、

○ダンダンダンダン。

などとも、よく言われている。

「ありがとう。」の「メンタシ。」「メンタイ。」などというのもある。「めでたし」からのものか。

「サイサイニ。」は、広島市北郊で聞かれるものである。他地方にもあろう。さきの「段段。」に似て、これは、「再々に。」である。いつもいつもおせわになって、ありがとう、という時に、「サイサイニ。」がつかわれている。

宮古島の、

○タンディガー　タンディー。

は、私のもっとも解釈困難とする、感謝あいさつのことばである。深く感謝する時には、「タンディガア　タンディー。」といったように、強調の音声表現がなされるのだという。

沖縄本島で聞かれるものには、

○ニフェーデービル。

がある。これも解釈困難のものであるが、人は、「ニフェー」は「二拝」であるとも説いている。

5 おきのどくとのあいさつ

山形県下でよく聞かれるものには、

○モッケダ　ノー。

がある。これがていねいに言われると、

○モッケデ　ガンス　ノー。

となる。

6 見おくりのあいさつ

北海道では、よく、「気ヲツケテ。」とのあいさつことばが聞かれる。

「オ静カニ。」というのは、方々に散在するものか。品よくものを言おうとすれば、共通語感覚のもとでも、人はしぜんに、こんなにも言うのではなかろうか。

越後南部で、私自身が受けたあいさつことばには、

○オミチ　ヨク。

がある。「一路平安。」〈中国語〉や、「ボンボヤージュ。」にも似た風趣が、ここにあろう。私には、つゆも忘れることのできないことばである。

□あいさつことばの構造《くみたて》

1 朝のあいさつのことばについて

鹿児島県下には、

○ハヨ　メガ　サメヤシタ。

とのあいさつことばがある。「早く目がさめなさいました。」と言っている。宮崎県南部でも、

○ハヨ　サメタ　ノ。

などが聞かれる。いずれも「早くどうどう。」と言っていて、あいさつの内容がはなはだ具体的である。「お早う。」とだけ言うのとはちがう。

鹿児島県下には、

○ケサ　マダッ　ゴワシタ。

けさはまだでござんした。

○キュワ　マダ　ゴワシタ。

きょうはまだでござんした。

などというのも、よくおこなわれている。種子ガ島では、

○キュワ　マダ　メッカリモーサン。

きょうはまだお目にかかり申さぬ。

との言いかたもなされている。

こう見てくると、通有の「お早う。」の意味とはたらきとがよくわかろう。「お早う。」は、つまり、「早くどうどう。」の「早く」を独立させたものである。いわば修飾部が、自立せしめられることになった。「グッド　モーニング。」には、被修飾の「モーニング」がある。「お早う。」には「モーニング」該当のものがない。

2　ありがとうのあいさつについて

かえりみると、現代日本語での常用のあいさつことばには、いわゆる修飾部分を自立させたようなあいさつことばが多い。「ありがとう。」のばあいにも、広くおこなわれている「オーキニ。」がある。「大きにどうどう。」という「オーキニ。」であろう。

さきの「ダンダン。」も、修飾用の「段々」そのものである。「サンキュー（サンク　ユー）。」には、「ユー」がある。人間関係がはっきり出ている。

3　わかれのあいさつについて

「アバ。」「アンバ。」「サンバ。」などもそうであるが、「サヨナラ。」も、まったく、かぶせことばそのものである。

○左様ならば、これにて御免こうむります。

などの「左様ならば」が独立した。「ソンナラ。」「フンナラ。」、「ソレジャー。」「ジャー。」、みな、ものの言いはじめのことばだけである。

「おさらばで　ござる。」などというのは、言いかけことばを、文の、ある完全形式に言いさだめようとしたものであろうか。「ジャー　ネ。」などというのも、同巧のくふうを見せたものと思われる。

4　晩のあいさつについて

「オ晩デス。」というのは、実内容そのものを言っていて、「グッド　モーニング。」的である。中国山地方面の「晩ジマシテ。」も、同趣のものである。ところで、「今晩は。」となると、これは、「今日は。」と同様のものである。今晩はどうだというのか、そのへんは、なんとも言われていない。ドイツ語なら、「グーテン　アーベント。」であるが。

日本語は、一文がつづられる時、「私はどうどう。」というのでも、最後までいかないと、どうどうするのかしないのかわからない。私はこれを、日本語表現法の文末決定性と言っている。このような習慣の言語なので、日本語では、とかく、「今晩は。」式の、あとの「どうどう」は言わない言いかたが、なされがちでもあるのか。

□古風残存と漢語尊重

「サヨナラ。」にしても、「左様なら。」である。古風である。

小学生たちが、このごろも、朝、学校に出かける時、

○行ッテ　マイリマス。

とあいさつしている。

老人たちのあいさつことばに、古風な、角ばった、あるいはかたくるしいもののあることは、多く言うまでもなかろう。

あいさつことばには、古風残存の、大きな

流れがある。

これと関連するとも言い得ようか、一方に、漢語尊重の傾向もつよい。「今晩」「今日」も漢語である。「再々」などもそうである。

熊本県下には、感謝のあいさつの、

○チョージョ　アタ。

ありがとうございます、あなた。

がある。「チョージョー」（重畳、頂上）が見られよう。

四国には、去る人を送ることばに、

○ゴユダンナサイマセ。

〈ご油断なさいませ。〉（ごゆっくりなさいませ。）

などがある。（全国方言辞典）

お産のよろこびに行けば、人は、〝ゴ安産デ〟とあいさつする。法事の家に行けば、人は、〝今日ワ　ゴ追善デ〟などとあいさつする。

□あいさつの心

あいさつには、謙遜の心理がはたらく。重箱にぼた餅を入れて他家へ持って行っても、

〝タッタ　一ツデスガ。〟

とあいさつする。

かつて、友人のうちに招かれた時、私は、そのごちそうにおどろいたが、友人の父君は、私に、

〝ホンノ　ダイコナマスデ。〟（ほんの大根なますで。）

とあいさつせられた。

あいさつには、和合の心がはたらく。叱ったり怒ったりしてはあいさつにならない。人は、しばしば、あいさつとなると、容をあらためる。品を重んじる。みな、和合の心からでもあろう。

上記二項の「あいさつの心」が、あいさつことばの、さまざまの敬語法を生んでいる。鹿児島県下には、そのぬきん出た発達が見られる。敬語接頭辞「オ」の頻用は、全国にいちじるしいものであろう。

あいさつことばに関しては、家庭でのしつけが、古来の伝統であった。言語教育のおもしろい、だいじな問題がここにある。

（『言語生活』No.348　昭和五十五年十二月）

方言における待遇表現

藤原与一

地方地方の待遇表現

本誌編集の磯貝浩士氏は、右の題目を私に供せられて言われる。「どこの土地へ行っても、その地方その地方のことばで話しができたら、どんなに倖だろう。」と。その土地のことばで、たがいにほどよく待遇しあうことができたら、じっさい、その土地へ行った人は、幸であるにちがいない。

さて、心と心との交わり、ほどのよい双方の待遇のしあいは、容易なことではない。土地ごとに、その土地風のことばづかいができていて、待遇表現の方法・しかた、待遇表現法も、土地ごとに個性的だからである。

それにしても、待遇表現の大綱となると、これは、たとえば東北地方に「オ晩デス。」との言いかたが流通しているように、そうとうに広い地域に一般的でもある。九州地方の肥筑方面には、「先生が来てらっしゃる。」〈進行態〉との「センセーン　キョーラス。」が、広くおこなわれている。「オサル」ことば（「ナサイマス」その他も）や「ゴザイマス」ことば（「ゴザル」も）になると、これらは、原形またはなんらかの変化形が、全国的によくおこなわれている。さてその多くの変化形の中の、ことに微小なあの形この形のものとなると、これらのおこなわれることは、じつに区々として小地域本位である。それゆえ、私どもが地方地方に旅行して、そのさきで、土地の人と、その土地の待遇表現のしかたでものを言いあい、心を通わしあうことは、まったく容易でない。

安芸地方のうちには、「ゴザイマス」系の「ガンス」がよくおこなわれ、かつ、「ガン」も古老によくおこなわれている。「あれですよねえ。」と、話しはじめることばは、

○ナンデ　ガン　ヨノー。

である。宮城県のほうへ行くと、「ガス」ことばがさかんである。（他地方での、いくらかの分布のことは、今、言わない。）

○アー　イ〔ï〕ー　ガス〔ü〕。イ〔ï〕ー　ガス〔ü〕。

　ああ、ようござんす。ようござんす。

などと言われている。「ガン」という、くだけた調子のことばと、「ガス」というくだけた調子のことばとで、その、「ゴザンス」などからはへだたっている気分はおよそ共通であろうが、「ガン」と、「ン」におわるものと、「ガス」と、「ス」におわるものとでは、それをつかったばあい、現場での情調がかなりちがおう。こうなって

人がよそに行ったばあいは、厳密に言うと、その土地ことばの世界にはいることが容易でない。土地ことばを真底から理会してくみとることが容易でない。規則的な質問調査など、できるものではない。とらえる規準とかいうものも、かんたんに立てられるものではない。

「ゴザイマス」ことばの、複雑きわまる変化相に関しては、拙著『方言敬語法の研究　続篇』に、その分生体系が掲げられている。「ナサル」（ナサイマス）ことばの、複雑きわまる変化相に関しては、拙著『方言敬語法の研究』に、その分生体系が掲げられている。

これらは、私が、全国的な視野で、「ゴザイマス」系表現生活、「ナサル」（ナサイマス）系表現生活を、私なりに精視し得た結果である。

汎待遇表現法

待遇表現は個々の現場的なものである。表現だからである。表現は表現法にささえられている。待遇表現は待遇表表法にささえられている。私どもは、表現を見、表現を考え、表現をどのようにも処理処置するためには、表現法の見地に立たなくてはならない。

待遇表現法として把握されるものは、じつに広汎の体系である。人の口話は多く対話であり、対人表現はすべて、第二人称者・第三人称者・第一人称者をどのようにか待遇する表現だからである。

しかし、今これを、とくに第一人称者と第二人称者との関係についてまとめるならば、つぎの図表を得ることができる。

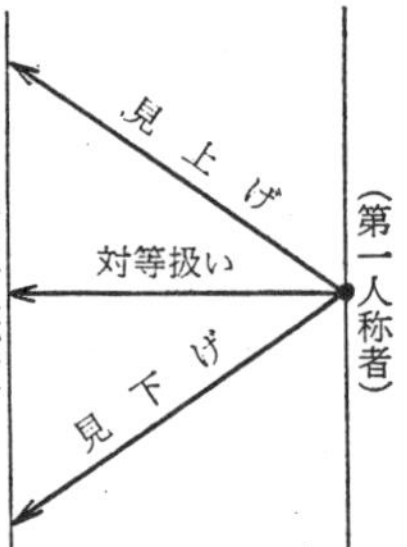

第一人称者を固定させるばあいは、相手に対して、見上げ・対等扱い・見下げの待遇表現がおこなわれる。第二人称者を固定させるばあいは、表現者（第一人称者）には、自己を上・下に動かせる待遇表現、思い上げ・対等扱い・思い下げの待遇表現がおこなわれる。（思い上げは傲慢につながり、思い下げは卑下につながる。）

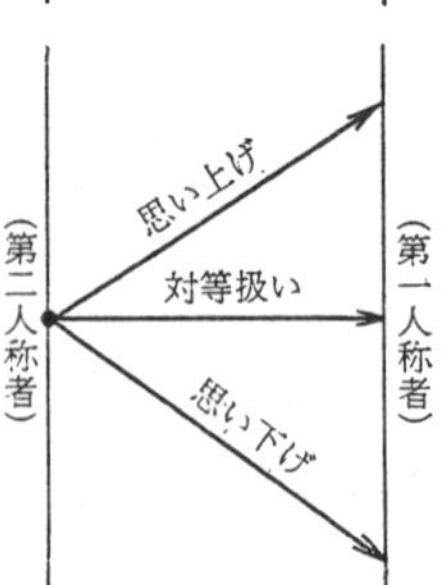

さて、待遇表現法での、右の広汎な表現法体系の中に、いわゆる敬語法もふくまれている。

敬語は、じっさいに、表現生活の中で、文法要素として利用されている。「いらっしゃる」一つも、じっさいには、文表現の中で、その表現の場をおさえたことばづかいの中で、重要な文法要素として利用活用されている。それゆえ、敬語に関しても、現場では、「敬語を用いてのことばづかい」、敬語法がある。

敬語法が、右の図表の中に存立している。その点をとらえてまた図表をつくるなら、つぎのものが得られる。

尊敬表現法・謙譲表現法が、右のように位置している。丁寧表現法（「いいお天気ですね。」など）は、直接には、対人関係を言わないもののようであるけれども、相手にていねいにものを言おうとすれば、おのずから「です」「ます」「ございます」「ダス」「ヤンス」

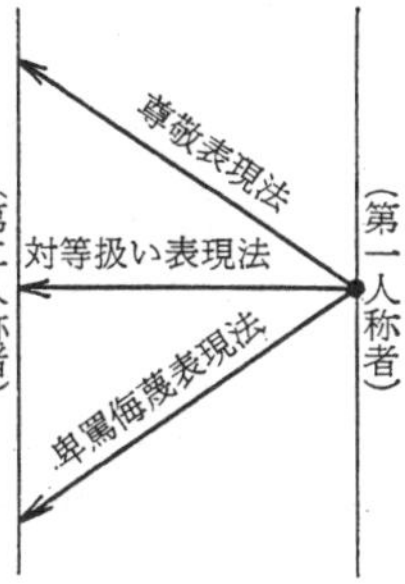

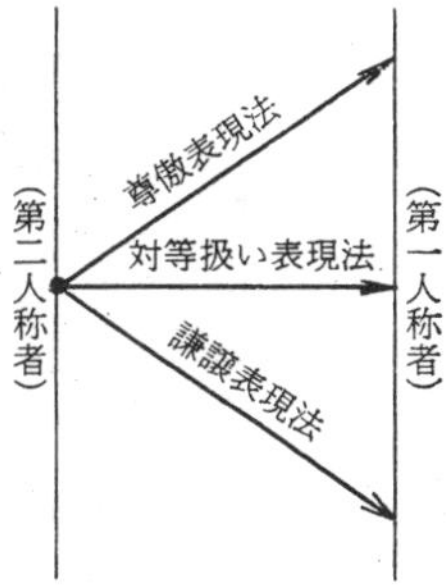

注　第三人称者待遇のことは、今は、不問に付されている。

などがつかわれる。「ヤンス・ヤス」は、一方で、尊敬表現法助動詞でもある。こういうことからも明らかなとおり、「です」「ます」類の表現法も、しょせん、尊敬表現法に組みこまれる。「ありますね。」と言わないで「あるね。」と言えば、ときにぞんざいでもあり、これは非尊敬表現法である。

「親愛」の表現法とされるものも、あるいはていねいな言いかたであり、あるいは非ていねいな言いかたであろう。ということは、これも、広い意味での尊敬表現法や非尊敬表現法に組みこまれるということである。

右の図表に見られるとおり、卑罵侮蔑の表現法は、謙譲の表現法に対応する。一種の言いかたをすれば、謙譲は、自己への卑罵侮蔑である。尊傲の表現法は、尊敬の表現法に対応する。尊敬は、相手を尊傲の座におくものである。――(きょくたんな言いかた)

いわゆる敬語法は、おのずから、下向の非敬語法に連続している。敬語法の生きた存立は、敬非表現法の生きた存立の中に認められる。敬非表現法は、敬卑表現法と称してもよかろう。この体系的存立が、方言世界にあっては、ことに顕著である。――卑の方向への展開の基本的傾向は、いちおう、拙著『方言敬語法の研究』で明らかにした。「何々しヤガル」の「上がる」動詞が利用されているかとおもえば、「下がる」動詞も利用されているのだからおもしろい。

注　卑罵侮蔑の表現法に関しては、全国状態についての、くわしい体系的記述を発表したいものと、私は念じている。

敬語法は敬意表現法と言ってもよかろう。敬意表現法は非敬意表現法に連続する。これは一元的に、敬卑表現法と言いあらわすことができよう。汎待遇表現法の中の敬卑表現法は、ややくわしく、「待遇敬卑表現法」と言いあらわしてもよい。私は、この言いかたをも重要視している。待遇の概念はつねに重要だからである。

「敬語法本位の敬卑表現法」のほかの待遇表現法

方言界にあっては、この、待遇表現法の世界も、じつに広大である。これでの待遇表現法もまた、待遇が、敬卑の両方向にわたる。であれば、ここでも、「待遇敬卑表現法」との言いかたがなされてよい。

前述の「待遇敬卑表現法」と、ここに言う「待遇敬卑表現法」との総和が、汎待遇表現法の実態である。これが、汎待遇表現法体系をなす。汎待遇表現法は、汎待遇敬卑表現法ともよばれてよいものである。

「敬語法本位の敬卑表現法」のほかの待遇表現法の体系的事実としては、まず、文末詞〈文末助詞〉によるものがとりあげられる。これ一つが、待遇表現法のたいへんな世界である。方言によっては、「ノ」が「ネ」よりもよいことばであったりする。自己の知らないことを相手に訴えるのに、「知ラン　ヨ。」と言えば、これはややよいことばで、「知ラン　ゾ。」と言えば、これは、諸方言上、ややわるいことばである。よい・わるいは、ていねいの度あいを言うものである。九州の肥筑方言内には、文末詞、「ノンタ」と「ノマイ」が対立して存在しており、両者では、「ノーアンタ」からの「ノンタ」のほうが、むろん、よい文表現を仕立てる。東北地方で、「ンダ。」と言えば、これは、「そうだ。」「そうです。」であり、

○ンダッ　ス。

と言えば、これがたちまちよりよいことば（ていねいなことば）になる。――待遇敬卑の敬のほうのことばになる。「ス（シ）」が、「もし」の「し」とされるものだからであろう。私は、文末詞表現の方法が、待遇敬卑表現手段でもあることを論じ、全国方言状態にわたって、文末詞法とも言うべき待遇表現法をまとめ記述している。（『方言文末詞〈文末助詞〉の研究　上』中下続刊）

第二には、人代名詞がとりあげられる。熊本県下でよく聞かれる話しである。対者に向かって、「アンタ」と言えば、これはいけないことばづかいになるという。「アータ」のほうがよい言いかたになる。（「あなた」を思わせやすいものであるためか。）人代名詞は、いわゆる敬語法研究の中でも、とりあげられていようか。

方言世界では、敬卑の語彙が、方言ごとに特定相を示していて、ずいぶん複雑でもある。方言の中の人は、人代名詞一つの特異なもの、たとえば対称の「オミ」が、他の一集落に認められても、ただちにもって、〝あそこの土地ことばは変わっている。〟と言ったりしている。

第三、接辞。たとえば、「腹」を「ドンバラ」などと言って一文の表現がなされると、聞き手は、これを上品なものとは受けとらない。接辞の世界が、九州あるいは関東・東北と、地域ごとに、こみいったものである。人間のことばづかいの敬卑が、これによってもよくあらわされている。「なぐる」も、本来、下向待遇の表現をかもすが、「ブンナグル」となると、これの出てくる文表現は、はなはだしく物騒な待遇の表現になる。「アホクサイ」などのことも考えていただきたい。

「オ」「ゴ」や「サマ」「サン」などのことは、いわゆる敬語法研究の中でもとりあげられていよう。が、「だれそれサー」などとなると、これはあまり問題にされていまい。

ついでに記してみたい。せんころ、ラジオで話していた一婦人教授は、〝お父さんのゴ職業は？お母さんのオ職業は？〟と話していられた。「ゴ」と「オ」とのつかいわけに、私は、うるわしい待遇表現法を感得した。近ごろ、朝の散歩で出あう老男の人に、私の〝お早うございます。〟に対して〝オハヨーサン。〟と答えてくれる人がある。そのつど、私は、この人が「～サン。」の表現法を選ぶ待遇心理を思う。

第四以下をはしょって、一項だけ、いわゆる命令表現の言いかたをとりあげる。〝立て。〟と命じるのにかなり近いものとされる〝立ちます。〟〝早く、立つ。〟などがある。（学校の教室でなど。）おとな同士のしごとの中でも、大きな石を共同で動かそうとするばあいなど、甲が乙に、〝待った。〟〝待ったり。〟などと言う。角力にも「まった。」がある。いわゆる敬語の出ない言いかたで、人は微妙に、特定心理の待遇法を表現している。

汎待遇表現法の中核

中核は「ていねい」意識である。

これは、尊敬・謙譲・丁寧の丁寧とはちがう。それゆえこれはかなで書く。（上来も、ていねいとした。）

「ていねい」意識は、国の方言敬卑待遇表現法の世界に、広く認められるものである。該表現法の中核として。動力として。

「ものをていねいに言え。」との教えは、古来、国のどこに行っても認められた。「ていねい」が、方言社会のことばのしつけの原理であった。

よいことばをつかってていねいにものを言うのは、よく、尊敬表現法の言いかたをすることである。また、謙譲表現法の言いかたをすることである。また、丁寧表現法の言いかたをすることである。客人その他、遠慮すべき人に対しては、まず行儀をよくし、つぎにもの言いをていねいにすることが要求された。

ところで、諸方言上、A方言のていねいなことばづかいが、B方言ではていねいでないということがある。老人のていねいなことばが、若い人にはおかしいように感じられることがある。「ていねい」意識は普遍的であっても、ていねい事例は、地域と人とに相対的である。もとより、全国的に普遍度の高まっているていねい事例も多い。

「ていねい」意識は「非ていねい」意識に連続する。「ていねい」「非ていねい」を通じて、ことは「ていねい」意識のカバーするものである。

待遇表現法の適切な教育

敬語法の教育は重要である。しかし、これは、ひとり特定教育として遊離せしめられてよいものではない。

言語生活一般での、汎待遇表現法の教育が重要である。敬語法教育の観点は、この大観点の中に、正しく位置づけられるべきものである。偏して敬語法教育に拘泥することはきんもつである。

汎待遇表現法の教育は、いずれの言語にあっても、つねに緊要なことであろう。いずれの言語にあっても、その汎待遇表現法は、体系的事態として、つねに、その言語とともに生きていく。

今日の日本語に、どのようなはげしい変動なり推移なりが見られようとも、今日では今日でなりに、今は今なりに、動く日本語に、やはり生き生きとはたらく汎待遇表現法の体系的事態が見さだめられる。

（『武蔵野文学』31　昭和五十八年十一月）

頁	行	誤	正
522	16	待遇表表法	待遇表現法

方言敬語法の研究　序説

藤原与一

私は、昭和の日本語の、およそ全国にわたる諸方言について、その敬語法のありさまを論述したいと思う。

方言敬語法とは、方言の世界にみとめられる、敬意の表現法のことである。敬意の表現法は、非敬意の表現法とも、密接に関連している。両者は一系である。方言敬語法研究は、趣旨としては、方言上の、対人敬卑の表現法を問題にしなくてはならない。

対人敬卑表現法は、待遇表現法とも言いかえることができる。私は、早くから、敬卑の待遇表現法などと言ってきた。方言の中にはいり、方言の生活に直面し、いわゆる敬語法の事実を見ては、広く敬卑の待遇表現法とか、待遇敬卑の表現法とかの考えかたを、しないではいられなかったのである。

尊敬法・謙譲法・丁寧法

右の三法をかえりみて、方言上の待遇敬卑の表現法の実質をとらえることにしたい。

尊敬法と言われてきたものは、どんなものか。言語表現は、すべて相手を予想する。対話は、直接に相手を要求するものである。自己を基点にすえて、対話の相手を自由にとらえるとなった時、相手がたの位置は、つぎのように系列づけることができる。

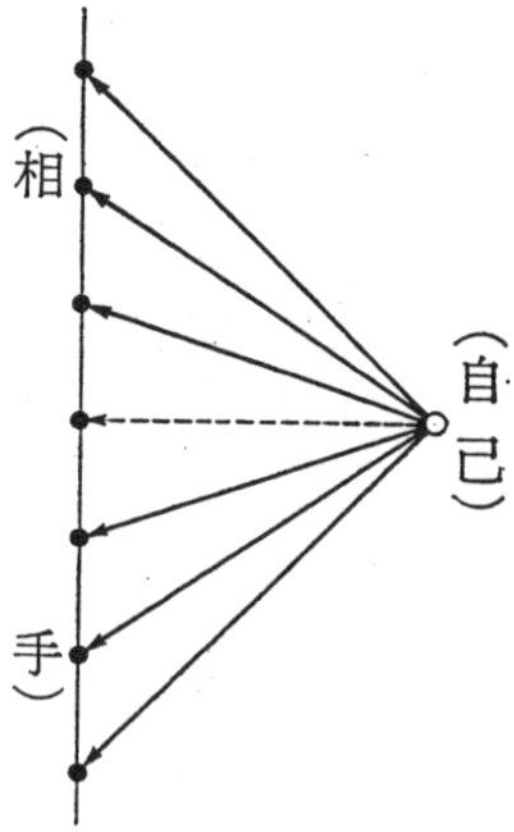

「自己」からいって、相手の地位を己よりも高く見あげる——そういうわきまえ・把握の——表現法が、尊敬の表現法である。（下方に、つづいて、卑罵侮蔑の表現法がある。）

謙譲法は、相手基準の言いかたと見られる。相手に即して、自己の座標を動かす。自己を、相手の位置よりも下に置く、そういうわ

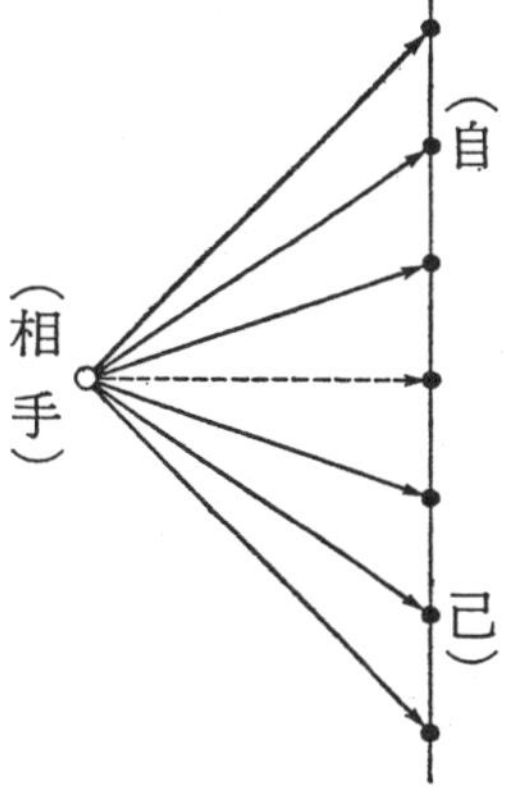

きまえ・把握の表現のしかたが、謙譲の表現法である。(上方に、つづいて、傲慢の表現法がある。)

謙譲法を意味する斜線↘は、尊敬法を意味する斜線↖と重なりあう。尊敬の言いかたの系列的存在と、謙譲の言いかたの系列的存在とは、けっきょく、一元に帰する。両者は、同一の精神に立つものと言うことができる。その精神は、「ていねいに、ものを言う。」という精神である。

丁寧法とは何か。これもまた、文字どおり、ていねいにものを言おうとする表現法である。これは、かならずしも、話しあいの人間関係を直接に表示しはしない。(例、〝いい月デスね。〟)言ってみれば、一種の場面表現法である。この点に着目して、丁寧法を図にしてみれば、つぎのようになる。(→下段)

場面表現法であって、これが、聞き手に対する尊敬の――そういうわきまえ・把握の――表現法になる。

尊敬・謙譲・丁寧の三法は、ひとしく尊敬の精神に立つと言える。尊敬の精神が、民間の方言人の意識においては、「ていねい」の意識である。要は、ていねいにものを言おうと心得て、方言の人

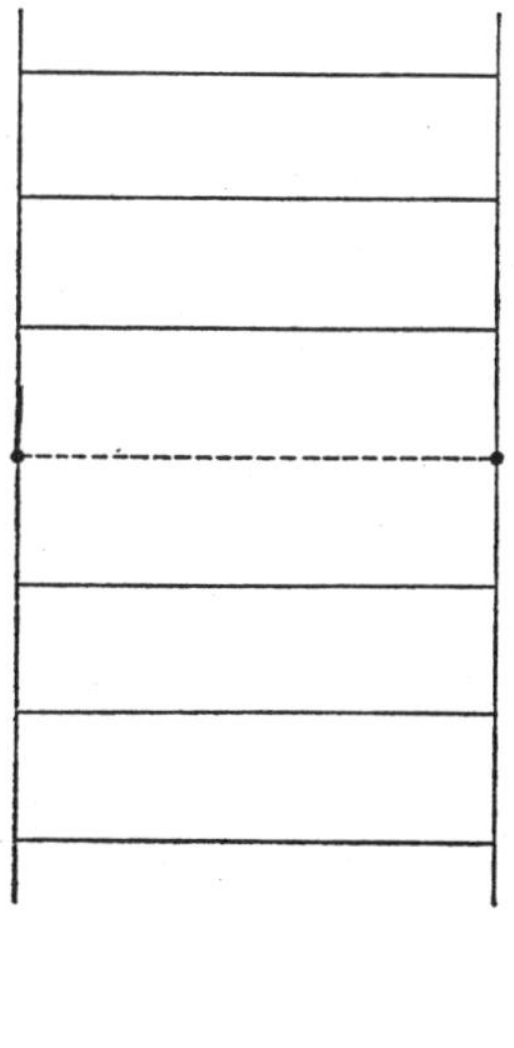

びとは、話しの現場で、右の三法のような待遇表現をする。(どのような言いかたも、聞き手に、「ていねい表現」としての、パロールの効果をおよぼすのである。)ここで、広く、すべての待遇表現法は「ていねい表現法」だと言うことができる。

待遇敬卑の表現法の実質をなすものは、「ていねい」意識である。待遇敬卑の表現法を体系的にとらえしめる原理となるものは、「ていねい」意識である。

「ていねい」意識と「ていねい表現法」

「ていねい」意識は、どのように、大きく広くはたらいているであろうか。

たとえば、方言人が、中国地方などで、遠慮すべき人に向かって、

○ウチノ　オトーサン(夫のこと)ガ、どうどうセラレマシタ。

というような言いかたをする。他人に対して、身うちの者を敬した言いかたをすることが、方言上、すくなくない。こうしたことが、

じつは、言主の、相手に対する「ていねい」意識によるのである。相手によい言いかたをしようとして、たとえば尊敬語をもとりあげる。尊敬語による尊敬語法を、ただ〱、「ていねい」の意識から、よい言いかた、ていねいな言いかたとして利用するのである。あるのは、ひたむきな「ていねい」意識なのであり、したがって、尊敬法の言いかたそのものも、はたらきとしては、「ていねい表現法」になる。

すべての待遇表現が、現場で、「ていねい表現」になる。話し手の「ていねい」意識にかかっては、すべての待遇表現が、「ていねい」意識の表現として昇華される。尊敬法形式のものや謙譲法形式のものが、「ていねい表現法」になったものは、「ていねい化表現法」とも言うことができよう。待遇表現法のすべてが、「ていねい」意識の活動体系として、統一的に見られる。

そのような「ていねい表現法」のひろがりは、ずいぶん広い。私どもは、「ていねい」意識のはたらく待遇表現の世界を、広汎にみとめることができる。この世界を解析し、記述説明するのが、待遇表現法の体系的記述作業である。

待遇表現法の記述体系

1　いわゆる尊敬法に関する記述

まず、尊敬法という「ていねい表現法」をとりあげる。ここでは、「ていねい」意識の発動による、動詞・助動詞の使用が注目される。（そのようなものを用いて、人は、「ていねい」の現場表現をひきおこす。）

1'　尊敬法形式の「ていねい化表現法」の記述

尊敬の言いかたをして、「ていねい」の表現法とする、ものの言いかたを、ここにとりあつかう。

2　いわゆる謙譲法に関する記述

謙譲法という「ていねい表現法」をとりあげる。ここでは、「ていねい」意識によってつかわれる動詞・助動詞が注目される。そういうものをつかって、人は、現場での対人感情を直接に表現する。

2'　謙譲法形式の「ていねい化表現法」の記述

謙譲のことばをつかいながらも、謙譲そのことをあらわすのでなく、ものをひたすらていねいに言おうとする気もちをあらわす。そういう場合を、ここに、「ていねい表現法」としてあつかう。

3　丁寧法に関する記述

丁寧法という「ていねい表現法」をとりあげる。ここで、いわゆる丁寧の動詞・助動詞の使用が注目される。

丁寧の動詞としては、たとえば「ゴザル」のようなものがある。（これは、尊敬の動詞として立ってもいるけれど。）動詞をつかっても、また助動詞を利用しても、要するに、人は、その文法を現場化して、つまりパロールとして発言して、「ていねい表現」の目的をとげる。「なになにしマス。」の言いかたも、人は、この文法を利用して、同一個人でも、現場ごとに、「マス」の個別的表現をひきおこす。そういう可能性を持ったものとして、「マス」なら「マス」を、私どもは記述する。——深く考究することにつとめる。

4　文末詞（文末の特定の訴えことば）に関する記述

文末詞に見られる、待遇敬卑の表現法を、ここにとりあつかう。

文末詞というのは、従来、かんたんに、終助詞などとも呼ばれているもの、などのことである。（私は、さきに、これらを、文末助詞と呼んだ。が、考えてみると、〝そうですネ。〟の「ネ」など、ただの助詞ではない。「ネ」と同位格のものに、たとえば〝ンダナッス。〟＜東北方言例。「そうですね。」＞〝ソージャ　ノンタ。〟＜中国地方山口方言例。「そうですね。」＞の「ナッス」や「ノンタ」のようなものもある。これらの文末要素は、助詞に属するものではなくて、ある独立的な要素と見られる。これは、「感動詞」などと同様、詞と見、「文末詞」と呼ぶのがふさわしいと思う。）

文表現の末尾に、文末詞がはたらく。方言文の多くは、文末詞によって文表現たらしめられているものである。（――共通語の場合も、多くは、そうではないか。）文末詞が文表現のきめ手になる。それゆえ、私どもは、「文末詞の表現法」ということを考えることができる。

この表現法が、じつによく、文表現の、待遇表現の効果を示す。このことを、待遇表現法研究としては、重視しなくてはならない。伊予弁では、「そうか。」と応答する時、

〇ソー　カ。

〇ソー　カン。

などと言う。このさい、文末詞「カ」と「カン」との、それぞれの表現法が、表現効果の重大な差別を示しているのである。「カン」としめくくるものの方は、いっそうよい言いかたであるという。文末詞による待遇表現法は、このように、じつに顕著なものがある。それが、あざやかに、敬・卑の両面にわたる。方言上の待遇表現法の記述としては、文末詞の領域に、深くはいっていく必要がある。

5　間投詞に関する記述

文表現中に間投される遊離分子、間投詞もまた、文表現の待遇効果に深くかかわるものである。ある間投詞がはたらくと（すなわち、これが文中に投入されると）、当の文表現の待遇効果は、下卑たものになり、ある間投詞がはたらくと、当の文表現の待遇効果は、上品なものになる。

〇こんな、ホラ、大きな穴があいて。

という文表現があったとするか。これの、待遇表現――相手へのことば――としてのねうちは、たしかに、間投詞「ホラ」によって定められるところがあろう。

方言上、見のがしてならないのが、この間投詞のはたらきの敬卑効果である。

6　格助詞に関する記述

この方面もまた、見のがしがたい。「ノ」と「ガ」とが、待遇敬卑表現相において対立的にはたらく事実は、まず注目されるものである。格助詞「ニ」による上位者待遇法も、別に注目される。

7　人代名詞に関する記述

人代名詞の方面が、待遇表現法記述の重要な対象領域になることは、多く言うまでもない。人代名詞のはたらきもまた、敬・卑の両方にわたる。私どもは、文中の人代名詞のありように目をつけることによって、その文表現の待遇価の敬卑度を見さだめることができる。

8　接辞に関する記述

接辞のある語、名詞や動詞・形容詞などが、一つ以上、文中にある場合、その文表現は、接辞のある語によっても特色づけられる。方言上の、対話の文表現が、接辞の作用によって、待遇敬卑の効果のはっきりとしたものになっていることは多い。そこで、接辞によ

る待遇表現法というような着目ができる。

9　語えらびに関する記述

文表現は一語以上から成る。通常は、いくつかの語の連結でできている。人が、センテンスをつくる時は、目的に応じて、個々の語をえらぶ。接続詞一つにしても、「しかし」にしようか「だが」にしようかと、語をえらぶ。もちろん、ほとんど無自覚的にも話していくことであるから、だれしも、一語々のために、ふみとどまって語えらびをするようなことはない。ほとんど瞬間のうちに、使用語をえらびとるのである。それにしても、そういう語採用が、対話表現の待遇意識に左右されないはずはない。ていねいにものを言おうと思っている時は、しぜんに、〝ゴハンオ　タベテ〟（――〝メシオ　クーテ〟ではなく）と言う。このゆえに、私どもは、待遇表現法記述のため、語えらびにもまた注目せざるを得ないのである。このさいも、やはり、敬・卑の両方にわたって、観察することができる。

「文末詞」などのことは除いて、今、「語えらび」を言っている。

10　言いまわしに関する記述

言いまわしは、措辞法と言ってもよい。これが、じつによく、敬卑の表現法として利用されている。共通語例でも、〝おやめなさい！〟と言いたいような時、学校の教師など、〝ヤメマス！〟などと言いあらわしているであろう。〝やめろ！〟も〝ヤメル！〟と言いあらわされる。東国方言系の言いかた、

○ゴメンナンショ。

ごめんなさい。＜訪問のあいさつ＞

も、「ゴメンナンセう。」の言いかたのものであろうか。ともかく、この措辞法が、「ていねい」の表現法になっている。近畿では、〝なになにじゃない？〟とも言えそうな時、

○……ト　チガウ　カ。

と言っている。これが、近畿弁の表現法である。「……と違うか。」というのには、婉曲に問おうとする心づかいがみとめられはしないか。その心づかいがすなわち「ていねい」の心意である。

他方言の中にはいって、思いのほかの「言いまわし」に会い、気をわるくすることなど、例が多かろう。（そうあってはならないとだけれども。）待遇表現法の研究では、措辞法からの、待遇効果の出かたを、つねに問題にしなくてはならない。

11　呼びかけ・応答などの慣用の言いかたや、特殊のあいさつことばに関する記述

ここにきて、文表現そのものの把握になる。文表現に関しては、方言上、特殊文、特殊的な文相に、観察の目が向けられる。

呼びかけ用のセンテンス、応答用のセンテンス、このようなものには、待遇敬卑効果が、極端に顕著に出る。したがって、これらは、さっそくに、待遇表現法研究の記述対象とすることができる。あいさつことば（あいさつ文）の場合も、そのやや一般的なものを除き、特殊的なものに目をつければ、またそこに、待遇表現法研究の、興味ぶかい記述対象を見いだすことができる。あいさつ文も、敬・卑の両方向にわたる。ごくていねいなもの言いの多いことは、すでに明らかであろう。一方で、簡略形の、かなりぞんざいな言いかたもある。

12　特殊連文に関する記述

連文とは、センテンスの、二つ以上連続したもののことである。ここでは特に、二文連結体を見ることにする。二文連結の場合も、特に、一般的なものを除き、特殊的なものをとりあげることにする。方言上の事実としては、特殊な二文連結体に、待遇敬卑表現上、注目すべきものがある。

応答などの場合に、特殊連文ができやすい。また、叱りつけたりなど、相手につよくきりこむような言いかたをする場合に、特殊連文ができやすい。

特殊連文は、通常・一般の場合の一文にも相当するであろう。それゆえ、特殊連文は、待遇表現法の見地から注意しやすく、また、処理もしやすい。

13　文末の声調に関する記述

音声上のことにも注意を向けるべきことになる。音声面といえば、文の音声表現の抑揚（文のイントネーション、文アクセント）が、待遇敬卑の効果を、もっとも直接的に表示するであろう。文の抑揚の中でも、特に、文末の声調が、別して、対人敬卑表現の効果をよく示す。ここに注目して、待遇価の記述をおこなう。

14　文表現面上の（文表現音声上の）特殊音調に関する記述

もの言いの声に、たとえばおさえつけるような声もあれば、やわらかな、かるい声もある。文表現のそのような声の調子が、対人敬卑の表現にかかわらぬわけはない。そこで、待遇表現法記述としても、このような、声の特殊音調をとりあつかう。

15　個々の表現音声に関する記述

つっけんどんなもの言いとか、怒ったような声とか言う。みな特殊音調である。

文表現面（文表現音声）上で、特定の音声相が、特定の待遇効果を示すことがある。このような事実にも、広く目を向けて、待遇表現法の記述をふくよかなものにしていく必要がある。

たとえば宮城県方面で、

○コッチャ　ゴザイン。

こっちへいらっしゃいな。

などと言い、文表現上、「ゴザイン」の音相を示す。このことが、一つ、習慣的である。そうして、土地の人びとは、この、鼻音をひびかせる言いかたによって、そうでないのよりはいっそうやわらかな、あたたかみのある待遇表現をなし得ているのである。言いかえれば、「……　ゴザイン。」は、「……　ゴザイ。」よりも、待遇品位のよいものとされているのである。——そのことが、人びとの観念となっているのがみとめられる。私どもは、こういう事実を、注意ぶかくとりあげなくてはならない。音相を、待遇表現音として検討していく必要がある。

備後の奥地では、

「書《カ》ー〔a:〕タ」は小作人のことば。「キャー〔æ:〕タ」は、そうでない方のことば。

というようなことが言われていただという。

16　卑罵・尊大など、「非ていねい」表現法に関する記述

これは、敬卑の卑に目をつける記述である。特定の卑罵語や、卑罵語句への注意が主となる。

＊　＊　＊　＊

記述の項目は、1から16におよぶ。

じっさいの待遇表現では、右の、二項目以上の事実が、あいとも

なってあらわれる。たとえば、一個の尊敬表現のセンテンスで、注目すべき尊敬法助動詞があり、かつ、ていねいさをあらわす文末詞のしめくくりがあり、あるいはまた、しかるべき人代名詞がある。音声上のこともともなう。

このような事態に接しては、一センテンスの記述も、多角的とならざるを得ない。待遇表現の見かたは、じつに総合的でなくてはならないのである。

私どもが、右の諸項目の中の、ある一項目に関する論述にしたがうさいにも、その記述態度は、また、総合的見地を重んじるものでなくてはならない。

三編の記述組織

待遇表現法すなわち「ていねい表現法」の記述の、上掲体系を、敬卑の敬に重点を置いて、簡潔な形に組みかえれば、つぎの三編組織が得られる。

一　尊敬表現法についての研究
二　謙譲表現法についての研究
三　丁寧表現法についての研究

各編、表現法の名にしたがって、そこに、関連項目を統合する。さきの記述体系で言うところのものは、すべて、ここに類属せしめることができよう。

「ていねい表現法」の記述組織が、右の三編組織になることは、合理的であると思う。

高次の記述

すでにいくども記述と称してきた。私は、昭和日本語の方言状態という複雑な共時態を対象とする。この対象は高次の共時態である。ここには、高次の記述が要求されている。

（『国語学』第六十九輯　昭和四十二年六月）

敬語表現の原理

藤原与一

序説

「敬語表現」という。表現には法があろう。「敬語表現の原理」を考えることは、敬語による表現法の根底をたずねることになると思う。「敬語表現の原理」は「敬語法生活の原理」というようなことでもあろう。

「敬語表現」は、一方において、つねに語に関する事態であるが(語彙論的事実でもあるが)、他方では、かならず文法的事実である。一般に、「敬語表現」を見る立場では、表現に即して表現の法(表現法)すなわち文法を見る態度が先とされる。表現についていては、語の運用されるのが見られなくてはならないからである。——(語が文にもち上げられるきわに文法がはたらく。文法は、語と語との間に生きるものでもある。)

「敬辞法」と言われるものがあったとしても、ここでは、一元的に、広く敬語法を考え、その見地で、「敬語表現の原理」を問題にする。

「敬語表現の原理」という題目は、私には背おいかねる、大きくて厳粛な題目である。この題目は、むしろ、これを創定された編修のかたの採られるべき好論題であったろう。それを私に課せられたのについては、私は、光栄を感謝せずにはいられない。

「原理」の探求のためには、「敬語表現」の事実を、共時的にも通時的にも見ていかなくてはならないわけであろう。ここでもまた、私は、自分のしごとが狭いことを告白しておかなくてはならない。私がよりどころとしているのは、方言学的見地である。

これは一個の見地にすぎないが、それにしても、もし言うことがゆるされるならば、私は、つぎのようにも述べたい。今日の方言状態という歴史的現実に依拠する言語研究は、いわば社会的歴史的研究になり得、「共時十通時」論的研究になりうるだろう、と。このような意味において、私も、以下に、「敬語表現の原理」探究についての汎時論を、私なりに試みようとするのである。

一　何が人間に敬語行動をさせるのか

1　「ていねい」意識

敬語表現の原理の原理をなすもの――（人間に敬語行動をさせる根本のもの）――は、人の「ていねい」意識ではないかと、私は考える。

注　「ていねい」意識という「ていねい」は、尊敬・謙譲・丁寧と言われる場合の「丁寧」ではない。その「丁寧」をも含んだ、「尊敬」も「謙譲」もひとくるみにくるんだものが、ここに言う「ていねい」である。「ていねい」の意識が、日本において、待遇表現に関する、古来の包括的意識であることは、古く、拙稿「方言における敬語」（『解釈と鑑賞』昭和三一年五月）で述べ、のちにまた、「方言敬語法の研究　序説」（『国語学』第六九集、昭和四二年六月）でも述べた。

包括的なもの、大概念的なものであるから、表記も、「ていねい」とする。

敬語表現は、――敬語法の生活は、根源的な「ていねい」意識の発動のもとにおこなわれていると考えることができる。

「ていねい」意識は、人間精神の根本にあるものであろう。人が人に対する時の、原初的・原本的な倫理感が、「ていねい」意識であろうかと思う。「ていねい」の意識は、倫理の意識でもある。この、もっとも人間的なものが動力となって、敬語行動、敬語表現の生活は発現される。

このようであるから、敬語表現の生活、一般化して言えば敬意表現の生活（敬意表現行動）は、本来、普遍性を持ったものであると言える。

(1) 「ていねい」意識の遍在

じっさいに、敬意表現の生活は普遍的であり、インタナショナルである。言いかえると、「ていねい」意識は、諸言語それぞれの国々に遍在している。

私は、わずかの経験ではあるが、外国の近代語の国々を旅行したさい、人間の対人的言語行動の根底に、「ていねい」意識が大きくよこたわっていることを痛感した。英語国民の中では、この意識が、ポライトネスと言いあらわされているように思う。じじつ、ポライトネスは、会話のさいに、いつも心がけられていてよいことだった。何はなくても、まずポライトネスの心がけさえあれば、私どものつたない言いかたも、ゆるされるばかりか、あたたかくむかえ入れられるのであった。ポライトネスは、ことばに表現されなくてもよかったのである。その心が、たとえば遠慮がちな発声ぶりにあらわれても、もうそれが、りっぱな敬意表現行動、敬語行動として、相手に、それそうとうの好感をもって受け入れられたのである。声にも出ない場合でも、挙措に、やむにやまれない当方のポライトネスの心情（つまり「ていねい」意識）が出れば、もう、それが、よく受け入れられた。挙措、態度でなくて、表情一つでもよい。それにこちらのまこと（ポライトネスの心情）があらわれれば、先方は、そこをのがさず、じゅうぶんにくんでくれた。そんな場合、構文上のあやまりなどは、なんの問題でもなかったのだと思う。先方は、こちらの心とただちに会話して、いたらぬところは、みな包んでくれてしまったのである。「ことばより心」であった。心、すなわち「ていねい」の心である。——表現を「ていねい」にしたいという人間の心、また、「ていねい」に感応する人間のしぜんの意識である。

私は、英語で返事を「はい。」「ええ。」とするのに、「ヤー。」と言うことはできなかった。「イエス」のなまりのように思われる「ヤー」は、いつも、つかう気がしなかったのである。また、「セイ。」と呼びかけつつ会話することもできなかった。このことばも、どうも、品のよいものには思われなかったのである。現に、相手の人々が、私どもとの会話で、「セイ」をいっこうにつかわぬことが、しばしば私の注意にのぼった。（「ヤー」についても同様である。）「オー、リアリー。」、これも私は、つかわなかった。「オー。」は身に泌まなかった。（日本語での語感もあってのことか、「フーンフン。」という返事ことばも、日本での英会話指導でこれが示されても、習う気はしなかった。）「リアリー。」は、かるい返事として、ちょうほうなものなのかもしれない。しかし、私は、かつて結婚初期に、自己の方言的な口ぐせ「ホントニ。」をたびたび妻に聞きとがめられた経験にも刺激されて、「リアリー」をつかうことができなかった。

畏友、英語学の桝井迪夫氏は、私どもがはじめの外国旅行に出る前のころに、

人の話しを聞いて返事をする時には、「イズ　ザット　ソー。」をつかうように。

と、ひとこと、注意をして下さった。それまでの会話練習のいくらかで、このことばも学んでおり、それの文アクセント（文抑揚）がやはりいくとおりあるのかも注目していたのであるが、桝井氏が、他はすべて捨て去って、ひとこと、この返事ことばの教育をだけして下さったのには、深い感銘をおぼえた。さすがに、専門の学者は、急所をおさえて、ポライトな表現態度のしつけをして下さったのであった。

外人と対座して、その人の妻君のことを言う場合には、「ユーア　ワイフ」と言うのがふつうであろう。私も、そう言ってきた。が、そうした中で、私は、「ミセスだれ」と言うこともたいせつなのだなと知るようになった。

「アクチュアリー」という副詞は、どんな品格を持ったものなのであろう。私は、いまだに、この点に関して、疑問をいだいている。この語をつかってみようとする気はおこっていないのである。

このようなことを書いていると、「藤原は、心得ちがいにも、日本の敬語法で英語をつかおうとしている。」と、道の人から笑われようか。笑われても、私は、ポライトネスはよいことだとの、ユニバーサルな通念が、なお、私におしせまってくるのを、避けることができない。じっさいに、外の国の人々も、待遇表現に、ことばを選んでつかっている。ローマの空港でも、人は早くも、私どもに、「タークシー、サー。」と呼びかけているではないか。以前、はじめて、人に、「サー。」と呼びかけられた時には、私は、その「サー」ということばにおどろいた。

私の、上に記したような理解と心がけ――初心の初心の心がけであるが――も、しばしば人に是認された事実を、私は、無意味と思いすごすことはできない。

ロンドンの宿で、そこの主婦に依頼して、いわゆるコックニーの一男性に会わせてもらった時も、彼は、私どものポライトネスを旨とした表現に、胸襟を開いた。宿の主婦に、その人は、私どもに関する特別のことばを残してくれた。

私どもが、人に対面する時、相手がどこのだれであろうとも、その人におせわになるのだったら、まっとうに感謝しつつ、また感謝の念をもって、その相手に向かうほかは、何もあり得まい。その心・気もちが、しぜんに表現される。それはつねに、――まがりなりにも（いかにたどたどしくとも）、ポライトネスの表現となる。これが、常識的に、全世界に通用する。

私どもの経験では、どんな場合にも、ポライトネスを旨とさえしていれば、こちらの言動が、相手がたに、諒とされた。会うのが厄介ですよと告げられた問題の人にも、難なく会うことができ、殊遇も受けることができた。むずかしいむずかしいと言われたインディアン村訪問も、たのしくしおえることができた。また、おまえたちはいいと言って、私どもをあたたかい目で見てくれ、かつ私どもに、他の好ましくない例を語ってくれたことも、一再ではなかった。どこまで行っても、ポライトなのはよいこととされていたのである。

私は、何も知らなかったから、むかし習った中等英語リーダーの、「ウイル　ユー　カインドリー　………。」などという言いかたを、しきりにたてにとって、まずは無礼にわたらないようにと心したのであった。そんな、子どもじみた努力が、先方にはいじらしくもうつったのか、文法の基本がたいせつなのだと語ってくれた人もあった。「学校で習ったことをだいじにすべきだ。」と語って勇気づけてくれた人もあった。「ていねい」表現法に忠実な私を、時に、人が、英語の教員なのかと聞いてくれたのは、はずかしい、お笑いぐさである。けれども、イングランド北部のまち、ヨークで、夕ぐれの町どおりを行って一初老婦人と会った時、その人が、すこしの立ち話しにも、そういう話しかたでいいんですといったような感情を示してくれ、かつ、英語の教員かと聞いてくれたのは、うれしいことだった。別れてから反省してみると、ポイントは、私の、ポライトネスを考える話しぶりにあったらしいことが、判断されたのである。

ポライトネスは、どこへ行っても、どこまで行ってもたいせつなことだと実感された。国々の人たちが、その生活感情の中で、ポライトネスを尊重していた。「ていねい」意識は、万国共通のものだろう。——そのはずだと思う。「ていねい」の意識、ポライトネスの心がけは、心から相手の身になろうとする心がけである。相手をよく諒解しようとする心がけである。つまるところ、相手を重んじることに誠実であろうとする心がけである。「ていねい」は

「まこと」に通じる。誠実真摯、世界どこへ行っても、これが受け入れられないはずはない。

ハワイへ日本から行く人の英語を、ポライトネスに欠けると非難した現地人（日系二世の紳士）がいたことは、前に、ほかのものにも書いた。その人は、不謹慎な、不心得な英会話を、まちの低級英語などと称して非難したのである。会話の、例のペラペラは、「皮相」の意ともなりかねないか。要するに、人間のコミュニケーションのうえの画然とした通則、世界的通則は、ほどほどのポライトネスの尊重ということのようである。

ドイツの一研究所で、所長の語るのを聞いて私はおどろいた。「日本から来た研究者が、〈バッド　イングリッシュ〉で話していった。」と言うのである。私は自分のことばづかいについて反省し、恐縮した。所長はしばらくすると、また、「バッド　イングリッシュ」で、と話したのである。よほどこたえていたのか。この所長は、のちの一週間余の接触でもよく感じさせられたことであるが、私には、人格者だと思えた。激しい気性の持主などではないこの学者に、「バッド　イングリッシュ」と言わせたものは何か。考えさせられることである。非難された方の日本人研究者は、おそらく、何も気づいていまい。無事に会話したと思ってもいるだろう。しかし、一つに、態度は、尊大とも受けとられるようでありはしなかっただろうか。意見の一致を表明するにしても、それが、――（日本語で言ってみれば）――「ええ、そうそう。」とか、「うん、そうだそうだ。」とかの言いぶりや身のこなしになりはしなかったか。つまりは、ポライトネスの反対のものが、相手を刺激しはしなかったか。ちなみに、この所長の夫人（かなりの年配の人か）は、ことにつけて、すべて、挙措応待のポライトな人だった。日本流に言って、じつにしとやかな婦人だった。その心づかいの「ていねい」さが、しみこむように、こちらによく伝わったのである。このさいも、人の、しかるべき心ばせとおこないとは、どこの国でも同じことかと痛感させられた。

ドイツ語の「ビッテ」の使用のさいの、「ビッテ」という、上げ調子の抑揚ひとつが、広い意味において、「ていねい」の表現ではないか。親が子に、人が隣人に、さまざまの場合、「ビッテ」を言う。その抑揚が「ビッテ。」であることはほとんどないようである。下げたらきっとおかしいのであろう。イントネーションひとつが、「ていねい」の表現に、大いにかかわっていると思われる。

以上、私の単純な経験を多く述べた。

日本国内において、「ていねい」が尊重されることについては、例説の要がなかろう。ひとむかし前は、無学の老人たちも、しきりに、児孫に、ことばのしつけ、「ていねい」のしつけ――「ていねい」意識のしつけ――をした。一般に、おとなは、「お客さん」を対象にして、その前で、あるいは客の去ったあとで、ことばと行儀とのしつけをした。指導の理念は、つねに「ていねいに」ということだったのである。

(2) 「ていねい」の世界、あいさつ表現

「あいさつ」ということは、「ていねい」の表現の一般化したもの、習慣化したものと見られるのではないか。

挨拶すること、その挨拶のことばは、本来、コミュニケーションの本能的実現、あるいは親愛感情のしぜんの表明と見られるものであろう。人は、他の人に出あうと、あいさつしないではいられない。だまってすごす場合にも、たいてい、心内には、あいさつの心情をおぼえる。――知らぬ顔をしてすごす時も、それは、あいさつの意識のもとでの、何かへの抵抗であるのが普通である。あいさつは、人間すなわち社会人に必然的なものかと思われる。そのような必然的なものは、人に対する「ていねい」意識と、密接に関連するものではないか。相手にぜひむすびついていこうとする心は、元来、「ていねい」意識的なものであることが、私ども、あいさつの実行者には、自覚されるのである。

それだからであろう、多くのあいさつことばは、みな、「ていねいな」表現である。それらの「ていねいな」もの

から、「ヤー。」とか「オー。」「ウン。」とかのぞんざいなものを見ると、やはりそこに、あいさつしようとする心情の中の、ある「ていねい」意識を認めることができる。

女性は男性よりもあいさつがていねいである。これは、女性が、男性以上に、よく「ていねい」意識に生きているからであろう。女性のあいさつを見ていると、あいさつと「ていねい」意識との相関がよくわかる。

日本語では、あいさつことばの「ていねい」表現の世界が、種々に開けており、これが、日本民間の「ていねい」意識の存立と流行として注目される。

まず、朝の「お早う。」のあいさつを見よう。近畿で、

○オハヨーサン。

などと、「お早う」に「サン」をつけるのは、「ていねい」の心情の、さっそくの表現ではないか。「早う」に「オ」を付けたのがすでにそれであった。南九州では、

○ハヨ　メガ　サメヤシタ。

などと言う。「お早う。」のあいさつの、そもそもの形は、こういうものであったか。この完了法で相手をたたえる発想は、相手に対する「ていねい」意識に接続したものであろう。

○ハヨ　サメタ　ノ。

と、宮崎県南部で言う場合も、「ヤス」という尊敬法助動詞はつかっていないけれども、これでやはり、あいさつでの「ていねい」の意識は認めしめると思う。薩摩・大隅の地方のうちでは、朝のあいさつとして、

○ケサ　マダチャイモシタ。

けさはまだでございました。

との言いかたをしている。種子ケ島には、

○キョア　メッカリモーサン。

　　きょうはまだお目にかかりません。

というのがある。（朝、ひる、晩、いつでもこれを言うという。）長崎県五島列島では、

○オヘンナンマシタ　カ。

　　お目ざめになりましたか。

を存し、日向・豊後にも類例があり、周防に、

○オヒンナリマシタ。

島根に、

○オヒンナンサイマシテ。

がある。同類の言いかたが、広島・愛媛・徳島にもある。石川県下では、

○オヒンナリー。

○オヒンナリアソバイタ　カ。

と言う。八丈島にも、

○オヒニナリヤララ。

があるという。「お日になる」「お日なる」などの言いかたは、相手の目ざめたことをていねいに祝福するものであろう。

　つぎに、辞去する人を送るあいさつを見る。『全国方言辞典』には、

ごゆだんおしや [句] ゆっくりなさいませ。徳島県祖谷。

ごゆだんなさいませ [句] ごゆっくりなさいませ。「もうお帰りですか、ゴユダンナサイマセ。」高知。

とある。

○ヨー　オメシナハレ。

これは、阿波の鳴門市で聞いた送辞である。風呂をもらいにきて、やがて帰る人へのあいさつである。こういう時の特定のあいさつことばとして、「召す」などという、ほかの時にはつかわぬことばが残っているのである。そういうことばを、保有しているあいさつの心理は、「ていねい」の心理にほかなるまい。

○オーキニ、ヨーコソ。

これは、近江の湖西の山中で聞いた送辞である。かならずしも物などをもらったのでもないのに、「オーキニ」と言い、そして「ヨーコソ」と、「こそ」のつよめの言いかたをする。しぜんに感謝し、かつ「こそ」の強調法をもって、来てくれたことを感謝している。「ていねい」の心情のあらわれであろう。

○オセッカク。

これは、佐渡で聞いたものである。

○オヤガッテ。

これは、能登半島西岸で聞いたものである。無事におうちにお着きになって下さいの意の送辞であるという。

○オヤガッテ　イクマッシ　ネ。

気をつけて行きマッシ。

ともあった。愛宕八郎康隆氏は、能登島で、一老女から、

○オアブノー　ゴザイマス。オヤカ゜ッテ　ネー。

との送辞を受けたよしである。

○ソイジャー　オミチヨク。

それでは、お道よく。

これは、佐渡北部で私が受けた、先方男性の送辞である。この時、宿の妻君は、

○オセッカク。

と言ってくれた。「お道よく。」の送辞にはじめて接したのは、糸魚川奥の小滝村の丘でであった。（昭和一四年八月）暑い日ざしのもとで、こうあいさつされて、じつに感動したことを、今も、しみじみと思いおこす。佐渡新町では、のち、上記の佐渡北部例を聞いたのと同時期に、

○オミチヨー。

を聞いた。愛媛にも、

○オミチヨー　オカエナサイマセ。

がある。人の去っていくのに対して、その「お道」のよいことを祈るあいさつは、なんと、ていねいな、うやまいの感情に満ちていることであろうか。

○オダイジニ。

こう言って、去る人を送ることばは、世に通有のものであろう。「あと、すぐに会う分でも、こう言って送る。」（出雲での話し）などと言われる「お大事に。」も、ずいぶんていねいなものであろう。甑島に「ダーチー。」があるか。「肥前五島方言集」（『方言』一ノ二）に言う「ダッチョナ」「ダツョ」は何であろうか。「左様なら」と説明されてい

る。

○ゴジョーブニ　オカエリナサイ。

これは、愛媛県下の送辞である。（「ゴジョーブニ。」もある。）

○ゴッケンヨー　ナサイマセ。

ごきげんようなさいませ。

これは、高知県下の須崎駅で聞いた。

○「おたまやかにだんだんよ。」

「これは池川町安居における老人語であるが、意味は『御無事でお帰りなさい、さよなら。』であろう。」という。（土居重俊氏『土佐言葉』「おたまやかに」は、どういうことばなのであろうか。別に今、柳田国男先生の『毎日の言葉』から、一記事をお借りすれば、こうある。

木曾で斯ういふ場合にタメライと言ひます。タメラフとはあまり無理をせずに、ゆつくり行けといふ意味であります。土佐でオブエガといふのは判りませんが、やはり同じやうな心持かと思つて居ります。

佐名木淵氏の『白川北部（やまが）の方言』にも、

「ためらえや」

気を付けよ　用心せよ。

「ためらってゆけよ」

気をつけて道中せよ。（人を送る際の辞）

とある。

○ソイジャ　マー　ギバッチェ　モドリヤンセ　ヨ。

それではまあ気ばってお帰り下さいよ。

種子ケ島ではこういう言いかたをしているという。「気ばって」に類するものとして、「あせって」もあるか。

○ドーゾ　オシヅカニ。

どうぞお静かに。

（これは大分県下の国東半島で聞いたもの）この言いかたになると、一転して、心意は、また、「お道よく。」というのに通うものとなる。人の去るのを、もっとも一般的な言いかたで祝福するとなれば、「お静かに！」と言うのが、なかんずく、しっくりとしていよう。これには、送る人の敦い祈りが表現されると言ってもよいのであろうか。

○ソナ　マー　シヅカニー。

ではまあお静かに。

これは、隠岐島五箇方言での一例であるが、調査者、神部宏泰氏によれば、「辞去の際の挨拶」とある。帰っていく人が、なおい残っている人に言うのだという。――なるほど、去る方がそこの人、人たちに「お静かに。」と言うのも道理である。つぎにはなお、送辞の「お静かに。」をあげよう。

○オシズカニ。

これは、紀州田辺駅で私が受けたあいさつである。大阪府の河内奥では、「シズカニ　……トクナハレ。」という送辞を受けた。このように、「静かに」は、通常副詞として、心からの見おくりことばに活用され、やがてそれが、特定句として――「お静かに」という慣用文句として――おちつけられるようになったか。

○ハイ　サイナラ。シズカニ。

この、南紀、三重県下で聞いた送りことばでは、「シズカニ。」が、やや低い声でつけそえられた。

○オシズカニ。

京都ことばにも、この送辞がある。

○ハーテ　オバサン　オシズカニ。

これは、越前弁の一ふしであるが、「オシズカニ」を、「ゆっくりやんなさい」の意につかっていた。一例外的用法である。加賀にはいると、白山麓などで、

○サイナラ　オシズカニー。

を聞く。

○ホンナ　オダイジニ　ナサイマシェ。オシズカニ。

という、ていねいなあいさつを、私も受けた。

○マー　オシズカニ。

これは、私が、愛知県尾張西部で受けたあいさつである。路上で、いよいよわかれる時に、こう言われた。関東東北部、北茨城市でも「お静かに。」を聞いた。

○スッヅカニ。

これは、奥羽の岩手県下で聞いたものである。東北地方に、「静かに」「お静かに」がだんだん見いだされるようである。

「お静かに」という発想の送辞には、要するに、敦い心が感得される。「ていねい」意識の、ことにひたすらなものが、また敬虔なものが、この中に静まっていよう。まことに、あいさつは、送辞の世界だけを見ても、そこに、

「ていねい」意識の発動によるさまざまのものが栄えていて、その表現形が注目されるのである。

○オソマツモーシマシタ。

これも送別の辞である。(これは、青森県下での一例である。) べつに、飲食のもてなしをしたのでなくても、こう言う。――(関西では、この言いかたが常用されてはいない。「おそまつ」と言う場合は、飲食・物品に関することが多かろう。)

○オソマツアゲマシタ。

これは、埼玉県東部で聞いた一例である。戦争直後、すどまりの宿の朝、おかみさんから私が受けた送辞である。愛知県尾張西部で、お寺に泊めてもらった朝のこと、私が辞去のあいさつを述べると、寺の坊さんは、

○オムツカシュー　ゴザイマシタ。

と言ってくれた。その時はこれが、いわゆる送辞の役をしたのだったと思う。「お粗末申しました。」に相当する言いかたであろう。人は、相手をていねいに送るとなったら、心をはたらかせて、いろいろな言いかたをくふうするのであろう。「お粗末……。」に類似するもので、関西流のものとしてもよいかと思われる言いかたに、

○イッソ、アイソ　ゴアヘン。

のようなのがある。「愛想がない」というのである。この例は、大阪府下でのものであり、同地でまた、

○アイソナシダス。

なども言う。やはり送辞である。中部地方でも岐阜県下では、「あいそもなかったのう」と言って「客を送りだす」という。(佐名木滉氏『白川北部(やまが)の方言』)

○そっぱいなしだっと。

何の御愛想もない。

これは、『奈良田の方言』に見えている。山梨県西部のことである。さて、

○イッカイー。

行くかい。

などと言うのは、「もう行くか。」と、ややむきだしに言ったものである。これに対して、

○イッテラッシャイ。

などと言うのは、同じ「行く」をつかっていても、「行って　いらっしゃい」との言いかたをしているので、ここに、「ていねい」の心意の敦いものを認めることができる。考えてみると、「行って　イラッシャイ。」「行って　オイデナサイ（オイデ）。」などは、――（また、「行って　マイリマス。」も）――妙なことばづかいだとも言える。が、このような表現をしているところに、あいさつでの「ていねい」意識の限りない活動は顕著である。

あいさつの表現の、どの種類のものをたずねていっても、私どもは、そこそこで、あいさつにかかわる「ていねい」の心情を認めることができる。あいさつの世界は、本来的には、「ていねい」表現の世界であると解される。西洋でも同じことなのではないか。「ボン　ボヤージュ。」と言う。（東洋の国でも「一路平安。」と言っている。）「グッド　ランディング。」などとも言う。――時世に応じて、新しく、このように、あいさつ「ていねい」の表現法を創作してもいる。洋の東西を通じて、あいさつに、同似の発想がある。その同似とは、しょせん、あいさつするにあたっての（あいさつしようとする）「ていねい」の意識の同似ではないか。同似のはずである。人に対して、その相手にむすびついていこうとする、コミュニケーションの心は、人間自然の心で、普遍的なものだからである。

人と人とが出あうと、また行きかうと、どちらも、しぜんに、相手がたを見ようとするではないか。そうして、こ

ういう場合、人は、あいさつすべき相手を発見することにつとめる。西洋の学会でも、人は、だんだん相手を見なれてくると、いつとはなく、すれちがいざまに、あいさつのほほえみを送る。食堂で遠くにはなれあっている双方でも、視線があうと、たがいにニコッとする。(——これなどが、じつにたのしい交際の開けはじめになる。)去年四月のユーゴスラビヤでの一学会では、こうして笑みをかわす程度であった間がらの人たちが、おもしろいことに、閉会式のある日になると、急に話しかけてきてもくれたのであった。こちらもまた、話しかけていくたのしみを味わった。閉会式のあと、コートをかけておく小部屋にはいると、その狭い部屋の、人のこむ中で、一段としげく、おたがいがあいさつしあったから妙である。妙というよりは、そこにこそ、人間世界の交渉の自然が待ちうけていたのではないか。ザグレブから来た人たちが、口々に、「ボン　ボヤージュ。」と言って握手してくれたのは印象的だった。これがあいさつのことばというものだなと感銘した。私は、「ボン　ボヤージュ。」と言ってくれる紳士たちの口もとを、興味ぶかく注目したのだった。

あいさつは「ていねい」意識の表現ではないか。ことに祝福を表明するあいさつともなれば、これは「ていねい」意識の表現としか言いようがない。祝福の心は世界の諸民族に遍在し、したがって、祝福のあいさつの表現は、広く世界に普遍的におこり得ている。

あいさつ全般が、じつは祝福または同情の心を胚種とするものであろう。したがって、あいさつは世界に遍在し得ており、また、祝福や同情をささえる「ていねい」意識も、あいさつ全般にかかわって、広く世界に遍在していると見られる。

「親愛」の情からあいさつすることも考えられようか。外国人に対する場合などでもである。私は、その親愛も、広い深い「ていねい」意識の中のものと考えたい。さきのほほえみの心理にしても、親愛即「ていねい」という、人間通有の心理と解される。

(3)　「ていねい」表現法

「ていねい」意識の表現のために、人間言語には、「ていねい」表現法が成立している。人間の存するところ、言語の存するところ、「ていねい」表現法は成立していると思われる。すなわち、「ていねい」意識の遍在とともに、「ていねい」表現法は遍在していよう。

あいさつことばの「ていねい」表現法は、その「ていねい」表現法一般の中の、特殊的なものであった。言いかえれば、「ていねい」表現法は、特にあいさつ表現において、一つのいちじるしい特定化を見せているのである。

一般的な「ていねい」表現法の実例を、一つ、英文に見よう。さきごろ私は、外国系の人から、一通の英文章の手紙をもらった。それに、こう書いてあった。

I wonder if I may ask you ………

私はその人から用事を受ける立場にあった。私には義務感もあった。その、受身の立場、というきびしい現実にあったがゆえにであろう、私は、右のセンテンスを読んで、(むろん、そこまでの表現のながれにもよることであったろうが)、まったくしみじみと、相手のポライトネス・「ていねい」意識を感じた。――私の身になりつつ、遠慮ぶかく、つつしみぶかく、私に用事をたのむ、相手の真情を、じゅうぶんにくみとることができたのである。(いまでも、英文法の知識としては、右の言いかたを心得てもいた。しかし、今にして思えば、それは、ただに、ていねいな言いかたという程度の理解だったのである。自分がかんじんの当事者になって、上のことばづかいを受けとってみると、いまさらのように、いな、はじめて、このことばづかいのしくみから伝わってくるものが、両の手に受けとめられた。)受けとって身に泌む、相手の「ていねい」の心がけ、そういう、深部のものをかかげ出すのが、「ていねい」表現法である。
私は、「ていねい」表現法なるものを、知的理解をこえて、肌で感得することができた。つまり体験的にそれを理解することができた。表現とともにある表現の法、表現法は、ついに体験的に理解されるべきものか。どのような表現も、表層から深層にいたってそれを把握すれば、よく、それを、人間の普遍的なものの一具現として理解することができよう。そう理解してこそ、表現の法の理解である。

いま一つ、同一の手紙の中から引用したいセンテンスがある。これもまた、ていねいな表現であって、すべての人間の心に貫流しているであろう「ていねい」の心情を、すぐにとらえしめるものである。

Your assistance in these small matters will be greatly appreciated.

これもこのたび、しごとをする身の私として読んで、感慨ぶかく受けとられた。このように言いあらわすものなのかと、これに感じ入ったしだいである。言いまわしというものが、ここでよくわかった。言いまわされて、表現者の「ていねいな」表現心意が、よくあらわされている。すなわちここに、表現法がある。上の文で、しろうとながらすぐにわかったことに、small と greatly との対照がある。英文法家はこれを、ただの対照として、書く人の通常の筆づかいとも見、敬意表現などとは無関係であるとするであろうか。——修辞とも言うことであろうか。私は、表現の直接の受容者として、このような単語対照にも、表現者がこの二つをこのように布置しないではいられなかったであろう心意を感じて、この「修辞」を、表現者の「ていねい」表現法と受けとらざるを得なかった。可能の世界の中から、自己の好み（心づかい）の語を選んでくるところに、機械的でも無作為でもない、選択の意志があろう。対人表現ともなれば、その意志によって、対人関係を適当に描きだすにたる語が選ばれる。その意志は、「ていねい」の意識と言えるものであり、それによる語の選択によって「ていねい」表現法が形成される、と、私は考える。

右の手紙は、女性からのものであった。私はこれの全体から、多くの「ていねい」表現法を受けとった。通読して、――(日本流に言って)――女性らしいこまやかな心づかいを受けとったのである。どこの国の人でも、女性の心づかいは、総じて、男性のよりもやさしいか。その男女差の認められることの普遍性に即応して、「ていねい」ということの普遍性もまた認められると言えよう。

英会話に、「I don't know.」と言うよりも、

I'm afraid I don't know.

と言った方が、より「ていねい」だということがあったかと思う。「I'm afraid」があたまに付けば、否定の断定がひかえめになるとのことである。ひかえめを表現する形式「I'm afraid」が付いて、全体は、「ていねい」表現法の美しい構造になる。

一友人は、右の会話センテンスを日本語の言いかたに直してくれて、

○私は知らないんですが。

としてくれた。「………が。」はつぎを予定することばづかいである。つぎを予定するかのように、言いためるところが、むきつけざまでなくて、相手をいたわっている。つまり「ていねい」意識がここに流露している。

たまたま、「afraid」にちなんで思い出される日本的な言いかたがある。

○おそれながら、………。

○はばかりながら、………。

これも、かしこまって「ていねい」を表現する言いかたで、日本語の中の「ていねい」表現法とされる。これと、とは、似ていよう。

英文においても、日本文においても、同じように、「ていねい」表現法は発達している。これは当然のことではなかろうか。

「ていねい」意識の遍在という原本的事実と表裏して、「ていねい」表現法は、どの言語、どの国民の中にも、原理的に存することと思われる。

古来、日本語に関しては、「敬語」「敬語法」が特徴視されてきた。往々にしては、それが、日本語に独自のものであるかのように見られてきた。その種の言説がさまで有意義でないことは、今さら言うまでもなかろう。

なるほど、「敬語」「敬語法」は、日本語の特色ではある。しかし、日本語独自のものではない。日本語に、敬語法形式の成立が多彩であり、敬語法組織が複雑であることは事実であろう。それはまた、多くの外国語にくらべて、より多彩複雑と見うるものでもあろう。けれども、敬語法が日本独特ではけっしてない。かつ、いわゆる敬語法も、本来、「ていねい」表現法に属するものである。もし、一元的に「ていねい」表現法の存立を言うとなれば、ただに日本語だけを特論しておくことはできないのである。形式に多少の差はあるにしても、「ていねい」表現法そのものは、どこにも、共通に、ほぼ同一の基底をふまえながら存立しているとしなくてはならない。

万国通有の「ていねい」表現欲求があって、この欲求のままに、各国各民族の「ていねい」表現法の形式がつくられている。

等しく「ていねい」表現法を持っているのではあるが、ちがった国民(言語族)の双方の間では、形式差のために、おのれの「ていねい」表現法を相手に通じさせることができないこともおこるのは、またやむをえないことである。私はつぎのような経験をした。ユーゴスラビヤのドブロブニクの宿でのことである。三日、四日と滞在するうちに、メードさんたちとも顔見知りになった。お礼のあいさつを送るようにもなった。ある朝のこと、私どもは、自室の外あたりで働いていた二人のメードさんに、部屋に来てと声をかけた。セルボ・クロアチヤ語の話し手たちが部屋にはいってきた。妻が、日本から持ってきた小さなものを各人に渡すと、大いに喜んだメードさんたちは、からだでしきりに感謝の意をあらわした。年長の方の人は、

○プートー　ファラ。

と聞こえたことばを述べて、たしかに謝意をあらわし、あと、胸かきむしるようなしぐさをして、苦悩の表情をありありと見せたのである。そのいっさいは、「ことばが通じないので、このお礼を言いあらわすことができぬ。どうか察してくれ。」というおもむきのものであった。私どもは、その深切な表情・身ぶりに感動した。

彼女は、私たちへの通用語、英語を知らないために、自己の感謝の「ていねい」意識を、その場の表現法にもり上げることができないのでもあった。自己の言語で「ファラ」とは言ってみたものの、これは当方に通じないはずのものであることを、彼女は知っている。彼女は、相手のために「表現法」を求めて、しかもそれが得られないので苦悩した。私はこのさい、「ていねい」表現の心理の実在と活動とを、この異国の異言語人に、はっきりとたしかめ得たわけである。

「ていねい」意識・ポライトネスは、有「敬語」の「ていねい」表現法にも、無「敬語」の「ていねい」表現法にも認められる。

普遍的な「ていねい」表現法が、「ていねい」意識の遍在を実証する。「ていねい」意識の遍在は、「感謝」の心情の遍在にも通うものではないか。感謝のあいさつの世に遍在するがごとくに、「ていねい」の意識もまた世に遍在している。

ネウストプニ氏に、論文「Politeness Patterns in the System of Communication」があることをここに紹介し

よう。これは、『Proceedings Ⅷth International Congress of Anthropological and Ethnological Sciences 1968 Tokyo and Kyoto Volume Ⅲ Ethnology and Archaeology』に出ている。氏の論は、

1. The Politeness System
2. Politeness System and Socio-Economic Sphere
3. Honorific Systems

の内容のものとなっている。

(4) 待遇意識

「ていねい」意識は、「ていねい待遇」の意識とも換言することのできるものである。「ていねい」の行動化は対人的であることを思えば、この換言は順当とされる。以下、「ていねい」表現での対人関係把握を重視して、「ていねい待遇」との言いかたをしてみる。「ていねい待遇」の意識は、待遇意識の主要部をなすものである。

敬卑の卑の方向、「ていねい」に対する「不(非)ていねい」の方向に人を待遇することも、待遇表現にちがいない。したがって、その卑・「不ていねい」の方向にも、待遇意識ははたらくとしなくてはならない。社会の対人関係の中では、根源的に対人意識がはたらき、人をどのようにか待遇する待遇意識がはたらく。

人を民主的に待遇するとなったら、もはやこの領域では、「不ていねい」の待遇はおこるまい。相手を、一個の人格として正しく待遇しようとする待遇意識は、もはや「ていねい待遇」の意識なのである。この意味においては、民主精神は、「ていねい待遇」の精神であるとも言える。

人は、隣人を求め(↑待遇意識をはたらかせて)、隣人と交わりあおうとする。その時の善意は、「ていねい待遇」の心である。教養のある西洋婦人が、無器用でもぞもぞしているこちらを、じつによいあんばいに待遇してくれるの

を、私どもは、外国旅行でたびたび経験した。待遇意識とはこんなものかと、私どもは、そんなおり、ほとほと感じいったのである。

ユーゴスラビヤのノビ・サドで、イビッツ教授・同夫人教授に会ったおりのことである。(イビッツ教授とは、先年のマールブルク以来の知りあいである。)妻ははじめてご両所にお会いしたのであった。ノビ・サドの駅前にバスで着くと、おふたりが迎えとって下さった。先方のくるまに乗せてもらったところで、私は、ベオグラードに帰るためのバス切符を買っておいた方がよいと気づいた。そのことを言うと、イビッツ教授が、ではと、買いにつれていってくれた。あとはくるまに婦人同士となったしだいである。そこで何がおこるか、じつは、私は、実験してみたかったのである。ここで明らかにしておかなくてはならない客観的条件は、妻が外国語をほとんど話さないということである。――英語の、単語などを、多少、口にすることはあるので、「話せない」としてしまうわけにはいかない。ちなみに、聞くことは、英語をわずかばかり聞きうる。(これは、私の悪戦苦闘のスピーチを、ことばでよりも、そのおり察せられる意味から聞きとったりするうちに、しだいに養い得た微力であるらしい。)

切符を買って、くるまに帰ると、はたして、イビッツ夫人がすぐに私に告げてくれた。「わたしたちは、ふたりでたのしく会話していました。」と。夫人は、いっしょうけんめいになって、妻を待遇してくれたらしいのである。あとで妻に聞いてみると、当方の家族のことをたずねてくれた時も、わかりやすく聞いてくれて、こちらはただ、「はい。」とか「いいえ。」とか答えればよかったのだそうである。万事、こちらに合わせてくれるのが、先方の、こちらをあたたかく待遇してくれる「ていねい待遇」である。私らの娘どもが、嫁しても家にいて、働いていないことを知ると、夫人は、「それがほんとうです。母おやはやはり家にいて子を育てねばなりません。ヨーロッパでは、生活費が高いので妻君も働きますが。」と話してくれたそうである。(この程度の話しなら、身ぶりや手ぶりもはいると、私どもも、その場のいきさつからして、理解することができる。）とにかく、こちらにぐんと身を寄せる心で話してくれる。「人をそらさない」ということがあるが、イビッツ夫人の場合、ただにそのような社交的なものではなくて、当方とむつみあおうとする真情、すなわち「ていねい待遇」の心情が、つよくはたらいたようである。

イビッツ夫人が妻と並んであるく時も、夫人は、妻の手をとり肩をいだき、じつに親切にせわしてくれた。どのようにしたら、この会話のできぬ相手の心を慰めることができるかと、夫人は心をくだいてくれているようであった。そして、おりおりに、ひとこと・ふたことずつ、妻に答えさせるように、話しあいのはからいをしてくれるのでもあった。「ていねい待遇」の心理とはこんなものかと、私は深く謝しつつイビッツ夫人の行動を見まもった。そんな時、国のちがいも民族のちがいも意識することができなかったのである。イビッツ夫人が、すぐの近しい人に思われた。

西洋人のわれわれに対する待遇が、一面、まったく対個人的で、夫婦をも夫と妻との二人にして、これをしぜんに別々に待遇するのは、私どもには印象的だった。単純に、夫婦で何かを一つと、考えることの多い私どもは、時にハッとなることがある。ここでまた、東欧でのことにふれるのをゆるしていただきたい。ベオグラードからウィーンに発つ時のこと、「オーストリアン」の飛行機に乗ると、オーストリー娘さんのスチュワデスが新聞をくばってくれた。私には「English?」と聞いて、やがてヘラルド・トリビューンをくれた。そうしておいて、妻にまた聞いたのである。私はその時、そんな待遇を、全然、思いもうけなかった。あわて心で、ふたりに一つでけっこうですと言ったのをおぼえている。「ていねい待遇」にも、国情によって、ちがうところがあるのだ。先方はまったく対個人的である。ただしこれは、待遇の方法上のことであって、待遇の意識そのもののことではない。

日本では、待遇意識を発動させて、ていねいにではあるにもせよ、相手に深入りしすぎるところがあろうか。途上で相手にていねいにあいさつしても、「どちらへいらっしゃいますか。」などと、私事に立ち入る。そのように話していくのが「ていねい待遇」であるとも、心得られているようである。すくなくとも、人は、「ていねい待遇」の意識にそむいて、そのようにふか問いをしてはいないのである。

いずれにもせよ、対人的には、だれしも、待遇の意識を持つ。その中で、「ていねい待遇」意識のしぜんに発揚されるのが注目される。この発揚と展開に応じて、「ていねい」表現の諸形式がとられる。

その諸形式・諸方式の無限性ということも、また言わなくてはならないであろう。

(5) 社会意志

日本の敬語法は、社会通念になってはいないか。「敬語」は人々の常識の中にある。

社会通念を社会意識と言いかえてみる。敬語法の意識は、社会意識になっているかと思う。

日本にかぎらない。一般に、待遇意識は、社会の意識になっていると思う。

そのような社会意識の根源は何か。私は、社会意志というものであろうと思う。

待遇意識の発動による待遇表現には、社会ごとに、形式上の（表現法の）習慣がある。社会的習慣がある。それがあって、しかも、そのものが、社会の変動推移とともに、移り動いてもいる。そのような、生きものの社会習慣をささえて、それをしぜんに統御しているのは、社会意志と言うべきものだと、私は考えるのである。

このあいだ、一つの学校の卒業式で、「仰げば尊し」の歌に耳をかたむけた。聞いていると、「身を立て、名をあげ、やよ励めよ。」とのことばが出てきた。（「今こそ、別れめ。いざさらば。」ともあった。）従来は、荘重な歌詞とだけ思ってきた。気づいてみると、むき出しの命令形がつかってある。――「いざさらば」にしても、それに準ぜられるものである。さて、このようなことばづかいであっても、歌の世界では、歌う人も歌われる者も、しぜんにこれらを受けいれていて、ことばづかいの無敬語法などは問題にしていない。歌でなかったなら、人は何かに気づくだろう。そうして、どのようにか心を動かすであろう。歌唱諷詠の中のことは、まったく特別なのである。歌の中での、このしぜんの是認こそは、社会意志のしからしめるところではないか。だれも、むきつけの命令形をとがめたりはしないで、人みな無意識的に、歌詞に――唱歌のうえで――共鳴している。その共鳴共感を可能ならしめている（しぜんのうちに支配している）のは、社会意志だと思われるのである。

共鳴共感は、社会のしぜんの約束ごとである。約束ごとには、そのまとまりを可能ならしめる根源力を想定せざるを得ない。待遇の社会意識の全般に、つまり敬語法のおこなわれる時もおこなわれない時も、その待遇法の約束ごとの全般に、社会意志のはたらきが認められる。

素朴ながらも、私は、私なりの社会学的社会心理学的見解として、社会意志の説を立ててきた。社会の意識とされる待遇意識に関しても、これの根拠として、社会意志なるものを予定することが、待遇意識の社会通行を理解するのに適切だと考えられるのである。

私の社会意志と称するものに酷似した概念として、協同意志(corporate will)と言われているものがあるのを、私は、ローガン　P・スミス氏の『THE ENGLISH LANGUAGE』(龍口直太郎氏訳『英語の歴史』評論社、昭和三三年）によって知ることができた。スミス氏は言う。

> 形式の変化というすべての現象の背後に、われわれは一つの目的、いい換えれば一つの叡知が働いていることに気づくのである。(訳書二〇ページ)
>
> それは意識的ないし慎重な意志ではなく、協同意志、即ち人々が欲する言語の在り方について本能的な感覚なのである。(藤原引用：but a corporate will, an instinctive sense of what the people wish their language to be.)

そして、この叡知の働きがどうなるか予め知ることはできないけれども、それが生み出した結果を見るときに、思慮と叡知をもった目的とがそれを生み出したと信じないではいられない。この協同意志は実に他の人間の諸表示と同様に、その働きはしばしば気まぐれであり、その結果は必ずしも是認に値しない。（中略）。しかし、概して、その成果は称賛に値するものである。（訳書二一ページ）

「蜂の巣の精」………。この「精」は蜜蜂の社会にあって、必要と機会とについて聡明な考えを持っていて、一定の計画のもとに蜜蜂の仕事を指導するものと想像されている。そしてその精はなんら定まった根拠から出ているものではないが、その社会を構成するすべてのものの心中で働いているのである。（訳書二二ページ）

文法家は、この協同意志の命令を記録し、その類推を拡張することによって、その手助けとなることはできるが、それに逆らってもむだである。（中略）。また、言霊が、………と判決するならば、それに対する反対はみな無益であると考えて差支えない。すぐれた案内者は、言語についての分別が高度に発展している偉大な作家のうちに見出すことができる。そしてこの言霊が誰か最も有能な自分の使徒をみつけるとするならば、それはこうした偉大な作家なのである。しかしかれらといえども、単に通俗な形式を選んだり、せいぜい新しい形式を暗示することができるだけで、これを採用したり排斥したりすることは、民衆一般の意志の決定によるほかはない。そして、一般の意志の判決は、立法機関を通過したり否認を受けたりするものではなく、決定的なものであり、控訴しえないものなのである。（訳書二三〜二四ページ）

訳書本文を長く引用させていただいた。龍口氏のご教導を、深謝してやまない。

私の「社会意志」と称するものがどのようなものであるかは、以上の所説によって、ご明察いただけよう。——（私は、スミス氏が、私の思いどおりのことを、また、私が述べて来たのと同一のことを、おだやかに、わかりやすく説いていられるのに驚嘆した。このような「民衆一般の意志」について、人にものを書かせる社会意志——世界的な——のあることにも、思いいたった。）

スミス氏は、「協同意志」の存立と活動とを、論証し得ていよう。ただ、「corporate will」に関しては、一言したい。はたらきを言えばなるほど corporate であろう。が、ものの存立のしかたと性格を言おうとするならば、social とすべきだと、私は考える。「民衆一般の意志の決定」となれば、意志の存する民衆社会を強調するのが有意義であろう。

以上、社会意志を言うのに多くの文字をついやした。しかし、このものが世の待遇意識のうごきの根源だと私は考えるがゆえに、いささか追求してみたかったのである。人を待遇し、ていねいにもてなそうとする時、人はしぜんに社会の習慣にしたがっている。その、社会習慣にしたがう心は、自分の心であって、かつ、自分をも支配する社会の心——社会意志——なのである。

どのような待遇法を是とするかは、社会の意志のきめるところである。

社会意志は、社会の評判でもある。評判は、社会に隠然とはたらき、明確な主体もないかのごとくであってしかも統一性があり、生きものとして——（意志）——動いていく。私どもは、社会の生活の中では、通常のこと、その評判にさからって、人への気ままかっての待遇表現をしていくことはできない。その評判はすなわち社会意志である。（おもしろいことに、私どもが制約を受けるその社会意志の成立には、もとより、民衆の一員、社会の成員としての私ども自身が参画している。個々人がなければ、評判はどこにもあり得ないのと同様に、個々人のあたまがなければ、社会意志はあり得ない。）

社会意志そのものが気ままでもあるのは、評判が気ままなものでもあるのによって、よく理解することができよう。待遇表現法の社会的混乱、混乱とも見られる現象は、つねにおこりがちである。人はこれを「敬語の乱れ」と言う。

2　社会の人間関係——その風土性

社会に、社会ごとの社会意志がある。——社会ごとの「民衆一般の意志の決定」がある。待遇意識による待遇表現の生活、「ていねい待遇」の意識による「ていねい待遇」表現の生活にも、社会性がある。——その社会その社会での、社会意志の指向がある。その社会意志は、人間関係の処置法・把握法としてはたらく。

社会での、人間関係の処置法・把握法は、社会意志の個別的特性によって、個別的風土的なものたり得ている。「ていねい」意識による「ていねい待遇」の表現は、世に普遍的なものであっても、その「ていねい」表現に、社会での、表現法上の類型ができている。この類型の区別が、各国語間での、敬語法の相違ともなっている。また、一国語内での、敬語法の方言差ともなっている。

敬語法、一般化して言って「ていねい待遇」表現には、表層的のこともあるにもせよ、社会的要因があるとされよう。「ていねい」表現法の成立そのことは普遍的である。しかし、成り立ちかたには、社会による差別があるとされる。その差別は、社会意志のはたらきの差別にほかならない。そこには、風土特色を持った人間関係があるはずである。

そのような人間関係の風土性は、地理的に歴史的に醸成されるものであろう。日本の地理・歴史は、日本の社会の人間関係を、どのように特質づけてきたか。

(1)　日本の歴史、日本の地理

ここで、歴史と地理とについての専門的知識が要求されるが、私はこの点で無力である。今は、大局的見地から言えることかと思われる一、二のことを述べて、議論を先へ進めることにしたい。

日本の歴史に関して、史学の僚友から聞かされたことがある。「日本史研究では、空間認識が問題とされていない。――問題とする要もなくてすんできた。」と。西洋諸国の歴史は、その国土のうえで、民族の興亡をくりかえしてきた（あるいは、ひきおこしてきた）歴史であるという。「空間」の問題は、歴史の必緊の問題になっているという。日本は、古来、まずは一民族がおおむね安穏にこの国土に暮らして、何の大変動もなく、時はほとんどまぎれなくこの国に流れた。ここで、彼我の比較から考えられることがある。彼にくらべれば、わが国では、社会と人間関係とが、おおよそ、一本の調子を、しだいに固め高めてきたのではないか。空間的な大変革はなかったことが、しぜんに、それのあった国での人間社会のさまざまの変動とはちがった、人間社会のおちつきかた・しみつきかたをもたらしたかと思う。すくなくとも、歴史事情の上述の大差は、民族社会のありようを、どのようにか別様に、規定するところがあったことと思われる。人間社会での「ていねい」表現法の生成のしようも、しぜん、ここで考えられる、それぞれの社会的要因に、左右されることになったろう。

日本の地理の特殊性が、日本の地域社会の成立とその人間関係の醸成に、特定の役わりを演じてきたであろうことは、想像にかたくない。各国の場合ごとに、その地域社会での人間関係の中での「ていねい」表現法の生成のしようには、地理的要因がはたらいたことであろう。日本の「レル・ラレル」尊敬（という「ていねい」）表現法助動詞が、日本の社会の人間関係の把握の表現法として生成するのにも、たとえば中国地方の地域社会にはさかんにこれが生成したが、四国地方の地域社会にはこれが生成しなかった。もう一つ、「ていねい」表現用の文末の訴えことば――文末詞――「ナモシ」「ノモシ」の類は、四国がわには生成したが中国がわには生成しなかった。上の二つの事項の生成に、このように、地域差がある。生成の可能性そのものは、日本語に普遍的であったと解されるのであるが、現実の生成に地域対立が出ている。これには、とりあえず、地理的要因の指向を認めなくてはなるまい。——その指向の解釈は困難であるとしても。

(2) 社会的秩序

要するに、日本は日本の、社会的秩序の特性を持つ。これが外的に人間の敬語行動に作用をおよぼす。「ていねい」意識による、原則的な「ていねい」表現の意図は、ここで個別化される。

人間の敬語行動は、内面の「ていねい」心意と外面の社会的秩序との相互に規定しあうところに実現されると言うことができよう。

注 早く、山田孝雄先生も、『敬語法の研究』で、「之を要するに敬語は人の性情に根ざして起れるものにして社交の礼節作法と揆を一にするものなれば、人間の社会に必然に存すべきものなり。」（五ページ）と説いていられる。

現実には、社会的秩序すなわち社会での人間関係からの作用があらわであろう。ものの言いあらわしようは、相手とその背後・周囲を見ることによりがちである。ポライトネスをはたらかせるのには、おのずから場所があり、したがって、場所によってのはたらかせようがある。（待遇「ていねい」意識は、人間同士の社会的なふれあいの中で、現実の形をとっていく。）

社会的秩序は、社会階級（いわゆる階級制度）にもつながっていく。この点に関しても、私は、古くて新しい、山田先生のおことばをここにお借りしておきたい。

> もとよりこの敬語は上下貴賤の区別をあらはすに適すといへども必ずしも階級制度の結果とのみいふべからず。
> （前引書一ページ）

(3)　敬語法（敬語行動）の風土現象

「ていねい」待遇の意識はきわめて普遍的なものであっても、人間社会の、社会の人間関係の、したがってまた社会意志のはたらきの、風土性に応じて、現象的には、敬語行動・敬語法は、きわめて風土的なものとなっている。敬語法には、おのずから、存立の精神風土がそなわっているとも言える。この風土のうえで、敬語行動は類型を示す。

このような風土現象は、大きくは、まず、諸国語上に、対比的に認められる。たとえば、英語・日本語・中国語などのうえに。

日本語上での敬語法の、風土的特徴は、どのように指摘することができようか。私は、日本語の敬語法を、英語上の敬語法と比較しつつ、このことを考えてみたい。

一つに、日本では、敬語行動のわりきりかたがよわい。ほかの言いかたをすれば、敬語法を主情的に実現する。西洋人（←英語の）は、ポライトネスの心情をじゅうぶん持っている時も、情におぼれたような敬語行動はしないで、わりきった表明をする。あえて言えば、理知的である。

かんたんな例は、「ノーサンキュー。」ではないか。こちらはいやな時も「けっこうです。」である。日本人同士でも、この「けっこう」の内容はくみとりにくい。そのように、「けっこう」と、ことばをにごす。断定的でない。情緒的である。

「なになにして下さい。」という時も、「………下さいませんでしょうか。」などとも言う。情緒的である。わりきらないようにしていく。――（この種のことに関しては、のちに別項でややくわしく述べる。）

近畿の方言でも、「どうどうするな。」を、「シタラ　アカン。」などと言っている。

日本人の敬語表現の心理は情緒的だと言うことができようか。ここにはまた、日本人の「情緒構造」と言われてもよさそうな大きな問題がある。

日本語上の敬語法を、場面にすがる敬語法とも言うことができようか。場にゆだねる敬語法である。そこに、独特の情愛も出る。

このような敬語表現になれている私どもは、ポライトネスの表現を、ことがらしだいで、どしどしわりきっていく英語国民の表現に、しばしばおどろかされる。エール大学の国際事務局の人が、ニューヨークの一物理学者宅に電話してくれた時のことであった。事務局の人は相手に、「藤原両人は今からニューヨークに行くが、宿をせわするのか。」と聞いてくれたそうである。すると先方の返事は、「それには関係しない。」ということだったという。それを伝え聞いて、私は一瞬、ハッとなった。——じつは、私の聞きとりのあやまりなのではないかとさえ思ったほどなのである。しかし、全然のあやまりではなかったことは、あとですぐに事務局の人が私どものためにニューヨークの宿を予約してくれたのでわかった。日本流だと、つい、宿のせわもしてしまうであろう。私どもが、相手に直接間接にかかわっていると、相手に対する「ていねい待遇」の念から、その場のいきおいで、また、ことのなりゆきで、つい、ふか入りしてしまう。流れにおぼれてしまう。あとでこまるのであっても、その場では、「かしこまりました。」「よろしゅうございます。」「けっこうです。」と言ってしまう。また「けっこう」で、ことは不鮮明になって（わりきらぬことになって）しまうのである。ニューヨークの一物理学者は、私どもへの親愛、「ていねい」の念は、じゅうぶんに持っていてくれたのであるが(——そのご夫妻と、パリでしたしくなった)、ことがらによっては、私どもへの敦い心の中で、てきぱきと、ことを処理したのである。情愛がないのではけっしてない。その証拠に、ご夫妻は、私どもを中央停車場に出むかえてくれて、夕刻から夜おそくまで、親愛の情にみちたスケジュールで、私どもを、じつに「ていねいに」もてなして下さった。

食堂で物を注文して、係りの給仕さんから、そんなにいくつも注文するなととめられたのも、一つのなつかしい思い出である。給仕さんはていねいにせわをしてくれている。しかし、ことしだいによっては、きっぱりと言う。

こちらは、とまどわないで、それを正視すべきなのである。すっと受けとってみると、なんだか、むこうの気もちもよくわかるように思われる。

さて、特徴の二つめとして指摘しうるのは、日本に民間信仰的敬語法の心理の発達していることである。西洋文明の国々は、キリスト教信仰の国々であり、キリスト教文明の国々である。そこには、歴然とした一宗教の国々があり、したがって、そういう画然とした信仰生活にうらづけられた人倫・社会の生活がある。そこでのポライトネスの表現の生活には、そこでなりの風土的特色があるはずである。日本では、キリスト教国でのキリスト教信仰に見られるような宗教生活はない。あるのは、雑信仰とも言われているものである。

じっさい、私どもも、幼時から、主としては祖父母にみちびかれて、雑信仰の生活にはいった。神をおがみ、仏をおがみ、天体をおがみ、水をおがみ、石も木もおがんできた。「まじない」とか「お願」とか「日参」「お百度」とか、民間信仰の生活は、きり・きわもなく多様である。いわば、習俗的、ないし土俗的信仰が、日本人の体質をなしている。ひじょうに広汎な低（あるいは超）宗教生活がここにある。このような生活の中でごくしぜんに馴致せられた宗教的情操――その素朴なものは、「もったいない」（ありがたい・かたじけない）という情念であった。

「もったいない」ないから、ごはんつぶ一つ落としても、拾っていただいてたべる(たべた!)。神仏への燈明も心から「オヒカリ」と言う。(そして、この「オヒカリ」は、みだりに息を吹きかけて消したりはしなかった。『奈良県宇陀郡方言集』には、「シメス　うるほす　又　燈明を消す」とある。）天は古来「オテントサマ」であった。自然科学的ではない。星を「オホッサン」と呼び、月、オツキサンとともに、夜ぞらのこのきらめく天体を、祖父母とともにおがんだ生活は、私なども、忘れられない。くらいしずかな夜、ああして私どもは、民間の信仰をしつけられた。

このような社会環境に育った心情の一つは、「敬虔」の道徳心であったと、私は考えるのである。

敬虔な祈りはもとより西洋にもある。たちまち、一つの好例を思いだした。飛行機が、朝の五時にベイルートを発って、ローマに向かう途中のことである。東京からつれであったスペイン人の夫人が、――亭主とは時おり言いあいもしていたものの、今しも朝の陽光が耀きはじめると、窓べに寄って、しずかな祈りを捧げた。さてこの場合は、何をどうおがんだのだろう。その様子は、日本で、人が朝のオヒサマ、オヒーサマをおがむのと同じであった。彼女は、キリスト教信仰者として、朝の祈りをしたのか。私はその敬虔さにうたれた。

日本では、敬虔の道徳心が、一般化し生活化して、「社会で、人間関係の中で、人に気をかねる、気をつかう」ということになっている。日本に長く住む外人は、日本人が、西洋の国々の人よりも、はるかにつよく、周囲を気にし、周囲の人々との（また人々の）人間関係をたいせつにすると見ているようである。物と物との関係と見てもよいこと、見て見られることも、私どもは、とかく、それを、人と人との関係に置きなおしてしまう。苦労なことである。

このような見かた・考えかた・とらえかたをしつつ、私どもは、その人間関係の中での表現に、また人間関係の表現に、心をつかう。そこにおのずから、日本の「ていねい」表現法の、民間信仰的機構ができている。

後注　私は、上来、民間信仰を単純にそれとして論じて、仏教思想・儒教思想の浸潤に言及することなどはしなかった。一つには、それをすることは私に不可能なことだからであり、一つには、民衆社会の汎宗教意識は、まさに、民間信仰・民間雑宗教としてとらえられると考えるからである。

さて、特徴の三つめとしては、呼名習慣のことが指摘されようか。かんたんなことながら、ここに、日本と西洋との、敬語行動上での、はっきりとした風土的相違があらわれているように思う。私の知っている日本の人で、西欧に住んで、あちらの人を夫人としていられるかたがある。一日、私どもは、そのお宅を訪ねた。すると、夫人が夫君に呼びかけて、「○○○ー。」と言っていられる。まったくの、名まえの「呼びすて」である。私どもの前であっても、それにはとんちゃくなしである。もっとも、その呼びかけのイントネーションは、右に表示したとおりのものであって、ここにおのずから、ただの「呼びすて」感情ではないものがあらわれているらしいことは、よく察せられる。しかし、日本でなら、「セイジサン。」などと、「サン」をつけたうえにも、なお、やさしくは上げ調子に呼びかける。共通習慣の上げ調子をおのおのから差し引くと、こちらには「だれサン。」が残るけれども、あちらには、「だれ。」しか残らない。

バンクーバーで、懇意なうちに私どもが泊めてもらっていたおりも、ある夜の議論の中で、そこの妻君は、私に意見を述べ立てた夫君に、「ジェイコップ。」と呼びかけた。（「その意見はどうかと思うわ。」というようなところであった。）この時も、聞いて私の方がハッとなったように思う。日本人間には、どうも、「セイジー。」「ジェイコップ！」ではすまされないように感じる心理があるように思う。双方の、大きなちがいではないか。

ユーゴスラビヤのドブロブニクでの学会の宿舎に着いた時のことも、ここに思い合わされる。指示されたホテルに到着して、さて、エレベーターで下におりて、ロビーの片はしに出たかとおもうと、やや小柄な男の人がさっと来てくれて、「フジワラ？」と呼びかけてくれた。事務局の主任の人だった。（とっさに自分の姓を言われてびっくりしたが、考えてみれば、ふしぎでもないことだった。東洋人の出席者はほかになかったのだから。）以後、会期中、事務局の女性アルバイターたちが私を呼びとめる時も、「フジワラ。」であったように思う。西欧には、「ミスター」とかなんとかを付ける習慣がありはしないか。が、ユーゴーでの学会中では、「ミスター、だれ。」「プロフェッサー、だれ。」式の呼びかけの常用は、経験しなかったように思う。同時に、先方の人たちが、自分を名のらぬことも私には注意された。さきの事務局主任も、その日、ついに自分の姓名を言ってはくれなかった。翌日、その人が早くも研究発表に立ったので、そうだったのかと、その姓名がわかったしだいである。（コミッティーの、ユーゴーがわの人の一人であった。）自分の名を名のらぬ待遇表現は、日本の一習性でもあろうか。その点は似ているが、姓の呼びすては、「ていねい」表現の場合だと、日本にはあり得ない。（「ヤマザキニー。」など、「に」格助詞を付けて「ていねい」表現とすることはあるけれども。）彼我、ポライトネスをたっとぶことには変わりがなかろう。それでいて、呼名法には、習慣のちがいがある。

ついでにふれたい習慣のちがいは、西洋人たちが、人や事物を「人さし指」でさし示すことがほとんどないのに対して、日本人は、しきりに指をつかって、人や事物をさし示すという差別である。私どもは、つい指を出したくなる。思わず指さしてしまっている。「人さし指」の名と民俗とは、待遇表現の問題にどうむすびつけられるものであろうか。

(4) 日本での敬語法風土の地域差

眼を日本国内だけに向けてみる。

日本人は等しく上述のような傾向の中にいるとはいえ、くわしく地方を見ていくと、また、敬語法風土上の、注目すべき地方差が見いだされる。

じっさい、私どもが地方を旅行していても、人のなりわい、人のことばの生活、したがって「ていねい」表現の生活に、その地方その地方のおもむきを感じる。南九州を旅行し、つぎに北奥羽を旅行してみる。いやおうなしに、ことばの生活、「ていねい」表現の生活の大差を感得する。すこしくたち入ると、顕著な差異を、受けとることができるのである。一紀州という、かぎられた範囲について見ても、北紀から南紀へと、ことばは変わっており、南紀も、和歌山県下から三重県下にかけて、ものの変化が見えている。一つの島のうちでも、そことここの集落が、たがいに、ことばづかいの差異を見せている。まことに、ことばの生活、したがって「ていねい」表現の生活は、巨視・微視の各段階で、大小の社会（地域社会↓地域）が、差別を見せている。

敬語法風土の大小の地域差は、要するに、社会そのものの地域差であろう。社会の地域的形成、社会の個別的形態が、敬語法風土の地域差の生成に作用している。

小方言社会は、ひとくちに言えば、閉鎖的社会である。このような社会は、たがいに反撥しあう。おのおのに言語上の特色のできるのは当然である。方言社会が、小でなくて、中・大である場合も、地方的気質がすぐに感じられることは、さきにふれたとおりである。大方言社会、大地方の方言状態の場合にも、――その地方の人がひとたび他地域に旅出すると、ことにつけて地域差をすぐに痛感するのによっても明らかなとおり――、その大方言社会でなりの、近しい人間関係があって、そこはそこなりにまた、閉鎖的でもある。このような事実に即して、私どもは、地方人の地方的気質と、地方の地方的基質とを認める。

こうして一般的に肯定される地方的なものに即応して、私どもは、敬語行動に関してもまた、一般的に、その地域差を認めることができる。

敬語行動の地域差に関して、大きな話題となるのは、「敬語がない」とか「無敬語」とか言われる地域のことであろう。東北地方については、よく、敬語がないなどと言われてきた。これに対する反論は、金田一京助先生も、ないどころではないと、『日本の敬語』（角川書店　昭和三四年）の中で、つよく述べていられる。

まったくの無敬語ということは、私の見るかぎりでは、どこにもない。無敬語と見られるようであっても、じつは、そこにも、なんらかの敬語法体系がある。（――簡素なものにもせよ）卑近な事象の、すぐに「敬語」とわかるものはなくても、敬語法体系は、そこに存しているのである。表現一般の、そのおりそのおりの「ていねい待遇」ともなれば、これは、どこにもいつも存し得ている。

が、ともかくも、日本の諸地方のうちには、「無敬語」とも言えるような（言いたいほどの）言語生活をおこなっている所が、なくもない。そこのそのような状況は、他地方人の耳を、かなり打ったりもしている。

以下に、「無敬語」などと言われがちの地域や、私がそうも言えるかと思った地域を、東西にわたって、いくらかとりあげてみよう。

まず北海道である。これは、無敬語ではないけれども、敬語法体系が簡素であろう。

○ワタシタチ　サー。イマ　ホラ　ネー。

わたしたちはさ。今ほらね。

などと、娘さんが私どもに話しかけてくれる。（——北海道東部方言の例）「です」や「ます」の言いかたをしない率直な言いかたが、時にぶっきらぼうのように感じられる。——じっさいには、「なになに　カイ。」というのでも、「なになにですか。」に相当するものであることがすくなくないのだけれども。

東北地方に関して、しばしば「無敬語」が言われる。しかし、岩手県下はもとよりとして、山形県下にも敬語法の見るべきものがあり、福島県下でも同様である。これらの地域で、敬語法の体系も、かならずしも簡素ではない。ではあるが、へいそのふつうの言語生活に、無敬語ですませる面も大きいことは事実である。

○フ〔Fü〕ロチューノ　ワカル　カー。

ふろというの、わかる？

これは、山形県南で、老媼が、私に語ってくれたことばだった。秋田県下の田沢湖方面でも、まさに無敬語生活と言ってもよい家庭生活を、——子のおやへのことばの生活にも、私は見ることができた。

関東地方内の無敬語的生活に関しては、かつて一部の報告をしたことがある。（「方言における敬語」『国文学解釈と鑑賞』昭和三一年五月）今は、新たに、房総半島南部の事例をあげれば、老嫗がそのつれの人に、

○モッテ　ヤロー　カ。

　持ってやろうか。

と言っていた。無敬語である。しかし、深部調査をしてみると、この方面にも、重視すべき敬語法のいくらかが見いだされ、敬語法の体系的存在が認められるのであった。関東にも、敬語法事実皆無という所はないであろう。それにしても、ぞんざいとも受けとられる言いかたの、大はばに、つよくおこなわれることは、関東の一特色かと思われる。

中部地方の長野県下では、やはり諸所で無敬語風であることが、指摘されている。私も、北信で、老嫗が僧侶に向かって、

○ソー　カイ。

と応答するのを聞いた。東海道、渥美半島の南岸では、一週間調査のさい、その日常会話で敬語法の用いられることのごくすくないのが認められた。（底には、敬語法体系の大いに注目すべきものがあったのだけれども。）新潟県南阪の秋山郷では、嫁が、姑に対しても夫に対しても、無敬語の言いかたをしているという。（押見虎三二氏の調査報告による。）加賀の白山のふもとの方でも、土地人同士では、女も男に、

○ハイレー。

　はいれ。

などと言っている。——（一方では、複雑な敬語法体系も認められるのだけれども。）

近畿の、志摩半島東岸でもまた、「無敬語」の生活を聞いた。ものをたのむ時も、

○タノム　デー。

である。

○センセー。シンパイスンナ。

とも言っていた。淡路の洲本市方面でも、生徒が先生に、

○コレ　ヤル　ンカ。
　これやるの?

とたずねる。近畿南辺、新宮市の東北の山村でも、私はおもしろい経験をした。土地の人が、私を案内してくれ、ある家の外に待たせておくのに、

○チョット　ココイ　オマチ　シトレ　ヤ。
　ちょっとここへお待ちシトレ　ヤ。

との言いかたをしたのである。「オマチ」までは出たのであるが、あとは「しておれ　ヤ」となった。ここに、土地の方言生活の無敬語的状況がよく出ていよう。近畿北辺、——と言ってもよいような若狭の、小浜湾頭の一小集落でも、家庭では敬語法生活がほとんどなかった。

四国では、阿波南部の山地、木頭方面の「無敬語」が、私にはきわめて印象ぶかい。私が泊めてもらった家の、当時の中学生（女）は、私へのものの言いかたに迷って、まったく無口になったのである。——顔にはいっぱいの敬意をたたえながら。中学校まで行って、すでにそうとうの学校敬語法を習ってもいるので、この人は、いよいよものが

言いにくかったのであろう。へいそは、いかに、学校敬語法ぬきの方言調でものを言っていることか。ここの老人男女も、酒の席で、たとえば、ばあさんがじいさんに、

○マー　ヒケ　ヤ。

まあお引きよ（お飲みよ）。

と言っていた。土地の人が学校の教師に、「最上級のていねいなことば」で言ったのが、つぎのようなものであったという。

○センセ　スマンガ、ワシン　クエ　イッテ　クレ。

先生、すみませんが、私のうちへ、さきに、行って下さい。――私はあとから帰りますから。

小豆島の娘さんの、電話でのことばには、つぎのようなのがあった。

○コンバン　イク　カー。

今晩、行く？

○ホンナ　アシタ　イカン　カ。

だったら、あした行かない？

中国地方内でも、諸所の「無敬語」事実をあげることができる。

九州の、あの、敬語法のさかんな鹿児島県地方のうちでも、所によっては、敬語法体系が簡素でもあるらしい。薩摩について見ても、その北部と南部とには、敬語法体系の簡・複の差が認められる。

以上のようであれば、敬語法存在に地域差のあること、時にその差の大きいことは、承認しなくてはなるまい。

なぜ、無敬語的にもなるのか。地域社会の人間関係が内わで、よそ者がはいらねば、社交の生活はなんの遠慮もい

らない。まったくの閉鎖的社会である。人と人との関係がおよそ単純になる。社会的秩序が単純であれば、「ていねい」意識も、そんなにはたらかせなくてもよいことになろう。「やあ。」「おい。」「なあ。」の、近しいもの同士の、ぶっつけの利く社会生活では、表現も簡朴でよかったことと思われる。

封建的体制は、「ていねい」表現法を複雑化させることになったか。それにしても、今日、私どもが、いわゆる無敬語の地域で実見する社会階層は、単純なものである。ここでは、そうそう、階級制度による言語分化など、おこりそうもない。

家がらとか、旧地主・旧小作人とかの、村や町に伝わる旧観念的なものが今もつよい所が、すくなくはない。そういうものは、土地の人々の、人間関係の把握のしかたを左右してきたであろう。方言によっては、ひじょうにこみいった敬語法体系を示してもいる。しかし、現に無敬語的である所は、そのような旧観念的なものもよわかったのだと、せざるを得ない。

それにしても、さきにもふれたことであるが、尊敬法助動詞の存立と分布で、中国には「レル・ラレル」があって四国にはない――そういう無敬語状況――という地域差は、どうしておこってきたのか。中国地方のうちでも、ひとり岡山県下に、「レー・ラレー」命令形の使用がさかんで、他県下にはこれがない。こういう、広域間での敬語行動上の地域差となると、なぜかの問いは、深まるばかりである。岡山県下に「レー・ラレー」があって、他方、富山県下に「レー・ラレー」がある。なぜか。ことが、近畿アクセント地帯のまずは両傍とも言える所にあるのは注目される。注目して、その先をどう説くか。問題は根ぶかかろう。ことは、地域上でも現象上でも、総合的見地で観察され解釈されなくてはならないであろう。

日本での敬語法風土の地域差が、歴史的に醸成されたものであることは言うまでもない。日本史（――日本言語生活史）との相関において、今日の、よこの敬語法風土はあると言える。大きく見て、東国地方と近畿以西との、今日の敬語法風土の地域差を認める時も、私どもは、国の歴史のうつりゆきの大投影を、ここに見るとせざるを得ないのである。

敬語法風土も、時の流れのうえにあるものとすると、これの変容も、また見こまれることになる。時勢の進展とともに、人間と人間社会も変貌していき、社会生活が変わっていく。今日は、敬語行動、敬語表現の心理が、大いに推移しつつある時であろう。敬語法風土の色調も、全国そこそこで、変わりつつあるものと思われる。

二　婉曲法

——敬語法成態の原理——

≪婉曲法≫　言語社会の「ていねい」意識という社会心意は、社会の人間関係との相関のもとで、成態化する。その成態化は、原理的に、婉曲法と見られるものである。

婉曲法を、敬語法の現象的原理とも呼ぶことができよう。（「敬語法形態」形成上の原理と言ってもよかろうか。）日本語での敬語法が、婉曲法になっており、英語での敬語法もまた、多くの、婉曲法の産物を見せている。「ていねい」意識は、婉曲法をふまえるのが当然ではないか。

婉曲法は、間接法とも言うことができる。日本語の近代敬語法で、一つ、東京語中心に、「オ行きニナル」「オ移りンナッた」式の言いかたが発達したのは、ゆえあることであった。「〜になる」はまさに間接法の言いかたになっている。

1　日本語の構造と婉曲法　――日本語「文表現法」の文末決定性――

日本語での婉曲法の特定の可能性は、日本語の構造によって保証されている。私見によれば、日本語の文表現法の文末決定性（――表現の文末決定）は、日本語での敬語表現の、独特の婉曲法を、基礎的に可能ならしめていると解される。

日本語では、さきにもふれたように、「……して下さい。」でも、表現を延伸して、「……して下さらないでしょうか。」「……して下さいませんか（ませんでしょうか）。」などとすることができる。思いを述べていくうちに、途中で、気を変えて、表現の線なり方向なりを動かすことができる。そのような変更可能性をはらんでいるのが、日本語の文表現法である。「ていねい」表現法というような、人間関係を見ていく表現法ともなれば、あたかもよく、表現者は、その変更可能性に乗っていく。婉曲な言いかたは、おのずから、できるようになっているのである。（日本人の、人間関係をよく見る――人を気にする、人のことをかまう――思考法もまた、本来的に、この文末決定性の表現構造・表現性格と関連していよう。）

文末決定性は、文表現に、長く、表現内容の未決着をゆるす性能である。未決着の中での余裕が、表現者に、表現意図・表現意欲の変更変動をゆるす。文に動詞の早くも出てくる文初決定的構造の西欧文構造のもとでの婉曲表現とはちがった婉曲表現が、わが国に見られるのは、理の当然とされる。

「ノーサンキュー。」のことは先に述べた。日本人は、ひとくちに言えば、「No.」ということがきっぱりとは言えない国民である。「No.」は、もっとも明白に、はじめから、「いや。」と、言うものではないか。これは私どもにはにがてなのである。「いずれ、」と言い、「まあ、」と言い、「ともかく、」と、そこを未決定のままにすまそうとするのが、「文末決定性」民族である。「ノー」のつぎに「サンキュー」を言うのであっても、つごうがわるいのである。「ええ、ありがとうございます。が、まあ、けっこうです。」とでも言いたい。しかし、これが英語に機械的に通訳されようものなら、「ええ」のあたりでもう「Yes.」となるか。日本語の「ていねい」表現は、文末決定性に指向されて、たしかに、独特の待遇表現形態になっている。

日本語の会話では、文の末尾に、しばしば「訴えのことば」がくる。――この遊離独立の成分を、私は文末詞《文末助詞・終助詞ではなくて》と呼ぶ。日本語での文表現法が、文末決定の構造になっており、したがって、「ていねい」表現法（――→敬語法）も、文末決定の線にしたがうので、文の末尾に特に膠着せしめられる文末詞は、「ていねい」表現法（――→敬語法）に、深く関連することになっている。つまり、文末詞も、「ていねい」表現法の系列にはいるのである。「ナモシ」はていねいなことばだとか、「ナー」と「ノー」とでは「ナー」の方がとか言われるのは、そのことをあらわしている。

私は、年来、待遇表現法上での文末詞の役わりを重視してきた。人々の、これに注意せられるむきも、また、しだいに多くなってきた。

「文末詞」に関しては、拙著『方言文末詞（文末助詞）の研究』（『広島大学文学部紀要』特輯号2　一九七二年二月）をご参照下さるなら幸いである。

文末詞による最終結着まで、日本語文表現での待遇表現は、その内実（「ていねい」意識）の展開決定が保留される。その間の屈折可能性が、表現上の婉曲法となる。――「ていねい」表現では、自然のいきおいとして、その婉曲法が利用される。

2　待遇表現の情緒的展開

「ていねい」の待遇表現が、文表現法の文末決定性に依拠して、婉曲的に展開するのは、待遇表現の情緒的展開と言ってもよい。

文末決定性は、思考の方法・形態に関連し、かつ、情緒のうごかしかたに関連する。未決定で文表現が推移するところには、いろいろの感情の揺曳があり得よう。そのような感情揺曳のともなう、心のゆれの表現過程を、表現の情緒的展開と言ってみる。情動的展開と言うこともできよう。

私が情緒的展開と言おうとするものを、中村雄二郎氏は、「詞」「辞」の論をふまえて、つぎのように、みごとに説明していられる。


ところが、「辞」によってたえず言語表現外の現実の主体にたえず関係づけられる日本語の文章では、なまの、あるいは裸の現実が言語表現の次元に介入することになり、言語表現は、言語と現実とのまざり合ったところで行なわれることになる。その結果、日本語の言語表現は、話者と聞き手を含む場面と密接な関係をもち、その場面のなかで強い臨場感をもちうる反面、特定の話者（書き手）と聞き手（読み手）を含む場面を想定することなしには言語表現としての自己完結性が得られない、あるいは少なくとも得られにくいということが出てくる。

（「日本語・その論理と心情」『言語生活』昭和四六年一〇月）

3　場面に即する婉曲法

日本語の文表現の受容にあたっては、場面に考慮を払うことがつよく要求される。中村氏の説かれるように、また、さきに私もふれたように、「日本語の言語表現は」、場面に依拠することのかくべつつよいものだからである。

中村氏は、このところに、日本の「複雑な敬語法」の生起の源由を見ていられる。

そして、このような文と「場面」との密接な結びつきが、対人関係の感情にかかわる複雑な敬語法を生み出したこと——少なくともその構造上の原因をなしたこと——は、容易に推測されるところである。（「制度としての日本語」『中央公論』昭和四六年八月）

すくなくとも、私どもは、こう、言うことができよう。「文と『場面』との密接な結びつきが」、情緒的情動的な「ていねい待遇」の表現法を産みだしたであろう、と。そして、その構造は、婉曲法を認めしめるものとなったのである。

場面にすがれば、表現者は、みなまで言わないことにもなる。（——それで、すこしも不自由ではない。）みなまで言わないことが、すでに婉曲法ではないか。場面にすがることは、総体に、間接的婉曲的であると言える。（近畿方言下での一表現、「マカセトキ。」を見ても、まことに、ロゴス的でない。「彼にまかせておきなさい。」なのか。「私にまかせておきなさいよ。」「私にまかせておいてね。」などなのか。表現が、自律的でなく、自己完結的でない。自己完結的でないところが、今、間接的・婉曲的と見られる。）

三　敬語表現の分化

≪敬語表現分化の理≫　婉曲法の敬語表現は、分化の諸相を示す。

「ていねい」待遇の意識は、表現の場面で、社会の人間関係の現場で、その人間関係に応じてゆれ動き、結果として、分化の状態を示し、これにしたがって、表現形の分化がおこる。その分化方式には、一定の理があると見られる。

1　文法的文化

分化方式が、第一に、文法上で見られることは言うまでもない。ここでは、表現法分化の層序が、じつに顕著である。

たとえば、相手に来てもらおうとする時も、

○来て　くれ。
○来て　くれん　か。
○来て　よ(ね)。
○来て　下さい。
○来て　下さいませ。
○来て　下さいませんか。

などなどと言う。――まだまだ多くの形をここに整頓することができる。一つの大組織が、一表現方向に関して得られる。古くはヤソ会のロドリゲスが、日本語の軽から重への敬語法層序をこまかく観察して、その独自の把握を、『日本大文典』に記述している。（土井忠生先生お訳の本による。なお、『国語科学講座』中の土井先生著『近古の国語』にも、その記事が見える。）

このような分化層序は、一般に、本動詞に補動詞を加え（＝他の動詞を複合させ）、また、助動詞を順次、累加していくことによって、うち出される。このやりかたを、客観視して、文表現の助辞的発展と、私は言う。文表現を助辞的に発展させていくことが、文法的分化の理となっていると思う。

ところで、九州方言に対する奥羽方言となると、前者が文表現の助辞的発展のいちじるしいものを見せるのに対し

て、後者は、比較的簡潔な助辞的発展を示す。後者では、そのかわり、文末の訴えことば、文末詞が、文の末尾でピリリとはたらいて、その文表現の「ていねい」表現をきめることがすくなくない。

ここに言いうる、表現法分化方式、表現分化層序形成の理は、つぎのとおりのものである。

①まず助辞方式による。

②一挙に文末詞による。

文末詞によるのを、文末詞法とも呼んでおこう。文末詞法が日本の方言によく繁栄していることは、前掲の小著『方言文末詞の研究』で、いくらか明らかにした。助動詞運用の敬語法の発達していることは、言うまでもなかろう。二つの方法がよく発達している。これらの二方法が、あいともなって、表現法の文法的分化の理をなしているのである。

2　音声敬語法

音声的にも、「ていねい」表現法の分化がはかられている。――（これは、表現上、文法事態に密着したことがらであるけれども、今は、音声面だけをとり立てて論じる。）

声の敬語法、「ていねい」表現での声づかい、これの研究を、私は、表現音韻論などとも称してきた。どの言語の国民に関しても、これに関する討究問題があると思う。

各国語に共通する大問題の一つは、イントネーションの問題であろう。あと上がり調子が、相手への、あたりのやわらかな表現、つまりていねいな表現になることは、どことも同じであろう。この点で、音声「敬意表現」、音声「ていねい」表現での分化の理として、一つ、こえ調子の高下が指摘される。

声の強大弱小はどうであろうか。これについては考えさせられることがある。日本人の多く寄った控え室は喧噪である。西欧人の寄ったロビーは、それとは比較にならぬほど静かである。日本での酒席となると、これは喧噪のるつぼである。西洋人のカクテル・パーティーは、一つ二つの経験であるが、比較的静かであった。婦人連中の話しあいも、かまびすしくはなかった。西洋では、ホテルの食堂は申すにおよばず、町の食堂にはいっても、それらの普通程度以上の所では、人ごみの時も、座が、おおよそ静かだったように思う。日本では、ことがま反対に近い。（ユーゴスラビヤのドブロブニクでは、朝の食堂でも、学会出席者その他が、よくしゃべって、にぎにぎしかった。しかし、喧噪ではけっしてなかった。）英国の宿の食堂での、朝のおちついたふんいきは忘れられない。人々の挙措がもの静かだったように思う。話し声などは、ずいぶん抑制されていたか。――社会に生きる人としての自制自律がうかがわれた。私は、そこに、英国流の静粛さを見たように思った。人が多く集まってくればくるほど、人々が、しぜんのマナーとして、だんだんに低小声を用いるようになる先方の言語生活は、他人に迷惑をかけまいとする民主精神に立つものであろう。他人に対する「ていねい」意識の、すぐれた行動化がそこにある。人が多く寄れば寄るほど、たがいに強大声をきそって話しあう日本には、音声「ていねい」表現の分化方式に、声の強大弱小の理はないと言えようか。

日本の諸方言中では、「ソーカ。」（そうか？）よりも「ソーカン。」の方が、やわらかな言いかた、よりやさしい（――→「ていねいな」ということになろう）言いかたとされている。四国地方のうちには、このようなことが特にはっきりとしている所があるようで、「ゾ」よりは「ゾン」がよいともされている。他地方でも、「ゼ」どめよりは「ゼン」の方がよいとする所があろう。要するに、鼻音がくれば、よりやさしい、ていねいな言いかたになるというのである。奥羽地方でも、「ン」が注目される。飯豊毅一氏は、「ナエ・カエ・ゾエ・ワエ」について、

これは一般に対等以上の人に対して用いられ、……、相手に対する尊敬の意が表わされる。

と説き、「ナン・カン・ゾン・タン・ダン・ベン・メン」を、

　親類・縁者などの親しい目上の人に対して

用いられるものとしていられる。（「土地による敬語意識の違い」『国文学解釈と鑑賞』昭和四二年一〇月）福島県岩瀬郡天栄村のことである。「ン」の付いたものが、「親類・縁者など」にではあっても、「親しい目上の人に対して」用いられるのが注目される。「ゾン」や「カン」などよりも、「ゾエ」や「カエ」などの方が、一般的には、よく通用するものかもしれないけれども、それは、「ゾ」や「カ」に何かを付けるうえでの差別であって、何も付けないのと、「ン」を付けるのとになると、つねに、「ン」の付いたのが、よいとされている。「ナ・カ・ゾ・ワ」などについては、氏は、

　対等以下の人に用いられる

としていられるのである。そんな「カ・ゾ」に対して、「カン」や「ゾン」を、「親しい目上の人に対して」つかうものとしていられるのが注目に価する。「ン」がつけば、たしかに、やわらかみのある、やさしい、よい（ていねいな）言いかたになるのであろう。宮城県下や岩手県下には、「ていねい」表現で、独特の「ン」がおこなわれている。

○ゴッチャ　ゴザイン。

　　こっちへおいでなさいよ。

○アンバエン。

　　さよなら。〈あばえ。〉

のような、活用語尾末への「ン」添加が注目される。

などとも言う。おわりに「ン」が付くと、よい言いかたになるとも、なんとも言えぬ、感じのよい言いかたになると

も、土地人が言う。「ン」の効果は、当地方で、はなはだ大きい。「クレー。」（くれ。）を「クレン。」とも言って、「ン」でおわる方がよいとする所は、だんだんにあろう。東海道三河地方では、「おいで。」も「オイデン。」などと言っており、「ン」音尾がさかんである。尾張のうちでも、

○チョット　ミニ　オジャン。
　ちょっと見においでよ。

などと、「オジャレ」を「オジャン」と言っている。やはり「ン」音化で、表現がやわらかくやさしくなるようである。以上の観望のようであると、私どもは、「ていねい」表現法の音声上の分化方式で、鼻音の理を認めてよいかと思う。

もっとも、ここに一つ、上述の「ン」事例に背反するかのような事実がある。熊本県下では、阿蘇南麓での調査にもとづいて言うと、

私の方では、相手に「アンタ」と言うと、見さげたことばになる。「アータ」と言うとよいのだ。

とある。秋山正次氏も、

熊本
官選知事時代の話、知事にアンタと呼ばれて怒った議員、
議員「熊本ではコジキでバシなからにゃアンタとは呼ばん」
知事「では何と言うたらよいのですか。」
議員「アータとかアタとぐらい言うたら良か。」

というのを報じていられる。（柴田武氏編『お国ことばのユーモア』東京堂　昭和三六年一一月）昭和三二年九月に、広島大

学学生が、

福岡県でも「アータ」の方が「アンタ」よりよい。

と語っていた。九州でのこのような事実は、「ン」をきらう事実である。ただしそれは、「アナタ」に近い「アータ」「アタ」を、「アンタ」と転じたものよりはよいとする感情であって、さきの、「ン」音の添加・不添加とはことがちがう。以上によって、「ていねい」待遇表現での、音声上の分化方式に関しては、鼻音の理、鼻音添加方式を認めることができよう。

つぎに、狭母音〔i〕化方式、狭母音の理も、認めることができるかと思う。東京語では、「イラッシャイマセ。」とともに、

○イラッシャイマシ。

と言う。「マセ」よりも「マシ」を選ぶ一傾向がある。山陰、隠岐でも、

○チット　チャグチュー　サレマシー。オトリナンシー。（老女）

すこし茶菓子をおたべなさい。おとりなさい。

などと言っている。（神部宏泰氏調査）ここでは、「〜ナンセ」も「〜ナンシ」となっている。北陸、能登では、「行きマッシャイ。」を、

○イクマーシー。

などとも言っている。そういえば、東京語でも、「いらッシャッて」が「イラシテ」などとなっている。紀州、三重県下の長島では、

○ソヤリー。

が、「そうや（だ）ろう?・」の意の、よい言いかたであるという。「ロー」を「リー」〔i:〕へ持っていったところが急所となっているようである。このように諸例を見てくると、日本の方言人たちの中には、〔i:〕の狭母音におちつけていく「ていねい」表現法があるかと思われるのである。その、澄みきった音感が、しぜんに愛好されるのか。

3　文字表記上の敬卑層序

文字ならびに諸記号をもって、言語表現を表記し、それによって、書きことばでの各文の表現を完結させていくさいにも、その表記ぶり（書きぶり）に、敬卑の別があらわれてくることは、多く言うまでもない。

相手を尊敬して、その人に手紙を書けば、おのずと、字をきれいに書こうとするであろう。表記もまた心をあらわす。

たいていは、「ていねいに書く」などと言うであろう。「ていねい」の心意は、ただちに書記行動にひびく。その書記の態に、分化がいちじるしい。

さらに考えるのに、各文表現の表記の、文字づかいについての「ていねい」表現分化がある。人はしばしば、「ていねい」表現を意図して、書記の文字を選ぶであろう。妙なところで一つ、片カナ書きを加えるというようなことなどは、「失礼だから」とか、「失礼にあたるから」とか言って、遠慮していよう。

用字も書記も、みな、それをおこなう人の心にかかわることである。心に「ていねい」表現の意識がはたらけば、それらのことが、ただかりそめにはすまされないであろう。

敬語表現に、形のそれと心のそれとがある。形にあらわすばかりが敬語表現、敬語行動ではない。しかし、通常は、外形化が重んじられる。人と人とがコミュニケートしていくうえでは、ものが、なんらかの形で受けとられないと、通交困難である。となって、人々に、形の敬語表現が問題にされている。

その形の敬語表現には、種々の分化が見られ、そこに、待遇表現法の層序ができているしだいである。

いちいちの表現形を、「ていねい」表現態とも言おう。相手を目ざして表現する個々の文表現は、待遇文態をなすものである。

なお、おわりに、敬語表現の分化は、反面、表現者によって、つねに統合されてもいることを言わねばならない。

統合の意識もまた、「ていねい」意識に属するものである。

四　敬語表現と人

「ていねい」意識には主体がある。「ていねい」の敬語表現、敬語行動は、人がするのである。「ていねい」表現の立てわけは、人がする。

私どもは、この段階で、「敬語」のにない手、敬語法の実施者、「人」を吟味しなくてはならない。

男性と女性とに敬語行動の差別がある。「無敬語」が言われるような地域では、その無敬語状態の時、男女差がない。

女性が、一般に、よりていねいであることは、人間に「ていねい」意識のそなわっていること、ならびに、人間の「ていねい」意識のありようを、よく示してはいないか。

男性の、ていねいな言いかたのありようを見ていると、また、女性のていねいな言いかたが察せられる。女性の普通程度の言いかたが、男性では、かなり改まった言いかたになる。

男女差について問題となるのは、老幼差である。幼児期のはじめには、「ていねい」意識などはない。が、小学校入学前のころともなると、かれらは、敬卑の表現別を自覚しはじめるようである。ここには、私の身辺の実例をとり出すことを、ご宥恕いただきたい。六歳三か月の孫女は、

○オジーチャン。ゴハン　ヨ。

と、二階の小生を呼ぶ。せんだってまでは、その母おやに教えられたままに、

○…………。ゴハンデス　ヨ。

と呼んでいたのである。ちなみに、三歳の孫女の方は、鈴も教えられたとおりに振りながら、今も

○オジーチャン、ゴハンデス　ヨー。

と呼ばわる。姉の方は、もの心がついて、「ゴハン　ヨ。」と、自力発想の呼びかたをはじめた。ことばづかいをわきまえて、「この言いかたにしておこう。」とばかり、こんなに言うようである。この子の胸中には、すでに、「ゴハンデス　ヨ。」と「ゴハン　ヨ。」との立てわけができていよう。応用的な考えかたができるようになった。つまり「ていねい」表現法なるものと、それの層序とが、自覚され把握されてきたのである。もう一例、単純な例をそえるなら、

○オバーチャン、オフロ。

がある。これはまた、はなはだ簡素である。「ていねい」表現に関しての、応用の才が、すでに長《た》けようとしている。

「ていねい」「非ていねい」が自力でわかるようになって、人はどしどしと「ていねい」表現法を習得していき、

また、「非ていねい」のぞんざいな表現法をも身につけていく。

「ていねい」表現法の世代変化・世代推移ということは、興味ある問題であろう。人々の、あるいは民間の、待遇心理、「ていねい」意識は、世相・社会の推移とともに、変転していく。その推移には、世代交番による段落があろう。世代が改まれば、若い世代の人たちは、どうしても、より新しい見かた・考えかたをする。その世代の段落ごとに、「ていねい」表現法が漸動しよう。これを大きく言えば、「ていねい」表現法の世代変化である。

「ていねい」表現法の体系は、人と世代とによって動かされていく、能動の体系と見ることができる。敬語表現の生活の、無限性を持った動態が、ここにある。

結語

「敬語表現」「敬語行動」は、本来、諸言語・諸民族・諸国に共通するものであろう。「ていねい」「ポライトネス」の心意は、大なり小なり、人間社会のどこにもはたらくものと思われる。

それにしても、日本の社会では、「敬語表現」の生活が、異常なまでに発達している。西洋の日本語学者たちも、日本語ほど「敬語」を発達させている言語はない、などと言っていよう。このような発達は、日本の、独自の社会形態――人間関係――によることと思われる。日本社会の協同体が、「ていねい」表現法の生育を助長してきたであろう。

先日も、この問題をかかえているさ中に、おもしろい経験をした。教室の人たちと、食事処で、小さなつどいをしていた時のことである。となりの部屋で、若そうなつとめびとたちの宴会が開かれていた。おどろいたことに、一時間以上にわたって、その人たちの合唱がつづけられた。今はやりの歌が多かったのかと思う。歌い出す人を代えながらのことであったか。女性もいく人かまじっていた。こういうまとまりが、小さいけれども、協同体を成して、その中で、みんなが、同族化していたのであろう。男女ともに、みんなが、呼びかけあい、いたわりあい、ひやかしあいながら、一同、手拍子を打って、合唱に長く長く時をすごしていく。これが、私に、日本の、人の社会の特殊性を考えさせた。われわれの社会は、おたがいのことを気にしあう生活（――もとより、人によるその深浅はあるとしても）である。日本の「敬語表現」の生活は、このような心的状況を風土として、繁栄したものと思われる。

敬語法は、人間の本能的なものに即する社会的行動であって、また、社会のありように即応する生活的事実である。これは、人間とともに、また生活とともに、どのようにか、推移展開していくものであろう。

人間の生活表現の一大実践として、「ていねい」の待遇表現が、言語化されている。

人間の生活表現の教育のために、また、その表現の受容理解の教育のために、「待遇表現」言語化の教育――つまり敬語法の教育――を重要視する必要がある。

まず、心の敬語法教育が必要であろう。たいせつなのは動機である。（心意そのものである。）「ていねい」意識を汚さない、あたたかな教育が要望される。

形の教育に関しては、「敬語教育」をたえず「敬語法教育」に高めていく用意がかんじんであろう。

（『敬語講座』第一巻の内　明治書院　昭和四十九年一月）

頁	行	誤	正
584	1	1文法的文化	1文法的分化

主眼は、助動詞のはたらく「尊敬表現法」について、その方言的分布を確かめ、これを形態論的に分析し、系統脈絡を明らかにして、尊敬表現に關する國語の歴史的な生活を解明しようとするにある。

國語方言生活の、助動詞による尊敬表現法には、「レル・ラレル」によるもの、「セラレル・サセラレル」に對應する「シャル・サッシャル」によるもの、「ンス・サンス」によるもの、「ナサル」「ナサイマス」關係の諸形式によるもの、「オ……アル」形式によるもの、「アル」の變化「ヤル」によるもの、「ヤンス」「ヤス」によるものなどがある。これらいっさいは、國語主體の表現機能の、價値的地域的分化として、國語の方言的世界の上に、あざやかな關連を示して分布している。それは、たがいに衝突することのない、明確な機能連關である。ここに、國語の尊敬表現の生活の、自然の方法體系が見られる。

これはさらに、動詞そのものによる諸種の敬意表現法や、文末の助詞による有効な待遇表現法と契合して、尊敬表現の大きい方法體系を形成している。

このような表現法組織は、國語生活毎日の實踐體系として、重要視されるものである。國語は、對話の生活として、このような動態のもとに生きている。

これは、國語の生きた自然のすがたである。その、流動すなわち發展のすがたである。

個々の表現法は、話者の生活上の表現意慾に應じて、あるいは退縮し、あるいは進展する。表現形は、表現意識の展開に應じて、簡潔にも複雜にも結晶する。ここに、個々の助動詞の隆替生滅がおこる。表現形をとることがごく隱微なものもまた、この間にあつて顯著な役わりを演ずる。それら全般の表現法の推移に應じて、尊敬表現法の自然的機構は、漸次變動をかさねていく。

變動するが、これ全體は、あたかも羅針盤のように、つねにそれ自體の平衡を保とうとする。そのかぎり、表現法は形骸化しない。つねに內實を以て生きていく。方言の待遇表現法は、待遇意識の充實を以て生命とし、すべての場合、實直を本領とする。

國語の實相として方言的世界を眺め、生活機能の見地から國語の本質をとらえる時、標準語教育の問題と方法とは、明示し得るものがあるはずである。

（『研究論文集』第4巻〈研究論文抄録誌（3）〉昭和28年3月）

頁	行	誤	正
597	7	待偶表現になつている。	待偶表現になっている。
597	11	至つている。	至っている。
597	17	られていつた。	られていった。
597	18	調査に當つては、	調査に當っては、

尊敬表現法についての研究*

藤　原　與　一**

これは、日本語の現代諸方言を觀察して、その待遇表現法の一種、「尊敬」の表現法を記述したものである。

日本語の現實態として注目されるのは、方言的世界である。生きた日本語の研究のためには、その方言的構造を全一的に把握し記述することが必要である。

方言の生活は、對話の生活をなしている。國語の方言的構造は、その生活に即して、對話の形に分析することができる。

個々の對話は、「人」に對する待遇表現になつている。方言生活、方言對話の生活は、相手や第三者に對する待遇表現の生活である，

このゆえに、國語の方言的構造の究明把握には、待遇法の觀點が重要になる。

日本語の陳述方式では、動詞に助動詞を累加させることがいちじるしく、その助辭的展開は、口頭語では、ついに文末の助詞を產むに至つている。

待遇の表現は、この助辭的展開によることが大きい。本研究は、その助動詞を主點としてとりあげた，

本研究は、昭和五年から二十年ごろまでの、幾回かにわたる、全國諸方言實地調査にもとずくものである。

國語の方言狀態は、一大方言共時態として見られる。その上に、順次、調査要點が求められていつた。

調査に當つては、待遇法をできるだけ廣義に考えて、各要地の表現生活を見、その自然におこなわれる狀態を傍受することにつとめた。その資料から、「尊敬」に關する待遇表現法をとりまとめたのが本研究である。

---

* 本論文は廣島文理科大學に提出された。

**略歴。1909年生。廣島文理科大學で國語學、國文學を專攻。廣島文理科大學講師を經て、現在同學助教授。關連ある著書に「日本語方言文法の研究」がある。

中央語と方言との敬語差

藤原与一（ふじわら・よいち）

右の題目で、概論的に書けというのが、編集部からのおことばである。

ここでは、時代は現代に限ることとしよう（いつの時代にも、「中央語と方言との敬語差」はあったように思われるけれども。）。中央語は、ここでは東京語と考えることにする。敬語の差異ということは、敬語法の差異と考えた方がよかろう。が、敬語法（↓待遇表現法）にかかわるものとして、敬語がみとめられるわけであるから、敬語法の差異も、つまりは、敬語の差異とも言ってよい場合が多い。

さて、右の題目について、国語の現状を正確に概論することはむずかしい。というのは、全国状況がまだよく解明されていないからである。敬語または敬語法の地方状況についての報告や研究が、すでにかなり出ているといっても、明確にされていることはわりあい少い。「どこそこには敬語がない。」などと言われていても、行って厳密にさぐってみると、ぞんがいに、敬語がある。また敬語らしいものはなくても、敬語法が、あるいは待遇表現法がある。調査のとどいていない地方・地域の多いことは言うまでもない。このような、方法上でも地域上でもいきとどかぬことの多い現状では、真の概論はできないと言うべきである。今日は今日なりの段階で概論することは可能としても、それには、今日の段階をじゅうぶんに自覚した手ごころがいる。広い地域を包括して、決定的な言いかたをすることなどは、さけなければならない。（どの地方ではということ一つが、なかなか言いにくいのである。一つの地方を指定すれば、人にはそれが限定にも聞こえる。「他の地方」への顧慮なくしては、「一つの地方」を云々することはできない。あえて「一つの地方」を言うとなれば、そう言うためのことわりがいる。ことわりの心が、てにをは一つの用いようのうえにも現われていなくてはならない。）

以下では、特定の手順にしたがって、概論以前のことを、いくらか述べてみる。

一

現代東京語――中央語としての――では、どれだけの敬語があろうか。どのような敬語法がおこなわれていようか。

本稿では、ことを限って、動詞関係の表現法を見ることにする。尊敬の言いかたとしては、「オ読みニナル」というようなことばづかいがよくおこなわれていよう。これを「オ……ニナル」式の敬語法と言おうか。「オ読みナサル」のような言いかたは、どの程度、するであろう。「散歩ナサル」とは言っても、「散歩シナサル」とは言わないという。「オ行きナスッた」「来《キ》ナスッた」は言うのか。「ナサル」ことばがよく用いられるのは、「オ読みナサイ」「オ書きナサイ」など、命令表現（活用形は命令形）の場合であろう。これは、「行きナ」「しナ」のような略形ともなっている。「ナサル」関係のいろいろな言いかたでは、それを言う人々、その老若・性別・階層別などが問題になろう。「どうどうしナシて」などという、「ナサイマス」系の「ナス」ことばは、残っていないのだろうか。「オッシャル」「イラッシャル」の二語は、特定敬語として一般に頻用されている。「レル・ラレル」尊敬助動詞をつかう「行かレた」などの敬語法は、純粋口頭語の世界でよりも、むしろ書きことば的な世界で用いられ、話しことばでも、話しの座には居あわさない人について言う時などに用いられるのが、本来ではなかったか。ところで今日は、目前の相手にもこれを用いるようになっていよう。ただし、その場合は、かなり冷静な調子であるのがつねかのようである。さきの「オ……ニナル」式の言いかたは、話しことばで、目前の相手にも、ごくふつうにつかわれており、かつ、改まった書きことばでは、これはあまりつかわれないか。「レル・ラレル」ことばと「オ……ニナル」ことばとには、用法上の差別がみとめられる。この二種のものは、一種の対立をたもって存在しているのでもあろう。

東京語の謙譲の言いかたには、「イタス」と「マイル」の用いられることが多く、丁寧化のためには、「マス」「デス」、「ゴザイマス」などが用いられている。

以上、東京語については、稲賀敬二氏御夫妻の御教正を得た。厚くお礼を申し上げる。

二

どこの方言（→方言生活）の場合も、そこの敬語、敬語形式、敬語法は、その存立する事象の二つ以上が、たがいにはりあっていて、一つの敬語法体系をなしている。

では、東京語の地域を出はなれて、北の埼玉県の、東部内の、幸手《サッテ》町について、幸手方言の敬語法体系を見よう。ひとしく関東内ではあるが、ここでは、どのような敬語法体系——動詞関係の表現法の——が見られようか。

尊敬表現のために「レル・ラレル」を用いることはない。また、「イラッシャイ」や「ナサイ」を用いることはあっても、それはかなり改まった場合である。（例、「イラッシャイマシ。」「オクンナサイ。」「イキナサイ。」）

方言生活らしい方言生活の中では、「シャル」ことばの命令表現、「行かッセ」「行ガッセ」のような言いかたがよくおこなわれている。「一パイ」は「一ペー」としているように、「シャル」の命令形「シャイ」の「サイ」も、「セ」としている。「クラッセ」（ください、おくれ）などとも言う。

○コレ　ミテ　クラッセ。　　これを見てください。

のような言いかたが、さかんにおこなわれている。

○コッチ　キヤッセ。　　こっちへおいでなさい。

これは、四段動詞ではない「来る」に、「ヤッセ」のそったものである。「キヤッセ」とともに、「キサッセ」とも言う。

○オユイ　ヘッチャッセ。　　おふろへはいりなさい。

など、「〜チャッセ」のような言いかたもある。「シャル・サッシャル」は命令形だけに残っていて、しかもこれが、広く自由につかわれている。東京語の場合とはありさまがちがう。

　ここに、「ナサル」＋「マス」でできた「ナンス」のあるのは、東京語の今日の状況とくらべあわせて、注目するにたる。

○センセサン　マー　コッチー　オカケナンシ。

　先生さん、まあ、こちらへおかけなさいまし。

は、「ナンス」の命令形の一例である。

　「ヤンス」というのも、ここにはおこなわれている。

○ドー　シヤンシタ。　どうなさいました？

もっとも、「ヤンス」は、だんだんおこなわれなくなっているらしい。ところで「ヤンス」は、

○マッテヤンスカラ　ネー。↘　まっていますからね。

のようにもおこなわれている。これは丁寧と見られよう。丁寧の、「知りアンセン　ヨー。」（知りませんよ。）のような、「アンス」もできている。一老翁からは、丁寧の「ヤス」を聞いた。丁寧の言いかたには、「ございます」の「ガンス」もあり、「ガス」も多少は聞かれる。

　一般に、旧幸手町内でも、その農村部内で、右のような言いかたは、より多く聞かれる。それにしても、これらの言いかたが、しだいにうすれてきているのは、あらそえない事実である。

　右のようなものはあっても、日々の方言生活の大体は、東京語の場合にくらべて、無敬語的である。男女間のことばづかいの差も少い。女が男にも無敬語的に言う。「目下」から「目上」にも、

○ダメダ　ナー。

という調子によく言う。無敬語である。

○アンベー。↘

と言えば、時には「あるだろう？」であり、時には「あるでしょう？」である。東京語の中に、つよく形をととのえる「アソバセ」ことばがあるようなのとはおもむきがちがう。さて、このような一般状況の中に、右の敬語法体系があるのを見る時、そのありようといい、敬語法体系の内容そのものといい、関東地方内のこの一方言では、東京語との大きな「敬語差」が注目される。

三

　関東からさらに北上して、遠く東北の秋田県下にはいり、田沢湖近くの生保内《オボナイ》の一方言を見れば、その「中央語との敬語差」は、つぎのようである。

　一般には、無敬語の生活がいちじるしい。敬語法というよりも、広く待遇表現法といえば、文末詞「シ」〔sü〕を用いて、

○アッツァ。ゴッツォン　ナッタッ　スー。

　あねさん。ごちそうになりましたね。

のように、相手に対する敬意を表現することが多い。これと、「サー　クッテ　タンシェ」（さあ、たべてくださいな。）などと言う「タンシェ（シ）」（かるく言えば「タンヘ」）とが、二つの注目すべきものである。

　特殊の敬語動詞となったものに、「オジャル」がある。ただしこれは、「オンザル」、「オンザッタ」（「オンジャッタ」も）、「オザッテ」などでおこなわれるのがつねであり、「オザッテ　タンヘ。」（来てください。）などと言う。

○ダンビンコ゜ド　アリンカ゜ド　オザンス。

　いつもありがとうございます。

のような「オザンス」や「ゴザス」は、丁寧法につかわれている。「ソダンス。」などの「ダンス」は「でヤンス」か。「ダス」もある。

以上のものの、相関連したおこなわれかたが、ほぼ、老若男女の各階層にみとめられる。が、概観すれば、無敬語的な生活がいちじるしい。子が親に対しても無敬語であり、男子は、外来者にも、なれては、「どうどうしてケレ」（くれ）と言う。妻君が夫君に対しても、「何々を　クー　カ。」（たべるか）である。

それにしても、一方では、

○ケデ　タモレ。　（くれてください。）

のように、「タモレ」さえも聞かれることを思えば、この地方の無敬語的なのを、ただ単純にうけとることはできない。

四

さて、関東・東北に対する中部地方では、どんな敬語生活が見られようか。関東に近い山梨県下で、その西南部内の一山間方言をとりあげてみよう。十谷《ジッコク》部落の十谷方言では、つぎのような敬語法体系がみとめられる。

「レル・ラレル」の言いかたもなければ、「シャル・サッシャル」の類もない。「ソンス・サンス」の類もない。「ヤル」も「ヤンス」「ヤス」もない。

特色のある言いかたとして、相手を尊敬する「マシ」（命令形の一形）の言いかたが、さかんにおこなわれている。

○ソー　シマシー。　そうしなさい。

のように言う。「マシ」は「ませ」であろう。「マセチューヒトモアル。」と語ってくれた婦人もあるが、おおかたは「マシ」のようである。こうして、「ます」の命令形がひとつ特別に頻用されているのは、注目すべきことである。（関西では、四国の香川県下、ついでは愛媛県東部に、「マヘ」（ませ）「マイ」が、とりわけよくおこなわれている。）

「ナサル」はここにふつうにはおこなわれていないようだが、

○コレ　オアカ゚ンネー。
コレオアカ゚ンナェイ。　これをおたべなさい。

のような言いかたが、やや少くではあるけれども、おこなわれている。「ネー」「ナェイ」は、「ナサイ」の略形であろう。「行ッテミテ　ゴランナェイ」などとも言う。

敬語法のための 助動詞が 衰退する 時は、「ナル」も「ナェイ」「ネー」命令形だけというように、また、さきの「ます」も「マシ（セ）」だけというように、とかく命令形だけに生命をとどめがちである。どこの方言の場合も、このようである。

右のような「マシ」があるのを見る時、私どもは、方言上、この地方が、もう、東国地方とはだいぶんに地方性を異にしているのを知ることができる。「ナサイ」∨「ナイ」の「ネー」も、今日では、さきの関東幸手方言では聞けなかった。

それでも、この十谷方言では、「オアカ゚リンナッテ。」（おあがりになってください。）「オアカンナッテ」の言いかたもしている。これは関東的と言えよう。

「ございます」の「ゴイス」がある。

○オハヨ　ゴイス。

などと言う。

○アリカ゚ト　ゴシタ。

のようなのもある。

五

つぎには、中部地方を西南にたどって、愛知県渥美半島の南岸で、赤羽根町の方言を見よう。ここの敬語生活は、やはり動詞関係の表現法だけを見るのであるが、右のようになっている。

尊敬助動詞の「レル・ラレル」をすこしくつかう。たとえば、

○センセーガ　オイデラレタ。

のように言う。しかし、日常一般の生活では、あまり「レル・ラレル」をつかわないようである。「シャル・サッシャル」は、さきの幸手方言などの場合と同様に、命令形だけが、かなり用いられている。たとえば、

○ガッコイ　ハヤ　イカッシャイ　ヨ。

学校へ早う行きなさいよ。

○ソレ　ミサッシャイ。　それごらん。

などと言われている。「見サッシャイ」「コサッシャイ」とともに、「見ラッシャイ」「コラッシャイ」もある。

「ンス・サンス」助動詞はおこなわれていない。

「ナサル」関係のものでは、「ンサル」があり、

○ワシニ　マット　オクレ　ンサイ。わたしにもっとください。

などと言っている。（他の活用形はほとんど聞かれなかった。）

「オクレンサイ」とともに「オクレンヤレ」がある。「オクレヤレ」は、年上の者が年下の者につかうことばであるという。「オクレンヤレ」「オクレンサイ」の方は、「女や子どもがつかい、また、一般に、下の者が上の者につかう」という。「ナサル」を「ナハル」にしたもの（近畿にいちじるしい）や、「ナサイマス」を「ナサンス」にしたものなどはない。

「ゴメンナ。」「オイデナ。」などの「ナ」は、「ナサイ」の略形であろう。

○イッショニ　イッテ　ヤリー。　いっしょに行っておやりよ。

のような、「ヤリナサイ」の「ナサイ」略といったようなのも、ここにはよくおこなわれている。「ヤリー」は「ヤリン」ともなっている。この「ン」音化は、これとして、また、やさしみを出す、一種の待遇表現の音化である。

「お見。」の命令表現には「オミリン。」がある。「オミリン」については、「ていねいな方だ。男の人はあまり言わぬ。」などともあった。

○オイデン　オイデン。

は「おいで〳〵。」である。「オイデン」で考えれば、この形は、「オイデル」の「オイデー」の転であろう。「オ見リン」も「オ見ル」の活用形「オ見リー」の「オミリン」となったものか。「オ出でル」と同じものに「オ読みル」があり、過去・完了は「オヨミタ」、命令はまた「オヨミン」である。「オヨミン」も「ヤリン」も、連用形敬語法と言うことができよう。「オ見リン」もまた同様のものであろう。さきの「見ラッシャイ」などからすれば、「見り」の連用形は考えやすい。

以上のとおり、ここには、かなり多彩な敬語法体系がみとめられる。が、なお、日常会話では、敬語をつかわないことも多い。土地では、人々が、「ここのことばは荒い。」と言っている。太平洋岸の集落ではあり、半漁の生活でもあるから、なるほど「荒い」ことでもあろう。私などは、かくべつ声が荒いようには思わなかったけれども、敬語がつかわれないことは、人々自身に、「土地ことばが荒い」と思わせてもいよう。男同士の自然会話では、敬語の出てく

ることが少い。「何々でしょう？」の気分の時でも、ことばは「何々ダラー？」である。

「敬語をさがすのには、オッサマ（和尚さん）を思い出せばよい。オッサマに、いちばん敬語をつかう。」と、土地の中学校の先生がたも、私に解説してくださった。中学校の先生がたさえもこう言う。どこの方言に行っても、その土地の人で、このように、坊さんにむすびつけた説明をしてくれる人は、少くない。地方敬語生活の中の僧侶・寺院の地位は、高く大きいとしなくてはならない。

さてこの赤羽根方言の場合となると、その敬語法体系は、東国系の諸方言の敬語法体系とは、かなりおもむきを異にしている。彼我のへだたりは、やや大きい。それだけに、ここの敬語法体系は、関西地方のものと、どれほどか、似よってくることにもなる。

つぎには、赤羽根方言以上に関西色を見せている（というよりも、関西系の敬語法形式との関連をも見せている）方言例、能登半島西岸の富来町の方言を見よう。

六

富来町の敬語生活では、まず、「ゴザル」動詞をよくつかう。

○コッチー　ゴザレ。
　　　　　ゴザイ　マー。　こっちへおいでよ。

これはその命令形例である。「ゴザンス」もよくつかう。

○オアツ　ゴザンス。

つぎに、「レル・ラレル」尊敬助動詞の一つのつかいかた、

○オカ゚ワセンセイ　ワローテ　オレタガ。
　小川先生が笑っていらしたが。

のようなのがある。これは、今日、おもに、近畿以西の内に、点々と見いだされるものである。

富来方言ではまた、（北陸一般がそうであるが）、「シャル・サッシャル」ことばの使用がさかんである。たとえば、

○タベサッシャイ。（タベサッサイ）

などと言う。「入らッシャイ。」は「イラッシ。」となっている。「行かッシャル」「行かッシャイ」も、「行かッサル」「行カッシ」などともなっている。

「マッシャル」ことばもある。「マス」に「シャル」の熟合したようなものか。

○ハヨ　イクマッシネ。　早くお行きなさいね。

では、「マッシャイ」の「マッシ」となったものが見える。「飲ンマッシ。」は「お飲みなさいませ。」と、湯のみにお茶をついで相手に出すていねいなもの、「飲まッシャレ。」は、くんでお飲みという時のものであるという。

当方言ではまた、（北陸の他地域と同様に）、たとえば「行かッシャッた」が「行かシた」となっており、「出サッシャッた」が「出サシた」となっている。「入らス」の「ス」も、「シャル」ことば相当のものである。

○ヒロシマニ　イラス　ケー。　広島にいらっしゃる？

のように言う。

つぎに、当方言では、

○コレ　ヒトツ　クンサイ　ノー。　これを一つくださいね。

のような言いかたをする。「ナサル」ことばがここにある。

「ください」の意の「クダンシェ」がある。これを老幼ともよくつかう。

○コレ　ミテ　クダンシェ。

「くだンセ」が「くださンセ」の転だとすると、ここには「ンス」ことばの一用法が見られることになる。近在では、

○ドコイ　イカンス　カイネー。　どこへ行かれますか。

などとも言っているという。

「オ出でル」というのもある。けれども、「オ行きル」その他の自由な言いかたはしていない。

「ヤル」「ヤンス」の類はない。

七

中部地方を出はなれて、近畿地方にはいると、この地方の方言敬語法は、東京語との大差を示す。四国は近畿にかなり近い。中国地方・九州地方になると、西日本系ではありながらも、また、地方的な変差を示すことが多く、ことに九州の、西北から南方にかけての地域の諸方言は、独自の古風な敬語法体系を示す。

八

以上、中央語に対する地方語について、三、四のものを、限って見てきた。そのとりあげかたに一定の方針のあったことは、理解していただけると思う。

こうして、代表地点の諸方言と中央語とを対比して見る時、「中央語と方言との敬語差は」大きいことがわかる。広く諸方言を探査すればするほど、方言と中央語との敬語法体系の差異は大きいことがわかってくるのである。

方言相互間にも、その差異はある。しかも、国の東方の方言と西方の方言とをくらべてみる時は、その「敬語差」の大きいことがわかるのである。

総じて、東方系の方言では、敬語法体系が簡素であると言えようか。それに対しては、西方系の方言は、敬語法体系がかなり複雑である。このことは、動詞本位の表現法についてにかぎらず、敬語法、いな待遇表現法全般について見た時も、言いやすいことのように思う。もっとも、西方の中でも、山間の方言などでは、敬語を持たないようなこともあるので、一概には言えない。けれども、おおまかに言えば、東方、東国系の地方は、敬語生活が簡素であり、西方系の地方は、敬語法、待遇表現法のてんめんとしたものを持つことが多くて、敬語生活が複雑である。東は男性的な敬語法生活、西は女性的な敬語法生活とも言うことができようか。老若男女での用法差というようなことも、東と西とで、しばしば格段の差がある。

このような東西差の中で、西方の、九州方言の敬語法などが、東方系とも言えるところの多い東京語方言の敬語法と、ずいぶん大きなへだたりを示すことは、多く言うまでもない。東京語で、「マタイラッシャイマシ。」と言うとするか。これを、九州薩隅方言では、

○マタ　オサイジャッタモンセ。　＜また、お差し出であってたまわり申せ。＞

と言う。

九

さいごに、地方諸方言を一括した見地で、方言敬語法と東京語敬語法との対立を観察してみよう。

東京語の、いわゆる「何々でゴザーマス。」式の、形式的に華美な敬語生活は、地方にはない。方言上の敬語生活は、概して質実素朴である。

古態の敬語法をなお相当に多く温存しているのが地方語の敬語生活である。が、今や地方でも、老若の間での世代差は、敬語生活の上でも、そうとうに顕著になった。

東京語では、敬語法のそれこれが、どのように、その待遇価値の変動をきたしていようか。地方方言上の敬語法では、敬意逓減の法則が、ことにあからさまに看取される。そこに、いろいろの敬語形式改訂がおこなわれており、退化の敬語法は、しばしば、「わるいことば」などと自覚されている。その用法と形式の特殊特定化は、注目すべきものである。

東京語では、改まった場合、たとえば、「誰さんはどうどうでアラレ」などの言いかたをする。「レル・ラレル」尊敬助動詞を「ある」動詞につける。地方語には、このような言いかたはない。ところで、「何々はアリンサルかの？」〈物が有るか無いかを問うことば〉などとは言う。ことばを「ていねいに」というのが、地方人の敬語意識の根幹である。広い意味の丁寧意識が、敬語法生活の原動力になっている。この丁寧意識によって、方言人は、尊敬語や謙譲語をも、丁寧表現のために利用する。たとえば身うちの者についても尊敬語をつかい、じつはそれで、相手にていねいにものを言おうとする心もちを表わすのである。敬語法は、丁寧意識表現法とも言えようか。そういうところから、「ナサル」も、右のように、「アル」にでも自由につけられるのか。丁寧意識表現法は、東京語、ないしは共通語の敬語習慣の中にも、あるように思う。（「御用のお方は車掌にお申出ください。」など。「おっしゃって」のつもりで「お申出」をつかっている。ていねいに表現するつもりで、謙譲語をかまわず利用しているのである。すべて、「ていねいに！」言おうとする時、ただただ、手あついことばをさがす。）それにしても、方言上での丁寧意識表現法（→丁寧化表現法）は、ことに自由寛濶のようである。

東京語の、「捨てチャッタ」などの「チャッタ」ことばが、地方では、「行ッチャッタ」〈行ってであった〉などと、敬語法であったりする。方言と東京語との、敬語法関係の、同形異質は、また注目すべきことである。

「入らッシャル」は、東京語ではだいじな一語であろう。地方では、「シャル・サッシャル」尊敬助動詞の使用が、かなり自由であり、広汎である。ひとしく「シャル」ことばではあるが、――しかもこれは、東京語でも方言でも、敬語法をなすものであるが――、敬意度の実質は、双方で、かならずしもひとしくない。どんな場合にも、敬語法の実質については、東京語をもって地方語をはかることはできない。

「シャンス・サッシャンス」「ンス・サンス」や「ヤンス」などの史的研究では、これらのおこなわれかたを、人や場所について、かなり限定的にも説くことがあった。しかし、これらは、方言の中で、所々にふつうに見いだされる。その用いられかたも、大した限定はないことが少くない。地方にはよくおこなわれていながら、今日、中央にはないものは多い。このような敬語形式にふれて中央語の歴史を説く時、考えねばならぬことが多いように思う。

方言敬語法と中央語敬語法との対立・対応は、多くの点について、考察することができよう。敬語感情というようなものについても、両者をくらべてみるとおもしろいかと思う。

双方の対比的特徴を究明することによって、将来のすぐれた敬語教育方針を立て得ることは、言うまでもない。

（『国文学』臨時増刊　昭和三十五年一月）

頁	行	誤	正
600	下12	一般には、無…	一般には、無…
600	下17	タンシェ」	タンシェ。」
602	上4	右	左
602	上11	ハヤ　イカッシャイ　ヨ。	ハヤ　イカッシャイ　ヨ。

頁	行	誤	正
697	11	「オバンデ　ガスー。」	「オバンデ　ガスー。」
696	11	“現異な”	“特異な”
695	19	該当しょ	該当しよ
690	4	認めららる。	認められる。
678	19	がれがじつは	これがじつは
677	22	(「ア」が	(「ァ」が
674	5	阿蘇南麓	阿蘇山南麓
661	2	(P. 39)	(p. 39)
634	20	城崎町飯谷方言」	城崎町飯谷」
633	17	高森方言の大末	高森方言の文末
632	1	$\overline{○}$ア、	○$\overline{ア}$、
632	8	○コリャ	*m*コリャ
631	2	津軽郡黒石町方言」	津軽郡黒石町」
631	23	fオイデナハル	*f*オイデナハル
630	10	西美唄山形方言」	西美唄山形」
630	11	fヤー	*f*ヤー
627	11	(広島大学文学部紀要第9号	(『広島大学文学部紀要』第9号

In many dialects of present-day Japanese, a vast number of words are employed as sentence-closing particles. It is such a striking feature alien to any other modern languages that it deserves attention as a remarkable phenomenon of man's linguistic life. Human instinct to clearly communicate one's mind has led to the device of appealing to the hearer by means of sentence-closing particles. No doubt this is a good subject for linguistics, the science which is devoted to the study of human speech.

The present essay is intended to arouse a greater interest in and the awareness of the significance of sentence-closing particles. It is divided as follows.

Introduction

I. Survey of Sentence-Closing Particles

We have made a most extensive observation of emotional components at the end of a sentence, and discussed about the making and function of what we call sentence-closing particles.

II. Classified List of Sentence-Closing Particles in Japanese Dialects

III. On Final Appealing Phonemes

We can sometimes recognize some phonetic element which is a near equivalent of, but no so complete as to be regarded as, a sentence-closing particle. A brief description has been given of the final appealing phoneme [a].

IV. On Sentence-Closing Particles Transferred from Interjections

There is a class of sentence-closing particles converted from interjections. Examining their function and emotional effects in a sentence, we have shown the spontaneity and necessity of appealing in conversation.

Conclusion

A Study of the Sentence-Closing Particles in Japanese Dialects

Yoichi FUJIWARA

In the spoken sentences of modern Japanese dialects, some particular element is frequently attached to their ends. This element serves to call the attention of and make an appeal to the hearer; in other words, it is an emotional component of a sentence. This additional element may reasonably be called at the level of accidence a sentence-closing particle. It is easy to find that this part of speech is unique in the structure of a sentence. The sentence-closing particle makes more conspicuous than anything else the difference between the sentence structure of modern western languages and those of Japanese dialects.

The present author, who makes it his aim to establish linguistics for the Japanese language, has been engaged in the study of sentence-closing particles. In one of his books, *A Dialect Grammar of Japanese* (Sophia University Press. Tokyo, 1965.), he named these particles 'cessationals' for want of a better term, but he now does not think it quite appropriate. The fact is that a sentence-closing particle is a special type of appealing word standing at the close of a sentence and conveying to the hearer its ultimate expressive value.

It is also distinct from the tag in the English question "It is fine today, *isn't it?*", because in English we not only put the sentence in interrogative form but also place a slight pause or a comma immediately before the tag. A sentence-closing particle in Japanese is, on the other hand, the concluding part of a sentence structure without any such intervening element, as in "Kyō wa ii tenki desu *nā*".

てくるかもわからないとの思いにかられる。じっさい、部落がちがえば、もう油断がならないのである。日本も、この場合、多数の部落を含んで広大と言うべく、調査の道はまことに遠い。

加えて、この文末詞というようなものを、どう整理したらよいか、これもつねになやみとなる。まったく目あたらしいものを掘り出せば、まず、ものの認定に迷う。迷いつつよりわける。何もかも苦しみである。——それが大きなたのしみでもあることは言うまでもないけれども。

ここには、文末詞に関するこれまでの私の発表とはややことかわった、異風の発表を試みた。私は、身近な（いな、身の上の）文末詞というものを、人間の日々の表現生活の、平凡かつ深刻な問題としてとらえ、文末詞を、人間言語の核心的事実として見つめようとしている。また、このような態度で、私は、旧来の言語学に、「人間言語の学」であってもらいたいと、要望しようとしてもいる。

「文末詞」が上来のように観測されることから、当然おこされてくるべき教育論、文末詞生活に関しての教育問題については、今はいっさいふれないことにする。

（広島大学文学部『紀要』特輯2　昭和**47**年**2**月）

筆者既稿、文末詞研究文献

1　『日本語方言文法の研究』　岩波書店　昭和24年
2　「筑後柳河ことばの『メス』と『ノモ』」『近畿方言』15　昭和27年9月
3　「日本語表現法の文末助詞　―その存立と生成―」『国語学』第十一輯　昭和28年1月
4　東条　操編『日本方言学』の「文法篇」　吉川弘文館　昭和28年
5　『日本方言地図』の「文末助詞『ナモシ』類その他の分布図」吉川弘文館　昭和31年
6　「対話の文末の『よびかけことば』　――ナモシ類その他について――」『広大文学部紀要』　昭和31年3月
7　「方言文末助詞（文末詞）の研究について」『方言研究年報』第一巻　昭和32年12月
8　「日本語文法の記述体系」『国文学攷』第二十三号　昭和35年5月
9　「Cessationals in the Japanese Dialects」『Monumenta Nipponica』VOL. XIX NOS. 1—2 1964
10　「瀬戸内海域の文末詞『ナー』『ノー』」『方言研究年報』第八巻　昭和41年3月
11　「"山形弁" と "宮城弁"」『国語学』70　昭和42年9月
12　「東北方言『文末詞』の一研究」『方言研究年報』第十巻　昭和42年9月
13　「Word-Geography of Japanese」『Zeitschrift für Mundartforschung』 1968
14　『日本語方言文法の世界』　塙書房　昭和44年

ひとりがてんの返事を無意識的・機械的に発している。そういう癖の人がある。また、問いの場合にも、“わかったかい？ エー？” などと言っているではないか。訴えかけて理解を得よう、理解の徹底を期そうという気もちはすべての言主にあり、相手が理解してくれることへの待望の念は、すべての言主につよい。

このゆえに、会話生活での念の押しかたは、後退することなくいよいよ発達する。そこで、対話文での文末法のための文末詞はますます繁栄する。個々の文末詞に盛衰隆替はあっても、文末詞をつかう表現生活そのものは、日本語での言語生活の必然として、すこしも衰えることがない。まさに大河の流れにも似た、文末詞利用生活のいきおいがここにある。(「文末詞」そのものを利用しない時も、わずかの文末訴え音を利用し、また、文末の声調＜文の抑揚《イントネーション》のかなめの部分＞を利用する。)

文末詞の世界は、文法学上から見ても、日本語の文法の沃野である。しかもこれは、いまだなお、さほどに耕されてはいない広野である。ここに多くの研究者が連合してさかんに研究の鍬をうちこむことになれば、日本語の文法研究に関しても、多く広く、新しい業績が積まれることになろう。結果として、日本語に関する文法学がしだいに改新されてくることはもちろん、ひいて、一般の言語の学問への寄与も実際化することが期待される。

中国（シナ）の学徒で、中国語の文末詞＜私の言う＞に関する研究によって、ソルボンヌから学位を得た人があるという。中国語に関してすら然りである。日本語の、この群生する多様多彩な文末詞を精細に研究して、これを世界の言語学の――ことにその言語科学の座に発表したなら、いったい、どんな反響がおこることだろう。

私自身も、自己の研究作業に大きなまとまりをつけて、これを世に問いたいと思う。

それにしても、まだまだ、実地の調査作業が緊要であることを痛感する。いく十年、この文末詞を全国に追い求めてきたけれども、なお、どこから何が出

○行ぐともヤレ。

○ドーショーバたつてドショーバヤレ。(母→娘)

というような「ヤレ」がある。(小林存氏「越後方言の結語法概観」『国語研究』第十巻第七号)ことによると、この「ヤレ」は、「ワレ」の転かもしれない。

いずれにしても、上来列挙のものは、語詞としてのおのおのに、さほど内実がない。その程度の語性のものが、文末詞に活用されている。そこに、独特の文末詞(――相手へのうちかけ・呼びかけのやや漠然とした文末詞)ができているのである。

このようなものは、文末詞の類別においては、前図に表示したとおり、「ナモシ」類「ナタ」「ノンタ」類のあとに置くのが適当である。

○ むすび

国語の日常会話生活では、その本然の要求からして、対話文の文末に、特別の表現法をおこしている。そうして、その中で、しばしば、特に注目すべき結尾表現を見せている。すなわち、語としては文末詞と言えるものをそこに見せている。

あらためて日常対話の生活を考えてみる。「そうです　ネー。」の「ネー」など、ふしぎなことばをよくもひきおこしたものではある。虚心に見つめれば見つめるほど、「ネー」などとは、妙なことばを産んだものだと考えられる。が、さらに考えてみるのに、こうして「ネー」などを用いて、対話の一まとまりを相手にそっくり持ちかけていく話しかたは、対話の「呼びかけ・訴えかけ」表現法として、いかにももっともなくふうだったと思われるのである。対話内容の通達・徹底のためには、この方法はかくべつ有意義であった。

さて対話は、そんなに通じやすいものか。通じやすいものではない。通じやすいものでもことでもなければこそ、人はコミュニケーションの成功を求めて、しきりに訴えことばをなげかける。――人は、よく、対話して、あとすぐ自分で応答してもいるではないか。「ヘー」とか、「ハイ」とか「ウン」とか、

近江、米原や彦根などには、

○コンバンワ　ドッコイモ　イカン　ホン。

今晩はどこへも行かないよ。

というような言いかたがある。上の例は、自分の意志を表示して「ホン」と言っている。米原近在には、

○ドーゾ　タノム　ホンナ。

どうかたのみますよ。

の言いかたもある。「ホン」はどういうものであろうか。単純な感声的なもので、いわば「ホイ」などに近いものではないかとも思われる。

以上に列挙してきたものは、原理上「モシ」的であっても、相手の気の引きかたは、さほどつよくない。(「ナタ」「ノンタ」などの、相手の気を引くことの――つまり呼びかけの――つよさには、比較すべくもないのである。)

つぎの「ヤレ」は、相手の気の引きかたが、ややつよいと言えようか。

ヤレ

信州南部の飯田市などで、

○ホイホイ。チョット　マチナイ　ヤレ。

もしもし。ちょっとお待ちよ。

○マー　アガレー　ヤレ。

まあ上がれよ。

と言う。命令・あつらえ・勧奨の表現に「ヤレ」を言う。「マチヤレ」ならば、「ヤレ」は尊敬法助動詞の一種とされるが、命令形の来たあとにつく「ヤレ」は、そういう助動詞とはしがたい。今はこれも、品詞としては、本来的な感動詞と見ておく。「ヤア」とか「ヤレ」とか、それ自体では現実に文表現的で、しばしば特殊な簡潔文として出現するものが、語としては文末詞化してもいるのだと思う。

この種の「ヤレ」は信州東隣の甲斐でも見られ、西方の伯耆・出雲などでも聞くことができる。

命令形のあとにつくというのではない「ヤレ」なら、越後に、

○アユ　ミラン　カラー。

あれを見ないかおい。

などと言う「ラー」も、「ハラー」の「ラー」だと考えられる。私はかつてこの種の「ラー」を聞いた時に、何だろうと、受けとりかたに迷った。ことに、「アユミランカラー。」など、「カラー」は何だろうと、ものを受けとりそこねたままで、判断に苦しんだものである。

○センセガ　キタ　ガラ。

先生が来たぞ。

についても、「ガラ」は何でしょうと聞きかえしたものであった。「来たガ」にさらに「ハラー」の「ラ」がついたものであろう。「ハラー」では、「ハ」は脱落しやすいことと思われる。

ハレ

越前海岸、鮎川の、

○ナント　ユータ　ハレ。

何と言ったね。

は、ひとりごとのように「ハレ」が発せられたのであったが、「ホラ」がさらに「ハレ」とも転じうることを示したものではないか。

ホイ、ホン

南紀の尾鷲では、

○コッチャイ　コイ　ホイナー。

こっちへ来いよ。

○イクナ　ホイナー。

行くなよ。

○アソッビョラント　ハヨ　イカン　カナーホイナー。

遊んでいないで早く行きませんかねえ。

などと言っている。

信州南部に、「ナムホイ」「ナンホイ」の文末詞があり、三河奥にも同似のものがある。これらでの「ホイ」も、上のと同じ「ホイ」ではないか。

○ソダ　ソロ。（“そうだ。”）

などと言っているという。この「ソロ」が、「そうろう」ことばかと言われてもいるらしいが、私は、「ソラ」の類ではないかと思う。この島では、“年寄りたちがさかんにこう言う。”よしである。

ソ

佐伯氏の「信州北部方言語法」（前引）の、

○ソウヨ　ソ。（さうだよ。）

○ダメヨ　ソ。（駄目だよ。）

などの「ソ」は、何に出たものであろうか。

サラ

西に行って山陰地方の「サラ」、

○あんやが悪いさら。　〔鳥取・西伯郡〕

○マメナサラ。（達者で御座います）　〔島根〕

○ワシガカカサンノ弟ダサラ。　〔同〕

（『方言資料抄　助詞篇』による。）

これらの「サラ」は、「ソラ」の類と解してよかろうか。前引書中の、長崎県五島の「サラ」、

○イコアッシャレ　サラ。

の「サラ」はどうか。この、辞去のあいさつことばでの「サラ」は、「さよなら」に関係のあるものかもしれないと、多少は疑ってもみたくなる。当地に、別に「さよなら。」の「サラー。」などがおこなわれている。

ハラ、ラ

さて、南薩の、

○アユ　ミデ　ミヤイ　ハラー。　<p. 44>

あれを見てお見なさいな。

の「ハラー」は、「ソラ」に縁の深い「ホラ」に類するものではないか。同地域の、

○アユ　ミン　ミレ　ラー。

あれを見てみろよ。

たのむよ。

などと言っている。「ぞ、ソラ」の「ソラ」が、問題とすべき「ソラ」である。このものだけが用いられれば、文表現（「かけごえ」とも言われる。）であろう。そういう特殊簡潔文になりうる要素の「ソラ」（感動詞）が、文末詞化されている。上例では、「そら！」と指し示す気もちはもはやよわく、ただ単に念を押す気もちがあらわされていよう。

○タマスイレッ　ベンキョ　セント　ソラ。

精を出して勉強しないとね。

と、同じく薩摩で言うのでは、押しつける気もちよりもむしろ「さあ」と促す気もちがあらわされている。

日向にも「ソラ」があり、南部で、

○ドヒタッ　カソラ。

どうしたのか。

○ダレモ　オラザッタロガ　ヨソラ。

だれもいなかっただろう。

などと言っている。目上にも、

○ド　シナッタト　カソラ。

どうしなさったのですか。

などと言う。

ソレ

伊予の最南部で、

○コノ　テガミ　ヨンジャンナレ　ソレー。

この手紙を読んで下さいよ。

などと言う時の「ソレー」は、「ソラ」に類するものであろうか。「ソレー」がついて、表現は、したしい仲での、わけへだてのない言いかたになるという。

ソロ

越後北部（下越）、近海の粟生島では、

○行ッテ　キタ　ソロ。（“行ってきた。”）

○大シケダ　ソロ。

ぶ呼びかたが、これで、克明になっている。)

けっきょくは、「ナモシ」類と「ナタ」「ノンタ」類とが、相手を呼ぶ文末詞として、双璧をなす、と見ることができよう。――両者に、作用性の類似がいちじるしい。この二大群の全文末詞は、ついに、一類型のものとしても見ることができる。

このような、相手指示が本格的である文末詞群の内部にあって、「ナモシ」類と「ナタ」「ノンタ」類との、自然の関連、または移行をものがたるものが、「オイ」「コラ」の類である。つまりこの類のものは、上の両者の中間にある。いわば過渡的存在である。

では、「ナモシ」類「ナタ」「ノンタ」類の大類型の後(事後)に見いだされるものはないか。本格的なものを中心にして、その事前に「ナーヨ」などが見いだされたのに対して、その事後に、なお見いだされるものがあるはずである。それは、後に掲げる「ソラ」以下の、やや不安定な感動詞系(→文系)文末詞の一群である。これらは、その多少の不安定性のゆえに、確たる文末詞群(さきのいわゆる本格的なもの)の後に位置するものと見るのが適当である。

以上をまとめて、ここに文末詞の新分類図を作ってみるならば、下のような体系図が得られる。

ナーヨ　その他
↑
ナモシ　その他
ナタ　その他
↓
ソラ　その他

六　「ソラ」その他

「ナモシ」類、「ナタ」「ノマイ」類よりも、はるかに、指しかた・呼びかたのおぼめかしいものに、「ソラ」その他がある。

はじめに「**ソラ**」を見る。

薩摩で、

○タノン　ドソラ。

ない。上の「レ」「ラ」の類は、どのように呼びかけたものだろうか。定かでない。かりに「ワレ」とばかり、相手を呼んだものだととるならば、それに「ノ」のかぶさった「ノーラ」「ノラ」は、まさに九州の「ノマイ」と同断のものと見られることになる。たまたま、「ノーラ」が目上へのことばでないことも、九州の「ノマイ」を連想させやすい。

近畿のこのあたりを出はなれると、東には、もはや類縁の形が見いだされないようである。それにしても、“そうです　ネーアナタ。”などと、いわゆる共通語の生活でも、相手を呼んでいるわけであるから、国内のどの方言に、「ノンタ」「ナタ」形式の方言文末詞ができていてもふしぎではない。

一般には、「ナタ」「ノンタ」形式は、今日、特別の地域にばかり残存しているありさまである。あたかも、「ナモシ」類の文末詞が特別の地域に残存するのにすぎなくなっているのと同様にである。

五　感声的文末詞の複合

文末詞の分類体系

以上のように、人代名詞系文末詞の活用ぶりについて、「相手を呼ぶ」文末意識を追求してみると、今や、「ナーヨ」「ノーヤ」などと、感声的文末詞を重複させて相手に呼びかけているのも、じつに、「ナモシ」などと呼びかけるのと同一心意の、相手へのつよい呼びかけであることがわかる。「ナモシ」が、これ自体としては文表現的でもあるのに等しく、「ナーヨ」なども、文表現的でもあるものとして受けとられるのである。

「ナモシ」（ナ・モシ）が、「モシ」と呼びかけていて、そうとうに内容が充実しているのにくらべれば、「ナーヨ」（ナ・ヨ）「ナヤ」（ナ・ヤ）など——感声的文末詞の重複形——は、呼びかけが概括的一般的である。その内容が濃くない。いわばただに感情表出的である。この意味において、私は、「ナーヨ」以下の多くの「感声的文末詞重複形」のものを、人間の言語行動上の文末訴えことば（つまり文末詞）の分類では、「ナモシ」類の前（事前）に置く。（「ナーヨ」などは、「ナモシ」などと等質であってしかも未分化的である。「ナモシ」前と考えられる。）

「ナモシ」類に密着したものは「ナタ」「ノンタ」類である。（——相手を呼

肥前地方では、「ナタ」と「ノマイ」との相互関係が緊密である。

○ソジャカラ　ホレ　ノンタ。

それだからほらねえ。

○シラヒテ　ツカサイ　ノンタ。

知らせて下さいねえ。

これらは、長門西北岸地方で聞き得たものである。萩市内では、

○ドー　イタシマシテ　ノンタ。

どういたしまして。

などと言う。長門から周防にかけて、「ノンタ」「ノエタ」「ノータ」があり、島嶼部でもこれらがよくおこなわれている。

これよりも東について、一つ注意されるのは、大和十津川方面の「ノーラ」である。

○キョーワ　サムイ　ノーラ。

きょうは寒いなあ。

○まあ、早う来た　ノーラ。

のように、「ノーラ」を対等の者につかっている。じつは大和南部に隣って、紀州路の北にも南にも、「アツイ　ノラ。」などの言いかたが見え、「ノラ」は紀州の有力な一文末詞となっている。十津川では、

○コノ　テガミ　ヨーデ　クレー　ラ。

この手紙を読んでくれよ。

○ハイ　サイナラ。マタ　コー　ライ。

ええ、さようなら。またおいでよ。

とも言う。「ラ」「ライ」が単独に出ている。この「ラ」は何か。紀州路では、

○早う　来い　レー。

のように、「レ」をよくつかう。「レ」と「ラ」とは共通のものであろう。両者の本源として、さしずめ想像されるのは「ワレ」である。紀州に関係の深い淡路や阿波では、「ワレ」文末詞がかなりよく見られる。「ワレ」が「レ」となり「ラ」「ライ」となったか。「ワレ」は、方言上、対称の代名詞として見いだされがちである。が、方言によってはまた、自称の代名詞のことがあるかもしれ

音文末詞との複合はおこさないで)、ひとり、そのままが上者に膠着している。相手を明らかに呼ぶ「アナ（ン）タ」「オマイ」は、しきりにナ行音文末詞を頭につけて、その複合形で上者に膠着している。おもしろい相違である。やはり、相手を呼ぶ料のことば、対称の人代名詞を文末詞として利用することの、文末詞法としての本格さが、こういう複合方式をよりさかんにしているのであろうか。「モシ」の場合も、「ナモシ」などの方式はさかんであって、「モシ」を直接に上者に膠着させることはよわい。

九州の「ナタ」と「ノマイ」とには、きわ立った用法差がある。待遇表現法上の分業がある。文表現が「ナタ」とむすばれれば、この文はていねいな、なにほどかの敬意をこめた表現になる。「ナタ」ではなくて「タ」の場合でも、「ソギャーン　カイ。」はかなりぞんざいな応答であるが、「ソギャーン　カイタ。」となると、これはもはや、下品ではない表現になる。「バイタ」のようなふしぎな複合のことばも、その音感などについて、他地方人がかれこれと感じうるものがあったとしても、土地では、これが、ある品位を持ったことばになっている。要するに、「あなた」の呼びかけのある文表現は、下品にはならない。(——上品とまでは言えないことがあっても。)「ノマイ」は「ナタ」の下に位する。

「ナタ」や「ノマイ」が、今日、特に九州地方にいちじるしいのはなぜであろうか。関連して山口県下に同類のもののあるのは、他の、山口県下に存する連九州の事象の場合と同様に、山口県下の九州性とでも言うべきものを思わせる。山口県を九州に合併して考えれば、「ナタ」「ノンタ」「ノマイ」の類は、全国で、じつに西国にのみ見いだされると言える。思うのに、もとは、西国以外にも、この種のものがあり得たであろう。「あなた」と、相手を呼んで文の表現をむすぼうとする意向、「あなた」呼びかけの発想は、普遍的なことであってよかったはずと考えられる。

九州肥前の「ノマイ」例をあげて、つぎに中国西部の山口県下の事例を見よう。

○ハヤカッタ　ノマイ。

　　やあ、お早う。(早かったね。)

タナー」から、「タナー」「タナ」が、豊後などで、産まれている。こうなったものは、いよいよ完全な文末詞である。

○……ヂャロー　カタナ。

　　　……だろうかねえ。

などと言っている。豊後に「タナーヨ（ヤ）」もあり、「タナチコ」もある。「チコ」は「ということ」に当たるものか。「チコタナー」の言いかたもある。

「タバイ」の言いかたはなかったが、上のように、「タナ」の言いかたはできている。ここにも一理があろう。「タナ」と、「ナ」を言えば、これは一般的に広く相手に呼びかけることになる。「ナ」に呼びかけ性（←相手への）が顕著である。そのようなものゆえ、「ナ」はしぜんに「タ」の下にも来得たのであろう。「タナチコ」が「チコタナー」とあるのなども、単なる組みかえというよりは、「タナー」と、相手を呼ぶことのはっきりとしたものをあとへ持ってくるいとなみが、そこにあるのだと思う。

さて、「タ」の場合には、「タナ」があって「ナタ」もある。（この形式は、「バイタ」「カイタ」などの形成と同じである。）「ナタ」は、「ナー、アナ（ン）タ」だから、「タナ」よりも、相手を呼ぶ呼びかたがいっそうあざやかだとしてよかろう。「ナタ」とあって、言いかけ・呼びかけの効果が大いにはっきりとする。

「ナタ」は「ナモシ」とも似ていよう。似ていて「ナタ」は、「〜モシ」と呼びかけるのよりも、また、呼びかけが克明である。

九州方言では、「ナタ」に対立するものとして、「ノマイ」（ノー、オマイ）ができている。「オマイ、ノー」形成の文末詞はなくて、「ノー、オマイ」形成のものがある。これらのことからして、複合方式では、ナ行音文末詞が前部にくるものの方が、より安定的なのであろうと見とおすことができる。山口県下だと、のちに記すように、「ノンタ」「ノエタ」「ノータ」がさかんである。これらをも合わせて考えるのに、どちらかといえば、「ナ行音文末詞＋人代名詞系文末詞」の複合方式に、新文末詞形成の、いっそう大きな自在さが認められそうである。（この方式の方が、第一の「安定方式」と考えられるのである。）

「私」を言う「ワイ」「バイ」は、「ナワイ」などとはならないで、（——ナ行

イ」と、九州にいちじるしい「あなた」系文末詞との複合によってできた「バイタ」「バンタ」は、また、九州弁独特のものとなっている。

○シラン　バイタ。

　　知らないわよ。

「私」を言う「バイ」に、相手を呼ぶ「アナ（ン）タ」をむすびつけているのは一奇である。「わたしあなた」！ 不可思議とも言える、こうした結合体であるだけに、できあがったこのものの、文末での孤立性はつねに明らかである。——したがって、このものの、文末詞としての安定度の大であることもすぐに言えるのである。

「タバイ」などとはなっていないことには注意をはらいたい。「バイタ」！ けっきょく、「私」系のものだけではすましにくくて、「あなた」系のものをあとへつけた。これで、文末詞と言うべきものの言いかけ性能が、はっきりとしてくる。文末では、どうしても、つよく相手を呼ばないではいられないのである。

といっても、

○ナカ　バイ。

　　ないわ。

などは、「私」系の「バイ」だけで終わっている。これはどう解するか。私はこれを、「私！」と、自己を持ち出して相手に訴えていると見る。「私！」とばかり、相手に言いかけているのである。この言いかけが、けっきょく、相手を呼ぶことになる。一種異様な方式であるけれども、これはこれで、——やや消極的と言えるにもせよ、相手を呼んでいるのである。

九州で、「バイ」と「タイ」とは相関的に存在している。それでいて、「タイ」の方がよりさかんに用いられている。「バイ」の領域を犯してもいるくらいである。「タイ」の盛行は、「バイ」の用途の狭隘さをものがたってもいるのではないか。「バイ」は、相手を呼ぶことが特殊的であるため（ありすぎるため）、「タイ」がいっそうよく流布しているのかと察する。

北半九州に、「アンタナー」という文末詞の形式もできている。「あなた」系の要素が前部に出て、あとに「ナ」のくるものである。これも、「アナタ」「アンタ」の、文末詞としての安定の方向だと見られる。（——人は、「アンタ」に「ナ」をつけそえて、「アンタ」に、文末詞としての安定を得させた。）「アン

などの「カイタ」ともなれば、「アナタ」「アンタ」は、「カイ」文末詞のもとに「タ」となって熟合しているので、代名詞「あなた」の、文末詞化しての安定形式ぶりはいっそう顕著である。「カイタ」はすでに、一個の完全な複合形文末詞となっている。

○ダレモ　オンナハランダッタロ　ガイタ。

　　　だれもおりなさらなかったろうね、きっと。

の「ガイタ」にしても同然である。ほかに、

○モー　スンデ　シモータ　コツヂャラン　タ。

　　　もうすんでしまったことですよね。

というのもある。九州弁の以上のような文末詞形成は、肥後・豊後その他によく見られる。佐賀弁には、「カイタ」に該当する「カンタ」がおこなわれている。

九州では、「アンタ」そのものは、単独では、文末詞として安定しにくかったようである。他のものと複合して、みずからを、安定形式に持っていった。複合形の製作は、自然の作用ではあるとしても、まことによく、言語の妙理を示すものと思われる。複合か自己変形か、文末詞としての安定方向は二つである。

肥後奥の、

○八時ごろカラ　イカネバ　イクマイ　タ。

　　　八時ごろから行かなくちゃいけないでしょうよ。

の言いかたなどになると、ついに「タ」という単純形を見せるにいたっている。(「アナタ」「アンタ」が「アタ」となれば、「タ」が高音アクセントに発音される傾向の中では、「ア」はいかにも脱落しやすいことである。) この「タ」の語り手は、同時に「カイタ」も言っていた。「カイタ」の習わしは持っていて、「タ」とも言っているところに、文末詞としての「アナタ」「アンタ」のおちつく先が明らかである。また、このような単純な「タ」用法をも背後に持っているがゆえに、「カイタ」などの複合形式の、文末詞らしさ、文末詞としての安定のつよさも明白なのだと言える。

「タ」は一方で、「バイ」にも結合している。九州方言色ゆたかな文末詞「バ

か。（岩井三郎氏の報告による。『方言研究』第四輯）「アンタ」はもともと代名詞であるけれども、こうして呼びかけに用いられているのを見ると、「オイ」などの呼びかけをいっそう色こくしたもののように思われて、現場に即して言えば、「アンター。」という、呼びかけの「文」があるようにも思えるのである。

○ホンジャッテ　ワレ。

だってさ。

私の郷里（伊予大三島北部）の方言での、老人のこの言いかたも、文末詞化した「ワレ」をとらえしめる。このさいも、「ワレ」は、文的なものとして、相手になげかけられているのである。

肥後川尻町の、

○オハヨー　アタッ。

お早うね。

阿蘇山南麓で聞いた、

○チョージョ　アタッ。

ありがとうね。

などに見られる「アタッ」は、「アナタ」が「アタッ」になったものであろうか。そうだとすれば、これは、このように形を変えることによって、文末詞化を遂げ、文末詞としての安定を見せたものと言える。ものが文末詞的に用いられはじめると、そのものは、そういう機能の担い手にふさわしく、変形せしめられる。「モシ」が「モーシ」や「ムシ」などにされるようにである。変形はすなわちものの何々化を意味する。

『嶋原半嶋方言の研究』には、

○さいならあた。

○こんにちゃあたー。

などの「アタ」が見える。一つの完全な安定形式がここにあろう。

九州弁の、

○ソギャーン　カイタ。

そうなのかね。

と言う。これは、同島に長く国民学校（今の小学校）長をしていられた脇田氏から、以前に教示されたものである。「コロー」が文末詞の役わりを演じていることは明らかであろう。脇田氏らも、これを、「とさ」と訳すべきだと説かれた。おそらく、「コラー」に近いのが「コロー」であろう。訴え専用のものとなって、このような変形を来たすところが注意すべき点である。

四　相手を呼ぶ

訴えるのは相手に向かって訴えるのである。たいせつなのは相手である。相手に呼びかけ、訴えかける。訴えるとは相手を呼ぶことである。

「モシ」や「オイ」などを見くらべていく時、私どもは、人が発言上いかにつよく相手を求めているかを知ることができる。相手を求めるのは、ほとんど人の根源的な欲求であろう。その、内面の、根源的なものが、時処位に応じてうごきはたらいて、種々の訴えことば・呼びかけことばになる。内面的なものの発動を、内面勢力の展開とも言うことができよう。

その展開の、広いはばの一局に、相手を「アナタ」「オマイ」などと、人代名詞で呼ぶ呼びかけ表現法がある。かくして人代名詞類も、あいともに文末詞化してもいるのである。

代名詞系の転成文末詞は、当面の主題「文系（＝感動詞系）文末詞」からはそれるものであるけれども、それの相手を呼ぶさまはまことに顕著なので、今は、文末詞の呼びかけ心意を明らかにするために、あえて、人代名詞系文末詞をも、その直接的な呼びかけ性に注目しつつ、文系のものに準ずるものとして、ここにとりあつかう。

「モシ」や「オイ」「コラ」の呼びかけには、大した内実がない。それらに対して、「アンタ」というような人代名詞系文末詞の呼びかけには、内実が豊富である。はっきりと相手を呼ぶからである。

静岡県井川村方言の、“女だけ用ゐる言葉、接尾代名詞「アンター」”と言われる、

○行カズヨアンター。（行かうよ）

などの「アンター」は、文末詞化した「アンタ」を受けとらせるものではない

イ」のつけそえかたは、もはや「オイ」を文末詞としているものである。——「オイ」に、もはや「オイ。」の呼びかけ文そのままの効果は認められない。——「タノ̄ムデ　オイ」と、文アクセント（抑揚）は「ノ̄」から下がりっぱなしのままである。「オイ」に特立性はない。それでいて、「オイ」にやはり相手へのうちかけの効果はあるところに、文末詞化した「オイ」の、一定の性能と風格とが認められる。上の例は、近しい者同士の間のことばとされている。「オイ」は、「モシ」に対立する地位にあり、中等以下の品位の表現に役だつのである。

「モシ」に対して「ナーモシ」→「ナモシ」ができているように、「オイ」に対しても、「ナーオイ」ができている。ただしこの方は、「ナーオイ」と表記すべきほどの言いかたになるのが普通であって、「ナオイ」はまず見ることができない。「オイ」は、「ナー」と熟合しにくいらしいのである。そこには、「オイ」と「モシ」との、品位とは別個の、言語形式としての相違（音韻論的にも）、語性の相違が認められよう。

そのような「オイ」と性質の近似したことばに「コラ」がある。「コラ」に似たものに「コレ」がある。

呼びかけ文として、「コレ。」の言いかたがあろう。もともとこれは、「コレ」という指示代名詞に関係の深いものかもしれない。が、ともかく、「コレ！」などという言いかたは、特殊慣用の文として成り立っている。この点をたてにとれば、「コレ！」の文末詞化は、いわゆる文系の転成文末詞の出現とすることができる。

「コラ」となると、これは、もはや代名詞起源のものなどと言うことはできない。「コラ」は呼びかけ専用の一単語とされる。そういう単語は感動詞と言いうるものである。「コラ」の文末詞化は、当然のことであろう。その「コラ」文末詞の呼びかけ品位のことは、多く言うまでもない。

「コラ」の類縁の形ではないか、「コロー」というのがある。越後北部の近海に粟生島というのがあり、そこで、

○コー　シタ̄　コロ̄ー̄。

　　こうしたとさ。

語の世界に還元することができないものはないはずである。どんなかんたんな文表現も、どんな特殊な短文・簡潔文も、文である以上、語に還元することができるはずである。（還元しないでおくことが例外的にゆるされてはならない。）この意味において、「モシ。」などの特殊文も語に還元しうる。そのさい、この種のものは、感動詞という語類——品詞——に属するものと見られる。（従来の品詞分類へ当てはめるかぎり。）このゆえに、いわゆる文系文末詞は、感動詞系文末詞と言いかえられる。

二　「モシ」「ナモシ」の類

この類については、以前に小論を発表した。

「対話の文末の『よびかけことば』——『ナモシ』類その他について——」

（広島大学文学部紀要第9号、1956年）

今は上稿にゆずって、「モシ」「ナモシ」の類のことはここに省略する。

三　「オイ」「コラ」「コレ」「コロ」

相手を呼ぶことばとしては、「オイ。」というのも、「モシ。」というのとあい似ている。「モシ。」の呼びかけが、やがて「モシ」文末詞に定着したのと同様に、「オイ。」の呼びかけも、「オイ」文末詞に定着してもいる。

〇アア困ッチヤッタ　オイ。（あゝ困ったなあ）

〇重テイヤ　オイ。（重たいなあ）

佐伯隆治氏の「信州北部方言語法（上）」にはこう見える。（『国語研究』第十巻第七号）氏はここで、「オイ」に「なあ」を当てられるとともに、「軽い感嘆の言葉。主に相手に呼びかける様な言ひ方である。」との説明を前おきしていられる。おそらく、「オイ」が、文末詞として受けとられるような発言になっているであろう。

羽後の船川港では、

〇ドーカ　タノムデ　オイ。

どうかたのむよね。

と言っている。“「オイ」は調子ことばだ。”と説明されたが、そのような「オ

の性質とからして、古態のものとはきめがたいものであるにしても、これが、今後、新生のものであるかのようないきおいを以て、大いに広まっていくようなことはあるまい、と。すなわち、今日の状態からするのに、文末訴えア音をおこす習慣は、今後、より広汎な地域に蔓延するだろうとは見られないのである。

文末訴えア音が「アーイ」などの形に発展する事態をさきに見た。(p. 66) 今日、この種の発展形をかず多く見ることはできないけれども、言語生活の近代化は、一般に、文末訴えア音などによる訴え方法を、他の有形文末詞利用による訴え方法に、脱化・転化させてもいるのではないか。

Ⅳ　主として文系（＝感動詞系）転成文末詞について

——呼びかけ心意 実証——

文末詞記述の第二章として、——（上の文末訴え音の記述に対せしめて）——、特に、文系の転成文末詞をとりあつかう。ここに、文末詞の自由な創作創造を見、文表現での、文末詞による呼びかけ・訴えかけの心意を実証することにしたい。

この章を、私は、さきの「総論」の章に対せしめたいと思う。

一　文系文末詞について

私は従来、「モシ」などの文末詞化したものを、「文系文末詞」と呼んできた。「モシ。」などは、特殊慣用文と見られるものだからである。

しかし、文は表現の現実態で、個別的なものである。これが特定慣用のものであっても、——かなり固定的であっても、「文系」と言えば、それはどうしても、現場の「文」の、という意味になる。こういう名称は、品詞名による「代名詞」系などという名称とは均しくない。転成文末詞の名で、品詞名によっていない名は「文系文末詞」のみである。この不揃いを訂正して、今後は「文系文末詞」を「感動詞系文末詞」とする。

およそセンテンスとあれば、どんなセンテンスも、その表現相を解体して単

に相当する「デァ」、と見られるものは、東北・北陸、それに丹後半島のうちに見いだされる。「デァ」は、もののより古い形ではあっても、より新しい形ではあるまい。文末訴えア音は、おもしろいことに、「デァ」の分布と、およそ軌を一にしている。

さて、九州南部、薩摩に、

○シンシャデン　トッテ　ミヤンセ。ホンニ　ヨカッデア。

新車でも購入してごらん。ほんとにいいから。

○アヤ　モドリ　ヨラッドデア。

あれは帰りに寄りなさるだろうから。

○カッガ　アッドン、モッテ　キダイモハンタッデア。

柿があるけれども、持ってこられないものですからね。

○キダイモハンデア。

こられませんからね。

○キダイモハンヂャシタデア。

こられませんでしたからね。

などの言いかたがある。見ると、一様に、接続助詞の「デ」で文表現がむすばれており、そのあとに「ア」が来ている。土地人に、この「ア」が、「ね」と、対訳されたりしている。今もし、この「ア」を文末訴えア音のけざやかなものと見るなら、問題の文末訴えア音が、じつに九州南部にも存するとしうることになる。こうなれば、文末訴えア音は、まさに国の東北と西南とに対応的にも見いだされることになり、かつ、裏日本の広い範囲にこれの分布することも認められるので、要するに、文末訴えア音は、日本語諸方言上の特定重要地域に分布するものと見られることになる。この分布状態は、他の事実の同様の分布状態と重ねあわせて考えるのに、おおよそ、ゆえ深い、古態的分布とされるものかと考えられる。

九州の分布をも考慮に入れる時、ますます、私どもは、文末訴えア音の今日の存在状態を、なにか古い習慣にさおさすものではないかと、推量してみたくなるのである。

すくなくとも、こういうことは言えよう。文末訴えア音が、その発出法と音

〇ホー　ケァー。

そうなの？　<軽く受けとる。>

と言う。「ケァー」とともに、「ケヤー」もある。

能登の珠洲市方面の調査結果として、さきの愛宕氏の報じるところによれば、「おお。」の返事の、

〇オー　ケァー。

の言いかたがある。この「ケァー」は、上来のとは別種のもので、「これ」に淵源する代名詞系文末詞「ケー」に、文末訴えア音の熟合したものであろう。

9.　「コト＋文末訴えア音」

『全国方言資料』第１巻の「北海道美唄市西美唄山形方言」の条に、

fヤー　メンコエ　ンボゴダゴドアー

やあ　かわいい　赤ん坊だこと。

とある。「ゴドアー」は、「コト」という文末詞に文末訴えア音の添わったものか。

四　文末訴え「ア」音の分布

上来の、文末訴えア音の出現するいろいろの場合を総合して、これの出現地域を見るならば、第一には奥羽がある。関連しては北海道がある。奥羽については、つづきの北陸道が注目される。ついで山陰が問題になる。九州に若干の問題がある。文末訴えア音の分布は、おおよそ以上のとおりである。

全体はほぼ「東北・裏日本」系の分布と見られようか。他の事象の分布で、これと同じ分布様式を示すものは多い。たとえば〔ï〕〔ü〕〔ẹ〕音の分布も、まさにこの文末訴えア音の分布と同式である。かれこれ合わせて言いたいことは、「東北・裏日本」系の分布が、だいたい、日本語諸方言上の古系脈分布と見られるということである。

文末訴えア音そのものが古音だなどとはなかなか言えまい。しかし、これの今日、存在する地域は、かねがね、方言上の古系脈地帯と目されがちの地域である。ほかならぬこの地域に、特に文末訴えア音のかなりさかんなのは、これも、なにか、古系脈に深く関与した事実かと思わせられるのである。「ヂャ」

などの言いかたがある。「ソダベネシァ（そうでしょうね。)」などとも言っている。(『全国方言資料』第１巻の「青森県南津軽郡黒石町方言」による。)『青森県方言訛語』の、

○そしてねさァ（そしてねー　あなた）

も、あるいはここに引用すべきものか。

越後下越でも、「ネシ〔ï〕ァ」「ネッシ〔ï〕ァ」などを聞くことができる。(前記大橋氏論文による。)

6.　「ノ＜助詞系文末詞＞シ＋文末訴えア音」

仙台弁で、

○ドゴ　イグ　ノシ〔ï〕ァー。

どこへいらっしゃる？

と言う。

7.　「ゼ＋文末訴えア音」

小松代融一氏によると、岩手“県南部（内陸方面)”に、

○「けぁるゼァ」(帰るヨ)

がある。(『方言学講座』第２巻　岩手)

愛宕八郎康隆氏によると、能登半島東北端の珠洲市木ノ浦に、

○ハヨー　セニャ　ナランガ゜デァ　ゼァー。

早くしなくてはならないよ。

がある。

8.　「ケ（かい）＋文末訴えア音」

『全国方言資料』第３巻の「富山県氷見市飯久保」の条に、

f オイデナハルマスケーァ

おいでになりますか。

とある。

近畿の播磨で、かつて私は、

○オマハン　スシ　タベテ　ケァー。

あなたはすしをおあがりになります？

の言いかたを聞いた。伊予東部の人が、

○ア、ホンダ　ネァ。

あ、そうだね。

○モス〔ü〕コシ〔ï〕　フレバ　ネァー。

もうすこし降ればね。

「ニァ」にも聞こえる。

青森県下の津軽に「ネァ」があり、宮城県下にもこれがある。

九州、「佐賀県佐賀郡久保泉村川久保」に、

○コリャ　モー　マケラレンモンネァー

これは　もう　まけられないんだよ

とある（『全国方言資料』第6巻）のは、文末訴えア音を、「ネ」のもとに認めしめるものであろうかどうだろうか。

関西内・九州内では、「ネヤ」という複合形文末詞が、それの発音しだいで、「ネァ」に近く聞こえる場合もあるかと思う。

4.　「モシ・シ（セ）＋文末訴えア音」

津軽弁では、

○モシ〔ï〕モシ〔ï〕ァー。

もしもし。　＜電話＞

などと言う。

○アノ　シ〔ï〕ァー。

あのね。

などとも言う。——同様のことが、宮城県下・山形県下にも見いだされる。これらでは、「もし」「し」の下に「ア」を見せている。なお、青森県下では、西の津軽に「しァ」相当の「セァ」があり、東の南部には、「しァ」相当の「サェ」（能田多代子氏『青森県五戸語彙』）が見いだされるようである。北海道内にも、同じく「しァ」相当の「セァ」があるらしい。

5.　「ネシ＋文末訴え音」

津軽弁に、

○ソッダ　オンネシ〔ï〕ァー。

そうですものねえ。

○サブイノニ　ネァー。

寒いのにね。

これらは、能登の宇出津で聞きとめたものである。越中東部に行くと、

○セナカデモ　ネァー。

せなかでもね。

○ワタシ　ネアー。

わたしね。

○ブチョーサンモ　オイデルシ　ネア。

部長さんもいらっしゃるしね。

のような発言が聞かれる。「ネァ」が「ニァ」に近くも聞こえる。「ネ」の〔e〕が〔ẹ〕になりがちのためであろう。（越中に中舌母音や〔ẹ〕はかなりいちじるしくもある。）――越中では、女性の方に、「ネァ」は、より出やすいのか。つぎは越後で、

○ソーンダドモ　ネァ。

そうだけれどもね。

などを、下越で聞くことができる。（大橋勝男氏による。）大橋氏には、「新潟県北蒲原郡豊栄町高森方言の大末訴え微妙音」（『方言の研究』第２号第２冊、昭和45年３月）の発表がある。これは私の「文末訴え音」の考えを踏襲した一記述である。「文末訴え音」を、かつて私は、「文末訴え微妙音」などとも言った。

北陸道は、文末訴えア音の注目される地域である。山陰から北陸へ、つぎに東北へと、文末訴えア音がたどられる。

北陸での場合、「ネァー」などの抑揚もあるのは、山陰とのちがいとして重視される。北陸越後にはまた、「ネーァ」の言いかたもあるという。（大橋氏の上記論文による。）

秋田県下の東能代で聞きとめることのできた文末訴えア音例は、つぎのとおりである。

○ドゴダケ　ネァー。

どこだろうかね。

○ソーデス　ネァー。

これは、松江市内の旅館につとめる一女性の発言例である。この人は共通語でものを言おうとしており、この時も、「そうですね。」と言ったつもりのようだった。しかし、文末には、「ァ」がついたのである。このようなことが、この人にたびたび見られた。（この人は、出雲市平田の出身で、四十才台の人だった。）別の宿で、そこにはたらく女性のむぞうさな発言に接したが、その時は、しばしば、

○アン　ネァ。

あのね。

と言っているのを受けとめることができた。聞いてみると、“「あのね。」と言っているつもり。”とのことだった。加えてこの人は、“お客さんからはニャに聞こえるそうですね。”と語ってくれた。——この人の「ネァ」は〔nẹə〕のようだった。さてまた別の宿では、“「ネー」が「ニャー」に聞こえる。言う方は「ネー」を言っている。”と語ってくれる人があった。出雲地方では、老若男女に、問題の「ネァ」を聞くことができる。

出雲地方についでは北陸が、「ネァ」を存する所として注目される。北陸を見る前に、但馬のつぎの一例をあげておく。

○ヨッチャンガ　フレトッタンネァー

よっちゃんが　ふれていたね。

これは、『全国方言資料』第10巻の「兵庫県城崎郡城崎町飯谷方言」の中に出ているものである。「ネァー」とあるのが、ここで問題になる。

北陸では、まず若狭で「ネァ」を聞く。遠敷郡上中町の人の発言には、

○シラン　ネアー。

知らないよ（ぞ）。

があった。小浜湾頭の小部落でも、「ニャー」に近いものを聞いた。

○アッテ　ネァー。

会ってね。

○ネァー。タタカレテ　タタカレテ　ナェァー。

ねえ。たたかれてたたかれてね。

発言意図を認めたい。すなわち、最後に「ア」を産んでいるところに、特別の訴えかけの意図を認めたいのである。

このような発言傾向は、おおよそ、近畿地方内に見いだされやすいようである。但馬・奥丹後はことに注目される。

近畿から離れて、東北地方の 小松代融一氏『岩手方言の語彙（旧南部領）』に、

アノナエァ　　あのね、　　もしもし

とある。これにも、「ナー」に近い「ナエ」に随伴する文末訴えア音が見られよう。東北もやはり問題の地とされる。

2.　「ノ＋文末訴えア音」

津軽弁での「ノァー」の例は、さきに掲げた。（p.61）「ノァー」のおこなわれることは、津軽でさかんである。

「ノゥ」となったものはどこにもない。「ノ」〔no〕の〔o〕母音が、さらに大きくなって〔noa〕となる。訴えの訴えたるゆえんである。（訴えかけるのには、訴えかけ性能の大きいことをねらうのが当然であろう。――それが、自然の音声生理としておこっている。）

3.　「ネ＋文末訴えア音」

最初に、さきにもふれた出雲地方の「ネァ」を見る。松江市中心に、「ネァ」がさかんであろうか。そうとも言えるかもしれないが、郡部でも、「ネァ」がかなりさかんである。一般に「ネァ」の抑揚になり、「ネァー」は聞かれない。これは一傾向と見られる。「ネァ」は〔nea〕〔nẹa〕と聞こえ、また、〔nea :〕〔nẹa :〕ともなる。「ニャ」「ニャー」とも聞こえることは、さきにもふれたとおりである。実例をあげよう。

○デキ〔ï〕ンガ　ネァ（ニャ）ー。

できないがねえ。

これは島根半島北岸での一例である。

○カミ〔ï〕ー　アゲマシ〔ï〕タ　カイネァ。

紙をあげましたかね。

これは松江市内での中年女性の発言例である。

がある。この「アーイ」は、上来の文末訴えア音の発展形ではないか。すでに見てきたように、「ア」音はしばしば大きい「ア」音ともなっている。――そこへアクセントの高音部が、上がり調子できたりしている。このような傾向からは、「アーイ」というような音形も、醸出されるはずかと思う。ただし、この「アーイ」が、どの程度に社会習慣化しているものなのかは明らかでない。ただ、土地の有識者がこのカードに注記して、

中以上（女）　普＜＝普通程度のおこなわれかた＞　中＜＝中等品位＞

としてくれているのからすると、「アーイ」の言いかたも、個人的なものではないのだろうと思われる。

「ア」に似た「アン」というのもある。『方言の研究』創刊号（新潟大学方言研究会、昭和44年３月）の「新潟県中蒲原郡横越村川根谷内方言」の中に、

○オンナスニ　シテスマイマス　アン。（同じにしてしまうのです。）＜中・女→青・女＞

とある。さて「アン」は、「ア」の発展形かどうか。

8.　「ア」音を以て訴えること

最広最大の母音「ア」が、訴えの料に用いられていることには、いくえにも注意をはらう必要があると思う。ただし、この「ア」音について、表現品位上のことを云々することは、まずできないように思う。「ア」だから上品だとか何とか言うことはできないようである。

三　通常の文末詞のもとに随伴複合して文末訴え「ア」音のあらわれる場合

「文末詞＋文末訴え音」は、「文末詞＋文末詞」の、いわゆる複合形文末詞に対応するものと、見て見られないことはない。

1.　「ナ＋文末訴えア音」

たとえば岡山弁で、

○エー　ナーア。

いいねえ。　＜つよく同意を求める。＞

と言う。「ナー」の単純長呼でなくて、終わりが「ア」となっている。この習慣的な言いかたの場合、私どもはここに、「ナー」の単純長呼ではすまさない

4.　名詞の直下に文末訴えア音の出る場合

『青森県南部方言考』(寺井義弘氏、昭和37年)に、

「このくさればつこぁ」

とある。「くされ婆」の下に「ア」音がきている。悪態の、顕著な呼びかけのため、文末訴えア音を産むことになったのだと思う。同じく南部の、

○エ〔ẹ〕ートホンニャグアー。

えらいごちそうさま！

と言う「ホンニャグ」は名詞なのかどうなのか。ともかくその下には「アー」がきている。相手への言いかけ――訴え――の効果を、この「アー」が示しているであろう。

5,　特殊慣用文の場合

能登方面では、否定の意を簡潔に表明するのに、「ナンモ。」と言う。返事文である。これが時に、

○ナンモァー。

となる。文末に「ア」音がくる。(接続助詞の場合も、「……タレドモ、」が「……タレドモァー、」などとなったりするらしい。)

同じく能登方面で、「ええ。」の返事が、

○エァー。

ともなるという。(愛宕八郎康隆氏、珠洲市で調査)

6.　文末長音

文末訴えア音ではないが、文末に顕著な長音のあらわれる場合、たとえば、

○行カナンダー。

行かなかったよ。

のような場合にも、その長呼部に、多少の訴え性能を認めないわけにはいくまい。「ア」音に関連するものとして、長呼音が注意される。

7.　文末訴えア音の発展形

青森県の「南部」地方で聞きとめたものに、

○オセーデ　ケロアーイ。

教えてくれろよ。

のようなのがある。

「ベ」助動詞のもとに文末訴えア音のくるものが、こうして、奥羽に広く見いだされる。岩手県下にもある。奥羽に関連して、北海道内でもこれが聞かれる。

他の助動詞の場合を見ると、宮城県下の文末訴え音もとらえられて、奥羽での文末訴え音の分布は、いよいよそうとうに認められることになる。

室山敏昭氏によれば、丹後半島に、断定の助動詞「ダ」「デァ」のあとへ、文末訴え音「ア」をつける所があるという。

2. 助詞の直下に文末訴えア音の出る場合

津軽弁で、

○ユキ〔ï〕 ツモッテァー。

雪が積もってさ。

と言う。助詞「て」のもとに「ア」音が出ている。文末訴え音である。「雪が積もって」という発言を、いかにもはっきりと相手に送ろうとして、「テ」と強調し、それとともに、「テ」の〔e〕音を〔a〕に開いて、訴えの心をしぜんに顕示しているのである。

同様のことが、越後北部でも見いだされる。(のちに、p. 70に掲げる大橋勝男氏の研究による。)

3. 動詞の直下に文末訴えア音の出る場合

青森県下の津軽・南部に、

○おもしろければ遊ぶよ。→オモスレェ(ろけれ←ロィ)ンバセェアスンブァ。

(南部の津嶋金次郎氏による。)

のような言いかたがある。この例だと、文末部の動詞「アスンブ」のもとに、「ア」音があらわれている。『全国方言資料』第1巻の青森県の部にも、「モドテクルァ」(もどってくるよ)「イッテクルア」(行ってくるよ) などが見えており、「ア」が、「よ」と、対訳されているのが注目をひく。岩手県下にもこの種の「ア」があり、南、福島県下でも、その『福島県中村町方言集』に、

おくれ 下さい、 「おくれぁ」

などとある。

二　単純に文末訴え「ア」音の出てくる場合

（これは、通常の文末詞のもとに随伴複合して文末訴えア音のあらわれる場合に対するものである。）

1.　助動詞の直下に文末訴えア音の出る場合

津軽弁で、

○ホッダベァー。

そうだろう。

と言う。

○ヤマサ　イ〔ï〕グベァ。

山に行こうよ。

と言う。

津軽の東の南部地方でも、

○イットキ〔ï〕　ヤスムベア。

ちょっと休みましょう。

○ノルベアー。

いっしょに乗ろうよ。

などと言う。——こうして、「ア」音のきわだたしい（大きい）例も聞かれる。

秋田県東での一例には、

○キ〔kçï〕ンヂ〔dʒï〕　ヨロコンダベァー。

金治は喜んだろう？

がある。

山形県下の南寄りでの調査のさいにも、文末訴えア音がかなり聞かれた。

○オッケーベァー。

大きいだろう？

は、その一例である。

福島県会津西北部の例には、

○シャタク〔ü〕　アッ　トコベァー。

社宅がある所だろう？

「ア」音は、訴えかけ音として、まったく効果的である。「もし」の「し」なら「シ」でおわるのを、さらにくふうして母音拡大の方法をとり、拡大母音で訴えをつよくしようとする。まことに合理的である。合理的であって、ことはしぜんに、音声上の生理・必然としておこなわれている。

津軽弁をまたなくても、このような拡大母音による訴えかけ——（それが自然のうちに、無意識的におこなわれていること）は、民間そこここの言語生活の中にも見いだされることであった。たとえば旧軍隊時代でも、人は、「気をつけ！」の号令をかけるのに、大声で、

○キオツケア。

○キオツケヤ。

と言ったものである。「ツケ」の〔e〕母音をしぜんのうちに〔a〕に開いた。これで、このさいはこれなりに、訴えの効果を大きくしたのである。（号令となれば、ともかくつよく、相手がたにはたらきかけなくてはならない。）

バスの女性車掌がしばしば、

○オライヤー。　オライヤー。

と言う。くるまの後退を、車後で運転手に案内する時など、「オーライ。オーライ。」と言うつもりで、いつとはなく「オライヤー。」などと言うようになっている。「オーライ。」を、軽快に「オライ。」などとしていよう。（これを「アライ。」に近く発音してもいる。）「オライ」と、つめた言いかたをすると、「オライー。」と伸びる。伸びると、その言いとめのところで、「イ」の時の舌が下に降りて、「イ」音はもっと開いた母音になる。そこで「ヤ」などという音もできる。運転手につよく「オーライ。」を訴えようとすれば（——よく聞こえるようにと思えば）、しぜんに、「ヤ」の発音になるほどに、口を開きかつつよく言うことになるのであろう。

近ごろの「歌謡」歌手の中にも、似たような「ヤ」を出す人がある。文表現の音声上のいきおいで、発音がしぜんにそうなっていくのであろう。

さて、現代諸方言上の文末訴えア音は、つぎの二、三、に分けて観察記述することができる。

？ この時、私は、宮城県地方の例の「シャ」「ノッシャ」を思い出した。——同じものではないか！　そういえば、宮城と津軽とは、——途中の地域のことはしばらくおいて——、「ます」を「ス」とするなど、かんじんなところで、似たものを示す。津軽弁の実例について、文末「ア」音を取り分けてみると、みんなきれいに分かれる。「ッダ　オンジ〔ï〕ァー。」の場合も、これの「シ」が「もし」の「し」であることは早くからわかっていた。それゆえ この場合の「アー」も、難なく切り離せたのである。津軽では「もし」の「シ〔ï〕」に「ァ」をつけている。そうだ、仙台弁のも、「モシャ。」は「もしァ。」なのだ。こうわかってきたのである。「モシァ。」が、「モシャ。」とも聞こえるように発音されているのだ。「アノッシャ。」も、もともと「あの　シ（もし）ァ。」なのだ。こうして仙台弁の不可解だった「シャ」が解けた。（一部の発表に、「“山形弁”と“宮城弁”」＜『国語学』第70集、昭和42年９月＞などがある。）

仙台弁の「シャ」文末詞の実体がわかってみると、関連してすぐにわかることがあった。それは出雲弁の「ニャ」文末詞のことである。この「ニャ」を、私ははじめ、ナ行音文末詞の「ニ」に関係のあるものかと推測していた。が、そうではなくて、これも「ネァ」であった。文末訴えア音が、「ネ」に添わったものなのである。それのきょくたんなもの、土地弁色の濃いものが、「ニャ」とも聞こえる。「ネ」が〔nẹ〕でもあるので、「ネァ」はいっそう以て「ニャ」に近く聞こえもする。ついに土地人も、“出雲の人は猫がなくように言う。”と語ることになるのである。

津軽弁の調査によって、私は、文末訴えア音の存在と効果とに、はっきりと目を見ひらくことができた。

じつは、昭和33年10月の、秋田県仙北郡田沢湖町生保内での一週間調査の時にも、文末訴えア音を聞きとめたのであった。調査記録を見ると、たしかにそれの実例がとらえてある。しかし、当時は、文末訴えア音という考えかたには到達していなかった。（「文末の無意味装飾音アーをよく聞く。」などと記録してある。）ものをはっきりと見さだめたのは、津軽においてであった。それにしても、津軽調査に早く先だって、秋田県下でも、文末訴え音とすべきものをとらえていたのは、調査者として、愉快である。虚心にものを見つめ、すなおにそれをとらえる調査のできていたことをうれしく思う。

え音の顕著なものとされる。

「ア」音や「オ」音は、聞こえの大きい母音である。文末で、このような広母音が用いられるようであるならば、これはいかにも訴えの用に立ちそうである。私は、おもにこの種のものに関して、「文末訴え音」を考えようとしている。

以下には、特に「文末訴え『ア』音」について、一とおりの記述をする。

文末訴え「ア」音

一　文末訴え「ア」音への私の気づき

昭和十年代のいくどかの東北方言調査では、仙台弁などに関して、「シャ」という文末詞があると、単純に考えていた。

○アノッ　シャ。

あのね。

などに見られる「シャ」である。これは全国でもめずらしい、この地方特有の文末詞であった。それにしても、

○モシャ。

もし。

の時はどうなるか。「シャ」を除くとあとは「モ」である。釈然としないまま、――それにしても耳につく「シャ」文末音のいちじるしさのため、総体的には、「シャ」とか「ノッシャ」(「いつきたノッシャ。」)とかを、一定の文末詞としてとりあつかってきたのである。ところで、昭和39年7月なかばの一週間、青森県西津軽郡旧木造町で、いわゆる津軽弁の一部を日々満喫していたさい、

○四月《ゲツ》になればノァー。

というような発音に、毎度、耳を打たれることになった。文表現の表現末で、声を自然のうちに大きく〔a〕に開く発言法、これが、しだいに、土地の方言習慣としてとらえられたのである。その特別な発音の表現効果も、順次、帰納することができた。

○ンダ　オンシ〔ï〕ァー。

だもんねえ。

など、「シャー」と聞こえがちのものもふんだんに出てくるではないか。「シャ」

文末訴え音が、訴えの効果を発揮し、呼びかけの性格を持つことは、通常の文末詞の場合と同様である。感声的文末詞と言われるもののはたらきと、文末訴え音のはたらきとには、よく似たところがある。両者を比較する時、文末訴え音という感声にも、やがて感声的な文末詞になっていく可能性のあることが察知せられる。原理上、感声的文末詞は、文末訴え音――または訴えの感声――の定着せしめられたものと考えることができよう。

文末訴え音としては、第一に「ア」音がある。第二に「オ」音がある。第三に「ン」音がある。その他、「イ」音なども考えられなくはないかもしれないけれども、今はこれらを除外しておく。

「イ」に関して、注しておこう。

○サムイ　ノイ。(寒いね。)

の「ノイ」など、通常の文末詞の、「イ」音を持ったものがある。「ゾイ」「カイ」にしても、同様のものである。これらに見られる「イ」も、もともとは、文末訴え音かもしれない。たとえば、「ノ」を言ってつよく訴える時、これは「ノー」となり、かつ、長音変じて「イ」音ともなる。「イ」は訴えの所産とも見られる。が、「ノイ」「ゾイ」などの場合は、「ノ」「ゾ」と訴えたところで、派生的に、「イ」音を産み出したとも見られるので、このような、文末詞に直属する「イ」音の場合は、これを取り立てて文末訴え音と見ることはしない。「ノイ」は「ノイ」の一体者と見、「ノイ」でつよく訴えるものと見る。「ノイ」「ゾイ」「カイ」、みな、〔―oi〕または〔―ai〕で、「イ」〔i〕は、大きい母音のもとに派生している。「ノイ」なら「ノイ」の、自然の一体形であることが明らかであろう。

×　×　×　×　×

「ノン」「ゾン」「カン」などの、「ン」のきた場合も、「ン」は、大きい母音〔o〕や〔a〕のもとの「ン」で、これの従属音であることは明らかである。したがって今は、「ノン」なら「ノン」を、自然成形の一体者と見る。

「エ」も、「ノエ」「ゾエ」「カエ」など、大きい母音のあとに、従属音として、自然に派生しやすい。そのような場合には、「ゾエ」なら「ゾエ」を、一体のものとして見る。(「ゾ+エ」の「ゾエー」などもあるけれど。)

「ン」に関しては、別に、これを文末訴え音として取り立てなくてはならない場合がある。たとえば、東北方言下での、宮城県地方に多い、

○コッチャ　ゴザイン。(こっちへおいでなさいな。)

などの「ゴザイン」の場合など。文末に微妙な「ン」が添えられると、文表現は俄然、やわらかな、時にとっては上品なものになる。――おやが子を呼びつける時などには、「ゴザイ」としかならないのである。上のような「ン」は、まさに文末訴

文末詞存立のはばは広く、奥ゆきは深い。以上は、私の今日までのしごとを、ほぼ八分どおり整理して得た結果である。私自身、道の遠いのを思う。——整理しようと思えば思うほど、この世界がひろがっていき、深まっていくのを、おどろきの目で注視しているようなしまつである。

以上の「文末詞一覧」が、簡潔すぎて、わかりにくい点もあるだろうことをおそれる。

後日、文末詞に関して、くわしい発表をして、責めをはたしたいと思う。

Ⅲ　文末訴え音について

上の一覧表では保留した「文末訴え音」につき、かんたんな記述を試みたい。

方言の研究において、文末詞に関する研究は精細にしていくのに、いわゆる文末訴え音にも眼を注いでいくのは、はなはだ有意義なことだと考える。なによりも、方言の研究は、音声言語の研究だからである。音声言語としての方言の、活動の機微にせまっていくがためには、その音声言語の音声の現象の微細にわたっても、せまるところがなくてはならない。

文末詞に関連して「文末訴え音」を指摘する方法は、私の、私なりの、言語の現場に即した音素論でもある。音素を、私は、こうして、文字どおりの機能体として受けとる。

「文末訴え音」は、文末詞の作用をする、「詞」以前の「音」である。(——それが、習慣的に発現されるものを言う。) 文末詞を定着形とすれば、文末訴え音は、やや非定着的なもの、やや不安定なものである。(しかし、偶発的なものではない。) 独立性がややよわい。普通の文末詞は独立詞と言ってよいが、文末訴え音は半独立的なものである。文末詞の場合は語形を云々することができるが、文末訴え音の場合は、音形を云々するのがふさわしい。品詞論的には、文末訴え音は、まず準文末詞と言うことができよう。私は、文法論としても、従来の文法学の品詞論のわくを越えて、いわば方言研究にふさわしく、音声的な準文末詞を認めようとする。

方言研究上では、その文法研究の場合にも、音声表現論的な見地が重要視されなくてはならない。

マヅ（ズ）、マンツ、マツ

マー、マ

十三　感動詞系（＝文系）転成文末詞

モシ、ムシ、ムサ

　モ、ム、メ

　シ

ナモシ、ナンシ、ナーシ、ナッシ、ナシ

　ナモ、ナム、ナオ

ニシ、ニセ、イシ

ネンシ、ネーシ、ネシ、ネミ

ノモシ、ノンシ、ノイシ、ノーシ、ノッシ、ノシ

エモシ、エムシ、エモ

オイ、オエ、オヤ

ヨイ

ホイ、ホン、ナムホイ、ナンホイ、ネホイ、ノンホイ、ヤンホー

コラ、コレ、コリ、コロ

ソラ、ソレ、ソリ、ソロ、ソーロ、ソ

ホラ、ホレ、ホリ、ホロ

ハラ、ラ、ハレ

サラ

サー、サーン

セー

アラ、アレ、アイ

ヤラ、ヤレ、ヤイ

ドレ

ハテ

フン

ヘン、ヘ

マ、マン

ハイ

キシャン（「きた《シャ》ない」から？）

九　形容動詞系転成文末詞

イカナ

十　名詞系転成文末詞

コト、コテ

モノ、モン

オン、オ

トコロ、トゴ

マエ

サキ

ヨッゼ

十一　代名詞系転成文末詞

ワレ

ワイ

ワ

バイ、バー、バン

レ

ラ

アンタ、ナンタ、ナタ、ノンタ、ノータ、タンタ、バイタ、バンタ

オマイ、ノマイ

コナ

コレ、ノッケ、ノッキャ

ソ

ナモ

十二　副詞系転成文末詞

ホンニ、ホニ

ハヤ、ハー、ハン、ハ

モー

カラ

ケン、ケ

サカー

バ

ケレド、ケンド、ケド

ドモ

バッテン

クライ

クソ、クサ

ヤラ

ジャ

六　助動詞系転成文末詞

ダ

デァ

ジャ

ナラ

ゲナ

ベ、ペ

七　動詞系転成文末詞

ゴン

コイ

シテ

トモイ、トミー、トモイナハイ、トモインサイ、トモイナサンセ

テバ、デバ

チヤ、チャ

チテー

チコ

チューワ

八　形容詞系転成文末詞

二　ヤ行音文末詞類

ヤ

イ

エ

ヨ

オ（ヲ）

三　サ行音ザ行音文末詞類

サ

セ

ソ

ザ、ザン

ジ

ゼ、ゼン

ズ　ズイ

ゾ、ヅ、ゾイ、ツォイ、ゾン

ド、ドイ

四　「カ」文末詞類

カ、カン、カイ、カエ

ケ

コ

キ

五　助詞系転成文末詞

ノ

ン

ニ

ト、タイ

テ、チ

デ

ガ、ガイ、ゲ

キャノ

ケンノ、ケノ

キノ、キンノ

サカイノ、ハケノ

ハンデノ

ケンドノ、ケンドンノ

ニノ

チャノ

コトノ

ゴデノ

モノノ、モンノ

ムンノ

オノ、オンノ

ワケノ、ワケラノ

ワイノ、ワエノ、ワヨノ

ワノ

バノ

ラノ

注1　以上、「ナ行音文末詞類」について、簡略に一覧表を作ってきた。それにしても、「ノ」なら「ノ」で、さまざまな複合形（「ナノ」「ワイノ」など）をとり集めなくてはならないので、「ノ」属に限って見ても、全体はそうとうに複雑である。

くわしくとりあつかうとなれば、じつは、長音のあるものを区別したのがよい場合が多い。たとえば、上の「ノ」の属の「モノノ」にしても、方言の習慣上、「モノーノ」の言いかたができており、また、「モノノー」の言いかたができている。これらは、おのおの一個独立のものと見たのがよい。

注2　つぎの「ヤ行音文末詞類」からは、簡約を旨として、複合形をいっさいとりあげないことにする。——どのように複合形が出てきがちであるかを、「ナ行音文末詞類」の場合から類推して下さるならば幸である。

ワネ

バイネ、トバイネ、トバネ

ソネ

ソラネ

※　※　※

ノ、ノイ、ノン

ニョ

ナノ

ネノ、ネンノ

ヤノ、ノヤノ、ヤイノ

イノ

エノ、トエノ

ヨノ、ノヨノ、ガヨノ、ヨイノ

サノ、サイノ

ザノ、ザイノ

ゼノ

ゾノ、ゾイノ

ドノ、ドイノ、ドエノ

ジョノ、ジョンノ

カノ、ノカノ、カンノ、カイノ、キャーノ、カエノ、カヨノ

ニノ

トノ、ツノ、タイノ

テノ、テンノ

チェノ

デノ、ヂノ、デンノ

レノ

ガノ、ガイノ、ガエノ、ガヤノ、ガヨノ

ゲノ

カラノ、カルノ

イネ

エネ

ヨネ

サネ

ゼネ

ゾネ、ゾイネ、ズネ、ドネ

カネ、カイネ

ニネ

ノニネ

トネ、トヨネ、トイネ、タイネ、タネ、トカネ

デネ、ヂネ

ガ（カ°）ネ、ガネネ、ガンネ、ガ（カ°）イネ、ガイネン、ガイドネ

カラネ

ケンネ、ケネ

サカネ

クサネ

ベネ

ツネ

チャネ

テバネ

トモイナサンセネ

コテネ

モンネ

モンダネ

モネ

ムンネ

オネ

ワイネ、ワイネン

ライネ

ムンダシナ

オンナ、オナ、オネ

ワイナ、ウェーナ

ワナ、ワナイ

ワヤナ

ワヨナ

ワサナ

バイナ、バイナイ

バナ、バナイ、バナン

バナナ

レナ

ラナ、ライナ

アンタナー

タナ

ナーナ

ソナ、ソヨナ、ソカナ

ハナ

ヘナ

ホイナ、ホレナ

エシナ

※ ※ ※

ニ、ニン

ゾニ

カニ

※ ※ ※

ネ、ネイ、ネン

ナネ

ノネ

ヤネ

ツナ

ダイナ

タイナ

デナ、ヂナ

ガナ、ガンナ、ガイナ、ガエナ、ガヨナ

カラナ、カンナ

ケンナ、ケナ

キナ

サカイニナ、サケナ

ケンドナ、ケドナ

クライナ

クサナ

ベナ、ベオナ、ベイカナ、ベガナ、ベシナ

ペナ

ナラナ

ズラナ

ゲナナ

ヅナ、ヅダナ、ヅモナ

チャナ

トミーナ

ゴンナ

コトナ、コツナ、コッナイ、ゴツナ

ゴッタナ

モノナ、モンナ

モンダナ

モンジャナ

モンヤナ

モナ

ムンナ、ムナ

立状況はどんなふうであるか。これをいちおう明らかにしておきたい。

方言の文末詞であるから、もとより、おのおのに、所在地域、分布がある。が、それを一々注記することはいっさい省略する。また、各文末詞の意義内容を注記することもいっさい省略する。ここではただ、ものがどのように群生しているかを明らかにしておきたいのである。

(ひとまず、「文末訴え音」の類はのぞいておく。——これは、のちの記述題目としたい。)

日本語方言文末詞一覧

一　ナ行音文末詞類

ナ、ナイ、ナイン、ナン

「ナ」の「ナー」、「ナイ」の「ナーイ」「ナイー」「ナーイー」など、長音のあるものを、別に立てることはしない。

「ナイ」の「ナェイ」など、ごく単純な訛形とされるものは、別に立てない。

以下、みな、この要領で、ものをあげていく。

ヤナ、ヤイナ、ヤンナ

イナ

エナ

ヨナ、ヨイナ

サナ

ザンナ

ゼナ

ゾナ、ゾナン、ゾイナ

ジョナ、ジョンナ

ドナ、ドイナ、ドヤナ

カナ、カイナ、ケーナ、カインナ、カエナ、カヨナ

ニナ

ノナ

トナ、トイナ

ことになる。分布図製作は一見単純な共時論的作業のようであるけれども、できた図には、その事象の歴史像がある。（通時態がおのずからそこによこたわっている。通時態を含んだ共時態、歴史的共時態がそこにある。）図は、高次の共時態をものがたっているのである。図上の分布が系脈分布としてとらえられた時、分布図はもはや高次共時論的に解釈されているのである。——図からは、当然、その事象の盛衰・隆替のあとを見ることができる。将来のうごきも、予見することができる。過去を問い、将来を予想することができれば、その事象の、文字どおりの歴史的把握はできあがったのである。これが高次共時論の実質にほかならない。将来、私どもの生活の中で、その文末詞がどのようにうごいていくか（どのようにあつかわれていくか）というようなことについての論究をも、地道に可能ならしめるところには、高次共時論の有力な機動性があると言ってよい。私どもは、高次共時論的な追求態度によって、文末詞を、正しく言語生活上の問題とし、したがってまた、言語教育上の問題とすることができる。

高次共時論の作業は、文末詞について、その過・現・未を問題にする。「一貫するもの」として、過・現・未を問題にするのが高次共時論である。私は、文末詞をとりあげて、これを高次共時論的に討究してきており、ひいては、この見地で、日本語の動態・生態を見ようとしている。

文末詞に関する叙上のような研究を、日本語の文法の記述体系の中に大きく位置せしめるとするか。これによって生ずる文法学体系は、日本語の文法学として、ユニークなものであろう。一種の言いかたをすれば、私どもが文末詞記述を大はばにとりおこなうと、この記述は、従来の日本語文法学から、そうとうにはみ出す。記述が徹底的であるならば、はみだすことも大きかろう。じつは、そうあって、最後的には、独自の文法学が形成されるであろうと思うのである。

Ⅱ　方言文末詞一覧

以上の総論をふまえて、ここに、日本語方言文末詞の一覧表をかかげる。

方言の文末詞には、いったい、どんなものがどのくらいあるか。文末詞の存

かたで、じゅうぶんに大観することができる。展望によって、文末詞の大きな活動法則をとらえることもできよう。

よこの広い見かたのためには、ある程度まで、そこここの個の方言について、たての見かたがなされていなくてはならないことはもちろんである。もろもろの個の方言の、文末詞群の生態論的把握をかなりふまえることができて、その上で、よこの統一的な広い見かたをおこなっていくことができるならば、文末詞のとりあつかいとして、これはほぼ理想的であろう。——私は、このような記述方途をねらっている。

ここでは、しぜん、ある程度まで、複数事象を見ていくことにもなる。問題の主事象のもとで、である。

二つの方向が区別されるけれども、第二の方向による時は、おのずから、二つの方向の連関をはからなくてはならないことになる。

E　記述は、とどのつまり、高次の共時論になっていく。

上に言う第一の方向をとる記述も、要するに、文末詞の生態、文末詞利用の生活の中に、人間存在の歴史を見ようとするものである。歴史的存在としての人間の、言語生活のいとなみの、歴史的な深みを見ようとするものである。(——それゆえ、深く深くと掘りさげる記述の実践を、私どもは、自己にきびしく要求する。) この努力は、高次の共時論への努力にほかならない。

第二の、よこに見ひろげる研究方向を重んじる場合にも、個々の方言での文末詞の相関的事態を、それこれと見あつめつつ、事象をよこに見ひろげていくのであるから、単純な共時論的把握に出発しても、やがてその事象の流動変移・盛衰が把握され、これは事象の歴史的把握となって、共時論は、通時論を含む共時論、すなわち高次の共時論となる。その事象に関して、自律的発展が云々され、発展的動向が論究されれば、その記述は、それこそ歴史的記述の高次共時論になる。

第二の場合を、さらに実践的に説明してみよう。私の場合、文末詞の事象につき、全国に分布を求める。諸地域での事象の相互間には、しぜんに、系統・脈絡——系脈——がたどられる。そこで分布は、系脈分布としてとらえられる

たりないことが明らかになろう。つねに、要素の生きる全体像への注目が重要となる。こうして、内的言語学の記述では、つねに、最低最小単位として文表現体をとりあげていくことが、必須となってくるのである。

D　文末詞記述の大きな方向としては、二つの方向が区別されよう。一つは、一つの方言——という体系的存在について、そこに存するすべての文末詞を、総合的にとりあげていく方向である。いま一つの方向は、一々の文末詞事象ごとに、よこ広く、多方言の事実を見ていく記述方向である。これは、最大限にしごとをひろげれば、日本語の全方言状態——日本語方言共時態——を対象にとることになる。

前者のいきかたには、一方言の諸文末詞の活動の相互関係を活写しうる長所がある。一つの方言、伊予の今治市近在の一方言をとりあげたとするか。ここでは、文末詞は「ナ」を本位とする。「ノ」はあまり言わない。「ネ」もない。ところで古くから「ネヤ」を言う。「ネヤ」が、おもに男の人に用いられていて、これは、ややくだけた気もちをあらわす。ナ行音文末詞の範囲に限ってものを見ても、ここに、「ナ」と「ネヤ」とのふしぎなむすびつきがある。このむすびつきに着目すれば、「ナ」の用法も、「ネヤ」の用法も、まさに相関的に、精叙することができる。伊予の、内海の岩城島の一方言では、ナ行音文末詞で、通常「ノ」をつかい、「ナ」はつかわず、「ネ」もつかわない。しかるにここでも、また古くから「ネヤ」をつかう。この方言では、「ネヤ」が、老女などにもよくつかわれてきた。（若い女性のことばではなかったようである。）あまり品のよいことばではないようである。ともあれ、ここにもまた、「ノ」と「ネヤ」との、ふしぎなつれあい関係がある。これら両者の活動ぶり、その委曲・微妙微細は、二者を精細に見あわせてはじめて、えがきつくすことができるはずである。どこの方言にもせよ、諸種の文末詞は、その方言下で、——その特殊的事情のもとで、共存し共栄する。個々の文末詞の生存・活動の事実は、その共存共栄の中で、用心ぶかく見とらなくてはならないわけである。

後者の行きかた、よこに事象を見ひろげていく行きかたには、事象相互の関係を叙述しにくい難がある。が、当の事象の盛衰興亡のありさまは、この行き

理論の創造を目ざすことができる。

B　文末詞研究は、主として文表現論の立場で遂行されるべきものであろう。単語論的処理としては、文末詞の分類などが問題になる。じっさいの、文末詞の活動をとらえる段になれば、しごとはつねに文表現論的たらざるを得ない。

さきにもふれたが、旧来は、文表現論の不活発、現象を文表現（センテンス）本位にとらえることのよわさ・無さのため、文末詞への注意がよわかった。そこでは、文末詞の重要性は、徹底的には、わかりようがなかったしだいである。文表現に着眼し、その座で文末の特定要素——文末詞——をとらえる時、私どもは、じっさい、文末詞の重要性と、文末研究の重要性とを体験しうる。

こういうところから、逆に、文表現論の立場の重要性も、痛感されてくる。

C　言語の学問を大きく分けて、‘外的言語学’と‘内的言語学’とにするか。文末詞の研究も、外的にこれをおこなっていくことのできる領域が広い。と同時に、内的にこれをおこなっていくべき必要が、当然、大きいとしなくてはならない。文の末の特定詞は、文表現の心の結集するところだからである。

この、文表現の中核（本核）、表現心意昂揚の局所を、えぐりにえぐっていく内面的研究は、今後、いくえにも開拓されなくてはならないことである。

開拓は、かんたんな事例から出発してもよい。たとえば中国地方の幼児が、四国路から来た客の、「ナー」「ナー」を連発する話しことばを聞いて、いかにもふしぎそうな顔をする。客の帰ったあと、ほかならぬその文末詞を、幼児はしきりにつかってみる。問いにも、返事にも、しきりに「ナー」を言う。こういう事実は、まず、文末詞による私どもの生活の、広さ・奥深さを、つよく考えさせてくれよう。その広さについて、奥深さについて、ことを明らかにしていかなくてはならない。また、言語能力のよわい、おさない者が、人の会話に注意するとなると、けっきょく文末詞をとらえる事実を、私どもは、人の発言の様態の特色の端的な受けとりかたとして、正視していかなくてはならない。その正視から、特色の内面に分け入っていくべきである。

言語の内面をたずねていこうとすれば、いよいよ、要素論的な行きかたでは

などの「トコト」は、「コト」を含むものなのかどうなのか。

つぎに副詞系の文末詞といえば、「はや」からきた「ハー」などがある。東北の「ネハ」文末詞では、「ハ」が「ネ」といっしょになっているのが見られる。「ネハ」はこれで、渾然とした一体の文末詞である。

つぎに感動詞系（＝文系）の文末詞といえば、「ホラ」、その転の「ハラ」などがある。

○アユ　ミデ　ミヤイ　ハラー。

　　　　あれを見てお見なさいな。

は、九州、薩摩半島南部の「ハラ」例である。「ソラ」（←─「そら！」）が、「ソーローことば」に誤解されたりもしている。

F　他のものの「文末詞」化は、日本語での、特筆すべき大きな現象である。「文末詞」化は、限りもないほどであると言ってよい。

日本語は、本来、文末詞的なものをかぎりもなく設けていく欲求・性能を持っている。これによって、文末詞を多く産んでいる。が、それは、新生というよりも、大部分、転成である。

転成の事実の中に、いくたの形態省略がある。形態の省略によって、機能の大きな変動がひきおこされ、そこに、新文末詞が安定する。

日本語は、文末詞の転成あるいは新生を以て、不断に、文末詞体系の流動・発展を見せつつあると言ってよかろう。この流動・発展が、ひいては、現代日本語そのものの体系的発展にかかわっていくと思われる。

六　文末詞の記述

A　文末詞の記述には独創性が要求される。文末詞全般が、上述のような特質的なもの、日本語的なものだからである。

外国の言語理論を我に適用して文末詞を説くことは容易でない。外国の言語理論をここに投射して、わが文末詞の意義と活動とをみずから精叙することは、はなはだ有意義である。

さいわい、私どもは、ここに文末詞という特質分子を得て、言語に関する一

○ソージャー。

の言いかたをしているという。「ソージャケン」(そうだから) の言いかたもしているという。

さて、動詞系の文末詞といえば、山陰弁の、

○イカ　コイ。　　<「イカ」は「行かう」>

　　行こうよ。

の「コイ」(←—「来い」) などがある。岡山県下の、

○キョーワ　ネー　トミー。

　　きょうはないよ。

などに見られる「トミー」は、「と思え」からきたもので、今は完全に「文末詞」化している。(同系の「トモイ」「トモインサイ」「トモイナハイ」などは、西半中国に分布している。) 形が特定化してしまうと、機能も、はっきりと、文末詞のそれらしいものになる。

つぎに代名詞系の文末詞といえば、山口弁の、

○アッチ　イテ　カク　ソ。

　　あっちへ行って描くのよ。

○コッチ　オリテ　クル　ソ。

　　こっちへおりておいで。

というような「ソ」がある。「ソ」はもと「それ」で、この「ソ」が、「の」相当の準体助詞としてもよくつかわれる。「ジュークニ　ナッタンガ　オリマス。」(十九歳になったのがおります。) など。こういう用法が一方にあって、他方、「ソ」を文末につかう用法が慣熟しているのである。形も、「それ」からは大きな変化で、「ソ」は完全に「文末詞」化している。東京語などの、

○ヤメル　ノ。　　<制止>

などの「ノ」も文末詞ととられるものであるが、これはもともと助詞の「の」であろう。この「ノ」に等しいものとして、「ソ」ができている。

つぎに名詞系の文末詞といえば、「コト」や「モノ」がある。越前地方の、

○ソヤ　トコト。

　　そうだ。

情の相違ということである。

つぎに、助動詞系の文末詞といえば、さきにあげた「ダ」がある。（P. 39）これの山陰の例を見るなら、因幡方言下の例に、

○モドリョーリマス　ダガ。

帰ってきてますのよ。

のようなのがある。つぎは「ゲナ」である。岡野信子氏の聞き得た、北九州弁の中の「ゲナ」例には、

○ミゴトラス　ゲナ。

みごとだそうですよ。

というのがある。（昭和46年７月のご教示による。）「ミゴトラス」の「ラス」は「ダス」かという。そのような、「です」的なもので言い収めたうえで、「ゲナ」と言っている。「ゲナ」は、文末詞のはたらき相当のはたらきを示すものになっているかと思う。

大橋勝男氏の調査によるのに、東京都下の新島では、

○ウンダ　ジャ。（“産んだ”）

○ヒャクショ　シテモ　ハタラキキレネー　ジャ。

などと言っている。また、八丈島八丈町大賀郷では、

○コガン　イキタロ　ジャ。

“こんなに生きてますじゃ。”

○ウッタ　ジャ。

“売りました。”

○ソーダ　ジャ。

“そうだよ。（「ジャ」は「よ」の意）”

などと言っている。――（上の“共通語訳は、土地の中年女子が訳してくださったもの”と、大橋氏は言われる。）この種の「ジャ」は、助動詞系の文末詞としうるものなのかどうなのか。

外形上、同種としうるものなら、東北津軽から伊豆諸島まで、これがたどられる。ちなみに、国学院大学の野村純一氏のご教示によれば、相模原市域内の二・三の老女たちが、関東人でありながら、返事に、

は、越前中心に聞かれるあの独特の抑揚においてである。越前弁では、たとえば、電話口で、

○ソレデー、アノオー、ウラアー、キノオー、ガッコーエー、イタラー、………。

それで、あの、わしは、きのう、学校へ行ったら、………。

のように言う。（——類似の傾向が、つづいて、若狭・丹後半島突端部にも見られる。）一きり（一話部）ごとに休止が大きく、各話部末は長呼される。「ソレデー」のように。長呼にアクセントの波がつくと、「アノオー」となり、「オー」というものができてしまう。こうなると、休止の効果も大きくなって、ここで文が成立するおもむきである。（「アノオー。」だけなら完全な呼びかけ文である。電話口で、土地っ子はよくこのセンテンスを出している。）話部末の文末化する様相が顕著であろう。このさい、「オー」は、文末詞相当のものにさえなっているのである。上例は、各話部ごとに、話部末で文終止のおもむきを見せて、話部末に、文末詞的なものを見せようとしている。話部の切れ目というものは、こうもなっていくものだと解される。

E　「文末詞」化には、いろいろの自由経路が予想される。が、現実に方言の全国状態から帰納しうる、おもな成立経路となると、助詞系以下、さきにかかげたいくつかのものがとり立てられる。

助詞系のものといえば、

○タチャン　ト。　＜薩摩弁＞

お立ちなさいよ。

の「ト」のようなものがある。この「ト」を、伊予の南部だと、

○ワシャ　シラン　ト。

わたしは知らないよ。

のようにつかう。（方言での用法差は注目すべきことである。九州に広く用いられる「ト」は、他人にものを聞いたりする時などに用い、相手にはたらきかけて用いるようである。伊予の「ト」は、自分のことについて言う時に用いられるようである。方言ごとの、このような用法差は、「文末詞」化の、現地事

B　「文末詞」化すると、当のものは、多少とも感声味をおびるようになる。ものが多少とも感声化する。感声化の方向に立たなくては、ものは、文末詞として安定することができないのでもあろう。

C　文末詞は、実際上、文的性格を持つと、さきに言った。こういう性格に立つものゆえ、これの自由自在な造出も可能なのであろう。「文末詞」化のことも、ぞうさなくおこりうるのだと思われる。

D　対話文の、途中のくぎりめは、文末に、いくらか似たものである。じっさい、そういう話部末が文末にもなる。「オマエワー。」（おまえは！）といったぐあいにである。このようにはたらく話部の話部末にあるものが、しばしば「文末詞」化する。例を北九州弁に見よう。

○………コソは　………。

のような言いかたがある。「コソは」で一話部がまとまる。「コソは」のくぎりのところで、じっさいに、発言上の小休止がある。物理的時間の休止がない場合も、心理的にはたしかに休止が感知される。（——自身の発言の時はたしかに心で小休止を置く。人の発言を聞く時にはここに休止を感得する。）この、休止直前の話部末要素「コソは」が、文末詞相当のものとしてはたらくようになっている。

○アン　クサ。　　＜北九州弁＞

あのね。

など。「コソは」の「クサ」が、「あの」の「アン」に付いている。この「クサ」は、もはや「単純な文末詞」相当のはたらきをしていると見られる。

○バカ　ガー。バカタレ　ガー。

これは、肥前平戸口で聞いた、少年の発言である。少年が、より小さい男の子にむかって、「馬鹿が！」と叱っていた。ここの二文の「ガー」も、もはや文末詞相当のものとして、文末の特定機能を発揮していると見られる。

文中の話部末には、文末化の契機があり、そういう話部末は、みな、文末詞的なものを生成させようとしている。このことが特に興味ぶかく観察されるの

> 達していないので、文の末の重要素——文末詞——をとらえることもよわいのだと思われる。現象をセンテンス本位でとらえることの鞏固な実践が、よく、文末詞の認識と記述とを可能ならしめるであろう。

待遇表現の文末法に役だつ文末詞は、その機能価値に応じて、品等分けすることもできる。俗に言えば、文末詞の多くは、その品位によって、分類することができる。この分類は、文末詞の体系的記述のために重要である。一方、この分類は、文末詞の機能論的研究の一結論として位置づけられるものでもあろう。

品等を、上・中・下、敬・常・卑の三階に見分けることは比較的容易であろう。年層や性別を顧慮して、こまかな分類に到達することは、もはや結論のしごとの一つとされる。ともあれ、待遇品位に関する合理的な分類が要望される。

五 「文末詞」化

A　上述の機能、文末詞の機能は、日本語の「文」構造の最後部に立つ要素としての文末詞のになう機能である。

日本語の「文」では、最後部の要素は、みな、必然的に、それそうとうの収約的機能をになう。このため、文末にくる要素は、一般に、「文末詞」相当のものにもなっていきがちである。

英語の構文のようだと、文末部分の「文末詞」化などは、おこりようがないのではないか。日本語では、文構造上、「文末詞」化が自由におこりうる。

○オラ　シラネー　ダ。

などという言いかたがある。「ダ」はもともと、文末に付く成分であろう。(「ソリャ　ソーダ。」などのように。)そこで、上のように、「シラネー」にも下接する。——「知らない」ことを「ダ」と指し示す。このように言う習慣がつよまって、「オラ　シラネー　ダ。」式の言いかたが慣用のことばづかいになると、人は末尾の「ダ」を、いつとはなく特別のものとして受けとるようになり、このものを遊離の成分と感じるようになる。発言する時にも、ここへ特別の調子をつけたりする。(ここで力を入れたりする。)かくして「ダ」が、文末特定の成分となっていく。「ダ」が「文末詞」化する。

佐藤喜代治氏は、

終助詞は福島県下の方言の丁寧表現のうち、最も単純な、又基本的な文法形態を有し、実際の使用度数も多い。

と言っていられる。(「福島県方言の敬語法」『文化』第二十二巻第四号) 人々が、ただ、終助詞、助詞と述べていられるのは、以上のとおりである。瀬戸口俊治氏は、かつて、薩摩東南部の方言について、

当方言人は、その気持を文末部に表現していると思われる。本来なら述部に示される筈のいわゆる敬語が除かれて、その働きまで文末部にゆだねる形になっている。

と述べられた。(昭和35年1月)

言われている“終助詞”は、文表現の待遇価を収約して、ただちに対人関係を特定的にとりむすぶ。この待遇機能は、だれにも識得されやすいものである。‘対人関係を構成する助詞・助動詞’というような考えのもとでは、文末詞は、ただちにとりあげられなくてはならないものである。

土地っ子、方言人自身も、文末詞の独特の待遇機能に気づいていることが多い。たとえば和歌山県下では、文末詞の「ノシ」を、“特によいことば”としている。

私どもが敬語法を問題にする時も、見かたを展開させて、文末詞の表現までを注意することが、今や必然的課題と言える。(私自身の研究過程も、いわゆる敬語法の研究から文末詞の研究へであった。) 文末詞は、待遇表現法上の重点としてとらえられなくてはならない。

このような文末詞に関しては、そのはたらきを、文末詞法と言うことも可能であろう。文末詞法は、文の現実では、待遇表現(敬卑表現)の文末法と言いかえられる。この文末法を正当にとらえて、方言待遇表現の世界を純粋に記述することにしたい。

私は、方言の純粋記述という考えからも、文末詞を重んじるようになった。

一般には、記述上、文末詞への注意がまだよわい。なぜであろうか。概観するのに、記述はなお一般に単語論的である。文論におよんだとしても、それは単語論の次元においてである。語句をとらえても、単語の延長としてである。センテンス本位の記述は、いまだ発達していない。センテンスのなまのままをとらえることが発

私の年末の方言調査の旅は、文末詞のこういう機能を見ていく旅でもあった。見れば見るほど、文末詞の待遇表現収約力がよくわかってきたのである。

文末詞に複合形があり、たとえば中国山陽地方で、

○アッタ　ワイヤー。

　　あったよ。

など、「ワイヤー」と言う。九州東北部でも、

○ソー　カヤー。

　　そうかい。

など、「カヤー」と言う。このような時は、複合の後接分子「ヤー」の方に、より最後的な待遇機能があるとされる。すなわち、上二例は、いわば「ヤー」的な待遇品位の表現になっているのである。一般に、複合形文末詞のはたらきでは、それの後接の分子が、文待遇表現についての決定的な収約力を示すと言える。この種のことは、私とともに文末詞の研究につとめている多くの人たちも実証している。

文末詞の待遇機能に関しては、近来、諸家も多くこれを説くようになった。“終助詞による敬意の表し方”というような言いかたが、多くなされるようになっている。近畿地方の方言に関しては、西宮一民氏・村内英一氏・巌佐正三氏・井之口有一氏などの発表がある。また、楳垣実氏も、『和歌山方言』1（昭和29年10月）の「紀州ことば(1)」の中で、

> 田舎での敬意の表わし方は、極めて控え目で、それだけ親愛の情のこまやかなものであり、都会のように助動詞などという大層な言葉を持ち出さなくとも、十分に助詞だけで間に合ったと考えられる。

と言っていられる。ついでながら、古典研究者のがわにも、たとえば、稲田定樹氏「源氏物語の文末助詞の待遇性」（『親和国文』第1号、昭和44年3月）などの発表がある。

九州では、早く、上村孝二氏が、

> 総じて旧士族部落では割によく保存されているが平尾部落では敬語法が少い。終助詞などで辛うじて尊卑の区別がある。

と論じられた。（「鹿児島県下の表現語法覚書」『文科報告』第三号）東北で、

見ていかなくてはならないものである。

○ドコイ　イッキョン　ヤー。

○ドコイ　イッキョン　ナー。

○ドコイ　イッキョン　デー。

これらは、讃岐方言の中の例である。第一文は同輩以下または親しい相手への文、第二文はややよいもの、第三文は、第二文と似たりよったりでもあるが、時に、よりやわらかい、やさしい表現でもある。末尾の「ヤー」「ナー」「デー」にくるまでは三者同様であるが、いよいよ最後の文末詞表現になると、おのおのは、さっと色づけられ、おのおの、独自特定の待遇表現文になる。これほどに、文末詞の待遇機能、待遇表現法を収約する機能は大なのである。讃岐地方では、総じて、尊敬の気もちをあらわすための助動詞が少ない。が、こういう中で、有効な文末詞が、ほどよく発達している。文末待遇表現法の要素が適当に発達しているのである。このような事実は、全国の方々に多く認められる。よくしたものである。助動詞による尊敬表現法(——比較的複雑な形態となる)と、文末詞による文末待遇表現法（——文は比較的簡潔なものとなる）とは、こういう点でも、深い相関の関係にあるのである。

○ハヨ　イッキャイ　ヲー。

　　　早くお行きなさいな。

これは薩摩半島からの一例である。「ヲー」がつくと、全体がぐんとよい言いかたになる。わずか「ヲー」だけのことであるけれども、これが無視できない。どころか、これは重要視されなくてはならないのである。はじめてこの地方に来た時、私は、この「ヲー」のふしぎな力が、よくはのみこめなかった。しかし、のちの度の踏査で、私が開聞岳の鳥居を指ざして、あのお宮は？とたずねた時、老翁が、

○ヒラキキジンシャ　ヲー。

　　　ひらきき神社ですよ。

と答えてくれたので、すべては氷解した。文末特定要素の、文表現全局を左右する待遇機能は、このようなわかりやすい事例からして、容易に領得することができる。

待遇表現法とも言うべきものがここにある。この特定の表現法が、文のそこまでの全待遇表現法を収約すると見られるのである。

待遇表現とは、待遇敬卑の表現である。特定化されるセンテンスの表現は、しょせん、待遇敬卑上の表現となる。文末の特定者は、おのずから、このことに深くかかわる。文末詞は文表現の末尾にあって、待遇敬卑の表現に決着をつける。

文末詞の文表現上の機能は、概観して訴えとも持ちかけとも言うことができよう。その訴え・持ちかけの中核をなすものが、待遇敬卑の効果だと考えられる。文末詞に、待遇機能があると言ってよい。

待遇機能とされるべきものゆえ、それはただの感情ではないことがすでに明らかであろう。

以下、実例について、待遇の機能を見ておく。

○ オトーサンモ　イッショニ　イラッシャルンデショー　ネー。　<若い相手に念をおす。>

「オトーサンモ」と言っている。しまいには、「ナ」「ネ」「ノ」の、どんなところにおちつくか。「イラッシャル」となったので、もはや「ノー」とはしにくくなった。「ナ」と「ネ」との微妙なちがいが反射的に考慮されて「ネー」が採られた。「ネ」の待遇機能の尊敬性がかえりみられている。けっきょく、上の文では、特定の待遇表現が「ネー」でほどよく収約されていると言える。

○コッツァ　キ〔ï〕ヘ〔ẹ〕　ジャ。

○コッツァ　キ〔ï〕ヘ〔ẹ〕　デァ。

これらは、北奥での、「こちらへ来なさい。」の二文である。むすびの「ジャ」である方が、よりよい言いかたの文表現なのだという。「キヘ」は「来なさい」に当たり、そこまでは二文同様であるが、最後の文末詞の出かたによって、表現が分かれる。つまり、両者は、待遇表現文として、甲乙二途のものになるのである。「ジャ」「デァ」おのおのは、それぞれの文末にあって、その文の待遇表現を、特定効果のものに収約する。そういえば、さきの「ネ」にしても、たとえば薩摩半島南部内その他では、これが最後にくると、その文はあしざまの待遇表現の文に収約される。――文末詞の待遇機能は、方言ごとに、こまかに

陳述とは、文の叙述を最後的に相手になげかけていくことだとしたい。伝達の効果ということからすれば、その効果の産みかた、産みぐあいからが陳述だとしたい。「知らないよ。」との言いかたがあるとすれば、「よ」までの言いかたは、まず一連の叙述構造である。これを、表現の現場で、

○シラナイ　ヨ。

のように言い、また、

↗
○シラナイ　ヨ。

のように言い、また、

○シラナイ　ヨー。

のように言う。（そのおのおのごとに、表現の効果がちがう。）こうした純粋のパロール化が、陳述である。文表現ごとに個別的である、それこそ一回的な表現の作用が陳述である。——文表現の現場化の現場化が陳述だとされる。

注　音声言語の場合は、陳述が音声化されるけれども、文字言語の場合は、陳述が、無表記のままで表明される。この場合、陳述を表記するためには、有形の叙述表記に、いわゆるゼロ符号をつけなくてはならない。

方言の口ことばでは、文が、文末の声調によって最後的に個別化されるが、その個別化の音声形ごとに、個々の陳述が認められる。

陳述は、叙述を見かえしたところに、文表現極致の作用として認められるものとも言ってよかろう。

文末詞は、叙述構造収約の叙述をする。その叙述の完了する瞬間、一文表現の陳述が実現する。

D　さきに述べた表現の特定化という表現法を、内面的に見る時は、文末詞の文表現上での機能として、文の待遇表現の流れを収約するはたらきが認められる。

対話のセンテンスは、その内実に注目すれば、待遇意識の展開単位と見られる。さきの特定化は、文が早くも待遇表現文になるということであった。文中の個々の部分は、みな待遇表現に関与している。かくして文末の部分——品詞上では文末詞とされるもの——が、文の待遇表現法の最後の頂点に立つ。文末

大である時は、収約機能力も、見た目に、より顕著となってくる。

対話の通常文では、文の表現は、文末詞を最後的契機として成立する。文末詞は、文表現の‘主導権者’になる。文中の助詞の地位は、まったく局部的であるのにすぎない。たとえば、

○コレガ　………。

と言った場合、文中助詞「ガ」はただに「コレ」に付属し、文の一部分で辞としてはたらくばかりで、文表現の全体に大局的に「ガ」がかかわることなどはあり得ない。

○ソリャ　ソーダケド、……。

の「ケド」にしても、「ソリャ　ソーダ」を句として統轄し得ても、文の流れ全体を最後的に統轄することはできない。ところで、

○オレワ　イヤダ　ゾ。

などになると、「ゾ」は「オレワ　イヤダ」の外に立っており、「ゾ」は“文につく”と言いあらわすことができる。「ゾ」を「ヨ」にかえてみてもよい。「ナー」にかえてみてもよい。文末詞一つのはからいで、すっかりちがった文表現ができる。文末詞の、独特の、叙述構造収約の機能が明らかであろう。

このような収約の機能を、しめくくりのはたらきと言ってもよい。そのしめくくりの時、文末詞が、そこまでの文表現のうねり・ゆれを、大きくゆり定める。（文末詞のところで、一ゆり大きくゆれ、そのゆれとともに、それまでの文の流れのゆれが静まる。）しめくくりは、「ゆり定め」である。文末詞ごとに、そのゆり定めかたがちがう。このようなゆり定めが、文表現を文表現として、文字どおり個別化していくのである。（これをパロール化と言ってみる。）

ものが文末に位置をしめるということは、けっして平凡なことではない。文末という地位は、まったく重要な地位である。

ここで、叙述・陳述の語にふれておきたい。文表現上での文末詞もまた叙述分子である。文表現は叙述体にほかならない。文表現の構造のうえに認められるものは、みな、叙述の分子と考えられる。文末詞の文表現上での役わりを、‘伝達の効果’をささえるにあるとする見かたがあったとしても、私は、その伝達の効果を産むことを、なお叙述だと考えていきたいのである。

きょうは暑いね。

という時、「ノー」は、「キョーワ　アツイ」の主述構造の外に立って、上全体をしめくくる。発言に、「キョーワ｜アツイノー。」というようなポーズのとりかたのものがあったとする。このような場合にも、「キョーワ」と「アツイ」とは正対するのであり、その、文法的に緊密な一つづきのもの（音声的には離れていても、その音相の底を縫って、意味のつながり関係を見せるのが文法である。）を承けて、「ノー」がはたらく。「ノー」は、要素として、「キョーワ」に直接する性質のものでもなければ「アツイ」に直接する性質のものでもない。

○アツイ　ノー。

というセンテンスの場合も、「ノー」は、陰在の主部に対応する述部としての「アツイ」、つまり「＜主＞←→アツイ」を承ける。

○キョーワ　ノー。

きょうはね。——まあほんとに、暑いことですわ。　＜共感の表現＞

というセンテンスの場合、すなわち主部だけを「ノー」が承けているかのようなセンテンスの場合も、「ノー」は、「キョーワ」にわけなく接合しているものではなく、「キョーワ←→述」のような気味あいのものに接している。じっさい、「キョーワ　ノー。」では、「ワ」のつぎに、微妙なポーズがある。（明確な時間的ポーズにならなければ心理的なポーズである。）そういうポーズの認められる「キョーワ」の表現は、主部相当形であってももはや「主←→述」的なもの、述部化傾向をおびたものとも受けとられるのである。

このようにして、要するに、文末詞の、文表現形態上での、叙述統一のはたらきが明白である。

さて、

○マー、オメズラシー　ワ。

○マー、オメズラシー　ネー。

○マー、オメズラシー　コト。

などと言う場合、文末詞の叙述構造収約の機能に、じっさいの、力の大小があろうか。文末での、文末詞孤立の程度に、じっさいの大小がないとは言えない。「コト」は「ネー」よりも孤立性が小かもしれない。もし、孤立性がより

ンテンスは、漠然とした対象を相手にしている。いわば非対話性の言語である。それゆえ、直接に相手に訴えかけようとすることばはそこに出てこないのがつねである。

それに対して、口ことばのセンテンスは、いつも目前に特定の相手を持つ。相手がたとえ二人以上であろうとも、それらの相手が、特定の対象とされているのである。対話の文法は、そういう規格のもとに成立している。対話のセンテンスは、まったく、対人的な、対話性に輝くセンテンスとして成立しているのである。そういう、対話のセンテンスの文末に、文末詞が輝く。

「………です。」「………ます。」のようなセンテンスだと、たとえ発言者が受けとり手をよく考えていても、その双方間の距離は、かなり大きいものとなる。ところで、「………です　ネ。」「………ます　ネ。」となると、彼我の距離は俄然、小になる。文末詞のはたらきは、このように、早くも特定の対象を求め、彼我の距離を一挙に小にするのである。このはたらきかけは、まことに卒直簡明なものである。

こういう、特定の対象を求める卒直さに注目して、私は、文末詞は表現をきょくたんに特定化すると言う。

さきに国立国語研究所の『談話語の実態』にふれるところがあった。談話語の73%に文末詞が出ることは、すなわち、談話語が早くも表現を特定化していくものであることを示している。

C　表現の特定化という表現法の中で、文末詞は、叙述構造を収約するはたらきを見せる。

文末詞の文表現上での機能（現場作用）は、文統轄の機能であるが、――その機能の特殊性格を言うのが前条であるが、この文統轄の機能を、表現の外形から見る時、文末詞には、その表現の叙述構造を収約するはたらきが顕著である。

文が「主←→述」の構造である時、文末詞は、その構造の外に立って、一文の収約頂点となる。

○キョーワ　アツイ　ノー。　　＜中国弁＞

3　「複合上、上にしかこないもの、上にきがちなもの、下にしかこないもの、下にきがちなもの、上下のどちらにもくるもの」、といったような見わけかたを、複合形文末詞の吟味に適用してみたい。

D　文末詞分類の動的な体系を得て、文末詞の隆替・推移のありさまが見ていかれるようにしたい。

四　文末詞の機能

A　柳田国男先生は、かつて私に、

自分の思ったことを聞いてくれたかどうかをたしかめるのが、文末詞（藤原言う）のはたらきである。

とも、

自分のことばの印象をたしかめるために、相手の目を見る。その、相手の目を見ることばが文末詞（藤原言う）だ。

とも言われた。この時、先生は、主として単純な感声的文末詞を考えていられたようである。先生は、文末詞を、“ことばとエジャキュレーションとの境のもの”とされ、“ジェスチャーを持った”感声とされた。（この点では、私の別に考えている間投詞も、区別なしに、あわせ見ていられたようでもある。）

「ナ」「ネ」「ノ」などが、文末に位して言語によるコミュニケーションに、決定的なあずかりかたをしていることは、先生の卓抜なご説明によって、きわめて明らかであろう。文末詞の機能に関する簡潔な総論がここにある。

以下に各論を試みよう。

B　文末詞は、文の表現において、文末の特定の機能者となり、表現をきょくたんに特定化する。

書かれた文章のセンテンスは、受けとり手（対象）に対して、きわめて非限定的である。通常、特定の対象をねらってはいず、むしろ不特定の対象に発言しようとしている。——その不特定の対象は、目前に（近くに）いてよしいなくてよしであり、また、単数であっても複数であってもよい。書きことばのセ

ナヤ。」の「ナヤ」は、「ヤ」の所に分属せしめる。「カヨー」は「ヨ」の条下におく。「ナヤ」など、「ナ」に強調があるけれども、訴えの効果は「ヤ」的であると見る。日本語の文法構造上の特性一般の指向するところにしたがい、複合形態については、下方要素の方がけっきょくは重要であると考えるのである。九州弁、阿蘇南麓のことば、

○アー　トーカ　ツネ。

　　ああ、遠いのですか。

の「ツネ」にはアクセントの高音がない。「ツ」も「ネ」もともに低い。こんな場合、単純に、「ネ」に重点があると見ることができる。

複合形文末詞に、文表現でのどのようなアクセントが認められようとも、原則としては、各複合形文末詞を、その末部形式本位に処理する。（――こう考えておいて、どうしてもわりきれないような場合に接したら、その複合形文末詞は、末部本位にとともに、頭部本位にもあつかう。）

一義的整理として、いちおう、以上のように考えた。（――「カイナー」のようなのにしても、「カイ」の呼びかけはさらに「ナー」とまとめられて、全体は、「ナー」本位のものになっていると考えられるのである。複合態の、あとにいくほど、呼びかけ性が盛りあげられている。あとほど重要である。）

複合形文末詞については、その認定と分類処理とを、なお今後もよく考究していかなくてはならない。

後注

1　複合形文末詞に、複合の緊密度の大小がありうる。たとえば「ノ・モシ」の「ノモシ」は、「カ・ナー」の「カナー」よりも、複合の緊密度が大である。このような「ノモシ」は、もはや一体化して、「カ」や「ナー」にも匹敵するものとなっている。四国弁・近畿弁での、「ソー　カナ。」（そうですか。そうなの。）などの「カナ」は、「カ」と「ナ」とのむすびつきのつよいものである。東京語などでは、「カナ」は、「………　カナ。」とつかわれることが普通で、この「カナ」の「カ」と「ナ」とは、ややよわくむすびついている。

2　どういう文末詞とどういう文末詞とが複合しやすいか。そういうことに、方処的差異はないか。

となる。問いなどにつかわれる「カ」を、感声的とも言いかねて区別し、便宜、非感声的文末詞とする。

　感声的文末詞は、

　　　　ナ行音文末詞

　　　　ヤ行音文末詞

などと区分される。

　　　　サ行音文末詞

も、現段階では（共時論的には）、認めてよかろう。「ゾ」「ゼ」などがある。「サ」も、当今の現実の使用上では、まず感声的である。

　転成の文末詞は、

　　助詞系のもの
　　助動詞系のもの
　　動詞系のもの
　　形容詞系のもの
　　形容動詞系のもの
　　名詞系のもの
　　代名詞系のもの
　　副詞系のもの
　　感動詞系（＝文系）のもの

などと下位区分される。

　C　文末詞分類上、困難をきわめるのは、種々の複合形文末詞の処理である。「ナ」に「ヤ」の複合したもの「ナヤ」、このようなのは、感声的なもの同士の複合であるから、感声的文末詞としてよい。それにしても、これを「ナ」の所に属せしめるか「ヤ」の所に属せしめるか。つぎに「ナ」に「アンタ」の契合した「ナンタ」はどこへ分属させるか。「ナ」の所へ置くのには「…ンタ」のひびきが大きすぎる。これは代名詞系転成文末詞の条に収めるか。

　複合形文末詞の処理法として、一つの原則を立てるなら、そのものを、複合形の末部本位にとりあつかうのを以てたてまえとすればよいと思う。「ソージャ

B　文末詞の分類は、言ってみれば、日本語という主体がこの国土上で種々に文末詞の生態を見せている、そのありさまを、体系化して受けとることである。諸種の分類法が考えられるが、けっきょく、それらは、たての分類法とよこの分類法とに二分される。——この二つの方向をどう調和させるかが問題である。

純粋によこの分類法をとろうとすれば、これは共時論的立場と言える。このさい、意味機能に注目して、いわば内容から分類していく方法が一つ考えられる。訴えの度あいとか、訴えの方向（もっぱら対他的とか、やや自己主張的とか）とか、訴えの中味とかが、分類の規準になる。かんたんな分類例としては、

問いの文末詞
答えの文末詞

というようなものをあげることもできよう。

私は、内容からの分類をすっきりとしたものにすることはむずかしいだろうと考えている。すっきりとした、各項の対応関係のきれいなものにしようとすると、いきおい大ぐくりの分類になる。大ぐくりであるのは、そのままでは有効でない。いきおい、下位区分を求める。ことは煩雑になるのである。

私は、形式上の分類の方を重んじる。このさい、共時論的立場と通時論的立場との融合を目ざした見地をとることが実際的だと考えるのである。

はじめに、全文末詞を、つぎの二類とする。

原生的文末詞
転成（転生）文末詞

「原生的」とは、今日もはやすぐには転成を考えることができない類のものを言う。「ナ」や「ヤ」「ヨ」の類である。（文末訴え音も原生的なものである。その微妙な訴え音が、拡大され定着されて、一定的な音相ともなれば、やがてそれは原生的文末詞とされよう。）しかし、どこまでが原生なのか、じつは判断がむずかしい。そういう点からも、原生的と言っておくことが必要である。

原生的文末詞をややゆるやかに広汎に認める。これを下位区分すれば、

感声的文末詞
非感声的文末詞

いない。）私の郷里（瀬戸内海大三島北部）方言では、

〇アシコイ　イキャー　エット　アル　ヤラ。

あそこへ行けば＜何々が＞たくさんあるだろうじゃないの？

〇ダレモ　オリャー　セン　ヤラ。

だれもいはしないわね？

のような言いかたをし、「ヤラ」という文末のことばをつかう。これをつかって、人にやわらかく問いかける。女性的な言いかたである。おもに女性がこの言いかたをし、男の子もまた、時にこの言いかたをする。子どもがこの言いかたをした時は、あどけなく聞こえる。方言のこの「ヤラ」は、起源はともかく、今、特定の文末詞になっている。「ヤラ」の用法に限りがあるけれども、これが、文表現上、古語意識なしに特殊の遊離成分として用いられていることはたしかなのである。

四つには、陰在の文末詞がある。たとえば「あとからクラー。」が「あとから　クル　ワイ。」の約だとすれば、ここには、「ワイ」文末詞が陰在していることになる。

五つには、前にも述べた文末訴え音の類がある。ただしこれは、すでにその名にも明らかなように、文末詞とするには難があるので、本来、文末詞概観の外に置くべきである。ただ、特類文末詞などとしてこの類のものをとり立てる時は、これも問題内の事実とされる。

六つには、多くの新複合形の文末詞がある。「ナモシ」も「ナ」と「モシ」との複合したものであった。文末訴え音も文末詞と複合する。「モシァ」など。（「ァ」が訴え音である。）根っからの文末詞と考えられるものと、転成の文末詞とされるものとの複合が多く、そこにさまざまの新複合形が産みだされている。大分県下の「タナチコ」という文末詞は、「タナ」が「アナタ・ナー」で「チコ」が「ということ」、これなどは、転成文末詞としてもよい「タナ」と、転成文末詞「チコ」との新複合形である。

以上に見るとおりに、文末詞は群生している。これら総体を対象として、分類法を考えることになる。

その表現を相手に的確に、またはつよく訴えようとして、種々に語りかける。その語りかけのことば――文表現的なもの――が成形化されて、種々の新生（――転成）文末詞となる。語りかけは自在無限なので、それに応じて、種々の文末詞が多彩に形成されていくのであろう。

文末詞に転成文末詞の多くできていることからも、私どもは、文末の訴え作用の自在性と、訴えるためにその機能者を産みだす自在さと、それらの文末詞を膠着させる自在さとを知ることができる。

三　文末詞の分類

A　分類法考究のために、文末詞にはどのようなものがあり得ているかを概観する。

一つには、根っからの文末詞と思われるものがある。「ナー」「ヤー」など。

二つには、かんたんな音変化によってできたものがある。「ナー」に対する「ナイ」、「ゾ」に対する「ゾン」など。「～ます」が「ますィ」となって、この「ィ」がやがて文末詞化してもいる。「カイ」が相互同化をおこして「ケー」となり、「ケー」「ケ」という文末詞が成立している。（おもしろいことに、播磨の地方では、一般には〔ai〕＞〔ɛ：〕〔e：〕の音変化をおこさないが、文末詞「ケー」「ケ」はよくつかわれている。）徳島県下などでは、「デョ」から「ジョ」という文末詞をおこしている。

三つには、他品詞から転成＜転生＞してきた文末詞がある。がれがじつは多い。例をあげると、呼びかけ用の特定詞「モシ」が文末詞に転成している。

○サイナラ　モシ。　　＜瀬戸内海、伊予弁＞

　　さようなら。

というようにつかわれている。「モシ」に「ナ」などが冠せられているのは周知のことであろう。（「ナモシ」となったものは、また、さらに音変化をもおこして、「ナンシ」「ナッシ」などとなっている。）「モシ」に省略がおこって、「モ」という文末詞、「シ」という文末詞ができている。――他品詞からの文末詞転成には、なお、その後の諸変化による文末詞生成が伴なう。さて、転成文末詞の特例を一つあげよう。（これには、後の変化による新文末詞はおこって

と言われる。方言での文表現、

○アツイ　ノー。

暑いね。

○ワカッタ　カー。

わかったか？

などについて見ると、「ノー」にたしかに強さのアクセントの力点がある。「カー」にもある。したがって、「ノー」や「カー」は、強さのアクセントの統一を持った断片と認められる。その断片は、すなわち文節である。

このような断片、——アクセントの統一を持つ断片、文表現の「表現そのもの」の次元でくぎりとりうる断片は、私見によれば、スピーチのパートである。話部である。上例の「ノー」や「カー」は、いずれも一個の話部として、文の現実から、その‘切れ目’にしたがって切りわけられる。単独の話部となっている「ノー」や「カー」は、辞ではなくて詞であるとしなくてはならない。(——詞と辞との別は、話部論で決着のつけられるものであろう。) いま一つ、実例をあげる。北関東、栃木県下で、たとえば、

○デンポー　タテテ　オキマスカラ　ネ。

電報を打っておきますからね。

と言う。これの文アクセントはごく平板に流れており、最後に、きわ立たしいアクセント隆起がきている。(この種のことは、栃木・茨城の二県に多く、いわば、これ式の言いかたが、当地方の文アクセントのパターン＜特質傾向＞になっている。) このような「ネ」を見る時、私どもは、ここに、異常なまでの‘強さのアクセントにもとづく統一’体をとらえざるを得ない。「ネ」はまったく、遊離独立の成分と受けとらざるを得ないのである。このような成分を形成する品詞を、私どもは、文末詞と呼んで然るべきである。

E　文末の訴え成分、品詞としての文末詞は、文表現上、その末端に膠着する。

膠着自在というようなものであるがゆえに、このところには、おびただしい転成文末詞が自在に成立し得ているのであろう。文の表現をすると、表現者は、

のような例を見ていると、「ノマイ」や「ナッス」に、くさぐさの思いのこめられているのがわかる。このような思いの表現は、文的表現とも言えそうである。(「ノマイ」や「ナッス」は、縮約されたセンテンスのようなものではないか。）文末詞は、文の現実で、文的性格のものになっていると解されるのである。ここまでくると、英語文で、

○It is very fine to-day, isn't it ?

の「isn't it ?」が、まずは「ネ」と和訳されることに、改めて興味をおぼえる。「isn't it ?」はまさに文的であるが、それに比照される「ネ」も文的とされる。文的性格を認めようとする方向は、ものを助詞と考えようとするのとは反対の方向である。

最後に、亀井孝氏の「強さのアクセント」の説をお借りして、文末成分（品詞上、文末詞と呼びたいもの）の独立性を見、このものには、文末助詞の名よりも文末詞の名の方が適当であることを明らかにしよう。亀井氏は、『概説文語文法』（吉川弘文館、昭和30年）で、

> 一個の文には、そのなかに、さらに小さいいくつかの切れ目がある。一個の文を、切れるだけ多く、**強さのアクセント**にもとづく統一によって切っていってみると、文は、その前後に息の切れ目をもついく組かの断片に分かれる。
>
> 見れば　いと　小《チイ》さき　家《イエ》なり。（堤中納言）
>
> みぎは、
>
> みれば　いと　ちひさき　いへなり
>
> ………
>
> ………
>
> などのように、アクセントの統一をもつ四つの断片に分けられる。

と説いていられる。そうして、

> 力点（藤原注「強さのアクセントの力点」）は、一つの断片においては、ただ一個にかぎる。………。黙読においても、黙読のリズムとして、かようなアクセントは存在する。それによって、黙読においても、例文がみぎのような断片に分けられることは同じである。このような断片を**文節**という。

ない。まさに間投されて文中に浮かぶ成分である。品詞論上、助詞とは言いかねる。間投詞と言うべきものだと思う。これと等しく、文末のも、文末詞と見られるのである。

語——品詞——の次元において見る時は、上の「オマイ」は、体言、代名詞として受けとるべきである。「カー」や「ケー」は、文字どおりの間投詞として受けとられる。これらはもはや、間投詞としてしか受けとりようのないものになっている。(「これ」から離れたものになりきっていて。)

文表現上では、種々の語が、間投成分にもなりうる。文表現上の間投成分＝間投部(間投話部)と、語としての間投詞とは、つねに明確に区別しなくてはならない。

間投成分は、文中、遊離の地位に立ちつつ、そのセンテンス表現に、独特の色あいをつける。——そういう作用、文表現全体にかかわっていく作用を持つ。(「間投」の地位にあり、前後に無縁の地位に立つがゆえに、そのように、全相へかかわっていくのであろう。)たとえば前の安芸弁の場合でも、「カー」が、この一文全体を、おどけた気分の、気がるな、上品でない表現にしている。こうした全的効果とも言えるものが、文末詞の場合には、もっと明瞭である。間投成分について、その全的効果ゆえに、はっきりと、間投詞の独立性が認められるとしたら、文末成分の場合は、もっとかんたんに、文末詞の独立性が認められてよいと思うのである。

一般化して言えば、文末詞と間投詞とは、類同のものであり、文中、相関の地位に立つ。両者は組みあってはたらいて、文の表現の質を微妙に決定する。ではあるが、なお両者に差異もあり、だいたい、文末詞の方が、文表現上、より包括的な役わりを演じている。文末詞の独立性はいよいよ明瞭とされよう。‘表現されることがらに対する話し手の立場の表現’であるものを、独立の要素と認めることは適切である。

文末詞に関しては、また、接続詞の場合とも等しく、その文的性格を言うことができるのではないかと思っている。

○ヌクイ　ノマイ。　　<肥前弁>

　　ぬくいね。

○ンダ　ナッス〔ü〕。　　<東北弁>

　　そうですね。

後藤蔵四郎氏著の『出雲方言考』に、「ね」や「ねい」を「感詞」としていられるのに、旧来、気づかないでいたのは遺憾であった。私は、この先覚の術語「感詞」に、深い賛意を表してやまない。「ネ」など、かな一文字で表記しうるものは、とかく助詞的に見すごされがちかもしれないけれど、「ネ」に「ワ」もよそえて考えてみていただきたい。「ワ」はもと「わたし」、その「ワ」にはすぐ「ナタ」(ナーあなた)などがならぶ。並列されるもののかずかずを見あつめ、おのおのの中味を考究する時、「ネ」「ワ」「ナタ」などは、特定の表現効果をかもす文末特定の機能者として、等しく重要視され、みなみな、独立詞と見られてくるのである。

つぎには、さきにもふれるところのあった間投成分との比較から、文末のが文末詞であることを認めることにしたい。旧来、間投助詞と言われているものがある。その指摘はややまちまちであるが、ここには、純粋に文中に間投されるもの、一文中の中間要素をそれと見ることにしたい。たとえば、安芸方言下の、

○コンナー　カー　イカン　ノカー。

　　　おまえは、ええ、行かないのか?

の「カー」のようなものである。(もともと、「これ」か。)また、備前地方などの、

○キョーワ　ケー　オエン　トミーノー。

　　　きょうは、ええと、どうもうまくいかないなあ。

の「ケー」のようなものである。(これも「これ」からきている。)東京弁の、

○ダッテ　オマイ　ダメナンダ　モノ。

の「オマイ」も間投成分になっている。代名詞が、種々に間投成分になっているのが注目される。それはともかく、一文中に、まさに間投されるものがあることは、明らかな事実である。これらを、旧来、間投助詞と呼んできた。はたして助詞であろうか。現に、上例の「オマイ」などは、とり出してみれば、いまだなまなましい代名詞でもある。

「オマイ」にせよ、「ケー」「カー」(このような、形の変じた、助詞らしいもの)にせよ、現に、文中では、遊離独立(分立)している。前後にかかわりが

のである。文語感動助詞とされるものの、この種のとりあつかいについては、改めて論究しなくてはならない。「……あらめヤモ。」の「ヤモ」などについてもである。それらは別のこととして、今、一つの所見を申し述べるとすると、活用上の制限を受けているものなら、それを、ただちには文末詞（感動助詞）とはしないのがよいのだと思う。承接の約束がつよければ、助動詞の線でそのものを考えるのがよくはないか。すくなくとも、現代口語では、私はつぎのように考えたい。文末詞というもの（独立詞――この特異な孤立的機能者）を受けとる時は、それの前に位置する活用系列とは無関係にそのものが受けとられる時にだけ、そのものを文末詞として受けとるようにしたい、と。

文末詞の独立性を示すものとして、時枝博士の入子型の図式は、有意義である。博士によれば、「梅の花が咲いたよ。」は、つぎのように表示される。

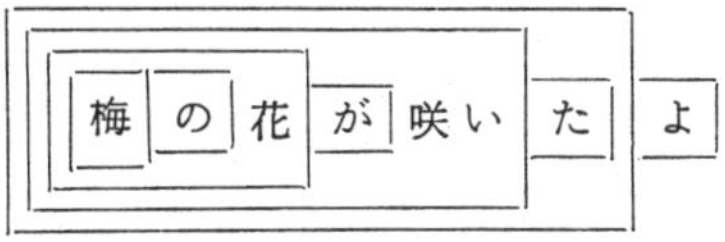

「よ」はじつに、上の全体をしめくくる地位に立つことが、あざやかに表示されている。（私は従来、この最後的地位を、収約的頂点と称してきた。）時枝博士は、この「よ」を、辞の一種の助詞、“感動をあらわす助詞”としていられる。辞というあつかいにはなっているが、上図のごとくであるとすると、「よ」が独立的・孤立的であることは明確である。（形式上の独立のだいじさも、ここに明らかなのである。）私は、時枝博士の図式法をお借りして、つぎのような図示をしてみたい。

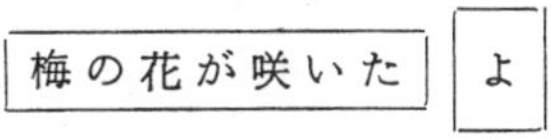

「梅の花が咲いた」をどう図示するかは、上の区分図示を実施しての後のことである。

時に人が、私の「文末詞」という考えかたに近いものを表明していられる。宮地裕氏の「文末助辞と質問の昇調」（国立国語研究所論集『ことばの研究』第１集）に、それを見る。また、亀井孝氏は、かつて私が「文末助詞」の名を以てことを説明していたら、その内容に賛成してくれるとともに、“あなたは便宜的に助辞と言ったけれど”と、むしろ私の考えかたをむちうってくれられた。

（『日本文法　口語篇』岩波書店、昭和25年）

と言われる。形式的には、接続詞という辞が独立すると見ていられる。このように、独立する辞という考えかたをとるなら、文末詞もまた文末辞、文末助詞としてもよかろう。しかし、「独立する辞」という考えかたは、私には、穏当でないと思われる。私見によれば、接続詞は、上に対する受動的な地位に立つとともに、下に対する能動の地位に立つ。（——文表現が、その冒頭の接続詞によって導かれる。）このような大きいはたらきの接続詞は、辞的性格よりもむしろ文的性格を有すると考えられるのである。接続詞でなくて、「ショーチイタシマシタ。」というようなセンテンスではじまる、

〇ショーチイタシマシタ。ヒトツ　ヤッテミマショー。

のような言いかたの場合、この「ショーチイタシマシタ。」も、明らかに“先行する思想の表現”を受けているが、これを辞とするには、ものがあまりにも明白な独立文である。この文に代えて、「ジャー」（では）などという接続詞を置いて、

〇ジャー、ヒトツ　ヤッテ　ミマショー。

と言ってみたい。接続詞の詞性と文的性格とは明らかだと考えるのである。一文内の構造を説明するのに、その文の外のものを基盤にとって、それに依拠する説明を立てるのは正当であるまい。センテンスという形態を認めた以上は、センテンス構造は、その内部分子の相関として説明せられなくてはならない。接続詞が、“形式的に”、独立していると見られるなら、そのことが、じつはだいじである。形式上の独立が明瞭なら、もはやそのものは、詞と——単語論上では——されてよい。けっきょく、独立する辞は、独立する詞とされる。それゆえ、独立する文末助詞は、文末詞とされるのである。

文末詞は、文末に独立する独立詞である。文末にあって、これは、前者からの活用関係などは絶して、孤立的地位に立つ。文末の訴え成分、文末詞を、何活用形を受けるなどと分類することは無意義だと私は考えるのである。この点で、一つ、問題になるのは、文語の「バヤ」などである。「バヤ」は感動助詞としてとりあつかわれており、しかもこれは、未然形を受けるものとされている。つまり、活用上の制約下にあるものとして、「バヤ」は受けとられている

文法教科書類も、これらをそうあつかっている。「テバ」「タラ」は、もともと「と言えば」「と言ったら」である。起原に即応するかぎり、「テバ」「タラ」は、表現内容の多い、複雑な言いかたであることがわかる。そういうものが、今や転じて、文末で特定の機能者になっている。この特定物は、助詞と呼ぶとするなら、いったいどんな助詞か。

○ダッテ　シラナインデス　モノ。

の「モノ」、

○マー　オミゴトデス　コト。

の「コト」などにしても、これらの様相と独特のはたらきを見るかぎり、終助詞とは言いかねる。

○アツイ　ナモシ。　　＜伊予弁＞

　　暑いですねえ。

などの「ナモシ」を見ても、これには、助詞以上のものがすぐに看取されよう。

徳島県下南部で、かつて、学校の教師の、「ナモシ」は敬語だと言うのを聞いた。その人がこう言ったのは、語意識上、「ナモシ」を独立の一語としてとらえていたからであろう。「ナモシ」は、「敬意」内容を有する独立の一単体である。

文末にはたらく特定の形成物の諸相を見ていく時、これらのためには、よくその地位と性能とを被うにたる総括名、包括力の大きい名称がつけられなくてはならないことがわかるのである。

注　動詞の命令形「オキー」に対応する「オキヨ」「オキロ」の言いかたの、「ヨ」「ロ」は、今の「文末詞」の論定のさい、別あつかいとすべきものであることを、ここに注しておく。「オキロ」は、これ全体で一命令形としてあつかう。同様にして、「オキヨ」も命令形とする。転じては、「オキルナ」の類も、このままを、禁止形という一活用形と見る。

時枝誠記博士は、接続詞を辞とせられる。そうして、

接続詞と云はれるものは、形式上、それだけで独立して詞を伴はない。これは一見、辞としての原則に反してゐるやうに見えるのであるが、それは形式的にさうなのであって、意味的に見るならば、接続詞も、必ず、それに先行する思想の表現を予想しなければ成立しないことは明かである。

分析で、最初にとり分けられるのが「カ」「ネ」のようなものである。この文末特定の形成物は、文末の助詞と見るべきではなく、文末詞と見ることが適切である。

はじめ、私は、これを文末助詞と呼んだ。その理由については、旧著『日本語方言文法の研究』に述べたところにゆずって、ここでは再説しない。もともと、山田孝雄先生の終助詞・間投助詞のお説に依拠し、そこを出発点として、文末助詞という総合名を立てるにいたった。

今は、終助詞・間投助詞を合わせて終助詞と言うことが、かなりおこなわれていようか。この場合、私としては、「終」の助詞と見ることに難をおぼえる。だいじなのは、「終わる」「終わり」ということよりも「文の末」ということだからである。一（「終」に「文末」のにおいはいくらかあるけれども。）「文の末」に位置する特定の機能者を、「文末何々」という名称でとらえることにしたい。

いったい、多くの助詞を見て、これらを、文中助詞と文末助詞とに、最初、大きく区別しなかったのは手ぬかりだった。文中のものと文末のものとでは、そのはたらき・性格が、いちじるしくちがう。（文中のものにも、間投助詞と言われがちの間投詞があるが、これは別格であって、性格上、文末詞に近いものとされる。）このちがいを見ていき、文末のものの存立状態を吟味していけば、やがてこれを独立詞としてとらえることになる。

文末詞、旧名によれば文末助詞を、孤立助詞としてとらえられたのは安田喜代門氏である。（『国語法概説』中興館、昭和３年）私はかつて、この名に共感を禁じ得なかった。が、考えてみると、どこに対して孤立するのかが、この名では明らかでない。孤立のしかたが示されなくてはならないのだった。「文末孤立助詞」とでも言われればよかったのである。文末に孤立する助詞は、すなわち文末詞と言ってよいものであろう。孤立の事実、様相を解釈すれば、もはや私どもは、助詞概念の中にとどまってはいられないのである。

文末詞とすべき事由を、つぎに、かんたんな事例からとらえてみる。東京語などでは、かねて、

○ハヤク　オシナサイッ　テバ。

○ハヤク　シロッ　タラ。

などの「テバ」「タラ」が、“終助詞”とか“感動助詞”とかとされていよう。

の現実の会話文表現のことを聞くにつけても、私どもは、会話のキー・ポイントとなる文末詞の特別のだいじさを思わないではいられない。

> 聾唖の人たちに、どのようにして、会話上の文末詞を会得させるか。これはまた、私には、むずかしい問題である。

同時に、文末詞が、独立性のつよい成分であることも、ここでよくわかるのである。

文末詞は、文の末の詞である。これが出てくることはすなわち文の終止を意味する。だから、さきの東京語などの「アノ　ヨー。何々して　ヨー。」などの場合も、私は、「ヨー」のところで「。」印をつける。

○アノ　ヨー、何々して　ヨー。

○きのう　サ、どこどこに　行って　サ、　………。

などのようにはしない。呼びかけことばの特定のものが出るたびに、文の表現はしめくくられると見る。

D　文末の特定の訴え成分、——品詞論上では文末詞と呼ばれるべきものについて、「文末詞」の呼称が適当であることにふれよう。

すでに述べた、地方人の弁別からしても、また、英語のセンテンス表現の場合との比較からしても、文末の訴え成分、特定の形成物、「ネ」などが、独立性のつよいものであることは明らかである。遊離性がつよいと言ってもよい。「ワカリマシタ　カ。」など、「カ」がいかに遊離独立的であることか。「ワカリマシタ」と人が言うのを聞くうちは、先方自身のことかと思っていると、おわりにその人が「カ」と言う。とたんにことばの全体がこちら（聞き手）にかかってくる。そうだったのか、こちらへの問いだったのかといったぐあいである。そのような、表現転換のようなものさえも感ぜしめる文末の「カ」、これはまったく独立性のつよい要素である。

文の成分——直接的要素——を分別する時は、「ワカリマシタカ。」であると、まずこれを、「ワカリマシタ」と「カ」とに分別しなくてはならない。「マイニチアツイコトデスネ。」であれば、これをまず、「マイニチ　アツイ　コトデス」と「ネ」とに分別しなくてはならない。文の分析、——文表現の次元での

C　特定の訴え成分、文末詞と呼ばれるべき形成物について考えてみる。

不分明な文末訴え成分、文末訴え音のようなものから、分明な文末訴え成分へと、ものをたどってくると、人はだれしも、特定の形成物、文末詞の類の、語態・形態のおもしろさに想到するであろう。そして、方言の生活に注意する人なら、この種のものに目を見はらないではいないはずである。

人は、この特異なものを見すごすことができないし、これの独特のはたらきを、過少評価することができない。

東京都下を旅すると、たとえば若者たちが、「アノ　ヨー。何々して　ヨー。」と、しきりに「ヨー」の言いかたをかさねかけているのを、だれしも聞くことができるであろう。よくもあのように、一つの「ヨー」を連続的につかえたものである。と同時に思うことであるが、かれらから急に「ヨー」をとりのぞいたら、かれらの言語表現の生活はいったいどうなるであろう。まことに、だいじそのものの「ヨー」である。――人々の言語生活を可能ならしめている「ヨー」、その人たちの言語表現の生活のきめ手となっている「ヨー」である。この若者たちのことばの研究となったら、いやおうなしに、まず「ヨー」の追求におもむかなくてはならないであろう。方言研究は、一般に、まず、文末成分、特定の文末詞の研究におもむいて当然である。

文末詞の特別の重要性を、なお卑近な事実に徴して考えてみよう。地方人たちは、たとえばとなり島のことばをさして、“あそこでは「ノー」「ノー」と言う。”“「ノーノー」ことばをつかう。”などと言う。その地の方言生活の全体を、端的に、文末詞で描きとっているのである。方言人の素朴な観察に、まず、はいってくるものが文末詞だとみえる。文末詞がいかに代表的なものであるかが知られよう。

つぎに、一つの特殊な場合によって、文末詞の特別な重要性を見たい。ことばに不幸な人、聾唖の子どもたちの作文では、普通の人のようには、「会話文」が書けていないという。――みな、地の文なみに、「です」「ます」どまりになってしまっているそうである。それは、残念ながら、みずみずしい会話生活をしていないからであろう。それゆえまた、生き生きとした会話のセンテンスを文末詞でむすんで相手に訴えることをしていないからであろう。不幸な人たち

早くお行きなさいよ。

と、女性がなよやかに言う。「マーシー」は「～　マッシャイ」の転と思われるが、このさいの「マーシー」の言いかたでは、「シャイ」を「シー」にしたところに、特定の訴え効果が認められる。ことに、「シー」と、そこに上がり調子の文末の声調も加わっているので、「シー」は一見、文末詞ふうのものにすらなっているのである。このような場合の「シャイ」＞「シー」にも、文末訴え音の創製があると見られないことはない。「ネ」「ナ」などの場合でも、現実には「ネー」「ナー」と、長呼してこれらを用いることがよくおこなわれるが、長呼そのことも、文末での訴え法と見られる。訴え音としての長呼形式も認めることができよう。

音による、訴えの心理の表現は、種々の場合に見られる。東京語などでの、

○イラッシャイマシ。

の言いかた、「マセ」を「マシ」としているところにも、〔e〕＞〔i〕の転化で、相手への当たりのやわらかさ、つまり訴えのよさ・おだやかさをはかろうとしているおもむきがうかがわれる。

さて、三つに、文末の訴え成分として、特定の形成物がある。まえまえから、文末詞という特称を用いて指摘してきたものがこれである。日本語では、文末の訴え成分として、特に、さきに語形と言った形成物が産み出されている。

この形成物は、ただの音形ではなくて、カナ文字で容易に表記できるものである。言主の意識に、文末での訴えの気もちがはっきりとしてくると、ただの音形にはとどまらない、はっきりとした形のものがそこにうち出される。たとえば、「ワシワ　シラン　ゾー。」の「ゾー」のように。

このような形成物には、その起原・材質はともかく、短形のものもあれば長形のものもある。

文末の訴え成分によって、文の表現を相手に投げかけ訴えかけるのを訴え法と言えば、特定の形成物を以てする訴え法こそは、訴え法の本格的なものと言える。この種の訴え法によって、微妙複雑な訴えかたが種々に表現される。

文末の声調の役わりは大きい。もっとも、文表現の待遇価を定めるという点では、文末の声調そのものは、他の文末特定成分ほどに有力ではない。待遇価の明細を示す力が比較的よわいとされるかと思う。しかし、文の表現を、なんらかのはっきりとしたものにまとめる力は、これにじゅうぶん認めらるる。

上例の「ネハ」は、形態上、なかんずく明らかな文末訴え成分とされる。この種のものは、品詞論上、文末詞と見られるものである。上例では、この特定の訴え成分に、なお、文末訴え成分、文末の声調がかぶさっている。英語やフランス語などでは、日本語での文末詞のようなものがない。それらの言語では、文末の声調が、文末の訴え成分として、大きな役わりを演じているであろう。そういう場合だと、文末の声調の抑揚ぶりは、比較的単純なのではないか。文末詞を備えている日本語では、その文末詞のところで、文末声調の抑揚を、大きく波だたせることができる。

さて、文末の訴え成分として、二つには、文末の訴え音がある。出雲地方で、たとえば、

○カミ〔ï〕ー　アゲマシ〔ï〕タ　カイネァ。

紙をあげましたかねえ。　＜中年の女性が、中年の男性に問う。＞

と言う。「ネー」と訴える時に、発音が「ネァ」となる。つまり、「ネ」の〔e〕または〔ε〕の音に、小さな〔$_{a}$〕をつけて〔nε$_{a}$〕などと発言するのである。本来は「ネ」ことばをつかっているのであるけれども、じっさいの発音は、装飾音〔$_{a}$〕を伴なった言いかたになっている。出雲弁では、このような発言法が一般のつよい習慣になっている。ここに見られる〔$_{a}$〕のようなものを、私は文末訴え音と言う。方言の中に習慣的なこの種の文末音が認められる時に、私はこれを一個の文末訴え成分と見ている。

文末訴え音は、微妙な音形として把捉されるもので、通常の文末詞の、語形と見られて独立的であるのにくらべれば、半独立的なものである。けれども、これはこれなりに一定の訴えの効果を発揮するものなので、方言研究の精細をたっとぶ立場から、私はこれをたいせつにとりあつかう。

能登弁では、

○ハヨ　イクマーシー。

五号＜昭和41年11月＞の「近代口語文の文末辞法の展開史論」による。)「である」「であります」「です」「でございます」などを文末辞法としてとりあげていられる。今、私は、このような文末辞法とは区別して、文末の訴え成分をとりあげようとする。言いかえれば、文末辞法の先に、文末の訴え成分を認めようとするのである。

B　文末の訴え成分の諸相を見る。

一つには、文末の声調がある。さきにあげた「オバンデ　ガスー。」の「スー」に見られるようなものである。これは上げ調子、上がり調子である。このほかの調子であってもよい。

> 単純な文末の声調は、いわゆる文末辞法の先に結晶している成分と見るのには、やや困難な点のあるものである。しかし、文末辞法の形成のあとに、文末の声調は、抑揚面として張りめぐらされるものなので、けっきょく、文末の声調もまた、文末辞法の先のものと解することができる。

文末の調子の上げ下げは、その場その場の任意の表現で、これは追求しても無意味である、とするむきがあろうか。私は無意味ではないと思う。方言の世界には、上げ下げの方言的習慣のきわだたしいことがすくなくない。この習慣の追求は有意義である。東北弁での、

○…………　ネハ。

　　…………ねえ。

というのなど、これは、「ネハ」と、かならず下げ調子になる。下げるのが習慣である。近畿弁でも、

○モー　アカン。

　　もうだめだ。

と、「アカン」は、高い平調でおわるのがつねで、「アカン」などとはならない。そうした方言習慣に、方言の情調が宿る。

文末の声調にパターンを見ることは可能であり、このような観察をゆるす文末の声調が、文末の一つの訴え成分として重視される。文末の声調は、文表現の全相をよくしめくくるものと見られるのである。

「ラ」は、「それならそれでいいですョ。」の「ョ」に当たる。

などとあった。

以上、諸言語の場合を見てきた。これを要するに、日本語での文末訴え法は、まったく特質的なものであると言える。構造を異にする言語の中にも、文末訴え法に近い様相のものがあったりして、ことにドイツ語での「ネー。」など、わが「ネ」と似よりの音声を発して、訴えの言語心理の一般性を思わせたりもしているけれども、純粋の文末訴え法となると、これはぬきんでて日本語のものであることが明らかなのである。

かつてドイツ語学者とこの点について話しあうことがあった。その人は、"日本語の文法上の特色として、この点を強調して欲しい。"と言われた。国立国語研究所報告8の『談話語の実態』(昭和30年3月)によると、私どもの日常談話文では、じつにその73%に、文末特定要素と言うべきものをつかっているという。幼児も、いち早くこれをまねて、法外にまでこれをつかっているありさまである。——私の幼孫も、ひとりごとを言うのに、

○ヒトリ　ハク　ノ。ヒトリ　ネ。

　　ひとりで履くの。ひとりね。

と言っていた。第二文はほとんど「ひとりで。」というのに近いものだったが、ことばはしぜんに「ヒトリ　ネ。」となっていたのである。この下げ調子には特に注意していただきたい。

F　日本語での、文末での訴え法——そこでの特定訴え要素の生成・流行は、日本語本来の欲求によるものである。日本語自体の表現欲求によることである。

二　文末の訴え成分

A　文末の訴え要素を、文(文表現)の成分としてとりあげる。

訴え要素を、文表現上の直接要素と見た時、これは、文表現の一成分としてとりあげられる。訴え法ごとに、文末の訴え成分がある。

山本正秀氏に「文末辞法」ということばがある。(東京大学『国語研究室』

の必然性が顕著だったので、あたかも、「ネ。」が前文をひき包むものとされているかのように思われたのである。つまり、「ネー」の文末要素的なおもむきがくみとられもしたのである。

スペイン語でも、“「ネ (ne)」を 最後によくつかう。” と、さきに記した私の知友の植物学者は言う。“「ネ」は念おしのことばである。単語を並べて、最後に「ネ」を言えば、センテンスとしてのひきしめが利く。” と 彼は言う。まるで日本語についての説明のようである。これからしても、日本語とは語族を異にするスペイン語などにおいても、なにがしかの訴えことばはあることが了解される。ただそれが、どの程度に文末成分的であるかが問題である。

シナ語の場合、

○吃飯了麼。

ごはんをたべましたか。

などの「麼」は、明らかに 文末の 成分である。——文末詞と 言うことができる。それにしても、シナ語では、文末詞ふうのものが多彩にできているようではない。この点、日本語の場合とは大いにちがう。やはり、日本語とシナ語との語序のちがいが、ここに大きく作用しているのであろう。——日本語の豊富多彩な文末詞は、日本語特有の文構造のもとでのものと思われる。

朝鮮語は日本語と、語序をほとんど等しくするのか。であっても、文末詞ふうのものは、現代朝鮮語では、「カ」などがあるのにすぎないかのように、かつて私は本国人から教わった。関本至教授のご教示によると、なおいくらかのものが見られはする。が、多くはないらしい。朝鮮語にくらべても、日本語での文末詞の繁栄は、特異なこととしうるようである。

インドシナ語はどのような語序の言語なのであろうか。それはともかく、かつて旅行者談の新聞に出たのには、

上げ調子と下げ調子とは日本語の場合と同じである。上げ調子で問いかけになる。

「カ」「ヤ」「ラ」の文末特定要素（藤原言う）がある。

「カ」は日本語の「カ」に同じである。

「ヤ」は日本語の「ネ」に当たる。

すれば、これは、日本語のがわから言っても、まことに注目に価するものである。

つぎに、ハワイ英語の例をあげよう。神鳥武彦氏の現地でとらえられた事例に、

You just arrired, da tonari country, yah!

You go Haore movie tonight, yah?

などのことばづかい、文表現がある。（昭和42年10月、広島大学国語国文学会での、氏の講演発表、「ハワイの日本語生活」による。）このような「, yah」の言いかたは、どんな事情で生じたものか、私にはわからないが、ともかく、英文の言いかたとして、上記のようなものが成り立っていることは事実にちがいないから、これをこのまま受けとると、ここにも、文末特定要素かのような、しかも感声的な「yah」が認められることになる。この「yah」は、さきのアイルランド人の英文での「mun」以上に感声的なものかもしれない。それにしても、ここにも「,」のまえおきがあるので、やはり、「yah」が徹底的に日本語の「ネ」などと同じものであるとは見られないであろう。

しかしながら、教科書英語のそとには、存外、日本語の文末特定要素にいくらか通うものもあるらしいことが、以上によってうかがわれる。文構造上の相違はともかく、文を表現して、最後に訴えの気もちをつよく表示しようとする心理は、彼我共通なのであろう。

ドイツ語の会話の世界にも、日本語の「ネ」のようなものが、単発的にではあるけれども、発言されるのを、私はかって興味ぶかく聞いた。やはり、センテンスの構造にはかかわりなく、訴えことばは、諸言語で、いろいろに創作されているのか。六年まえにマールブルクに宿った時のことである。下宿の主婦、60才台の人は、私どもに何かを話しかけては、「ネー。」と言うのであった。それはたしかに、私どもへの話しかけ・呼びかけであった。もちろんこの老女は日本語をすこしも知らないのだ。だが、それでいて、日本語流の「ネ」を発言していたのである。ただし、「きょうは寒いネ。」式に、「ネ」をすぐ前につづけることはたえてなかった。ものを一きり言っては、一呼吸いれて、「ネー。」と言うのがつねだったのである。そうではあっても、「ネー。」と前文との連関

りにも特徴的なものなので、幼児にすらも、さっそくにこれがとらえられるのであろう。

文末特定要素「ネ」の類は、日本語に特有のものであり、日本語の文法構造ゆえの特質的なものとされるが、現代英語にも、これにやや類したものが、出現しなくはないらしい。そのことを、ここにつけ加えておかなくてはならない。草島時介氏の『なんでも試そう』(オリオン社昭和39年)には、その27頁に、アイルランド人の「マン」(mun)のことが書いてある。

青年が言うには、アイルランドでは、これ(藤原注「is it not?」)が平気で通っているのだという。(藤原注「You are going there, is it not?」)

さらに彼らの会話の中で、「マン」という語が、話の終りにつくことを知った。特に、目を丸くして、何かを述べ、その後に軽く「マン」という。おかしなことを言うもんだと、これもきいて見た。

「そのマンという尻上りの言葉は何です」青年たちは、きもちが幾分感動した時に、話の後へ、軽くつけるのだと言っていた。例えば、I've only just arrived, mun!(僕は、たった今、来た所なんだよ)といった具合に使うんだそうだ。きっと純粋のロンドナーなら、

Oh, I've only just arrived.

というところで、アイルランド人はこう言うのだろう。

このようだと、文末の「マン」(mun)は、日本語での文末特定要素に該当しょうか。アイルランド人がつかう英語なので、特別のこともおこり得ているかもしれない。それにしても、「mun」などという、一種の感声的なものを文末に付加するのは、わが文末での訴え法とよく似ている。“きもちが幾分感動した時に、話の後へ、軽くつけるのだと言っていた。”とすれば、「mun」は、いよいよ以て文末詞的である。文構造は、上の例文に見られるように明らかに日本語のとはちがうのに、文末特定要素の生成ということで、このように、日本語でのと似たようなことがあり得ているのは一つのふしぎである。あるいは、草島氏が「, mun」と表記していられるごとくに、「mun」はやや独立的に発言されるのだろうか。そうだとすれば、これは「is it not?」相当の地位に立つものということになる。「,」のいらない発言状態の「mun」がおこなわれると

ちがいであることか。日本語では、文構造上、文末要素のこのような付着が可能なのである。助動詞は、一定の活用形によって、一定の承接約束のもとに、前方の動詞または助動詞に接着する。みずからはたとえ不変化助動詞であろうとも、前者への接続には、一定の接着のきまりがあって、前後関係は特定的である。だのに文末の「ネ」などの特定要素が付着する場合は、前者とのつながりに何の約束もない、ただの膠着である。接着に対する膠着であって、膠着の直前には一つの境めがある。日本語の文構造では、このように、文末特定要素の最後的な自在膠着が可能であるがゆえに、ここに、文末特定成分の繁栄を見ることができるようになった。

卑近な事例をついでにあげる。英語国民は、日本に在留して日本語に耳をかたむけはじめると、やがて文末の“現異な”「ネ」の類に注目する。これが、いかにも、英語の文表現の習慣にはないものだからである。彼らは、自国語との比較のもとで、この異様な分子をすぐにとらえる。しかも、彼らが日本を旅行してみると、東京での「ネー」は大阪で「ナー」となっており、広島では「ノー」となっている。ますますおもしろいというわけである。英語と日本語との構造上の大きなちがいを、彼らはここで、端的に受けとることができるのである。

英語のに似た語序を持つ中国語に生きる人も、日本語の「ネ」の類には耳をそばだてるようである。かつて、シナからの留学生諸君に接して、私はそのことを見聞きした。また、一度、私どもがシナ旅行をした時には、私どもの日本語での会話をじっと聞いていたむこうの初老の男子が、私どもの会話のおわったところで、「ネ。ネ。」と模倣するのに出くわした。(——この時、私も、日本語の「ネ」文末要素がいかにも特異なものであることを、痛感させられたしだいである。)

さきにもふれた幼児の「………ネ。」の場合にしても、また一般に幼児がなにげなく「ネ。ネ。」とおとなに向かって言ったりするのにしても、これをおとなのことばの模倣といえばそれまでであるけれども、ほかならぬ文末要素「ネ」を模倣しているところが、ことやかましく言えば、日本語の構造論的特質にかかわる事態とされる。「ネ」が、日本語の構造的特質にさおさす、あま

E　話し手、表現者は、表現内容をひきまとめると（一文表現がおわろうとすると）、その表現内容の確認を求めるかのように、文末で、特別の念おしを企て、そこに、さまざまの文末特定要素を産む。

文末での訴え、なぜ、日本語では、このことが特質的なのか。これは、前にもふれたように、日本語の文表現の構造論的特質によることである。日本語の文表現では、表現構造が、述部の後方展開となっている。助動詞は動詞の後にあらわれ、しかも助動詞は累加される。このような助動詞は、山田孝雄博士によって複語尾と名づけられた。まさにその名のとおり、動詞的な叙述は下方に展開される。とどのつまり、表現そのものの決定されるのは文末においてである。これを私は、日本語表現法の文末決定性と言ってきた。さて、この文末決定の瞬間において、たとえば「オバンデ　ガスー。」での「スー」のように、特定の文末声調が生起する。また、文末特定成分、

○ワカリマシタ　ネー。

の「ネー」のようなものが膠着する。（「ネー」にまた上げ調子の文末声調が伴なっている。）このような膠着、きわめて単純な膠着が最後に可能であるがゆえに、文末重点の訴え法が、日本語では大いに発達したと見ることができよう。つまり、日本語表現法の文末決定性を支える文法構造は、文末での特定訴え要素の自由な生成と活動とを大いに可能ならしめたので、文末での訴え法式は、いよいよさかんになったと見られる。文末訴え要素の生成と活動とは、日本語の文表現法の機能的必然であると解される。

このことは、現代英語の文構造と比較してみる時、いっそう明らかに理解される。英語では、「It is very fine to-day, isn't it ?」（きょうはいい天気ですネ。）と言う。動詞 is は文初近くにあるので、わが文末尾の「ネ」に当たる言いかたは、「isn't it」と、つけそえなくてはならない。そのさい、「isn't it」の前には、「，」を打たなくてはならない。（日本文では、「きょうはいい天気ですネ。」の「ネ」の前に「、」を置くことは普通でない。「、」をそこへ置いてはならないのである。）「，」を置いてのみ「isn't it」と言うことが可能な英語の場合は、「isn't it」を、じつは第二のセンテンスとして付加するようなものである。そのようなのと、単純に「ネ」を付着膠着させるのと、なんと大きな

んの「を」格表示のことばを落としていても、人は「〜バ」で、「を」格を表示し得ている。現実に、こう、‘連語’の下接者の方がとり用いられる（重んぜられる）結果になっている。下接者重点主義とも言えよう。これと同じように、人々は、文表現全体上でも、最後的な下接者に、しぜんに注目しているようである。

D　日本語生活での表現者たちは、日々の表現生活で、しぜんのうちに、文末の特定の訴え要素を欲求している。表現のどんな場合にも、センテンスごとに、その欲求をおこしている。そのため、時に無自覚的にも、特定の文末要素を創作する。

上げ調子のアクセントを用いるのなども、文末の訴え要素の自然の創作として、注目されるべきものであろう。東北地方の宮城県下などでは、晩のあいさつに、

○オバンデ　ガスー。

お晩です。（今晩は。）

と言う。「スー」のところで、上がり調子を見せている。このさい、特別の訴えことばとてはないけれども、文末の上げ調子が、顕著な訴え要素になっているのである。人間の訴えたさが、こういう文アクセント後起をひきおこしている。

私どもは、文末の特定要素にすがっていく、文表現の生活を営んでいるのだとも考えることができる。こういう点では、文表現法が文末表現法になるとも言うことができる。

かえりみると、文章作品を見ても、個々の段落の末尾には、その段落をしめくくる何かが認められがちである。文章作品の最後部を見ても、そこまでの全体をしめくくる何かが認められがちである。また、特定の詩的表現の一センテンス完結体などを見ても、そこには特定の訴え要素があり、あるいはそこに、無韻の韻とも言うべき内面的な訴えが沈められている。文章表現上の、こうした事実との対応関係において、国語の文表現の文末の特定の要素を見ていけばおもしろいと思う。

は、あい関連するものであり、おおかた、起原・成立を同じくするものである。たとえば「モシ」というのがある。これが、

○モシ、アナタワ　ドコカラ　オイデマシタ。　　＜相手に問いかけることば＞

のようにつかわれ、

○アナタワ　ドコカラ　オイデマシタ　モシ。

のようにもつかわれ、また、

○アナタワ　モシ　ドコカラ　オイデマシタ。

のようにもつかわれる。文頭に立ちうるものは文末にも立ちうる。これが訴えことばの面目であり、訴えるということの本質である。

もし、文中、二つ以上の訴え要素が出る場合は、言うまでもないことながら、それらは、機能上、じつにきれいに連関する。

C　日本語の対話の文表現では、文末部に訴え要素の出てくるのが大特色である。文末が、まったく代表的な訴え箇所となる。文表現上、文末重点ということが言える。

方言に生きる人々も、文末の重点にはしばしば気づいている。千葉県房総半島南部の一地に滞在した時のことであった。小学校五年生の男児が、一ことばごとにそれを「サ」でむすんで、「サ」という文末訴え要素を頻用した。これを聞くかたわらの母おやが、“「サーサー」ばかり言って”と笑い、かつ“ここのことばは、「サーサー」って言うんですよ。”と述べた。「方言ことば」はつまり文末ことば、ととられていることが多い。

旧来、たとえば教師が生徒に、“語尾を明りょうに！”と言ってきた。こういう時の語尾は、たいてい文末のことである。文末の重要性は、こうして、早くから人々に認められている。

一般に、だれしも、文表現の下方へ下方へと注意を向けていよう。かんたんな一特殊事実で、このことを考えてみる。九州地方の方言では、「何々ヲバ」を「何々バ」と言っている。「〜〜バ」と言って、目的格を表示し得ているのである。（聞く方も、「バ」に目的格を感じとっているのである。）かんじ

そうである。子どもや犬に対する呼びかけでは、「オーラー。」と言うのだそうである。これらの呼びかけことばを、彼はふんだんにつかったらしい。ことばにとってだいじなのは訴えであることが、彼には実感されたのである。

幼児の言語習得の状況を見ていても、また、ことばのはじめは訴えであることが、よく理解される。私の身辺の二才児が、独りごとを何かぶつぶつと言っているので、何を言っているのかと耳をかたむけた。が、内容は聞きとれなかった。というよりも、それは、ことばになっていないことば、ことばめいたことばにすぎなかったのである。しかし、その女児は、ぶつぶつ言っては、そのおわりへ、「ネ。ネ。」というのをつけた。彼女は、「ネ」で、たしかに一きりをつけていたのである。ここに、本能的な訴えのはたらきが見えはしないか。おとなから聞きとった「ネ」であろう。ほかならぬ文末詞の「ネ」を、反応的にもせよ習得しているのが、ことばのとらえかたとしてすでにおもしろい問題である。その「ネ」を、独りごとにもせよ、訴えるような口調で言っていたことが注目に価する。「訴える」とまでは言いかねるとしたら、しめくくりことば同然に、「ネ」をつかっていたのが、注目に価する。訴えるということは、まことに、人間言語の本源に係ることなのであろう。

A′ 「訴え」に関しては、心情的なものをだけ、訴えの内容として考えるむきがある。私は、そのような意味で「訴え」ということを考えようとはしていない。訴えるのは、話し手の表現全体を聞き手に訴えるのである。知的なものと情的なものとの渾融体を、全的に相手に訴えるのである。

B 訴えは呼びかけとも言ってよいと思う。

文表現での訴え、または呼びかけは、文表現の冒頭でその徴証を示すのでもよく、文中でその徴証を示すのでもよく、文末でその徴証を示すのでもよい。表現者の表現意識、表現意図、訴え心のおもむくところ、文表現のどこへでも、訴えの徴証は示しうるわけである。一般にはこう言える。通常、文表現が出現すれば、そのどこかには、必然的に、訴えのしるしが現成すると言うことができる。

実際上、文末に来る訴え要素と、文頭に立つ訴え要素と、文中の訴え要素と

特徴点をとらえることができる。

文末詞の研究には、特定の内面的意義がある。文末詞の研究は、待遇表現法の研究としても、一定の意義を有すると考えられるのである。ことによっては、待遇表現法——口語での——研究では、文末詞（この訴え成分）が、第一の問題点になると言えるかもしれない。

方言文末詞（文末助詞）が独自のものであるのに相応して、そこに、方言文末詞（文未助詞）研究の独自性がありうる。

I　文末詞（文末助詞）研究　総論

さきに私が「文末助詞」と呼んでいたものを、今日では、改めて「文末詞」と称している。

一　文表現の訴え

A　「訴え」は、表現者にとって本然のことと見られる。方言会話の世界を見ると、方言人たちは、たがいに文（センテンス）を表現して会話し、その文を以て、何かをつねに相手に訴えている。はたらきかける訴え、反応する訴え、会話者はみな訴えている。老若男女、これに変わりはない。

カール・ビューラーは、言語記号の、対象と受者と送者とに対する機能的関係を、叙述（Darstellung)、呼びかけ（Appell)、表出（Ausdruck）としている。（『国語学辞典』による。）ビューラーの分析法そのものは今、論外としても、ここに、言語の表現がなんらかの訴えであることは、認められているとしてよかろう。アペルの機能をとり立てているところに注意したい。

言語にとってだいじなのは、呼びかけのことばではないか。これは、私の知友の植物学者が、南米のチリーでスペイン語を習いかつ使用して、その痛切な経験から述べたことばでもある。彼の経験では、呼びかけのことばがなければコミュニケーションは始まらないというありさまだったという。「もしもし。」に当たることばは「オイガー。」で、これはていねいな呼びかけになるものだ

方言文末詞（文末助詞）の研究

藤　原　与　一

○　は　し　が　き

文末詞（文末助詞）は、真の方言研究の第一着眼点とされる。方言の現象に対して、音声現象・文法現象などと分析的な観察を施すよりも前に、早くも着目されるのが文末詞である。――人はだれしも、方言生活の中にはいると、ただちに、文末詞（文表現の文末の特定の訴え成分）に耳をうばわれるであろう。

文末詞研究は、方言理解の基本的方法とされる。

日本語の文法論的特質を考えようとすると、私は、この文末詞に到達する。およそ、言語においては、どの言語の場合にも、センテンスは、訴えの表現と見られるものであろう。センテンスの形式は訴えの形式と考えられる。センテンスはそのようなものであるために、センテンス形式においても、文末に、なんらかの特色が示されがちである。日本語は、文の表現構造が、述部を後置する文末決定の構造であるため、いよいよ以て、文末に、文の訴え構造の特色を示す。ここに、私どもは、日本語の表現構造上の一大特質を認める。

注　ガーディナーは、つぎの著作の中で、Speech の単位は文であると述べ、文表現・文末の抑揚について論じている。
Alan H. Gardiner : The Theory of Speech and Language 1951[2]
（要約紹介として、毛利可信訳述『SPEECH と LANGUAGE』がある。）

日本語の文末詞は、諸言語についての比較構造論からして、容易に把握しうる特質事項であるけれども、また、日本語そのものを熟視していても、しぜんに帰結しうるものである。一歩、方言の世界に立ち入れば、あたかも暗夜に人の顔を撫してただちに鼻の特徴点をとらえうるがごとくに、ただちに文末詞の

方言文末詞(文末助詞)の研究

内　　容

Dialect Map
in
reference to the descriptions in the text

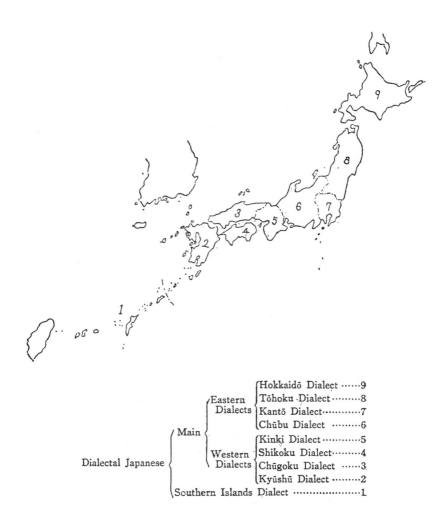

- Dialectal Japanese
  - Main
    - Eastern Dialects
      - Hokkaidō Dialect ······9
      - Tōhoku Dialect ·········8
      - Kantō Dialect ············7
      - Chūbu Dialect ·········6
    - Western Dialects
      - Kinki Dialect ············5
      - Shikoku Dialect·········4
      - Chūgoku Dialect ······3
      - Kyūshū Dialect ·········2
  - Southern Islands Dialect ······················1

two expressions, still a distinction in implication and a differentiation in use is possible upon proper reflection.

The honorific implicatios of *tai* is not stable but differs from instance to instance and locality to locality, with no sign of consistency. In general, however, it is not too low on the scale of honorific connotation.

Tai also has many derivatives, such as *tā*, *tau*, *ta*, *tan*, *te*, *chi*, *dai*, *dā*, and *dan*. The following example of *dai* is quoted from the northwestern area of the Kyūshū region:

Sogyan taiso ki-tarya atsukaro dai.

[sogjantaisokitaɫjaatsukaɫodai]

(Aren't you hot, wearing so many clothes ?)

Outside of the Kyūshū dialect region and nowise connected with *bai*, *tai* and its variants are found here and there, but with no great frequency.

Compound ending particles related to *tai* are *tana*, *tayo*, etc. In the northwestern area of Kyūshū, *tammo*, a combination of *tai* and *moshi*, is found. The compound of *tai* and *anata*, *taita*, is also found.

In conclusion, we may say that cessationals constitute an essential structural element of the Japanese language because of their power in mustering and gathering together into a unity the other structural elements. While they do not add to the conceptual content of a statement, they do control the mood and the tonal effect of its expression.

(『モニュメンタ・ニッポニカ』 **Vol.XIX,1−2,1964**)

頁	行	誤	正
727	29	[naʃ:i]	[naʃ:ĭ]
716	32	from	form
711	13	[amaidaubagko:wa]	[amaidaubaŋko:wa]
708	11	[nokagkaita.	[nokaŋkaita.

Nai. Soko-made banata. [nai.sokomadebanata]

(Yes. Just that far.)

The use of the archaic *nai* for *hai* confirms the honorific value of the *banata.*

Bai is always a prefix and never a suffix; it cannot be suffixed even to members of the *anata* series.

The compound ending particles of both the "I" series and the "you" function eventually to the same effect: they both plunge the speaker directly into the conversational situation and link him closely to the person addressed. The manner of doing this is different, inasmuch as the "I" particles place the speaker into the situation whereas the "you" particles bring the person addressed into the situation. The nuances of the two are different. An "I" particle is more likely to impart the ideas and sensations of the speaker himself. When an "I" particle takes on as suffix a "you" particle, the psychological coloration of "I" embodied in the former is then transformed into the coloration of the latter, following the general law of agglutination in the Japanese language, namely, that the final suffix is the paramount and final force. Thus in spite of the "I" element *bai*, the compound particle *baita* becomes an equiavalent of the "you" element, *anata*, couched within it, in terms of its function and sense as an ending particle.

Tai

Etymologically *tai* results from the combination of the particle *to* and the exclamatory particle *yo*. *Toyo* becomes *tojo* and then *toi* and finally *tai*. Bccause of its phonetic similarity to *bai* and *wai*, its use is found to be concurrent with that of *bai* in the Kyūshū dialect region (2). The two are not similar, however, in sense; they differ according to the difference between what is inferred by the "I" elements and by *to-yo*, although the distinction has now become so subtle that many fail to distinguish them in actual usage. Thus on the northwestern coast of the Kyūshū region one hears both of the following expressions:

Oryā soyan kota shi-ya se-n-desu tai.

[oɍja:sojaŋkotaʃijaʃendesutai]

Oryā soyan kota shi-ya se-n-desu bai.

(I know nothing about it.)

While in practice it may be difficult to distinguish between these

[ma:son:ijeɴɾjosentoagaɾoɾajo]

(Don't hesitate to come up.)

There seems to be a rather clear distinction between the nuance of the combined ending particle and the simple particle related to it. *Waiya* of the Chūgoku dialect (3), for example, is considered of lower class than *wai*.

Among other ending particles of the *wai* group is *waita*, made up of *wai* and the "you" element. *Waita* is found in a part of the Kyūshū dialect region (2) and in the western area of the Chūgoku region (3). From the Kyūshū area we quote the following:

Noka-n kaita. Amunai waita. [nokagkaita. amunaiwaita]

(Step aside! It's dangerous!)

Bai, like *wai*, also forms many compounds and we have *baina*, *bana*, *banai*, *bano*, *baya*, and *bayo*, all products of the combination of *bai* and an exclamatory ending particle. These specimens too are found within the areas in which their parent word, *bai*, is prevalent, namely, in the Kyūshū dialect region. These compound particles vary among themselves in honorific implication. That of the following expression from the northern part of Kyūshū is said to be low:

Honna koto bana. [hon:akotobana]

(That is so.)

Bai combines with other than exclamatory particles, and we have, for example, *bammo*, which is from *bai-moshi*, an addressing element. This suffixed *moshi* may be further buttressed by adding still another element, such as a "you" element, and we have *baiāta*, *baita*, *banata*, *banta*, *bamai*, and *bomai*. The first five particles are of higher honorific implication than the last two, since they derive from the more honorific *omai* of the other two. *Bamai* and *bomai* have a very small distribution, but the others have a wide currency in the Kyūshū dialect region (2). Among them *baita* and *banta* are especially conspicuous. Below is an example of *banta* found in the northwestern area of the Kyūshū dialect region:

Sō banta. [so:banta]

(That is so.)

The following example of *banata* from the western area of the same region is an answer to the question "Where have you been?":

tion and become distinguished from other parts of speech, then a new type of word is instituted, a word which we have determined to call "sentence-ending particle," or simply "ending particle."

When *wai* performs a cessational function, it assumes the posture and carries the same function as *na* and other ending particles. That is to say, it carries the impetus of the expression and forces it upon the person addressed; it carries the appeal of the statement. At times a person unaware of the original meaning of these particles will cluster together at the end of the sentence—in order to strengthen the appeal—a number of "I" equivalents. Here is an example from the northern of the Chūgoku region (3):

Ebacchorai wa. [ebat:ʃoɍaïwa]

(How proud he is!)

In this case the main part of the sentence ends in a latent *wai* which is retained in *rai*, and yet the speaker redundantly adds *wa*, which is merely another "I" equivalent. This shows the extent to which the particle *wa* has lost its original sense and function and has assumed a new function as cessational. It must be noted that *wa* does not at all enter into the logical structure of the statement proper.

Let us consider now the way in which particles of the "I" series combine with other elements to form new ending particles.

We saw above that the "you" ending particles *anta* and *omai* were at times suffixed to the exclamatory ending particles, becoming *no-anta*, *no-omai*, etc., and even *nanta* and *nomai*. The ending particles of the "I" series, such as *wa* and *wai*, do not form such particles. They will at times, however, precede an exclamatory ending particle or its equivalent, and we have the following categories of such particles:

wai plus some other element: *waina*, *waino*, *waine*, *waiya*, etc.
wa plus some other element: *wana*, *wano*, *wane*, *wayo*, etc.
re plus some other element: *reya*, etc.
ra plus some other element: *rae*, *rayo*, etc.

The distribution of these compounds is confined to the respective area of each "I" element; in other words, *rayo*, for example, is to be found only where *ra* prevails as an independent ending particle. The following example of *rayo* is quoted from the southern area of Kinki (5), where *ra* is greatly used:

Mā sonni enryo se-n-to agaro rayo.

(3), where speakers prolong the final *rā* and conceive of it as a distinct element of expression, that is, as something of an ending particle. This leads us to acknowledge *ra* as an independent element, a latter developed ending particle.

Closely related to *wai* is *bai*. We would expect, therefore, also to find *ba*. Except for the northeastern strip of the Chūbu region (6), however, *ba* is not widely used anywhere. (This latter area has also *bai* and *baishi*.) The northern area of the Tōhoku region (8) and the Hokkaidō region (9) seem to have some form of *ba* and its variants, but this is not as yet fully confirmed. At any rate, *ba* is far less widely distributed than *bai* and its variants.

The distribution of *bai* variants is concentrated in the Kyūshū region (2). It is found widely in that region, except for the southern and eastern areas. An example of its use is:

Sensē-no ki-nai-ta bai. [ʃeɴʃe:nokinaitabai]
(Teacher has come.)

Here *bai* is interchangeable with *wai*, attesting to the basic identity of the two particles. *Wai* is thought by some to be somewhat more proper than *bai*.

Among the variants of *bai* can be named *bāi*, *byā*, *bā*, *bae*, *bau*, *bao*, *bō*, and *ban*. Each of these variants is extremely limited in distribution, except for *ban* which is fairly widely used. The honorific implication, emotional coloration, etc., vary greatly for each variant according to the locality. The following expression, quoted from the western sector of the central area of the Kyūshū region, is, for example, thought there to be a vulgar reply:

Iya ban, Ika-n ban. [ijabaɴ. ikambaɴ]
(No, sir. I wouldn't go.)

After this long analysis, it should not be possible any longer to consider particles such as *wai*, as merely inverted subjects, that is, subjects placed at the end of the sentence instead of in their proper place. These particles perform a function thoroughly different from that of other grammatical and syntactical elements: they carry the force of appeal of the expression independently of the grammatical sequence of the main part of the sentence. There is, therefore, no identifying of this element with the subject element of the sentence, however related or parallel the two may in a particular instance be. When these speech-syllables, specifically, cessationals, become so established in use that they undergo transforma-

a falling pitch, while those in the Kantō usually have a rising. An expression such as the following, for instance, will in the Kinki region assume the tonal fluctuation indicated:

Iye mē-te-yasu wa. [ijeme:tejasuwa]

(The house is in sight.)

In the Kantō dialect *wa* is used only by women, while in the Kinki it is used also by men. Further west the use of *wa* declines until in the Shikoku region it is found only seldom and in the western and northwestern areas of the region, not at all. The southern coast of the adjacent Chūgoku region are totally without it. Still further south, the Southern Island dialect (1) yields such an example as the following:

Ama ida uban kō wa. [amaidaubagko:wa]

(Mom, let's eat soon.)

Unlike that of *wai*, the distribution of *wa* is found largely in the eastern half of the nation.

There are many instances in which *wai* and *wa* have been assimilated into the grammatical formation and do not clearly appear. When these instances have been thoroughly studied, the mode of distribution of the two particles will be better understood. An example of such latent forms of *wai* and *wa* is the following from the western area of the Shikoku dialect region (4):

Yō ī-nasarai. [jo:i:nasałai]

(How dare you say such a thing!)

The final *rai*, if analyzed grammatically, is seen to be a contraction of "...*ru wai*." The above sentence should have read originally "*Yō ī-nasaru wai.*" *Nasaru* here is an honorific auxiliary verb added to the *i* ending of the verb *yu-u*, to speak or say. Many similar examples can be found. Still, even in cases of such grammatical assimilation, the basic distribution pattern—*wai* to the west and *wa* to the east—remains undisturbed.

While the latent presence of *wai* and *wa* can be detected by grammatical analysis, its very latency makes for the feeling of a new and independent ending particle. This is true, for example, of the final *rā* in the following expression:

Yō ī-ware-masurā. [jo:iwałemasuła:]

(How do you dare to say that?)

This is from the southeastern area of the Chūgoku dialect region

much use of *wai*. A boy in the northeastern area of the Shikoku region was heard saying:

Osoroshi nai wai. [osoɾoʃinaiwai]
(I am not afraid.)

Wai is heard frequently also in the Kyūshū region (2). In the southwestern area of the latter we hear:

Yuki-n fuddo wai. [jukinFud:owai]
(It might snow.)

As a whole, *wai* is more prevalent in the western half of the nation. It is used by both sexes without discrimination and its honorific status varies greatly.

Wa or *wā* is a variant of *wai* whose distribution is rather irregular and uneven. It is considerably prevalent in Tōhoku, where we hear in the eastern part of the region such expressions as the following:

Netsu deki-nē wa. [nẹdzüdegine:wa]
(The fever will not come back.)

The following two examples are from the southeastern area of the same region:

Agekkara wa. [aḡek:aɾawa]
(You shall have it.)

Nage-te ku-nai wa. [naḡeteküṇaïwa]
(Throw it to me.)

The first sentence expresses the intention of the speaker to give something to the person addressed, so that the final *wa*, deriving from "I," follows naturally. But in the second statement the speaker asks the person addressed to throw something to him and yet the final reference is made to himself through the *wa*. In this latter case the *wa* seems to have lost completely its original sense and is used merely as a special ending particle emphatically concluding the expression.

The Kantō dialect (7) also makes use of *wa*. The following is a sample from Hachijōjima Island:

Hon to-de ojari-itasō wa. [hontodeoʒaɾiitaso:wa]
(It is true.)

Unlike *wai*, *wa* is used considerably in the Kantō, Tōhoku, and even the Chūbu dialect regions. With some phonetic shift it is also prevalent in the Kinki region (5). The variants of *wa* have

region (8). Instances of this are plentiful in this region.

Related to *ora* is the ending particle *ra*, though in some cases *ra* may be a possible, but unknown, change from *re*. *Ra* has a number of phonetic variants, such as *rā*, *rai*, and *ran*. *Ra* may appear by itself or in compound with the preceding words. It is found most densely in the southern area of the Kinki region (5). It appears in such expressions as the following:

Iko ra. [ikoɾa]

Iko rai. [ikoɾai]

(Let's go.)

Rai is said to be more tender and feminine than *ra*. Some who make use of *ra* claim that it is used for entering into the innermost consciousness of the person addressed. In the following example *ra* is added to the ending particle *nō*.

Yuki-no nai ori-yattai ē-kendo nōra.

[jukinonaioɾijat:aie:kendono:ɾa]

(I wish it were when it wasn't snowing so much.)

The combination of *nō* and *ra* reinforces the strength of the appeal of the statement.

Wai is another of the "I" series of ending particles. *Wai* can be considered as either a corruption of *ware*—from *ware* to *wae* to *wai*—or as a contraction of *watashi*—from *watashi* to *washi* to *wai*. Whatever its derivation, *wai* is found to be an established ending particle in various areas of the country, and even has its local phonetic colorations (such as [waɛ], [wae] and [we:]). Though found to some extent in all the dialects, it is comparatively rare in Tōhoku (8) and Kantō (7), and it is extremely frequent in Chūbu (6). In the northern part of the Chūbu region we hear the following expression:

Sō-ja nakaro wai. [so:ʒanakaɾowai]

(It cannot be so.)

Suffixing *wai* to the statement strengthens the force of the appeal, as if one were to say in English, "It cannot be so, can it?" *Wai* is used considerably often in the Kinki region (5) and in the northeastern area we find the example:

Itō-te kanai-mase-n wai. [ito:tekanaimaʃeɴwai]

(It hurts so that I can't stand it.)

Both the Shikoku (4) and the Chūgoku dialect (3) regions also make

In the eastern area of the Shikoku dialect region (4), in the Kinki dialect region (5), and in the Chūbu dialect region (6) *ware* is used as an ending particle with considerable frequency. In the following example, taken from the Shikoku area, *ware* becomes *are*; clear evidence that it is not only performing the function of a cessational but that it has become a bona fide ending particle:

Iku arē. [ikuaɾe:]
(Woudn't I go ?)

Yare variants are also found as a related form of *ware* and as an ending particle.

Shin-na yare. [ʃin:ajaɾe]
(Don't do it.)

is of the northwestern area of the Chūbu region. *Yare* is used quite often in the Chūbu dialect, and in the southern part of the region we hear:

Hōn-ni yare. [ho:n:ijaɾe]
(Why, yes.)

Yare is also found in the Tōhoku region (8), in the Kinki, and even in the northern area of the Chūgoku (3).

Ware contracts into *re*, which also becomes *rē*, *rei*, and *ren*. In the southern area of the Kinki dialect region (5), is heard:

Omai-ya shi-ta-n-jaro rē. [omaijaʃitaɲʒaɾoɾe:]
(It's you who've done it.)

In this area the ending particle *re* is often used with other ending particles such as *ra*. *Re* seems to lend the expression a certain genial and friendly air. Another example of *re* is this one from the islands of the Inland Sea, which belong to the Kinki region:

A, hō ka rē. [a, ho:kaɾe:]
(Oh, is that so ?)

The ending particle *re* is also found in the eastern area of the Shikoku region (4) and in the regions east of the Kinki. The Chūbu and Tōhoku dialects make some use of it too. In the latter, however, *re* is usually combined with the exclamatory particle *na*, becoming *nare* or *nāre*.

Instead of being a contracted form of *ware*, it is possible that *re* is really a contracted form of *ore*, a cognate of *ware*, in sense and origin. *Ore*, in fact, does combine with the syllable *wa* to become *ora*, an established ending particle in the Tōhoku

form of *kai*, an interrogative ending particle, and *āta*, a "you" element of the *anata* series. The contraction *kaita* is also heard. These two, especially *kaita*, are spoken chiefly in the western sector of the central area of the Kyūshū dialect region (2), as in the following:

Āta dokē i-ta kaita. [a:tadoke:itakaita]
(Where did you go ?)

In the northwestern area of the Kyūshū dialect region we find *kanta*, a combination of *ka*, interrogative ending particle, and *anta*.

The words of the *anata* series also combine with the ending particle *tai*. In the western sector of the central area of the Kyūshū dialect region is found *taita* or *taitā*, while in the northwestern area of Kyūshū is found *tanta*. Other versions of these *ta* forms are found, but only in the Kyūshū region.

All the forms mentioned above retain something of the original *anata*, an accosting word with a high honorific tone; these too share in the latter's honorific implication and are accompanied by an awareness of respect and great propriety.

The Accosting "I" as Cessational

Parallel to the cessationals whose accosting function is performed by some form of the second person are those making use of the first person. At first glance it may seem strange that both "you" and "I" should have the same function of accosting. But the speaker can call the attention of the person addressed either by pointing to that person or to himself. In other words, by referring at the end of the sentence either to himself or to the person addressed the speaker confirms and gives an impetus to his statement, thereby ensuring a greater impact upon the hearer.

The "I" element, just as the "you," enters into combination with a wide variety of other ending particles, and is also used by itself. In the following example the form *watashi* is used as a cessational:

Dō shi-mashō watashi. [do:ʃimaʃo:wataʃi].........(7)
(What shall I do ?)

Ware is also used as a cessational, as in the following example from the southern part of the Kinki region (5):

Iya ware. [ijawaɾe]
(I dislike it.)

Sea. *Nonta* and *nōta* are most frequently used, though it is felt that the use is becoming more and more limited to older people of both sexes. Here are examples:

Gosē-ga de-masu nonta. [gose:gademasunonta]

Gosē-ga de-masu nōta. [gose:gademasuno:ta]

(You are working hard.)

These two variants are used almost indiscriminately. Any sentence ending in either word introduces a sense of intimacy to the expression.

The variants of *no-omai* are greatly in use in the northwestern area of the Kyūshū dialect region (2), and not very greatly in the western area of the Chūgoku region. In this area of Kyūshū the *no-omai* series, especially *nomai*, is used in parallel to the *na-anata* series, especially *nata*. There is a definite distinction in honorific implication, however, between the two series: *nata*, etc., are more honorific than the *nomai* series. In the northwestern area of Kyūshū there are found, together with *nomai*, the phonetic variants [no:mai], [noma:i], etc.

Dokē iku to nomai. [doke:ikutonomai]

(Where are you going ?)

This is an example of *nomai*. In some places the *nomai* ending is felt to raise the honorific implication. This is because, as was explained above, the *omai* of *nomai* was once a highly honorific word.

Immediately south of the area in which *nomai* is greatly used, is an area where *nomoi* is used instead. The natives allege that *nomoi* was much in use in the past. The variant *nōmai* is found in the western area and adjoining islands of the Chūgoku region.

The *ne-anata* family is not in evidence in the Kyūshū dialect, but is in the western area of the Chūgoku region, chiefly in the form of *nēta*. Some in this area believe that *nēta* is an urbanized from of *nōta*. This is definitely a possibility, since the region is noted for its *no* ending particles and *nōta* may well have changed into *nēta* when the *ne* was brought into the area from outside. The fact that *nēta* is more densely distributed in and around the capital city of the area may also support this theory.

The "you" element, as accosting agent, is sometimes suffixed to elements other than the *n* series ending particles discussed above. There is to be found, for instance, *kaiāta*, a contracted

appeal. *Tana* is also found in the western and northwestern areas of Kyūshū. A sample from western Kyūshū is:

Yuki-n fuddō tanā. [jukiɴFud:o:tana:]
(It might snow, might it not ?)

Tanai and *tanan*, found also in the western part of the Kyūshū region, may be considered as variants of *tanā*.

Na has been prefixed to the *anata*, as well as suffixed to it. *No* and *ne* are also used as prefixes. In fact, the prefixation of the exclamatory particle, such as *na*, seems, generally speaking, to have been more conducive to establishing the compound product as a stable ending particle than the suffixation of the same particle.

Among the first ending particles of the *na-anata* family we may name are *nāanta*, *nāata*, and *nānta*. *Nanta* is found to a certain degree in the northern and northeastern area of the Kinki region (5), but chiefly and predominantly in the western area of the Chūgoku region (3). An example of this latter is:

Sō-de ari-mashō nanta. [so:deaɫimaʃo:nanta]
(It may be so.)

In the same area is heard also *naeta*. In the Kyūshū dialect region (2), especially in the northwestern part of the central area, is also found *nāta*, as in the following:

Anata doko-ni iki-nsatta nāta. [anatadokoniikiɴsat:ana:ta]
(Where did you go ?)

Another variant, *nata* or *natā*, is densely distributed over the northwestern area of the Kyūshū dialect region (2), as for example:

Sogan tai natā. [sogantainata:]
(That's right.)

There are two types of ending particles made up of the "you" element prefixed by an accosting *no:* one using *anata* and the other using *omai*, another word for "you," slightly below *anata* on the honorific scale.

The *no-anata* variants may be listed as follows:

> *nōanta* [no:anta] [no:anta:], *nōata* [no:ata] [no:ata:], *nōan* [no:aɴ], *nōnata* [no:nata] [nona:ta:] (also [nonata]), *nōnta* [no:nta] [no:nta:], *nonta* [nonta] [nonta:], *noita* [noita], *nōta* [no:ta].

These are almost exclusively found in the western area of the Chūgoku dialect region (3), including the islands of the Inland

In this case the ending particle *āta*, functioning as the cessational for the sentence, is absorbed into the final vowel of the preceding speech-syllable, thus losing its own *a* and leaving *ta* to carry the burden of the cessational.

In the western part of the Chūgoku region (3) we have:

G*en ta*. [genta]
(You're right.)

This may originally have been *Geni anta.* The western part of the Chūgoku dialect region is related in many ways to the Kyūshū, so that we are not surprised to find this corresponding use of *ta.*

There is in Japanese, even in the standard language, a wide variety of personal pronouns, each occupying a determined place on the scale of politeness and respect. The speaker must select the pronoun that exactly indicates his own attitude toward the person he addresses. This applies likewise to the cessational "you." The speaker must choose the form that has the exact honorific implication that he desires. In addition to *anata* these range all the way from *omai*, which is still quite honorific, to *kona*, which is an abbreviation for the vulgar expression *konaitsu.* Thus we find in the Chūgoku region (3) the following expression:

Dokē kona. [doke:kona]
(Get out of the way!)

In addition to the particles composed simply of forms of the word "you," there are also articles consisting of "you" plus some other syllable. Of these, the first we will consider are those made up of *anata* and *na*.

Antanā or *anatana* is found especially in the northeastern area of the Kyūshū region (2), and we hear there:

Sō ka antanā. [so:kaantana:]
(Is that so?)

The effect of *antanā* in the above expression is very similar to that of *ne* in the standard language. Since this is the case, *antanā* may even be suffixed to a sentence of inquiry. The final vowel of *antana* is more usually prolonged, but it is often short.

Atana or *atanā* is also found in the northeastern area of the Kyūshū region. *Tana* or *tanā* is also found, and we hear:

Kyō-wa samui tanā. [kjo:wasamuitana:]
(What a cold day!)

Yo is very often added to the above expression to strengthen the

Anta, a corrupted form of *anata,* is less honorific than the latter, but is still polite. It is found all over the country. The following is an example from the Chūbu region (6):

Hoi antā. [hoianta:]

(Say, you!)

Another example from the southwestern area of the same region is:

Īyeno, asundori-masu-de anta. [i:jeno, asundoɍimasudeanta]

(Not at all, I am idling around.)

Still another from the Kinki region (5) is:

O-atsu-gozai-masu anta. [oatsuɡozaimasuanta]

(Hot, isn't it?)

In the Chūgoku dialect (3) we hear:

Rasshi-mo-nai kotō hitori-masu anta.

[ɍaʃ:imonaikoto:çitoɍimasuanta]

(Not doing anything that counts...)

The Kyūshū dialect is also rich in the use both of *anta* and *antā.*

Anta becomes *āta* in the northern half of the Kyūshū region (2). Here is an example heard in the western sector of the central Kyūshū region:

Konya-wa āta. [koŋjawaa:ta]

(Good evening!)

There is a rise of tone towards the end of the expression. In such a case *āta* operates as a bona fide cessational. Also, it gives the entire expression something of an honorific implication.

Ata is also found wherever *āta* is in use, and we hear:

Kitsune-ishi kitsune-ishi-te ī-masu ga ata.

[kitsuneiʃikitsuneiʃitei:masuɡaata]

(They call it "fox-stone," "fox-stone"...)

Very often *ata* becomes *atā.* Sometimes too it becomes *atat*:

O-hayō atat. [ohajo:atat]

(Good morning!)

The final reduction of the form is *ta,* whose distribution somewhat parallels that of *āta* and *ata,* though not found with the same intensity. The following is from the central part of the Kyūshū region (2):

Hitoe ichimai-de i-tā ta. [çitoeitʃimaideita:ta]

(I went in only a single suit of *hitoe,* unlined clothes.)

combines with particles of the *n* series.

As with *moshi*, the "you" element may, first of all, become itself an ending particle. In such a case it assumes the function of a cessational and carries with it an honorific implication.

It is interesting to compare the two methods of accosting—that with *moshi* and that with "you." *Moshi* is vague and general; "you" is more concrete and definite. The addressed person's attention is called more decisively by "you," so that force of the appeal is greater. Thus it seems safe to say that the use of "you" as an accosting word is a more advanced technique of expression.

We will first consider the cases in which the "you" element is used by itself as an ending particle and cessational. The following example is taken from the northwestern peninsula of the Chūbu dialect region (6):

So-yaro gē. Antā. [sojaɫoŋe:. anta:]
(It is so, isn't it? You!)

Technically this is a linked sentence consisting of two members. The linkage, however, is so close as to form one intonational pattern, and the second sentence is closely attached to the first. The second sentence, *antā*, is absorbed into the first and assumes the position and capacity of a cessational to it; it carries the charge of appeal for the entire expression. Heard in the same locality is:

Nani-ga warukerya anta. [naniŋawaɫukeɫjaanta]
(What could be wrong with it?)

Here the *anta* emphasizes the assertion that there could be nothing wrong. *Anta* is here already established as a cessational for the expression. In this case *anta* (you) is no longer referring to an actual person so designated nor does it enter into the grammar of the sentence.

Anata is the word most commonly used for "you" in the standard language, but only in the dialects is it transformed and adapted freely into an ending particle. This is particularly true in the western half of the country, where, in the Chūgoku region (3) for example, we hear such expressions as the following:

Sainara anata. [sainaɫaanata]
(So long.)

The wording is considered very polite and elegant.

use.

So far we have studied the various ending particles deriving from *moshi* which act as cessationals and carry still the accosting appeal of the mother word. The combining of *moshi* variants with ending particles of both the *n* series and the *e* series, as well as the free contraction and abbreviation of *moshi* itself, is an interesting phenomenon attesting to the vitality of the Japanese language in its expressional energy and productivity. In dialectal phenomena we can almost grasp the free evolution and fertility of the Japanese language in all of its expressional vitality, a vitality which can more and more be exploited for better language expression.

In the southwestern part of Chūbu (6), *mo* is suffixed also to ending particles that are not of the *n* series. For example :

Koncha attako-gozaimasu tēmo.

[koɴtʃaat:akogozaimasute:mo]

(Warm today, isn't it ?)

Such *mo* variants as the above are the products of the free use of *mo* with the impact of its prototype *moshi*. Theoretically then, *shi* could also be used in the same way, as a component element of any desired ending particle ; it could also be used as an ending particle itself. It is just such a *shi*, perhaps, that is found intensely distributed throughout the Tōhoku region (8), but with such phonetic conversions as [ʃï] and [sü]. An example of this latter usage is :

Nani ageru su. [naniaŋełüsü]

(What shall I give you ?)

The final syllable in the above expression can best be explained in terms of derivation from *moshi*. This use of *shi* survives also to some extent in the Kantō dialect region (7), the Chūbu dialect region (6), and the Kinki dialect region (5), in the form of the phonetic variant [ʃi].

Our observation thus far convinces us that the various cessationals deriving from *moshi* are very numerous and are in use in almost all of dialectal Japanese. There is a pattern to their distribution and they evidence roots that are deep and widespread.

The Accosting "You" as Cessational

Analogous to the case of *moshi* in use and combination with other elements is that of the accosting "you," which, like *moshi nēshi.* Here are examples of the two taken from the small peninsular area at the northwestern end of the region:

Kyōwa sambī nēshi. [kjo:wasambï:ne:ʃï]
(It's cold today, isn't it ?)

Hayai neshi. [hajaïneʃï]
(Early, aren't you ?)

Both *neshi* and *nēshi* have equally high honorific tone, so that the status of the person addressed does not dictate the preference of one word over the other.

Having considered the *na-moshi* family, we next take up the *e-moshi*, made up of *moshi* and the ending-particle *e.* This *e,* [e:] or [je:], is prevalent in many dialects as one kind of exclamatory ending particle. It is widely used by women in the Kinki region (5) and its nature is such that it softens the tone of the expression and makes it suitable for feminine speech. The junction of *moshi* to such an ending is very natural and expedient, as it was in the case of *moshi* and the *n* particles.

Variants of *e-moshi* found in the southwestern area of the Chūbu region (6) are: *emoshi* [emoʃi], *emushi* [emuʃi], and *emo* [emo]. There is evidence that there was at one time a splinter of this family in the Tōhoku region (8), where the variant *eshi* seems to have been in use among women in polite language. *Eshi* is still in use in the northeastern area of the Chūbu region (6), where it is pronounced [jeʃï].

Nemoshi and *nomoshi,* we have seen, are found in their abbreviated forms of *namo* and *nomo.* Almost everywhere these last two forms are to be found, *emo* is also to be found. (The exception is the Kyūshū region (2), where *nomo* alone is heard.)

The following two examples of *emoshi* and *emo* are taken from the southwestern area of the Chūbu region (6):

Sore-de emoshī. [soɾedeemoʃi:]
(And then...)

Mā zonzaina-n-desu-kedo emo. [ma:zoɴzainandesukedoēmo.]
(Though it may be somewhat short of politeness...)

Both *emoshi* and *emo* are used by women in polite conversation and there seems to be little difference in honorific degree between them. *Emo* is somewhat preferred to *emoshi.*

Emo is also to be found in isolated localities of the mountainous southern part of Kinki region (5), where *namo* is also in common

in the Kinki dialect region (5) and the Chūbu (6), occasionally also in the Tōhoku (8). The example that follows is from the eastern edge of the southwestern part of Chūbu:

Hayai nōshi. [hajaino:ʃi]

(Early, aren't you ?)

Natives of this area claim that the form *nōshi* is now almost extinct and that *noshi* is by far the more common expression. The form *nōshin* seems once to have existed further east.

We turn now to the *ne-moshi* family. As a matter of fact, however, *nemoshi* itself is not now in use except in its derivative forms *nēshi* [ne:ʃi] [ne:ʃï] [ne:sü]; *nenshi* [neɒʃi] [neɒʃï] [neɒsü]; *neansu* [neansü]; *neshi* [neʃi] [neʃï] [nesü]; and *neasu* [neasü]. There is a possibility that these forms did not all derive from *nemoshi.* Yet the *shi* (or *su*) element in each of these variants seems to suggest the function of the accosting *moshi.* For this reason we classify them as the family of the hypothetical prototype *ne-moshi,* in analogy to the *na-moshi* and *no-moshi* family.

The most interesting variant of this family is *neshi,* which is found in the Tōhoku dialect region (8), especially in its northern areas. It is also found in the northeastern areas of the Chūbu dialect region (6). Here in this last-named area the word tends to be pronounced as [neʃï] or [nesü], showing phonetic propensity common to the Tōhoku dialect. Toward the northeastern area of the Kantō dialect region we find [nesü]. It seems that *neshi* is to be found nowhere else. This may lead to the conclusion that *neshi* pertains exclusively to the Tōhoku dialect. Here is taken from the northern area of the Tōhoku region:

Son-da neshi. [so^{n}daneʃï]

(That is so.)

The next example is from the northeastern area of the Chūbu region:

Sō-de gozaisu neshi. [so:degozaïsünesü]

(That is so, indeed.)

The latter expression is both polite and informally intimate. Both men and women make frequent use of *neshi* in their ordinary conversation.

Closely related to *neshi* is *nēshi,* which is also found chiefly in the Tōhoku region, especially towards the northern section. All through the Tōhoku region *neshi* is more widely in use than

[no:sü], [noɴʃi], [noiʃi], [noʃ:ï], [nos:ü], [noʃi], [noʃï], [nosü], and [nomo]. The evolution of the word into these variations parallels the evolution of *na-moshi*, and the distribution of the variants also parallels the latter's, so that [noʃ:ü], for example, is found wherever [nas:ü] is found.

One particular variant whose distribution is worth noticing is *noshi*. This variant is found is the northwestern area of the Kyūshū dialect region (2), in the southern half of the Shikoku dialect region (4), and in the southern part of the Kinki dialect region (5), where it has its densest distribution. Here is an example from the last-named area :

Sorya o-isogashī noshi. [soɾjaoisogaʃi:noʃi]
(You must be very busy.)

Noshi is here considered to be very polite and may properly be used in addressing one's superiors, as in the following sentence.

Oma-han noshi. [omahaɴnoʃi]
(I say, Sir !)

The expression is one of accosting, made up of *omae*, contracted into *oma*, plus the honorific suffix *han*, concluded by suffixing *noshi*. The addition of *noshi* raises considerably the honorific tone and transforms what might have been a simple "Hey, you ! " into a polite term of address. *Noshi* is widely used also in northeastern areas of the Chūbu region (6). The further northeast one goes, the more the pronunciation of the word changes to [nosü̆], while still further north, in the Tōhoku region (8), it changes into an even thicker [nosü] and even [noʃï].

We consider next the distribution of *nōshi* and *nonshi*. *Nonshi* has a dense distribution in the northeastern area of the Chūbu dialect region (6), and is also to be found in the southwestern part of Chūbu, in the southernmost section of Kinki (5), and with some frequency in the southern half of Shikoku (4). In southwestern Shikoku, for example, we hear :

Hiyai nonshi. [çijainoɴʃi]
(Cold, isn't it ?)

In this area *nōshi* [no:ʃi] is also prevalent. The degree of honorific implication carried by both words is here almost equal. *Nōshi* is also to be found in northwestern Shikoku, where it enjoys almost the same honorific rank as *nomoshi*. (*Nomoshi* is considered to be slightly higher and slightly more formal). *Nōshi* is also found

sions as the following:

Utsucchau-n-da namo. [ütsüt:ʃaüündanamo]
(It seems we get infected.)

The speaker is stating that those who come from the Kantō area quickly become infected with the local dialect, and especially with the local use of *namo*. She emphasizes her point by using *namo* herself in this sentence. In this region *namo* is more exclusively used by women and the honorific status of the word is not low. Women may even use it in polite conversation with men.

In addition to this area, the word enjoys a sporadic distribution. Wherever it is found, however, it is used in polite address.

Atsuka-desu namō. [atsukadesunamo:]
(Hot, isn't it ?)

This is a sample from a locality at the neck of the peninsula on the western edge of the Kyūshū dialect region (2). *Namo* is found here in only one isolated village. Here both men and women use it, but it is spoken more often by older people, though middle-aged people also use it. Villagers say that it is used by people well-acquainted with each other, but seldom, if ever, to strangers. Still, another village pointed out, it has an honorific implication and can also be used for formal occasions.

In some places the word becomes [na:mo] and in others, [namoɐ]. Moreover, there are also such variants of *namo* as [namu], [nam] and [nao]. The last-named variant is found only in the Shikoku dialect region (4), where it is recognized as a word that improves upon an expression.

So-ja nao. [so:ʒanao]
(That is so.)

This is a response given by an elderly gentleman. A local grammar school teacher, commenting upon this response, told me that *nao* is almost never used except when addressed to a person of considerable status; it expresses a highly honorific mood. This may be something of an exaggeration, but the fact remains that *nao* does serve to give an expression an air of greater respect and politeness.

Another family of words related to the *namoshi* is *nomoshi.* Here too, as in all variants of *moshi,* the basic impact of the prototype *moshi* is felt with regard to sense and effect. Among the variants of *nomoshi* we may list [nomoʃi], [no:ʃi], [no:ʃï], and the distinction between them is often very subtle. Both are regarded here as of high honorific implication. In the southern part of Tōhoku can be heard:

Ano nashi. [anonaʃï]
(Listen!)

This is honorific, while the following is not:

Ano nā. [anona:]

A native of the northeastern section of the Tōhoku region (8) summed up the difference between the honorific implications of *na* and *nasu* in the following way: "*Nasu* makes for a stronger appeal and more forceful assertion than *na*. It has also a certain sense of intimacy and friendly feeling, and it is for this, rather than for its force of appeal, that it is used." In these words we see that the original implication of *moshi* is still preserved in the *su* [sü] of *nasu* [nasü].

In the southwestern area of the Shikoku dialect region (4) we find [naʃi] as well as [na:ʃi] used by both men and women. Both are used to soften the tone of an expression.

All the variants of *namoshi* discussed above, when used as cessationals, serve to raise the honorific tone of the sentence. There may, of course, be some differences in effect between the full *namoshi* and its abbreviated forms, as far as honorific tone is concerned. Since the variants are abbreviations and corruptions, we may well suspect that their effect is somewhat less formal and honorific. In fact, in some areas where *nāshi* is prevalent, people are aware of using this word to avoid the stiffness and formality of *namoshi*. In dialectal practice, free adaptation and conversion takes place according to a spontaneous preference for a truer and more practical expression. In this case, the ending particle transformed and adopted for a new expressional mood is preferred, and even demanded, by the prevailing local circumstances. This is to say that changes, morphological or otherwise, are the way to adapt language expression to the everchanging mode and mood of living.

In the paragraphs above we discussed the variants of *namoshi* which retained in some form the *shi* of *moshi*. Now we turn to those which retain instead the *mo*. The representive example of these is *namo*. *Namo* is especially predominant in the southwestern area of the Chūbu dialect region (6), where we hear such expres-

[naiʃi], [naʃ:ï], and [nas:ü]. Closely related to [naʃ:ï] are [naʃï] and [nasüü]. The common element to be found in all these variants, namely [ʃi]—including [ʃï] and [süü]—are, I believe, vestiges of *moshi* [moʃi].

Below are some examples of the use of [na:ʃi]:

Kore anta-ga shi-ta-ga-yaron nāshi.

[koɾeantagaʃitagajaɾon:a:ʃi]

(It's you who have done it, isn't it?)

This is from the southwestern area of the Shikoku dialect region (4). *Yaron* of *shi-ta-ga-yaron* is itself of low honorific implication. (A more honorific version would use *deshō* and so become *shi-ta-no-deshō.*) However, in this sample the final *nāshi* compensates for the *yaron* and the expression as a whole is highly honorific in its effect.

The [na:ʃi] of the Shikoku dialect is used by both sexes, while that of the northeastern area of the Kinki dialect region (5) is used by women only, as in the following example:

Ui koto nāshi. [uikotona:ʃi]

(A hard lot it is.)

Throughout most of the dialectal regions [na:ʃi] and other variants are of feminine use.

Nanshi and its variants are not limited to the exclusive use of women. The following example is from the northwestern section of the Tōhoku region (8):

Mantsu ko-da nanshi. [mantsükodananʃï]

(Usually it is this way.)

In the northeastern part of the Tōhoku region *nansu* is used in addressing those superior to oneself.

The next two examples demonstrate the use of [naʃ:i] and [nas:ü], which are to be found exclusively in the Tōhoku dialect region (8):

Amari i nassu. [amaɾïï:nas:ü]

(Really it's fine day.)

Kyō-wa kaze-a tsuyoku naru-be ka nasshi.

[kjo:wakazeatsüjogünaɾübe̥kanaʃ:ï]

(Will the wind be strong today?)

In this locality *nashi* is not used towards inferiors, while *na* is.

In the Tōhoku district both [nas:ü] and [nasü] are heard,

Everywhere one is told that *namoshi* is mostly spoken by elderly people and that it carries with it an honorific implication. In this honorific implication is included also an element of intimacy and friendly feeling.

Samū namoshi. [samü: namosü]
(Cold, isn't it ?)

The above was spoken by an elderly country woman of considerable personal dignity in the Tōhoku region. *Namoshi* is considered to be of sufficiently good taste to use in speaking directly to or in the presence of those of higher rank than oneself. When grammatical phenomena of a language enter into a stage of decay, words which once carried a high honorific implication quickly lose this implication. *Namoshi*, however, although already on the way to extinction, has not as yet suffered this indignity.

Since *namoshi* is a combination of *na* and *moshi*, we find also among the dialects a prolonged *na*: [na:moʃi] and even [naimoʃi].

In the central area of the Kyūshū dialect region (2) was heard :

Samū-gozai-masu nā-ata-moshi. [samu:gozaimasuna:atamoʃi]
(Cold, isn't it ?)

In this case the cessational is *nā-ata-moshi* which is sometimes pronounced [na:atamo:ʃi]. It is very often used in this locality. *Ata* is wedged in between *na* and *moshi* and is a variation of *anata* (you). One makes an appeal with *namoshi* and inserts *anata* within it for reinforcement. *Nā-ata-moshi* may be further contracted to *nātamoshi*.

In the Tōhoku region are found such phonetic variations of *namoshi* as [namüʃï] and [namüsü]. Elsewhere [na:muʃi] is heard. In the southeastern area of Shikoku (4) the *m* of *mo* is dropped and one hears [naoʃi]. In the western area of the Tōhoku region is found *naonsu* [naoɒsü] and one hears such an expression as :

Samī naonsu. [samï:naoɒsü]
(Cold, isn't it ?)

In this area *naonsu* is used towards superiors while *na*, towards inferiors.

Considered to be derivatives of *namoshi* are [na:ʃi], [na:ʃï] and [na:sü]. [Na:ʃi] is also to be found in the forms [naŋsi], [naŋʃi], [naŋsü], while [naŋʃi] too has the variant forms of

it became a mere cessational of it, such as in the following example found in the islands of the Inland Sea in the Chūgoku dialect region (3):

Sainara moshi. [sain̅a̅ɬamoʃi]
(So long.)

Moshi is more often found in combination with other syllables, such as those of the *n* series we saw above, than by itself. There is, for example, *namoshi.* Originally a sentence ending in the cessational *na* was followed by the sentence *moshi.* The two eventually combined into one, and the end-appeal *na* was strengthened by the further addition of *moshi.* As a result of natural development there came to be in the dialects a cluster of elements of appeal at the end of expressions making for a kind of "tail-heaviness."

In addition to *namoshi* there are related expressions to be found in dialects all over the nation.[5] *Moshi* combines with other syllables of the *n* series, and we find in use *nomoshi*, *neshi*, and *nishi.* *Namoshi* and *nomoshi* break down into still further variations.

The variations of *namoshi* are numerous and widely distributed *Namoshi* itself, first of all, has a very dense distribution in the Shikoku dialect region (4), especially in its northwestern areas. It is most often used by women. When it is spoken by men, it is unusually honorific. In the dialogue of two middle-aged women was heard the following expression.

Osoi hō-ga ē zo namoshi. [os̅o̅ih̅o̅:gaj̅e̅:zonamoʃi]
(The later the better.)

The sentence here is at once concluded by the ending particle *zo* and then reaffirmed by the final *namoshi.*

Namoshi extends from the Shikoku dialect region (4) through the Kinki (5) and all the way to the Chūbu (6). Wherever in these areas *namoshi* is found, *namo* is also to be found. *Namoshi* is also found in isolated portions of the Tōhoku dialect region (8), mostly in the northeast section, and in the western part of the Kyūshū dialect region (2). In the case of Tōhoku, there is a vowel shift and instead of *namoshi* are heard [namoʃi] and [nomosü].

5 This is not true, however, of the standard language. The particles of this category are now being pushed out of use by the universal diffusion and use of the standard language throughout the country.

Yāchi chī kuri-n nya. [ja:tʃïtʃï:küɾïɲɲa:]

(Wouldn't you come to my home ?)

In these areas the exclamatory *ni* is not to be found, suggesting that the *nya* of the above expressions has another origin. In other parts of the country also we find uses of *nya* that are more readily assimilable to *ni*. Thus it seems best to consider *nya* separately. Native speakers of the Shikoku dialect region (4) are quoted as saying that *nya* is not often used in addressing superiors, while *nin* and *nī* are. On the other hand, adults usually use [ɲja:] towards younger folks.

The variant *nyo* [ɲjo:] is found for *nya*. In the Chūbu dialect region (6) [ɲjo:] and [ɲja:] are both in use, but with slightly different implications. The former is used only by a certain segment of the people, while the latter is in general use. An example of the use of *nyo* is the following:

Mizu dashottara nyō. [mizudaʃot:aɾaɲo:]

(As I was drawing water...)

This expression is of medium honorific implication. It is possible that this *nyo* may be related to the exclamatory *ni*, but then again it seems nearer to *nō*.

In all the dialects there is not to be found a single instance of the use of *nu* as a sentence-ending particle. An occasional case of the use of [ɲju] [ɲju:] may be found, but no connection between these and the sentence-ending particle *ni* has as yet been established.

The *Moshi* Group

Next in importance to the exclamatory cessationals, are those of the *moshi* group. *Moshi* is originally derived from the verb *mōsu* (to say, speak, tell); it is a cne-word sentence of accosting used by adults thoughout the country. It belongs now to the standard language and is considered to be quite honorific and in good taste. In the repetitive form *moshi-moshi* it is used in telephone conversation almost everywhere and by everyone regardless of sex or age.

In earlier times the practice of following up a principal sentence with the one-word sentence *moshi*, independent and not subordinated to the first, seems to have been very common among the dialects. Gradually this second " sentence " was absorbed into the first until

when the person addressed need not be addressed with any great formality.

There are also a number of *nīyo* [ni:jo] variants, the combination of the exclamatory *ni* and another sentence-ending particle, *yo*. (*Yo* is another of the original exclamatory sentence-ending particles.) The distribution of the *nīyo* variants indicates that they are to be found only in isolated areas of the southern area of the Kinki dialect region (5) where *ni* was found prevalent, and are to be found nowhere else in the nation.

Hoite nīyo. [hoiteni:jo]

(And then...)

is an example of the use of *nīyo*. It seems too that its use gives the expression an intimate and friendly tone. The particle is used also, it is said, in addressing one's own father or older brothers.

Another *ni* compound is *niya* [nija]. The distribution of this word corresponds with that of the exclamatory *ni*. Within this distribution, however, there are some localities where *niya* is found though *ni* is not. From this we may perhaps infer that *ni* was at one time more prevalent than it is today. If *ni* did in fact become *niya*, then the process was one of reinforcing the low sonority of the sound *ni* or of preserving the decaying sentence-ending particle *ni* by transforming it. In the western area of Kyūshū (2) *niya* itself is facing the possibility of extinction and appears now mostly in the idiom of older people, such as the following:

Makote niya. [makotenija]

(Really so.)

In the above example *niya* still enjoys a certain honorific status; in the Shikoku dialect region (4) it is without such, and is even considered vulgar. The suffixation of *ya* to *ni* is of the same cast as that of *yo* to *ni*. Both *ya* and *yo* belong to the same series of exclamatory sentence-ending particles.

It is conceivable that the sentence-ending particle *nya* [ɲja], [ɲja:], [ɲjai] are derived from *niya*. But there are *nya* variants which are not related to the exclamatory *ni*. The following instances of the use of [ɲja] or [ɲja:] are found in the Southern Island dialect region (1):

Yākai umō-chi tabōyun nya. [ja:kaiūmo:tʃitabo:juɲɲa]

(Would you mind coming to my home ?)

as that of the Chūbu dialect region (6), the particle *ni* sometimes is used to end sentences, but this *ni* is not the exclamatory *ni* but one with an adversative sense and is the equivalent of the present *noni* in such phrases as "*...de aru noni*" "*...suru noni*" of the standard language. In other words, *ni* here is a conjunctive particle which has been converted through use into a sentence-ending particle.[4] However different their origin, it is sometimes very difficult to distinguish one *ni* from the other. In the following example heard in the mountainous southeastern area of the Chūbu region, for instance, the *ni* may imply either an adversative meaning or an affirmative emphasis:

Bā-yan sinzura nī. [ba:janɴʃindzuɫani:]
(Old woman might have died, eh?)

There seems to be a third *ni* of still another origin and, if we group all the *ni* together, regardless of origin, the distribution would undoubtedly cover most of the dialectal regions; both the mountainous as well as the coastal areas. But if we look only for the purely exclamatory *ni*, we will find it only in the limited areas defined above.

The exclamatory *ni* was originally derived from several compounds. The first of these compounds is the sentence-ending particle *nishi* [niʃi], which, etymologically considered, is the combination of the *ni* and another accosting word, *moshi* [mosi]. The combination must have gone through the stage of *ni-moshi*, then was further abridged into the present *nishi*. Or perhaps *ni* was at an early stage of combination suffixed to a *moshi* whose first syllable was already elided.

The distribution of *nishi* is extensive. The vowels have undergone some phonetic shift in the Tōhoku (8) and Hokkaidō (9) dialect regions. [ni:ʃi] of the Kyūshū dialect region (2) is *nishi* with the first vowel prolonged. [nise] and [niʃe] of the Kinki dialect region are also products of phonetic shifts in vowels. In the latter regions the expression *An nishe* [ān:iʃe] is a word of accosting which manifests a certain friendliness and is used

4 While many of the sentence-ending particles are original, many others derive from other particles and elements. Any words or phrases commonly used at the end of expressions have a tendency to become cessationals and eventually, after having been employed as such for a time, to be converted into sentence-ending particles.

difference of honorific implication between *ni* and *nin*. Children and adults use both in intimate and informal conversation.

The southern border of the Kinki dialect region (5), makes great use of *ni*. In a certain town in which *ni* was used with great frequency, the following expression was heard:

Mō iku ka nii-tte yū nī. [mo:ikukani:t:eju:ni:]

(I would say, " You are leaving now ? ")

The speaker here uses *ni* to address a stranger without formality. Another example:

Nī-ratte ammari yuwa-n nī. [ni:ƚat:eam:aƚijuwan:i:]

(We don't say *ni* quite as often.)

Thus even a statement saying that *ni* is not so often used contains a *ni*. In this locality *ni* is honorific and is used to address one whose status is higher than one's own. Here the young are warned against using *nā* in speaking to those to whom they owe respect. Both sexes make equal use of *ni*.

Here is an example of the use of *ni* in islands of the Pacific Ocean within the Kantō dialect region (7):

Kyō-wa sabī nī. [kjo:wasabi:ni:]

(Cold, today, isn't it ?)

Ni in this expression has very little honorific tone, but it is as commonly used as *na*. The following example is reported to be highly honorific:

Kyō-wa hīu nī. [kjo:waçi:uni:]

(It is chilly today.)

In general, however, there is no fixed usage of *ni* to express honor or respect. *Ni* on these islands seems to be spoken more by men than by women, and especially by adults.

An over-all view of the use of *ni* throughout the nation leads to the conclusion that this exclamatory particle as a language element is now in an advanced stage of disintegration. Only this can explain the present pattern of its distribution and the irregularities of its use.

It is an interesting fact that it is in the coastal areas of the nation that vestiges of the use of *ni* are chiefly to be found. Though it may be presumed that *ni* had once a far wider distribution, no evidence has yet been uncovered that points to its use at any time in the mountainous regions.

Here it must be noted that in the mountain interiors, such

carried on to this day. Much more research will have to be done before definitive conclusions can be reached. Here we will consider several representative expressions from the point of view of the degree of honorific tone and the frequency of use in the various dialectal areas.

In the southernmost area of the Kyūshū dialect region (2), first of all, *ni* is used in the following context:

O-ba-san-tat-mo nī-nī-tsudo nī. [obasanta?moni:ni:tsudoni:]

(You old ladies also say *ni ni*, don't you ?)

indicating that *ni* is used by older people. It is reported that the young people no longer use *ni* as frequently as before and that some even consider it to be low and vulgar. Though some people in this area maintain that *ni* is neither impolite nor in bad taste but contains rather an implication of intimacy and openheartedness, it seems that in general it has failed to retain its high honorific tone.

In the northern area of the Kyūshū dialect region (2) *ni* seems to be quickly disappearing; its area of distribution is far more limited than in the south. At one time *ni* was widely used here and it was considered to be an easy, familiar expression, but not one suited for addressing a superior. The young were taught never to end a sentence with *ni* when they were talking to someone above them. Today it is seldom heard and the student of Japanese dialects may consider himself fortunate if he is able to ferret out vestiges of its earlier use.

In the Shikoku dialect region (4), *ni* is to be found only near the eastern tip of the island. Here too is heard the variation *nin*, as in the following expression:

Hon-ja-ken nin. [hoɴʒaken:iɴ]

(This being so...)

Just as *nan* is a variation of *nā*, and *non* of *nō*, and, in certain areas, *nen* of *nē*, so *nin* is in all likelihood a variation of *nī*, though this is the only place in the entire country where we have thus far discovered it. Prolonging the final vowels of the syllables *na*, *no*, and *ne* gives the sentence a stronger appeal, and the suffixing of the *n* sound is in its psychological value the counterpart of such prolongation. Both add emphasis to the expression. *Nin* is also such an emphatic form. Despite the difference in emphasis, there does not seem to be in the locality we are studying a

that is not expressed by *nē*. Here is another example from the northwestern area of the same dialectal region:

Kyō-wa samui (sabui) nī. [kjo:wasam(b)uini:]

(Cold today, isn't it ?)

The cessational *ni* in this expression also carries a high honorific tone and can be used in addressing a person of more elevated status than the speaker. This contrasts with the use of *ni* in other areas, such as certain islands of the Inland Sea in the Chūgoku dialect region, where *ni* is used when the person addressed is considered to be one's inferior and where it carries with it a certain tone of informality and even perhaps a tinge of vulgarity.

Samui nā. [samuina:]

(Cold, isn't it ?)

is a common expression in both the Kinki dialect region (5) and the Shikoku (4). Although *na* is in use throughout the nation, it is especially predominant in these two regions. In these areas *na* is used without differentiation with regard to degree of honorific mood. Towards the south of the Kinki region, however, the pattern

Samui nā. [samuina:]

(Cold, isn't it ?)

is used to address one who is considered lower, although it is used occasionally also to address an equal with whom one is especially intimate.

The scale of value or degree of honorific mood among the cessationals *na*, *no*, *ne*, and *ni* may vary according to dialectal region, but in each region the precise use of these syllables defines the speaker's attitude to the person addressed in terms of social, psychological, and other human elements. Generally speaking, the western half of the country gives *na* high rank and looks down upon *ne* as an upstart from the east, a stranger not quite up to taste. Even in the Chūgoku dialect region (3) where *no* is still predominant, *ne* is felt to be something foreign. In the southern area of Kyūshū (2) *ne* carries a low degree of honorific connotation, and is, in fact, almost vulgar.

At this point we wish to discuss with some detail the fourth syllable of the *n* series, i. e., *ni*. As we have already noted, the distribution of *ni* is today very limited. The following observations on the use of *ni* represent the results of research that has been

overwhelming prevalence of this series of particles and will attest to the strong effect of the sound. It seems that in an attempt to vary the mood and expression of an utterance, particles of the *n* series come first at hand.

All four particles of the series are much in use, but there is some difference in the frequency of their use. *Na* and *no* seem to have been used often in former times. Of the four, *ni* is today the most limited in its distribution. This may be because the vowel *i* is somewhat lacking in sonority and appeal. There is some evidence, however, that it may have enjoyed a wider distribution in an earlier age. *Ne*, which is more sonorous than *ni* but less so than *na* and *no*, is less used in the dialects than the latter, though it is prevalent as a sentence-ending particle in the eastern part of the country. When the language of Tōkyō—in the Kantō dialect region (7)[3]—emerged in modern times as the central language of the nation, it was inevitable that *ne*, the principal sentence-ending particle of the Kantō dialect, should have been universally adopted throughout the country and is now as the standard idiom of sentence expression in Japan. In this study we will not consider the use of *ne* in the standard language, but rather the use of the four particles in dialectal expression.

Whenever these particles are employed as cessationals, they assume a hierarchy of honorific value among themselves. In some localities an expression ending in *na*, for example, is more polite than the same expression ending in *no*; in other localities this order is reversed. In the northern area of the Tōhoku dialect region (8) we hear both of the following expressions:

Kyō sambi nō. [kjo:sa^{m}bino:]
Kyō sambī nā. [kjo:sa^{m}bi:na:]
(Cold, today, isn't it ?)

The former expression is the more refined, inasmuch as *no* has the higher honorific implication. The following expression is to be found in the Chūbu dialect (6) :

Sense samui nō. [seɴse samuino:]
(Cold, isn't it, teacher ?)

The final *nō* in this case too expresses a reverence and respect

3 The numbers refer to the dialect regions. For the dialect map see below, p. 162.

Cessationals in the Japanese Dialects

By Yoichi Fujiwara, Hiroshima

In an earlier article we pointed out that sentences in the Japanese dialects generally end with certain specific words of accosting, certain speech-syllables which we called "cessationals."[1] The cessational represents the climax of expressional tension of a sentence; it has the power to convert a mere auditor into an interested listener. Thus these cessationals constitute the structural center of the sentence considered as a form of human communication and appeal.

Exclamatory Cessationals

It is impossible within the limits of this study to exhaust the subject of cessationals; we will consider only certain aspects of them. We will look first of all at the cessationals of an exclamatory nature: *na* [na] [na:], *no* [no] [no:], *ne* [ne] [ne:], *ni* [ni:].[2] The final vowels of these particles may be prolonged or shortened. The absence of *nu* may be explained by the fact that its low sonority fails to fulfill the function of appeal.

The consonant *n* seems to have a special effect of appeal in dialogue expression. Yanagita Kunio points out the extraordinary effect of this sound and asserts that it has long been in use in the Japanese language to secure the close attention of the person addressed. Any student of the language will be struck by the

1 MN, Vol. XVII (1962), 127. See also MN, Vol. XVIII (1963), 147–192.

2 I have previously treated of these particles in the article "A Dialect-geographical Study of the Japanese Dialects," *Folklore Studies*, Vol. XV, p. 125.

容であることは想像できる。この種文末助詞の、他種類の文末助詞とも深く関係した、推移隆替のあとが、今はこうなのであろう。「ナモシ」系、「ノモシ」系、「ネーシ」系の、相互の間の分布の差異も、ゆえ深いことと思われる。

「モシ。」のよびかけ法が今日もよく利用されていることは、あらためて言うまでもない。「モシ」のこのような性能ゆえに、「ナモシ」類その他の文末助詞は、大いにさかえたのである。しかし、これらは、明日の文末助詞としてよく生きるものであるかというと、現状はすでに否と答えている。では、今後は、どういう種類の文末助詞が、一大勢力となって、全国的に、そのよびかけの能力を発揮していくであろうか。

こう考えるにつけても、「ナモシ」類その他の文末助詞が、いかにも特色のある、一群の文末表現要素であったことがわかる。このものは、日本語表現法の、文末法ともいううべきものの特質を考えしめるに十分であろう。

（広島大学文学部『紀要』第9号　昭和31年3月）

頁	行	誤	正
762	14	古めかしい言ひかた	古めかしい言いかた
760	27	による〉	による。〉
756	15	行ったかね。	行ったかね。
751	23	ナツテ	ナッテ
750	5	ソーダナモシ（ス）。	ソーダナモシ(ス)。
750	9	助詞編　四二三頁）	助詞編」四二三頁）
749	14	ナムシがナ	ナムシガナ
746	7	芥子川津治氏	芥子川律治氏
746	21	ツカイマスワイ。」	ツカイマスワイ。
746	22	シトルンヂャ	シトルンジャ
740	14	（茨城方言集覧一二四頁	(「茨城方言集覧」一二四頁
738	14	文末法ともいううべき	文末法ともいうべき

それでねえ。

のように言う。美濃に、「エムシ」という転化形もある。

「エモシ」よりも、その「シ」略の「エモ」の方がよくおこなわれていよう。これが、尾張・美濃方面で、例の「ナモ」「〜モ」とならんでおこなわれている。

○何々と思いましたけどエモ。

は、尾張西部の一例である。

一つはなれたところ、南紀一隅の「エモ」が、「ナモ」とともに、村内英一氏によって報告されているのは、注目にあたいする。(同氏の前記論文参照)

五

以上、対話文末の、特定のよびかけことば、「モシ」→「ナモシ」以下のものについて、現在のおこなわれかたを見てきた。文末助詞の、かぎられたこの方面にも、そうとうに多彩なものがあること、かつ、これらによって、日本語の口頭語の表現は、微妙に支持されていることが明らかであろう。

ここにひとつおもしろいのは、以上の文末助詞が、中国地方には分布していないことである。「ノー」のさかんな中国にも、「ノーシ」はない。しかも、中国路に接する伊予島嶼には、「ノーシ」「ノモシ」がおこなわれている。分布のふしぎは、容易なことでは説明しきれない。九州の状態も、解明に困難である。

まとめてみれば…濃尾地方に四国地方が、「ナモシ」類その他の諸事項を、しげく分布せしめており、近畿の紀州・近江の地域がその両者のつなぎとなっており、西に九州西辺の関連分布が見られ、東に東北方面の「シ(ス)」本位のつよい分布が見られる、ということになろう。この様相が、以前にはもっとどうかであったものの変

ソンダ　ネスィ。」（そうですね。）などのように言う。秋田県の中部や半島方面にも「ネシ（ス）」があり、「ネーシ（ス）」もある。

岩手県海岸地方から宮城県にかけても、「ネンシ（ス）」「ネシ（ス）」などが見いだされ、仙台では「ネシ（ス）」はいちじるしく、かつ、仙台方面や仙北地方では、「ネーシ（ス）」を言う。

○スバレッ　コダ　ネーシー。

　　ひどく寒いことですねえ。

は仙北の一例である。

山形県下では、山形地方に「ネシ（ス）」があり、つづいて、越後の北部中部に「ネシ（ス）」がいちじるしい。「ネシネシて言わんことネシ。」は越後の言い草である。新発田では、「ネスィ」を、“一つには敬い、一つには親しむことば。”などと言っている。

福島県下にはこの類のものはないらしい。その南の茨城県下では、「ネシ」があるという。（茨城方言集覧一二四頁、一七七頁）

下って、中部地方の南信の一部に、「ネンシ」があるという。

あとは、西辺にとんで、対馬に「ネーシ」があるというのが奇である。

東北では、「ネシ（ス）」は、目上に対して、また同等のものに対して用いられると言われている。「……　～シ。」と言えば、本来、やさしい、やわらかな、したしみぶかい情感が発揮されるわけであろう。わるいことばにはなりようがないものとも言える。

感声「ニー」にちなんでは、「ニシ（ス）」という文末助詞ができており、これは、北奥・南紀（「ニセ」も）・島原半島などで聞かれる。

つぎに、ナ行音感声ではないが、「エ」というのに、「モシ」のついた、「エモシ」がある。尾張・美濃の地方で、

○ソレデ　エモシー。

○アノ　ヤマワ、エー　ヤマン　ナッタ　ノーシ。

　　あの山は、いい山になりましたね。〔山林の成育に言う〕

このような「ノーシ」は、男性もつかい、中年のものもつかう。郷里方言では、たしかに、「ノモシ」が「ノーシ」にくずれたと見られるのである。さてこの「ノーシ」は、発音しだいで、「ノンシ」とも「ノイシ」ともなり得るであろう。伊予東部には、そんなうつりゆきがあるらしい。

東北地方の「ノッシ(ス)」「ノシ(ス)」などの形については、「ナッシ(ス)」「ナシ(ス)」などについて述べたところにゆずって、今は言わない。これらをも含めて、以上全部の形を、「ノモシ」系とする。

四

「ノモシ」に対しては、「ネモシ」もできていてよさそうである。しかし、実際には、「ネモシ」というのは見あたらず、「ニモシ」というのもない。(「ヌモシ」もない。) 共通語的な「ねえもし。」のよびかけは別である。それはあっても、「こまったネモシ。」などのような、文末助詞化した、一体の小詞「ネモシ」はないようなのである。

しかし、「ナモシ」系での「ナーシ」以下の形、「ノモシ」系での「ノーシ」以下の形に該当するものは、いくらかできている。「ネーシ(ス)」「ネンシ(ス)」「ネシ(ス)」などがそれである。

この類のものは、「ナモシ」系•「ノモシ」系のさかんな四国•近畿内•岐阜県愛知県地方（南信を含む）にはほとんど見いだされなくて、おもに東北地方に見いだされる。東北では、「ネ」にも「シ(ス)」が自由について、このような結果を来たしたのであろうか。

青森県下では、「ネシ(ス)」「ネーシ(ス)」がさかんであり、「

「ノシ」がある。三河奥では、“今はほとんどないけれども、まれに「ハヤイ　ノーシ。」などと言う。”とのことであった。

静岡県下に「ノーシン」「ノンシ」がある由、明治四十三年の「静岡県方言辞典」に見えている。房総半島の安房にも、「ノンシ」があるらしい。

北陸では、越後に「ノシ（ス）」がある。（ソーダ　ノシ。）奥信濃にもこれがあるという。越後中部方面では、「ノンシ」もさかんである。

越後につづいては、山形県内に、「ノシ(ス)」が見いだされる。山形県南部には、「ノンシ(ス)」もある。

岩手県北にも、「ノーシ(ス)」「ノッシ(ス)」が見いだされる。たとえば、

○ソー　サネァ　ノッス（ノース）。

　　そんなにしてはいけないことよ。

などと言う。青森県東部にも「ノシ(ス)」がある。

西の九州では、また、島原半島に、「ノーシ」「ノンシ」「ノシ」があって、「ノー」に対して「ノーシ」は対目上用とされており、「ノシ」は、筑後にも見いだされる。

「ノーシ」以降「ノシ」までの、すべての形をまとめて観察すれば、これらもやはり、国の東西に分布している。ただ、「ノモシ」「ノモ」とはっきり言うものは、分布が西にかたよる。

「ノーシ」が「ノモシ」に近いことは、その両方を言う私の郷里で、私自身、実感している。郷里では、ていねいには、「マー　エー　コト　ヨ　ノモシ。」（まあいいことですわねえ。）のように、「ノモシ」を言い、これは、おもに古老の婦人がおりおり用いる程度である。その次位のものとして、――いくらかやわらげた言いかた、ていねいさのすこしよわい言いかたとして、「ノーシ」がある。

は、土佐西部幡多郡下の例である。上品なことばとしての「ノーシ」の持ち味は、上の例で、「ノーシ」が「ドナタ」や「オイデマセ」とつりあっているところに、よくうかがわれる。土佐には「ノンシ」もあり、「ノシ」もいくらかある。幡多郡南方の小筑紫村の場合だと、「ノーシ」と「ノンシ」とが敬意度を同じくして、およそ三十才くらい以上の人が「ノンシ」を用い、「ノーシ」は若い人が用いるという。

紀州に行くと、全般に「ノシ」がさかんであり、北紀の日高郡川上村では、一老女が私に、私のことばを批評して、

○チョット　ミノノ　コトバニ　ニテル　ノシ。

ちょっと美濃のことばに似ていますね。

とかたった。「ノシ」は、鄭重なことばづかいになる。格別の強調や感動のそうこともある。

○ソー　カ　ノシ。

は、新宮の、目上へのことばである。「ノシ」は、三重県分紀州にもおよぶ。

○エライスマナンダ　ノシー。

ほんとにすまなかったわねえ。

は木ノ本の例である。その「ノシ」のはてるあたりに、「ノイシ」がある。三重県尾鷲町近くの九木部落で、

○アン　ノイシ。

あのねえ。

などと言う。紀州にはまた、南紀中心に、「ノンシ」が見いだされる。（串本では、これが上品語としておこなわれていた。）「ノーシ」もいくらか見いだされる。

以上の四国と紀州について、東を見れば、美濃のうちに、「ノーシ」「ノンシ」「ノシ」があり、三河のうちにも、「ノーシ」「ノンシ」

三

「ナモシ」系についで、「ノモシ」系がとりあげられる。ナ行音感声「ナ」「ノ」「ネ」「ニ」に応じて、そのおのおのと「モシ」（あるいは「モシ」的なもの）との熟合がある。

ノモシ　ノモ

「ノモシ」はおもに伊予の東部に見いだされ、内海の属島でもこれが見いだされる。

○ヨー　フリマス　ノモシ。

よく降りますねえ。

は伊予東部の例である。

「ノモシ」の略形「ノモ」は、筑後の旧柳河藩地方に見いだされる。（拙稿「筑後柳河ことばの『メス』と『ノモ』」近畿方言 15）

○セイトワ　シットル　ノモ。

生徒は知ってるねえ。

は、八女郡白木村の一例である。尾張の西北にも、「ノモ」があるらしい。

三河の渥美半島で、

○ソーダ　ノモシ。

のように、「ノモシ」と言っているのは、注目にあたいする。ただし、“だんだんなくなっていくことば。おばあさんたちが使う。”という。

ノーシ(ス)・ノンシ(ス)・ノイシ・ノッシ(ス)・ノシ(ス)

「ノモシ」の伊予東部には、「ノーシ」もある。島嶼でも、子どもどうしが、「アノ　ノーシー。」などとよびかけてもいる。が、「ノーシ」のもっともさかんなのは、土佐一国であろう。

○ドナタモ　オイデマセザッツロー　ノーシ。

どなたもおいでになりませんでしたでしょうねえ。

かんである。

○サムカ　ナモー。

寒いわねえ。

○アッカデス　ナモー。

暑いですねえ。

などと言う。

「ナムシ」の「シ」略「ナム」は、福島県岩代・南信に見いだされ、飯田市では、

○キョーワ　サブイ　ナム。

今日は寒いね。

と言う。「ナム」は「ナン」になりやすいであろう。もっとも、「ナン」とあるものには、「ナンシ」の「シ」略もあることと思われる。

阿波の南隅には「ナオ」がある。

○目上の人に言うことばになるとナオ。

これは土地の人が私にかたってくれたことばである。「ナオ」は同地域の「ナオシ」の「シ」略とも、また、同地域の「ナモ」からの変転ともうけとられる。「ナオ」も、ていねいなことばとされていて、人は、“目上の人に対してでないとつかわれない。”とも言った。

「ナモ」「ナム」「ナオ」も、品位の低いことばではないことがわかる。「ナシ」のような形と、この下略形とは、にわかにはくらべられないが、「ナモ」などの言い切りの形で、特定の表現効果をかもしたことは、想像にかたくない。むかし、「どうどうしてタモレ。」の「レ」略、「……タモ。」というのがあった。「タモ」と「ナモ」（後に言う「ノモ」も）とは結果が同巧である。今日の分布で、「ナモ」と「ナシ」とは共存していない。「ナモ」類は、ものやわらかな情感のもとで創作され、女性的な文末表現に役だてられるようになったものと思われる。

感じられるからである。

ナモ・ナム・ナオ

「ナモシ」→「ナシ」の系列に対して、傍流の地位にあるものに、「ナモ」→「ナオ」の系列がある。「ナモシ」の「シ」を略したものである。

岐阜・尾張・三河奥・南信の一部では、「ナモ」をよく言う。近ごろ、尾張の芥子川津治氏は、この方面の「ナモ」の分布を精査され、昭和三十年十一月、国語学会で、「『ナモ』の分布と成立について」を発表された。ここに、あわせて、私がかつて聞書きした、三河奥、北設楽郡稲武町の例をあげれば、

〇ソーダ　ナモ。

そうですね。

というのがある。これについて、“女の子が普通によく使う。女は大人も。男の大人はあまり云わぬ。”とあった。

越中の西南部にも「ナモ」があるらしい。私はかつて、越中南部の、飛驒境の細入村で、

〇オカズワ　ナモ。ワズカナ　モンデスカラ。

おかずはねえ。わずかなものですから。

というのを、六十才くらいの男子から聞いた。さらにこの人にたしかめたのに、“今の人間は言わぬが、ムカシノニンゲンワ、「ナモ」トユーコトを、チョイチョイト　ツカイマスワイ。」――「ドーシトルンヂャ　ナモ。」――”とあった。

分布を東に求めれば、福島県会津の地に「ナモ」があり、西を見れば、南紀州の一隅にこれがあるらしく、阿波の南部に「ナモ」がある。

九州に行くと、壱岐や肥前北部内に「ナモ」があり、さらに、注目すべきことに、長崎市を東に出はなれた古賀村に、「ナモ」がさ

このおのおのは、「ナーシ」「ナンシ」をはじめにおいて考えれば、みな、「ナモシ」と関係の深いものであることが知られよう。したがって、これらはすべて、一系の「ナモシ」系のものと見ることができる。

しかし、東北地方の「シダ　ナッス。」（そうですね。）などの「ナッス」と発音されているものや、「……なス。」と表現されているものを見ていると、これらは、「ナ」に「シ」（ス）が附いたのではないかと思われる。「ナーシ（ス）」や「ナンシ（ス）」についても、そういうことが考えられる。それにしても、東北の「シ」（ス）についての、さきのような解釈がゆるされるとすれば、今の「ナッシ（ス）」や「ナシ（ス）」を、さらには「ナンシ（ス）」や「ナーシ（ス）」を、「ナモシ」系の列中に配置することは、さしつかえないと思う。「ナシ」を一体のものとするうけとりかたもしている。盛岡市の南方の人は、

「ソーダ　ナ。」よりも「……ナス。」の方がつよくて、かつ、したしみを含む。つよさよりもしたしみの方が大切な要素である。

と言っていた。米沢近在の一老人は、

「ナシ」トユーコトバワ　タイヘンニ　リッパニ　ツカッテルワケダ　スィ。

と言っていた。

一般に「ナーシ」以下がみな「ナモシ」系のものであるとしても、形の変差とともに、待遇表現価もちがうのは当然である。「ナシ」には「ナシ」にふさわしく、待遇気分の簡略なものがあろう。もっとも、伊予の「ナシ」と東北の「ナシ」（ス）とは、すぐに同一視することはできまい。前者が、きわめて単純な「ナシ」一体のものであるのに対して、後者には、上述のような、「ナ、ス」の累加のあとも

○ソー　デス　ナシ。

そうですね。

など、その用語気分は伊予中部・南部の「ナモシ」の場合に似かよい、したしみぶかい敬意を表すことが多い。南予・土佐西南部には、「ナンシ」もある。西の方では、九州肥前の島原半島に、「ナーシ」と「ナシ」とがいちじるしい。

東に行くと、近畿では、近江の「ナーシ」「ナシ」が注目され、つづいて、美濃・南信の地の「ナーシ」が注目される。木曽には「ナシ」もあり、美濃・愛知では、「ナンシ」がさかんである。信州の東部にも「ナンシ」がある。

つぎは東北地方で、南奥岩代に「ナーシ（ス）」があり、福島県下に広く「ナシ（ス）」が見いだされる。この「ナシ（ス）」は、北の山形・宮城二県の南部に、つづいて見いだされる。山形県南部には「ナーシ（ス）」もある。「ナシ（ス）」はまた、岩手県から青森県東部に見いだされる。

○アノ　ナスー。

あのね。

これは盛岡の南方の例である。岩手・青森県東南部には「ナンシ（ス）」もおこなわれ、これは秋田県下にも、

○マンヅマンヅ　イカタ　ナンス。

まあまあよかったですね。

などと、さかんである。山形県南部・福島県会津にもこれがみとめられる。「ナッシ（ス）」とつまった形は、福島県会津・山形県下・岩手県下にみとめられる。

上述の、「ナーシ」以下の諸形の、ものとしての緊密な関係は明らかであろう。そのたがいに関連して分布するさまは、よく、それらの形式の類同をものがたっている。

肥前西北部でも「ナモシ」を見いだしたようである。

「ナモシ」は、そこここにではあるが、国の東西にわたって分布している。これがもし、昔の対話のよびかけの、一種の雅言であったのなら、以前はもっと、そこここに、おこなわれていたであろう。今の分布には、遺影のおもむきがある。ただ中国地方には、それらしいものが全然見えないのは、ふしぎである。「申す」ことばの今もよく生きている九州南部にも、「ナモシ」は全然ないのが注目される。それらはそれらとして、現におこなわれている所では、このことばは、一般に、古風な品位を持った、よいことばとされている。

ナムシ

「ナモシ」の最初の転訛形としては、「ナムシ」があげられる。対馬北部南部・美濃・南信・岩手県下などにこれが見いだされる。

○ウラノナムシ。ナバタノナムシ。ナノハニナムシ。ナムシがナムシ。

裏のナムシ。菜畑のナムシ。菜の葉にナムシ。菜虫がナムシ。は、南信州上伊那での一つの言い草である。

ナオシ

これも、「ナモシ」の早いころの転訛形と見られよう。阿波の南隅にこれがある。

○ソーデス　ナオシ。

そうですねえ。

ナーシ(ス)・ナンシ(ス)・ナッシ(ス)・ナシ(ス)

「ナーシ」は「ナモシ」の一転形と見られようか。これは伊予の南部にいちじるしく、ここでは「ナシ」もおこなわれている。

○アリヤイデ　ナーシ。

ありやわせでねえ。

大阪府下の分布（例「逃げきってしもたらええのにナモシ。」）をはさんで、こう東西にある二大分布が、「ナモシ」分布の現勢の、おもなものとされよう。

東北地方に、多少これがあるらしい。岩手県北で、

○ソーダナモシ（ス）。

「さうですね」

などと言う。（小林好日氏「方言語彙学的研究」）「岩手県釜石町方言誌」の編著者八重樫真氏が永田吉太郎氏に寄せられた私信（「方言資料抄助詞編　四二三頁）によれば、

九十で没した祖母など「ナモシ」「ナムシ」と云ふのを以てすれば漱石の「坊ちやん」などに見えるなあ申し《「ナモシ」》と本来同一のものかとも思はれますが

とある。とすれば、一時代前までは、もっと方々に「ナモシ」がおこなわれていたか。もうすこし古い時のことなら、大里源右衛門序するところの「仙台方言」に、

ナムシ。ナモシ。ネナイシヤ。ネナイシ。ナァ。

があげられて、

他邦にてのノと云所に用ゆ。人の物語を聞て。サテナムシ。サテナモシ。サテナイシヤ。サテナイシ。サテナァと云類。又人に物語するに。コフデナムシ。アヽデナモシ。など云類なり。

とある。

東北に対して、西海九州に、いくらかの分布がある。大浦政臣氏の「対馬北端方言集（二）」（方言二の三）によれば、

ナァモシ、ナァムシ　　同意を求める時の詞

ノウヤも同じ

とある。山口麻太郎氏の「壱岐島方言集」にも、「なーモシ　なモシ」が見えている。豊永徳君の報告にもこれがある。豊永君はまた

どめないで、さらに、頭に、「ナ」や「ノ」などの、感声（感動詞）をかぶせたものである。この方式のものが、さまざまな文末助詞形を分生せしめており、ここに、文末助詞相の特異な広がりが見られる。

「モシ」ということばは、「ナ」や「ノ」などと契合することによって、文末詞としての、新しい安定形式についたのである。安定形式であるとともに、これらは、一種の強調表現法になるものであった。

その点では、「ナモシ」ではなくて、「モシナ」というような重なりがあってもよさそうである。しかし、実情は、たいてい、「ナー」「ノ」などの単純感声を先として、その下に「モシ」をつけている。こうしたのが、日本語表現法上の文末助詞として、いっそう、安定がよかったのであろう。その自然のおちつきにしたがって、そこに、自在な転化形式をいろいろに見せている。以下、「ナモシ」系、「ノモシ」系というように、順を追って、項を分けて、記述してみよう。

はじめに、「ナモシ」系のものをとりあげる。

ナモシ

「さむいナモシ。」などという、文末助詞「ナモシ」は、まず四国の伊予においてよくおこなわれている。伊予も中部がこれをよくつかっている。四国では、伊予についで、阿波がこれをかなりおこない、たとえばその南部では、

○ウチノ　コドモガ　オーケ　オセワン　ナツテ　ナモシー。

うちの子どもがたいそうおせわさまになりましてねえ。

と言う。「ナモシ」の言いきりが、「ナモシー」と、長呼になるのは、話しのいきおいの自然によることであろう。四国と相並んでは、中部地方の美濃・愛知・南信に、「ナモシ」がよくおこなわれている。

お母さん、早くごはんをたべましょうよ。

のように言っている。津軽半島の、

〇コレ　オメ　ヤッタンダベ　スィー。

これはおまえがやったんだろうね。

については、“多少上品だ。「スィー」のつかないのよりも。”との説明があった。

以上、東北の「シ」（ス）は、「ほんとにス。」のように、自由なはたらきのものである。遊離独立の成分とも見られることが多い。この線をつよく押すと、これの起源は、「モシ。」というような、一つのまとまった言表ではなかったかと考えられるようになる。加えて言えば、後に述べるとおり、東北地方にも、「ナモシ」「ナムシ」「ナモ」「ナム」などが現にあり、昔は今以上に方々に、これらがあったらしい。「モーシー。」の単独のよびかけのあることはさきに述べた。文末助詞化した「モシ」や「ムシ」も北奥にあり、「モシ」の「モ」は福島県下にある。このような事情から察するのに、東北について、「モシ」の変転としての「シ」を考えること、「シ」（ス）は「モシ」的なものではなかったかと推想することは、ゆるされることかと思うのである。

ともあれ、よびかけことばとしての「シ」（ス）は、このように近畿から東北にわたる広域で、種々に見いだされる。その待遇表現上の表現性は、まず、みな相等しいもの、同一方向のものと見ることができる。

二

文末助詞（文末小詞）「モシ」「モ」「シ」などに対して、一方の大分野に、「ナモシ」「ノモシ」「エモシ」などの世界がある。

――「ナモシ」「ノモシ」などというのは、「モシ」だけの形にはと

私はまだ行きません。

○マンダ　クワネァ　ス。

まだたべません。

のような「ス」は、相手によびかけるものであることが明らかであろう。人は、“何にでもこの「ス」はつく。「ス」に敬意はない。しかし、したしみがある。”などと言っている。相手へのしたしみとは、つまり、したしんで相手を待遇しようとする、敬卑上の心理である。私どもは、そういう「したしみ」を、自由に、敬意とも言うことができる。当地方の方言絵葉書（「盛岡方言」第一輯）には、

○岩手山《おやま》はいつ見ても秀麗《ええ》なス。

○左《ん》様だなっス。

○真実《はんと》にス。

のような書きあらわしかたがしてある。「なス」の場合も、「ス」を分別して、「ス」ばかりをカタカナがきにしているところがおもしろい。「ス」は、そのように、特別なものとして意識されているのだと言えようか。宿屋で女中さんが言ったということば、

○お客さんス。湯サ　オヒァレンセ。

などは、「もしお客さん。湯におはいりなさいませ。」というようなところであろう。

つぎは北奥のはて、青森県下の「シ」（ス）である。東の「南部」では、

○キョーア　エヤ　スィ。

今日はいいですよ。いらないわ。

と魚屋にことわっている。

○ハヤク　ママ　クベ　スィー。

これは、「早くごはんをたべましょうよ。」である。西の津軽でも、

○アッパ　ハヤク　ママ　クベ　スィー。

シ」などから「ヨー　シ」をへて「コンバンワ　シ。」などにきてみると、「シ」とだけあるものにも、やはり「モシ」的なものが感じられよう。

羽前の「村山方言会話集」（斎藤義七郎氏）によれば、

○コンニッツァッス。キョーナスエラネケベガッスー。

「今日は。今日は梨はいりませんでしたらうか」

のような例がある。よびかけことば、「ス」が、明らかである。（さきには「シ」、ここには「ス」と表記されてあるが、ともに、「シ」と「ス」との中間の発音になるものである。）

○シメサンガダ　ドゴサ　イグ　スィ。

あなたがたはどこへお行きですか。

これは羽後の例である。こうして最後に「スィ」をつけると、もの言いが上品になるという。「シ」（ス）と言ったので、多少とも品がまし、あるいは、やわらかいおだやかな表現になるのは、東北一般のことであろう。羽前につづく越後北部でも、すこし目上のものに、

○コイシ。オマエサマ。

あのね。おまえさん。

と言い、「あのね。」よりは「コイシ。」の方がよいという。「コイシ。」は「コイコイ。」（おいおい。）に対することばである。土地人は、「コイシ。」と言うと、よびかけに、したしみが出るとも言っている。どこの場合にも、大体、「シ」（ス）が、何の待遇効果もおこさないことは、有り得ないであろう。おこすとして、それは、わるくない感情を表現するものであることは、「モシ」のよびかけ気分に通ずることとして注目される。

羽後から陸中の例にうつれば、

○マッダ　イガネァ　スー。

関東の少例をへて、いよいよ東北の「ス」（シ）地域が開ける。越後北部はそれにつらなるものであり、宮城県下は、「ス」がやや劣勢のようである。福島県下から見よう。

〇ドゴイ　イガル　シ。

　　どこへいらっしゃいます？

は会津弁で、女性の発言である。“ヨとかシとかは、敬語を含んでいる。”という。“シは謙遜のことば。ネよりもちょっとちがう。鄭重な敬意をあらわすようである。おちついたことばだ。”などともあった。また、“シは、こちらと相手の人とを結びつけるはたらきをする。接着剤だ。Let us のような、さそう気もちがある。”などともあった。「アノ　ナー。」は目下に、「アノ　ナシ。」は目上に言うという。「ナシ」の「シ」の効果がみとめられよう。「ナシ」のこのような用法からは、いっそう、「シ」に「モシ」を想像しやすくはないか。

山形県下の例にうつると、

〇コージツーモンデ　ツゲダ　モンダ　シ。

　　（この、茄子の丸漬けは、）麴というもので漬けたものですわ。これはね。

〇コンバンワ　シ。

　　今晩は！

〇ソーユー　トキニワ、カワイソーナ　モノ　ヨー　シ。

　　そういう時には、かわいそうなものよね。

は米沢地方のことばである。「シ」のよびかけが、明らかであろう。「………モンダシ。」は、一老女が筆者に、「………ものだ。」と、説明してくれたものであった。上の、最後の例の、「ヨー」に「シ」がつづいているのは注目にあたいする。当地方には別に、「ナーシ」「ナシ」の、それぞれ、一体性の明らかなものがある。この「ナー

ても、理は通ずるように思われる。

が、今はなお、この「シ」を、「モシ」系と断定することなく‘「モシ！」、と相手の気を引く言いかたに、通ずると見れば見られるもの――そういう意味作用のもの’としておこう。このように理解するならば、まさに、東北の「ス」（シ）も、大阪方面のといっしょに合わせて考えることができる。東北の「ス」（シ）は、そう言いかけることによって、相手へのよびかけ・訴えの気分を、つよく出しているのである。こういう「シ」（ス）は、近畿以東の諸地域に、広く見いだされるようである。

京都府下や紀州で聞かれる、「これ　見ヨシ。」、「マタ　キテ　オクレ　ヨシ。」〔北紀〕などの「シ」も、今問題としている「シ」とされよう。近江・北陸路に、この「シ」の分布がいちじるしく、愛宕八郎康隆君の調査によれば、能登例で、

○イッタ　カイ　シー。

行ったかね。

のようなのがある。――この「シ」を、「モシ」的なよびかけの「シ」、すくなくとも、そういう気分の文末助詞と見ることはゆるされよう。

信州に例があり、甲斐に例がある。

○タベロッ　シー。

たべなさい。

は甲斐西南部の例である。甲斐の人は、「こたつに　アタレ　シー。」は「あたりなさい。」であると言う。

○ドー　オシタイ　シ。

どうなさいましたの？

は三河北奥の一例である。人はこれを、「ずっとていねい」な表現であると言っている。女のことばとは限らないとのことである。

わたし、知らないのよお。

などの「シー」は、「モシ」の「シ」かもしれないということになる。だとすれば、ここにも、「モシ」文末助詞のいま一つの特異な安定形式を見いだすことができる。

上の解釈は正しいかどうか。柳田先生が、わりにはっきりと言っていらっしゃる東北の「ス」については、後に、北条忠雄氏のお説、

実に東北方言の対者尊敬に用ゐられるスはこの強意指定のシに外ならぬものである。

藤原註　氏の「強意指定のシ」とは、文語の「……かし。」の「し」がある。(昭和二十六年「東北方言に於ける対者尊敬『ス』の本質」国語学第六輯)私は旧来、柳田先生のお説に追随してきた。しかし、大阪方言の「シ」(その亜流とも言える神戸や姫路の「シ」でも)については、柳田先生も別にふれていられるように(「国語の将来」二三四頁)、「雨も降るし疲れても居るから寝よう」といったような言いかたの「シ」のさしひびきも、考えられるかと思う。それにしても、現在の用法そのものは、多く「モシ」的な文末訴えになっている。もはやこのことばづかいは衰退しつつあるらしいが、ともかく、ものは、おおよそ、文末のよびかけことばとして、性格を成しているようなのである。その上げ調子に引っぱって発音するところには、女性語らしい面目がよく出、余情にも富む。

大阪府下南河内郡での調査によれば、この方では、「ナモシ」という文末助詞を、現に老人がよくつかう。「モーシ」というのも、文末助詞としてよくつかわれている。四国や紀州に「ナモシ」系のもの、「ノモシ」系のものがよくおこなわれている現状とも考えあわせるのに、大阪府下に「ナモシ」があってもふしぎではなく、したがって、大阪市中心に、「モシ」系の「シ」文末助詞があったとし

は、独自の安定形式として、よくおこなわれている。

この「モ」が、とびはなれて一つ、南紀の一隅北山村にあり、村内英一氏によれば、

○ドウゾ　アガッテ　チョーダイモ。

　　どうぞ上って下さいね。

などとあって、親愛の意をあらわすという。（同氏「文末助詞の考察」和歌山大学学芸学部紀要《人文科学Ⅲ》）福島県下にも「モ」がある。

また、筑後の旧柳河藩地方内外に、

○エー。ソー　タン　モ。

　　ええ、そうですよ。

○スズシュ　ナカ　バン　モ。

　　いっこうにすずしくないですよ。

のような言いかたがさかんなのは注目される。これは、東の濃美地方の「モ」と相対する勢である。かれは、「ナモシ」の略形「ナモ」、「エモシ」の略形「エモ」とともにおこなわれ、これは、「ノモシ」の略形「ノモ」とともにおこなわれる。

「モシ」にはていねいな親愛感があるが、「モ」となったものには、概して、そのいくらかくだけたものがみとめられよう。

×　×　×　×　×　×

柳田国男先生の、「毎日の言葉」（昭和二十一年）にのせられたお説に、

> 大阪の女の人たちのユクシ・イヤヤシといふ終りのシなども、或は亦東北のアノス・行クスの「ス」と共に、古くからあった物申すの最後の残形であるのかも知れません。（三九頁）

というのがある。これにしたがうと、大阪方言の、

○ウチ　シランノヤ　シー　。

「ナモシ」類の内とも見られる「ノモシ」の類の、「ノモ」「ノシ」をよく存する筑後から一例を引くと、

〇シェンシェ　モーシ。

　　　先生もし。

のようなのがある。

〇ソヤハカイニ　モーシ。

　　　それですからね。

は、大阪府南河内郡下の例である。

「モシ」が「ムシ」となって、文末助詞としての安定を見せている例は、関東西北部・信州北部に見いだすことができる。大久保忠国氏の「埼玉方言の語法」（ニュースクール 7）によれば、

〇ソーダ　ムシ。

というようなのがある。

「もし」が、一文の文末部として、習慣的なものになった時、その機能性からして、語形の転化もおこしやすかったであろう。語形の転化とは言うが、つまり、文末助詞らしく発音するので、音相が変化するのである。北信では、「ミシ」という形もおこっている。青木千代吉氏の「信州方言読本語法篇」には、

〇そーだってことみし（そうだってことさ）

のような例が見えている。北奥下北半島でも「ミスィ」が聞かれた。

一’

「モシ」の文末助詞としての定着形式の、特異なものに、「モシ」の「シ」を略した「モ」がある。これは主として尾張・美濃の方面に見いだされる。「いりゃあすきゃあも」（入らっしゃいますか。）——〔岐阜県方言集成〕——など、例はよく知られていよう。「モ」

○ゴメンクダハンモーシ。

御免下さいましな。

のような例になると、「モーシ」は「モー」と高く発音されていて、「もーし」とよびかけるような気味がかなり出てくる。

しかし、ことばつづきから言うと、上のものも、依然として助動詞の形態で、文末助詞的なもの——遊離孤立の成分——ではない。

○さよならモシ。

のようになると、この一いきに言われる表現の、文末の「モシ」は、もはや文末助詞化している。

「モシ。」と第一文でよびかけて、次に用件を言うことばづかいでは、第一文の「モシ。」と、次の第二文とが、密接に関連している。これと同じことは、「モシ。」が第二文となった場合にもある。この後者の場合、「わかりましたか。モシ。」というようなのが、一いきに発音されることがある。そうして、音声表現の抑揚も、第一文と第二文との境で曲節をおかないで、「モシ。」の声づかいが、前文の抑揚の流れに自然に包攝されることがある。こうなると、「モシ」が第一文の文末成分と化する。このような発言、「モシ」のつかいかたが、土地で、さまざまの会話の場合に習慣化すると、ついには文末助詞「モシ」ができあがる。

単独よびかけ文「モシ。」を常用する所なら、この「モシ」文末助詞をおこし得たはずとも思われるのであるが、——したがって、「モシ」文末助詞は全国の方々におこっていてよさそうに思われるが、当今の実情からすると、方言的な用法とみとめられる「モシ」文末助詞は、そんなに方々には見当たらない。「ナモシ」類の存在で注目される尾張から一例を引けば、つぎのようなのがある。

○体のゑゝ泥棒だがもし。　（「地方語読本」）

〈永田吉太郎氏「方言資料抄　助詞編」による〉

口ことばでは、「モシ。」と短呼してよびかけるのが全国共通の習慣であるが、俚謡の文句などでは、音律との関係もあってか、「モーシ云々」と言ったりしている。九州方言のうちでは、豊後などでも、電話をかける時に、「モーシモ。」とよびかけたりしている。二度目の「モシ」を「モ」だけにとどめているのである。これなどは、「申し」の方言形と、まず、してよかろうか。店に買い物にはいって、「モーシ。」、「モーシ(ス)ー。」とよびかけるのは東北の習慣である。亭主を呼んで「モーシ。」などと長呼する風は、民間の雅言として、方々に存在したであろう。

「申す」ということばは助動詞にもなった。「ござり申す」などの用法はそれである。その助動詞としての「申す」が今日よく生きているのは、九州南部の薩隅方言においてである。

○ゴヤッケサー　ナイヤゲモス。

まことに、御厄介さまになります。

○アイガト　モシャゲモシタ。

まことにどうも、ありがとうございました。

などの例を見られたい。この地方では、「マス」という助動詞はなくて、よそが「マス」をつかうところは、すべて、「モス」をつかう。さてその「モス」(申す)が、

○アユ　ミデ　ミヤイモーシ。

あれを見ておみなさいな。

〔薩摩例〕のように、「モーシ」という文末形になると、「もし」との、よびかけ性が、しだいに出てきはせぬか。もっとも、上の文アクセントでは、「ヤイ」が高くて、「モーシ」のところで抑揚は落ちている。薩摩につながる肥後南部の、

○ゴメンクダンモーシ。

御免下さいな。

本稿では、日本語の現代口語に見わたされる、文末よびかけことばの大きな体系的存在のうちから、「ナモシ」類その他として一まとめにし得るもの一派をとりあげて、その分布とはたらきとを見よう。

この報告は、昭和二十一年に、国語学会講演会で発表した、「対話の文末『ナモシ』の類について」につづくものである。現代地方語の研究は、今なお、その討究が十分でない。「ナモシ」類その他の分布も、今は今として、これだけのことが言えるということなのであって、今後精査をかさねれば、まだ、どこに何が見つかるかもしれないことである。今はただ、第二次の概報として、以下の発表をするのにとどまる。

一

「ナモシ」などと言われると、人はたいてい、変なことばだとか、古めかしい言ひかただとか思うであろう。今や、「ナモシ」ことばは、私どもの身辺からは遠のいているようである。だが、もう一時代二時代前には、じつは、「ナモシ」の類のことばづかいは、ほぼ全国東西にわたって、そうとうによくおこなわれたものであったらしい。今日の、「ナモシ」類その他の、全国内に分布するありさまを大観するのに、これはまさに、前代の共通語法であったことが想像される。

そういえば、「申す」ということばは、たしかに、全国によくおこなわれたものにちがいない。「モシ。」や「モシモシ。」のよびかけは、今もさかんに、全国各地でおこなわれている。私どもが「モシ。」と言う時の、あの、すこし妙にあらたまったような気分を思いおこしてみるとおもしろい。あれは、「申す」ということばの表現味のなごりであろう。

対話の文末の「よびかけことば」

―「ナモシ」類その他について―

藤　原　与　一

私どもの対話では、一まとまりの言表を結ぼうとする時——つまり文末で——、よく、「ネ」とか「ナ」とか言ってしめくくる。相手に対して、聞こえの徹底をはかろうとして、このような、特別のよびかけをする。「そうですネ。」などと言うと、この「ネ」のところに、この一全体の文表現の、よびかけ性・訴え性が明らかである。

この種の「よびかけことば」、しめくくりことばには、さまざまのもののあることが、どなたにも気づかれていよう。「ナモシ」などというのもその一つである。「よびかけことば」は、簡単なものから、複雑なものまで、いろいろある。その用法はまた、それぞれに微妙である。総じて、相手をどのようにか待遇しようとする心意の表現、けっきょくは敬卑の表現になることは、多く言うまでもなかろう。

この種の小詞の使用は、国語の表現法として、特に注意すべきものである。文の形式上の「接続関係」からいちおうはなれて、最後に、文終止点において、ひとり自在にそのはたらきを示すのが、この種の小詞である。（これを私は文末助詞とよんできた。「助詞」の称呼は、通例にしたがったまでである。）対話表現の実際を見るのに、これの役わりは、けっして単純でない。文末詞は、文末にあって、一文の表現効果を、収約的に表示するのである。この種のものは、日本語文法((表現法))上の一特質をなすものと見ることができる。

命名と造語

藤原与一

1　研究史

「命名と造語」の「と」は、いちおうかるい意味にとっておく。ともかく、この方面の、これまでの研究といえば、ほとんど、柳田国男氏お一人の、一つづきのおしごとがとりあげられる。

土地への命名、いいかえれば地名についての柳田氏の、御研究「地名の話」が、『地学雑誌』に載ったのは、大正元年（一九一二）であるという。その着眼と創意の、いかにも時代にさきがけたことは、まったく、おどろくばかりである。

命名には、地名・人名、その他と、さまざまの場合があり、一般の事物に普通名をつけることもまた命名にほかならないが、これらの命名事象を、民俗学の対象として処理するじっさいの手だては、柳田氏によって明示された。氏の『民間伝承論』（昭9）には、資料の「三部分類」が説かれており、「第二部は言語芸術或は口承文芸のすべてを網羅する。」とある。さて、昭和七年に、氏の『地理学評論』に寄せられた「地名の話」によると、「文化人類学」の名のもとに、「手に余る程のダータ」を「三つに小分けするのがよい」とされ、その甲・乙・丙の乙が、「主として耳の働きによつて採集し得るもの、是を口承文芸もしくは言語芸術と謂ひ、或は口碑といふ語にどうかして其全部を含ませる様にしたいとも思つて居る。」となっている。この「乙部」は「更に細かく分た」れて、（イ）から（チ）までとされ、（チ）は、「命名法又は新語造成法」とされている（以上の引用は、昭和一一年に発行された『地名の研究』p36―37による）。

右に明らかなように、氏は、いわゆる「命名と造語」を、早く、民俗学の対象領域の第二部（乙部）におかれ、これを、口承文芸または言語芸術の一種としていられるのである。

「命名と造語」を民俗学の対象としてとりあげられたことがすでに一つのだいじな発見であった。その上、これを、言語芸術・語詞芸術として、あるいは口承文芸の一つとしてとり立てられたのは、私どもにとっての、大きな啓示・

先導であったといわなければならない。

このような氏の開拓は、昭和一〇年の『郷土生活の研究法』、昭和一七年の『日本民俗学入門』などによって、いよいよ平易に示された。

考えてみれば、氏の民俗学開拓の発想は、純乎とした日本の発想であるように思える。日本語のすなおさにしたがった、もっとも柔軟な発想のように思える。おっしゃること自体が、まったく「口承文芸」になっているのである。生まれるべき日本の学問を、掘りおこして代弁されたのが氏の学問であった。その氏が、「命名と造語」へのおどろきを、言語芸術あるいは口承文芸の中に位置づけられたのは、また私どもにとっての大きなおどろきである。

私どもは、氏の描かれたすじ道にしたがって、「命名と造語」の研究を、あやまりなく進めていくことができよう。もっとも手近な参考書は、昭和九年に出された『新語論』(国語科学講座)である。これは、一一年の『国語史新語篇』に発展せしめられている。昭和五年の『蝸牛考』一巻が専門の参考書であることはいうまでもない。

2 「口承文芸」としての「命名と造語」

「命名法」は、「または新語造成法」である。「命名」はすなわち「造語」である。「命名と造語」とはいうが、じつは一つのことである。それを、一方から見る時は命名であり、他方から見る時は造語である。命名法は、その結果である造語の、形式を解くことによって明らかにすることができるものである。造語法といえば、もはや命名法にほかならない。

さて、そのような「命名と造語」が、あるいは「言語芸術」といわれ、あるいは「口承文芸」といわれている。この卓抜な見識を、あやまって広げすぎるようなことがあってはならない。不用意無分別にいわゆる方言を集めて、それを一口に口承文芸ということがあってはならないと思う。ところでまた、用心して右の見識を拡充するならば、ずいぶんにおしひろげることができるようである。おしひろげて考えることによって、もしも方言生活の諸相を、生き生きとした民俗現象として理解し把握《はあく》することができるならば、方言の学は、まさに人生有用の学となる。

氏は、「近頃行はれて居るブリツルやテボフル、もしくはエボツル・マストル・ホロマク・ウザネハク等も、何れも短かいながらに一篇の文章であつて」(岩波講座『日本文学』所収「口承文芸大意」昭7、また、『口承文芸史考』昭22）と述べていられる。共鳴してやまないところであって、かつて私も、たとえば名詞形のようなものについても―たとえそれが単純形の名詞であっても―、体系的形成とか文的形成とかいうことを考えた（拙著『日本語方言文法の研究』昭24）。一々の語もまたすべて、文がつづられるようにして形成されてきたと思われるのである。このような見地に立てば、どんな一語も、口承文芸、あるいは語詞芸術の所産でないものはない。人はけっして偶然・無作為には語を作らなかったのである。

方言人の毎日の方言生活、ことに今日の老人たちの、共通語を知らぬ自由な方言生活を聞いていると、その一々のいいあらわし、文の表現が、あたかも自然詩のように思われてくる。方言人の、素朴ではあるが自在なその発想は、民間自然詩ともいうべきものを創作していく。こう見てくれば、口承文芸のダイナミックな世界は、じつに広いとしなくてはならない。文の創作の文芸活動の生活にささえられて―そのような表現生活の習慣の中で―語の、民間芸術としての製作はおこなわれる。文表現の自由な発想を除外して語詞芸術を考えることはできない。

けっきょく、口承文芸あるいは言語芸術は、ずいぶん広範にみとめられるものであることが明らかであろう。ここで、私は私なりに、「口承文芸」という名と「言語芸術」という名とを、吟味しておく必要を感ずる。

柳田氏は、一語の命名が「口承文芸」であることを説明せられて、まず、「即ち亦口承文芸の一般の法則に遵うて、群の感じを覚るに敏な者が、代表して総員の言はうとする所を言つたのである。」（『口承文芸大意』）というようないいかたをしていられる。さらにはまた、さきに引用した「一篇の文章であつて」のやや下に、「現在は既に衆人共用の国語の一形式と化し去つて、著作権の所在などは全く不明に帰して居る。是と比べると他の一方に於て、古今常用の秋月春花の一句が、千たび繰返されても尚それ〴〵の独立した文芸であることは、甚だしく釣合ひのとれぬ話であるが、」とあって、「口承文芸」を宣せられる趣意は明らかである。しかも一方では、「つまり我々は人が同意をするであらうならば、何とぞして新らしい言葉を設けて楽しみたかつたのである。この種の言語芸術の」と言われ、また、「（上略）分け取りする有様をテントロボントロ（肥前平戸）と謂ふやうな例は無限に集められる。是等にはまさしく詩歌と共通なる約束さへあつたので、無名ながらも何人か必ず、衆に先だつて此選択を試みた者があつた以上は、之を芸術と名けて聊かも其不可を見ないのである。」(『口承文芸大意』)と述べていられる。

「口承文芸」と「言語芸術」との二つの術語は、氏において、比較的自由につかいこなされているようである。ところで、今もし、私どもに、用語の自由がゆるされるとしたら、「命名と造語」には、ひとまず言語芸術（あるいは語詞芸術）の名をつかってみてはどうであろうか。言語芸術という方が、口承文芸というのよりも、指し方が広い。単語（固有名であろうと普通名であろうと）製作に関する名としては、指し方の広い方が、さわりがすくないであろう。さて、言語芸術をさらに語詞芸術と言い定めれば、これは、実態によくそうて、おちつきがよいと思われるのである。

言語芸術の名を広義に用いて、「命名と造語」には別に特称をあてず、言語芸術に属する民話・民謡その他に、口承文芸という特称をあてることにしてはどうかと思う。啓蒙をむねとした『郷土生活の研究法』が、「民俗資料の分類」の第二部を、「言語芸術」としているのも注意したい。

3　「命名・造語」論の方向

命名という語は、人名や地名などの固有名詞の製作についてだけつかわれてもいる。が、ここでは、もとより、固有名詞の場合にかぎらず、一般普通の名詞の場合も、なお、動詞・形容詞・副詞その他の品詞の場合も、いっさいふくめて、その製作を命名という。いいあらわしたものはすべて命名であり、語（実詞）の成立が命名である。

造語の外形を見た場合も、その造成法は、普通名詞と、固有名詞の地名などとで、同一傾向である。造語法自体としては、彼我にかくべつの大きな差別はない。双方を通じて、造語法一般ということがいえる。

命名すなわち造語という考えかたは、じっさいに即した一般規定なのである。

さて、このような「命名・造語」論の、目的は何であろうか。民間に生きてはたらく「命名・造語」力を明確にとらえて、私どもの将来の言語生活の改善にそなえること、これが目的だと思う。

この点で、私どもは、これまでおこなわれてきた「命名・造語」を見る態度を、厳密に反省しておかなくてはならない。私どもにとってたいせつなのは、回顧にもとづく展望である。

右のような目的からは、私どもは、「命名・造語」の実情について、なんらかの内面の特質をとらえることにつとめればよいであろう。

4　想の自在性

一ばんにとらえうるのは、「命名・造語」での製定者・製作者たちの、想の自在性である。これを第一の特質としたい。

人びとの命名の態度は柔軟であった。それは当意即妙ともいえ、時によっては、大づかみとも、気ままともいえるものであった。後家が気ままであるというので「ゴケキママ」といい、家のうしろに赤い土があるから、というので、姓を「アカカベ」とつける。鏡のような浦は「カガミガウラ」である。想の自在に即応して、こだわりのない造語ができている。

さいわい、日本語の高低アクセントが、その新しい一語のまとまりを保証した。方言によってちがうことではあるが、たとえば「ゴケ」と「キママ」とが一語に合成されると、できた新語のアクセントは「ゴケキママ」となる。こうなればもはや一語のまとまりはたしかである。

「カガミガウラ」などは古語めいているが、つづけことばの「ガ」や「ノ」はぞうさもなく利用されて、ここにまた自然味ゆたかな複合語ができている。「ヨルノメ」(夜の目)はたいまつ、「ヨルノオモテ」(夜の表)はひるのこと、地名なら「ふじの山」「婆が岩」の類である。

自然の造語と即座の命名との背後に、想の自在性がある。語の成形は、文の想によるものである。文の想は自在である。文の想の自在によって、語は自在に創作される。

文形がそのまま語として定着されていることもすくなくないほどなのである。たとえば、「わんぱく者」は「テナワン」(手に合わん)といわれ、「つまらぬ」という意などには「ダチカン」(埒があかん)という。蠅の入らないようにというおもむきの道具は「ハイイラズ」「ハイラズ」、土蔵は「ヒイラズ」(火入らず)である。とかく否定形の実例が出てきやすいとすれば、そこらに、民間人の日常生活の発想は栄えを見せたのである。否定ではないが、ちと足らぬ人のことを、「イテコイ」(行ってこい)といいならわしたりしているのは、やはりただならぬ趣向である。さてまた、「クータラヨシノカゼヒカズ」(食うたらよしの風引かず——

ぶただらぶらと食べて遊んでいる人）などと、こだわりなしの長い形もこしらえているのである。

「命名・造語」は、文の想の自在さによるものゆえ、奔放である。こだわりがなくて、指摘のしかたが単純である。「イテコイ」のようなのも、まったく奔放で単純卒直なとらえかたであった。人名でも、はじめて生まれた子には、「ハジメ」「初子」と名づけ、もうおしまいと思えば、「トドム」「オサム」「末子」と名をつける。もっと気らくなのは、はじめのきわに生まれた女の子は「キワ」で、またも女が生まれると、平に御免と、「ヒラ」という名にするというようなのがある。地名にしても、源左衛門にゆかりの橋はただちに源左衛門橋とよび、これがそのままその辺の地名になる。山の深い谷はさっそくに「フカダニ」とよび、これはしぜんに「フカダネ」などとも変じて、それがやがて完全な固有名詞になる。

奔放で単純であることは、気がる・気らくということでもあり、生活の自然そのままということである。日常の発想のおもむくところ、卑近な称呼が多くできている。想の自在性は、命名の卑近ということでもある。

卑近でもあれば、「命名・造語」の俊敏でもあるのが、特に注意される。まことに命名は早い。たちまちにしてものに語をつけてしまう。新物新語もまたたくまである。想の自在性を、命名の早さに見うるのは、興味ぶかいことである。ふうがわりな建て物が出現しはじめると、もう人びとは妙な当て名を作って待っている。あたかもさっと描きとるがごとくに名をつける。それがまた端的で卒直なのである。

建て物ではないが、「巡査さん」は「オマワリサン」であった。すりこぎも「メグリ」である。水の上には「マイマイ」といわれた小動物が回り回りしている。

5　批評意識

命名はもとより人がする。ことに固有名詞の人名などは、個人の命名のはっきりする場合で、これこそ命名の命名なるものでもある。

が、「人」につけるのでも、あだ名となると、もう、人人が名づけるといわなくてはならぬ状況が多い。普通の名詞はたいてい人々があいよって名づけたのであり、地名などもまたそうである。もとより、ことのはじめには、特定の人がはたらいたのにちがいない。あだ名などでは、その創始者の名誉が長く保たれていることもある。が、そのような名が名として成立し、社会の名詞となったのは、けっきょく人々の共賛の力であった。一般のいいかたをすれば、名詞は人々が制定しているのである。

多数の賛同を社会の意志と見る。通常の「命名・造語」は、社会意志のいとなむところである。社会の多数によってしぜんに規定されるものゆえ、語はすべて社会の生活に密着して平明であり、毎日の実用にはかなうように卑近である。それでいて、その「命名・造語」が、自然のうちに、なにほどかの批評意識をやどしがちなのは、重要視すべきことである。「ゴケキママ」というのもすでに批評であった。そこの社会の人々は、みな共感して、その批評を是認したのである。社会意志のその是認のはたらきが、「ゴケキママ」という批評の一語を生んだ。「ウスナベジョタイ」というのは、女のひとり者の、らくなくらしの、とかくこぎれいな、うすなべでの煮たきというようなのをいう。そういえばそれまでのことのようでもあるが、この「命名・造語」には、そんなくらしをなにほどかなじるような気もちがひそんでいる。そねみがなじりともなる。一面たしかに、村のくらしのつねのありさまにはずれたところが目だたしいので、なじられてもしかたはないところなのである。ここには村の道徳の作用がある。村の人たちは、それとなく、村の不文の道徳にものをいわせて、ひとりぐらしの彼女を批評しているのである。

東北地方のことば「ゾーリコバンツァン」などは、年老いてもまめまめしくぞうりを作っているおばあさんのよさを、ほめたような気分のことばである。ほめたといえねば、すくなくとも、そのように、美しくよびかけたものである。中部地方の「ウスヒキババサ」にしても同巧である。ところで「シゴトシ」（しごとし）となると、よくしごとをする人をほめたようなことばではあるが、じつは多少の非難をも含めている（そういうことがすくなくない）。農休みというような村の休み日に、何かせっせと用事をするような人をとらえて、「あの人はシゴトシだ」という。ほどほどを貴ぶ村の道徳が、多少とも、その人をせめているようである。

単純ないいあらわしの中にも、いくらかの批評意識をこめがちなのは、世の「命名・造語」のつねともいえようか。批評意識をこめることが、「命名・造語」のかげりにはならない。まったく卒直な表白が、他方から観察すれば、一種の批評意識を持ったものなのである。

批評はけっして混滞せず、時に大胆でもあり、放胆でもある。あだ名（シコナ）にもそのことがあり、一般名称にもそのことが多い。いわゆる人倫上の名詞には、ことに批評の卒直なものが多い。それも、働き者をほめあげることばよりも、怠け者をくさし、やっつけることばの方が多いのはおもしろいことである。淑女をほめそやすことばよりも、おてんばをけなすことばの方が多い。どこの社会にも、世上の善行を賞讃する語はすくなくて、非行を論難する語はことのほかに多いようである。人倫上の批評語は、およそ否定面にむかってよく栄えているのである。批評は、そのように、呵《か》責《しゃく》なく、正面から加えられる。地方社会の道徳は、閉鎖性のつよい社会であればあるほど、そうとうにきびしいものであり、善は当然のこととして、もっぱら悪を攻撃する。その一種の正義感情、あるいは義理・人情の感情は、ひたむきに、直接にはたらくのである。

うわさばなしは、小社会内での重要な話柄の一つであるが、「七十五日」つづけるうわさは、やはり主としてよくない方面のことである。うわさとともに批評する。うわさの感情曲線の上で、多くの批評語が創作されるのである。だれからともなくいいはじめられ、それが、うわさの座で、しぜんに、人々に共感されて、やがて社会の術語ができあがる。決定するのは社会意志であり、それは、うわさの場合、道徳律といってもよいものである。

うわさの批評は、とかく好悪にわりきられがちで、中間がない。すききらいが単純にことばにあらわされる。「ヨメイビリ」（よめいじめ）する姑《しゅうとめ》のことはひとえにあしざまにつたえられる。

いったいに、「命名・造語」の判断では、正対邪、是対非、益対害、前対後、右対左、用対不用と、とかく、はっきりとした対立語を生みがちである。対立・対応の関係の把握ということは、民間「造語・命名」のたいせつな一方向である。それはみな、広義の批評活動ともいうことができる。「ブナ」という植物に対して、類似の、しかも区別すべきものに「イヌブナ」の名を与えていることや、「イチゴ」に対して「ヨダレイチゴ」の名を設けていること一、二を見ても、批評のおもむきはよくわかる。

さて、批評の一態として、諷刺《ふうし》がとりあげられる。すききらいがはっきりすれば、諷刺は皮肉にもなろう。諷刺のこだわらぬするどさもまた、民間「造語・命名」の一特色である。建造工事などで、何か行きすぎがあったり、そうまでしなくてもということがあったりすると、人はいつのまにか、その建造物に、建造関係者の名をもじった、きりっとしたよび名をつけている。当時者の名誉をたたえたかっこうで、じつは皮肉っていることなどもある。端的な「命名・造語」にも、時に諷刺のきびしいものがある。「ノンキブシ」などという名も、これでそうとうの諷刺を示していると思う。

平凡な「命名・造語」のようで、じつは鋭いものを持っている語は、ずいぶん多かろう。人の名にしても、「一平」などといわれると、ぎくっとする。「カッテツンボ」(返事したくなくて、かってにだまっていること)というのなども、かんたんにいってのけたものであるが、そういわれてみればなるほどそうである。むぞうさの底に、生き生きとしたものを蔵しているのが、民間の「命名・造語」である。

6　あそび

「命名・造語」の特質として、あそびという特質が、大きくとりあげられる。民間人の日常生活にとっては、命名もまただいじなあそびのようである。あそびの軸心から振り出されたことばは、ずいぶん多いのではないか。批評ということも指摘されるが、なお一般には、あそび、広い意味のあそびが、「命名・造語」のつよい動機になっていると思う。

事物への関心が興味となり、ここに、あそびとしての命名活動がおこる。そこで、想のあそんだ名が造成される。考えかたによれば、批評もあそびかもしれない。諷刺・皮肉も、そんな種類のあそびということになるかもしれない。

「命名・造語」の世界は、古来の民間、娯楽のすくない民間にあっては、私どもの想像以上に、たのしい世界であったろう。そこは、手がるにたのしめる、おもしろい世界であったらしい。大人の「ほら」や大仰なものいい、誇張なども、方言社会の一種の娯楽であった。村にはその道の達人もいて、自他ともにゆるしていたのである。「ほら」はうそであるが、つみのないとりどりのうそが、娯楽として語られた。ことばを設けては相手に一杯食わせ、すぐあとでばらしてともに笑う。あどけないものなのである。人智が丈《た》けてきてからは、清談な笑わし手がすくなくなった。うそのさそうにぎやかな笑いの伝統は、一つくずれたかとさえ思う。ともあれ、そうした笑いの情感につながる感情の世界で、「命名・造語」はたのしまれてきたのである。

柳田氏は、「つまり我々は人が同意をするであらうならば、何とぞして新らしい言葉を設けて楽しみたかつたのである。」（『口承文芸大意』）といっていられる。

子どもの「命名・造語」には、あそびのおもむきが一段と顕著である。というよりも、子どもの場合は、すべてがあそびであるといってもよい。あそびがしごとの子どもから、あそびを生命とすることばの生まれるのは当然である。

かれらのあどけないちえは、まず目前のうごくものを追っかける。しぜん、子どもの生活の中の動物が、種々の「命名・造語」をこうむっているのである。めだかなどはなかんずくそのよい例である。さて、めだかならめだかを、見つめはじめると、じつによく相手の生活と生態の中にくい入って、思いきりの新名を、つぎつぎに創作する。「メダカ」はあの目に着目したものであるが、これは、あの魚に対する把握・描写として、いかにも子どもらしく要をえたものであった。目に着目すると、「メブト」（目太）ともいう。いかにも目は太い。「メバッチ」ともいう。いかにもぱっちりとしている。こうして追究は微細に入り、観察はうがってくる。対象を、右に左におっかける興味は無限かと思われる。

子どもの想像力は、大人の思いのほかである。かまきりを「オガメ」といいあらわしたりしているのは、着想絶妙といってよかろう。子どもの描写力は広くて大きい。連想して何をいい出すかわからない。つまりそれだけ、あそびを奔放にあそぶのである。

動物でなくて、うごかない植物でも、子どもの生活の中のものは、それなりに親しまれて、それには、珍奇巧妙ともいえる名がつけられている。私なども、畑の雑草の中から、「こにしきそう」をとり出してきては、「ヤッコグサ」といって、それを奴の鳥毛にしてあそんだのを思い出す。がけの草むらから「ちからしば」を抜きとっては、これを「スモトリグサ」とよんで、友だちと、その草の穂をからみあわせ、引っぱりあってあそんだのを思い出す。これらの名は、まったく、あそびとして、あそびのくらしの中で、しぜんに作られたのである。

うごかなくても、色の美しいものは見のがさない。そして、子どもは、大人の見わすれているようなところに、案外の美を発見し、かわいらしい名をつけているのである。

微視の力は子どもにつよい。うごきにしても、思いのほかのところにかすかなうごきを発見する。

こう見られる子どもの「造語・命名」が、大人に共感されないはずはない。子どもは、大人の忘れようとしている趣味を、強調して見せてくれるのでもある。たまたまあだ名などになると、大人も妙にあそび心を発揮して、奇抜な名をつけたりもする。

大人の世界では、生活の便利から簡易な名をさっそくにつけたというような場合もすくなくなかろう。が、そのような、当意即妙のさっそくさも、むぞうさなあそびといえないことはない。柳田氏が「何れも無造作の中に著しくあの時代の生活趣味を現はして居るのが面白い。」(『地名の研究』)といわれる、その生活趣味をあらわすことが、すなわち、「命名・造語」のあそびなのだと思う。

大人と子どもとを通じて、「命名・造語」に、このみが感得される以上は、もはやその「命名・造語」を、あそびとすることができる。人々は、生活の中で、生活の自然の欲求のままに、生活いっぱいのこのみで、いろいろな「命名・造語」をおこなっている。いわば、生活の中で、「命名・造語」の大きなあそびを演じているのである。

7 比喩

あそびの極端な一類に、比喩《ひゆ》がある。たとえにまかせて、「命名・造語」をおこなうのである。これも、いまは「命名・造語」の一特質としてとり立ててよいかと思う。

「油を売る」(なまけること)など、動詞に比喩が多いのはよく知られている。同じく動詞の例に、「マオトコスル」がある。兵庫県但馬の例で、「つまみぐいする」ことであるという。比喩もこうなれば、度をすごしたものともいえるかもしれないが、そこまでも引っぱっていってたとえてみたいのが、民間のつよい比喩心理だと見なければならない。よくよく、たとえることにおもしろさを感じているのであろう。わざとでもそうして、あそびたいのである。この心もちは、「命名・造語」の基本の心もちの一つとして、大いにみとめなければならない。

分家のことを「カマド」といったり、破産のことを「カマケシ」(釜消し)とか(「破産者　カマドケァシ」)、「イドヘー」(井戸と塀ばかりの意)とか、いったりするのは、主として東北地方でのことのようであるが、いずれも、家の生活のうえの大きい事実、深刻な事態を、手ぢかないいかたでたとえたものである。さっそくに、手がるにいおうとすると、とかく、こうしたたとえになるのであろう。なにも他家の破産をおもしろがるものはないのをもって正常とすべきあるが、手ぢかないいかたをしようとして、ふっと、たとえを持ってくるところは、たしかに、「命名・造語」のあそびなのである。局外者として、目の前の現象を見ていて、たとえでいいあらわしたくなるところが、「命名・造語」の興味(おもしろみ)なのである。強情な人のことを「ゴンボホリ」といいあらわしたりするのは、もう、完全におもしろがってこういっている。『松前方言考』(昭14)には、「アブラムシ」という語をあげ、「是は芝居或は角力場などの木戸の銭をも出さずして内に入りて見るものを指して云ふの言葉なり」と説明してある。「ゴンボホリ」や「アブラムシ」など、相手を見下げてたとえるいたずらぶりを見て、さきの「カマケシ」などを見れば、やはり、傍観する者が、あそびとして、たとえてこういっていることが明らかになる。

たとえをこのむことはつよい傾向で、例はそこにもここにも多い。雑誌『三重県方言』第3号(昭31)に載っている上村角兵衛氏の『志摩志島近辺の方言……1』によれば、「火事」が「アカウマ」、「脱穀の時に散らかった残穀」が「アシモト」とある。

> 盛岡では、祭などあった後にする慰労会を、カサコシと言ふ。「笠こはし」の訛であらう。
> 紀州の日高郡では、祭の後宴をカサヤブチと言う由、「南紀土俗資料」に見えてをる。「笠破ち」である。

と、これは、『方言と土俗』第二巻第五号(昭6)に見える記事である。田中勇吉氏の『越佐方言集』(明25)によれば、「旅帰リノ祝宴ヲはんばきぬぎトイフハ脛巾ヲ脱ク意。」という。「ソデトーシ」は「出産祝」(三日目)である(三ヵ尻浩『大分県方言の研究』昭12)。「金品を出しあって会飲会食すること」を「めおい」というのは、「香川・徳島県美馬郡・岡山・広島県江田島・愛媛県大三島・島根県邑智郡」などである(『全国方言辞典』昭26)。「げんのしょうこ」が「イシャナカセ」(医者泣かせ)であったり、あるいは「イシャダオシ」(医者倒し)であったり、おもしろおかしい例はだんだんに多い。大げさなたとえ、誇張のたとえをたのしむふうは、そうとうにつよいようである。

子どものたとえぶりはまたかくべつさっぱりとしている。「蛇」の「クチナワ」(朽ち縄)は大人かもしれないが、これを「ハタケウナギ」といったのは、子どもではなかろうか。山で見つければ「ヤマウナギ」、おおかた子どもの頓智であろう。

さて、たとえかたに、いくらかの種別がある。「ヤマウナギ」などというのは、まるまるたとえたものであるが「オタフクかぜ」などというのは、複合語の上半分だけが「お多福」とたとえられている。家での夜しごとのことをいう「ヨナベ」が、「夜鍋」であるならば、これは下半分がたとえことばになったものである。

「鯛」を「ニシノミヤ」(西の宮)というなどの隠語も、たとえの方法をとったものにほかならない。隠語の趣味も、一面、たとえの趣味にすがっているといえよう。

8 直写直叙

「命名・造語」の特質として、たとえ・比喩をとりあげてみると、比喩と対比的な直写直叙が、いまさらのように、「命名・造語」の一特質傾向として見いだされてくる。直写直叙は、民間に広くいきわたった造語能力である。

「唐」から来たという芋は「カライモ」「トーイモ」といい、あるいは「リューキューイモ」「サツマイモ」と、物は地名で直写される。「きゃべつ」はさっそく「マキナ」とした〈山形県一部、宮崎県一部、農林省『農作物の地方名』(昭26)による〉。「日なたぼっこ」の、「ボッコ」などというむずかしいいいかたを習うかわりに、人は早くも「ヒナタヌクモリ」と直叙している。「いびき」ではもうぴんとこず、わかりやすく、思うままに、「ネビキ」といいあらわしているのである。なによりも「ね」(寝)がすっぱりいいあらわされなければならなかった。「うたたね」は「イドコロネ」といっている(増田実『南宇和方言の性格』昭32)。ある時、私は、ラジオで、盲人のかたの話をふと聞いた。この人の言に、「オクレバシリに、非常に進歩したわけです」というのがあった。「オクレバシリ」(おくればせ)、これはやはり、文字にしたしまぬ人の、耳による言語生活での、すなおないいあらわしであったろう。すくなくとも、そう見た時に、一段とおもしろみの味わえる実例である。

「無学な」農人たちは、秋の取り入れをすることを、「アキースル」(秋をする)と、思いのままに、こだわりなくいった。何の苦もなしに、思いをぱっと述べて、しかも、たいせつな内容を完全にいいあらわしているのである。ふしぎな直写直叙である。「収穫」とか「脱穀」とかのことばは知らなくても国語はよく知っていたのである。ほんとうの国語は、こういう平凡人たちの、たくまない国語力によってささえられてきたともいえるのではないか。

直写直叙はもとより想の自在性にもよることであるが、そのような自在性を云々するまでもなく、生活の態度が、わけもなしの直写態度であることが、ここでは注意される。直写直叙は、「命名・造語」の生活法ともいってよいものである。生活法といえるほどに、この直写直叙の力は、民間人の世界に、広く深く根づいているのである。「アソコハ、コトダゲナ。」（あそこはふるまいごとをやるのだそうな）。これは京都府下の丹後与謝半島でえた一例であるが、民間の生活者たちは、さしものふるまいごとも、たださりげなく「コト」といいあらわして、それでじゅうぶん用をたしている。このような簡便な直写法が、だれにでもそなわっているのである。この直写法によって、一般の生活は、どんどんと処理されていく。

直写直叙の早さは、機知ともいいあらわすことができる。さて、直写直叙で、擬声・擬態に持っていく「命名・造語」にも、愛すべき機知は、すぐにみとめることができる。いまは、松田正義、糸井寛一両氏の手になる『大分県方言の旅』第3巻（昭33）から、適切な記事をおかりしよう。


一日の野良《のら》仕事に疲れた足をトボトボと引きずってわが家へ帰るころを、いつしか「トボトボごろ」*というようになったのではないでしょうか。長野県ではメソメソドキ、静岡県ではメソメソグレ、愛知県ではメソメソジブンといいます。子どもが眠い食べたいでメソメソいう時分でしょう。島根県のモーモードキは牛の啼き声と関係がありそうです。

＊トボトボ＝佐渡ではソボソボグレ。トボトボとソボソボとは同義であろう。

9 滑稽感

以上の諸特質の中にも、すでにたびたび、滑稽感情の交錯するのがうかがわれた。比喩にも、大きな滑稽感があった。ここにあらためて、民間「命名・造語」の中枢にはたらく心理として、滑稽感をとり立てようと思う。すなわち滑稽感もまた、「命名・造語」の一特質をなすものとして考えることができると思うのである。

むぞうさに滑稽感の出された場合、多くは、野卑ぎみの「命名・造語」となる。たとえば、からつもの（せともの）の露店うりやのこと、しかもその「はたきうりや」のことを、「ゴミサガシ」などといっているのを見ればよい。おどけた気分がつよく出れば出るほど、卑俗になっていくのは、やむをえぬことである。人のあだ名にはこんなのが特に多かろう。普通の名づけでも、そうとうにおどけたりする。やはり、おどけが、生活のあそび・たのしみなのである。

一般に、生活をすなおに反映させれば、その名は、下品ともなることがすくなくなかろう。そのむぞうさにいってのけたものが、かえって滑稽に感じられるのである。大きなかごをになった荷うりやのことを、「ボテフリ」といったりする。私どもの子どものころにも、村にお品ばあさんというひとりものがいて、この人が、大きなあきないかごをになっては、駄菓子その他、女のこまものなどを売ってあるいた。「ボテフリ」、なるほど、こういわれてみれば、いかにも「ボテフリ」である。ボテボテとした古めの大かごを、ゆたゆたとさせて売りあるくからである。ひっとらえてえがいたこの名は、まさに滑稽味ゆたかなものとなっている。「ボテフリ」は「一銭九厘屋」などともいわれた。じじつ、当時の売り値がそうだったのでもあろうが、「一銭九厘屋」は妙をえている。ここにもまた滑稽感のいちじるしいものがある。子どもがつけたかだれがつけたか、鳥のせきれいにつけた名に、「シリフリオマツ」というのがある（『綜合日本民俗語彙』第二巻、昭30）。ここまでいわないと、人は気がすまなかった。いな、人々の生活の地盤には、そもそも、このような卑俗性・滑稽味が、つよい因子として存在しているのである。おどけ・だじゃれ・冗談・かる口・諧謔、みな、日常の生活心情からしぜんに出てくるものである。

10　信仰・敬虔・丁寧

滑稽感の反面をとりあげる。そこにまた、「命名・造語」の、注意すべき一特質傾向が見いだされるのである。特質に諸方向があるのは矛盾ではない。諸方向・諸相をそなえているのが、人々の生活の現実である。私どもが、一人の野の人を思いおこしてみても、その人の言語生活はじつに多面的であり、しかもその多面が、その人において、しぜんに、調和され統一されている。信仰は滑稽に隣るともいえるのである。

年中行事が民間生活のだいじなふしづけであることはいうまでもない。さて、神仏のまつりをほかにしては、年中行事は考えられない。こうして、民間生活には、信仰心に富んだ「命名・造語」、祈り・感謝の心の発露である「命名・造語」が、多く見られるのである。

天体・天候関係のことでも、「オヒカリ」「オウルイ」「オシメリ」などと、いとも敬虔《けいけん》にいいあらわしている。じゃがいものことでも、群馬県の一部などでは、感謝して「オタスケイモ」といっている（農林省『農作物の地方名』昭26）。このようなことばが、いかにも丁寧であることは申すまでもない。

祈ったり、縁起を祝ったりすることばは、おのずからしんみりとしている。「カゲゼン」（蔭膳）、「ヨロコンブ」（昆布）などの例を見るとよい。

人名製作にかける人々の念願は、ことのほか大きい。そのためにとられている「命名・造語」の伝統的手法のことは、もはやここにいわない。世は変わったが、人々の名づけ意欲は、そうも変わらないようである。「森　茂」といったような姓名は、依然として多いのではないか。

それにしても、女の名には、一つの変遷が見られる。むかしは、「ツチ」とか「グサ」とか「コト」とかいう名がわりに多かったかと思う。それがだんだん、「タミエ」「ユキ江」といったような名になってきた。いまは「サチ子」「陽子」の時代である。むかしは、素朴《そぼく》の中に、一種の謙虚をむねとしていたか。いまは、女の名についても、村々に堅かった習慣は、だいぶんやぶられたと見られる。

今日は、普通の名称の場合のことであるが、たとえば「グランド・マナー」などと、洋語を借用して、それで、ことばづかいの上品さ、時には丁寧さをあらわそうとすることもある。

11　「命名・造語」力

以上は固有・普通の名詞を主対象にとりあげての特質論であった。論はこれでつきるものではない。が、名詞類の「命名・造語」を内面から考察する時は、およそ、このような特質を帰納することができるように思う。こうしてとらえることのできる特質が、すなわち、わが民間の「命名・造語」力といえるものである。

固有名詞については、屋号のことにもふれなければならない。その因習の根づよさはまたかくべつである。その名が、「庄助」などという、先代主人名であったりするのは、特におもしろい。

「命名・造語」を「口承文芸」の一翼と解するかぎり、「命名・造語」力と見られる右の諸特質は、文芸心意ともいいかえることができる。

12　名詞以外

ここで、名詞以外についての概観をこころみよう。一語の動詞その他をつくることも、それなりの「命名・造語」にほかならないし、また、柳田氏によれば、その一々が、口承の文芸とされる。

動作の名、すなわち動詞にしても、名詞の場合と同様に、一口にいえば想の自在性で、さっそくづくりにつくり出されたものが多い。卒直簡易の、さきに生活法とよんだ製作法によって、自由自在に、諸形式の複合動詞がつくられている。動詞製作といえば、おおかたは、複合形の動詞の製作である。複合の間に、民間口承の文芸意欲は発揮されるのである。

閉じることを「フタスル」（ふたをする）などというのは、すでに素朴な「口承文芸」ではないか。天気のもちなおすことを「ヒナオル」（日直る）というのは、かしこまった創作心意である。

『山形県方言集』（昭8）によると、「セッカクガラず」が「気の毒がらないで」の意である。わけもなく、「セッカクガル」というような新動詞を製作している。村山七郎氏によれば、越後三面では「オボコナス（出産―仙台辺でも同様）」という。岐阜県の『福岡地方方言考』（昭28）では、「シトナル」が「成長する」である。「アタマハル」は「他人の利益の上前をはねること」（辻村精介『奈良県宇陀郡方言集・菟田之方言』昭14）、隠岐で「ヨソスル」は「よそへ旅する」ことらしい（神部広泰君報）。みな生活の中での手がるな創作である。無理をしないで、思うところを、日本語の大きな約束でまとめている。さりげない文の芸である。「困った状態になる」ことが「ドデンニナル」といいあらわされたり（広島県下、柏本雄幸君報）、「あわてた」が「ドジャツイタ」（福島県下）といいあらわされたりするのは、なおのこと、とりつくろわぬ「命名・造語」である。この方向に、擬声・擬態の副詞の、かぎりもない製作、おし出し製作のようなむぞうさな製作も見られる。

さて、動作名をつくるのに、「始める」の「ハナエル」に対して「ハナワル」（始まる）をつくるのなど、また、「タカメル」に対して「ヒクメル」をつくるのなど―複合するのではないが―、巧妙な細工の入れかたで、かんたんに新動詞をつくってもいる。こんな方法で、人はどんなにたやすく、自己の新たな表現を満足させていることか。

つぎは形容詞である。道などの坂であるのは「坂い《サガイ》」という（若狭例）。描き出す（山陰）。急なことは「キューイ」という（若狭例）。北陸には「ペッタルイ」（平たい）というのがある（愛宕八郎康隆君報）、「ボッコイ」（「大きい」〈岡山県など〉）、「わるい」（山梨県下など）は、「ボコ」（そのもとは「オコ」）をもとにしてすぐにこしらえたものであろう。

「ヒダルイ」（ひもじい）などというのも、「脾がだるい」ということだったのか。土井八枝氏の『仙台の方言』（昭13）には、「おもいおっかなくて」（気おくれして）などというのが出ている。「オモイオッカナイ」と、これまたらくに新しいいいかたをしたものである。壹岐島方言の「ヌメラシカ」「ヌメラシケリャ」（ヌメ〳〵＝食物の滑らかなる舌ざはり）（『方言』第五巻第四号、昭10、日良亀久「壹岐島方言ニ於ケル畳語ノ副詞」）は、例の擬態語をつかったものである。みな直情直写である。

さて、「何々シー」というような形式を利用するとなると、「古シー」「新《ニィ》シー」「世話シー」、はては「ワラベシー」などと、新製作はあとをたたない。なお、「何々シー」の形式ばかりではなくて、「何々ラシー（ロシー）」「何々ガマシー」「何々クサイ」その他の形式もできているのである。形容詞製作の文芸も、単純ながら、地方民間には、かなりさかえてもきたようである。

加えて形容動詞の製作、たとえば、希望に燃えていることを「ハズミナ」といいあらわし、丈夫なことを「ハガネナ」といいあらわすたぐいを見あわすと、世の形容語の「命名・造成」は、そうとうにさかんであるといえることになる。

なお、他の品詞のどれについても、たとえば文中の間投詞や文末の訴えことばについても、その自由な新製作には、おもしろい製作過程がうかがわれる。それをみな、民間口頭の文の芸として味わうことはできる。

どのような語の「命名・造成」にしても、それがそう描き出されたものであるかぎりは、一々、民間の作品であり、しかも、それらの製作には、名詞とそれ以外とを通じて、ほぼ、さきに指摘列挙したような特質がみとめられる。

13 自由と制約

「命名・造語」は自由である。それでいて、大きな制約がある。

一つには、いうまでもないことながら、日本語の文法上の大きな、自然制約がある。どんな「命名・造語」も、日本語の文法のわくをはずれておこなわれることはない。もとよりここで、こちこちの文法を考えてはいけないのであって、民間人士の想の自在性によって、いくらかずつ開展されていくはずの、弾力のある日本語文法、これがいまいう文法である。そういう文法、すなわち、国語に生きる人々のしぜんにつながりあえる約束の中で、「命名・造語」はおこなわれるのである。文法上の大きな約束の一つとしては、動詞の連用形の利用というたいせつなことがある。「モノワスレ」であれば、「モノ」に、「ワスレ」という動詞連用形をつけている。「ワスレモノ」はその反対である。「モノワスレ性」というと、「ワスレ」が、上下二つの名詞をつなぐことになっている。動詞連用形に相当する形容詞形は、その語幹である。動詞連用形、それに形容詞の語幹は、日本語の語彙を豊富にするうえに、たいせつな役わりを演じている。「モギトル」など、連用形利用で、複合動詞なども、いかに多くできていることか。

自然制約のもう一つには、音韻上の制約がある。かんたんな一例をあげてみたい。不幸な人の、耳の聞こえぬ人のことは、「キカズ」ともいわれた。それが「ガズ」ともなっている。もののいえない人のことは「イワズ」などともいう。さて、「イワズ」からは「ワズ」はできていない。ここらに、ことばが形をとるさいの、音韻上の、日本語としての自然習慣の、制約というようなものがありそうに思える。地名にしても、「何々マチ」「何々チョウ」などと、しぜんのよびわけがきまっていがちである。

14　音のこのみ

制約のうちにもこのみがある。略称のつくりかたなどにしても、約束（文法）のうちで、やはりこのみを発揮してもいる。

そのようなこのみは、すぐに、聞いた音感のこのみにつながっていく。略称「労組」が、「ロークミ」よりも「ローソ」と多くよばれているとするならば、それは音のこのみによると見られよう。音数のこのみでもある。いったい、漢語ごのみも、音のこのみでもある。

「ドタドタ」「ヒョロヒョロ」の類も、みな、音と音数のこのみ—必然のこのみ—をあらわしている。音素の排列のこのみでもある。女の名づけなどでは、今日よく音声美を重んじている。

15　むすび

私どもは、毎日の生活のためにも、自己の任務のためにも、自分の思いを自在に述べることができるように、発想と表現との自由をえたい。発想・表現とあれば、観念・概念の符号としての個々の語にめぐまれることが、一つの重要事項になる。

ところで、語は、私ども個人のただの気ままで造成することはできない。日本人、日本語の「命名・造語」には、おのずから歴史がある。その歴史が、私どもに、語詞製作の大きなすじ道を示している。

上来の記述は、そのすじ道を求めての、いくらかの討究であった。この程度のことでも、私どもの、今後の「命名・造語」生活の、一つのよりどころにはなるかと思う。――日本語本来の「命名・造語」の、柔軟で弾力に富んだ基底面をかえりみることは、どんな「命名・造語」の生活、発想・表現の生活のためにも、つねに基礎として重要である。

〔参考文献〕

柳田国男『口承文芸史考』昭和二二年
同『地名の研究』昭和二一年
同『蝸牛考』昭和五年
同『新語論』昭和一一年
柳田国男 関敬吾『日本民俗学入門』昭和一七年

(『日本民俗学大系』第十巻　平凡社　昭和三十四年十一月)

頁	行	誤	正
764	上6	地名についての柳田氏の、	地名についての、柳田氏の
769	上1	ぶただらぶらと	ただぶらぶらと
771	上1	混滞せず、	渋滞せず、
773	下6	うごかなない	うごかない
775	上1	正常とすべきある	正常とすべきである
775	上2	ふっと、たとえを	ふっとたとえを
777	上7	「アソコハ、	「アソコワ、
777	上8	やるのだそうな）。	やるのだそうな。）
780	下7	神部広泰君報	神部宏泰君報
781	上5	郎康隆君報）、	郎康隆君報）。

方言語彙

藤原与一

一　方言語彙が問題にされるわけ

『正しい日本語』という講座の中で、「方言語彙」が問題にされるわけを、はじめにすこし考えてみたい。

1　〝正しい日本語〟

今日はことに、正しい日本語というようなことが、考えられやすく言われやすい時代かもしれない。国語生活上でも、あまりにも流動のはげしい時代だからである。

新古の世代間の断絶ということが、よく言われる。同世代のうえでも、そちらとこちらとの断絶がある。どこにもアンバランスがあって、人々はバラ〳〵なのだ。恣意と無軌道が、社会生活の全般に横行する。

生活と一体のことばが、ここで激動をまぬかれるはずがない。国語生活上の語彙の面となると、ことにその流動・〝混乱〟がはげしい。混乱ではなくて発展かもしれないけれども、大衆雑誌上の新奇な語の多用ぶり、服飾・化粧・自動車その他に関する洋語の乱用ぶりなどを見ていると、語彙の一般生活が、奔放ではあっても無節操と思われるのである。

このような時にあっては、一方で、〝正しい日本語〟というような考えかたがつよく出てきても自然であろう。

2　国語生活の反省

正しい日本語というような考えは、国語生活の反省を基調としている。

国語生活の反省を実質のそなわったものにするのには、どのような反省のしかたをすればよいか。反省を、よりどころの明確な反省にする必要がある。

明確なよりどころ、それは、自分の生い育った郷土語――方言――生活語のはずである。こうして、〝正しい日本語〟を語彙の見地で考える場合にも、人間の生活語、狭義の母語である方言の、その語彙が問題とされる。

3　反省のよりどころ

日本語という、われわれの国語の正醇を求めて、語彙の生活を反省しようとする時、方言語彙が、特定の明確なよりどころとされる。

しかし、今、私はうれえる。若い世代の人々には、「方言語彙」ということば自体が、もはや迂遠なのではないか。「方言」の語にも観念にも、人は抵抗を感じ、あるいは無関心ともなっているか。

それにしても、いわゆる方言語彙がもっとも簡明な反省起点（〝原点〟?!）になることは動かないと思う。このようなことは、語彙の問題に関してにとどまるまい。

言語に関する反省の起点として、自語、「自己の生い育ったことばの世界」以上に根源的かつ現実的なものはないであろう。そこは、自己の立つ足もとである。

方言という語にこだわらないで、そこに、自己の具有する国語現実を認めるならば、人はだれしも、自己の方言の実体に、自語の意識を以て、文字どおり立脚しうるにちがいない。自己の方言語彙に立脚しうるならば、その人は、方言語彙の見地から、しだいに、自己の、日本語での言語生活の、語彙のがわからの改善・向上を、実現しうるであろう。言いかえるならば、そこで、〝正しい日本語〟の意識をまっとうに生長させうるであろう。

4 方言語彙

方言語彙は、〝正しい〟日本語生活のために――ことに日本語表現の生活のために、問題とされなくてはならない。言語生活上の基礎的な立脚点として。

方言語彙の名をすてて早くもその事実・内容にうち当たれば、なにびとも、今日一般の語彙生活様相に対する反省的な見解を持ちうるのではないか。

二　方言語彙の世界

「方言語彙」は、およそどんなものか。

1　方言とその語彙

一方言ごとに、その方言を方言たらしめる語彙の体系がある。これが方言語彙である。

小方言は小方言らしく、その方言としての方言語彙を有する。大方言は大方言なりに、その方言としての方言語彙を有する。みな、語（語詞）の集まりが、大きい一まとまりを成している。だから体系である。語彙は体系的存在と言ってもよい。

2　生活語彙

方言語彙は、生活語彙である。

人は方言の中で生活する。その人は方言人である。方言人にとっては、方言の中の必要全単語が、まさに生活語彙なのである。

3　方言語彙の内包

方言語彙は、そのまとまったものが、人々にとっての生活語彙である。その中味にどのような要素があろうとも、それらはすべて、どのようにか人々の言語生活をささえる機能分子として等価値である。――「語彙」は、本来、そのような、美しい緊張関係を保ったものである。だから体系である。

方言語彙の内部要素に、たとえば「アメ」（雨）や「ネコ」（猫）があっても、おのおのみな、方言語彙の中の要素である。研究者がかってにこれを除外することはゆるされない。また、一方言中にたとえば「ニンジン」（人蔘）と、それのなまったことば「ネンジン」とが両立していたとするか。私どもは、この方言の語彙の世界の事実として、両立する「ニンジン」「ネンジン」を、ともに、それぞれの位置において認めとらなくてはならない。「ネンジン」を「ニンジン」に還元して、語としての「ネンジン」を消去することなどはきんもつである。存在する「ネンジン」は、現実に、この語形で、かならず、なんらかの役わりを演じているのである。どんな訛形にもせよ、それが語として存在する以上は、これを方言語彙中の一定分子としてとり立てなくてはならない。すべての訛語が、みな、語彙中の、しかるべき地位の一語々々として、存在理由を有する。（訛形の語のなにがしが、もしなかったら、その語を用いて言えるようなくだけた言いかたが、できないではないか。なにがしの一語は、むしろ貴重な存在である。）生活表現の具としての個々の語は、すべて、ぬきさしならぬものとして、方言語彙体系中に存在する。

方言語彙の内包あるいは組成は、以上のように理解される。それにしても、局面を変えて言えば、つぎのようなことも言える。

> 方言比較の見地からすれば、方言語彙は、通常、やや形式的な語彙部面と、実質的な語彙部面とに分けて受けとることができる。

と。やや形式的な語彙部面とは、一口に言うと、“基礎語”的な語彙部面である。この方は、方言と方言とを比較する時、双方の相違を浮き立たせてくることがまずない。これにひきかえ、実質的な語彙部面は、――形式的なものを除いたあとのものなので、方言比較のさい、方言と方言との相違を、きわ立たせてくれる。

実質的な語彙部面の中で、一つ、手っとりばやく、興味ぶかい領域を指摘するとなったら、私は副詞語彙をとり立てる。

方言上の実質的な語彙を、方言性の勝った語彙、方言としての基本的な語彙という意味で、方言基本語彙と言うことにするか。方言基本語彙の把握をあやまらなければ、その語数が二〇語であっても、私どもは、その基本語彙の対比で、A・Bの両方言の対立状態を云々することができる。

4　方言語彙の構造

内包として考えてもよいことであるが、今は構造の名のもとに、方言語彙の語要素別を見る。

一つに、和語系のものがある。これは当然のことである。

二つに、漢語系のものがある。この系類のものがずいぶん多い。漢語も民間で頻用され常用されるうちに、こなれきって、ものが多くは漢語らしくなくなっている。「神妙な」が「シンビョな」などとなっているのは、発音上、なまりの音をおこして、ものが和語風にこなれているものである。「ブショー」（無精・不精）などというのは、なまりの音をおこしたりしてはいないけれども、やはり、ものが、民間日常生活の中に移り住んでいて、――和語一般の中に融けこんでいて、いわば和語風によくこなれているのである。私は従来、以上のような漢語を民間漢語と呼んでいる。方言語彙中に、民間漢語の多いのには、しばしばおどろかされる。方言人たちが、古来、自然に、漢語を模倣し、摂取して、これを漸次、自家薬籠中のものとしたのは、まことに驚嘆すべき語彙拡充である。国語一般に、語彙に漢語のささえを得ていること、まことに大なるものがあるが、話しことばの生活での方言の世界でも、漢語系の語彙が、力づよく方言語彙をささえるものとなっているのである。

三つに、洋語系のものがある。船乗りの人たちが故郷に持ち帰ったかと思われるものにでも、「ワイヤ」(わいや・ろおぷ)などがあり、「ゴスタン」などがある。「ゴスタン」というのを、方言人は、船その他の後退に言っている。もとは「こおすたあ」「こおすたあ・ぶれえき」などでもあろうか。

およそ右の三系のものが渾然としているのが方言語彙である。方言語彙構造は、日本語による日本人の日常の語彙生活をかなえる、一つの充足した構造と言える。

5　方言語彙の生活部面別

方言語彙とかぎらず、すべての語彙は、研究上・実際上、下位の小群落に分別されるのがつねである。方言語彙に関しても、私どもは、内部分別の操作を必要とする。これを語彙の分類と言ってもよい。

分類は、すでに考えた内包・構造のうえからすることももとより可能である。それはそれとして、私どもが、“正しい日本語”というような、語彙生活を考える見地に立つ場合は、——ことに語彙に即して表現の生活を考えようとする場合は、方言語彙を、生活の見地から分類することが有意義となる。

方言語彙は方言生活語彙である。方言に生きる人々にとっては、方言語彙は、そういう生活語彙にほかならない。さて、単純な方言人をほかにしても、たとえば多くの東京人すら、なんらかの方言人ではないか。直接に方言人と言うことの困難な場合にも、その人々が、なんらかの地方語・方言に育ったことはたしかであることが多い。こうして多く認められる方言人、あるいは広義の方言人、ないし方言体験者に、生活語彙となった方言語彙がある。

共通語生活にたけた人の場合にも、その人の生活語彙は、やはり、その人の方言語彙を大きな基本としたものであろう。

生活語彙としての方言語彙は、生活の部面・分野の別にしたがって分類されることになる。かくして、生活部面別に、諸種の分野語彙が得られる。

漁村方言の場合は、漁村生活の色こい分野から、分野語彙の認定がはじめられる。山村方言の場合は、山村生活の色こい分野から、分野語彙の把握認定がおこなわれる。

どんな方言語彙の場合にも、分野別・生活部面別の処理の最後では、生活一般語彙とでも言うべきものを把握し認定することになる。「てにをは」の類、助動詞の類は、生活一般語彙中、とりわけ一般的なものである。文末の訴えことば、「ネ」「ナ」、「ヨ」、「ワ」などの類も、生活一般語彙の中におかれる。

6　方言語彙の地方差

分野別の着目をしてみれば、方言語彙の、方言ごとの地方差がよくわかる。ここに、方言の語彙による差別が明らかである。

山村方言と漁村方言の大差、都市方言と田舎方言の大差などは、すぐに理解することができよう。

生活一般語彙の中の文末訴え語彙のようなものについてみても、たとえば関東方言と近畿方言との差異を、たちどころに知ることができる。関東方言下では、人々が、「……デス　ネ。」などと「ネ」をよく言い、若い男子は「サ」をよく言い、女性は、「イヤダ　ワ。」などの上げ調子の「ワ」をよく言い、かつ、「ワヨ」をよく言う。近畿方言下では、人々が、「ネ」ではなくて「ナ」をよく言い、「サ」はあまり言わず、「ワ」は、男女ともこれをつかってしかも下げ調子に言う。「ワヨ」は言わない。文末訴え語彙のおもな二、三の語詞について見ても、このように、両方言の地方差・地域差がすぐに言える。

方言語彙総量の豊富・貧弱が、地方ごとの方言々々について言えるものなのか。語彙の総量には、さほど大きい開きはないのではないかと思われる。方言の地方差の大きく見えるわりにはである。

7　方言語彙中に認められる語詞造成力（造語力）

方言人の語彙生活での、一つの基本的な力は、語詞造成力、造語力である。

新語に追随したり、奇語をまねたりすること、広く言えば語彙を享受することも、語彙生活上の、人の能力にちがいない。が、みずから、——あるいは自他協力（意図的・無意図的）で、語詞を製作していくことは、享受力にまして、人々のたいせつな能力と考えられるのである。

方言人はきわめてむぞうさに語を製作する。それはほとんど自由奔放な活動である。

もっとも有力な方法は、複合法である。人は随意に、二つまたはそれ以上の要素を結び合わせて、新しい一語を作る。複合は、日本語の構造原理の大きいかさのもとでではあるが、自在におこなわれている。——原本的には、ものを言うような心で、要素を結合していくのである。「ものをもらう」と言うので「モノモライ」である。「つかれをやすめる」と言うから「ツカレヤスメ」である。「アサメシ」は、「あさのめし」だからすぐさまこう言ったのである。

製作はさっそくである。当意即妙と言える。日本語の表現法の自然に随うからそうできるのであろう。(「モノモライ」に対する「モライモノ」という語形成、これも、「もらったもの」という気もちの時にすぐにできる語形成である。「まちあうへや」という気もちでさっとことばを作れば、自然に、「待合室」ということばを造出することができる。)

日本人の造語力は、方言語彙の世界では、すこしもおとろえてはいない。人は毎日、造語の斧をふりかぶっているかのようである。

それであたりまえなのではないか。もしも方言語彙の世界で人々の造語力が枯れたら、方言は急速になくなっていくのではないか。方言が、諸方言として、上位次元にも下位次元にも、今もこれほどに認められることは、それだけに、人々の、方言を直接・間接にささえる造語力がつよいということではないか。

方言人の造語力には、卓抜な複合力があり、しかも雄勁な省略力がある。それにまた、無礙の変形力もある。省略力による省略法のことは、多く言うまでもあるまい。変形力とは、「笑止」を形容詞「ショーシー」とすること、「開く」から「ヒラキ」(「開墾地」の意)という名詞を作ることなどを言う。

右のように考えとることのできる一大造語力は、人々の基質的な力として、長く生きていくだろう。今日までの諸方言が、諸種の文化的・文化史的な要因によって、急速に変貌推移していくことがあっても、地方人・民間人の、地域社会・地方的生活にむすびついた、右のような造語力は、なんらかのかたちをとりつつ生きていくことと思われる。そうして、この点からも、「方の言」すなわち方言は、地域的に、あるいはつよくあるいはよわく、形成されていくものと思われるのである。

8　方言語彙の性質

右の造語力の実態・所産に目をさらしつつ、方言語彙を大観する時、私どもは、これの性質を、もっとも単純に、「話し語彙」と規定することができる。

それは当然のことでもある。方言は話しことばの体系的存在だからである。

当然ではあるが、私としては、この方言の「話し語彙」が、やがて、私どもの書きことばの生活の「書き語彙」を、種々に軟化・醇化してくれることを期待する。方言の「話し語彙」には、一般の「書き語彙」にも転用され活用されてよいものが大いにある。この活用を実践することによって、私どもは、国語の文章表現の明晰と雅醇とをかちとることができるのではないか。方言の「話し語彙」は、これまでの一般の「書き語彙」に対して、中和の作用を発揮しうるものかと思う。この「話し語彙」は、単純な「話し語彙」であってしかもそれにとどまるものではないと言える。

方言語彙の性質を「話し語彙」と規定することには、特別の発展的意義があると、私は考えるのである。

三　会話生活と方言語彙

〝正しい日本語〟の生活のために方言語彙を考えるのだとすると、特に、会話の生活をたてにとって方言語彙を問題にすることが重要とされる。

1　方言語彙討究の見地

方言語彙の討究には、種々の見地がありうる。いわゆる観察の立場に立った場合にも、客観的把握に、種々の方向がありうる。

が、今は、〝正しい日本語〟の生活のために考えようとするのである。したがって今は、方言語彙討究の主体的立場に立つべきことになる。

以下、会話遂行のために（→意志・見解その他の交流を全うするために）という見地で、方言語彙について考えていく。

2　今日の会話の隔絶

世代間の断絶は、そこの会話の隔絶であろう。今日、たとえば老年層と青年層とで、世代間の断絶が言われる。なるほど、相互の会話は、すなおには進行しかねるありさまである。第一に、会話の用語、つまりは語彙が、双方でちがう。現代青年学徒の激越な主張に出てくる言々句々は、老年者、いなもっと広い層の成年者男女には、ほとんどみな、不可解なもの、なじめないもの、なかば忌避したいものであろう。語彙は双方、異なりに異なっており、したがってここでは、自然の会話が成り立たない。会話の能率を高めることなどは論外なのである。

右の青年学徒の場合、特徴語彙の大部分は、漢語ないし漢字ことばではないか。これがもし和語系のものだったら、会話・交流は容易に成り立つと思う。さて、漢語系のものも、日本語の根ぶかい語彙要素であることはさきに述べた。右の場合は、この方向のものが、きょくたんに利用されているのである。

漢語、漢語的なものには、たしかに、他で代行しがたい内実があるのだ。その音調もじつに軽視しがたい。人は、漢字ことばには、自然によりかかりがちなのではないか。空疎な用語意識とも言えるものが、ここにあると思う。漢語の語彙そのものの問題に加えて、意識の問題もあるところがやっかいである。

ともあれ、現状はけっして理想的でない。語彙にもとづく会話の隔絶は、語彙の面から打解していきたいものである。私は、今日の世上の一般語彙を、方言語彙で中和していくことが緊要だと考える。この基本方向のうえで、たとえば漢語系の新造語彙の改訂をもくふうしたい。漢語系語彙改訂の知恵は、方言の「話し語彙」の生活から引き出せるのではないか。方言語彙の一般生活化というようなことを主張したい。――方言語彙（「話し語彙」）には、それにかなう機能的特性があると考えられるのである。

3　平明な表現のために

表現のつよさもさることながら、通じなければ表現も意味を成さない。ここではまず、表現の平明を、会話の第一条件としてとり立てたい。

平明。これは、'正しい日本語'への第一歩ではないか。平明を明晰とも言いかえてみる。明晰なものは明確ではないか。明確であれば、もはや'正しい'と言えると思う。平明なものが正しく通じるならば、これは「高明」と言ってもよい。

方言語彙による会話の生活は、おおかたの場合、じつに平明である。そのはずであろう。そこは純粋口頭語の世界であって、話しことばの語彙は、聞かれことばとしてもこなれきっているのだからである。平明なものが、まぎれなく通じている。

つぎには、平明会話の実例として、佐渡方言での一例をあげてみよう。『全国方言資料』第八巻の「新潟県佐渡郡羽茂村大崎」から、「あいさつ」のところの「朝」のあいさつの一部をお借りしてみる。

m　一八八九年生　農業
f　一八八五年生　〃

m　ドーゾ　オルカヤ
　おい、いるかい。
f　ハイ　ヨー　ゴジャマシタ　ジヤン　ナニゴッタ　ケサ　ハヤカッタノー　ナニ
　はい、よく　いらっしゃいました。おじいさん　何ごとです。けさは　早かったですね、何用

ヨーダヤ
ですか。

m　イヤ　オラ　ナンダッチャ　コヤシュー　キュー　ダスチュー　ソラグチュ　カシテ
いや、おれは　あれだよ、　肥料を　きょう　出すので、　もっこを　貸して
モライテャート　オモーテ　キタンダガ、（*f*　ハー　ドーカ　ココニャー　ネャーカシラ
もらいたいと　思って　来たんだが、　はあ、どうぞ。）お宅には　ないかしら。

f　イヤー　アルクリャーカ　（以下略）
いや、　あるどころじゃない。

この対話の一々の語をたどってみるのに、みなわかりやすいことばである。つまり、ここには、方言の、平易明快な語彙の世界が見られるのである。肥料は「コヤシ」と言う。「あるどころじゃない。」は「あるクリャー（くらい）か。」と言っている。「くらい」という語の方言的使用である。このような自由な語使用によって、人は、のび〳〵とした語彙生活をしている。その委細が、たまたま共通語人にはわかりかねても、それは、今、いたしかたがない。――そこが方言ということでもある。今は、方言での、わかりやすさを求めての自然のくふうを、改めて学びとろうとすればよいことである。

わかりやすさの中に、わかりやすさを求めての自然のくふうの中に、表現のおもしろみ、微妙なおもしろさをも出していることが、方言語彙の生活で、しばしば見うけられる。前の例について見ても、

ジヤン　ナニゴッタ（なにごとだ）

との、ばあさんのことばが、早くも注意される。この言いかたは、ばあさんの気さくな、ややおどけた態度をあらわしていよう。「なにごとだ。」との言いかたに、すでに、どんな用事にも応じられるよとでもいった気やすい態度が表明されている。単純ながらも、おもしろみのある表現である。その、たくまぬむぞうささをあらわすため、「ナニゴト」ということばと、「ダ」ということばとが選ばれているのだ。このような気分の「ジャン　ナニゴッタ。」に対しては、

　じいさん　何だい？

というくらいの共通語訳をつけたのがよいかもしれない。

ばあさんの、右のようなおもしろい表現の自然の流れとして、次下には、

○ケサ　ハヤカッタノー、

○ナニヨーダヤ。

の二文の表現がある。さてこれの第一文には「ノー」、第二文には「ヤ」の、文末訴えことばが採られている。それぞれ、その場に恰当した文末語詞であろう。文末語彙中から、ものが自然に巧妙に選ばれていると見ることができる。（――こうした生活は、共通語での語彙生活では、ごく手ぜまである。その点、そこでの表現の彫りを深くすることができない。）こういうところにも、表現のおもしろみがくまれよう。

　ばあさんは、あとで、

○イヤー　アルクリャーカ。

と応じている。この表現気分は、やはり「ジャン　ナニゴッタ。」の表現気分を微妙に受けていよう。こういう気分が、「クライ」をつかった一種の反語法の言いかたをさせたものと思われる。ここまできて、ばあさんはじいさんよりも年上であることを、見おとしてならないこととしておかざるを得ない。

　ばあさん個人のうちに、語えらびの、たいせつな事実がある。ばあさんは、「よく　いらっしゃいました。」のところで、

○ハイ　ヨー　ゴジャマシタ。

と言っている。「ゴジャマシタ」（ございました）が「いらっしゃいました」（――来ました）である。ところで、この二人の「夕」のあいさつのおわりの方では、同じばあさんが、

○ゴクローデ　ゴジャーマシタ。
　ご苦労で　　ございました。

と言っているのである。この方の「ございました」は「ある」ことを言っている。おばあさんには、同じ「ございました」に、「ゴジャマシタ」と「ゴジャーマシタ」との二つがある。二つは区別され選ばれてつかわれているのである。微妙な選択ではないか。

　これが偶然でない証拠に、他の箇所でも、ばあさんはこの差別を見せているのである。

○イッテ　ゴジャマセ。
　行って　　いらっしゃい。

この時も、「ございませ」は「ゴジャマセ」である。「迎え」のあいさつでは、ばあさんは、また、

○ゴクローデ　ゴジャーマシタ。
　ご苦労で　ございました。

と言っている。「ありました」の「ございました」は「ゴジャーマシタ」である。

○ハイ　ヨー　ゴジェマシタ。
　はい、よく　いらっしゃいました。

「来る」ことになると、また「ゴジェマシタ」である。ただし、これは、じいさんの方が言っている。これを受けて、ばあさんの言うことばは、

○ハイ　マー　バーサンガ　オランチュ　サブシュー　ゴジェァマショー。
　はい、　ばあさんが　亡くなって　おさびしゅう　ございましょう。

である。「ありましょう」の「ございましょう」が、やはり「ゴジェァ……」と、さきのと同じようなものになっている。のちにまた、じいさんの、

○ゴッツォー　ゴジャェマシタ。
　ありがとう　ございました。

も出ている。「ありました」の「ゴジャェ……」である。

以上、ばあさんもじいさんもともに、「ございます」ことばについて、二つの言いかたをしている。一方は、音を伸ばした「ゴジャー」方式のもので、これは「ある」ことに言う。他方は、音を伸

ばさない「ゴジャ」方式のもので、これは「来る」ことに言う。わずかに音の伸びの存否を利用するだけのことであるが、まことに微妙な差別をしているものだと思う。両人とも、この差別法をつねのこととしているらしく、ここの会話の諸場面で、差別法に破綻がない。方言人の表現生活も、時に思いのほかのところで、すぐれて微妙繊細なのである。

右の区別は、どういうわけで保たれているのであろうか。一つの想像であるが、「来る」ことに言う「ございます」の方は、「ございます」の「ござい」に、もともとの「ござる」動詞の気もちがなおよく生きているので、その「ござる」〈来る〉の作用で、「ゴジャマセ」などと、「ゴジャ」は早くも「ます」につづくのかもしれない。「あります」の意になった「ございます」の方は、「ござい」がもはや「来る」にも「行く」にも関係なくなっているので、「ゴジャーマシタ」などと、「ございます」のゆるやかな一体性が示されるようになったのかもしれない。なににしても、表現上のおもしろい差別法をよくひきおこしたものではある。

そのことを、今は、表現語彙のたくみな保有として理解したいのである。平明な表現のために、方言人は隠微な語彙努力をしているとも解することができようか。

平明を言う最後に、表現のつよさ、現代人の求めるつよさに言及する。表現のつよさ、――よい意味での強烈を、漢語でよりも、表現の平明の平明であらわすことはできないか。相手に単直にはいっていく平明だったら、ずいぶんするどくて、つよいことかと思う。私どもは、日ごろ、方言人たちの、単純率直な表現、端的な表現の、平明のつよさに打たれている。純粋なものの端的な到来は、すべて、こちらのむねにピリッとひびきこたえるのではないか。（表現のつよさという、そのつよさからして、私どもは検討してかからなくてはならない。）

4　簡潔な表現のために

方言人の表現には、ぶっきらぼうともとれるほどに、文表現の簡潔なことがある。東北地方の老若男女に聞かれる、

○ンダ。（そうだ。そうです。）

この返事ことばなど、そのよい一例であろう。

しかし、表現の簡潔は「平明」のもとである。簡潔にすますことができれば、表現のまちがいはほとんどおこさなくてすむ。すなわち、簡潔は〝正しい日本語〟への道なのである。

以下には、方言人の会話表現について、簡潔の実例を見、そこにどのような語えらびの生活——語彙生活——がおこなわれているかをたずねてみよう。

また『全国方言資料』から例をお借りすることとし、第一巻のうちの、「山形県南置賜郡三沢村」の「あいさつ」、「朝」のあいさつの一部を見る。

f_1　オハヨーシ
　おはようございます。

m　ハイ
　はい。

f_1　オテンキ　エー　アンベーダナーシ
　　お天気が　いい　あんばいですね。

m　エー　アンベーダナシ　コリャ
　　いい　あんばいですね　これは。

f_1　オタノミニ　キタトコダゼ　ハー
　　お願いに　来たのですが。

m　ナニデヤッタカナーシ
　　何でしょうか。

「お天気がいいあんばいだ。」というのは、うまく主部・述部をそろえた、素朴簡潔な表現と言えよう。その主部が、「オテンキ」とあって「が」を見せていないので、主・述の関係がさっそくであり、テキパキした感じである。これが方言の簡潔の一態である。（ついでながら、右のように「主・述」関係をとりあげると、あとに文末の訴えことばの「ナーシ」が残る。「ナーシ」はまさに、こういうふうに、主・述の外に立つものなのである。）

つぎに、受けごたえで、「いいあんばいですね」と応じるのも簡潔である。「これは」と、主部的とも言えるものをさっそくに補充する。「コリャ」の語調も簡潔であろう。用件となって、「オタノミニ　キタトコダゼ」ときり出すのも、率直で簡潔である。「キタトコダ　ゼ」の気分は、「来たんだよ」とでもいうような、明るい気分のものか。言い切ってさっぱりとしたおもむきである。「お願いに来たのですが。」というと、余韻が残って簡潔気分が出ない。

以上のように理解される簡潔性の会話が、語彙上では、苦労なしに、平凡平常の語彙で組み立てられている。「オハヨーシ。」、これで上等の言いかたになるが、その細工は、文末の訴えことば「シ」(「もし」の「シ」)で仕上げられている。「シ」は日ごろ常用の文末詞なのである。それと「ナーシ」と「ナシ」と、この一類の日常文末語彙が、ここでは大いに活用されている。「ハイ」の一語が簡潔な返事を成すことは言うまでもない。愛媛県南部のうちには、訪問辞の「ハーイ。」があり、これに応じてまた、「ハーイ。」などと言っている。「来たトコだ　ゼ」の言いかたは、直截な言いかたであってしかも組み立てに特色があり、そこに「トコ」という単純名詞が採用されている。こんな平凡な語を選びつつ、すなおな方言句法を実現して、人はおのずから表現の雅味をもうち出しているのである。

東北地方では、晩のあいさつに、よく、

○オバン。　(お晩です。今晩は!)

と言う。「オバンデスー。」などとも言う。みな、手ぎわのよい簡潔である。

つぎに、『全国方言資料』第六巻で、「宮崎県東臼杵郡南方村」の実例を見よう。「自由会話1　結婚の話」のところである。

m_1　………。　ソシタラ　ナンヂャモンネ　オジェンニ　ワガ　ワレギノ　ヤット
　　　　　　そうしたら　　　　　　　おぜんに　おまえ　割木の　やっと
ナンスルエナ　ヤツガ　ニホン　コー　ハシ　シシャッテァモン
なにするような　やつが　2本　こう　はし〔箸〕に　してあってねえ。

今は特にこのところを問題にする。右は、共通語の言いかたに直しているとりあつかいに明らかなとおり、一センテンスとされているものである。が、注意してみるのに、「ソシタラ」と出るとすぐ「ナンヂャモンネ」とくくっている。この受けくくりのことば全体は、大して意味のあるものでなく、つぎのことばとの関係からすれば、これは、文表現の途中に投げこまれた間投句と言えるものである。（品詞にわりきると、これも間投詞とすることができる。方言では、長形の転成間投詞がいろいろに認められる。）間投成分ではあるが、じじつ、「ナンヂャモンネ」の発言は、「ネ」のところですこし上げ調子になり、そのあとに、ちょっとポーズ（間《ま》）がおかれているであろう。「ネ」はそもそも訴えかけのことばである。こんなわけで、右の例の長い一文も、じつは、「ナンヂャモンネ」のところで、早くも一文くぎりの姿勢になる。このように、文表現をくぎっていくかまえをとることが、表現の一簡潔化だと、私は考えるのである。

つぎの方へ行くと、またすぐ、

　　オジェンニ　ワガ

となっている。「ワガ」のところでくぎられている。表現を早くも手みじかにまとめて（くくって）いく。こうすれば、聞く方は理解しやすい。一こま一こまを、つぎつぎにむねにたたみこんでいけばよいわけだからである。

間投成分は、長文を簡潔化する役わりを演じると言えようか。実質的には、間投成分が、文態・文形を区分する。文区分法は、表現上の一種の簡潔法となる。

このさい、「ワガ」など、また一般には「オマイ」「アンタ」など、相手を呼ぶ対称代名詞語彙の活動が見られるのはおもしろい。話しは、相手に話しかけて、相手の注意を引こうとするものである。念をおすがごとくに、途中で相手を呼ぶのは当然のことであろう。

5　必要修飾のために

私どもの言語表現の生活――会話の生活――は、一面から極言すると、修飾の生活とも言うことができるものかと思う。私どもは、ものを言えば修飾する。

ただしその修飾が、つねには弁別的でないので、修飾から、表現の混乱がおこる。‘正しい日本語’の生活のためには、一般に、修飾を制御・抑制することが重要となる。

必要な修飾となって、つねに注意されるものの一つが副詞である。考えてみると、副詞はまことにたいせつな修飾用語である。このたいせつさにこたえてであろうか、方言では、どの一小方言も、じつに多量の副詞を用意している。しかも、一小方言ごとに、その所有する副詞語彙体系は、特色のあるものである――擬態語・擬声語の面だけをとってみても。もし、全国の諸方言から、おのおのの副詞語彙をとりあげてき、これらのいっさいを集成することができたら、その全容は、どんなにみごとなものであろうか。

私は、従来、方言ごとに副詞語彙の面目がちがうことを紹介するのにつとめてきた。近くは、一小方言について、その副詞の存立を、副詞語彙生活を、表現生活に即して精査してみたことがある。数人協同の調査であった。このような経験を重ねつつ、ますます思う。私どもの、日本語による副詞修飾の生活ひとつにしても、方言副詞語彙の実相にかえりみるとよい、と。——じっさい、そうすることによって、副詞修飾を、生き生きとしたものにすることができよう。

四　方言語彙と共通語語彙（——→標準語語彙）

方言語彙をかえりみることにより、なお、意図的に方言単語を活用することによって、私どもは、共通語語彙を増幅（あるいは改訂）していけばよいのではないか。

五　書く生活へも

——能うかぎり、書く生活へも、方言語彙の要素・要点（たとえば複合動詞〈例、さがしあるく〉の利用）を生かすことにつとめたのがよいのだと思う。

（『正しい日本語』第四巻　語彙編　明治書院　昭和四十五年十一月）

方言語彙論から方言辞書製作へ

藤原与一

一　私のこと

（私は、表題のような経過をたどった。）

昭和十年前後、郷里方言の総体を見おえた段階で、私は、当時の研究観念にしたがい、そのものを、文法論的に、また音韻論的に、また語彙論的に整理した。

語彙論的整理は、要するに、語彙（総語詞）の分類になっていった。分類のために最初に参考にしたのは、東条操先生の『方言採集手帳』の語彙総体分類法である。しぜんに、また、『和名抄』以下の諸辞書の分類法をも参照した。こうして全カードを分類していって、私は新たな疑問に逢着した。「これで、郷里方言にふさわしい分類ができたとされるのであろうか。」と。郷里は、瀬戸内海の芸予叢峰の中の一島にある。自然地理上の特性が大きく、人文上の諸特色に富む。あまりにも一般的な分類法によって語彙を部類分けしただけでは、これらの特性特色は描きだすことができない。語彙はもともと、土地方言の、生活の語彙ではないか。生活の語彙であるものを、さながらに写しとり、生き生きと記述して、その土地の方言の方言らしさを描きだすためには、何よりも、その地の方言に適合した分類法を見いださなくてはならない。――ここから、私のまともな方言語彙論がはじまった。

二　方言語彙論

語彙研究、語彙論は、言うまでもなく語彙を対象にする。語彙は語の集団である。集団である語彙に対しては、分類作業が不可欠である。不可欠の作業のために、私どもは語彙を凝視し、よい分類法の発案につとめる。語彙の研究は、おおはばに分類論になっていく。

方言語彙は、方言ごとに、じつに個別的な世界をなす。私にとって、方言語彙論は、ほとんど方言総語詞分類論であった。

もとより、分類作業と分類論との前には、一個方言の語彙総体の把握がなくてはならない。完全な把握のあるのが理想である。極言すれば、それがなかったら分類も無意味と言えよう。完全な把握は、至難ではあるが、たしかに可能である。一個特定の方言について、有限の時限に着目しつつ、努力を傾注すれば、ことは成しとげうる。

私は、自己の育った生活語、郷里方言について、郷里恩師の庇護のもとで、これを成した。昭和十年前後での静態把握である。むろん、これは、今日から言うと、いくつかの欠陥も持っている。ただ、共通語上の語詞と同じものは、意識して、採録を省いた。「ネンジン」（人参）は記録しても、「ニンジン」は書きとらなかったのである。「ニンジン」一つも、土地の生活のことばの全体の中での一重要分子であることは知っていた。――（語彙論も、一言語体系の全語詞・総語詞をあつかうべきことを教えている。）しかし、のちに印刷して所業を発表する時のむずかしさを思って、やむなく、右の保留（割愛）方針にしたがった。

ではあるが、「ニンジン」や「マツ」（松）や「ネコ」（猫）、「イク」（行く）や「クワシー」（委しい）などもとりあげられていてはじめて、完結の語彙把握であることは言うまでもない。（――私は、カード化作業では記載を省いたが、意識作業では、つねにそれらのものを、しかるべき部位に思い見た。）

完結の語彙把握のうえに、語彙体系が予想される。

方言は、――その一個独自の存在は、そもそも、体系的存在のはずである。一言語体系が想定されるからである。ただ、方言の存在は、つねには、その輪廓が明確でない。それゆえ、今は、「体系的存在」と言おう。さて、方言語彙は、当の方言自体の体系的存在にしたがって、体系的存在であろう。方言存在に体系性を認めるかぎりは、当方言下の語彙存在についても、体系性を認めないわけにはいかない。

「全部、分類されつくした時に体系がある。」とされるのであったら、私どもは、ぜひ、分類しつくすことにつとめなくてはならない。ものがほぼ全的に把握されたら、それについては、「分類されつくした」状態を結果させることが可能であろう。このさい、分類は、対応事例整頓その他にこだわらなくてもよい。ものの分類である。分類も、ものに即して弾力的であるのが有効である。言語形式への着目と、語義内実への着目との美しい相関がねがわしい。

三　私のこと　つづき

「一定の時所位において、方言語彙を受けとれば、たしかに、有限の語彙統一体が受けとられる。」これが、作業をした私の実感実想である。「有限の統一体は、体系的存在と見ざるを得ない。」これが私の、方言語彙に対する態度であった。

語彙把握の、私の作業は、有限界を凝視して、語彙分野を分別することからはじめた。

もっとも、語彙分野とか分野語彙とかは、私自身、昭和二十年代になってからつかいはじめたことばである。――そのころ、「言語学」の一同僚は、分野語彙とは？　といぶかった。今日では、西洋の本の中にも、似たようなことばを、私どもも見うるように思う。

語彙分野ごとに、分野語彙とも称すべきものが受けとられる。

私は、語彙分野を求めて「生活分野」に到達した。これ以上に画然とした分野観はない、と、今も思う。郷里は島の純農村である。この生活形態を、私は、私なりの観察で分析した。

分野の見分けがきまると、それにしたがって、語彙把握の作業にかかった。一つ一つ、生活分野を調査テーマにした。たとえば、今晩は、会同の人々に、稲作の全過程を語りあってもらう。リーダーは恩師なり父なり、また私なりである。書記は私で、稲作内容の逐次、語られるのを、一々の単語の形式で受けとり、一語一枚、小カードに記していく。

調査の中で、私には、しぜんに生活語彙という考えがもりあがった。生活の理念をはずしては、なにごとも考えられない、と思うようになったのだった。

今もこれは変わらない。このせつまた、「生活」と「機能」とを対置する考えに接したが、私は、はだかの「機能」をあたたかく包んだものが「生活」だと考えている。生活の理念は、本来、機能重視のうえに成りたっているもののはずである。

語彙分類も、私にとっては、生活語彙分類である。生活語彙は、生活の分野にしたがって、分類されつくされる。

そこにおのずから、言語機能重視の語彙（総語詞）分類ができていく。

語彙の彙は、語の集合を意味していよう。個々の方言、個々の言語体系に、語が、どのようにか、集合している。その集合、あるいは彙には、すでに生活の事実がある。

こうして領解される生活語彙観は、方言辞書製作のメトーデでもある。

四　方言語彙論　つづき

方言語彙調査の結果に分類作業がほどこされ、生活語彙の生活分野語彙をふまえて——語彙の分類論をふまえて——、方言辞書が編述される。私は、方言辞書編述を、この方向でなされるもの、そうあるのが理想的とされるものと考えている。

方言語彙論の発展の内部に、方言辞書製作がある。方言語彙論の、語彙分類の記述となって、方言辞書製作・編述のことがおこる。方言語彙論の、一方の大きな柱をなすものは、語彙記述としての方言辞書編述である。

語の記述ではなくて語彙——今は方言語彙——の記述である。語彙の記述は、諸語を含んだはば広いものになっていく。（じっさいには、そこそこで、一語一語をとりあげて記述していくのではあっても。）これは、語彙の総語詞を分類した、その分類体系にしたがう総合的記述、総合意図の記述である。それを私は、結果論的に、方言辞書編述とよんでいる。（——要するに、従来の辞書記述に似た、なんらかの総合的記述がここにある。）

五　方言辞書製作の二方向

まず、一方言の生活語彙をふまえてする語彙記述——という方言辞書編述——がありうる。このばあいは、語彙論作業、語彙論実践としての辞書記述ということが、わかりやすい。

つぎには、二方言以上を対象としての方言辞書編述がありうる。二方言以上のものを対象にして、上述の精神による語彙記述を進めていくことは、容易でない。各方言について、その生活語彙分類を実践し、のちに諸結果を統合していくことは、容易ならぬ作業である。しかし、そこに、理想的な方言辞書の編述されることはたしかであろう。しかも、二方言以上というその数が、多ければ多いほどよいことは、言うまでもない。

ところで、「方言」のとりかたには、柔軟な態度がゆるされなくもない。「九州南部方言」と言って、鹿児島市域に一方言を認め、「近畿方言」と言って、いわゆる大阪方言・京都方言をとり、「津軽方言」と言って、弘前方言をとり、というようにしていって、とりあげたそれぞれの方言の生活語彙把握に精をつくし、かくして日本語方言辞典をつくることも可能である。

二つ以上の方言を対象としたばあい、どれか一つの方言についての語彙把握・語彙分類・語彙記述の作業を（あるいは語彙分類までのことを）徹底的におこなって、他方言の事実は、関連するものを採って、個々にこれに包みこむ、統合するというようにすることも、できなくはない。中心作業が徹底的であれば、周辺他方言の事実なら、その重要なものを、ほぼとり集めることが可能であろうか。——しかし、こういう作業は、特定性質の辞書編述になる。

中心作業なくして、広域にわたり、あるいは全国域をとって、方言辞書を編述するしごとは、不安定なものになる。（多くの古文献をとって、ともかく語詞を類聚し、ただちに古語辞典の編述にかかるとしたら、これも不安・不安定なものではないか。）辞書編述には、語彙論作業が先行しなくてはならないと考えられる。いな、語彙論のゆたかな実践の中で、辞書は編述されるべきだと考えられる。現実に、中心作業のおこなわれなかったばあいにも、諸多の方言からの個々の語詞・語句のとりあげには、つねに堅固な語彙論見地がなくてはならないと思う。

辞書は、一つの完結した諸語集落の世界である。この世界を記述・創作するのには、あくまでも、「彙」の理念に忠実でなくてはならない。単なる寄せあつめは彙にならない。とすると、辞書のためには、根源的に語彙論の方法が必要とされる。

私は、一方言、しかも小方言に徹しての語彙記述、辞書編述の緊要を痛感する。こうしてできたものが、じつは代表的な一国語辞典とされるのではないか、と考えている。

この種のことは、『方言学の方法』（大修館書店）の中で、ややくわしく述べた。

広域をとって編む方言辞典のために、諸多の方言を手っとり早く処理しようとするばあいにも、右の方式のものは、方言語詞の採取・採択を中正なものとさせるのに役だとう。

いわゆる方言集も、地方の、小地域小地域での、右に言うような語彙記述の簡約版に類するものであればよいと思う。（もとより、方言集が方言辞書であるのにこしたことはない。）――重要語詞については、適切な用法記述、用例もあるとして。

六　私の方言辞書製作

目下、したがっているしごとは、郷里方言（瀬戸内海大三島肥海《ひがい》方言）についてのものである。

旧年の語彙調査のしごとが、直後から、語彙（総語詞）分類のしごとになったことは、既述のとおりである。分類のしごとが辞書製作のしごとになっていった。

分類のしごとはどう展開したか。分類論上での第一次改訂では、

1　島の農村の農家　衣・食・住
2　島の農村での山と海
3　島の農村の「動・植・鉱」物界
4　島の農村の農業　567略
8　島の農村の社会生活

といったような分類法がとられた。これによってカード分類の作業が進められるうちに、また分類論が進んだ。分類法が改訂された。こんなことがくりかえされた。島の純農村の一態のもとに生息している方言の、その動態を、語彙の面から描きとるのに、多くの試行錯誤が重ねられた。――分類法探究は、はてしのないしごとでもあろう。

分類結果を全般的に記述しようと心がけた時、方言語彙論の実践・推進のつもりが方言辞書製作の心がけになっていた。

方言辞書は、本来、分類体の記述であるのが至当と考えられる。生活語彙の記述だからである。（――それは、「生活分野」語彙をふまえたのがよいはずである。）分類体の記述は、まったく語彙論的ではないか。

ところで、じっさいに出版を考える段階になって、また行きづまってしまった。理想は「一つの代表的な国語辞典」というのにあっても、一小方言の特殊に徹して国語の普遍を訴えようとする方法に、人がすぐに安心して応じてくれるはずもない。分類体とあれば、それもずいぶん頁数をとるが、これにぜひともアイウエオ順のしかるべき索引処置を加えなくてはならない。一小方言の記述であるのに、全体は多大の頁数のものとなる。これは出版不可能であ

る。
出版のことを言い、それからの拘束を問題にするのは邪道のようであるが、私はやむを得ないと思っている。いかに理想的なことをなし得ても、その表現を、一個人などのうちに蔵しておくのは、学問の表現行為として十全でない。稿本にして一図書館に寄託しておいてもなお不十分である。ものはどうしても出版に持っていかなくてはならない。となって、私どもは、現実問題に苦しまなくてはならず、また、事情のゆるしてくれる範囲の中で、出版はもとより、学問表現の方法をも考えなくてはならなくなる。

出版のめどのついた時、私は、方言語彙記述のアイウエオ順に妥協した。——かつ、郷里方言の記述を、瀬戸内海域の見地にうかべる、一つの具体的処置をも加味することにした。

アイウエオ順ではあるけれども、できるだけ、これを大綱としようとする。すなわち、アイウエオ順のもとで、私は、関連項目彙集主義をとろうとする。

ねがわくは、個々の語詞のとりあつかい、記述に、方法を求め手をつくすことによって、方言語彙論実践の名に恥じない辞書記述をしていきたいものである。

七　私の方言辞書記述

（方言辞書記述、すなわち、私の方言語彙記述である。）

昭和四十年に、広島大学での修士課程演習（題「方言語彙の研究」）へ持ちだした記述例の一くさりは、つぎのものである。

《動物に関する一くさり》

ヨツアシ　[jotsu⌈aʃi⌉]　图　〈老・稀・上(注1)〉

四足動物のこと。小動物については言わない。牛馬などに言いがちである。忌みことば的なところがある。〇ヨツアシ　クワン。(四足の動物はたべない。)(老→大(注2))　このような言いかたになるのがつねである。

「フタツアシ」などの語はない。「イッポンアシ」(一本あし)の語は、類を異にする。

シシ　[ʃi⌈ʃi⌉]　图　〈老・極稀・上〉

鹿のこと。年々、伊予本土地から、「シシウチ」(鹿打ち)が来たものである。夕がた、狩りうどたちは獲ものを解剖した。子どもたちが寄ってそれを見、特異な匂いに鼻をつまんで駆けだしたりした。このせつはなぜか鹿がいなくなっており、鹿の話も聞かない。

シカ　[ʃi⌈ka⌉]　图　〈全(注3)・普・中〉

鹿。

シカウチ　[ʃi⌈kautʃi⌉]　图　〈大・稀・中〉

「シカウッツァン」とも言った。他所から来た鹿打ち人。(専業の人はなかったらしい。)土地の人の狩り人には、これを言わなかった。——農家の人ゆえ、でもある。

カリウド　[ka⌈ri⌉udo]　图　〈おもに大・少・上〉

おもに鹿打ちに言ったものである。

オイヨー　オイヨ。　[o⌈ijo⌉:o⌈i⌉jo]　鹿の鳴く声をかたどっての一定の表現形　〈ほとんど廃　かつては「全・少・中」〉

「オイヨー」は緩慢に言い、「オイヨ」は早くちに言う。子どもは幼いころからこの鳴き声を教えられ、夜分、ものがなしく聞こえてくる鹿の声に耳をそば立てた。こんな時、祖父母たちは、昔話や伝説を語って聞かせたりもした。島の農家の秋は、鹿の声とともに深まっていった。鹿に縁がなくなった今日も、鹿に関するさまざまの話しと、鹿のあのかなしげにも聞こえた鳴き声とは、むすびあって私どもの胸に生きている。

オイヨ　[o⌈i⌉jo]　图　〈廃　かつて「全おもに老小・少・中」〉

オイヨー　[o⌈i⌉jo :]　图　〈廃　かつて「全おもに老小・より少・中」〉

鹿のこと。童詞。○ア、オイヨガ　ナキョーラー。（あ、鹿が鳴いてるよ。）（小男↓大）

タヌキ　[tanu⌈ki⌉]　图　〈全・普・中〉

狸。狸といえば、人はその化かす（バカス）ことを思う。しかし、ほとんどの人は、狸を実見していない。狸を見たと言う人のおおかたは、化かされたと思う人々であり、多分に、ものがたり的経験の持ち主である。○「タヌキガ　バカータ（化かした）。」と言うことは稀で、「タヌキニ　バカサレタ。」と言うことが多い。化かされた話をする名手、古老が幾人かあった。冬の爐ばたは、その夜談のなによりの場所であった。

チッコロクヮイクヮイ　[tʃik⌈ : oɾokwaikwai⌉]　图　〈廃　かつて「全おもに老小・少・中」〉

チックヮラクヮイクヮイ　[tʃik⌈ : waɾakwaikwai⌉]　图　〈廃　かつて「全おもに老小・より少・中」〉

チッコロクヮイ　[tʃik⌈ : oɾokwa⌉i]　图　〈廃　かつて「全おもに老小・少・中」〉

三者みな、狸を言う童詞。ややこっけいみがある。私どもには、「チッコロ……」のほうが「チックヮラ……」よりも本来的な言いかたとの思いがある。それに関連することか、「チッコロクヮイ」はあるが、「チックヮラクヮイ」はない。さて、右のような語態は、狸独特の俊敏な動作を想像することによって創作した擬態のものか、鳴き声を仮想して創作した擬声のものか、もしくは擬態擬声混交のものかであろう。三者のうち、はじめの二者は、このままが文表現にも用いられたが、最後のものは、文中の名詞としてしか用いられなかった。○ソリャー、チッコロクヮイガ　デル　ゾー。(そおら、狸が出てくるぞ。)(青男↓小男) 暗い所などでおどす。○チックヮラクヮイクヮイ。チックヮラクヮイクヮイ。このように連呼して、相手(おもに幼児小童)をおどした。多くはからかい半分である。(——狸以外のおそろしいものを意味させることも、なくはなかった。)

イタチ　[i⌈ta⌋tʃi]　图　〈全・少・中〉

いたち。

イタチトリ　[i⌈tatʃi⌉tori]　图　〈全・少・中〉

いたちを捕えるための道具。小男どもが手製で作る。その考案が子どものあそびである。くふうの作品を要所にしかけて時をまつ。多くはからだのみである。

ネーサン　[⌈ne⌉ : saŋ]　图　〈全おもに女・極稀・中〉

ネズミ　[ne⌈zumi⌉]　图　〈全・普・中〉

ねずみ。「ネーサン」は、一愛称のようでもあり、そっとしておかないととり逃がすという時のひそやかな呼び名のようでもある。○ネーサン　ネーサン、ソンナニ　ショーッタラ　………。(ねえさんねえさん、そんなにしてたら………。)こんな唱えことばがある。「ソンナニ」の言いかたがしてある。特別な文句での特別のことばづかいとされる。——手まり唄の文句にも、「ドンナノ　カ」などとあり、こうしたばあいに、特定語法・特定語句の利用・温存・伝承が見られる。

キーキー　[⌈ki : ki⌉ :]　图　〈大・稀・上〉

ねずみを言う童詞。○キーキー　ミセテ　ヤロー　カ。(ねずみを見せてやろうか？)(大女↓子幼女) 以前は、幼男の頭髪を剃っても、両耳まえに髪毛を長く残した。これも「キーキー」と言った。やはり名詞である。

ネズミトリ　[ne⌈zumi⌉tori]　图　〈全・普・中〉

ねずみをとる道具。むかしは道具よりも猫がはたらいた。○コノ ネカー ヨー ネズミ トル ンヨ。（この猫はよくねずみをとるのよ。）（中女間）

注

（1）上品語に属することを言う。

（2）そのセンテンスが、老人から大人への表現であることを意味する。

（3）その語が、当方言社会の全階層（全般）におこなわれ、使用頻度は普通度で、語の品位は中等であることを意味する。

以上は、いわゆる分類体のもとでの記述である。当時はこの方向を推進していた。

右の文章は、昭和四十年でのままではない。語句なり表現法なりに、多少の改修があることをおことわりする。

以下には、近来の記述作業の中の一こまを出そう。

実例をかかげる前に、記述方針の大約を述べておく。一つに、みだし語（おやみだし、あるいは子みだし）を立てて、それを、音声相のままに表記する。（アクセント符号も当然つける。必要に応じて、音声上の諸注記もほどこす。）二つに、品詞別あるいはそれに相当する事項別を略記する。三つに、その語・語句などの所属する語彙分野を記す。——（語彙分野一覧は、けっきょく簡素なものとせざるを得なかった。みだしによっては、そこに二分野をかね記すこともある。）四つに、語釈を、語義分析を記す。できれば語源にも及ぶ。五つに、その語・語句のおこなわれうる階層のこと、そこでの使用頻度のこと、その語の品位のことを注記する。六つに、ものによっては、用例（文例）をあげる。あるいは、その語の用法について記す。否定にしかつかわれないなどの用法限定に注意する。要するにこの段階では、当の語・語句に関する生活面の記述を旨とする。七つには、そのものの、内海での分布に言及する。（これは、限られたことしか言えないことが多く、何も言えないことも多い。）

つぎには、アイウエオ順の「アノ」のあたりをかかげる。

アノシ　代名　生活一般(注1)　あの人（おとなについて言う。）　アノシラ〈複数〉　〈老・稀・上〉　分布　アノシを存することなくして（あるいは、すくなくして）アノシラを存する島があるか。豊島その他。

アノミ　代名　生活一般　あの人（大女について言う。）　アノミラ〈複数〉　〈中年以上の女・少・やや上〉　○アノミャー　ホンマニ、ナンテテ　コラエジョガ　イェーケン　ノー。（あの人はほんとに、それはそれは、こらえ性がいいからねえ。中女間）　○アノミャー　コガ　オルンジャロー。ハラガ　オーケナヨーナ。（あの人は妊娠してるんでしょうよ。おなかが大きいようだわ。中女間　かつては、婦人衆に、妊娠をかくしたがるふうがつよかった。察知したほうは、これを内緒のうわさばなしにしたものである。）　○アノミラー　イェー　コトヨー。（あの人なんかは、しあわせな身だわ。中女間　複数の言いかたが、単数表現につかわれることもある。）「アノミ」（あの身）との言いかたはあっても、「オミ」（お身）〈対称〉はない。大三島内の他集落には、「オミ」を有する所がある。そこでの「オミ」によりも、当方言での「アノミ」に、よりいっそうの親密感が認められるようである。

アノモン　名　生活一般　あの者（女についても言う。）　〈全・やや少・下〉　○アノモンワ　ヒラタクター　カオジャー。（あのおばさんは平べったい顔だなあ。小男）　分布(注2)　沼島（アノ　モンワ　ドコノ　モンナ　ナー。あの人はどこの者だろうなあ。老男→中男）　一般には、「アノ」と「モン」とが別語になっているか。そんな状況の中で、「アノモン」の一語になっているばあいが見いだされる。

注

（1）「生活一般」というのが、私の定めた語彙分野の一つである。

（2）分布のところで、関連事実を言うばあいもある。

はじめに述べた、記述方針の七項は、たてまえとするものである。ものによっては、記述を簡潔におえる。七項全部をつねにとり守ることはしない。――その取捨は、おのずから、みだし語の性質に相応するものである。

八　方言辞書記述の心

（――小意小見である。）

みだしの配列を、まずはアイウエオ順とするが、それはあくまで大綱のつもりである。アイウエオ順のもとで、関連項目の彙集につとめる。品詞別にはもとよりこだわらない。随時、それこれの品詞のものをとり合わせる。フランスの新しい国語辞典にも、「ミツバチ」という名詞と組み合わせられる、動詞、形容詞、名詞が、頻度順に列挙されているという。分類体の精神を、できるだけよく、アイウエオ順のもとに生かすことが、私の本願である。

つねに「生活」の原理をとり守って、語・語句の記述にしたがおうとしている。シテュエーションに即応するのである。しかも、意義の分別は厳にしていきたい。

日本語での表現の生活が描きだせるようであればよいと思っている。――それにつけても、生活語彙分野観はつねに重要である。どんな一語も、みな、語彙、分野の語彙の構造の中で、正当に描かれる。

私が、辞書編述に関してつよい感銘をおぼえたのは、福原麟太郎先生の「ヂョンソン大博士」についてのご文章においてである。『学鐙』VOL. 65 NO.1（昭和四十三年一月）には、

さすがに詩人の仕事で、コトバの霊妙、いわばコトダマに徹していた点では、他のいかなる編集者も及ばないと

ころであったと思われる。

とある。私も、どうかして、方言内の一語一語を精視し得たいものだと思う。そうして、深い記述を全うしたい。ヂョンソンは、

この、用例に従いそれをあげて意味を定義してゆくという方法はヂョンソン独特の苦心と言われる「独特の苦心」をはらった。

もともと、ヂョンソンの考えは、辞典ではなく、文選であり、美しい英語で正確な意味を現わす基準を与えるための詞華集を編むにあったのだという。それが辞書に生成したのである。

という。私も、大家にならって、用例を重んじたい。——シチュエーションの重視、生活の重視は、いつも、どこででも、たいせつなことだと思う。

しかし、叙述が多弁に流れることなどがあってはならない。この点では、私は、土井忠生先生のごくしぜんにおっしゃった、〝書きすぎるといかんねえ。〟というのをいただいて、戒めとする。

のちには、ヂョンソン大博士にもあやかって、文例本位の方言辞書——という日本語辞書——を、昭和日本語方言のはたけで編んでみたいものだと考えている。

（『日本方言の語彙』　三省堂　昭和五十二年六月）

頁	行	誤	正
823	13	先生の「ヂョンソン	先生の、「ヂョンソン

国語史と方言

藤原与一

昭和四十二年十一月三日、広島大学での「日本方言研究会第五回研究発表会」で、右の題のシンポジアムがおこなわれた。私も、これにちなんで、一稿をつづってみる。

第一　「国語史」「方言」

○　「国語史」ということばをつかって、国語史研究を意味させることが、すくなくない。この点に関しては、つぎのように考えておく。「国語史」といえば国語史そのもの。国語史の研究なのであれば、「国語史研究」との言いかたをする。

○　「方言」といって、個々の方言事実をさすことが、すくなくない。この点に関しては、つぎのように考えておく。個々の方言事実は方言事象と呼ばれるべきもの。方言と言えば、これは、一個の方言社会に存する、方言の体系的存在である。

第二　'国語史と方言' というテーマ

Ⅰ　'方言と国語史'

このように考えるテーマも成り立つ。（どちらも、これまでに、先学のかたがたのとりあげてこられた題目である。）

両者には、考えかたのちがいがある、とすべきか。'国語史と方言' というのは、国語史において方言をうけとめようとするものである。したがって、このさい、国語史研究というものは、国語の方言をよくうけとめることができるように、スケールの大きいものにならなくてはならない。――そのように、国語史研究を考える必要がある。'方言と国語史' というのは、方言において国語史をうけとめようとするもの、と考えることができよう。この方は、方言観から国語史を逆視的にとらえることを主調とするであろう。まさに方言学的である。

前者は国語史学的とも言えようか。

Ⅱ　'国語史と方言' という研究主題についての討究体系

以下には、試論として、A・Bの、二種の討究体系をかかげてみる。

A　一つの討究体系

以下のような討究体系を立てることができよう。

（1）　国語史概念

最初に、これが、討究項目になると思う。

国語史とはなにか。——これのためには、前もって「歴史とはなにか。」が考えられなくてはならない。

歴史とは、ものごとが移り変わっていく「変遷推移」のことでもあろう。同時に、歴史は、みずから生きて動いていくもの、「推進」のみとめられるものでもあるにちがいない。歴史は、そう成っていくものでもあるが、また、人間がつくっていくものでもある。

国語史も、国語の移り変わりと考えられるとともに、人間が動かしていくもの、——国語生活の、内からの推進とも考えられる。国語史の研究としては、その推進を本格的に観察していくことを、主体とすべきではないか。

国語史について、その自律的発展を理解することが、国語史研究として、重要であると思う。国語史を、内発的な推進事態と見て、その、内にあるものに迫っていくことが、重要であると思う。

けっきょく、国語史について、歴史的法則を帰結することができるならば、国語史研究の目的は達成されたと言ってよい。

歴史的法則の把握を目標とする国語史研究は、前むきの国語史研究である。このような研究にあっては、つねに、国語の発展的動向が問題にされるであろう。つまり、歴史的法則は、もっとも動的なものとして理解されるであろう。

国語史研究の大目的は、右のように明らかだとする。この時、国語の自律的発展の法則の究明のためには、どのように零細な変化事実・変遷事実も、みな重要視すべきだと言わなくてはならない。重要でない変化事実は一つもない。どんな断片の事実も、みなそれぞれに重要である。ことの前段では重要でなさそうに思われる事実も、後段では、しかるべき位置におかれて、そのものが、独自の重要性を示すことになる。一般的に言えば、変化事実の、重要でなさそうなものも、そう見えるがゆえに、また、重要視すべきなのである。研究者はつねに、はっきりとした目的意識を持って、——その意識による忠実正当な態度で、個々の変化事実を、精確にとりあげていかなくてはならない。

（2）　方言概念

つぎにこれが、討究項目になると思う。

方言とはなにか。方言とは、国語の歴史的現実である。現代方言は、今日の時限での、国語の歴史的現実である。——（歴史的実体という言いかたも、してよいかと思う。）

方言には、おのずから、歴史がある。一個の方言にも、歴史が内在する。どんな一方言も、歴史の所産であり、国語の歴史の、みずから産んだものである。まして、二個以上の方言の、つながってむらがりあう関係事態となると、これは、いっそうはっきりとした歴史的事態である。二個の方言が、そこに、並存するということが、すでにはっきりとした国語史実なのである。

二個以上の方言にわたって、事象、方言事象を比照したとするか。このおり、すでに、歴史的研究ははじっまているのである。

比較研究は歴史研究になる。諸方言に関する比較は、事象比較にせよ地域比較にせよ、すぐに歴史研究になる。前後関係を見たら、それはすでに歴史研究である。

方言ごとに、方言地質を言うことができよう。方言地質、すなわち、方言の歴史性である。二方言以上では、やがて、それら相互の、方言地質の新古が言える。新古がみとめられれば、そこに、それら諸方言に関しての方言発達史（諸方言圏の成立史）が説ける。諸方言圏は、諸「方言生活圏」である。したがって、諸方言圏の成立史は、生活圏成立史、つまり、国土上の、国語生活の展開史と言えることになる。——新古の諸方言に即応して、国語生活史（＝方言生活としての展開）が説けることになる。

（3） 国語史と方言

以上のようにして、この討究項目に到達する。

ここでは、国語史の見地から方言をうけとめる態度が主問題とされる。いきおい、国語史というものが、この全国土上の全方言現象を受け入れるものとして、大きく考えられることになる。理想的な国語史研究大系が、ここではっきりとしてくるであろう。

方言の一つ一つ（なに方言、なに方言というもの）も、方言の中の一つ一つの方言事象も、みな国語現実として考えられる。つねに、方言に国語を見るのである。

学問が専門的に分化すると、とかく、大きい「観」がなくなって、討究感覚もおぼろになれば、作業も機械化する。言語研究も、方言研究となって、その観点が、区々としてきた。方言観が、低次元に落ちてきている。「国語史と方言」というテーマを正確にとらえ、きびしく見つめるならば、ここで方言観を高めることができる。したがって、方言研究を、有意義な国語研究にしていくことができる。

B 一つの討究体系

つぎのような討究体系を立てることもできると思う。

（1） 順視的方法と逆視的方法
（2） 歴史的現実としての方言の 内包
（3） 国語史の原理の発見
（4） 国語史の展望
（5） 資料（方言資料・国語史資料）批判
（6） 全国土上の全国語史をねらうこと

第三 B討究体系 素描

（1） 順視的方法と逆視的方法

主題のためには、方法論的に、まず、この論題が提出されなくはならないと思う。

国語史研究では、過去の時代についての研究に、従来、多く、順視的方法がとられてきた。つまり時代順に、史実がとりあつかわれてきた。しかし、ここに、一つの反省すべきことがある。史家が、上代から近代へと、ものごとを説いても、史家自身は、近代の人である。その人は、近代の人としての目と心とを、本来、具有している。この人が、順視的にものを説いても、たとえば上代から説く時、この人は、近代の目と心とを持って、一挙に上代に溯り、そのうえで、順視をはじめる。いわば、この人には、順視以前に、すでに、無自覚的な逆視がある。

この無自覚的な逆視を、（——瞬間的に過去のある時代に溯り、そこから、こと新しく順視をはじめる、そういうおりの、無自覚的瞬間的な逆視を）、今は、明確な自覚の座に持ってくることが必要であると思う。好むと好まないとにかかわらず、史家は、逆視的方法を基盤とせざるを得ないのではないか。

方言を見て国語史を考える場合は、はっきりと、逆視的方法の必然性が立ちはだかっているのを、そのままにみとめなくてはならない。逆視的方法を、オーソドックスのものとして考慮していかなくてはならない立場に立つのが、‚国語史と方言‘というテーマを討究する場合なのである。現代諸方言という一大状態（大共時態）は国語史の現実態にほかならない。大きい国語史の流れ・展開の、現時点での結末が、今日の国語方言状態である。この方言状態を、国語史の見地でとらえようとする時、史的研究の方法は、いきおい、逆視的方法を最大の方法とすることになる。

　順視にしても逆視にしても、史上の時代を区分することは、研究者の関心事になる。が、逆視の場合は、これまでの順視的方法が「時代区分」にこだわったようには、こだわらない。逆視的方法の立場では、要するに、今日ではこうなっているということ、今日への到達のありさまを、史的成果として重視するがゆえに、途中のことは、経過（過程）々々として重んじる。かならずしも、その経過の堺めの日付・年代は、必要でない。aからbへの経過、——「aの事実・事態はbの事実・事態になった」ということ、その推移・変貌（変移）自体が必要なのである。もとより、日付のわかった方がよいにはちがいない。したがって、有効な時代区分の望ましいことももちろんである。しかし、逆視的に見た場合、考えた場合は、史上の時の流れは、時代区分においてよりも、過渡期過渡期として眺められる。過渡期の連続体は、けっきょく、あざやかには、「時代区分」といったように、区分することができまい。私どもとしては、史的推移に関しては、むしろ、つねに、「過渡期の流れ」をみとめることが肝要なのではないか。

（2）　歴史的現実としての方言の内包

国語史の見地から方言を見る。

方言（方言という体系的存在）には、どれだけのものが含まれているか。

　その中には、新しいものもあれば古いものもある。辺境地域の方言にしてもそうである。その中に、古いものものもあれば、新しいものもある。方言は、そもそも無記録の世界である。つねに、人の口の端《は》にかかっている。そのところには、古い事実、事項（事象）もあれば、新しい事実、事項もあるのが当然であろう。——（古いものずくめというような方言があるはずがない。また、新しいものずくめというような方言もないであろう。）国の文化の中心地あたりの方言は、しばしば、新しいものと見られる。けれども、それに、古い事実も含まれているにちがいない。無記録語の世界のことである。万事はかなり„恣意的“にも„不規則的“にもできているのが当然であろう。（記録に訴えてことを整定したのとはわけがちがう。）近畿地方のことばは、古来の中央語で、言語改新の本源をなしていたと言えようか。しかし、この地方のことばが、今日、みな新しいのではない。たとえば、今の近畿で、よその家の子について、「オコ⌉タチ」という言いかたをする。この「〜タチ」こそは、けっして新しいことばではあるまい。ところで、おもしろいことに、近畿を除いては、「オコ⌉タチ」の言いかたを存する所は、まずない。それゆえ、今この一語に執するとすれば、近畿の方言こそは、わが国の最古の方言などとも言えることになる。しかし、こんな立言は不穏当である。一語の偶然の存在をもって、方言当体の新古を云々することはできない。それはそれとして、ともかく、方言に、新・旧の要素が混在することは明らかであろう。

「方言には古語が残る。」。そのとおりである。どの方言にも古語が残っている。しかも、どの方言にも多数の古語が残っている。任意の方言をとってみてよい。そこには、「ヤマ」（山）「カワ」（川）という、むかしからのことばがあり、「アメ」（雨）「ツチ」（土）という古語がある。これらはみな、上代からの古語にほかならない。万葉集開巻第一の歌の、

こもよ　みこ　もち、
ふくしもよ　みぶくし　もち、

（「萬葉集注釋」巻第一による。）

をとってみても、たとえば私の郷里の方言（伊予大三島北部の方言）が、その「も」を有し、「よ」を有し、「もち」を有する。音と義をやや異にしてではあるが、「ふぐし」というのも有する。（私の郷里では、杙のことである。）「こ」も、「イレコ」（「入れコ」？）という語ならある。「イレコ」は、私どもの方で、親類づきあいのおり、白米二升を入れて持って行ったりするためのもので、かぶせぶたの、長方形でかなりの深さのある、あずき色のぬりの、木箱である。こういうわけで、私の郷里の方言ででも、ずいぶんに古語が見いだされることになる。一般的に言って、方言に古語の残存することは、おびただしいものがある。そうであって当然なのではないか。そうでなかったら、今の方言も、国語の方言ではあり得ていないであろう。

〝方言に古語が見いだされる。〟などと言われる時には、つぎのようなことが考えられてはいないか。

方言に、特殊な古語が、しばしば残っている。

とか、

上代の（古代の）文献に見いだされ、その後の古文献には見いだしかねるものが、方言に残っている。

とか、

方言に、「ヤマ」だの「カワ」だのではない、ものめずらしい古語が、あるいは廃滅一歩てまえの状態で、あるいは人びとに気づかれないで、残存している。

とかいうようなことが。このほかの場合もあろう。が、私は、ともかくつぎのことが必要だと思う。――「方言に古語が残っているのはあたりまえであって、『古語が多く残っている。』という一般的事実と、『方言に古語の特殊残存が興味ぶかくみとめられる。』ということとは、厳に区別されなくてはならない。」

方言に残る古語の古さといえば、古いものでは、上代文献に見られるものも多いこと、上述のとおりである。過去の、古い古い時代にまで溯りうる古さを持った方言単語が多い。ただ、今日の方言に見られる特殊古語となると、ものによっては、そう古くも溯れない程度の古さのものが、だんだんに見られよう。

ところで、方言――体系的存在としての方言（方言社会をなして存立する方言）――そのものの古さとなるとどうか。方言統一体として、そうとうの古さを備えたものがある。その古いものは、どのくらいまで時代を溯って考えることができるものなのか。私は、室町末くらいまでではなかろうかと思う。私見によれば、九州南部の方言が、よく、体系として、「室町末・近世初期」的時代性を示すと考えられるのである。（拙著「方言学」四五四頁）南島方言がどの

ような時代性を示すものであるか、私にはまだよくわからない。たとえば宮古島の方言にしても、私にとっては不可知的でもある要素が多く存していて、私は今、これの体系特色を云々することができない。南方、沖縄方面の諸方言のことは保留する。とすると、まずは薩隅地方の方言が、その敬語法体系を見ても、よく、むかしの京都語の「室町末・近世初期」的様相のいくらかにかようものを示すかと解されるのである。個々の事実をとりあげてでなく、方言を統一体として観察して、その全体像の時代性を見るとなっては、――ことは無記録の方言のことである――、そんなに古くは溯れないのが当然ではないか。

方言の時代性を、私どもは、云々することができる。この時代性を考察して、私は、方言の方言地質を言う。時代性の新しさ・古さはすなわち方言地質の新古である。

方言が二つあるとする。並んでいる二つであっても、並んでいない二つであってもよい。方言が二つそこにあるということは、方言地質のちがったものが二つあるということである。方言地質がちがっていなかったら、二つの方言は、じっさいに、二つの方言であり得ない。そこに、ものが二つあるということは、ちがったもの、つまり時代性・方言地質のちがったものが二つあるということである。

一般には、方言の時代性は、どのようにして、ほぼ決定していくことができようか。つぎのような操作・手つづきでよいと思う。方言を言語体系と見る。言語体系を要素に分析する。音韻・文法・語詞語彙というような観点、その他の観点にしたがって、重要要素を帰結することにつとめる。かくして最後には、重要要素の体系をまとめることができる。この要素体系が、方言の時代性・方言地質を検討していくための項目の体系になる。すなわち私どもは、各項目ごとに、文献をたずね、関係の事実をしらべていって、その項目の事実の時代づけを考える。このような作業を逐次多くいとなむ。結果を集合整理すると、その方言が、およそいつごろの時代性を持ったものなのかがわかる。二つ以上の方言のおのおのに、このような認定作業を施したとするか。ついには、それらの諸方言を、時代順に排列することができよう。

二つの方言の、方言地質の新古には、すぐに触れていくことができる。右の「項目の体系」の、ある項目をとって、これで両方言を検討してみる。甲方言では、その項目に応じる事実がSと出る。乙方言では、その項目に応じる事実がKと出る。S・Kを、文献に徴してみる。文献によって解明された国語史実に照合してみると、SがKよりも古いことがわかってくる。さてつぎのある項目についてしらべてみる。また、甲方言のPが乙方言のRよりも古いことがわかってくる。こうなると、どうも甲方言の方が古そうだぞと、見当をつけてみることになる。(文献上の事実に照合することは、これまでに判明したことに徴するというのでしかないことはもちろんである。堅固絶対の処置がとれないのは、やむをえない。)より古い事実を、より多く持っている方言の方が、方言地質のいっそう古い方言とされる。こういう見さだめには、比較的早く到達しうるのではないか。

方言の内包は、私どもに、上述のような諸作業をゆるしてくれる。

（3） 国語史の原理の発見

国語史において方言を見、方言をとりこんで大国語史を考えれば、ここで、国語史の原理とも呼んでよいものを、みちびき出すことができよう。私どもは、国語史研究としては、国語史の原理を発見しうるのでなくてはならない。方言をとりこんで、大きく国語史を考えていけば、原理発見の、理想的な作業をなしとげていくことができよう。

方言は国語の歴史的現実である。今日の方言の諸相は、国語の、この国土上での、大きな歴史的推移の結末である。国語史の、法則上の結論は、この現在面に出ているはずである。現にこのようになっているのであるから、この現実は、国語の大事態としてみとめなくてはならない。――国語今日の方言相こそは、国語史の原理を考究せしめる、最有力の地盤と言わなくてはならない。

方言を大きくつつんで国語史を考えてみて、いよいよつよく、国語史研究の目的を意識することができる、とも言うことができよう。

国語史の原理は、国語の発展法則、歴史的法則とも言ってよい。音韻上、文法上、語詞語彙上というように分けて、これを追求することができよう。（それらは、いずれ、まとめて、一本化して、うけとることができるはずである。）

音韻上から、国語の歴史的法則を追求しても、私どもは、方法上、〝国語史と方言〟というテーマの要請のままに、早くも、方言にかえりみる必要をおぼえる。たとえば、上代では、母音の並ぶことがいとわれた、とある。が、現に今日では、並ぶことも多いありさまである。この到達事実はだいじである。所詮、こうなったのである。すると母音存立に関する一つの法則づけも、国語今日の方言事態（――に限らない）にかえりみなくてはならないことになる。そうしなくては、ものごとの大局的な解釈はできないと言える。

文法上から、国語の歴史的法則を追求しても、私どもは、方言をも見る方法に立たざるを得ない。動詞の活用方式の推移を見ても、そのありさまは、国語今日の方言相に、かくべつ明らかではないだろうか。これにかえりみつつ、国語史を全般的に見とおす時、活用方式の推移も、大きく法則づけることができると思う。

語詞・語彙の方面から、国語の歴史的法則を追求しても、「国語史」研究者は、方言を見あつめる見地に立たなくてはならないであろう。語詞上の、造語史研究においてそうである。語彙上の、漢語繁栄史研究においてそうである。漢語は古来よく民間に流布したと見え、今日、諸方言に、民間漢語とでも称すべきものの語彙量が豊富である。この事実に背をむけて、文献上で漢語史をまとめ、そこで法則を探求することは、妥当でない。造語史の研究にしても、はじめに、現在の方言での、この大きな造語事実を熟視することが、有意義であると思われる。

（4） 国語史の展望

〝国語史と方言〟と言う以上、ぜひとも、国語史に関する展望の見地を問題にしなくてはならない。

「国語史」の研究に展望の見地がいることは、多く言うまでもない。〝国語史と方言〟というようなテーマのもとでは、展望の見地が、いっそう切実に考えとられてくる。

歴史的現実である方言は、すでに、未来に向かって動いていこうとする実体である。国語現実としての「現代方言」統一共時態は、自体、将来に向かって展開していこうとしている。こうした事実の正視が、いわゆる展望の見地にほかならない。

国語史の、明日への推進を見る展望の見地のもとで、「方言はなくなるか。」などの論題も処理されよう。これにひとこと、私の結論を述べるなら、方言はなくならないと思う。国の地方生活が存し、地方々々の地域社会が存するかぎりはである。

新時代では新時代なりに、国の地域の各地域社会で、地域社会の方言が見られるであろう。統一と分化との二律背反はつづく。ここにまた、方言生活を共通語生活へとみちびく教育論の必要も、つねにある。展望の見地には規範論がむすびつく。

(5) 資料（方言資料・国語史資料）批判

ここでこの論になる。

国語史資料としての「過去文献」資料には、今日への伝来・残留に、また文献披見の自由不自由に、偶然性がある。つまり、言うところの国語史資料は、偶有資料、偶然資料の性質を持ったものと考えられる。

偶然資料をつかってものを言うのには、言いうる限界への考慮がいる。既存の文献資料をつかっては、国語の史的推移を、えがきあげることはできないであろう。資料が偶有のものであるだけに、叙述・解釈に、多くの留保を施さなくてはならない。ほとんど完全に近く、ものが言えそうな場合にも、言説としては、言いきることができない。偶然資料群の必然資料化を証明することが、容易にはできないからである。

国語史研究上の偶然資料を補助するものは方言資料である。現代の方言は、方言資料として見た時、これを、必然資料と言うことができる。一つの方言が、そこに生きて存立していることは、まさに必然的事実であって、偶然ではない。一個の方言は、国語という主体のもとで、他の方言とたがいに関連しあいながら、一個の方言となり得ており、その存立が必然である。また、方言の中の、一つ一つの方言単語にしても、――たとえば「ヒト」（人）「イク」（行く）のようなものでも、これらはみな、それぞれに、方言全体像の中の一部分として所を得ており、おのおのは、みな明らかに必然的分子である。必然的分子の集合体は、資料として、まさに必然資料と言える。このような必然資料を、いわゆる偶然資料による国語史理解の作業基底におく時は、偶然資料による解釈の局部性を、よく大局的なものにすることができるであろう。また、偶然資料による解釈の静的・機械的なものを、よく動的・発展的なものにすることができるであろう。

(6) 全国土上の全国語史をねらうこと

国語史資料としての「過去文献」資料は、その多くが、中央語に関連している。「過去文献」資料によっては、くわしく国語史が語られるとしても、大部分は、中央語に関してのことである。

しかし、国語史とは、文字どおり、国語の歴史のことではないか。私どもの国語は、この国土上に偏漫している。国語史は、ほんとうは、この国土上の、全国語史のはずである。

過去文献による、これまでの国語史叙述は、なんと限られた国語史叙述であったことか。――せまい国語史叙述であったと言える。今や、，国語史と方言，の立場に立つとするか。と、人は、しぜんに、全国土上の全国語史を問題にすることになる。

私は、全土国語史というねらいを尊重する。そこで、これの実現のために、方言比較の（つまりは歴史的研究の）地理学的方法においても、方言事象を個物的に比較する地理学的研究――語史的研究――のほかに、方言（方言という分派）を方言として比較する「方言分派」地理学を考え、これを重要視する。この方向の地理的即歴史的研究こそは、その視野において、つねに全国を見、全国土上での国語の動きを見る。それは、全国をおおうての国語生活圏史（――そういう国語展開史）の把握になるのである。（拙著「方言学」五三八頁）

第四　結語

，国語史と方言，という。問題は「と」にある。「と」をなくしていくように、考えを進めていくことが、，国語史と方言，のテーマを、もっとも忠実に、自己のものとしていくことではないか。

本来「と」文字は不要なのだ、とも言える。――「国語史」を考えることから出発しても、「方言」をも考えるところにいく。「方言」を考えることから出発しても、「国語史」を考えるところへいく。二つのもの、「国語史」と「方言」とは、はじめから、一つづきのものである。

「国語史」と「方言」。これら二つは、「むすびつく・つかぬ」とか、「むすびつくか・つかぬか」とかの議論を超えて、はじめから、むすびついているものである。

（『国文学攷』第四十六号　昭和　四十二年十一月）

方言と国語教育

藤原与一
（広島大学名誉教授）

○身辺の小さな話題

1　ある診察室で

いなかから、目のわるいおばあさんが出てきました。方言まる出しで、"このごろは、目がネバってネバって。"と訴えます。聞いていた目医者が、"おばあさん、これはだめですよ。"と言いました。医者のことばは共通語のきれいなものでしたが、その心はつめたいものでした。

方言の問題がでると、人はすぐに、共通語のことを考えがちです。が、ことばのかたちが共通語になったところで、それだけなら、たいしたことはないと、私は思います。だいじなのは、ことばにこもる心です。

方言にあまりこだわらないようにしましょう。「心」にこだわるようにしましょう。

方言か共通語かとの議論にあけくれてはならないと思います。「心のことばとして、ことばをたいせつにつかう。」、このことがだいじだと思います。

気をつけて、心をこめてことばをつかえば、それでよいのではないでしょうか。たとえ方言まる出しになっても。

聞きとるほうは、それを、心でよく聞きとるべきであります。人のことばを聞きとり、聞きわける、あたたかい心、これを人々に求める教育は、今日の急務ではないでしょうか。

2　ある大学の庭で

先日のことです。私と家人とは、近くの短期大学の前庭近くの運動場で遊ばせてもらいました。まもなく前庭に一台のくるまが来て、中から男女二人の若い人が出ました。男性が、ものかげにすえてあるスタンドから、紙コップの飲みもの二つを買ってきました。二人はしばらく、車内で談笑していたふうです。やがてたち去って行ったあとを見ますと、紙コップ二つが、庭上に置いてありました。

今は、こんな人間行動の時節なのでしょうか。どうして、紙コップを、わざわざ外に出して置くのでしょう。他にちり一つない、きれいな前庭です。

こんなありさまに対しては、ことばを、さらには心のことば、「心からのことば」を言うことが、はばかられます。今日は、多くの人が、ことばの問題を問題として受けとめなどはしないようになっているのではないでしょうか。

私は車の人たちに会って、紙コップを置いた心境を聞いてみたい衝動にかられました。が、また、どんな会話をすればよいのかと、絶望を感じました。

しかし、この人たちにも、「方言と国語教育」の問題のあることはたしかです。先生がたは、教育上、この種の人をも対象にしていかなくてはなりません。ことばの教育にはいるむずかしさが、ここにあります。

3　ことばの研究会の小さな席で

年若い夫人たちがいいました。〝何かを言おうと思っても、つい方言が出るので言えません。〟〝共通語をつかおうとしても、すらーっとは言えませんので、だまってしまいます。〟人々の寄りに、共通語のきれいな話し手などがいると、方言の人は、発言をひかえがちです。

ところが、私などの出席する会で、私が、よくよく方言へのこだわりを除くべきことを話しますと、参加者は、表情を明るくして、言語表現の生活に勇気を出すようになりますから、この点は愉快です。方言生活に関しては、根本的な卑下感があるのですね。この、無用の気がねを、早くとり除くようにしなくてはなりません。また、教育では、この気がねを早くとり除かせるようにしなくてはなりません。

教育では、人のことばを見さげて笑ったりすることのない人間を育てることもかんじんです。ことに、生まれながらにして、らくに東京語を話し、その言語生活が共通語生活的である人々に対しては、「人のことばを笑わぬ」教養をしつける必要が、大いにあります。

方言の人は、退嬰的にならないで、自分の考える共通語を、らくにつかっていけばよいのです。東京の人のようにはいかぬなどと考えないで、そんなこだわりかたをしないで、自分の共通語生活をしていけばよいわけです。

私は、はじめに述べた夫人たち、広島弁の人たちに、共通語ですらーっと言おうとは思わないことにするのがよいむね、申し述べました。すらーっと言おうとすると、人はことばの外ざまにとらわれて、心をおいてきぼりにしてしまいます。心の乱れた、形のきれいげな共通語、それはけっしてよいものではありません。

私は、夫人たちと、はでやかにではなく、じっくりとものを言うけいこをしました。広島弁を、ぼつりぼつりと共通語にしてものを言うけいこをしました。自分の思いつく共通語で言うのです。みんなでこれをやっていると、なっとくずくで共通語に言いなおすしごとが、だれにもおもしろくなりました。考えてことばをつかう生活が、たのしくなりました。

私は、考えてことばをつかう生活が、自分の共通語生活だと申しました。そういう生活が、たのしい生活であれば、これほどよいことはありません。

ことばの生活は、本来、たのしいもののはずです。一つ一つ、考えて話す、ことばを選ぶ（↓共通語にもする）、これは、心たのしいことにちがいありません。

ことばの生活のたのしさの地盤が、方言の生活です。方言を誤解しないようにしましょう。――ことばの生活のたのしみと幸福とが、ここから開けます。

○ことばへの本式の対処のしかたを
（むずかしいことではありません。
きわめてやさしいことです。）

1 まず方言とは

人の方言を聞いていると、「そうだろう？」の「ソーダッペー」など、関西の人は、変わったことばだと思うでしょう。「もうだめだ。」の意の「アカンワ。」など、関東の人は、変なことばだと思うでしょう。が、こうしたことは、他から人が思うことです。

話し手自身にとっては、方言は、毎日の生活のことばです。変でも何でもなく、ごくあたりまえのことばです。

私は、方言を生活語と言いかえてきました。方言は、その人にとっては、かけがえのない生活のことば――生活語――です。

「母のことば」「血のことば」と言ってもよいですね。

単純に、〝方言をやめて共通語をつかえ。〟と言われたら、日本の国土に生きる多くの人々は、たちまちこまるにちがいありません。

国語教育は、相手を途方にくれさせるようなことをやってはなりませんね。

教育の場では、方言の人に対して、まずその生活語をいたわることがだいじです。方言を、生活のことばとして正視し、その実質をよくくみとることが肝要です。方言をいたわり、あたたかくとりあげる心がたいせつです。

2 共通語とは

これをすぐに東京語だとは考えますまい。アナウンサーのことばが共通語だとも、すぐには考えないようにしましょう。(それが唯一の共通語なのだったら、それは、私どもには高嶺《ね》の花で、習うのにたいへんほねがおれます。)

共通語が特別の晴着だったら、ふだん着ですごしているものには、共通語は身に遠いものになってしまいます。そんな共通語は、ためになりませんね。

「共通することば」が共通語だと、私は考えています。「通じることば」が、そこでの共通語にちがいないでしょう。

一つの方言社会でも、その方言のことばが、そこでの「よく通じることば」になっています。だから、ここでは、その方言が共通語なのですね。家庭の中にあっても、家庭共通語ができています。息子の母おやに対するぞんざいなことばも、家庭での親愛共通語になっていることがあります。

共通語というものは、こうして、小さな所から考えはじめていくことができます。しまいには、宇宙次元で、その大共通語を考えることができます。

近畿の大阪市の人は、大阪弁から出て、阪神で、京阪神で、共通語を考えていくことができましょう。多くは、考えるまでもなく、しぜんに、そういう範囲で、よく通じあえる共通語生活をしているでしょう。さらには、近畿地方という広い範囲をふまえても、これという困難はなしに、近畿共通語の生活をしているでしょう。四国に行っても、近畿の人は、かなり自由に、よく通じることばの生活をすることができるはずです。それでも、食物の味のわるいことを「モミナイ」と言うと、これは四国の人たちには、すぐには受けとられないことでしょうか。近畿の人が土佐で「マッコト」を聞くと、「ほんとに」ということかと察しはついても、これは、やや変わったことばと思われます。近畿の人が、九州や奥羽に旅行したとなると、そこでは、多くのことばが、いとも変わったものに思われてきます。そこでの、大阪弁をおし出しての共通語生活など、不可能のことがありますね。

こんなわけで、近畿の人にも、日本の国土での最広段階の生活では、日本共通語のいることは明らかです。アナウンサーの話しことばや、教科書・新聞などの書きことばは、こうした段階のために、まにあわされる共通語だと考えればよいでしょうか。

近畿の大阪の人が、和歌山県内に旅行したばあいなどは、日ごろの大阪弁の線で、いわば近畿流に相手に通じることばの生活を考えればよいでしょう。名古屋市に行ったら、ややちがった態度で、——いくらか近畿ばなれした気もちで、通りのよいことばを選ぶ必要がありますが。

共通語・共通語生活は、小地域では小地域なりに考えてよく、遠くに行ったら、大地域のあたまで、大地域に通じる共通語を考え、大地域に通じる共通語生活をします。

こういう考えかたをしつけるのが、共通語教育のだいじなところだと、私は考えます。むろん、世に言われる共通語も教育されたのがよいことは、言うまでもありませんね。が、それは、心のことばとして教育されるべきです。「心をはたらかせ、心をあらわす」のによいことばとして教育されるべきです。

共通語をしつけると、しつけられた者が、故郷の山村に帰っても、ふるさとの年寄り衆に、習得した共通語いっぺんのもの言いをするなどというのでは、共通語教育は光りません。「共通語生活」は、そんな融通のきかないものであってはなりません。場・現場に合わせて、「共通することばの生活」を弾力的にとりおこなっていくのが、真に生きのよい共通語生活です。共通語教育は、ここをねらわなくてはなりません。

3　教師の共通語指導

私がつねづね一番よいと思いますのは、教師がつねに共通語生活を実践してみせるということです。「わるいことばを直しましょう。」式の、目標語句を定めての指導など、効が少ないように思います。（「わるいことば」とか矯正とかの発想は、なくしなくてはなりません。）奨励方式をとるにしても、成績を点数にしたりするのは、おもしろくありません。何もりくつは言わないで、先生が、あけくれ、共通語生活を実践していく、必要に応じては、相手の方言世界にはいって、方言表現の生活もまじえていく、これが、最高最善の共通語生活指導だと、私は考えます。

むかし、鹿児島県下で聞かされたことです。そのころも、小学校の先生たちに、共通語指導の論議がさかんでした。「家で、きのう、『オカーサン』がいくど言えたか。」といったような課題調査もなされたそうです。しかし、そんな断片的な作業で、心の問題の共通語生活がうまくしつけられるわけはありません。そこへ、一人の若い女の先生が着任しました。この人は何の教育経験もなく、先輩たちの議論もよくわかりません。しかたなく、ただ職務忠実をむねとして、いっしょうけんめいに児童に接していったということで。おどろいたことに、この組の子たちには、鹿児島弁を越えた共通語の生活が、早くも宿りはじめたというのです。しぜんの共通語教育に成功したのは、いわゆる共通語の持ちまえの生活を、すなおに出して相手にふりかけていった若い女の先生その人でした。

4　共通することばをよく見る

共通語は、小集団の生活の中にもあります。この点では、共通語は、方言に一致するものとも言えます。――考えかたがちがうのですね。

共通語を、だんだん広げて考えましょう。しぜんに、より広い社会について、共通語を考えることができます。

私どもは、「共通語」というものを遠くには見ないようにする習慣が必要です。

東京語にもこだわらないようにすることが必要です。私は、東京語が全国的な共通語の母体であることを認めつつも、「破る」の意の「ヤブク」などは、つかっていません。全国的な共通性を考えたばあいは、「ヤブル」を採りたいのです。「モス」(燃やす)もやはり問題で、私は「モヤス」を採っています。例のガ行音も、私は、しいてとは思っていません。鼻にかかってもかからなくてもよいと思っています。「シタ」(下)の「シ」などでの母音の無声化も、わざわざとり立てて指導するにはおよばないことだろうと考えています。

アナウンサーの人たちのことばにも、用心する必要があります。これらをよく受けとめて、温雅に共通することばを、そこに見いだすのがよくはないでしょうか。このごろますますよく聞かれる前提表示法・条件表示法の「何々ですガ」の言いかた、これはみなさん、どう受けとめていられるでしょう。

〝けさの新幹線ですが、大阪止まりになっています。〟

これなら、「けさの新幹線は」でよいと思われます。

共通語というものを、「共通することば」として、これを、ゆったりと考えとり、あるいは、見いだしてはどうでしょう。自己の方言の生活から出発して、むりなく、近いところに共通語を見いだすとよいと思います。(共通語は方言とひとつづきのものです。)こうすることによって、私どもは、身のうえに、ゆたかな共通語生活を築くことができます。

なっとくづくの共通語生活でなくては、おもしろくありません。たのしくありません。私は、この文章で、すでにいくどか、「私ども」と書いてきました。「私たち」とはしませんでした。時とばあいによっては、「私たち」との言いかたもするのですが、私の共通語意識の中には、なお、「私ども」ということばが、すっくと立っています。「すっくと」というのも、共通語をねらっての、私のだいじなことばです。「おそまつ申しあげました。」というのがありますね。みなさん、これをこのままおつかいですか。

共通語の生活、共通語の世界は、みずから切り開いていくべきものです。自分でつくるものです。辞書から共通語の単語の山が与えられても、けっきょくは、一々のものを、うのみにはしないで、こだわらずおぼれず、一語ごとに、「通じるかな？」「よく通じますように！」と、考えてつかっていくことが緊要であります。

5　夏玉

このあいだ、知人の語ってくれたことです。夏やすみで、大阪から広島に来たぼうやが、伯母さんからお金をもらいました。それはお年玉袋に入れられていたので、ぼうやは〝お年玉！〟と言って喜びました。そばのおばあちゃんが、〝お年玉はお正月にもらうものよ。〟と注意しました。するとぼうやは、〝じゃあ、なつだま！〟一同、おおわらいだったそうです。

おおわらいの所に、「なつだま」という共通語が成立しました。

世の共通語生活では、私ども、「夏玉」と言うぐらいの自在さで、ことばの生活をたのしんではどうでしょうか。

教育の現場には、「夏玉」式のおもしろいことばが、それこそ方言調で、いくらも語り出されていることかとお察しします。ゆたかな共通語生活を養成するきっかけが、いくらでもありますね。

○最善の表現

言語生活には、単語の問題もあれば表現法の問題もあり、また音声の問題もあります。（別に表記法の問題もあります。）これらの諸点をよくふまえて、その場その場での最善の表現につとめることが、人間の言語生活の本すじでしょう。これを目ざして、国語教育も、方言と共通語との考えかたに、良識を発揮しなくてはなりません。

（『国語学』第四輯　昭和二十五年十月）

方言と標準語

藤原与一

はじめに

〈ちいさな会話〉

（兄＝七　歳（小学校一年）
　妹＝三歳半（幼稚園児）

兄「シタ」（舌）って言うのよ。

妹「ベロ」言いたいんだから。

　――この子は、今ごろ、幼稚園で広島弁になじんでいる。

兄「シタ」が日本語の標準語なんだから。

　――この子は、母おやのしつけを受けて、毎日のことばづかいが、いわば標準語的である。

　世の中の、「方言と標準語」の問題に関する議論、意見、論争なども、その張りあうありさまは、右のようなものではないか。対立観が前面に出がちであり、一方だけが肯定されがちである。方言偏愛はいわゆる標準語の非難につながっている。いわゆる標準語を重視する人たちはしばしば方言を蔑視する。

　私どもは、この問題に長くわずらわされてきている。どうしてなのか。第一には、問題把握が日常的でありすぎたことが反省される。一般の国語問題は「国語国字問題」として把握される傾向にあり、方言問題や標準語問題は、由来、国語問題として認識されることがないのに近かった。正しい啓蒙・開発の指導がなかったから、言語生活の大衆社会は、日常の感情判断などでゆれるほかはなかった。言語生活という人間行動の中で方言なり標準語なりを問題として自覚することは、人々に、ありにくかった。ましてや、言語問題を生活文化の問題として処理することなどは、あり得なかった。

このように、問題把握は低次元でのことにすぎなかったため、「方言か標準語か」といったような対立観も出てきやすかったことと考えられる。

明治期以降の趨勢を大観すると、まずは方言訛語といったような見かたが、長く主流をなしてきたと見られる。方言は「矯正」すべきものとされてきた。

方言の観念に対立するものとして、早くからうち立てられたのが標準語の観念である。人々は、標準語を正《せい》とし、方言を悪とした。まさに標準の意識によるものである。このような段階では、共通語というような発想は生長していない。そのやや柔軟な受けとめかたが広まるようになったのは、のちのことである。

明治期、早く、国定教科書が制定され、そのご、昭和二〇年まで、長くこれが全国一律に使用されてきたことは、日本語の標準的な書きことばの普及に効があった。現代話しことばに関しても、その標準語観念が、書きことばのそれに付随して流布したであろう。かくして一般に、標準語の考えかたは、ひじょうに規範的なものになった。

それゆえ、方言は標準語(正なるもの)へと矯正されるべきものと考えられた。不正な方言は、ぼくめつされ、追放されるべきだったのである。

この姿勢が学校教育でも全国諸所でとられてきたのは、世に周知のことであろう。週間目標や月間目標が定められ、「わるいことばを直しましょう。」とばかり、目ぼしい方言事象のそれこれが、おりおりにとり立てられた。これに抑制される児童生徒は、他律の「よいことば」(標準語)におびえ、あるいはそれをあおいで、自身の方言生活を恥じた。卑下した。方言生活と標準語との距離は、ただ痛感されるばかりだった。しぜん、教科書ことばへの尊信の念もつよまっていった。

こういう風潮の中で、世上では、よく、方言と標準語との二重生活ということが言われた。二重生活ができればよいとの考えかたである。教育論としても、ふだん着とはれ着のたとえで、二重生活肯定あるいは推奨の論がなされた。便宜主義的である。

方言生活への識者のまなこが開けはじめたのは、昭和一〇年ごろからではないか。方言は話し手にとって生活語であるという認識が、このころからようやく、方言研究の方法の基本とされもするようになった。近来は、方言に対する生活語観が、ほぼ定着していよう。

しかし、一方には、方言生活への同感・同情を趣旨とする議論もすくなくない。方言生活を讃美する感情論もある。実生活での方言生活の優位優良を説く声もよく聞かれる。方言が、一方的に同情されがちである。「対応者」たるべきものの認識はよわいままである。「標準語」概念と「共通語」概念とは入りみだれている。

共通語についての柔軟な考えかたが成長しないようでは、方言に対する生活語の考えかたも、なお本格的ではないと言えようか。生活語観は、生活語としての方言の中に生活する人の発展・生活向上を目標とするもののはずである。このような生活語の見かたは、方言を正視して方言におぼれず、方言の、共通的なもの(共通語)へのつながりを重視する。

共通的なものの先に、標準とされるもの(標準語)が考えられる。

「方言と標準語」の問題は、今日、私どもには、二者の深くつながりあうべき方言生活——生活語——の問題として理解される。

方言という生活語は、どこまでも広く深く拡充して受けとるべきものである。そういう生活語観のもとで、つまり、方言の生活語としての発展を理念とする中で、「方言と標準語」の問題は、一元的に処理される。

一　方言とは何なのか

問題解決の方途を正視しつつ、基本概念を再検討していく。

方言は、もともと、地方の言とされるものにちがいない。古く中国にも、五方之言の語があった。（五方は、東西南北の四方に、中央という地方を加えたものである。）

地方の言は地域・地域社会に存立している。地域社会は一つのまとまりであり、その中で、そこのすべての人々が、集団・言語集団を成している。言語集団、すなわち地方語集団である。集団の中で、人々はたがいに言語交渉を持ち、ここに「方言生活」を実現している。この方言生活の総体が、生きた「方言」と見られる。

現実態、方言の要素は、種々のものに観察しわけられる。最大の特定要素は、古来、訛語とよばれたものであろう。方言は、訛語ゆえに、とかく低く見られることにもなったろう。矯正ということも、ここでおこりやすかったであろう。「ゴンボー」（ごぼう）や「デーコン」（だいこん）は、その訛ったところを矯めて、正しい「ゴボー」や「ダイコン」にひきもどせばよいというわけである。

人はまた、「わしは　何々する。」という「わしは」を「ギラ」（加賀のうちのことば）と言うとか、「ねぎ」のことを「ヒトモジ」（加賀のうちなどで聞かれるもの）と言うとかの、しごくふうがわりのことばをとらえて、これを方言としている。（研究家はこれを俚語・俚言とよんでもいる。）

人の指摘はさまざまであるが、方言に生き方言に住して、日常、ことばにほとんど無自覚に暮らしているものにとっては、それらの要素を分別して意識することはない。語も音も、話し手・聞き手の脳中では、渾然として存在している。訛り意識もないから、その地の「デーコン」も、これであたりまえのことば、生活のことばである。ものに価値の高低などはない。鹿児島地方の方言のもとでは、「西郷(さいごう)ドン」も「セゴドン」とあって通常語である。方言語彙の世界も、その方言の生活者たちにとっては、ただ、一全体としての充足の世界なのである。

純乎とした方言人、地方にいてそこの土地っ子である人、土地っ子であって「よそことば」や「よそことば」に関することなどは意中にない人たちには、見るからに完全な、それなりにととのった方言生活がある。異郷に行って、私などが、一個特定の地域社会すなわち方言社会にはいり、そこの純乎とした方言人に接したとするか。気をゆるしてくれてその人の私どもに語ることばは、第一に文法上、じつに表現自在である。身につけた無数の句法、表現法を、さらりさらりと表現して、話しかた――文法操作――に苦労がない。

○ナンジ　アル。　　(中年女性)

　いま何時?

○ハチジ　アル　ゾー。　　(老年男性)

　八時だよ。

これは肥前南部内での一会話例である。(一ノ瀬和子による。)共通語を思う心の持ち主は、土地っ子のよどみのない自在な話しぶりに圧倒される。自分らは、なんとすべりのわるい言いまわしで、ごつごつとしたものの言いかたをしていることかと、相手がたをうらやましくも思う。奔放な表現ぶり、たとえば、

○ヒトノ　スルグライナ　コトワ　クン　ナッタ　コトガ　ゴザンセン。

　人のするぐらいのことは、苦《く》になったことなんて全然ありません。(老男→同郷年下老男)(「コトガ」と、

　「ト」を高く発言しているのは、強調と解されるものである。)

というのを広島県安芸西北で聞いたりしては、方言表現の生きいきとしているのを痛感する。

○オキンナ　マイセ。

起きるな。

というのを和歌山県下に聞いては、この禁止命令の表現法にハッとし、ついで、

○……　マイシャンセ。

とのやわらいだ言いかたを耳にしては、その命令表現のあたたかさを思う。美しいことばづかいだなと、方言独自の表現法に心ひかれる。上には、例を諸方言からとってきたが、こうした、心ひかれるもの、やさしさやうるおいのあるものその他くさぐさのもの言いが、一方言からつぎつぎに聞かれるとしたら、観察する人も、方言の美しい世界というものを、認めないではいられないであろう。

方言の世界は、まことに、しみじみとした世界、深みとぬくもりとを持った世界である。

日本の国土には、そこにもここにも、生活のことばの美しい世界が息づいている。いわゆる標準語のがわからは予想もおよばぬほどの自然さ・流暢さの、日々のしたしみぶかいことばづかいが、そこにある。『仙台の方言』[1]を見てもよい。敬語法の「お」接頭辞ひとつも、つぎのようにつかわれている。

○「あなたまづ、おいーこたねす。おせもちであらさっから、なぢょなおいしょ着さしてもはえさりすてば」

（あなたはおよろしいですね。お背がお高いから、どんなお召物でもよくひきたちますのね）

○おとちかくあらさっても、ばんつぁま、ござっから、およがすぺ」（続いてお生れになっても祖母様がおいでなさるからよろしいですね）

「おいーこた」と言い、「およがすぺ」と言う。いかにも自在な「お」の用法であり、これによる一条の表現はこだわりのないものである。日本語の美しさがここにあろう。世の標準語論からは離れた所で、方言の美しい世界が開けている。他の事例、東京ではしばしば問題とされている、「読メル」「行ケル」などの可能の意をあらわす動詞に関連

するもののばあいも、西中国内や四国南予内や九州内の方言では、古来、自由に、方言習慣として、人は、「行ケタ」「死ネタ」などの言いかたをしている。これは、尊敬表現の言いかた「行かした」などを、「行ケタ」などというようにしているのである。「て」「た」につづくばあいのことではあるが、方言では、「動詞未然形＋レ」のうえにも、わけなく音転化をおこしており、結果として、東京にもある「行ケル」式の言いかたを、早く通用のものとしている。これが、方言の自然表現の世界である。「行カレル」が「行ケル」になったのは、日本語表現上の変形——語法訛——の自然ではないか。「行ケタ」や「死ネテ」の自然生起、その近古末にもさかのぼれそうな歴史的事実を思い見るにつけても、私は、「読メル」や「行ケル」の形式成立を、ごく自然なものと見る。そのような見かたをもさそうほどに、はなはだ弾力的な表現法の世界を見せているのが方言そのものであると言える。

　ましてや、方言の世界に語詞の一々を見るとなると、ここはまさにことばの宝の世界である。一方言ごとに、その体系的存在にふさわしい語彙(という語詞のむらがり)があって、それ全体が、美しい「ことばの花園」になっている。方言にはいって、そこのことばに明け暮れしたしむとするか。私どもは、その花この花の一々に、目をうばわれるばかりである。土佐の海村の方言にあそんでいたとするか。たとえば「ナマ」「オナマ」ということばが聞こえてくる。刺し身のことである。美しいなと思う。きれいな日本語だなと思う。土地の人々は、こんなことばをふつうにつかいながら、土地ことばの生活を、それとしてまったいものにしているのだ。かなわないと思う。立ちいることなどもってのほかとも思う。関東中部あたりの方言では、うどんをたべることについて、「ナグリアゲル」とかいうことばをつかってもいるか。この一語の花は、特異といえば特異でもある。が、方言語彙の花園は、ときに野趣ゆたかな花をも咲かせる。また雄渾の花も咲かせる。そうでもあるところに、じつは、方言に生きる人たちの、哀歓無限の生活心理がある。方言の語彙は、そもそもその方言の人たちの民俗、生活文化を表徴する、もっとも生動的なものである。その生動のさまは、一々の造語法がまたよくこれをものがたっている。「新しい」(アタラシー)に対して「ニーシー」、

「古い」に加えて「フルシー」、「りくつ屋」は「イーテ」(言い手)、語彙の花園は造語法の花園でもある。

方言の世界は、世の一般の識者の評論のかなたで、一つの平和な社会を成している。そこの人みずからは、そこを美しい世界とも花園・宝蔵とも思わないけれども、忠実にこれを観取すれば、そこはまさに個性的な一完結の言語界である。私は、このような方言世界にひたって、その郷土人たちと、いつまでも心の対話をたのしんでいきたい。(それが方言理解ということだと思う。) こうして、人間のことばというものをはっきりとらえたところで、言語学というものを考えたいのである。

方言は、言語学のふるさとであろうかと思う。


上来、見てきたようなものが、方言であると、私は思う。これを、生活者に即して、生活語と言う。

生活語の完結性、自己充足は、すでに明瞭であろう。一生活語に、内部要素として、あるいは、いわゆる標準語とも見なしうるもの、たとえば「ネコ」(猫)、「マツ」(松)などがあったとしても、それは人が外部から指摘したりするまでのものであって、方言人たちの無自覚の言語生活の中にあるものは、一体の生活語の活動である。――それをさして方言生活と言う。

そうではあるが、方言生活に見られる方言のまとまりを生活語と言うのについては、私は、特別の意味をもこれにこめている。さきにもふれたように(二九六頁)、発展するものとの考えかたを、生活語概念の中にはこめることにしている。どのような方言人のばあいにも、その日常生活は、日々に発展するとせざるを得ないであろう。生活の展開・発展に即応して、生活語も発展するはずである。――すべきものである。

方言生活を固定的に考えとることはできない。となって方言問題が発展する。

ではあるが、人によっては、その人現在の方言生活に満足していよう。いな、満足も不満足もなく、その言語生活に安住している人が多い。方言ごとに、その社会の大多数の人はこうではないか。論者の中にも、方言の現生活を全面的に肯定し、それを謳歌するむきがある。これらのばあい、発展論は無用に近いありさまである。

はたしてそういうことでよいのか。つぎにはこの点にはいっていきたい。

二　方言人はその固定的な現方言生活だけでよいか

固定的な現方言生活は、それがきれいな充足の世界であればあるほど、閉塞の世界である。山地海辺の方言、辺々の諸方言は、しばしば、はなはだしい閉鎖言語社会を形成している。人々は、その中で、経済問題を別にすれば、安穏に暮らしていて、その生活圏の外とはほとんど没交渉である。（これは、きょくたんなばあいのことである。）生活圏の外に無関心である。

こういう人たちを、なんで外部から刺激しなくてはならないのか。そっとしておけばよいではないか。こういう同情論がたしかに成りたつ。

しかしそれは、一面のことではないかと再思される。閉鎖・閉塞は、「生活」に矛盾するものであろう。「生活」はおのずから発展の原理を含んだものと考えられる。生活は、とにもかくにも推移してやまないものである。

むかし、大和南部の十津川を歩いて、つくづく思った。閉鎖社会が、閉鎖の外形の中で、力づよく、――雄々しくもたくましく、あるいははかなしくも動いている、と。離れ島に一つだけある言語社会のばあいも、その離れていることが、何ものかの他に、つながる生活の動きをひきおこしてはいないか。十津川の、熊野川をさかのぼってたどりついた一集落（といっても、泊めてもらった家から見わたすことのできた夜のともしびは、寥々たるものであった。）は、例のごとく、日受けのよい山はだにあった。一宿の恩にあずかった家の主人夫婦は、「ヨールノメ」（たいまつ）の話しをしてくれる。その時のへやのあかりは、すでにランプである。主人は、話してみると、広島に来たことのある人だった。翌朝、発って山路を北上しようとすると、どこから見えたのか、小学校の先生がつれになった。やがて別れて、こんどは独りかと歩いて行くと、やがて前方の木の間がくれに、ぼうやとお母さんが見えた。いっしょさせてもらう。この人たちは、バスの来る町まで行って、奈良市の学校から夏やすみに帰る姉むすめさんを迎えるのだった。歩きながら私は、十津川の集落々々も、閉された社会であって、しかも、外部につながっていく社会なのだなと思った。生活は、どこのばあいにも、本質的に進歩(歩を進める)的であることが理解される。

生活が動けば、ことば、生活語も動く。いわゆる閉鎖言語社会にあっても、人の言語生活の座標は、しぜんに動きつつある。

このゆえに、人は頑迷に、わしはこのままでよいのだなどと言うことはできない。動くまいとしても動いている。生活しているからである。

動くことを必定とする、すべての方言の、その方言ごとのすべての言語大衆に、方言生活の自覚と反省が課題づけられている。人はだれしも、自己の方言生活を、開かれるもの、開けゆくもの、発展性を持ったものと思料しなくてはならない。固定的な現方言生活への満足や無思慮はすておけないことと知らなくてはならない。

すこしく外部経験にひたると、どのように自閉的な人であっても、もう、じっとしてはいられなくなる。旅に出る、自家で他地からの人に接する、こうなると、固有の方言生活にばかりとどまってはいられなくなる。すくなくとも、自分のことばの生活に、多少の気を向けることになる。——いずまいをただすとでも言おうか、人はそのことばづかいに、なんらかの感じをもよおす。広い意味での言語自覚、方言自覚である。これで方言自覚が、発展的な生活語自覚になりはじめる。

旅で方言をまる出しにしてむとんちゃくな人のばあいはどうか。真の無自覚の「なりふりかまわず」がありうるだろうか。むとんちゃくには、その一隅に、なにほどかの自覚があるようである。右のむとんちゃくな人も、多少は自他のことばに心が開けてはいないか。むとんちゃくにふるまううちにも、そこに言語自覚、方言自覚がきざしてくる。方言使用をほこる、といったようなふるまいに出る人のばあいなどは、むろん、自他のことばへの判別心がさかんになりかけているとすることができよう。

どんなばあいにも、聞こえてくる異質のことばには、人はかならず耳を開き心を開くにちがいない。いなおうなしに、そこで人はなにほどかは開発される。自己の固有の方言生活のからは破られる。生活とともに、本来、動くはずの方言生活が、ここでいよいよ動的なものになってくる。人はしぜんに、方言への無自覚の我執をなくしていくであろう。

今日は、テレビやラジオによることばの影響のいちじるしい世代である。国民の大多数の人が、すでに、自己の方言についての自覚と反省を有していよう。諸他の方言についても、興味と関心をひろげていよう。論究するまでもなく、多数の人には、すでに、その閉鎖的な方言生活の開発ができていると見ることができる。人々は、たしかに、いつもどこででも現方言生活のままでよいのだ、とは思っていないであろう。（方言を発展的な生活語と考える、といった線の、健全な生活語自覚がここにはある、と私は言いたい。）

もしも方言人が、子や孫の将来を考えはじめると、どうもわしらのことばのままでは、と、言語改善を課題としはじめる。かつてこんなことがあった。広島のＮＨＫラジオ放送で、一五分たらずの放送をしたところ、九州の老男のかたからおたよりがあった。わしは若い時、京都のほうに旅行したが、自分のことばを人が笑うのには、まったくこまった。あれほどはずかしい思いをしたことはない。わしらはいいようなものの、これからの若いものには、「コクゴ」（国語）で話しができるようにしてやってもらいたい、というのであった。「国語で」というところには、あの国語読本のことばを規準視する標準語意識があろう。国定読本は、地方に、「コクゴ」という標準語観念をうえつけている。ともあれ、右の九州老男の心情はよくわかる。——このような人は、世にかず多かろう。その人たちは、みな、自己にかえりみ、児孫を思って、このままでいつもいるのでは、と、憂えているのである。

紀州山地の一老女はこう語った。こんなヤマガまであんたがやってきて、ことばをしらべるのは、さきざき、うちの孫らが大阪あたりへ行っても、ことばで恥をかかんようにしてくれるためじゃな、と。

旅を経験し、旅・よそを考え、旅に出る子孫の将来を考えはじめると、自身は現方言生活に安住している人、それで何ひとつ不足不自由もない人も、方言生活の改善を考えだす。改善の語は、つねには穏当ではなかろうが、なんらかの「改」は、こうして問題とされる。

方言人は、要するに、固定的な現方言生活のままではあり得ないはずのものであり、かつ、固定的な現方言生活のままの状態に、おかれるべきではないものである。

私は、中国方言系の一小方言の中に育ち、四国方言の小学校の先生がたその他の四国方言者の四国弁——その伊予弁——を耳にして、いわば言語接触をずいぶん経験した。ことば自覚・地方語自覚は、かなり幼少の時からできた。これは、そのごの言語生活のためによかったと思っている。ことばについて、早くから、変なこと、はずかしいこと、似たこと、ちがうことなどを思いとり得たのは、しあわせなことだった。私は、思いもかけず早期に、固定的な現方言生活のからの破壊に出あったわけである。

いわゆるいなかの小学校で、その郷土出身の先生が、そのクラスで、まったく郷土弁まる出しの授業(教育)をしていると、クラスの子どもたちは、長く郷土方言の中で完全自閉の生活をおくる。からは破られなくてかたいままである。教育は、相手の生活のことばの中でこそおこなわれるべきものであろう。その趣旨からは、教師が相手の現方言生活の中にはいりこんで、生活とことばとを共にするのがよいことは明らかである。この点で、その郷土出身の教師は、おのずから好条件に恵まれている。良教師たりうるのだ。ではあるが、師弟一体になって、方言生活のありきたりの日常を、ただ遊びたのしんでだけいてどうなろうか。かれらには発展・開発がない。これでは教育にならない。無分別な郷土弁まる出しは、よさそうで、よくはないことが知られる。もし、その郷土出身の先生が、相手の子どもたちの現方言生活の開発開展を考慮して、また、自分もその郷土弁だけではすまされないことをわきまえて、その上で、郷土弁まる出しの方法をもとるならば、これは優良な教育になる。先への配慮を持った、心得ある方言使用は、相手がたの固定的な方言生活をゆさぶらないではおかないであろう。教師の自覚ある方言生活、方言利用の指導は、相手がたに、方言自覚をうながさないではおかないであろう。方言の閉鎖性・からを自覚するものが、よく、相手にそのからを自覚せしめうる。

　教育の庭でにせよ、民間の日常生活でにせよ、人はその生活の中で、生活の動きの中で、どうもこのままでは、と考えるようになる。わずかにもせよ、人がその現方言生活をかえりみるようになったら進歩である。その進歩が生活語自覚にほかならない。

　生活語自覚がおこり、方言人が目を四周に見ひろげるようになって、人々に、広く通じることば、つかってはずかしくないことばへの志向がめばえる。これが、共通語問題の、人々にとらえられはじめる状態である。

三　共通語生活へ

　方言人は、一方でどのように閉鎖的な方言生活にうちくれていようとも、他方で、自覚し自覚せしめられて、自己の方言の外へも心を向ける。自己の方言の外へも身をのり出す。――しぜんのうちに、人はその生活を拡充する。こうなって、人はみな、多少とも、共通語生活と言うべきものに足を入れる。

　くりかえして言う。わしは方言だけでいく、はずかしいことなんかあるものかと、敢然、その持ちまえの方言生活を押しだしている人があるとする。むろん、その土地その言語社会では、そういう生活に、なんのさしさわりもなかろう。どころか、言語生活として完全でさえある。批評以前ということでもあろう。しかし、この人が右のように意図するところには、すでに自己の方言の外へも身をのり出してみているさまが認められよう。加えて言いたい。この人にも、自己につづく後世代人のこと、人の社会生活はひろがるはずであることを考えてもらいたい、と。共通語問題は、どうしても、すべての方言生活者におっかぶさってくる。無自覚の方言生活者にも。

共通語問題、または「共通語生活へ」の大小の思考は、運命的に、方言生活者のものとされているとも言えよう。方の言というものも、はじめから、「方ならざるもの」に対応している。彼我相関である。方言生活者は共通語生活を運命づけられてもいる。

なんの自覚もない人も、自分のことばがより広く通じるのをわるく思うものはなかろう。自分のことばがしぜんに広く通用したら喜ぶであろう。気もちわるからず思うであろう。他人の言うこと(よそのことば)がしぜんによくわかっても、また、こころよく思うであろう。共通することばへの反応は、だれにも、その言語生活の初発の段階から、ありうるものと考えられる。(この反応ゆえに、また、人はことばを自覚的なものにする。)

通じたのがよいと思い、笑われないのがよいと思うようになれば、これはもはや、共通するもの、共通語を、希望するようになっているものである。

現方言生活に関して、このままではどうもと反省するのも、すでに共通するものへの開眼を示すものである。

生活語自覚と見られるいっさいの状態は、みな、より広い地域に共通することばへの心的傾斜を意味する。

「共通語生活へ」は、人に約束づけられた、もっともしぜんな方向である。

積極的にこの世の中に生きていこうとする人々には、ただちに共通語が必要とされる。

四　共通語と標準語

1　共　通　語

必要の角度からとらえやすいのが共通語である。

共通語と方言とは、存立の次元がちがう。無自覚の方言生活と、共通するものを求める心の開けた生活とは、次元を異にする。共通語問題は、あらたまった次元でとりあつかわれるものであることが、まず明らかにせられなくてはならない。

方言は自然状態としてすでに在るものである。共通的なものは、進んだ考えのもとで、新たに必要とされるものである。

ところで、一般には、共通的なもの、共通することばを、標準語ともよびがちである。以下では、標準語・共通語というよび名をただしておきたい。

上来、より広く通用することを問題としたが、これはまさに共通と言われるべきである。より広い範囲での通じあいにかなうことば、その現実のことばは、共通語と言われるべきものである。これを標準語と言うのは穏当でない。標準語は、標準視する気もちをも表示するからである。（共通状況を言うところでは、まだ、標準視の気もちは、さほどには出てこない。）

しかし、共通すること、共通するものを、わるいと思う道理はない。人はしぜんに、共通語をよいものとする。こういう点では、共通語が標準語と仮称されたり概称されたりするのももっともなことと解される。それにしても、今まで考えてきた共通するもの、共通的なものは、共通そのことが是とされているのであって、標準観念などはまだ浮きでていない。

共通語は、現実の、おこなわれる範囲の広いことばである。(どのくらい広ければ共通語と言えるか。そんな広さの条件などはつけられない。)しぜんに共通度を高めているのが共通語である。

高めるといっても、しぜんのいきおいでそうなっているのである。流行語は、いっときの目ざましい共通語である。(これに対して、いわゆる隠語は、抑制を利かした特定共通語である。)抑制も利かばこそ、あれよあれよと広まっていくのが流行語である。しぜんに急速に共通度を高めているのが流行語である。

共通語は自然成立の事実について言う。小範囲にも大範囲にも共通語が成りたっている。今日、全国的にも、ずいぶん広大に共通語が成りたっている。古くからの国定教科書の功であり、ラジオ・テレビ、その他のマスコミの功である。だいたいは東京語本位のものであろう。「行ッチャッタ」(「行ってしまった」に近いもの)とか、「ナクス」(なくする)とかいうのも、しだいにその流通度・共通度を――東京語中心に――高めている。

共通語は大範囲にも小範囲にも、思いとることができる。――こういう言いかたもしておかなくてはならない。共通語は、けっして人ごとではないからである。主体的には、漠然と大範囲にではなく、つつましくも小範囲に思いとるところが、むしろたいせつなのではないか。じっくりと共通度を考え、確実に共通性を見はるかすことが重要である。個人の方言生活の伸展のために。(そこで、方言の生活語としての進展がものになっていく。)

共通語という術語は、二様に受けとってもよいことを、ここにつけそえておきたい。一つには、共通語という術語は、「方言」と言うばあいと同様、体系的事態を言うものとして受けとることができる。いま一つには、共通語という術語を、「共通語」の体系的事態、事実集合の状態の中の一事象を言うものとしても受けとることができる。世間一般では、後者の受けとりかたがよくおこなわれていよう。東京語の「モス」(燃やす)は共通語になっているのかなあ、など。また、「会議を持つ」という言いかたは共通語になっているようでもあるけれど、など。一方に、体系的事態をさし示す用法もあってよいことは、言うまでもない。じじつ、共通するものは、あのものこのものがむらがりあっているからである。人々の胸中でも、共通的なもの、共通分子が、あれこれとむらがっている。人がとりそろえてもいる。(半自覚的にもせよ。)共通語と方言とは存立次元のちがったものである。共通語の一々は、方言生活の中で、それとして、あらためて識別されている。こういうものの二つ以上、二事項以上が、これらのつながりあう状態とされている。例説しよう。一人のいなかびと、私のむねには、打消表現法としては「〜ナイ」の言いかたがかなり共通化しているな、との思いがある。また、近来は東京方面の人々も「〜ン」をよく言うようになっているな、と思う。(「けしからン」はもともと「〜ン」のようである。)——「何々しません。」は、「〜ン」のままが早くから全国におこなわれているぞ、と思う。(「何々しマシナイ。」などは、方言の言いかたとせざるを得ないことである。)以上のように、ことが、私の胸中で、つなげまとめてわきまえられている。共通語意識は、このように、体系への意識にもなっている。

客観的に言って、体系的事態の共通語——共通語体系——には、内部要素群として、一つに、共通語文法のむれが指摘される。二つに、共通語音韻のむれが指摘される。三つに、共通語単語のむれが指摘される。

「体系的事態」と言う。共通語体系ともよんでみるものは、そのまま体系をなし得ているものではない。自然成立の共通語(の体系的事態)は不確定的なものである。漸動的な、柔軟な、消極の組織体である。

このゆえに、人はまた、どのように小規模にも、また気がるにも、共通語なるものを考えとり考えもつことができるのだとされる。

2　標準語

標準語は制定されるものである。制定は積極行為にほかならない。制定される標準語は、自然成立・自然醸成の共通語とはちがう。

標準語と共通語とは同義とするむきがあろうか。じっさい同じものをさしているではないか、といった議論があろう。私は、同じものをさすと、単純に考えることはしないのがよいと思う。もちろん、標準語と共通語とを、同義のものと考えたりはしないのがよいと思う。実質の近似に思いまどわされて、術語使用の厳密を欠くようなことがあってはならない。語義はまず、用字に即して、厳格に定立せしめられるべきである。

共通語ということばと標準語ということばとを、ともに用いる以上は、二語を単純には同一視しないのが賢明である。共通ということばと標準ということばとはおおいにちがう。一方は現象を言い、一方は意向を言う。共通語と標準語との二語は、じつは、混用もしようのないものである。

私どもは、まず、字義どおりに、共通語なるものを考えることができる。そうして、さいわいにも標準語ということばのあるのによりつつ、共通語とは性質を異にする標準語なるものを考えることができる。

——考えなくてはならないものである。共通語は自然態のものである。それをみてそのままを肯定するだけの生活では、国語生活の理想的前進は期しがたい。

当為への自然的要求があって、ここに標準視の意識がおこる。標準語なるものは、共通語の世界で、共通語自覚のもとで、ほとんど必然的に志向される。

共通するのがよい、広く通じるのはよいことだ、という「よい」の意識は、標準語意識のめばえではないか。価値意識が標準語観念をやしなう。

結果として、共通度の高いことば(国民の多数におこなわれることば)は、標準視されて標準語に登録されることが多かろう。こういう点では、標準語の実質は共通語そのものであるとも言えよう。しかし、標準語は共通語と、どんなばあいにも、同一ではない。標準語には標準の理念がある。

二者は、また、存立存在の次元を異にすると言える。

標準語意識と共通語意識とはちがう。標準語意識には教育・指導・当為の意向がつよい。共通語意識は、まず、在るものを認めるといった方向の意識である。

規範ということばは、たちまち、標準語のほうにあてはまる。

共通語が自然的成立のものであるのに対して、標準視される標準語は、まさに人為的に制定されるものである。ことばが一々人為的に製作されるのではない。標準視の実践が、公然、組織的におこなわれることを言う。

(人為的に、無から有へと、標準語が製作されることも、標準語制定作業の中には、あってもよいか。――このようなことを、拒否しなくてもよいであろう。かなり前のころ、人に「そらと」〈空港〉の提案があった。)

標準語の、上述の意味の制定は、けっきょく、公共機関によってなされなくてはならない。標準語研究は公私に自由である。試案提案の多いのもけっこうである。が、それらのものは、批判の好対象にはなり得ても、規範としての自力を強いることはできない。標準語は、規準とされるべきものである。要求力を持つ。そのようなものは、一国の責任機関によって作られるほかはない。

今の日本では、標準語制定にあずかるべき機関としては、国立国語研究所が考えられよう。国語審議会もここに列挙してよいのかと思う。国立教育研究所や、諸種の教育審議会その他も、ここに考えあわせてみたい。ちなみに、私は、これらの機関が、一国生活文化の基軸たるべき「標準語」の制定にむかって、共同の歩みをはじめられんことをこいねがう。

標準語についても、二義を弁別することができる。一つは「標準語体系」の義である。標準語体系については、標準語文法体系・標準語音韻体系・標準語語彙体系の内部組織が見わけられる。標準語制定は、標準語体系の制定たるべきものである。ただし、その発表は、全体系の完成をまたなくてもよい。作業進展に応じ、体系の一部ずつを発表していくことは、むしろ良策とされよう。標準語という語をつかって、標準語体系にくみこまれるはずの一事項、たとえば「ハシ」(端)を——(「ハジ」や「ハジッコ」「ハシッコ」ではなく)——とりあげる、というようなことが、またしばしばなされていようか。この種のことばづかいも、慣用として認められてしかるべきである。

人為によってとり定められた標準語体系は、抽象の言語体系か具体の言語体系か。(——こういう議論がときに聞かれた。)制定に即して言えば、もとより具体の言語体系である。その内実の一々が、標準とされるべき高次のものを意味していて、一般の言語生活の現実からははなれているとすれば、その標準語体系は、文字どおり、抽象の言語体系である。じっさいには、「ネコ」(猫)も「マツ」(松)も標準語語彙体系にくみこまれよう。現実におこなわれているままのものも、ずいぶん多くとりあげられよう。それとともに、方言人にとっては、現実のかなたのものも多々とりあげられよう。たとえば「まだ」の意の「マダ」など。(「マンダ」と言って暮らしている人も多い。)またたとえば、「言うことができる」の意に近い意の「イエル」など。(これを言わない人もあるとしてのことである。)非現実のものも含まれるとすれば、それは抽象性を持った言語体系であると言える。

標準語体系は、本来、理想を示すもののはずである。標準を高次に求めるのは理想の追求である。理想の言語体系は、方言生活者の一人々々にとっては、まさに模範とすべきものである。この点では、一義的に、標準語体系は抽象の言語体系であるとも言うことができる。

もし、標準語体系の一項「マダ」も、人が「マダ」と発音すれば、そのつど「マ」の音の高さもゆれ、「ダ」の母音も〔a〕と〔ɑ〕との間をゆれるというような議論をとれば、実現以前の設定としての標準語体系は、もとより抽象の言語体系である。

標準語体系の制定にあたってとられるべき条件は、どういうものであってよいか。一つには、すでに多数の人々におこなわれていることが条件とされるべきだと思う。――したがって、共通語になっていると観測されるものは、多く、標準語にとり立てられよう、と私は考える。共通度を高めているものを疎外したり無視したりすることは、じつに困難であろう。ときにとって、「多数」は絶対条件かもしれない。ひじょうに多くのばあい、いわゆる共通語は、標準語とされるものの前提になっていよう。

条件の第二に位するものは、歴史的に見てどうかとの見はからいである。この尺度のもとで、かなり多くの訛語がまず失格する。なんといっても、「デーブン」(だいぶん)などは採りにくかろう。歴史的に見て、用法のずいぶん変転しているものがある。つぎの例は、どう変転していると言ったらよいか、研究を要するが、ともかく、通念上では、はなはだしく変わっていると見られやすかろうと思われるものなので、とりあげてみる。一友人が、その故郷、岐阜県美濃武儀《むぎ》郡下のことばとして教示してくれたものである。友人が、夫人と帰省した時のこと、妹さんで、家にある人は、夫人の入浴をせわしてかげんを問い、夫人がいいあんばいですと言うと、

○シンビョーニ　シテ　クンサイ。

と言ったという。この意は、「ゆっくりしてください。」であると、友人は説明してくれた。「神妙」の古語は、諸方言上に、主としては形容動詞のかたちで残りとどまっている。たいせつな一語が、よく温存されているものだとも思われる。ところで、歴史的に見て由緒ただしいこれも、その用法は、たとえば右のとおりである。この種のものは、すじを正して標準語体系にのぼすことがむずかしい。歴史的に見て、現形と現用法とが、古雅とか清雅・醇雅とかしうるものは、早くも標準視の対象とすることができる。

とはいうものの、醇雅を見さだめることなどは容易でない。人による主観的判断の相違も出やすかろう。有識者たちの合議が必要とされる。

「歴史的な見かた」の条件と、「多数」の条件とが衝突した時はどうするか。いちがいには言えないが、「多数」の条件を優先させるほかはないばあいが多かろう。

さて、第三にくる条件以下の諸条件は、第一位・第二位のものにくらべれば、よわいものだと思われる。

標準視すべき事項は、原則として、ものごとごとに、一つかかげられなくてはならない。たとえば、ア母音は〔a〕の発音を原則とするなど。ところで、ものによっては、複数の標準を立てるべきことが考えられる。たとえば、ウ母音については〔ɯ〕と〔u〕との二標準を考えるなど。（私は、どちらか一方をとるとなったら、現代日本語方言の全現実に即しつつ、〔u〕をとる。なお、〔a〕・〔i〕・ウの三母音は、その緊張・対立の関係がきっぱりとしているほど、全音節発音の明確明晰に効果的である。〔i〕に対しては、〔ɯ〕よりも〔u〕のほうが、よりつよく対立している。）またたとえば、カ行音の濁音についてはガ・ギ・グ・ゲ・ゴとカ゚・キ゚・ク゚・ケ゚・コ゚との両方をとるなど。（東京語本位に見ても、〔ŋ〕音は変動している。今日なお〔ŋ〕のおこなわれている中についてみても、たとえば女性での〔ŋ〕発音の度あいなど、昭和一〇年内外のころにくらべても、かなり浅くなりかわっていよう。地方のことを言うと、中国・四国などは、旧来、〔ŋ〕になじみがうすい。のみか、これをいとう心情を見せてもいる。感情面に抵抗のあるのは、つねにやっかいな問題である。）

「時計」は「トケー」というのを標準とする、とするか。東京語本位にはそれでよいのであろう。関西人には、「トケイ」と言わないとおちつかない、「平素」も「ヘイソ」だ、といったところがある。「多数」の言語感情を考慮すれば、「時計」についても、二本だて標準をとらなくてはならなくなるか。「トケイ」一本にしぼろうとする考えかたも成りたつ。「トケー」「ヘーソ」などを言う人口はどのぐらいだろうか。歴史的見地では、まず「トケイ」がとられる。

制定には、種々の実態調査もいることが明らかである。

標準語体系を二つ以上も樹立しようとすることは、標準語体系の精神に反する。標準語体系は、まったく理想の言語体系のはずである。理想とされる体系は、唯一であってしかるべきである。（――体系の中で、ことが二様にも考えられるのは、さしつかえのないことである。）

（ここで一つおことわりをする。以上に標準語体系を考究するばあい、文章語のことは考慮の外においた。「方言と標準語」という題目のもとでの研究発表だからである。語の完全な意義での標準語ないし標準語体系を問題にするとなれば、私どもは当然、書きことばについても考察をつくさなくてはならない。そのさい、表記法の標準のこと、すなわち文字・符号の用法に関する規準・基準のことも、ゆるがせにはできないのは、言うまでもない。）

種々に述べたが、残念なことに、わが国にはいまだに標準語体系が設立されていない。この段階では、標準語ということばも、ことわりをつけるなどして、ことに用心ぶかくつかう必要があある。もとより、社会常識にしたがって日常的につかうばあいはこのかぎりではない。共通語との実質一致を暗黙の間に認めて「標準語」を言うのは、正しいようで、便宜をかなえているようで、しばしば議論の混乱をまねく。

標準語体系が公定されねば、私どもは無責任の思いでいてよいか。そうはいかない。第一、私ども自身には、ことばの生活の無事を、幸福を、よりよい状態を思い願う欲念・希望があるはずである。ゆるやかな意味でながら、私どもは言語生活の理想にたえず心を向けている。標準語体系にかかわるものは、つねに志向しているのである。標準語体系はけっして人ごとではない。このものを自覚の座にもたらすことが望まれる。未定の標準語体系に心を寄せ、言語事実について標準語を意識することは、きわめて有意義である。

さらに考えるべきことがある。標準語体系制定での、一々の標準語事実の判断には、多数の人におこなわれていることが重視されるではないか。自己はしばしば「多数」の中の一人になる。とすると、自己の言語行動は、ありきたりのままが、標準語体系の制定に、すでにかかわっているとされるのである。私ども、一人々々が、当初から責任の地位に立っている。私どもが、共通語意識によく生きていたとするか。このさいは、その意識のもとで、標準的なものをよく探究しているのだとも言える。

ここで考えられることである。共通語意識には、まず、在るものを認めるといった方向があるが(三一一頁)、認めたものの、「多数」におこなわれるのを是とする方向もある。つまり、共通語意識は、標準語意識に密着したものになっているとも考えられる。両方はちがったものではあるけれども、前者は後者のま裏に位置するとも考えられる。共通語意識に生きた言語生活は、自律的な標準語生活になっていると、言うことができるようである。

五　共通語生活への基本的態度

自律的な標準語生活の道を考えよう。私どもは、どのような考えで、現在、「共通語生活へ」の道をあゆんだらよいか。

いちばんかんじんなことは、受身調子の「共通語生活へ」の態度を、能動のそれにきりかえることである。「多数」が共通語の条件なのではないか。自分はその多数の中の一員ではないか。私ども、めいめいは、共通語のこしらえ手なのである。

はじめに、もう一度、念をおしておきたい。すでに明らかにしたように、私どもは、方言人であることをみずから切開していくように運命づけられている。生活語として方言を自覚すること、共通的なものに目を開くことが、私どもの必然の課題になっている。私どもは、みな、共通語生活の入り口に立っている。共通語の必要を実感している人は、もはや共通語生活の道を進んでいるのだ。これらのことをふまえて、私は、共通語生活への基本的態度のありようを述べてみたい。

（社会人として生きていくかぎり、対他の「共通」という事項は、避けて通ることができない。——共通語は必要である。たとえそれが悪であっても、それは必要悪である。方言も必要であろう。しかし、それとは次元を異にして、共通語も必要とされる。共通語の必要の中へ、積極的にはいっていこうではないか。方言か共通語〈〝標準語〟〉かといったような、二者対置の考えかたからは、ここで脱却しておきたい。——単純な対立観が、どんなにひどく、この道の議論と見解とを混乱させていることか。）

共通語生活への、主体的な、積極的態度、開拓自立の態度を例説していく。まず私自身のことからである。私は、人と話して（むしろ書くばあいの実験がおもしろいのであるが）、たとえば「どうもタリグルシー（足り苦しい＝ちょっと足りない）」と言う。いつかは教室で学生諸君がこれにほほえんだ。私は得心してこれをつかっている。「タリグルシー」とか「お礼はずかしい」（お礼を言われるのがはずかしい）とかいう、内実のたしかな複合形形容詞が、世に広くつかわれるようになればよいと考えているのである。また、この方面の造語意欲がさかんになって、一般の形容詞生活が、ゆたかなものになればよいと考えているのである。もとづくところは郷里方言である。祖母や祖父が「タリグルシー」や「オレイハズカシー」を言っていたのがことに印象的である。とってもって、私は実験している。流通と、世の中のものになることとを祈って。つぎの例である。私は「デキソル」という郷土語も、人まえでつかってみたく思っている。「出来反る」、すなわちこれは、意外な方向、予定外の方向、よくない方向にもののできるのを言う。便利なことばではないか。やはり複合形の方言動詞に、公共の場で養成されてよいものが多い。今、私は、二例をあげた。例はこんなことではなく、かず多い。じつは日常、それこれのことば、——おおかたは私の方言にもとづくものを、これもつかってみようか、通じるだろうかと思いつつ、つかっている。日々が実験の生活である。これが国民の一人としてなすべき、共通語建設のはたらきだと、私は考えている。人々が、このように弾力的に考えかつ行動していったら、じつに柔軟な、抱擁力に富んだ共通語がしぜんに醸成されるのではないか。東京語本位の共通語がここにある、などというのではまにあわない。それだけが共通語なのだったら、農村の人は農業をいとなむのにこと欠く。山村・漁村の人も、ことばがなくて、よその人には自分のことが話せないであろう。

共通語は、一国語下の国民みんなの盛りあげていくものである。――その過程々々で、大小の共通語事実が成りたっていく。

共通語を意図して、自分が一つ一つの試みにしたがうのは、たのしいことにちがいない。私も、みずから共通語化の「ひとり運動」にしたがって、しじゅう愉快である。

ことばの生活にたのしさがなかったら、日々の生活がどんなにみじめなことか。もし、自己の前に不動の共通語、共通語の体系的事態があって、自分はその前で動きがとれないというようであったら、人はどんなに不幸なことであろう。言語生活というものは、そんなものではないはずである。共通語も、本質的に不確定のもののはずである。

私どもは、めいめい、共通語の製作者であり、共通語製作作業への参加者である。人みな、あえて試みるつもりで自分のことばをどしどしと人まえに出してみればよい。みるのがよい。言うまでもなく、その時は、自分のつかうことばが、相手・他によく通じるようにと、心してつかうのである。場あたりのむぞうさな試みなどはよろしくない。

通じますようにと、心をこめ心からつかうことばは、たいてい通じるのではないか。初見の外国人の、日本語を知らぬ人にも、日本語のひとふしが通じるのだ。――その場が通じさせるし、表現者のひたむきな心ばえは、気分的にも、まっすぐにつたわっていく。たいせつなのは心である。私は、「心からのことば」こそ共通語なのだ、と考えている。共通語生活への基本的態度は、みずからきり開いていく能動の態度であるべきことを述べてきたが、それはけっきょく、「通じますようにと願いつつ、心をこめ心から、自分のつかいたいことばをつかってみる」ことへ、粛然と進んでいくのにきわまるかと思う。主観主義の言論のようであるけれども、私はそうは思っていない。だれのためのことばの生活か。すべてこれ己のためである。自覚ある言語行為は、みずから責任をおった行為である。これのためには、つねに最大のくふうと努力がなくてはならない。努力が、身たけに合ったところからはじめられる時、それは建設的なものになっていく。

自分が努力して、コミュニケーションに成功すればこころよい。言語生活によろこびが感じられる。方言人が、共通語の意識に目ざめて、努力の生活をはじめて、そこで、ことばの生活のよろこびをおぼえるようになれば、それこそ生きた共通語の獲得である。

集団就職で上京して、既成観念の共通語、東京ことばがつかえなくて口ごもり、さりとて自分のことばで用をたしてみることもし得ないままで、不幸におちいっていく事実は、何をものがたるか。共通語観念の狭隘と、共通語教育の片手おち——受身本位に、共通語なるものを習得させようとする考えかた——とがここに明らかである。一つの、あたまのきりかえがいる。共通語は、学ぶばかりのものではない。まずは自分が思いきって試用につとめてみてよい、自己の生活のことばが、第一次の共通語である。

さて、第一次の共通語の試用に関して、——つまり、共通語意識に目ざめた素朴な言語生活者たちの、あのうかがう気もちの、ときにいたいたしくもある「言語」使用に対して、人は絶対に笑いの目などは向けないということが、ここにきびしく要求される。いかに本人が努力しても、それが社会から笑われたりするのではじまらない。遺憾ながら、この点に関しても、日本の言語教育の欠陥は大きい。古来、ことばのしつけもなされてはきたが、人のことばを笑わないようにとの教えは、あまりなされないできた。日本人は、一方で、ことばについての卑下の情を持つとともに、他方でまた、ことばに関しての、対他の露骨な感情も見せがちである。中央人士は、とかく地方のことばをいなかのことばとして笑う。（今日、いわゆる地方で、集団的に東京方面に抵抗しもするのは、ほとんど京阪地方だけである。）

人の、心からのことばを笑ったりしてよいものか。人のことばをみだりに笑ったりはしないという心がけ、言語倫理に生きることを、私どもは、共通語生活の積極的実践ともすべきである。笑うどころか、相手がたの必死の努力は、むしろ尊敬されるべきではないか。そのことばにこまかく注意すれば、先方の苦心やくふうも実感されて、いかにもと、その努力がたっとく思われるのではないか。笑わないようにして、たがいに「心の共通語」を重んじあうことが、共通語生活の個人での自立と、共通語生活の社会的発展とのために、基礎的に重要であると思う。

　共通語生活が、ただに形のことばを共通的に口ずさむだけであったら、これはなんともあじきないことであろう。方言も共通語も、心のためにある。心を通わすためにある。共通語も、心の共通語であることが本体にちがいあるまい。会話者が相互に心をこめての(心をより深く表現する)共通語生活にしたがう時、その人々は、そこで、ものを産みだすことができよう。こうして産みだされるものが、言語文化、あるいは生活文化と言いうるものである。――人人の心々の底から湧きあがる、あたたかい、人間味ゆたかな産物が、文化でなくて何であろう。こういう、文化生産の、深い言語生活、もっとも人間的な言語生活を、私どもは、共通語生活のねらいとしたい。

　(小著『方言生活指導論――方言・共通語・標準語――』[2]をご参照くださるならさいわいである。)

　共通語生活への主体的な積極的態度を、他地方の人について、断片的ながら、例説しておこう。石川県下の人が京都に来て、あるいは東京に出て、「いいえちがいます。」のつもりで、「ナンモ。」とか「ベッチャ。」とか言ったとする。笑われた。この人は考えるとよい。「ナンモ。」は「何も。」ではないか、「ベッチャ。」は「別じゃ。」ではないか、などと。考えて右のようなことに思いいたったとする。そこで、なんだ、よくできているではないか、などと思えばよい。じゃあこんどは「なにも。」「なんにも。」などと言ってみよう、ということになる。(これを私は待望する。)また、「別じゃ。」「別です。」「別よ。」などと言ってみよう、ということになる。勇敢な実験である。さいわい二、三の相手は笑わなかったとする。のみか、先方も、ひとくふうのある言いかただなとか、おもしろみのある表現だなとか思ったとする。まず双方が、話しあって気もちがよい。思考も順当に深まる。よいことではないか。そのうち、石川県の人は、――たとえば東京で、あんまりさいさいはつかえないぞと、経験上、考えたとするか。それもこの人の共通語生活の進歩である。故郷に帰ったこの人は、ここでは「ナンモ。」「ベッチャ。」で、と考えればよい。

つぎは土佐の人を例にとってみる。高知市出身の男青年が東京生活をはじめたとする。しぜんに口をついて出るのは、「ほんとに」の意の「マッコト」「ショーマッコト」であった。人がわからなそうな顔をするので考えてみる。「ショーマッコト」は「マッコト」だけにしようかな、と、まず思う。つぎに気づいてみるのに、「マッコト」は「まこと」である。――つよめて言う時、「マッコト」となったか。(「とても」の「トッテモ」のように。)だったら、「マッコト」も「マコト」にしようか、と、この人は思う。「マコト何々。」、いいではないかと判断する。この人は、この自律の考えで、あえて「ほんとに」の中へはいっていく。やがて「ホントニ」も「マコト」もつかうようになろうか。そうこうするうちに、「マコト何々。」と言う人に出あう。その「マコト」は、「なるほど」というのに近いものであったとする。土佐出身の人は、「マコト」ということばはいいことばだなと思う。自分の「マコト」を人まえで惜しまずつかっていく。ときどき、人もていねいに、「マコトニ　ドーモ」などと言っているではないか。(文章語でも「まことに」をつかっている。)伊予の南部から来た人に会った。この人も、地ことばのままで「マコト」と言っていた。そうだったのかと、すでにある流通のあったことを知る。気をらくにして、土佐出身者は「マコト」の使用にしたがう。人々が、こういうふうに生活していったとしたら、それは、進んだ共通語意識の生活であって、かつ、自律自立の標準語意識の生活である。

伊予南部には「シノベル」(しまっておく、しまう)ということばがある。東京で、さきの南予人が、会社の事務づくえのひき出しに物をしまいながら、「シノベル」と言ったとするか。同僚の東京っ子がこれを聞いて、笑うどころか、いいことばだなと思う。やがて自家の一語に気づき、東京ではかたづけることを「カタス」って言うよ、と語る。二人の気もちが合って、ともにことばへの関心を語る。こういう二人には、やがて、心ひろやかな、ゆたかな共通語生活（試行試演の意図に燃えた共通語生活）がはじまろう。

かつて私はつぎのことを経験した。広島の学窓でのこと、兵庫県出身の一友人は、食卓で副食物のまずい時、「モミナイ」と言うのをつねとしたのだった。そんなことばを聞いたこともない私どもは、かれの、「コンナ　モミナイモノ　クエル　カ。」と言うのを聞くたびに、「食ってるじゃないか。その「モミナイ」は何なの？」とひやかした。が、かれは頑として「モミナイ」を言って改めなかった。この人はことばに敏感な人で、私も、自分の気づいていない発音を指摘されたりしたものである。そんな人のことである。「モミナイ」に代えられることばがあるか、ありはしないではないか、という気もちでいたのかもしれない。とうとう、私ども六名の食卓は、「モミナイ」を共通語にしてしまった。今でも私にはこれがなつかしいことばである。（「まずい」の「モミナイ」、「あいにく」の「エンバト」、これらの語を通して、私は近畿の言語風土を思いもする。）

東京に住まいする地方出身の人が、既成とも言える、東京語本位の共通語に目を開いて、これこれにはついて行けないなどと考えるのも、一つのだいじな、自律の共通語生活である。たとえば「オッコチル」（落ちる）を聞いて、「オチル」でよいのではないかと思う。けっこうである。「シロシマ」（広島）などという発音は、共通視されてもいまいけれども、どうかすると、夜七時のＮＨＫニュースの放送ことばの中にも、「ヒ＞シ」の音転のきみあいが、出てこないでもない。あんなのを聞いて、自分はああいう習慣にはそまぬようにしようと考えたら、その人は用心ぶかく共通語生活にはいっていこうとしていると、評されてよかろう。人がまた、「メザマシドケー」（目覚し時計）というのを聞いて、自分は故郷でも言ってきたように、「メサマシドケイ」にしようと考えたら、それもよいことである。こうして、人が、東京語本位の既成の共通語を、批判的に処置していくのは、まことに健全な共通語生活であると言える。のみか、これは、標準語意識のしっかりとした生活にもなっていると言える。（かれは、「メザマシドケー」と言って、一語に二つの濁音をおくよりも、「メサマシドケイ」と言ったほうがよいのではないかとも思っているのである。）

既成の共通語と見られるものを、人が、どしどしと摂取していく気になることも、また、よいことにちがいない。「共通語」は必要なものである。多々ますます弁ずである。共通語生活の建設に怠惰であるよりも勤勉であるほうが良いことは言うまでもない。共通語摂取は、忠実な共通語学習になってもよい。(学習はもとより発意の学習である。) 摂取学習につとめて、ついに既成的な共通語をわがものにすることができれば、ずいぶん有益であろう。

——こういう経験者は、しぜんに、東京語本位の共通語の、よい批判者にもなり得てはいないか。たとえば、母音の無声化をわざわざ教育したりするのは、共通語指導の行きすぎではないか、と論じたりして。「シカ」(鹿)と言う時、「シ」〔ʃi〕の〔i〕母音が無声化するのは、東京語などにいちじるしい現象である。しかし、本来、この種の無声化は、発音上のごくしぜんな現象にほかならない。自然のままにうちまかせておいてよいのではないか。かりに有声に発音したら、それは「シ」音節をより明瞭に発音することになって、かえってよいことだとも、私は思う。

批判者は、ラジオ・テレビの放送ことばでの敬語法——待遇敬意表現法——などをも、批判の対象にとりあげるであろう。もしあれが、共通語生活の実現であるのだとしたら、敬語法のつかいそこねが多すぎる。つねに敬語法を多く用いよなどと言うのではない。そこにその言いかたをしたのなら、ここにもそういう言いかたをしなくてはならないではないか、というようなことを言おうとするのである。また、ことばづかいそれぞれの位相に注意して、品格ただしくことばをつかうようにと、要望しているのである。

共通語批判は標準語建設に通じる。

六　共通語生活へのいくらかの助言

日本語を研究するものには、世の人々の共通語への生活、共通語の生活(それはやがて標準語建設の生活とされるもの)に対して、応分の助言をする責務があると思う。私にもその責務があると、私は私なりに自覚している。さきにかかげた拙著(3)では、私なりに、全国諸地方つまり諸方言域に関して、諸種の事象事項にわたりつつ、いちおうの助言を展開している。

(ここに「助言」の語についてのおことわりをしておきたい。私は、今のところ、助言の語を、標準視すべきかとは思っていない。しかしこの語は、若い世代や中年の世代に、そうとうに広まっているらしい。学生社会では、これがまさに一共通語になっているか。今、私は、私の解する「多数」に押されて、やや消極的に、助言の語を摂取している。)

この場では、東北地方つまり東北方言域に関して、微意の一端を開陳しよう。そうして、土地のかたがたのご批判・ご垂教を、ひたすら仰ぎたい。

東北方言域のかたがたのばあいは、――北海道方言域のかたがたのばあいもであるが、発音上では、一つ、「ホドント」(ほとんど)を問題にされるのがよいのではないか。「ホドント」を「ホトンド」にしてみる。(アクセントのことはのちの問題である。)やって、しごくやりにくいことというのでもなかろうかと思う。このだいじな副詞で、一つ、発音更改をやってみたとする。ここで、ずいぶん気分の改まるものがあるのではなかろうか。それは、より広やかな共通語の世界への心を得ることにはならないだろうか。

もう一つの例、「ンダ。」(そうだ。そうです。)をとりあげてみる。これをみなさんが「ソーダ。」または「ソダ。」にしてみたとする。はじめは「ソンダ。」でもよい。じつは、一歩半歩のあゆみで、だれしもこれらの言いかたに移れる。あの東北に多用されている「ンダ。」「ンダ。」の座ひとつが動いたらどんなことになるか。みなさんのことばづかいの気もちは、ここからもずいぶん開けてくることかと察せられる。

東北方言のことばの生活は、もともと、東京方言などでのことばの生活の、すぐとなりにある。東北地方のかたたちには、わけても、東京語本位の共通語へのはいりやすさを思っていただきたい。――自己のものを見つめ、自己のものをおし開きおしひろげていけばよいわけである。

七　理想の標準語体系

全国でのすぐれた共通語生活を地盤として、将来、理想的な標準語体系が設定されよう。

言うまでもないことながら、その標準語体系は、標準語によっての精神の生活を、助長発展せしめるものたるべきである。言語外形の生活にだけとらわれたりしたものであってはならない。

国民総体の言語生活の永遠性・文化性を予定して、標準語体系は、密度たかく設定せらるべきである。

（1）　土井八枝『仙台の方言』春陽堂、一九三八年、四二頁、四八―四九頁。
（2）　藤原与一『方言生活指導論――方言・共通語・標準語――』三省堂、一九七五年。
（3）　藤原与一、前掲書、一〇七―一二六頁。

参考文献

岩淵悦太郎『現代日本語―ことばの正しさとは何か』筑摩書房、一九七〇年。
柴田武編『現代日本語（朝日小辞典）』朝日新聞社、一九七六年。
野元菊雄編『ことばと社会』（岩淵悦太郎監修『講座　ことばの生活』四巻）筑摩書房、一九六八年。
レオ・ヴァイスゲルバー（福本喜之助訳）『言語と精神形成―精神の世界を構成する力としての言語』講談社、一九六九年。

（岩波講座『日本語』11　『方言』の内　岩波書店　昭和五十二年十一月）

◇著者紹介
藤原与一（ふじわら・よいち）
1909年愛媛県生まれ。
広島大学名誉教授。日本方言学の基礎を築いた東条操に師事。
昭和初年に方言学者として出発、以後六十余年間、方言研究の第一線で活躍。近年、個人の手になる一大辞書、『日本語方言辞書』（全3巻・東京堂出版）を九年がかりで完成させた。
主要著作：
『瀬戸内海言語図巻』（全2巻・1974）
『瀬戸内海方言辞典』（1988）
『方言の山野を行く』（1992）など多数。

藤原与一方言学論集　上巻　方言学建設

1999年9月24日　第1刷発行

著　者：藤原与一
発行者：荒井秀夫
発行所：株式会社　ゆまに書房
〒101-0047　東京都千代田区内神田2-7-6　安和ビル3F
電話（03）5296-0491（代表）振替　00140-6-63160
印刷　第二整版印刷有限会社
製本　松栄堂製本有限会社

ISBN4-89714-800-6 C3381